양파 껍질을 벗기며

Beim Häuten der Zwiebel

권터 그라스 자서전

Beim Häuten der Zwiebel

양파 껍질을 벗기며

권터 그라스 · 장희창, 안장혁 옮김

민음사

BEIM HÄUTEN DER ZWIEBEL
by Günter Grass

Copyright © Steidl Verlag, Göttingen 2006
All rights reserved.

Korean Translation Copyright © Minumsa 2015

Korean translation edition is published by arrangement with
Steidl Druckerei und Verlag GmbH & Co. OHG.

이 책의 한국어 판 저작권은 Steidl Druckerei und Verlag GmbH & Co. OHG와
독점 계약한 (주)민음사에 있습니다.

저작권법에 의해 한국 내에서 보호를 받는 저작물이므로
무단 전재와 무단 복제를 금합니다.

내가 배웠던 모든 분에게 이 책을 바친다

차례

껍질 아래의 껍질들 9

캡슐이 되어 굳어 버린 사건들 43

'우린그런일안해요'라고 불렸던 소년 87

나는 어떻게 공포를 배우게 되었나 138

식탁에 초대된 손님들 207

막장 밖과 막장 안 260

세 번째 굶주림 319

나는 어떻게 해서 흡연자가 되었나 376

베를린의 공기 445

암이 소리 없이 진행되는 동안 477

결혼식 때 선물로 받은 것 515

작품 해설 557

껍질 아래의 껍질들

예전에도 그랬듯이, 오늘날에도 내게는 제3의 인물을 내세워 나를 위장하려는 유혹이 남아 있다. 그*가 열두 살쯤 됐을 무렵, 여전히 어머니 품에 안겨 있기를 좋아했던 그 무렵에 무엇인가가 시작되었고 또 무엇인가가 끝났다. 하지만 무엇이 시작되고 무엇이 끝났는가를 꼭 집어서 말한다는 게 가능한 일일까? 나의 경우로 말하자면 그렇다.

내가 성장했던 그곳의 여러 장소에서 전쟁이 동시에 발발했을 때 좁은 구역에 한정되어 있던 나의 어린 시절은 끝났다. 전쟁은 한 전투함의 좌우현 포들이 일제히 발사를 개시하고, 폴란드의 군사 거점인 베스터플라터의 맞은편에 있는 항구 지대 노이파르바서의 하늘에 급강하 폭격기들이 날아오르면서 시작되었다. 그때 단치히 구시가에 있는 폴란드 우체국을 둘러싼 공방전에서 정찰 장갑차 두 대도 조준 포격을 가했으며, 거실 찬장에 놓여 있던 우리의 국민 라디오**도 긴급 뉴스를 전했다. 차라리 이렇게 말하는 것이 더 확실하리라. 랑푸르의 라베스베크 로(路)에 위치한 삼 층 셋

---

* 작중 화자, 즉 귄터 그라스 자신을 가리킨다.
** 나치 시절에 보급되었던 라디오.

집의 한 부분인 1층 집에서 내 어린 시절이 큰 소리로 종말을 고했다고.

그때가 몇 시였는지도 아직 생생히 기억난다. 그 후로 초콜릿 공장인 '발틱' 가까이에 있는, 자유 도시*의 비행장에서는 민방위 대원들이 부산하게 움직였다. 셋집 채광창으로 내다보니 자유 도시의 항구 위로도 거무스레한 연기가 피어올랐다. 지속적인 공격과 가벼운 북서풍 때문에 연기가 계속 피어올랐다.

그러나 한때 스카게라크 해협 전투에서 노련하게 맡은 역할을 다했고, 지금은 해군 사관 학교 후보생들을 위한 실습선으로만 사용되는 '슐레스비히홀슈타인'호가 내뿜던 아련한 포성, 그리고 전투 지역 상공 높은 곳에서 목표물을 발견하면 기우뚱하게 몸체를 기울여 급강하하며 포탄을 투하한다 하여 '슈투카'**라 불렸던 비행기들을 기억해 내자, 곧바로 이런 물음이 제기된다. 왜 어린 시절과 너무도 날짜가 분명한 그 종말의 순간을 기억해야 한단 말인가. 젖니의 시절 그리고 간니가 난 후로 내게 일어났던 모든 일, 학교에 다니기 시작하던 무렵의 일, 구슬치기를 하고 무릎에 늘 상처 딱지를 달고 다니던 시절의 일, 참회가 필요한 최초의 비밀 그리고 훗날 신앙의 괴로움에 부닥쳤던 일, 이 모든 것을 종이 쪼가리에 옮긴 후에, 다시 말해 종이 위에서 곧 성장을 거부하고, 소리를 질러 유리를 원하는 모양대로 자르고, 북채 두 자루를 손에 쥐고 그의 양철북 때문에 이름을 얻어 이후로 책 표지들 사이에서 인용 대기 상태로 존재하고 헤아리기 어려울 만큼 여러 언어들로 옮겨

---

* 단치히 시.
** 급강하 폭격기(Sturzkampfflugzeug)의 약칭.

져 영원한 생명으로 남으려고 하는 그 인물*을 통해 그 모든 것을 정리한 지도 이미 오래인데 왜 새삼스럽게 어린 시절의 마지막 순간을 기억해야 한단 말인가?

왜냐하면 이것도 그리고 다른 것도 차분히 되새겨야 하기 때문이다. 왜냐하면 너무 요란하게 짖다 보면 무언가를 빠뜨리기 때문이다. 왜냐하면 누가 언제 우물에 빠졌는지를 밝혀야 하기 때문이다. 왜냐하면 나중에 덮어 버렸던 최초의 구덩이들, 제어할 수 없었던 나의 성장, 잃어버렸던 대상들과 말로 교제를 나누던 일들을 밝히고 싶기 때문이다. 그리고 이런 이유도 있다. 내 나름대로 결론을 내리고 싶기 때문이다.

회상은 아이들의 숨바꼭질 놀이를 좋아한다. 회상은 살금살금 기어간다. 회상은 알랑거리는 경향이 있고, 종종 별다른 까닭도 없이 자신을 꾸민다. 회상은, 현학적으로 뽐내고 말다툼하며 자신을 내세우는 기억을 반박한다. 이런저런 질문을 받는 경우, 회상은 누군가가 벗겨 주기를 원하는 양파와도 같다. 회상은 한 글자 한 글자 있는 그대로 자신을 드러내고 싶어 한다. 명백하게 드러나는 경우는 거의 드물고, 때로는 좌우가 바뀐 거울 문자로, 때로는 어떤 수수께끼 같은 글자로 나타나기도 하지만.

아직 건조한 채로 바삭거리는 첫 번째 껍질 아래 다음 껍질이 있고, 이 껍질이 벗겨지면 곧바로 세 번째 껍질이 축축하게 모습을 드러낸다. 그리고 그 아래로 네 번째, 다섯 번째 껍질이 차례를 기

---

* 『양철북』의 주인공 오스카를 가리킨다.

다리며 속삭이고 있다. 모든 껍질은 너무 오랫동안 피해 왔던 말들을 땀 흘리듯 짜낸다. 소용돌이 모양의 기호들도 보여 준다. 양파들이 싹을 틔우기 시작하던 어린 시절부터, 꽤 많은 비밀이라도 간직한 척하는 누군가가 수수께끼를 풀어 주기라도 할 것처럼.

어느새 공명심이 발동한다. 이 난해한 글자는 해독되어야 한다. 저 부호의 의미는 풀려야 한다. 하지만 진실이라고 주장하던 것이 어느새 반박된다. 왜냐하면 종종 거짓이나 그 자매인 속임수가 회상의 가장 견고한 부분을 이루고 있기 때문이다. 회상은 일단 문자로 적어 놓으면 그럴듯하게 되고 세부적인 일들을 사진처럼 정확하게 기록했다고 뽐내기도 한다. 예컨대 우리가 살던 셋집 뒷마당에 있던 헛간의, 7월의 열기 아래 반짝이던 타르지(紙) 지붕은 바람 한 점 없는 가운데서 맥아 사탕 냄새를 풍겼다…….

나의 초등학교 은사인 슈폴렌하우어 선생님의 옷깃은 씻을 수 있는 셀로판지로 만들어졌고, 너무도 꼭 껴서 그녀의 목에 주름살을 만들었다…….

일요일이면 초포트의 바닷가 오솔길에는 프로펠러 모양으로 묶인 소녀들의 리본이 어른거렸고, 치안 경찰의 예배당에서는 명랑한 곡조가 울려 퍼졌다…….

내가 처음으로 땄던 돌버섯…….

폭염으로 학교가 휴교했을 때…….

나의 편도선에 다시 염증이 생겼을 때…….

내가 질문을 삼켜 버렸을 때……

양파는 껍질이 많다. 껍질을 여러 겹 가지고 있다. 벗겨지는가 싶으면 어느새 새로운 껍질이 드러난다. 양파를 썰면 눈물이 난다.

껍질을 까면 양파는 비로소 진실을 말한다. 내 어린 시절의 마지막 순간 이전과 이후에 일어났던 일들이 문을 두드리고 원했던 것보다 더 심각한 방향으로 진행된다. 때로는 이렇게, 때로는 저렇게 이야기되기를 원하면서 거짓 이야기로 흘러간다.

계속 날씨가 좋았던 늦여름에 단치히와 그 인근 지역에서 전쟁이 발발하고, 베스터플라터의 폴란드 수비대가 나흘간 저항한 끝에 막 투항했을 때였다. 나는 전차를 타고 자스페, 브뢰젠을 거쳐 금방 도달할 수 있었던, 항구 지대의 노이파르바서에서 포탄 파편과 유탄 파편들을 손에 가득 수집하여 우표들과 색깔이 알록달록한 담뱃갑 그림들, 낡은 책과 금방 인쇄한 책들(그중에는 스벤 헤딘의 고비 사막 여행기도 들어 있었다.) 그리고 기타 자질구레한 것들과 교환했다. 나였음이 분명해 보이는 그 소년, 전쟁이 오로지 라디오 특별 방송 안에서만 존재하는 것처럼 보이던 그 시간 동안 소년은 그런 식으로 수집하고 교환했다.

부정확하게 회상하는 사람도 가끔은 성냥개비 길이만큼의 차이로 진실에 접근할 때가 있다. 비록 에움길이라 할지라도.

나의 회상이 몸을 비비는 대상들은 대개 내 무릎이 부딪치거나 내게 구토의 역겨움을 다시 맛보게 하는 것들이다. 타일을 붙인 벽난로…… 양탄자를 털 때 쓰는 뒷마당의 막대기들…… 층계참의 화장실…… 다락방의 트렁크…… 비둘기 알만 한 크기의 호박(琥珀) 한 알…….

어머니의 장식용 머리핀이나, 뜨거운 여름날 네 모서리를 서로 묶어 놓은 아버지의 손수건 또는 다른 물품들과 교환할 수 있는, 다양한 톱니 모양으로 갈라진 포탄과 유탄 파편을 손으로 더듬어 만져 볼 수 있는 사람들은 일상에서 일어나는 것보다 더 실감 나는 이야기들을 떠올리게 된다. 변명 삼아 하는 즐거운 이야기에 불과한데도 말이다.

내가 유년 시절에 그리고 소년 시절에 부지런하게 수집했던 그림들은, 어머니가 일을 마친 후 톡톡 두드리던 담뱃갑에 들어 있던 쿠폰과 교환한 것들이었다. 어머니는 매일 밤 쿠앵트로를 한 잔 마시며 즐기던 적당한 악습*의 참여자들을 '동지'라 불렀고, 기분이 좋을 때면 담배 연기로 동그라미들을 만들어 허공에 떠다니게 했다.

내가 가장 가지고 싶어 했던 그림들은 유럽 회화의 명작을 컬러 복사한 것들이었다. 그리하여 나는 조르조네,** 만테냐,*** 보티첼리, 기를란다요**** 그리고 카라바조***** 같은 화가의 이름들을 틀린 발음으로 알게 되었다. 한 여인이 벌거벗은 등을 보인 채 드러누워

---

* 흡연을 가리킨다.
** 조르조네(Giorgine, 1477?~1511). 이탈리아의 화가. 본명은 조르조 바바렐리(Giorgio Barbarelli). 몽상적인 정서와 부드러운 색채, 완전한 구도로 「잠자는 비너스」, 「합주」 등의 작품을 남겼다.
*** 만테냐(Andrea Mantegna, 1431?~1506). 이탈리아의 화가. 르네상스 시대 회화의 거장으로, 파도바파의 대표적 화가. 힘차고 명쾌한 선묘 표현, 정확한 조소적 인체 묘사, 소실점을 낮춘 독특한 구성 등이 특징이며, 대표작으로 「승리의 성모」, 「죽은 그리스도」 등이 있다.
**** 기를란다요(Domenico di Tommaso Ghirlandajo, 1449~1494). 이탈리아 르네상스 초기의 대표적 화가. 미켈란젤로의 스승으로 더 유명하다. 작풍은 철저한 사실주의이며, 대표작으로 「성 프란체스코전」, 「성모 마리아와 세례 요한」 등이 있다.
***** 카라바조(Caravaggio, 1573?~1610). 이탈리아 바로크의 대표적 화가. 종교화에 사실 묘사와 강한 조명법을 도입하여 바로크 미술에 커다란 영향을 주었다. 대표작으로 「바쿠스」, 「요한과 천사」 등이 있다.

있고, 그 옆에 날개 달린 소년이 거울을 들고 있는 그림은 어린 시절 이후로 화가인 벨라스케스와 짝을 이루었다. 얀 반 에이크의 「노래하는 천사들」은 다른 누구보다도 서열이 낮은 천사의 옆얼굴로 내게 뚜렷한 인상을 남겼다. 나는 그 천사나 알브레히트 뒤러처럼 머리를 땋고 싶었다. 마드리드의 국립 미술관 프라도에 걸려 있는 뒤러의 자화상은 이런 의문을 던지게 했다. 그 거장은 왜 장갑 낀 모습을 그렸을까? 기이한 모자와 오른팔의 헐렁한 소매는 왜 그리 눈에 띄게 그렸을까? 왜 창문틀 아래에 그의 나이가(그때 스물여섯 살이었다.) 쓰여 있을까?

오늘날 나는 함부르크 바렌펠트에 있는 한 담배 그림 공급처가 쿠폰과 교환할 수 있는 그 아름다운 복제품들을 만들며, 주문을 받을 경우 앨범도 제작한다는 사실을 안다. 쾨니히 거리에서 골동품점을 운영하는 뤼베크의 한 화랑 주인 덕택에 위의 세 가지를 다시 손에 넣은 후로 나는 1938년에 나온 르네상스 작품 복제 그림들이 45만 장까지 인쇄되었음을 안다.

한 장 한 장 넘기는 동안, 거실 테이블에서 내가 풀로 그림을 붙이던 장면이 떠오른다. 이번에 보는 것은 고딕 시대 후기의 그림들이다. 그중에는 히에로니무스 보스*의 작품으로, 인간의 얼굴을 한 동물들 사이에서 성 안토니우스가 유혹받는 장면을 그린 그림도 있다.

---

* 보스(Hieronymus Bosch, 1450?~1516). 초기 네덜란드의 대표적 화가. 종교화, 우의화, 풍속화 등을 많이 남겼다. 정교한 사실적 수법과 특유의 기괴하고 분방한 환상을 배합한 기법으로 쉬르레알리슴의 요소를 엿볼 수 있다. 대표작으로 「쾌락의 동산」, 「죽음의 승리」 등이 있다.

튜브에서 풀이 솟아 나올 때마다 흥겨운 축제 분위기가 펼쳐진다……

당시에 많은 수집가들은 예술 작품에 빠져서 담배를 엄청나게 피워 댔다. 하지만 나는 쿠폰을 하찮게 여기던 애연가들로부터 이득을 취했다. 그림이 점점 더 많이 모였다. 교환하고 풀칠하면서 늘어난 보물 앞에서 처음 가졌던 감정은 그저 아이다운 호기심뿐이었으나 시간이 흐를수록 교감이 깊어졌다. 그리하여 파르미자니노*의 마돈나, 긴 목에 꽃봉오리처럼 달려 있는 머리가 뒤쪽에서 하늘을 향해 치솟은 기둥들보다 더 높이 솟은 마돈나는 열두 살 소년에게 천사로서 그녀의 오른쪽 무릎에 앉아 은밀하게 몸을 비빌 수 있도록 허락해 주었다.

나는 그림 속에서 살았다. 아들이 그처럼 끈질기게 담배 수집 그림에 매달리자, 어머니는 평상시에 피우던 담배에서 얻은 그림들(어머니는 빠는 부분이 황금색으로 장식된 동양산 담배를 엄숙한 표정으로 피웠다.)뿐 아니라, 어머니를 좋아하고 그림에는 아무 관심도 없는 이런저런 고객들이 가게 카운터 너머로 내민 쿠폰들도 내게 기부했다. 그리고 이따금 아버지도 잡화상으로서 사업차 떠났다 돌아오면서 아들이 바라 마지않는 쿠폰들을 가져왔다. 대목수인 할아버지의 직공들이 열심히 담배를 피워 댄 것도 내게는 도움이 되었다. 교훈적인 설명이 담긴 글 사이사이에 텅 빈 들판**이 가득한 앨범은

---

* 파르미자니노(Parmigianino, 1503~1540). 이탈리아 르네상스 시대의 화가. 마니에리스모(manierismo)의 대표적인 화가로, 가늘고 길면서 우아한 곡선을 쓴 인물 표현이 특징이다. 대표작으로 「긴 목의 마돈나」가 있다.
** 비어 있는 사진첩을 비유적으로 가리키는 것으로 보인다.

크리스마스나 생일날 좋은 선물이 되었을 것이다.

내가 보물처럼 간직했던 것은 모두 세 가지였다. 고딕과 초기 르네상스 양식의 그림들을 풀칠해 붙여 놓았던 푸른색 앨범, 르네상스 양식 그림들을 눈앞에 보여 주었던 붉은색 앨범, 전부는 아니지만 바로크 양식 그림들을 상당수 모아 놓았던 황금색 앨범. 유감스럽게도 루벤스와 반다이크가 자신의 자리를 요구했던 곳에는 아무것도 붙어 있지 않았다. 보급품이 없었던 것이다. 전쟁이 시작되자 비처럼 쏟아지던 쿠폰 세례는 썰물이 빠져나가듯 멈춰 버렸다. 민간인 흡연자들은 병사가 되었고, 그들은 고향 땅과 먼 곳에서 주노 담배라든지 R6 담배 연기를 뿜어 댔다. 내게 있어 가장 믿을 만한 공급자 중 한 사람이었던 맥주 양조장의 마부는 모들린 요새 공방전에서 전사했다.

다른 종류의 그림들도 시중에 돌아다녔다. 동물, 꽃, 독일 역사의 영광스러운 장면을 묘사한 그림들 그리고 인기 영화배우의 분장한 얼굴들.

게다가 전쟁이 시작된 후로 집집마다 식량 배급표가 지급되었다. 그리고 특별한 날에는 담배도 지급되었다. 그러나 나는 전쟁 이전에 이미 담배 회사 렘차마의 도움으로 회화의 역사에 대해 어느 정도 교양을 쌓아 둔 덕분에 강요된 결핍으로 큰 타격을 받지는 않았다. 일부 결핍된 부분은 나중에 메울 수 있었다. 예컨대 나는 라파엘로가 그린 드레스덴의 마돈나를 두 장 가지고 있었는데, 그중 하나를 카라바조의 아모르와 교환했고, 이는 훗날 성공적인 거래로 그 진가가 드러났다.

열 살 소년 시절 이미 나는 그리엔으로 불렸던 한스 발둥과 마티아스 그뤼네발트를, 프란스 할스와 렘브란트를, 그리고 필리포 리피와 치마부에를 한눈에 구분할 수 있었다.

로젠하그의 마돈나는 누가 그린 거니? 푸른 천과 사과와 아이가 있는 저 그림은 누구 작품이니?

두 손가락으로 그림 제목과 화가 이름을 가린 채 던지는 어머니의 질문에 아들은 정답으로 응수했다.

집에서의 퀴즈 게임뿐 아니라 학교의 예술 시간에도 나는 1등급 성적을 받았다. 하지만 수학과 화학과 물리학이 수업에 포함된 김나지움 1학년 때부터 내 성적은 희망도 없이 지지부진해졌다. 암산에서 막혔고, 미지수 두 개가 나오는 방정식을 종이 위에서 제대로 푼 적이 거의 없었다. 김나지움 2학년 때까지 독일어, 영어, 역사 그리고 지리 과목에서의 1등급과 2등급 점수가 내 성적을 떠받쳐 주었다. 단순한 상상이든 실물 묘사든 스케치와 수채화에서 거듭해서 칭찬을 받은 것이 학생인 나에게는 도움이 되었지만, 라틴어 성적이 부가된 김나지움 3학년 때부터는 낙제를 했고, 다른 낙제생들과 함께 일 년 동안 모든 것을 다시 한 번 되풀이해야 했다. 이 때문에 나보다는 부모님의 근심이 컸다. 왜냐하면 내게는 일찍부터 푸르른 창공으로 안내하는 도피로가 열려 있었기 때문이다.

오늘날 손자들은 할아버지가 자신이 때로는 게을렀고, 때로는 공명심이 지나쳤으며, 게다가 성적이 나쁜 학생이었다고 힘주어 고백해도 그다지 위안받지 못한다. 손자들은 불쾌하기 그지없는 성적표와 구제 불능으로 손을 떨며 애쓰는 선생들 때문에 고통 받기 때문이다. 손자들은 신음한다. 그들은 교육학적으로 등급이 매겨진 커다란 돌멩이들을 질질 끌며, 학창 시절을 유형지에서 보낸다. 배우려는 욕구가 그들의 달디단 졸음을 괴롭히는 형편이다. 하지만 휴식 시간 교정에서 느꼈던 불안감이 악몽처럼 내 잠을 괴롭혔던 일은 한 번도 없다.

아직 김나지움 학생의 빨간 모자도 쓰지 않고 담배 그림을 모으지도 않던 아이 시절, 다시 한 번 여름이 끝도 없이 지속될 것 같았던 때에 나는 단지히 만의 해안가 어디에선가 축축한 바닷모래로 높은 탑들과 성벽을 쌓아, 상상 속 인물들이 사는 성을 만들었다. 바다는 모래로 긁어모은 건축물을 끊임없이 허물어뜨렸다. 높이 솟아 있던 것이 소리도 없이 허물어졌다. 그러고 나면 내 손가락 사이로 젖은 모래가 새롭게 들락거렸다.

1960년대 중반, 다시 말하자면 아들 셋과 딸 하나를 둔 마흔의 아버지가 이미 사회적으로 자리를 잡은 것처럼 보이던 때에 내가 썼던 장편 시의 제목이 「모래성」이다. 그의 제2 자아를 여러 권(卷) 속에 가두어 놓고 그것들을 하나로 묶어 시장에 내놓음으로써 그가 쓴 첫 번째 소설의 주인공[*]이 그 자신에게 이름을 만들어 주었듯이 말이다.[**]

그 시는 나라는 존재의 유래와 발트 해의 소음에 대해 말한다. "모래성에서 태어난, 어디 어디의 서쪽"이라고 말하고는 다시 물음을 제기한다. "언제 어디서 태어났다는 것, 왜 그런 질문을 하는가?" 잃어버린 것과 추억을 불러내는 습득물 보관소인 양 이어

---

[*] 『양철북』의 주인공 오스카를 가리킨다.
[**] 귄터 그라스는 『양철북』으로 세계적인 명성을 얻었다.

지는 미완성의 수다. "갈매기들은 갈매기들이 아니라, 다만."

성령과 히틀러의 사진으로 내가 속한 영역을 표시하고, 포탄 파편과 포구의 섬광으로 전쟁의 발발을 기억 속으로 불러일으키는 시의 종결부에서 어린 시절은 모래 속으로 파묻힌다. 다만 발트 해만이 독일어로, 폴란드어로 계속해서 말한다. "블루프, 피이프, 프쉬쉬……."

전쟁이 터지고 며칠 지나지 않아서 어머니의 사촌, 우편배달부로 헤벨리우스 광장의 폴란드 우체국 방위대 소속이었던 프란츠 아저씨는 짧은 전투가 끝난 직후 거의 모든 생존자와 마찬가지로 독일군의 명령으로 즉결 재판을 받아 총살당했다. 사형 판결의 논거를 제시하고 선고를 내리고 서명을 했던 종군 재판관은 종전 후에도 한참이나 슐레스비히홀슈타인에서 판사로 재직하며 아무 손해도 없이 판결하고 판결문에 서명할 수 있었다. 그런 일은 종결*을 원하지 않았던 아데나워 총리 시절에 아주 흔했다.

나중에 나는 변형된 인물들을 등장시켜 폴란드 우체국을 둘러싼 전투를 이야기 형식으로 구성했고, 그러면서 장황하게 수다를 떨어 카드로 만든 집을 쓰러지게 했다. 그러나 가족들은 갑자기 사라진 아저씨에 대해 아무 말도 하지 않았다. 아저씨는 정치를 넘어, 아니 어떤 정치와도 상관없이 인기가 있는 사람이었으며, 이따금 자신의 아이들인 이름가르트, 그레고르, 마그다 그리고 꼬마 카지미르와 함께 일요일이면 과자를 들고 커피를 마시러 방문

---

* 역사 청산을 의미한다.

하거나, 아니면 오후에 카드놀이를 즐기기 위해 부모님과 함께 오곤 했다. 그의 이름은 그라는 인물이 존재하지도 않았던 것처럼 늘 빠져 있었다. 그와 그의 가족과 관련된 모든 것은 말할 수 없는 어떤 것으로 간주되었다. 카슈바이의 어머니 쪽 친척과 그들의 화기애애한 잡담은 삼켜져 버린 듯했다. 누구에 의해서일까?

그리고 나도 전쟁이 발발하면서 어린 시절이 끝나 버렸는데도 자꾸만 떠오르는 의문을 입 밖에 내지 않았다.

아니면 왜 아이들이 사라졌는지 감히 물을 수 없었던 걸까?

동화에서처럼 아이들만 옳은 질문을 던지는 게 아니던가?

모든 게 뒤집혀 버릴 수 있다는 불안이 나를 침묵하게 했는지도 모른다.

그것은 언제나 손에 잡힐 듯한 저 흔하고 흔한 양파, 기억이 비약할 수 있도록 도와주는 양파의 여섯 번째 혹은 일곱 번째 껍질에서 발견되는 자그마한 불명예이다. 그러므로 나는 불명예에 대하여 그리고 그 뒤를 절룩거리며 따라오는 부끄러움에 대하여 기록하기로 한다. 과거를 다시 따라잡기 위해 평소에는 거의 쓰지 않는 단어들을 사용하기로 한다. 그러면서 무릎이 드러난 바지를 입은 한 소년의 행방에 대해 때로는 너그러운 눈길을, 때로는 날카로운 눈길을 던진다. 코를 킁킁거리며 뒤를 쫓으면서 "왜"라고 말하는 것을 놓쳐 버린 모든 것을 추적한다.

열두 살 소년이 고통스럽게 질문을 당하고 나에게 과도한 요구를 받는 동안, 나는 점점 더 빨리 사라져 가는 현재 속에서 계단을 밟던 그때를 곰곰이 떠올리고, 소리가 들리도록 숨을 쉬고, 내가 기침하는 소리를 들으며, 언제까지일지는 몰라도 어쨌든 명랑하게 살아간다.

　총에 맞아 죽은 아저씨 프란츠 크라우제는 아내와 네 아이를 남겼는데, 아이들은 나보다 조금 나이가 많거나 비슷하거나 아니면 나보다 두세 살 어렸다. 그들은 누구하고도 같이 놀 수 없었다. 그들은 브라반트에 있는 구시가의 사택을 떠나, 어머니가 작은 오두막과 4제곱미터짜리 밭을 가지고 있는 추카우와 람카우 사이의 시골로 이사를 가야 했다. 우편배달부의 아이들은 그곳 카슈바이의 언덕 지대에서 오늘날까지도 이런저런 노환에 시달리며 살아가고 있다. 그들의 기억과 나의 기억은 완전히 다르다. 그들에게 아버지는 없는 존재이지만, 내 기억 속에서는 그가 좁은 집 안 바로 코앞에 서 있었다.
　폴란드 우체국 직원은 노심초사 가족을 챙기는 사람이었지, 영웅으로 죽도록 태어난 사람은 아니었다. 하지만 그의 이름은 훗날 청동제 기념 현판에 새겨져 영원히 남게 되었다.

　1958년 3월 어느 정도 애쓴 결과 폴란드 입국 비자를 받을 수 있었다. 나는 폐허 속에서 성장한 그단스크에서 이전 도시 단치히의 흔적을 찾기 위해 파리를 출발하고 바르샤바를 거쳐 그단스크로 갔다. 폐허가 된 건물들 뒤편과 브뢰젠 해변 그리고 시립 도서관의 열람용 책상과 그대로 남아 있는 페스탈로치 학교 그리고 마지막으로 그때까지 살아 있던 우체국 직원 두 명의 부엌에서 많은 이야깃거리를 발견하고 들을 수 있었다. 그 후에 나는 살아남은 친척들이 있는 시골로 갔다. 그리고 그곳에 있는 작은 농가의 문간에서 총살당한 우편배달부의 어머니, 즉 나의 종조모로부터 똑 부러지는 목소리로 인사를 받았다. "이런, 긴터헨,* 몰라보게 컸구나."

나는 종조모의 의심을 누그러뜨리기 위해 먼저 그녀가 요구하는 대로 증명서를 보여 주었다. 우리는 그만큼 서로에게 낯선 이방인이 되어 마주 서 있었다. 그러고 나서 종조모는 나를 감자밭으로 안내했는데, 이제는 그단스크 공항의 아스팔트 이착륙장이 덮고 있었다.

전쟁이 이미 세계 대전으로 치달았던 이듬해 여름, 우리 실업고등학교 학생들이 방학 동안 발트 해 해변에서 우리 지방의 보잘것없는 사건들을 신물 나게 떠들고 또 떠들고도 모자라 국경선 너머에서 벌어지는 엄청난 일들에 대해서도 떠벌리던 당시, 우리의 가장 큰 관심사는 언제나 국방군의 노르웨이 점령이었다. 그리고 6월 들어 전격적으로 특별 방송되었던 프랑스 원정부터 불구대천 원수의 항복에 이르기까지, 그리고 로테르담, 안트베르펜, 파리, 대서양 해변의 정복을 소리 높여 경축했다……. 그런 식으로 우리의 지리 수업은 점령을 통해 점차 그 범위가 확대되고 승리에 승리를 거듭하며 계속되었다.

하지만 수영하기 전이나 후나 우리의 유일한 찬탄 대상은 '나르비크의 영웅들'이었다. 우리는 모래밭의 남녀 공동탕에서 일광욕을 했지만 마음은 격전이 벌어지고 있는 '북쪽 저 위'의 피오르 만에 가 있었다. 그곳에서 사내답게 행동하는 모습을 마음속으로 상

---

* 귄터 그라스를 정겹게 부르는 애칭.

상하고, 한편으로는 마음껏 방학을 누리면서 니베아 크림 냄새를 풍겼던 것이다.

영웅들을 끝도 없이 경배하면서 우리는 우리 해군의 승리와 영국의 패배를 기원했고, 다시 우리 문제로 돌아왔으며, 나를 포함한 몇몇은 전쟁이 충분히 오래갈 경우 삼사 년 내에 해군에 입대하기를, 그리고 기꺼이 잠수함 수병이 되기를 희망했다. 우리는 수영 팬티를 걸친 채로 군사적 성공을 열거하느라 침을 튀겼는데, 1차 세계 대전 동안 베디겐의 아홉 차례 승리에서 시작하여 '로열 오크'호를 침몰시켰던 해군 대위 프리엔을 입에 올렸고, 이어서 곧 나르비크에서 '뜨겁게 얻어 낸 승리'를 다시 언급하며 의기양양해했다.

그때 소년들 중 하나가, 발라드를 즐겨 부르고 인정도 받았으며 심지어 오페라 아리아까지 불렀지만 왼손이 불구라 '해군으로는 쓸모없다' 하여 우리의 동정심을 자아냈던 볼프강 하인리히스라는 소년이 갑자기 또렷한 목소리로 말했다. "너희가 하는 이야기는 모두 헛소리야!"

그러고 나서 내 동급생, 문제의 그 소년은 불구가 아닌 손의 손가락을 사용하여 나르비크 전투에서 침몰하거나 심하게 손상 입은 아군 구축함의 수를 헤아렸다. 그는 거의 전문가 수준으로 세부적인 일들을 설명했는데, 1800톤짜리 배 중 하나도 해저로 침몰할 수밖에 없었다면서 그 배의 이름을 부르기까지 했다. 다치지 않은 손의 손가락으로는 다 헤아릴 수도 없었다.

모든 세부적인 사항, 심지어는 영국 전함 '워스파이트'의 무기체제와 속력까지 그는 줄줄 외웠다. 항구 도시 아이들인 우리가 아군 전함이나 적군 전함의 특징을 모두 가르쳐 달라고 사정하면 톤수와 승무원 수, 함포의 구경, 어뢰 발사관의 수, 건조 연대를 즉시 알려 주었다. 하지만 우리는 그가 나르비크 전투와 관련하여 한 발언에는 의구심을 품었다. 날마다 라디오에서 내보내는 국방군 뉴스를 통해서 알려진 것과는 내용이 판이하게 달랐기 때문이다.

"너희는 저 위 북쪽에서 실제로 벌어진 일에 대해선 짐작도 못 해. 엄청난 패배! 빌어먹을 엄청난 손실!"

무척 당황스럽긴 해도 그의 말은 받아들여졌다. 그가, 볼프강 하인리히스가 그 놀랄 만한 정보를 어디서 얻었는지는 우리도, 나도 묻지 않았다.

그로부터 오십 년 후, 궁색하긴 해도 현재 '독일의 통일'이라고 주장되는 그러한 사건이 여러 문제점을 일으키기 시작했을 무렵에 우리는 내 아내 우테의 고향, 자동차가 없는 섬을 방문했다. 새로 병합된 동쪽* 해변 앞에 위치한 그 섬은 바다와 얕은 만 사이에 사랑스럽게 펼쳐져 있었는데, 폭풍으로 인한 해일보다는 섬을 가득 덮는 여행객들로부터 점점 더 위협을 받고 있었다.

들판 길을 따라 상당히 걸은 후에 우리는 노이엔도르프에 사는, 아내의 어린 시절 친구 마르틴 그룬을 방문했다. 그는 노 젓는 배를 타고 독일 민주 공화국**에서 스웨덴 방면으로 과감하게 탈주했다가 몇 년 후 다시 노동자와 농부의 국가***로 되돌아와 정착한

---

* 옛 동독을 가리킨다.
** 옛 동독을 가리킨다.
*** 마찬가지로 옛 동독을 가리킨다.

사람이었다. 사람들은 그의 모험을 별다르게 주목하지 않았는데, 얼른 보기에도 그는 가정을 소중히 여기는 정착민 같았다.

커피와 케이크를 들며 우리는 이런저런 일에 대해 이야기를 나눴다. 그는 서독에서 강철업자 크루프의 매니저가 되어 인도와 오스트레일리아 그리고 그 밖의 곳으로 많은 여행을 다닌 경력이 있었다. 그는 동서독 합작 벤처 사업을 시도하다 실패했던 일, 그리고 고향 바닷가에서 그물로 고기를 잡는 자신의 최근 취미에 대해서도 이야기했다.

그러고 나서 대단히 흡족해진 우리의 귀향자는 갑자기 섬의 세 마을 중 한 곳인 비테에 사는 지인을 언급했는데, 그 사람의 '확고부동한' 주장에 따르면 그가 단치히에서 나와 같은 학교에 다녔다는 것이다. 성은 하인리히스이고 이름은 볼프강이라고 했다.

이것저것 캐묻는 동안에 나는 그의 손이 불구이고, 또 그가 노래를 잘 부르며 "여전히 노래를 부르지만 요즘은 노래를 부르는 일이 드물다."라는 사실도 확인했다.

이어서 우테와 그는 고향 섬에 관해 이야기를 주고받았는데, 그 이야기 속에서 산 자와 죽은 자는 저지 독일어*로 수다를 떨었다. 젊은이로서 바람직하게도 세계를 두루 보았던 마르틴 그룬은 약간 자부심을 내비치면서 벽에 걸린 가면과 알록달록한 양탄자들과 주물 조각품들을 가리켰다. 우리는 마지막 남은 한 방울까지 슈납스 병을 비웠다.

---

* 독일 북부를 중심으로 엘베 강 서쪽의 독일과 네덜란드 북동부에 걸쳐 사용되는 독일의 지역 언어.

들판을 따라 돌아오는 길에 우리는 비테 마을의 모래 언덕 뒤편에 있는 하인리히스의 집을 방문했다. 그는 그곳에서 아내와 함께 살고 있었다. 키가 크고 몸집이 육중한 남자가 가쁜 숨을 몰아쉬며 문을 열어 주었는데, 성치 못한 손을 빼고는 아무것도 알아볼 수가 없었다. 잠시 머뭇거린 후 동창들은 서로를 껴안았고 약간 감동도 느꼈다.

그러고 나서 우리는 베란다에 앉아 의도적으로 명랑한 분위기를 만들었고 나중에는 넷이 함께 식당에서 생선 요리를 먹었다. 바삭하게 구운 넙치 요리였다. 예전처럼 「마왕」 같은 노래를 부르고 싶었지만 그는 별로 내켜 하지 않았다. 하지만 오래 지나지 않아 우리는 수십 년 동안 의문으로 남아 있던 1940년 여름, 해변에서의 이야기를 꺼냈다.

이미 지나간 일이지만 나는 알고 싶었다. "어떻게 너는 우리보다 그렇게 많이 알았던 거지? 네 말대로 우리는 아무것도 몰랐어. 또 나르비크에서 침몰하고 심하게 파괴된 전함들의 정확한 숫자는 어떻게 알았던 거야? 예를 들면 노르웨이의 낡아 빠진 해안 포대 하나가 육지 방향에서 명중포 몇 발을 날리고 또 바다에서도 어뢰 두 발을 쏘아 대형 순양함인 '블뤼허'호를 오슬로 피오르 해안에서 격침했다는 사실은 어떻게 알았지?"

말하는 동안 알 듯 모를 듯한 표정을 짓던 하인리히스의 얼굴 위로 미소가 번졌다. "집에서 너희의 멍청함을 조롱하다가 아버지한테 매를 맞았어. 그래, 내 허풍이 여차하면 일을 낼 뻔했지. 밀고자는 얼마든지 있었으니까. 학생들 중에도 말이야. 아버지는 영국의 대독 방송을 밤새도록 듣고 알게 된 사실을 아들에게 털어놓았던 거야. 딴 데 가서 발설하지 말라고 단단히 주의를 주면서 말이야."

"맞아!" 하면서 그가 계속 말했다. "훗날 보니 아버지는 그런 척했던 게 아니라, 제대로 된 반파시스트였어." 그 자신은 훗날 그런 척하는 반파시스트로 폄하되어도 마땅하다는 어투였다.

그러고 나서 나는 몹시 고통스러운 이야기를 들었는데, 그것은 동창생인 내게는 목 졸린 사람이 내지르는 비탄의 소리처럼 지나가 버린 이야기였다. 왜냐하면 나는 아무것도 묻지 않았고, 볼프강 하인리히스가 갑자기 학교에서, 전통 깊은 콘라디눔 학교에서 사라져 버렸을 때조차도 아무런 질문을 하지 않았기 때문이다.

여름 방학 직후 혹은 우리 머리카락에 남아 있는 바닷모래가 흘러내리던 동안에 그 친구의 존재는 없기도 하고 있기도 했다. 왜냐하면 '흔적도 없이 사라짐'이라는 무덤덤한 판정을 아무도 애써 반박하려 하지 않았고, 나도 '왜'라는 말을 내뱉지 않고 속으로 삼켜 버렸기 때문이다.

그리고 이제야 전말을 듣게 되었다. 하인리히스의 아버지는 자유 국가 시절에 USPD* 회원이었고, 그 후에는 사회민주당 의원이었다. 그리고 단치히 시 의회에서 당시 당의 거물이었던 라우슈닝과 그라이저에 맞서 독일민족당과 나치당의 협력 그리고 나중에 성립된 연합 정부에 반대했기 때문에 감시의 대상이 되었다가 1940년 초가을에 게슈타포에 체포당했다. 그는 단치히가 대독일 제국에 병합된 직후 프리쉬 하프 근처에 세워지고, 이웃 어촌 마을의 이름

---

* 독일독립사회민주당.

이 붙은 강제 수용소에 갇혔다. 그 도시의 베르더호프 역에서 협궤 철도를 타고 가다가 슈벤호르스트부터 나룻배를 타고 바익셀을 지나 슈투트호프까지 가면 대략 두세 시간이 걸렸다.

아버지가 체포된 직후에 그의 어머니는 자살을 결심했다. 그러고 나서 볼프강과 그의 누이를 할머니가 사는 시골로 보냈는데, 동급생에게서 잊히고도 남을 만큼 먼 곳이었다. 강제 수용소에 갇혔던 아버지는 다시, 러시아 원정이 진행되는 동안 전선 지역에서 지뢰를 제거하는 임무를 맡은 징벌 부대에 배속되었다. 높은 사상률 때문에 '황천길 파견대'라는 이름이 붙은 부대였는데, 그 덕분에 그는 오히려 러시아군에 투항할 기회를 얻었다.

1945년 3월 소련군 제2 군단이 불에 타 폐허가 된 단치히를 점령했을 때 내 동창생의 아버지는 승리자들과 함께 돌아왔다. 그는 사방으로 아이들을 찾아다닌 끝에 마침내 발견했고, 전쟁이 끝난 직후 독일의 반파시스트를 태웠기 때문에 안전이 보장되었던 수송편으로 폴란드를 떠나, 남은 가족의 미래 거주지로 소련이 점령한 지역인 항구 슈트랄준트를 선택했다.

그는 주 의회 지도자로 선임되었다. 그의 정치적인 신념은 수용소에서 지독한 훈육을 받았는데도 조금도 손상을 입지 않았기 때문에 즉시 사회민주당 지부를 결성하여 활동했다. 그러나 독일 공산당과 사회민주당이 사회주의통일당으로 강제 통합된 후에는 어려움에 빠졌다. 그는 위로부터의 획일적인 통제에 저항했다. 사람들은 그를 괴롭히고 체포하겠다고 위협했으며, 포로들이 갇힌 강제 수용소 부헨발트를 다시 들먹이며 압력을 넣었다.

몇 년 후 하인리히의 아버지는 쓰디쓴 죽음을 맞았다. 동지들이 그를 궁지로 몰아넣었기 때문이다. 그러나 아들은 학교를 마친 후 로스토크에서 동창생인 마르틴 그룬과 함께 연구를 계속했고, 곧 경제 분야의 학자로 두각을 나타냈다. 그룬은 나룻배를 타고 탈주를 감행하여 처음에는 룬트에서 그리고 나중에는 함부르크의 카를 실러 대학에서 경제학을 계속 공부했다. 반면에 하인리히스는 일당 독재의 당에서 근무하며 경력을 쌓았고 울브리히트에서 호네커에 이르는 모든 정세 변화를 견뎌 냈다. 나이가 들면서 그는 널리 인정을 받았고, 학술원의 경제학 분과 소장이라는 굉장한 고위직까지 맡았다. 장벽이 무너지고 노동자와 농부의 국가가 더 이상 존재하지 않게 되자 서독 쪽 역사의 승리자들은 그를 즉시 아무것도 아닌 존재로 만들고는 '재평가'의 대상으로 삼아야 한다고 몰아붙였다.

잘못된 이력을 덮어쓴 많은 사람들이 흔히 겪었던 일이다. 제대로 된 이력을 가진 사람들은 언제나 무엇이 거짓이어야 하는지 알았다.

우리가 비테 마을을 찾아갔을 때, 친구는 이미 중병을 앓고 있었다. 그의 아내는, 남편이 가슴이 답답하고 숨 쉬기가 힘들다고 불평하는 데에는 걱정할 만한 이유가 있다고 암시를 주었다. 하지만 그럼에도 남편은 이따금 슈트랄준트에서 세무사로 활동하고 아울러 조세 체계의 허점을 발견하기 위한 공부를 게을리하지 않는다는 것이었다.

볼프강 하인리히스, 독일적 상황에서의 난파자인 그는 우리가 방문하고 나서 몇 달 후 폐 색전증으로 죽었다. 졸업 시험 축하 행사에서 카를 뢰베의 「시계」를 불렀고 해군과 관련된 지식에서 동급생보다 아는 게 많았던 그는 내 어린 시절의 영역에 한정된 학교 친구로만 남았다. 왜냐하면 내가 아무것도 알려 하지 않았거나 거짓된 것만을 아는 데 만족했기 때문이다. 내가 어린아이처럼 멍하니 그의 사라짐을 받아들였고, 다시 한 번 '왜'라고 말하기를 회피했기 때문이다. 그래서 나의 침묵은 양파 껍질을 벗기며, 이제 나의 귓속에서 윙윙거리며 자신을 드러내는 것이다.

다음 사실은 말하고 넘어가야겠다. 그렇게 커다란 고통을 주는 것은 아닐지 몰라도 회한의 감정은 드니까 말이다. 아, 내게도 볼프강 하인리히스처럼 신념이 확고한 아버지가 있었더라면. 우리 아버지는 자유 도시 단치히가 그렇게 억압을 강요당하지 않았던 1936년에 이미 나치에 가입했다. 그렇기 때문에 만일 그때 우리 아버지가 그런 사람이었더라면, 그랬더라면 하는 핑계를 댈 때마다 나는 내 안의 조롱꾼이 쏟아 내는 비웃음의 메아리를 감내해야 한다.

하지만 내게는 그런 아버지도 없었고, 스스로 그렇게 하지도 못했다. 아저씨는 사라졌고, 동창생도 가고 없다. 하지만 너무도 분명한 것은 지금 내가, 그 행방을 추적하고 있는 소년*이 무시무시한 일들이 일어난 현장에 있었다는 점이다. 전쟁이 일어나기 거의 일 년 전. 잔인무도한 폭력이 대낮 햇빛 아래에서처럼 환하게 보인다.

나의 열한 번째 생일 직후에 단치히에서, 그리고 또 다른 곳

---

* 귄터 그라스 자신.

에서도 유대교 회당이 불타올랐고 쇼윈도 유리창이 박살 났다. 나는 아무런 행동도 하지 않았지만 호기심 어린 목격자로서 현장에 있었다. 우리 학교, 콘라디눔 학교에서 멀지 않은 미하엘리스 로에 있는 자그마한 랑푸르 유대교 회당이 한 패거리의 나치 돌격대에 의해 약탈당하고 초토화되고 불태워졌다. 하지만 너무도 공공연하게 벌어진 사건의 과정을 지켜본 목격자는 어쨌든 놀란 나머지 입을 다물지 못했던 것 같다. 단치히 시 경찰도 그저 방관만 했는데, 아마도 방화에서 아무런 동기를 찾지 못했기 때문일 것이다.

더 이상은 없다. 내 기억의 나뭇잎들을 열심히 헤집어 보아도 내게 유리한 것은 하나도 발견되지 않는다. 어떠한 의심도 내 어린 시절을 흐릿하게 만들지 않았음은 명백하다. 오히려 나는 자극받기도 하고 자극을 주기도 하면서 '새로운 시대'를 자처했던 나날의 일상이 제공했던 모든 것에 동참했던 것이다. 조금이라도 이득을 얻기 위해.

그 시절은 흥미롭기도 하고 유혹적이기도 했다. 라디오와 영화관에서 막스 슈멜링은 연전연승을 거두었다. 슈테른펠트 백화점 앞에서는 겨울 빈민 구호 사업을 위한 모금함이 잔돈을 끌어모으고 있었다. "누구도 굶주려서는 안 됩니다, 누구도 얼어서는 안 됩니다!" 베른트 로제마이어를 비롯해, 은빛 화살*을 탄 독일의 자동차 경주 선수들은 최고로 빨랐다. 그라프 체펠린과 힌덴부르크 같은 비행선은 찬탄의 대상이었고, 도시의 상공에서 번쩍거리는 모

---

* 경주용 은빛 자동차.

습은 우편엽서의 주제가 되었다. 「주간 뉴스」*에서 최신 무기를 갖춘 우리의 '콘도르 군단'은 스페인을 적군(赤軍)으로부터 해방하는 데 한몫했다. 파우젠호프에서 우리는 '알카자르'의 연주를 들었다. 그 몇 달 전에는 올림픽 경기에서 쏟아진 메달이 우리를 열광시켰다. 나중에 우리의 찬탄을 자아낸 달리기 선수는 루돌프 하르비히라고 불렸다. 「주간 뉴스」에서 독일 제국은 탐조등 불빛 아래서 위용을 과시했다.

내가 열 살이었던 자유 도시 시절의 마지막 무렵, 나의 이름을 한 소년은 온전히 자발적으로 히틀러 청소년단**의 예비 조직인 소년단***의 단원이 되었다. 사람들은 우리를 '꼬마 단원' 혹은 '꼬마 늑대'라고 불렀다. 성탄절 식탁에서도 나는 캡,**** 머플러, 검대와 멜빵을 포함한 제복을 입기 원했다. 깃발을 든 채 연단에 서고, 노끈을 맨 소년 지도자의 지위를 얻으려 안달할 정도로 내가 열광했는지는 잘 기억나지 않는다. 하지만 엉터리 노래와 둔탁한 북소리가 나를 몰아세울 때조차 아무런 의문 없이 동참했던 것만은 분명하다.

나를 유혹한 것은 제복만이 아니었다. "청소년은 청소년에 의해서 인도되어야 한다!"라는 그럴듯한 모토와 더불어 여러 가지 놀이들이 제공되었던 것이다. 해변 숲 속의 야영장과 추적 놀이, 시의 남쪽 언덕 지대에서 축제 장소를 마련하기 위해 일으켜 세

---

* 우리나라의 「대한뉴스」처럼 1940~1945년에 독일 영화관에서 접할 수 있었던 전쟁 뉴스를 말한다.
** Hitlerjugend의 번역.
*** Jungvolk의 번역.
**** 배 모양의 작고 길쭉한 군모.

운 표석(漂石)들 사이에서의 캠프파이어, 별이 총총한 하늘 아래 동쪽으로 트인 숲 속 빈터에서 벌어진 하지제(祭)와 새벽제. 우리는 노래가 제국을 더욱 위대하게 만들기라도 할 것처럼 노래를 불렀다.

노바스코샤 출신의 어린 노동자였던 내 기수(旗手)는 나보다 겨우 두 살 정도 많았는데, 재기 발랄할 뿐만 아니라 물구나무 자세로도 걸을 수 있는 멋진 녀석이었다. 그에게 홀딱 빠진 나는 그가 웃으면 따라 웃으며 그 뒤를 졸졸 따라다녔다. 그 모든 것이 숨막히는 집안 분위기, 가게 카운터 뒤에서 손님들과 수다를 떠는 아버지, 단칸방 집의 협소함으로부터 탈출하라고 나를 유혹했다. 집에서 내게 주어진 공간은 오른쪽 거실의 창문턱 아래 움푹 들어간 부분이 전부였고, 또 그것으로 만족해야 했다.

그 공간을 가로지른 널빤지 위에 담뱃갑 그림을 모아 둔 접착식 앨범과 책 들이 놓여 있었다. 그리고 첫 번째 작품을 빚기 위해 마련한 조소용 점토, 펠리칸표 스케치북, 그림물감 열두 개가 든 물감 상자, 이럭저럭 모아 놓은 우표들, 한 무더기의 잡동사니 그리고 나의 비밀 노트들도 그곳에 자리했다.

지금 돌이켜보면 여러 해 동안 나의 피난처가 되었던, 창문턱 아래의 그 움푹한 공간만큼 분명하게 기억나는 게 거의 없는 것 같다. 나보다 세 살 아래인 누이동생 발트루트에게 주어진 공간은 왼쪽 거실의 창문턱 아래였다.

좀 더 간략하게 말하자면 이렇다. 나는 발맞추어 행진하면서 "우리의 깃발은 저 앞에서 나부낀다."를 노래하려고 애썼던 소년단 단원이었을 뿐만 아니라, 방구석에 처박혀서 자신의 보물을 가지고 노는 아이이기도 했다. 질서 정연하게 줄을 서 있는 동안에도 나는, 유별나게 눈에 띄지는 않았지만 외톨이였다. 몸은 함께 따라갔지만, 생각은 언제나 다른 곳을 떠돌고 있었다.

게다가 나는 초등학교에서 실업 중고등학교로 진학했고, 아울러 김나지움에 다닐 자격을 얻었다. 황금색으로 C가 새겨진 김나지움 학생의 전통적인 빨간 모자를 쓰고 자부심에 넘쳐 콧대를 세우고 다녔다. 어렵게 마련한 학비를 부모님이 분할 납부해야 했지만 그래도 이름깨나 있는 학교의 학생이었다. 나는 그 금액이 얼마인지도 몰랐다. 아들이 아는 것이라곤 달마다 부담스러운 금액의 돈을 내야 한다는 것 정도였다.

거실 문 쪽으로 통하는 복도 옆에 길고 좁다랗게 붙어 있는 잡화점은 헬레네 그라스라고 불리는 어머니가 혼자서 꾸렸다. 빌리라고 불리는 아버지 빌헬름은 쇼윈도를 꾸미고, 도매상인들에게서 물건을 구입하여 가격표 붙이는 일을 했다. 가게 운영은 그저 그렇거나 어려운 편이었다. 굴덴화 시절에는 세금 때문에 영업이 불안했다. 거리 모퉁이마다 경쟁자들이 자리 잡고 있었다. 우유, 크림, 버터와 신선한 치즈의 추가 판매를 허가받으려면 거리 쪽으로 위치한 부엌의 절반을 바쳐야 했고, 그 때문에 가스 오븐과 냉장고는 창문도 없는 실내에 두어야 했다. 그리고 '황제 커피' 체인점이 고객을 점점 더 빼앗아 갔다. 대리상들은 청구서의 금액이 모두 정확하게 지불되어야만 물건을 공급했다. 외상 손님도 너무 많았다. 특히 세관 직원, 우체국 직원, 경찰관의 아내들이 외상을 좋아했다. 그러면서 엄살을 부리고 인색하게 굴며 할인을 요구했다. 토요일에 가게 문을 닫고 나설 때면 언제나 부모님은 서로 이렇게 확인했다.
"현금이 다시 빠듯해졌어."

그러므로 어머니가 매주 나에게 용돈을 마련해 주기 어려웠으리라는 것은 충분히 짐작할 수 있는 일이다. 그런데도 내가 우리 반 아이들은 모두 다 동전을 가지고 절렁거리며 놀아요 하는 식으로 불평을 하면 어머니는 너무 오래 사용해서 닳을 대로 닳은 노트를 내 앞에 내밀었다. 거기엔 어머니 말대로 '외상'으로 살아가는 모든 고객의 외상 금액이 차례대로 기입되어 있었다. 그 노트가 지금 눈앞에서 어른거린다. 나는 그 노트를 넘긴다.

단정한 글씨로 이름과 주소, 그리고 최근에 가치 절하되었다 다시 가치 절상된 굴덴화 액수가 페니히까지 정확하게 기록되어 있었다. 운영을 맡은 여주인이 가게 걱정을 하는 이유가 적혀 있는 그런 결산 장부였다. 그리고 점차적인 실업 증대라는 일반적인 경제 상황을 반영하는 거울이기도 했다.

"월요일이면 대리상들이 와서 현금을 내놓으라고 할 거야." 어머니는 거듭해서 이렇게 말했다. 하지만 매달 내야 하는 수업료 때문에 아들에게 그리고 나중에는 딸에게 너희는 의무감을 느껴야 마땅하다는 식으로 훈계하는 일은 결코 없었다. 어머니는 단 한 번도 이렇게 말하지 않았다. 나는 너희 때문에 희생하는 거야. 그러니 보답을 하라고!

온갖 영향을 미리 고려할 만큼 세심한 교육을 받을 시간이 거의 없었던 어머니는 누이동생과 내가 날카로운 소리를 내며 언쟁을 벌일 때면 손님에게 "잠시만요." 하고 말하고는 서둘러 가게를 빠져나와 "누가 싸움을 시작한 거니."라고 묻지도 않고 다짜고짜 아무 말도 없이 아이들 뺨을 때렸다. 그러고는 곧장 돌아가 손님을 친절하게 모셨다. 어머니는 섬세하고 마음이 따뜻했으며 쉽게 울고 쉽게 감동했다. 그리고 시간이 날 때면 기꺼이 몽상에 빠져들어 스스로 아름답다고 여기는 모든 것을 두고 "진짜 낭만적이야."라며 감탄해 마지않았다. 세상 그 어떤 어머니보다 배려심이 깊었던 어머니는 어느 날 아들에게 외상 장부를 내밀고는 만일 내가 매일 오후 말재주로 무장하고(사실 나는 말재주가 있었다!) 숫자가 가득한 장부를 들고 기한을 넘긴 손님들을 찾아갈 준비가 됐거나 아니면 어머니가 보기에 멍청한 소년단 일을 벗어나 시간 여유가 있을 때 손님들을 방문하여 그들이 빚을 한꺼번에 다 갚지는 못하더라도 할부로 갚도록 간곡하게 재촉할 수 있다면 회수한 금액의 5퍼센트를 주겠노라고 제안했다.

그러고는 특정한 날의 저녁을 잘 이용하라고 충고까지 해 주었다. "금요일이 주급을 받는 날이니 그때 가서 돈을 받는 게 좋을 거야."

그리하여 나는 열 살 혹은 열한 살쯤에, 김나지움 5학년이나 6학년쯤에 교활하고 성공적인 외상값 수금인이 되었다. 사과 한 알이나 싸구려 사탕을 주고 나를 돌려보낼 수는 없었다. 내 머리에선 채무자의 마음을 녹일 수 있는 말이 저절로 샘솟았다. 번지르르하게 기름을 바른 경건한 변명조차도 내 귀를 속여 넘기지 못했고, 공갈 협박조의 말을 들어도 꿋꿋이 버텨 냈다. 빚쟁이가 출입문을 닫으려고 하면 나는 그 사이로 발을 밀어 넣었다. 금요일이면 주급을 받지 않았느냐면서 유달리 독촉했다. 일요일조차도 내게는 성스럽지 않았다. 짧은 휴일이나 긴 휴일 동안에는 하루 종일

일을 했다.

얼마 지나지 않아 나는 결산 금액을 보여 주었는데, 어머니는 아들을 위한 교육적인 이유로 그 금액이 과도하다고 보고 배당금을 5퍼센트에서 3퍼센트로 줄였다. 나는 입을 삐죽 내밀고 그것을 받아들였다. 어머니는 이렇게 말했다. "네가 자만할까 봐 그러는 거야."

그럼에도 마침내 나는 우파겐베크 로나 슈테펜베크 로의, 둥근 정문 기둥들과 발코니가 있고 현관에 하인이 대기하고 있는 호화 빌라에 사는 많은 동급생보다 현금을 많이 가지게 되었다. 그들의 아버지는 변호사, 의사, 곡물상, 심지어는 공장주이거나 선주였다. 순이익금은 창문턱 아래 한구석에 숨겨 놓은 빈 담뱃갑에 차곡차곡 쌓였다. 나는 여분의 스케치북과 책, 그리고 『브렘의 동물 생활』도 여러 권 구입했다. 영화광이었던 나는 가장 멀리 위치한 구시가의 영화관들, 심지어는 올리베어 성(城)의 정원에 위치한 '록시' 영화관에도 갈 수 있었다. 물론 왕복 전차표도 구입했다. 어떤 프로그램도 그 영화광을 피해 가지 못했다.

자유 도시 시절에는 문화 영화와 본 영화가 나오기 전에 폭스 사가 제공하는 「주간 뉴스」가 상영되었다. 해리 필은 나를 사로잡았다. 나는 '딕과 도프'를 보고 웃음을 터뜨렸다. 금광에 미친 찰리 채플린이 구두 한 짝을 끈과 함께 먹는 장면도 보았다. 미국 아역 배우인 셜리 템플은 내가 보기에 밋밋하고 별로 귀엽지도 않았다. 코미디로 나를 슬프게 하고 비극으로 나를 웃게 했던 버스터 키튼 주연의 무성 영화를 여러 번 볼 정도로 나는 돈이 넉넉했다.

2월의 어머니 생일이었던가, 아니면 어머니날이었던가? 어쨌든 2차 세계 대전이 시작되기 전에 나는 어머니에게 특별한 것, 어떤 수입 물품을 선사할 수 있는 형편이었다. 나는 슈테른펠트 백화점 쇼윈도 앞에서 타원형 수정 접시와 전기 다리미를 이리저리 재며 선택의 고통을 즐겼다.

마침내 모양도 아름다운 지멘스 제품을 선택했는데, 어머니는 그 엄청난 가격에 대해 엄격하게 추궁했고, 마치 일곱 가지 대죄 중 하나라도 저지른 것처럼 친척들에게는 그 일을 비밀에 부쳤다. 유능한 아들을 자랑스럽게 여겨야 한다고 확신했던 아버지도 내 갑작스러운 부의 출처를 누설할 수 없었다. 그 다리미는 사용 후 곧바로 찬장 속으로 사라졌다.

외상값 수금 경험은 또 다른 추가 이득을 안겨 주었는데, 그것은 수십 년 후 나의 사실적인 산문에서 진가를 발휘했다.

나는 층마다 다른 냄새를 풍기는 셋집들을 찾아다니며 계단을 오르락내리락했다. 익어 가는 흰 양배추에서 나는 냄새는 끓고 있는 빨랫감에서 나는 냄새에 묻혀 버렸다. 위층으로 올라갈수록 고양이 냄새와 기저귀 냄새가 진해졌다. 모든 출입문 뒤에서 특히 안 좋은 냄새가 진동했다. 주부가 막 곱슬머리를 전열 가위로 이리저리 감아올렸기 때문에 신 냄새나 타는 냄새가 났다. 늙수그레한 여인네들이 사용하는 나프탈렌과 케케묵은 라벤더 향. 연금 생활을 하는 과부가 풍기는 슈납스 냄새도 났다.

나는 냄새 맡고 듣고 보면서 이런 것들을 배웠고, 또 느꼈다. 딸린 식구가 많은 노동자 가족의 가난과 걱정, 파산 선고를 받은 주제에 표준 독일어로 으스대며 욕설을 퍼붓는 관리들의 오만과 분노, 식탁에 앉아 잠시나마 수다를 떨고 싶어 하는 고독한 여인들의 욕구, 이웃 간의 위협적인 침묵과 끈질긴 반목.

그리고 나의 내면에 예금 잔액처럼 이런 것들이 축적되었다. 술에 취하고 말고와 상관없이 상습적으로 벌어지는 아버지들의 구타, 목청 높여 앙칼지게 질러 대는 어머니들의 목소리, 꿀 먹은 벙어리처럼 입을 다물거나 더듬거리는 아이들, 계속해서 콜록거리며 기침하는 소리, 한숨과 욕설, 정도가 다양한 눈물, 인간에 대한 증오 그리고 개와 카나리아에 대한 애착, 끝도 없이 계속되는 잃어버린 아들에 대한 이야기, 폴란드어 욕설을 섞어 가며 저지 독일어로 말하는 프롤레타리아의 이야기와 조각나고 짧게 축약된 공식 언어로 말하는 소시민들의 이야기. 이런 이야기들을 낳게 한 배경은 무엇보다도 불신(不信)이었다. 그리고 나중에서야 의미를 알게 된 다른 이야기들도 있는데, 정신의 강력한 의지와 무기력하고 허약한 육체에 관한 것이었다.

외상값 수금을 다니다 얻어맞은 이야기를 포함하여 이런저런 이야기들이 자꾸만 쌓여 갔다. 말하자면 저 전업 이야기꾼*에게 소재가 부족하거나 할 말이 떨어졌을 때를 대비하여 미리 저축을 해 둔 셈이었다. 나는 시간을 거꾸로 달리게 하여, 쿵쿵거리며 냄새를 맡고 악취를 분류하고 다시 계단을 오르락내리락하고 손잡이를 누르거나 노크만 하면 됐다. 특히 금요일 저녁에.

자유 도시의 굴덴화부터 시작하여 페니히에 이르기까지, 이어

---

* 귄터 그라스 자신.

서 1939년의 전쟁 발발과 제국마르크화로의 교환, 즉 값어치가 있는 5마르크짜리 은화로의 교환 등에 있어서 일찌감치 냉혹한 실전 경험을 쌓은 덕분에, 전쟁 후 부싯돌과 면도날 같은 품귀 상품을 다루는 암거래상으로 활약할 수 있었고, 나중에 작가로서 고집불통의 출판업자들과 계약을 맺으면서 끈질기게 협상하는 일이 너무도 쉬웠다.

그러므로 외상값 수금을 비롯한 돈 문제에서 냉정해지는 법을 일찌감치 가르쳐 준 어머니에게 감사해야 할 이유는 충분하다. 1970년대 초반 『어느 달팽이의 일기』를 쓰면서 내 아들들인 프란츠와 라울의 강요로 있는 그대로의 자화상을 그리지 않을 수 없었을 때 "나는 나쁘게 살도록 잘 교육받았다."라는 간결한 표현을 썼는데, 이 역시 외상값 수금인으로서의 활약을 염두에 둔 표현이었다.

어쩌다 보니 편도염과 관련된 일을 빠뜨렸다. 어린 시절이 끝날 전후 무렵 편도염에 자주 걸렸던 나는 그 때문에 며칠 동안 등교를 면제받았고 아울러 외상값 수금이라는 고객 관리에도 지장을 받았다. 어머니는 설탕을 넣어 휘저은 달걀노른자를 유리잔에 담아 반쯤 회복된 아들에게 침대로 가져다주었다.

캡슐이 되어 굳어 버린 사건들

한 단어는 다른 단어를 부른다. 채무와 죄. 두 단어는 독일어의 토양 속에 아주 단단히 뿌리박고 있으며 서로 아주 가까운 사이다.* 앞의 단어, 즉 채무는 어머니의 외상 고객들이 그런 것처럼 할부로라도 빚을 갚으면 부드럽게 극복된다. 그러나 명백하거나 은폐됐거나 혹은 미루어서만 짐작할 수 있는 죄는 그대로 남는다. 죄는 끊임없이 째깍째깍 소리를 내며 아무도 알 수 없는 곳으로 여행을 하고 어느새 그곳에 자리를 잡는다. 죄는 짧은 격언을 반복하고, 자비롭게도 시간을 잊은 채 꿈속에서 겨울잠을 잔다. 죄는 침전물로 남으며, 지울 수 없는 얼룩이자 다 핥아 먹을 수 없는 웅덩이다. 죄는 일찌감치 귓바퀴 속에서 은신처를 찾는 법을 배우고 참회를 한다. 죄는 스스로를 낡은 것으로 혹은 보다 작은 것으로 간주하면서 무(無)가 되기를 원한다. 그리고 양파가 한 껍질 한 껍질 벗겨질 때마다 가장 최근에 모습을 드러낸 껍질에 자신을 새긴다. 때로는 대문자로, 때로는 부문장으로, 때로는 각주 형태로, 때로는 분명하게 읽을 수 있는 형태로, 때로는 힘을 들여야만 해독할 수

---

* 채무는 독일어로 Schulden이고, 죄는 독일어로 Schuld이다.

있는 상형 문자로. 어쨌든 내가 잘 이해할 수 있는 간결한 비명(碑銘)은 "나는 침묵을 지켰다."이다.

그러나 너무도 많은 사람들이 침묵을 지켰기 때문에 자신의 실패를 전적으로 간과해 버리고, 그 대신에 일반적인 죄를 고발하거나 부당하게도 삼인칭으로만 자신을 드러내고자 하는 유혹에 빠진다. 그는 그랬고 그렇게 보았고 그렇게 했고 그렇게 말했고 그렇게 침묵했다는 식으로. 숨바꼭질을 할 만큼 자리가 넉넉하게 빈 자신 속으로 빠져드는 것이다.

한때 열세 살이었던 나를, 그 소년을 불러내어, 마치 이방인인 듯, 나로서는 도저히 그의 역경에 공감할 수 없는 이방인인 듯 그를 엄하게 심문하고 심판하고 싶은 유혹을 느끼는 순간이면, 눈앞에 짧은 바지에다 무릎까지 오는 양말을 신고 자꾸만 인상을 찌푸리는 중키의 사내 녀석이 보인다. 그는 나를 피하며, 비판도 판결도 받고 싶어 하지 않는다. 그는 어머니 품으로 달아난다. 그는 소리친다. "나는 어린애였어, 그냥 어린애였다고……."

나는 그를 달래면서 양파 껍질 벗기는 일을 도와 달라고 부탁한다. 하지만 그는 정보 제공을 거부하며 나의 이전 자화상으로 이용되려 하지 않는다. 그는 나의 권리를, 그의 말대로 하자면 '만들어 버릴' 권리를, 그것도 '위에서 아래 방향으로 만들어 버릴' 권리를 거부한다.

이제 그는 두 눈을 가늘게 뜨고 입술을 비죽거리고 입을 불안한 모양으로 비튼 채 인상을 찌푸리고 있다. 그러면서도 다시 소환되는 일이 없도록 책 앞에 쪼그리고 앉아 있다.

나는 그*가 책 읽는 모습을 본다. 그 일을, 다만 그 일을 그는 인내심 있게 한다. 그는 좁은 집 안에서 누이동생이 내는 즐거운 소음으로부터 자신을 지키기 위해 집게손가락으로 두 귀를 막는다. 지금 막 그녀는 흥겹게 흥얼거리며 그에게로 가까이 다가간다. 그는 정신을 바짝 차려야 한다. 왜냐하면 동생은 그의 책을 덮어 버리고 그와 함께 놀기를, 오로지 놀기만을 원하기 때문이다. 그녀는 회오리바람과도 같다. 그의 누이동생은 그와 어느 정도 떨어져 있을 때만 사랑스럽다.

책은 일찍부터 그에게 울타리에서 빠진 널빤지이자, 다른 세계로 빠져나가는 구멍이었다. 하지만 아무것도 하지 않고 거실 가구들 사이에 할 일 없이 멍하니 서 있는 것처럼 보일 때면 그는 얼굴을 찌푸린다. 그러면 어머니가 그를 향해 소리친다. "지금 또 무슨 생각에 빠져 있는 거니? 도대체 무슨 궁리를 하는 거야?"

정신을 차린 척 속일 때마다 나는 도대체 어디에 가 있었던가? 인상을 찌푸린 그 소년은 거실이나 교실을 떠나지 않은 채로 얼마나 아득한 공간을 헤매고 다녔던가? 그는 자신의 실을 어느 방향으로 자았던가?

대개의 경우 나는 피를 뚝뚝 흘리는 역사의 내장 속으로 들어가고 싶은 욕구를 억제하지 못하고 시간을 거슬러 올라갔다. 그리하여 깜깜하기 그지없는 중세라든지 아니면 삼십 년 동안 전쟁이 지속되고 있는 바로크 시대에 정신없이 빠져들었다.

그리하여 나의 이름으로 호출을 당하는 소년에게 나날은 다양하게 교체되는 의상들의 연속적인 등장과 더불어 지나갔다. 나

---

* 열세 살 때의 귄터 그라스.

는 언제나 다른 누군가가 되고 싶었으며 언제나 다른 어느 곳에 있고 싶었다. 몇 년 후,『짐플리치스무스』민중본에 정신을 빼앗겼을 때 나는 책 마지막 부분에서 만나게 되는 '발트안더스*'가 되고 싶었다. 비밀스러우면서도 매력적인 그 인물은, 내가 근위병의 불룩한 바지를 훌훌 벗어 버리고 은자의 너덜너덜한 수도복으로 갈아입는 걸 허락해 주었다.

총통의 연설, 전격전, 유보트의 영웅과 번쩍이는 훈장을 받은 비행사의 존재는 세세한 군사적 사항과 더불어 내게 실감나는 현실이었다. 나의 지리학 지식은 몬테네그로의 산에서 시작하여 그리스의 군도(群島)에 이르기까지, 그리고 1941년 여름부터는 전선이 전진함에 따라 스몰렌스크와 키예프 그리고 라도가 호수까지 확대되었다. 그러나 나는 동시에 우글거리는 십자군 원정대 무리에 섞여 예루살렘 방향으로 행군했고, 바르바로사 황제의 시동(侍童) 역할을 했으며, 기사단 소속 기사가 되어 주변의 프루체인** 사냥에 나섰으며, 교황으로부터 파문을 당했고, 콘라딘의 시종이 되었다가 호엔슈타우펜 왕조와 더불어 몰락했다.

시내 가까운 곳에서 날마다 벌어지는 부당한 일에 대해서는 까맣게 몰랐다. 바익셀과 하프 사이에, 니켈스발더의 콘라디눔 학교에서 두 마을 떨어진 곳에 슈투트호프 강제 수용소가 날마다 확대되는 동안에도 나를 격분케 한 것은 교황 권력의 범죄와 종교 재판의 고문 행위뿐이었다. 한편으로는 부집게와 달아오른 쇠꼬챙이와 손가락 비트는 고문 기구에 친숙했고, 다른 한편으로는

---

*그때마다 다른 사람이 된다는 의미.
**15~16세기에 멸종된 발트 해 연안의 종족.

화형에 처해진 마녀와 이단자를 위한 보복에 나섰다. 나는 그레고리우스 9세와 여러 교황들에게 증오심을 품었다. 서프로이센의 오지에서는 폴란드 농부들이 아내와 아이들과 함께 농장에서 쫓겨났다. 나는 자신에게 충실한 사라센인을 아풀리엔에 정착시키고 자기 매와 아랍어로 대화를 나누었던 프리드리히 2세의 가신이 되기도 했다.

돌이켜 생각해 보면 인상을 찌푸리고 있는 김나지움 학생은 책에서 얻은 정의의 의미를 중세 시대로 퇴각하여 그곳에 옮겨 놓는 데 성공한 것처럼 보인다. 그러므로 광대한 분량을 쓰려고 계획했던 나의 첫 번째 글쓰기는 단치히에 남아 있던 나머지 유대인을 마우제가세 거리의 게토에서 테레지엔 시로 추방했던 사건과는 상관있을 수가 없었고, 1941년 여름의 모든 포위 전투와도 동떨어질 수밖에 없었다. 줄거리 전개는 그보다 더 멀어지려야 멀어질 수도 없는 13세기 한가운데로 연결될 수밖에 없었다.

광고가 실린 곳은 학생들을 위한 신문 《협력!》이었다. 소년들이 쓴 산문에 상금을 건 광고였다.

그리하여 인상을 찌푸리고 있는 소년, 혹은 나라고 주장하면서도 허구의 덤불숲 속에 거듭 자취를 감추는 자아는 그때까지 얼룩 하나 없던 노트에다가 미적거리기는커녕, 단숨에, 물 흐르듯 거침없이 소설을 써 내려가기 시작했다. 소설 제목은 『카슈바이 사람들』이었다. 그들은 언제까지나 나의 친척이었다.

어린 시절 우리는 종종 자유 도시의 경계를 넘어 코코쉬켄, 추카우 방향으로 가서 나의 종조모인 안나를 방문했다. 안나는 많은 식구들과 함께 낮은 지붕 아래 좁은 공간에서 살았다. 치즈 과자, 돼지머리 젤리, 겨자에 절인 오이와 버섯, 꿀, 말린 자두, 닭의 위장과 염통과 간, 단 음식과 신 음식, 그리고 감자로 만든 슈납스도 식탁에 올랐다. 물론 웃음도 있고 눈물도 있었다.

겨울이면 종조모의 큰아들인 요제프 아저씨가 말과 썰매를 끌고 와서 우리를 데려갔다. 신나는 여행이었다. 골트크루크에서 자유 도시의 경계선을 넘었다. 요제프 아저씨는 세관원에게 독일어로, 폴란드어로 인사를 했고 그때마다 다른 제복을 입은 사람들로부터 욕설을 들었다. 별로 재미없는 장면이었다. 전쟁 직전에 그는 폴란드 기와 갈고리 십자가가 있는 기를 장롱에서 꺼내 소리쳐야 했다. "전쟁이 일어나면 나는 나무 위로 올라가서 누가 먼저 오는지 살필 거야. 그러고 나서 이 기를 걸어야 할지 저 기를 걸어야 할지 말해 줄게……."

상당한 시간이 흐른 뒤에도 우리는 총살당한 아저씨의 어머니와 누이들을 보았다. 가게 문을 닫고 난 후 비밀리에 만나긴 했지만. 그리고 전시에는 원료품 거래가 경제적으로 도움이 됐다. 수프용 닭과 달걀이 건포도, 베이킹파우더, 재봉실 그리고 석유와 교환되었다. 우리 가게에는 자반 청어가 가득 든 통 옆에 꼭지가 달린, 어른 키 높이의 석유 탱크가 있었는데, 그 냄새는 세월이 아무리 흘러도 지워지지 않았다. 종조모 안나가 교환 상품인 깃털 뽑은 거위를 치마 아래 숨겨 와서는 단번에 꺼내어 가게 카운터에 내던지며 "10파운드는 충분히 나갈 거야……."라고 말하던 장면도 생생하게 기억난다.

그런 식으로 나는 카슈바이 사람들의 언어 습관과 친숙해졌다. 오래된 슬라브어를 꿀꺽 삼켜 버리고 근심과 소망을 저지 독일어로 표출하면서 그들은 관사를 생략했고, 만일의 경우에 대비하여 "아뇨."라는 말을 한 번이 아니라 두 번씩 반복했다. 그들의 느릿느릿한 말씨는 문질러 으깬 흑빵을 설탕과 섞어 뿌려 넣은 김빠진 발효유 같았다.

카슈바이에 남은 주민들은 옛날부터 단치히 시의 언덕이 많은 내륙 지역에 정착해 살아왔는데, 지배자가 거듭 교체되어 폴란드 민족이라고 할 수도 없고 독일 민족이라고 할 수도 없었다. 마지막 전쟁에서 독일인이 다시 카슈바이인에게로 왔을 때, 많은 카슈바이인은 법령에 따라 '제3등 민족'으로 분류되었다. 당국의 압력에 따라 시행된 이 조치에는 검증을 거쳐 그들로부터 완전한 제국 독일인을 골라내려는 의도가 있었다. 젊은 여자들은 노동 봉사에, 당시에 하네스라고 불렸던 얀 아저씨 같은 젊은 남자들은 전시 복무에 소환되었다.

그러므로 작가라면 이러한 어려운 상황에 대해 보고해야 마땅했을 것이다. 그런데도 내가 살인과 살해 이야기로 가득한 첫 작품의 줄거리를 13세기의 '황제도 없는 무시무시한 시대', 공위(空位)의 시대로 가져간 것은 가능한 한 도달하기 어려운 역사의 땅으로 피신하려는 나의 성향 때문이었다고밖에 설명되지 않는다. 그리하여 나의 첫 작품은 고대 슬라브 민족의 풍속사를 서술하는 것이 아니라, 슈타우펜 왕조가 멸망한 이후 폭력이 난무했던 시대의 이야기, 즉 비밀 재판의 역사와 무법천지의 시대를 다루었던 것이다.

나의 첫 작품에서 남아 있는 것은 없다. 피의 복수에 써먹을 수 있는 피비린내 나는 장면들에 대한 기억은 어둠 속으로 사라지려 한다. 기사 이름도 농부 이름도 거지 이름도 하나도 기억나지 않는다. 아무것도, 어떤 성직자의 유죄 선고도, 어떤 마녀의 비명 소리도 남아 있지 않다. 하지만 피의 강물이 흘렀고, 열 무더기 정도, 아니 더 많은 수의 장작더미가 쌓이고, 거기에다가 역청을 묻힌 횃불로 불을 붙였던 것은 분명하다. 왜냐하면 1장 마지막 부분에서 모든 영웅이 머리가 잘리고, 목이 졸리고, 말뚝에 박히고, 숯이 되거나 능치처참을 당해 죽었기 때문이다. 더군다나 죽은 영웅들을 위해 복수해 줄 사람도 하나 없었다.

그렇게 문자로 철저하게 경작한 주검들의 들판에서 나의 산문 습작은 때 이른 종말을 맞을 수밖에 없었다. 그 습작 노트가 아직 있다면 어쨌든 대물(對物) 숭배자의 관심을 끌기는 할 것이다.

교수형을 당하고, 목이 잘리고, 불에 타고, 능지처참을 당하여 까마귀밥이 되도록 참나무 가지에 흔들리며 걸려 있던 모든 주검을 그 후 유령으로 등장시켜, 다음 장들에서 계속 영향을 미치게 하면서 남아 있는 인물들을 경악하게 만들어야겠다는 구상은 미처 하지 못했다. 유령 이야기를 결코 좋아하지 않았던 것이다. 하지만 허구의 인물들을 비경제적으로 다룸으로써 창작의 곤란을 초래한 초기의 경험은 나중에 내가 주도면밀하게 앞뒤를 재는 작가로서 소설에 등장하는 인물들의 목숨을 좀 더 아껴 오래 살게 하는 데 기여했을 수도 있다.

예컨대 오스카 마체라트는 대무당으로 살아남았다. 아울러 그의 바브카도 백일곱 살이나 먹었는데, 오스카는 외할머니의 생일을 축하하기 위해 소설 『암쥐』에도 때맞추어 등장하며, 전립선 비대증으로 고통스러운데도 카슈바이로 여행하는 노고를 마다하지 않는다.

그리고 툴라 포크리프케*의 때 이른 죽음도 충분히 예견되었다. 하지만 열일곱 살인 그 처녀는 침몰 중인 피난선 빌헬름 구스틀로프호 위에서 만삭인 채로 구조를 받았고, 마침내 노벨레 『게걸음으로』를 쓸 준비를 마쳤을 때는 살아남은 일흔 살 여성으로 소환당한다. 그녀가 바로 인터넷에서 '피의 증인'을 찬양하는 극우 소년의 할머니이다.

내가 좋아하는 인물 예니 브루니스도 마찬가지다. 그녀는 심하게 부상을 입고 늘 감기를 달고 다니지만 『개들의 세월』을 살아남았다. 나도 스스로 분야를 바꿔 가며 새롭게 태어날 수 있도록 배려받은 것처럼 말이다.

어쨌든 나 자신의 기획에 따라 다시 모습을 드러내는 저 무절제한 소년은 학생들을 위한 신문 《협력!》의 창작 공모에 참여할 수 없었다. 좀 더 긍정적인 시각에서 보자면, 대독일 제국을 위해 글을 쓰는 소년을 대상으로 한, 나치의 창작 공모에 참가함으로써 어쩌면 성공적인 결과를 거두었을지도 모를 기회를 면제받았던 것이다. 왜냐하면 일등상은 말할 것도 없고, 내가 이등상이나 삼등상만 받았더라도, 작가로서의 이력의 때 이른 출발이 어느 정도 무르익었다는 평가를 받았을 것이기 때문이다. 나의 수상은 언제나 굶주려 있는 문예 비평란의 먹잇감이 되었을 것이다. 사람들은 나에게 소년 나치라는 등급을 매기고, 결격 사유가 있는 가담자로 선언하며 최종적으로 낙인찍었을 것이다. 재판관들도 없지 않았을 테니까.

---

*『게걸음으로』에 나오는 주인공의 어머니. 침몰 중인 배에서 아이를 낳는 끈질긴 인물이다.

그러나 나는 결격 사유, 등급 매김, 낙인찍음과 같은 것에 대해 스스로 판정을 내릴 수 있다. 그렇다. 나는 히틀러 청소년단 단원으로 소년 나치였다. 믿음 깊은 소년 나치였다. 열광하여 맨 앞에 나선 것은 아니지만, 자신도 모르게 흔들림 없는 눈빛으로 "죽음보다 중요하다."라는 깃발을 응시하며 대열 속에서 능숙하게 발을 맞추어 걸었다. 믿음 깊은 소년은 어떤 의문에도 시달리지 않았고, 비밀리에 유포되는 전단과 같은 파괴적인 움직임에도 흔들리지 않았다. 괴링을 놀림감으로 삼는 위트에도 나는 의심을 품지 않았다. 오히려 조국이 적들에게 포위되어 위협을 당하고 있다고 생각했다.

전쟁이 발발한 직후에 《단치히 전초》의 지면을 채웠고, 모든 폴란드인을 암살자로 만들었던 '브롬베르크 피의 일요일 사건'이라는 처참한 소식을 듣고 경악했던 내게는 그 후 독일의 모든 행동이 정당한 보복인 듯 보였다. 그리고 내 비판의 화살은 지구당 관료, 소위 말하는 금계(金鷄)*를 향했다. 그들은 비겁하게도 일선 근무를 피하고 우리를 연단 앞으로 행진하게 한 다음 삭막한 연설로 지겹게 만들었고, 아울러 총통의 신성한 이름을 오용했던 것이다. 우리가 믿어 마지않았던, 아니 노래로 찬양했던 그 모든 것이 산산조각 날 때까지 내가 추호도 의심치 않고 믿었던 그 이름을 그들이 더럽힌다고 생각했던 것이다.

그렇게 나는 백미러 속에서 나를 본다. 지워질 수 없는 그 모습은, 지우개가 비치된 칠판 위에 있지는 않지만 그대로 남아 있다.

---

* 나치의 고위 관료를 비꼬는 말.

중간중간 빈틈은 있지만 여전히 남아 있다. 노래들도 옛날 그대로 들려온다. "앞으로, 앞으로, 팡파르는 밝게 울린다, 앞으로, 앞으로, 소년은 위험을 모른다……."

소년의 죄를, 즉 나의 죄를 덜어 주느라고 이렇게 말할 수는 없다. 사람들이 우리를 타락시켰다! 아니다. 우리가 우리를, 나를 타락하도록 내버려 두었던 것이다.

그렇다. 여덟 번째 껍질에 가려져 있는 지점들을 가리키며 양파는 속삭일 것이다. 너는 용케도 빠져나왔어. 너는 멍청한 소년이었고, 나쁜 짓은 하지 않았어. 너는 아무도, 뚱뚱보 제국 원수인 괴링에 대해 감히 냉소적인 위트를 날린 이웃도 고발하지 않았어. 그리고 십자군의 기사처럼 영웅적인 행동을 할 기회를 약삭빠르게 피했노라고 떠벌린 전선의 휴가병을 당국에 일러바치지도 않았지. 아니야, 네가 아니야. 역사 수업 시간에 감히 최후의 승리가 의심스럽다고 슬쩍 말하고, 독일 민족을 '어리석은 양 떼'라고 불렀기 때문에 모든 학생이 증오했던 사악한 고등학교 선생님을 신고한 건 네가 아니었어.

그래, 그 말은 맞을 것이다. 누군가를 고발하는 것, 나치의 말단 감시관에게, 나치의 지구당 본부에, 이런저런 학교의 교장에게 누군가를 밀고하는 것은 나의 일이 아니었다. 그러나 사제의 신분이기도 해서 예하(猊下)*라고 불리기를 원했고, 단어들을 엄하게 묻지 않았던 한 라틴어 교사가 갑자기 사라졌을 때도 나는 의문을 제기하지 않았다. 그가 사라지자마자 슈투트호프라는 지역의

---

* 고위 성직자를 부르는 존칭.

양파 껍질을 벗기며

이름이 모든 사람의 입에 오르내리며 공포를 불러일으켰는데도.

양철북과 팀파니 소리와 더불어 우리의 보급형 라디오가 러시아 평원에서의 포위전 승전 소식을 특별 뉴스로 전해 주었을 때 나는 열네 살이었다. 날이면 날마다 리스트의 「전주곡」이 오용되는 동안 나의 지리학 지식을 확대해 주는 사건들이 계속 일어났다. 하지만 라틴어 과목에서는 아무런 진전이 없었다.

다시 한 번 학교를 옮겨 플라이셔 거리의 구시가, 시립 박물관과 삼위일체 교회 근처에 위치한 김나지움인 성 요한 학교의 학생이 된 내 모습이 보인다. 고딕식 지하실이 있던 이 학교는 구불구불한 복도 때문에 『개들의 세월』까지 내 곁을 떠나지 않았다. 따라서 내 소설 속 인물들, 친하면서도 서로 적대적인 에디 암젤과 발터 마터른을 그 학교에 다니게 하면서, 체육관 탈의실을 나와 구불구불한 프란체스코식 복도로 가게 하는 일이 별로 어렵지 않았다.

그리고 나의 라틴어 선생 예하 슈타히니크가 몇 달 후 다시 돌아와 성 요한 학교에서 수업을 계속하게 되었을 때도 나는 아무런 절박한 질문을 던지지 않았다. 반항적일 뿐만 아니라 건방지기도 한 학생이 되라고 요구하는 내면의 목소리가 끈질기게 들려왔는데도.

그리고 라틴어 선생도 별달리 대답할 말이 없었을 것이다. 강제 수용소에 억류되었다 풀려난 마당에 무슨 수다를 떨겠는가. 그러므로 질문을 던졌다면 얼핏 보기에 아무런 변화도 없는 것 같은 슈타히니크를 오히려 곤경에 빠뜨렸을 수도 있다.

하지만 나의 침묵이 나에게 상당한 부담을 주었던 것은 분명하다. 그렇지 않았다면 저 라틴어 선생에게, 옛 자유 도시의 중앙

당 의장에게, 성 도로테아 폰 몬타우의 끈질긴 대변자에게, 원칙적으로 과거와 연관된 나의 소설 『넙치』에서 함부로 간과할 수 없는 기념비를 세워 주었을 리 없다.

그와 고트족 성녀. 그녀를 복자(福者)의 반열에 올리려는 그의 노력. 우리의 요청으로 그녀의 단식 요법이 화제에 오르기만 하면 예하 선생은 열광했다. 라틴어 문장 구조라는 교육의 영역으로부터 그를 꾀어내기는 쉬웠다. 그가 성스럽게 여기는 도로테아에 대해 묻기만 하면 됐으니까.

도검(刀劍) 대장장이와의 결혼이 그녀를 망가뜨린 원인은 무엇인가.

그녀가 행했다고 인정받는 기적에는 어떤 것이 있는가.

왜 그녀는 마리엔베르더 사원에 산 채로 자신을 유폐했던가.

금방 수척해졌는데도 그녀는 어떻게 아름다운 모습을 유지했던가.

라틴어 선생을 추모하기 위해 나는 이 모든 것을 그리고 언제나 채워져 있던 그의 칼라를 기억 속으로 불러온다.

어쨌든 때늦은 찬가는 예하 슈타히니크의 마음을 만족시키지 못했다. 회개한 도로테아 폰 몬타우의 삶과 아사(餓死)를 우리는 너무나 대립된 관점에서 평가했던 것이다. 1970년대 중반에 소설 『텔크테에서의 만남』의 배경이 되는 바로크 시대의 세세한 지역 사정을 탐색하기 위해 아내와 함께 뮌스터란트를 돌아다니다가, 수녀원에서 만년을 보내고 있는 그를 방문했다. 안락한 가구들이 비치된 널찍한 방에서 우리는 대화를 나누었다. 무엇보다도 나는 가톨릭식으로 경작된 밭에서 일어날 수 있는 모든 갈등을 의도적으로 회피했다. 프로테스탄트 출신인 우테는 우리를 맞을 때만 모든 것을 가린 의복 밖으로 얼굴을 드러낼 정도로 은둔 생활을 하는 여성들 가운데서 그 늙은 남자가 평온한 일상을 보내는 것을 보고 은근히 놀라는 기색이었다.

라틴어 선생일 때는 단 한 번도 보이지 않던 애교를 떨면서 우리의 예하는 자신을 '광주리 속 수탉'이라고 불렀다. 내가 기억하는 모습보다 뚱뚱했던 그는 내 맞은편에 앉았다. 성당 요리가 입에 맞는 모양이었다.

우리는 마침내 복자 명부에 오른 성녀에 대해 짧게 수다를 떨었다. 정치 영역에서 그는 여전히 중앙당의 입장을 견지했는데, 현재의 기민당 정도가 불충분하게나마 중앙당의 전통을 이어받고 있다고 보았던 것이다. 그는 성심 교회 소속인, 나의 고해 신부 빙케 사제를 칭송했는데, 그가 '참으로 용기 있게' 교구의 가톨릭 노동자를 위해 노고를 아끼지 않았다는 이유였다. 그는 성 요한 학교의 이런저런 교사들을 기억했고, 전함 '비스마르크'가 침몰했을 때 두 아들이, 그의 표현대로 죽음을 '발견했던' 교장 선생에 대해서도 떠올렸다.

하지만 그는 옛일을 회상하고 싶어 하지 않았다. "어려운 시절이었어요, 당시는……." "아니, 아뇨, 아무도 나를 고발하지 않았어요……."

내가 라틴어 수업 열등생이었다는 사실은 다행스럽게도 그의 기억에서 빠져나가 버린 것 같았다.

우리는 엽서에서처럼 모든 탑과 박공이 그대로 남아 있는 단치히에 대해 이야기를 나누었다. 그단스크를 여러 번 방문했던 나의 짤막한 보고를 그는 관심 있게 들었다. "성 삼위일체 교회가 옛날처럼 다시 아름답게 세워졌다고 하던데……." 하지만 학창 시절 나의 침묵, 아직도 시효가 끝나지 않은 죄에 대해 언급하려 하자 예하 슈타히니크는 미소를 지으면서 그만두라는 눈짓을 보냈다. 나는 "내가 너를 용서한다."라는 말을 들은 것 같다는 생각이 들었다.

신심이 깊은 어머니로부터 아주 가끔 교회에 가라는 훈계를 들었던 나는 일찌감치 가톨릭의 영향을 받으면서 성장했다. 나는 고해석과 본 제단과 마리아 제단 사이를 이리저리 오갔다. 성체 현시대*와 성합(聖盒)**은 음향이 듣기 좋아서 내가 즐겨 입에 올렸던 말이다. 하지만 총통을 믿기 이전에 나는 도대체 무엇을 믿었단 말인가?

내가 보기엔 성부와 그의 아들보다는 성령이 더 그럴듯했다. 여러 인물상이 있는 제단과 음침한 그림들과 향 연기 가득한 랑푸르 성심 교회의 유령이 나올 것 같은 분위기는 기독교적이라기보다는 이교도적인 믿음을 키워 주었다. 육체적으로는 처녀인 마리아가 더 가깝게 느껴졌다. 이리저리 모습을 바꾸는 자로서 나는 그녀의 존재를 알아보는 대천사였다.

게다가 저 진실들, 책 속에서 애매모호한 생명을 유지하며 그것들의 온상 속에서 내 거짓말의 역사가 싹트게 한 저 진리들이 나를 질리게 했다. 열네 살 소년은 도대체 무엇을 읽었던가?

---

* 독일어로 몬스트란츠(Monstranz).
** 독일어로 타버나켈(Tabernakel).

양파 껍질을 벗기며

물론 경건한 논문도, 두운을 맞추기 위해 피와 땅*이라는 단어를 강제로 구겨 넣은 선전문도 읽지 않았다. 톰 믹스 시리즈도, 한 권 한 권 긴장감을 불러일으키는 카를 마이어의 소설들도 나의 흥미를 끌지는 못했다. 동급생 모두가 그것들을 손에서 놓지 못했음에도. 하지만 무엇보다도 나는 어머니의 서가에서 손에 쥘 수 있는 모든 것을 읽었다. 얼마나 다행스러운 일이었는지!

일 년여 전 헝가리의 수도에서 청회색 테두리로 장식된, 모양이 기괴한 벽난로용 시계를 상으로 받은 적이 있다. 앞으로 '납덩이처럼 무거운 시간'만을 알려 줄 것 같은 그런 모양의 시계였다. 상을 받아 든 나는 내 작품을 발행하는 헝가리 출판사의 편집인 임레 바르나에게 어린 시절 나를 혼란에 빠뜨렸던 소설 『부다페스트에서의 유혹』의 저자가 누구인지 물었다.

얼마 후 낡은 재고품에서 찾아낸 두툼한 헌책이 배달되었다. 그동안 잊혔던 작가인 프란츠 쾨르멘디가 쓴 것이었다. 1933년 베를린의 프로필리엔 출판사에서 나온 500쪽 분량의 그 책은 머무를 곳과 행복을 추구하는 남자들 이야기다. 그들은 1차 세계 대전이 끝난 후 카페에 죽치고 앉아 시간을 보내지만, 잠재의식 속에서는 프롤레타리아 혁명과 반혁명 그리고 무정부주의적인 폭탄 설치자를 꿈꾼다. 하지만 가난하지만 야심만만하게 도나우 강 양안에 걸쳐 있는 도시를 떠나 세계를 경험하고 부유한 여인과 함께 돌아와, 그곳 부다페스트에서 기만적이고 혼란스러운 사랑에 빠지는 뿌리 뽑힌 자들의 이야기가 대부분이다.

---

* 피는 독일어로 Blut, 땅은 독일어로 Boden이다. 그러므로 B가 두운이다.

지금도 인쇄되어 읽히고 있는 이 소설은 잡다하게 뒤섞인 어머니의 도서 목록에 포함되어 있었다. 아들은 곧 그 책을 통독했는데, 우선 책 제목은 모르는 것으로 해 두기로 한다. 왜냐하면 지금 나는 더 많은 읽을거리를 갈구하면서 성 페트리 고등학교 근처에 있는 시립 도서관에 앉아 있는 내 모습을 보고 있기 때문이다.

페트리 고등학교는 랑푸르 콘라디눔 학교를 떠나야 했을 때, 교직원 회의의 결정에 따라 내가 전학을 갔던 중간 정착지였다. 철봉과 평행봉 교육 시간에 우리를 구타하고 괴롭혔던 체육 선생에 맞섰던 나는, 아들에게 실망한 부모가 보기에도 '반항적이고 철면피하고 뻔뻔했다.'

그런데 "시립 도서관에 앉아 있는 내 모습을 본다."라는 말은 무슨 의미일까? 어쨌든 어머니가 전쟁 후 서쪽으로 용케 가져온 사진 몇 장의 도움을 받아 나는 성장해 가는 소년의 또 다른 자화상을 그리는 데 성공했다. 나중에 피트랄론*과 편도 가루를 써서 없애 보려고 애썼던 여드름은 아직 보이지 않는다. 하지만 유전적으로 타고난, 툭 튀어나온 아랫입술은 어린아이 같은 인상을 누그러뜨린다. 진지하다 못해 음울하기까지 한 나는 제 나이보다 빨리 사춘기를 맞은 학생처럼 보이며, 구타를 일삼는 교사에 맞서 반항하고 싶어 하는 표정이다. 누가 건드리기라도 하면 맞붙어 싸울 기세다.

그리고 이런 일도 있었다. 한 우람한 음악 교사가 가성으로 「들장미」를 불렀을 때 우리는 재즈류의 소음과 움찔거리는 동작으

---

* 면도용 화장수.

로 맞불을 놓았다. 그러자 그 교사는 나를, 오직 나만을 나무라면서 몸을 잡고 흔들었다. 나도 뒤질세라 왼손으로 그의 넥타이를 움켜쥐고, 전쟁 때문에 종이로 만들어진 넥타이가 매듭 아래서 찢어질 때까지 졸랐다. 그리하여 나를 전학시킬 충분한 사유가 성립되었다. 사실을 은폐하면서도 교육적으로 배려하는 듯한 조치였다. 페트리 고등학교에서 성 요한 학교로.

한자 동맹 도시의 시민다운 양식 덕분에 새로 설립된 도서관으로 가는 내 모습을 찍은 사진에서도 나는 여전히 우울한 표정이다. 그리고 전쟁이 끝나기 직전 도시가 화염에 싸였을 때 그 도서관도 함께 타 버렸을 것이라고 추정한 것은 별로 무리가 아니었다. 하지만 1958년 봄에 단치히의 흔적을 추적하려고, 다시 말해 손실을 장부에 기록하려고, 이제 폴란드 도시가 된 그단스크를 방문했을 때, 나는 시립 도서관이 파괴되지 않았으며, 그 내부도 판재를 붙인 원래 그대로 고풍스러운 모습을 유지하고 있는 것을 보았다. 그러므로 내가, 무릎까지 오는 바지를 입은 아직 성장 중인 소년이 열람실 책상에 앉아 도서관 책들을 잘 활용하는 모습을 발견하는 것은 어려운 일이 아니었다. 그렇다. 여드름은 없지만 머리카락이 이마 위로 늘어져 있다. 턱도, 아랫입술도 튀어나와 있다. 콧등은 이미 둥그렇게 솟아 있다. 책을 읽을 때가 아니어도 인상은 여전히 찌푸리고 있다.

시간은 겹겹이 층을 이루며 쌓인다. 시간이 덮어 버리는 것은 어쨌든 균열된 틈을 통해 들여다볼 수 있다. 그리고 애써서 넓힐 수 있는 그러한 시간의 틈새를 통해 나는 나를 보고 또 동시에 그를 본다.

나는 이미 나이가 들었고, 그는 염치없게도 어리다. 그에게서는 미래를 읽을 수 있고, 과거는 나를 불러들인다. 나의 근심거리는 그의 근심거리가 아니다. 그를 수치스럽게 만들지 않는 것, 즉 그가 수치를 느끼지 않도록 하는 것, 그러한 임무는 그의 친척 이상의 존재인 내가 완수해야 한다. 두 사람 사이에는 낡아 버린 시간이 겹겹이 놓여 있다. 최근에 낳은 쌍둥이 아들의 아버지, 자신의 튀어나온 아랫입술을 콧수염으로 가려 보려고 하는 서른 살 먹은 아버지가 먹을거리를 계속 요구하는 원고를 위해 세세한 지역 정보를 탐색하는 반면, 그의 젊어진 자아는 어떤 것에 의해서도, 심지어는 코르덴으로 만든 양복을 입은 남자인 그 자신에 의해서도 바뀔 수 없다.

하지만 나의 눈길은 이리저리를 헤맨다. 문서 보관실 자료에 포함된 1939년도 신문이 한 장 한 장 펼쳐지는 동안 전쟁이 시작된 이후 《단치히 전초》에 실렸던 일상적인 사건을 얼핏 포착한다. 나이 든 자아는 그의 공책에 9월 첫째 주 랑푸르와 구시가의 영화관들에서 어떤 영화가 상영되었던가를 긁적거린다. 예를 들면 도미니크발의 '오데온' 극장에서는 한스 알버스 주연의 「카니토가를 위한 물」이 상영되었다. 하지만 이리저리를 헤매는 그의 눈길은 저 열네 살 소년을 포착한다. 책상 세 개 너머에 앉아 있는 소년은 그림이 많은 『초간편 예술가론』에 빠져 있다.

그의 곁에는 다른 책들도 쌓여 있다. 수집한 담뱃갑 그림들로 기초를 다진 예술 관련 지식을 늘리고 있음이 분명하다. 눈길 한 번 돌리지 않은 채 그는 막스 클링거를 다룬 책을 옆으로 치우고 곧장 다른 책을 펼친다.

어른이 된 수집가*는 《단치히 전초》의 상업란에서 그때그때의 세세한 시장 가격과 주식 시세를 베껴 쓴다. 예컨대 벰베르크산 비단의 가격은 그대로이고, 보리 가격은 점점 오르는 추세다. 그리고 9월 셋째 주 '폴란드의 냉혈한들'에 의해 자행된 학살, 즉 '브롬베르크 피의 일요일 사건'을 최대한으로 부풀려 여러 면에 게재한 기사들을 접하고 거듭 놀라기 전에, 그는 자신을, 아니 소년을 응시한다. 소년은 처음에는 화가이자 조각가이자 소묘가인 클링거의 다면성을 칭송하지만, 다른 책을 보고 카라바조의 거친 생애에 매혹당한 후로는 안젤름 포이어바흐의 아틀리에에서 배우는 학생이 되기를 염원한다. 그는 독일계 로마인을 선호한다. 그는 예술가가 되기를 원하고, 무엇보다도 유명해지기를 원한다.

예술가지만 아직 유명하지 않은, 파리의 성숙한 시간 여행자**에게 소년 시절의 그가 마치 물속에서 나오듯 불쑥 고개를 내밀며 맞선다. 그가 소년에게 계속 말을 걸어도 소년은 귀를 기울이지 않을 것이다.

나와의 이러한 만남은 다른 사람에게 전달 가능하다. 그런 식으로 세상에서 떨어져 나와, 나는 다른 곳에 있는 나를 보기도 한다. 예컨대 예쉬켄탈 숲 속이라든지 주철제 구텐베르크 기념비 계단에 있는 내 모습을 본다. 성수기가 시작되기 전에 나는 빌린 책들을 발트 해 해변으로 가져가 빈 흔들의자 중 하나에 쪼그리고

---

* 현재의 귄터 그라스.
** 귄터 그라스가 『양철북』을 집필하며 파리에 머물렀던 시기를 가리키는 것 같다.

앉아 읽었다. 하지만 내가 가장 좋아했던 장소는 통풍창으로 빛이 들어오는 셋집 다락방이었다. 그리고 단칸방 주택의 한쪽 좁은 구석, 어머니의 서가 앞에 앉아 있는 내 모습도 보인다. 그의 모습은 거실의 나머지 가구보다 더욱 선명하게 눈앞에 어른거린다.

겨우 이마 높이의 서가였다. 유리창의 푸른색 커튼이 책등으로 빛이 너무 많이 쏟아지는 것을 막아 주었다. 쇠시리로 테두리가 장식된 서가는 순전히 호두나무 재목으로 만들어졌는데, 한 도제가 기능공 시험을 통과하기 위한 과제로 제작했다고 한다. 그 도제는 부모님이 결혼하기 직전에 친할아버지의 목공소 작업대에서 결혼 선물로 쓰일 가구를 만들면서 수습기를 마쳤던 것이다.

이후로 그 서가는 거실 창문의 오른편에, 내게 속하는 창문 아래 구석 공간 바로 옆에 자리하게 되었다. 그리고 피아노와 펼쳐진 악보에 비스듬하게 빛을 던져 주는 왼쪽 거실 창의 문턱 아래에는, 인상을 찌푸리지도 책을 읽지도 않지만 성격이 명랑해서 아버지의 귀여움을 독차지했고, 그래서 아무 미움도 받지 않았던 누이의 추억 문집과 인형 그리고 애완동물이 자리 잡고 있었다.

가게 문을 닫고 나면 어머니는 천천히 방울져 떨어지는 듯한 피아노 곡을 연주했을 뿐만 아니라, 어느 이름 없는 독서 클럽 회원으로 활동하기도 했다. 어머니의 회원 활동이 중단된 것은 전쟁이 시작된 직후 도서 목록을 늘려 줄 새로운 책들이 더 이상 들어오지 않으면서부터였다.

작은 서가에는 도스토예프스키의 『악령』이, 그 옆엔 빌헬름 라베의 『참새 거리의 연대기』가 있었고, 실러의 『시 전집』은 셀마 라겔뢰프의 『예스타 베를링 이야기』와 나란히 꽂혀 있었다. 주더

만의 어떤 작품은 함순의 『굶주림』과 어깨를 나란히 했고, 켈러의 『녹색 옷의 하인리히』는 켈러의 다른 작품인 『나로부터의 휴가』 옆에 꽂혀 있었다. 그리고 팔라다의 『소시민이여, 이제 어쩔 텐가?』는 라베의 『굶주린 목사』와 슈토름의 『백마의 기사』 사이에 있었다. 그리고 삽화가 들어 있는 『라스푸틴과 여인들』은 단의 『로마를 위한 투쟁』에 기대어 서 있었는데, 나는 라스푸틴 책을 나중에 괴테의 『친화력』과 대조되는 읽을거리로 어떤 등장인물*에게 주었다. 그리고 완전히 다른 이유로 책에 빠져 있던 그자를 통해 두 책을 혼합했는데, 그러한 폭발성의 혼합을 통해 소문자 abc와 대문자 ABC를 자기 것으로 소유하겠다는 그자의 의도를 성사시켰다.

이 모든 것과 그 밖의 것이 나의 읽을거리였다. 『톰 아저씨의 오두막』이나 『도리언 그레이의 초상』도 창문 커튼 뒤의 도서 목록에 포함되어 있었던가? 디킨스와 마크 트웨인의 작품 중에서 무엇을 손에 넣을 수 있었던가?

사업과 관련된 근심이 점점 커지면서 책 읽을 시간을 거의 낼 수 없었던 어머니는 아들과 마찬가지로 서가에 있는 책 중 하나가 금서에 속한다는 사실을 몰랐던 게 분명하다. 비키 바움의 『화학과 여학생, 헬레네 빌퓌어』가 그 책이다. 이미 1933년 이전에 스캔들을 일으켰던 이 소설에는 야심만만하지만 가난한 여대생의 이야기와 사랑과 죽음에 대한 동경이, 한 대학 도시의 섬뜩하도록 목가적인 분위기 속에서 묘사된다. 여대생의 임신, 돌팔이 의사이자 불법 낙태 시술자, 그리고 법을 위반한 낙태 이야기 등이 이어진다.

---

*『양철북』의 주인공 오스카를 가리킨다.

어머니는 용감한 화학과 여대생의 길을 독자로서 끝까지 안내하며 읽어 내지는 못한 것 같다. 그랬으니 열네 살 먹은 아들이 거실 탁자에 쪼그리고 앉아 그 젊은 여성의 불행과 이후 어머니로서의 행복에 온통 정신이 팔려 있을 때, 아무런 마음의 갈등도 없이 "그만 읽고 일어서라."라고 했을 것이다.

이후 세월이 흐르면서 나는 비키 바움의 소설을 더 읽었다. 가령 영화로 만들어진 『호텔의 인간』을 읽었다. 그리고 1980년대 초반 여행 이야기인 『머리로 아이 낳기 혹은 독일인의 소멸』을 집필함으로써 아이 없이 자수성가한 이들의 금욕과 오늘날까지 칭송받는 그들의 자아 숭배, 그리고 연방 공화국 주민의 노령화와 그 결과로 닥치는 연금 체계의 지속적인 위기 그리고 지속적으로 장려되는 두 사람만의 생활에서 오는 황량함 등을 앞서 보여 주었다. 그녀의 이국적인 소설 『발리에서의 사랑과 죽음』은 내가 멜로드라마식 배경을 세밀하게 그리는 데 도움을 주었다. 하지만 내가 그때만큼 비키 바움의, 소위 흥미 위주의 이야기 기법에 정신없이 빠져들었던 적은 그 후에 없었다.

저녁 식사가 식탁에 차려질 때쯤이면 아버지는 소리쳤다. "책은 아무리 읽어도 배가 부르지 않아."

어머니는 내가 '탐독하는' 것을 즐거운 마음으로 바라보았다. 고객과 대리상에게 인기가 있었던 가게 여주인은 몽환적인 비애에 빠져 있으면서도, 성격이 명랑해서 이따금 조롱을 즐기기도 했고, 그녀가 '짓궂은 취미'라고 부르는 사소한 농담을 던지기도 했다. 그 때문에 이런저런 방문객에게, 그리고 '황제의 카페'에서 같이 수업을 받았던 한 여자 친구에게, 인쇄된 책에 몰두하느라 자기 아들이 얼마나 멍한 상태에 빠졌던가를 예를 들어 설명하며 만족감을 얻었다.

어머니는 가끔 내게, 내가 쉬지도 않고 책을 읽는 동안 씹어 대는 잼 바른 빵 대신 팜유 비누 한 조각을 주었다. 그러고는 팔짱을 끼고 성공을 확신하는 미소를 지으며 그 바꿔치기의 결과를 기다렸다. 아들은 비누를 베어 물었고, 한 페이지의 4분의 3을 읽고 나서야 그 사실을 알아차리곤 했다. 관심을 보인 다른 방문객들도 그런 내 모습을 목격했으며, 그럴 때마다 어머니의 마음은 환하게 밝아졌다. 이후 이 상표의 물품은 내 입맛에 익숙해졌다.

아랫입술이 튀어나온 소년은 이후에도 종종 비누를 깨물었다. 여러 형태로 변형되어 나타나는 기억 속에서 때로는 소시지 빵, 때로는 버터 빵 그리고 건포도 과자 한 조각도 비누와 바꿔치기되었다. 그리고 아랫입술과 관련해서 말하자면, 그 주제넘은 모습은 시야를 가리는 머리카락을 불어서 옆으로 밀어내는 데 유용했다. 특히 책을 읽는 동안 그런 일이 지속되었다. 이따금 어머니는 아들의 지나칠 정도로 부드럽게 처진 머리카락을, 꼼꼼하게 단장한 자신의 파마머리에서 빼낸 클립으로 고정해 주었다. 나는 어머니가 하는 대로 순순히 따랐다.

자신의 유일무이한 보배인 내가 유급이 되어 김나지움 3학년에 계속 머무르고, 반항적인 태도 때문에 학교를 자꾸 옮겨야 했으니 어머니는 걱정이 이만저만이 아니었다. 하지만 어머니는 독서를 하고 인물들을 서투른 솜씨로나마 스케치하는 아들에 대해, 그 어떤 것으로도 훼손할 수 없는 자부심을 느꼈다. 그 아들은 소리쳐 불러야만 퇴행적인 꿈의 세계에서 벗어나 다시 그녀의 마음에 드는 귀염둥이가 될 수 있었는데, 둘 다 바라 마지않는 일이었다.

"만일 내가 부자가 되고 유명해진다면 엄마하고……." 마치 가톨릭의 연도(連禱)처럼 시작되는 나의 허풍에 어머니는 귀를 기울였다. 드넓은 세상으로 돌아다닐 것을 약속하는 나의 말은 그 무엇보다도 어머니의 마음을 사로잡았다. "그리고 나서 우리 두 사람은 로마에서 나폴리로 가는 거야……." 마음속 깊이 아름다운 것을, 또한 아름다우면서도 슬픈 모든 것을 뜨겁게 사랑했고, 선량한 시민답게 우아한 옷차림으로 때로는 혼자서, 때로는 남편과 함께 시립 극장에 갔던 그녀는, 내가 배를 타고 세계를 돌아다니며 하늘에서 푸른색을 훔쳐 오겠다고 하면 곧장 나를 '꼬마 페르 귄트'*라고 불렀다. 큰소리를 치는 아들에게 퍼 준 이러한 맹목적인 사랑은 아마도 그녀가 어린 시절에 겪은 상실감 때문이었던 것 같다.

아버지 쪽 가족은 할아버지가 운영하는 목공소의 기계톱이 아침부터 저녁까지 소리를 냈던 엘젠 가의 한구석, 우리 집에서도 그 소리가 들릴 만큼 가까운 곳에 살았다. 형제 관계가 짧게 지속됐기 때문에 저절로 단절될 수밖에 없었던 가족 간 불화의 영향권에서 나는 거의 벗어날 수 없었다. 그들은 끊임없이 이렇게 말했다. "그놈들하고 더 이상 말하면 안 돼." "그놈들은 이제 다시는 우

---

* 노르웨이의 작가 헨리크 입센(Henrik Ibsen, 1828~1906)이 노르웨이 민요 채집을 통해 얻은 전설의 인물을 주인공으로 삼아 만든 시극(詩劇)이다. 주인공 페르는 몰락한 지주의 아들로, 터무니없는 공상가이며, 허풍쟁이, 무절제한 야심가로 모험을 좋아하며 어머니의 간절한 소원에도 불구하고 집안을 재건할 생각은 하지 않고 세계를 떠돌아다니는 방랑가로 그려진다.

리 집에 오지 않아." 하지만 외할아버지와, 어머니의 세 형제 그리고 유일한 여동생은 이야기를 통해서 그리고 얼마 남지 않은 유품을 통해서나마 기억에 선명하게 남았다. 원래 이름은 엘리자베트이지만 베티라고 불렸고 '제국으로' 시집간 여동생을 제외하면 어머니만 유일하게 살아 있었다.

물론 카슈바이의 친척들이 있었지만, 그들은 시골에 살았고, 정통 독일인이 아니었으며, 그들에 대해 침묵해야 할 이유가 생긴 후로는 더 이상 고려 대상이 아니었다. 도시의 카슈바이인으로 이미 시민 생활에 적응해 살았던 어머니의 양친은 일찍 돌아가셨다. 외할아버지는 1차 세계 대전이 시작된 직후 탄넨베르크에서 전사했다. 외할아버지의 두 아들은 프랑스에서 전사했고, 마찬가지로 병사였던 막내아들도 독감으로 목숨을 잃었으며, 외할머니도 돌아가셨다. 아니, 더 살려 하지 않았다.

아르투르는 겨우 스물세 살이었고, 파울은 스물한 살에 쓰러졌다. 종전 직전에 독감이 알폰스를 데려간 것은 그의 나이 열아홉 살 때였다. 그러나 원래 이름이 헬레네 크노프였던 어머니는 오라버니 이야기가 나오면 그들이 아직 살아 있는 것처럼 말했다.

내가 이미 열네 살 때였던가 아니면 아직 열두 살 때였던가? 정확한 날짜를 알 수 없는 어느 날, 우리 가족이 세입자 열아홉 명과 함께 살았던 라베스베크 로의 셋집 다락방에서 나만의 비밀스러운 독서 장소를 찾았다. 찰칵 소리를 내며 열리는 천창 아래쪽의 낡은 안락의자에 앉았을 때, 나는 집과 집 사이를 구분하는 칸막이벽들 사이에 헛간으로 우리에게 주어졌던 공간에서 노끈으로 동여맨 트렁크와 맞닥뜨렸고, 그로써 나 혹은 어린 시절부터 머릿속에 이야기를 가득 저장하고 있던 그 소년은 앞으로의 인생에 이정표가 될 만한 발견을 했다. 폐기 처분된 가구들 사이의 잡동사니 아래에서 특별한 트렁크가 나를 기다리고 있었다. 어쨌든 나는 그 발견물을 그렇게 보았다.

그 트렁크가 낡은 매트리스 아래에 있었던가?

천창을 통해 날아 들어온 비둘기 한 마리가 구구대면서 가죽 위를 종종걸음으로 밟고 다녔던가?

내가 위협해서 쫓아낸 비둘기가 똥을 싸고 갔던가?

묶여 있던 노끈을 즉시 풀었던가?

내가 주머니칼을 집어 들었던가?

겁이 나서 그만두었던가?

아니, 정직하게 그 작은 트렁크를 계단 아래로 들고 내려가 어머니에게 전해 주었던가?

다른 가능성도 있을 수 있으며, 물론 이래도 저래도 상관은 없다. 1942년 중반에 공식적으로 반포된 방공 규정에 의하면 다락방은 비어 있어야 했다. 그런데도 그 트렁크가 발견되었고, 어머니나 내가, 아니면 그 누군가가 그걸 열었다. 그 안에는 1차 세계 대전 동안 전사한 두 외삼촌의 유품, 그리고 피아(彼我)를 가리지 않고 엄습하는 유행성 감기로 생명을 잃은 막내 외삼촌의 유품이 조금 들어 있었다.

어머니가 내게 이따금 충분히 이야기해 주었고, 눈물을 흘리며 그것이 결코 돌이킬 수 없는 상실이라고 강조했던 이유는 트렁크 안에 든 내용물에 의해 밝혀졌다. 세 사람 모두 각자 타고난 재능을 충분히 펼칠 만큼 오래 살지 못했던 것이다.

따로따로 명주실로 묶어 쌓아 놓은 세 무더기의 유품이 말하는 것은 명백했다. 화가가 되고 싶어 했던 둘째 외삼촌인 파울은 연극 연출을 위한 무대 세트 설치 실습을 했다. 트렁크 안에서 나는 오페라 「마탄의 사수」나 「방황하는 네덜란드인」을 위한, 알록달록 색칠한 무대 설치용 그림들과 의상 초안들을 발견했다. 어쩌면 「로엔그린」을 위한 그림도 있었을지 모른다. 왜냐하면 무대용 탈것으로서 백조를 묘사한 스케치들이 눈앞에 어른거리고, 그 색연필 그림들이 솜 강 근처에서 전사한 외삼촌 파울의 유품임을 주장하기 때문이다. 종이들 사이에는 어떠한 훈장도 없었다.

스페인 독감으로 죽은 막내 외삼촌 알폰스는 이미 요리 기술을 배웠고 머릿속에 일련의 고급 메뉴를 갖추었기 때문에 브뤼셀이나 빈 혹은 베를린 같은 유럽의 수도에서 대형 호텔에 들어가 주방장이 될 때까지 일할 작정이었다. 이러한 사실은 그의 첫 번째이자 마지막 직장이었던, 북해의 질트 섬에 위치한 요양소에서 요리사로 일하며 보낸 편지들에 쓰여 있다. 날짜로 보자면 군 복무를 위해 징집되기 직전, 열여덟 어린 나이에 훈련장으로 소환되기 직전이었다.

여동생 헬레네에게 보낸 편지에서 보면, 그는 신나게 허풍을 떨었다. 요양소에서 있었던 일을 이야기하면서 신분 높은 여성들과의 연애 사건도 암시하고, 자신이 익힌 요리 기술도 세세하게 기록했다. 그는 겨자 소스를 넣고 찐 대구, 회향유를 친 줄미꾸라지, 서양 자초로 간을 맞춘 장어 수프와 그 밖의 생선 요리를 자랑했는데, 나중에 나는 알폰스 외삼촌을 생각하면서 그의 방식대로 그것들을 요리했다.

어머니가 가장 사랑하는 오라버니로 꼽았던 첫째 외삼촌 아르투르는 복부에 총을 맞아 죽기 이 년 전에 이미 자신을 시인으로, 그것도 월계관을 쓴 시인으로 여겼다. 그가 지난 전쟁을 무사히 넘기고 오늘날 기업 버블 시대의 화려함을 자랑하면서 한 폴란드 은행의 건물로 쓰이고 있는 호엔 토어 근처의 제국 은행 지점에서 수습기를 보내는 동안 단치히의 한 지역 신문은 이따금 사랑스러운 운을 가진 여러 연의 시들을 그의 이름으로 발표했다. 트렁크 속에서 발견된 신문지 조각에는 열 편 정도 되는 봄 노래와 가을 노래, 만유의 영(靈)에게 바치는 시 한 편, 성탄절에 바치는 시 한 편이 실려 있었는데, 어머니의 평가에 따르면 그것들은 나중에 나의 이정표가 되었다.

어머니의 이러한 평가를 중요하게 생각했기 때문에 그 아들도 1960년도 중반에 소설 창작의 압박감 탓에 너무 오랫동안 고역을 치르다가 단편을 몇 편 발표했을 때, 그 원고를 어머니의 사랑하는 오라버니의 이름을 딴 아르투르 크노프라는 필명으로 '베를린 문학 토론회' 팸플릿에 실었다. 물론 의도적인 행위였는데, 한편으로는 변덕스러운 비평의 악의로부터 그 단편들을 보호하기 위해서였고, 다른 한편으로는 그렇게 해서라도 아르투르 크노프의 짧은 생애에 약간이나마 사후의 명성을 덧입혀 주기 위해서였다.

아이헨도르프의 시와 비슷한 경향을 띠었던 초기 시를 도외시한다면, 그의 첫 번째 출판물*에 대한 반응은 호의적이었다. 비평가들은 잘 알려진 작가와 눈에 띌 정도로 유사한 점이 있긴 해

---

* 귄터 그라스가 아르투르 크노프의 이름으로 발표한 단편들을 가리킨다.

도 이제 발견된 재능은 그 미래가 밝아 보인다고 언급했다. 한 이탈리아 출판사 사장은 당분간 그 단편들의 번역을 고려하기는 힘들겠지만, 지금껏 알려지지 않던 그 작가가 장편 가족 소설 같은 좀 더 훌륭한 작품을 내놓을 것으로 기대한다고 말했다. 그의 이야기 능력은 명백하게도 소설을 향한다는 것이었다.

아르투르 크노프의 단편들은 이십 년 동안 팔려 나갔고, 술을 먹지 않은 상태에서는 유능하다고 할 수 있는 루흐터한트 출판사 편집자 클라우스 륄러가 취중에 내 작가 외삼촌의 정체를 드러낼 때까지 필명으로 출간되었다.

다락방과 그 격자 칸막이벽에는 잡동사니와 거미줄이 가득했다. 나중에 오스카 마체라트는 이웃집 아이들이 그 위까지 쫓아와 자기를 괴롭힐 때까지 나와 마찬가지로 그곳을 피난처로 삼았다. 그곳에서 오스카는 멀리까지 퍼지는 노래를 연습했다.* 하지만 내게는 무사히 보존된 트렁크가 중요했다.

나는 해진 가죽의, 햇볕에 그을린 반점들을 본다. 아니다. 구구대는 어떤 비둘기가 암시를 주지는 않았다. 내겐 특권이, 그를 나의 비밀스러운 독서 장소 가까이에서 발견하고 공개하는 특권이 있었을 뿐이다. 나는 초조한 동작으로 칼이 세 개 들어 있는 주머니칼을 가지고 놀았다. 그곳으로 통하는 무덤이라도 열린 듯 냄새도 났다. 먼지가 구름처럼 일어나 빛 속에서 춤을 추었다. 내가 발견한 것은 하나의 암시가 되었고, 발견자로 하여금 평생 여행을 하

---

*『양철북』의 오스카는 노래를 불러 멀리 떨어진 곳의 유리창을 깨기도 했다.

게 했다. 이제야 그는 지치기 시작한다. 오직 되돌아보는 것만이 그를 깨어 있게 한다.

저 은신처는 끊임없이 나를 끌어당겼다. 탁 소리를 내며 열리는 천창을 통해 뒤뜰과 밤나무, 사탕 공장의 타르지 지붕, 아주 작은 정원들, 반쯤 가려진 창고, 양탄자를 두들기는 막대들, 토끼집들 그리고 저 넓고 네모난 구역을 경계 짓는 루이제 가, 헤르타 가, 마링엔 가의 집들이 막힘없이 보였다. 그러나 더 많은 것들도 보였다. 나의 어머니가 파울은 대개 우울했어, 아르투르는 이따금 꿈을 꾸는 것 같았어, 알폰스는 언제나 명랑했어 하는 식으로 수식어를 붙여 가며 떠올렸던 화가, 시인, 요리사와의 만남의 장소로부터 나는 둥근 항로를 따라 저 어떤 곳으로 날아갔다. 이제 나는 그곳으로 목표를 정해 다시 날아가려 하지만, 그곳에서는 아무것도, 닳아빠진 안락의자도, 손에 쥘 수 있는 그 어떤 것도 나를 기다리지 않는다.

아, 트렁크까지는 아니더라도 아주 어릴 때 쓴 것들을 담은 마분지 상자라도 남아 있다면 얼마나 좋을까. 하지만 처음 썼던 시들 중 단 반 행(行)도, 카슈바이 시절에 쓴 소설의 단 한 장(章)도 남아 있지 않다. 혼란스러울 정도로 상상적이거나 아니면 이끼 낀 벽돌을 정밀하게 묘사한 스케치 작품이나 수채화 작품 중에 단 하나도 남아 있지 않다. 쥐털린 서체*로 쓴 운을 맞춘 시구도, 흰 종이 위에 검은색 음영을 그린 종이도 부모님의 피란 봇짐에 들어 있지 않았다. 정서법이 엉망이었지만 그래도 '우'나 '수'라는 성적을 받았던 글이 가득한 공책도 없다. 나의 첫출발을 증언해 주는 건 아무

---

* 루트비히 쥐털린 여사가 1911년 프로이센 문화교육부의 위탁을 받아 개발한 둥글게 굴린 서체.

것도 남아 있지 않다.

이렇게 스스로를 달래는 게 나을지도 모른다. 어중간하게 남아 있느니 차라리 한 조각도 남아 있지 않은 게 다행이라고.

사춘기 소년이 분출하듯 내뱉은 작품들 중에서 저 4월 20일로 소급되며, 멘첼이나 바우만, 폰 시라흐 같은 히틀러 청소년단 시인들의 찬가 문체로부터 영향을 받았고, 더군다나 총통에 대한 흔들림 없는 믿음을 높이 칭송하는 시 작품들이 발견된다면 얼마나 난처할 것인가. "명예의 탄생", "피와 화염", "팡파르와 위험"과 같은 시구가 그대로 남아 있었다면 정말 끔찍했을 것이다. 또 내가 쓴 초기 단편에는 가련한 카슈바이 사람들을 희생양으로 삼은, 인종주의적 편견이 작용했을 가능성도 있다. 두상이 길쭉한 기사단 소속의 기사들이 슬라브족의 둥그런 머리를 열두 개나 참수하는 장면도 있었다. 그 밖에도 예방 접종*을 받은 작품들이 더 있었다.

어쨌든 다락방이나 셋집 창고에서 한 무더기의 스케치 작품이 발견되었다 한들, 그 속에서 화려하게 장식한 전쟁 영웅, 예컨대 해군 대위 프리엔이라든지 아니면 전투기 조종사 갈란트를 닮은 데가 있다는 평가를 받을 만한 작품은 하나도 없었다고 확신한다. 사실 이 두 영웅은 나의 우상이었다.

시간이란 얼마나 허무한가? 잃어버린 트렁크로부터 유추되는 이런저런 생각은 쓸모없으면서도 또 그만큼 끈질기게 들러붙는다. 강제 이주 직전에 어머니가 아들의 도구들을 싸 놓았다가 바삐 출발하느라 잃어버렸던 저 페르질 세제 상자 속에서 그 무엇이 자신

---

* 나치의 이념으로 접종받은 작품들을 가리킨다.

의 정체를 드러내며 속삭일 수 있단 말인가?

무화과 잎이 필요한 내가 스스로를 벌거벗길 이유라도 있단 말인가?

전쟁 후 쫓겨난 가족의 아이였던 나는, 보덴 호수나 뉘른베르크 혹은 북독일의 평지에 정착하여 성장한 덕분에 학교 성적표나 초기 작품을 온전하게 소유한 같은 세대의 작가들과 달리, 어린 시절의 작품들을 하나도 간직하고 있지 않다. 따라서 모든 증인 중에서도 가장 의심스러운 증인인 기억이라는 소녀를 불러들이는 수밖에 없다. 그 소녀는 변덕이 심하고, 때로는 편두통에 시달리며, 시장의 상황에 따라 구매 요청을 받기도 하는 증인이다.

그러므로 의미가 다양한 다른 보조 수단들도 필요하다. 가령 입식 책상의 서랍 속에서 사용해 주기를 기다리는 둥글거나 모난 물건들을 손에 집어 들 필요가 있다. 이것들은 정신을 집중하여 충분히 불러내기만 하면 무언가를 중얼거리기 시작하는 발견물이다.

주화라든지 점토 조각은 아니다. 비추어 볼 수 있게 하는 노란 꿀 색깔 기념품들이다. 가을의 빨강이나 가을의 노랑이 색을 부여한 것들이다. 크기가 버찌 혹은 오리알만 한 것이다.

나의 발트 해 웅덩이에서 건진 보배. 발트 해 해변에서 발견했다고 해도 되고 한때 메멜이라고 불렸던 리투아니아의 도시에서 야외 가판대를 가지고 있던 행상에게서 일 년여 전에 사들였다고 해도 무방하다. 갈아서 반질반질하게 하거나 닦아서 광택을 낸 온갖 관광 상품인 목걸이, 팔찌, 문진(文鎭), 뚜껑 달린 작은 상자뿐만 아니라 원석 그대로인 혹은 부분적으로만 연마한 호박(琥珀)도 그의 상품에 포함되었다. 우리는 쿠를란트의 연안 사주(砂州)에서 온 유르겐과 마리아 만타이 부부와 함께 있었다. 원래는 앙케 폰 타라우의 기념비를 방문하고 시인인 시몬 다흐를 추념할 계획이었다. 내가 이것저것 고르고 망설이다가 마침내 선택한 것은 구름이 빨리 지나가고 바람이 부는 날이었다.

내가 발견하거나 구입했던 모든 기념품에는 이물질이 있다. 돌로 굳어 버린 방울 속에는 전나무 잎들이, 발견물 속에는 이끼 모양의 식물이 들어 있다. 그 안에는 모기 한 마리가 원래 모습 그대로 남아 있다. 다리도 하나하나 셀 수 있고, 날개 두 짝도 그대로여서 금방이라도 윙윙거리며 날아갈 듯하다.

오리알 크기의 기념품을 들어 올려 전등불에 비추어 보면, 온갖 방향으로 작은 곤충들이 단단하게 굳은 채 박혀 있는 덩어리가 보인다. 캡슐에 둘러싸인 것. 여기 있는 것은 벌레인가? 저기 가만히 굳어 있는 것은 다지류 곤충인가? 한동안 들여다보아야만, 호박은 안전하다고 여겼던 비밀을 드러낸다.

나의 또 다른 보조 수단인 상상 속 양파가 아무런 수다도 떨려고 하지 않거나 혹은 그 정보를 축축한 껍질 위에 거의 알아볼 수 없는 선들로 그려 놓으면 나는 벨렌도르프에 있는 작업실 입식 책상의 서랍으로 손을 뻗어 그 안에 있는, 사들였다고 해도 되고 발견했다고 해도 무방한 기념품 중에서 하나를 선택한다.

여기 있는 노란 꿀 색깔 호박은 투명한데, 겉면 테두리 부분만은 우윳빛으로 흐릿하다. 그것을 들어 올려 한참을 불빛에 비추어 보며 머릿속에서 끊임없이 째깍거리는 생각을 멈추고, 그 어떠한 것, 나날의 정치적인 요구나 현재 제기되고 있는 그 밖의 문제에도 흔들리지 않는 상태에 도달하면, 다시 말해 전적으로 나에게 집중하면, 호박 안에 든, 이제 막 흡혈 진드기의 모습을 갖추려 하는 곤충 대신에 내 모습 전체를, 벌거벗은 열네 살 소년의 모습을 볼 수 있다.

휴식 상태에서는 아직 소년다운 모습을 보이는 나의 페니스, 천재적이긴 하지만 살인 능력을 갖춘 어떤 예술가가 나의 담뱃갑 그림들 중 하나를 위해 그린 사랑의 신 아모르의 그것과도 비교될 수 있는 나의 페니스는 순전히 변덕스러운 기분에서 혹은 잠시 만지작거려 단단해지면서 귀두를 드러내자마자 성인으로 대접받기를 원한다.

카라바조의 손으로 그려진 사랑의 신 아모르의 고추는 귀엽게 보인다. 그의 익살맞은 고추는 날개 달린 소년이 선동자 혹은 조력자로서 한껏 능력을 발휘하고 난 후 고소해하는 표정으로 침대에서 일어날 때도 천진난만하게 보인다. 하지만 잠든 상태에서는 순진하기만 한 나의 페니스는 유머도 없이 무지막지하게 죄를 범한다. 언제나 깨어 있는 나의 페니스는 단호하고 남성적으로 밀고 들어가려 한다. 들어갈 수 있는 곳이면 그것이 브뢰젠 수영장의 목재 탈의실에서 발견되는 옹이구멍 중 하나라 할지라도 돌입하려 한다.

더군다나 호박은 오랫동안 묻고 또 물으면 내게 깨달음을 준다. 나에게 혹은 송진 속에 갇힌 자화상에 페니스로 달려 있는 그마디는 사리를 분별하지 못하며, 평생 동안 분별력이 없는 채로 있으려고 한다. 그것은 오랜 세월 전승된 성서적 관습에 의해 날마다 그리고 잠시 동안 달랠 수 있다. 하지만 손만으로는 충분히 만족시킬 수 없다. 귀두라고도 불리는 그의 머리는 다른 오락거리와 신속하게 완결되는 구원을 집요하게 추구한다. 그 모든 시도가 어리석다는 게 확인되었는데도, 필요는 귀두로 하여금 무언가를 꾸며 내도록 한다. 그것은 명예욕과 운동선수의 야망과도 은밀히 연관되며, 어떠한 처벌로도 범행을 그만두게 할 수 없을 만큼 상습적이다.

내가 가톨릭 신앙을 믿는 동안(무신앙으로 넘어가는 과정은 물 흐르듯이 순탄했다.) 나의 페니스는 닳아 없어질 수 없는 참회의 대상이었음이 드러났다. 나의 페니스는 온갖 대담무쌍한 범죄를 떠올렸다. 천사와의 성교, 심지어는 어린 암양과의 성교도 상상했다. 그의 행동과 악행은 오래 봉직한 나의 고해 신부, 어떤 비인간적인 이야기도 자연스럽게 받아들이려 했던 빙케 사제마저 놀라게 했다. 그러나 고해는 욕구 충족을 위해 제멋대로 구는 동반자*에게 덮어씌워진 그 모든 짐으로부터 어느 정도 나를 해방해 주었다. 매주 되풀이되는 기분 전환.

하지만 나중에 열네 살 소년이 절대적 무신론자가 된 자신을 발견했을 때, 함께 나이를 먹어 가던 그 마디**는 동부 전선에서의 군사적 상황보다 더 많은 근심을 안겨 주었다. 당시 동부 전선에서는 그때까지 끊임없이 계속된 우리 탱크 군단의 진격이 모스크바 바로 앞에서 처음으로 수렁에 빠졌고, 이어서 눈과 얼음에 갇혀 멈추고 말았다.

'동장군(冬將軍)'이 러시아를 구했던 것이다.

그런데 역경에 빠진 나를 도와준 것은 무엇이었던가?

---

* 페니스.
** 페니스.

그동안 모든 소원의 목표는 하나의 이름을 가지게 되었다. 나는 이후 그 어떤 광기의 습격에도 극복할 수 없었던 첫사랑의 고통을 앓았다. 커졌다가 서서히 완화되고, 다가왔다가는 서서히 사라지는 고통을 동반하는 치통도 그에 비하면 아무것도 아니었다.

내 첫사랑은 언제 시작되었는지 그 날짜를 정확하게 알 수 없고, 육체적인 접촉이나 아주 긴박한 점유의 순간으로 묘사될 만한 행동에도 이르지 못했기 때문에, 오로지 언어로만 남아 있다. 더듬거림으로써 정열을 더해 주거나 혹은 푸석푸석하게 만들어 버리는 표현은 괴테의 『젊은 베르테르의 슬픔』 이후 편지 속에서 그리고 침대에서의 속삭임으로 사용되고 있다. 짧게 요약하자면 이렇다.

나의 욕망을 마치 사나운 개처럼 길들였던 그 소녀를 만난 것은 등굣길에서였다. 그동안 콘라디눔 학교의 낡은 건물은 남학생들뿐만 아니라, 한때 헬레네랑에 학교라고 불렸던 구드룬 학교에서 옮겨 온 여학생들도 사용하고 있었다. 교실에서는 오전과 오후로 나눠 2부제 수업이 실시되었다. 우파겐 골목은 양방향의 인파로 북적거렸다. 그녀는 오고, 나는 가고 있었다. 아니, 나는 다섯 시간 수업을 마쳤고, 그녀는 같은 시간만큼 앉아 있어야 했다. 그녀는 한 무리 소녀들 사이에 섞여 있었고, 외톨이로 유명했던 나는 혼자서 걸어가고 있었다. 킥킥거리는 무리 한가운데로 나는 눈길 한 번 마주치지 않고 책가방을 들고 지나갔다.

그녀는 그렇게 예쁘지도 못나지도 않은, 꽤나 긴 검은 머리를 댕기로 묶고 다니는 여학생이었다. 윤곽이 검은 그녀의 얼굴은 세미콜론 모양으로 축약되어 작아 보였다. 작은 입술은 약간 비뚤어져 보였다. 콧부리 위의 두 눈썹은 서로 붙어 있었다.

더 귀여운 소녀도 알고 있었다. 나는 사촌 여동생과 함께 할아버지의 목재 창고 안에서 서로를 더듬기도 했다. 동프로이센의 바르테슈타인에서 온 도르헨이라는 소녀와도 여름 한철 동안 그렇고 그렇게 지냈다.

아니, 아니, 댕기 머리 소녀와의 사랑에 대해서는 곧이곧대로 말하고 싶지 않다. 아마도 그녀가 어디엔가 살아 있을 수 있고, 나처럼 살아남아 한 늙은이에 의해, 그리고 거칠게 들쑤셔 불러일으키는 기억에 의해 시달리는 노파 역할을 하고 싶지 않을지 모르기 때문이다. 학창 시절에 고통스럽게 만났던 그 남자는 결국 그녀에게 모진 마음의 상처만 남기지 않았던가.

나의 첫사랑은 익명으로 남아야 한다. 내가 호박을 집어 들어 그녀를 캡슐에 든 모기나 거미처럼 들여다보면서 커다란 소리로 말을 걸고 욕설을 퍼붓고 되살려 내더라도 말이다.

나에게 양보란 없었는데, 그것은 굳어진 나의 특성으로, 오늘날까지 이런저런 영역에서 끈질기게 살아남아 그 모습을 드러낸다. 우리 남학생들은 오전이나 오후에 구드룬 학교의 소녀들이 교실 어디에 앉아 있는지를 어느 정도 정확하게 알았기 때문에, 나는 나의 소망 중 채울 수 없는 빈 구멍이 되어 버린 그녀가 앉아 있을 것으로 추정되는 자리에 편지를 남겼다. 학생용 접이걸상 안쪽에 붙여 놓은 비밀 통신문. 멍청한 짓이었고, 이따금 멍청한 답이 돌아왔다. 아니, 시는 내 학생 우편의 일부가 아니었다. 더군다나 그녀 혹은 나의 쪽지에 이름이 명기되어 있었는지조차 확실치 않다.

그녀와의 관계는 내가 할 수 없이 학교를 옮겨, 날마다 5번 전차를 타고 랑푸르에서 단치히로 갔다가 수업을 마친 후 구시가에서 다시 교외로 돌아올 때까지 계속되었다. 좁은 골목들, 높이 솟은 벽돌 건물들, 가파른 담장과 박공이 있는 건물 정면들 뒤에 있을 것으로 예상되는 중세, 역사를 돌처럼 굳게 만들어 보여 주는 이 모든 것은 잠잠하게 누그러지기는커녕 엉뚱한 방향으로 내게 영향을 주었다. 그리고 페트리 실업 학교에 다니던 내게 전시 복무를 하던 릴리라는 미술 여교사가 특히 커다란 영향을 주었는데, 이는 1942년과 1943년 스탈린그라드 공방전 전후에 내가 느낄 수 있었던 것보다 더 중요했다.

다시 한 번 학교를 바꾸고 난 후 또래 학생들이 공군 보조병으로 징집되고 이어서 멋진 제복을 입게 되었을 때 처음으로 나는 첫사랑이 보낸 편지를 야전 우편으로 받았다. 내가 K6라는 신분으로 훈련을 받고 있던 카이저하펜 포병 중대로 송달된 편지였다.

아름다운 필체에 무슨 내용이 담겨 있었는지는 이제 기억나지 않는다. 하지만 막 제복을 입은 포병은 오만하게도 정서법이 잘못된 몇 군데를 성급하게 수정하고 선생들이 하듯이 붉은 잉크로 점수를 매긴 후, 시적인 내용을 담고 있었을 것으로 추정되는 다른 편지와 함께 돌려보냈다.

이후 내 첫사랑은 침묵하며 사라졌다. 열다섯 살에는 물론이고 그 후에도 오랫동안, 아니 지금까지도 정서법에 자신 없어 하는 내가 암암리에 모습을 드러내기 시작했고, 카라바조의 방식대로 언제나 준비가 된 나의 페니스가 기대할 수 있는 것보다 더 많은 것을 약속했던 그 무엇인가를 파괴해 버렸던 것이다.

이후는 공허였다. 고독은 쾌락적인 간호를 받았다. 때로는 잠자고 때로는 깨어 있는 욕망은 그대로 남았다. 욕망은 집을 떠나 황량한 항구 지대에서 병영 생활을 했던 공군 보조병 시절까지 변함없이 그대로 남았다. 소설 『개들의 세월』은 그 시절을 반영한다. 전혀 다른 이야기이고, 학생들의 은어를 쓰는 전혀 다른 소년들의 이야기이지만, 그들은 당시의 나처럼 점점 더 무의미해져 가는 히틀러 청소년단 복무뿐 아니라 이제 학교생활도 끝나게 된 것을 정말로 기뻐했다.

소설을 구성하다 보면 상식을 뛰어넘는 사랑 이야기도 우연히 끼어드는 법이지만, 여기서 이 점만은 꼭 강조하고 싶다. 주말 면회 시간에 카이저하펜 포병 중대와 그 부대원들을 찾아왔던 툴라 포크리프케라는 홀쭉한 소녀는 내 첫사랑과 정말 아무 연관도 없다.

나의 호박은 우리를 기쁘게 해 줄 수 있는 것보다 더 많은 것을 기억하도록 해 준다. 호박은 오래전에 삭고 떨어져 나가야 했던 것을 보관하고 있다. 호박 속에는 부드럽고 여전히 유동적인 상태로 포착할 수 있는 모든 것이 들어 있다. 그것은 변명을 반박한다. 아무것도 잊지 않으며 땅속 깊이 묻힌 비밀조차도 금방 따 온 과일인 양 시장으로 가져오는 호박은 완고하게 주장한다. 하느님을 믿지는 않아도 마리아는 믿을 만큼 당시까지 아직 신앙심이 있었고, 교리 문답 시간에 댕기 머리 소녀를 괴롭히면서도 좋아했던, 내 이름을 가진 열두 살 소년도 물론 잊지 않는다. 성심 교회 사제관 소속의 한 보좌 신부가 동년배인 우리를 시켜 성찬식을 대비하게 했다. 무엇이 용인할 수 있는 죄이고, 무엇이 중죄이며, 무엇이

죽을죄인가를 수록한 성찰기략(省察機略)*의 처벌 목록을 진주 꿰 듯 입술로 줄줄 외워야 할 참이었다. 소녀의 오빠 바로 옆에 서 있던 나는 임시로 작은 종과 향로를 든 채 성합(聖盒)과 성체 현시대를 뚫어져라 쳐다보는 복사(服事) 역할을 하기도 했다.

그렇다. 나는 오늘날까지도 신부와 복사가 번갈아 올리는 기도를 줄줄 외운다. 『율리시스』 시작 부분에 나오는 말리건처럼 나는 면도를 하면서 "인트로이보 아드 알타레 데이……."를 중얼거린다.

게다가 나는 열세 살이 되면서 가톨릭의 여러 속임수에서 오는 기적들을 이미 저 아래로 내려다보긴 했지만 그래도 교회에 나갔는데, 토요일 오후에 가능하면 고해석과 가까운 곳, 댕기 머리 바로 뒤의 의자에 앉아 그 소녀를 몰래 지켜보기 위해서였다. 화석이 된 송진, 노란 꿀 색깔 호박은 심지어는 고해의 비밀까지 지껄인다. 나의 입은 오래 봉직한 사제의 귀에다 대고 소년의 자위행위의 목표에 대해서까지 미주알고주알 털어놓는다. 그리하여 내 욕망의 항구 역할을 하는 그 소녀의 이름까지 혓바닥에서 튀어나와 누설된다. 그러면 신부님은 고해석 격자창 뒤에서 잔기침을 한다.

그 밖에 나의 이런 모습도 보인다. 댕기 머리 고해자가 고해석 옆에서 자신의 죄를 정리하는 동안 나는 신도석에서 튀어나와 마리아 제단으로 가서, 의도적이건 혹은 단순한 장난기에서건 무언가를 하려고 했다.**

아니다 하고 말한 뒤 나는 모기가 든 호박을 파리, 거미, 작은 딱정벌레 같은 다른 이물질이 든 호박들 옆에 놓는다. 그것은

---

* 고해 성사 준비를 위한 성찰서.
** 『양철북』에서 오스카가 마리아상을 훼손하는 장면을 가리킨다.

내가 아니었다. 그것은 책 속에 존재하며 책 속에서만 사실이다.

비행을 입증하는 증거는 없다. 내가 얼마 전에, 2005년 초여름에 멀리 여러 나라에서 도착한 번역자들과 나의 편집자인 헬무트 프릴링하우스와 함께 그단스크를 방문하여 확인했다. 방문 목적은 그곳에서 내 첫 소설의 책략을 알아내는 것이었다. 우리는 비약적으로 바뀌는 소설의 사건들이 벌어졌던 이런저런 장소를 방문했는데, 전쟁을 견뎌 낸 성심 교회도 그중 하나였다. 그곳에는 문자 그대로 묘사된 마리아 제단 대신에 도금한 양철 띠를 머리에 두른 빌나의 검은 마돈나 복사품이 빛을 발하면서 신앙심 깊은 폴란드 사람들을 끌어들이고 있었다. 그 바로 옆, 한구석의 촛불들 뒤쪽에서 우리는 만인이 주목하는 가운데 죽어 간 교황과 최근에 선출된 독일인 출신 교황*의 사진들을 보았다.

그곳, 어린 시절 신성 모독을 저지른 신고딕풍 장소에서 다른 생각이 좀 있는 듯 미소 짓는, 빙케 사제와는 조금도 닮은 데가 없는 한 젊은 사제가 폴란드어판 『양철북』 한 권에다가 서명을 해 달라고 청했고, 작가는 의아해하는 번역자와 그의 편집자가 함께 있는 자리에서 망설이지 않고 제목 아래에다가 자신의 이름을 써 주었다. 왜냐하면 그 당시 성심 교회의 마리아 제단에서 소년 예수의 고추를 부러뜨린 것은 내가 아니었기 때문이다. 다른 의도를 가진 누군가였다. 결코 악을 거부하지 않았던 누군가였다. 성장하고 싶지 않았던 누군가였다…….

그러나 나는 성장하고 또 성장했다. 노동 봉사를 갔던 열여섯

---

* 베네딕토 16세를 가리킨다.

살에 나는 이미 성인 취급을 받았다. 그러고 나서 군인이 되고 그저 운이 좋거나 혹은 우연히도 전쟁이 끝날 때까지 살아남았을 때 마침내 1미터 72센티미터가 되었던가?

이 질문에 대해서는 양파도 호박도 별 관심을 보이지 않는다. 그것들은 다른 것을 정확하게 알고 싶어 한다. 그때까지 캡슐에 싸여 있던 것, 창피해서 말하지 않고 숨기고 있던 것, 여러 모습으로 변장하면서 얼굴을 드러내는 비밀들, 불룩한 머릿속에 자리 잡고 있는 이의 알들, 장황하게 꾸민 말들, 생각의 조각들, 고통을 주는 것, 여전히……

'우린그런일안해요'라고 불렸던 소년

나는 책장을 거꾸로 넘기다 갑자기 깨달았다. 책장을 넘기다가 눈에 보이지 않는 구절들이 입을 벌려 하품을 하고, 장식용 그림과 간단한 인물 스케치가 되는대로 그려져 있는 곳을 주시했다. 서둘러 언급된 부수적인 이야기는 빗나가기 마련이며, 모습을 드러내자마자 "꺼져 버려!"라는 악평을 듣기 마련이다.

이제 아무도 멈출 수 없고, 거꾸로 돌아갈 수도 없으며, 지나온 길을 어떠한 고무지우개로도 지울 수 없는 그러한 전체 과정에서 관절 부분이 빠져 있는 것이다. 하지만 제복을 입은 열다섯 살 학생의 운명적인 걸음을 회상하기 위해서는 양파 껍질을 벗겨서도 혹은 손에 넣을 수 있는 보조 수단에 문의해서도 안 된다. 명백한 것은 내가 자발적으로 무기를 들고 군 복무를 신청했다는 사실이다. 언제? 왜?

정확한 날짜를 모르고, 당시 이미 변덕스러웠던 날씨를 기억할 수도, 광활한 얼음 바다와 캅카스 산맥 사이에서 그리고 다른 전선들에서 동시에 일어났던 일들을 열거할 수도 없기 때문에, 나의 결심에 먹이를 주고, 자극을 주고, 마침내 군 복무의 길로 들어서게 했던 막연한 상황을 우선 문장으로 옮기려 한다. 이제 온정적인 형용사는 허락되지 않는다. 내 행동을 어린 시절의 어리석음으로 축소할 수 없기 때문이다. 위로부터의 어떠한 강요도 내 목덜미를 누르지 않았다. 총통의 무오류성에 대한 의심과 함께 스스로 인정한 어떠한 죄도 자발적인 열정만으로는 다 갚을 수 없을 것 같았다.

그것은 자발적이지 않았지만, 일상적인 학교생활로부터의 해방으로 여겨졌고 적당한 강도의 훈련으로 견딜 만했던 공군 보조병으로 복무하던 시절에 일어났던 일이다.

우리 소년들은 그렇게 보았다. 제복을 입은 우리는 눈길을 끌었다. 강력한 사춘기의 힘으로 우리는 고향의 전선을 강화했다. 카이저하펜 포병 중대가 우리 숙소였다. 동쪽으로는 바익셀 강*의 지류로 이르는 저지대가 시야에 들어왔고, 서쪽으로는 화물 크레인과 곡물 사일로 그리고 저 멀리 보이는 시내의 탑들이 눈에 들어왔다. 처음에는 학교 수업을 병행하려고도 시도해 보았지만 전투 연습으로 너무 자주 중단되었다. 대개는 나이가 들어 허약해진 교사들이 우리 포병 중대가 있는 곳까지 모랫길을 힘들여 걸어오기를 포기했기 때문이다.

마침내 우리는 정식으로 받아들여졌다. 여섯 대의 포신, 고사포 조준 산정기가 제 몫을 해야 했다. 군사 장비의 목적에 맞게 훈련받았기 때문에 우리는 필요한 시점이 오면 유용하게 동원될 수 있었고, 도시와 항구를 적의 테러 공격으로부터 보호할 수 있었다. 연습 경보가 발령되었을 때 우리 모두는 몇 초 만에 전투 대형

---

* 폴란드에서 가장 긴 강으로 폴란드어로는 비스와 강이라고 한다.

을 갖출 수 있었다.

우리의 8.8인치 포는 두세 번 정도만 투입되었는데, 야간에 적군 폭격기 몇 대가 발견되어 서치라이트의 집중 조명을 받아 공격 목표로 포착되었을 때였다. 정말 축제처럼 아름다운 장면이었다. 그러나 우리는 쾰른, 함부르크, 베를린, 그리고 루르 지역이 당해야 했던, 막연하게 소문으로만 들려오던 융단 폭격과 같은 대공세는 체험하지 않았다. 손꼽을 만한 손실도 별로 없었다. 쉬하우 조선소 근처, 푹스발의 요새에서 집 두 채가 폭격을 맞았고, 사망자가 몇 명 생긴 정도였다. 그러나 4발 엔진 랭커스터 폭격기의 격추는 우리의 자부심을 채워 주었다. 우리 포병 중대가 아니라, 도시의 남쪽 외곽에 자리 잡은 치간켄베르크 포병 중대의 공로였지만. 전해 듣자니, 거의 숯이 되어 버린 승무원들은 캐나다인이었다고 한다.

군 복무 생활은 학교생활의 삭막함과는 다르긴 했지만 대체적으로 황량했다. 특히 우리를 성가시게 한 것은 야간에 보초를 서는 것과 곰팡내 나는 강의 막사에서 이루어진 탄도학 수업이었다. 지겨움을 견디지 못할 때면 우리는 학생 시절의 습관으로 되돌아갔다. 꾸며 낸 소녀들 이야기를 하며 빈둥거렸다. 시간은 그렇게 흘러갔다.

두 주에 한 번씩 주말 비번이라, 우리는 '엄마'가 있는 집으로 갈 수 있었다. 하지만 협소한 단칸방 집은, 고대했던 방문의 즐거움을 매번 감소시켰다.

선천적으로 가족을 위해 요리하기를 즐겼던 아버지가 빠듯한 공급량에도 불구하고 따로 떼어 내어 잔치용으로 모아 두었던, 아몬드 조각이 든 바닐라 푸딩도 도움이 되지 않았다. 아버지는 특별히 나를 위해 푸딩에다가 덮어씌우듯이 초콜릿 소스를 잔뜩 부었다. 그러고는 아들을 위해 특별히 마련한 식탁에다가 푸딩을 올려놓았다.

하지만 어떤 달콤한 요리도 답답한 기분을 덜어 주지는 못했다. 나는 온갖 것이 마음에 들지 않았다. 예컨대 우리 집에는 욕실도 화장실도 없었다. 카이저하펜 포병 중대에는 어쨌든 샤워장도 있고, 멀리 떨어진 곳에 화장실도 있었다. 우리는 간이 화장실에 나란히 앉아 볼일을 보았다. 모두 다 다른 사람 옆에 앉아 똥을 누었다. 나는 아무 불편도 느끼지 못했다.

하지만 집에서는 네 가구가 함께 층계 사이에 있는 화장실을 사용해야 했는데, 이웃집 아이들이 언제나 더럽혀 놓았고, 급할 때면 다른 사람이 차지하고 있었기 때문에, 점점 더 곤혹스러운 기분이 들었다. 심지어 역겹기도 했다. 사면의 벽이 손가락으로 더럽혀진 구린내 나는 장소였다.

나는 옥외 화장실을 창피하게 여겨 다른 사람들한테 숨겼다. 그래서 집에 욕조와 별도의 화장실이 있는 것을 당연하게 여기는 동급생 중 그 누구도 우리 집에 초대하지 않았다. 다만 루이젠 가에서 나와 마찬가지로 옥외 화장실 냄새를 맡고 살았던 에곤 하이네르트는 이따금 우리 집에 와서 책을 빌려 갔다.

단칸방의 좁은 집. 출생의 덫. 그곳의 모든 것은 주말 귀향자의 마음을 답답하게 했다. 어머니의 손길조차 아들의 역경을 쓰다듬어 주지 못했다. 누이동생도 같이 자는 부모님의 침실에서 침대에 기어오를 기분이 아니었기 때문에 밤 동안 잠자리가 되어 주기 위해 그를 기다리는 긴 소파가 있는 거실에서 잠을 잤다. 말하자면 그 긴 소파는 규칙적으로 토요일부터 일요일까지 지속되었던 결혼 생활의 증인이었다. 나는 나지막하게 소리가 작아지기는 했지만 어린 시절부터 들어서 익숙했고, 머릿속으로 기괴한 의식이라고 여겼던 것을 들었거나 들었다고 생각한다. 시작을 알리는 속삭임, 쪽쪽거리는 소리, 삐걱거리는 침대, 한숨짓는 말 털 매트리스, 신음 소리, 탄식 소리, 어둠 속에서 벌어져 더욱 인상적인 성교 특유의 그 모든 소음.

어린아이로서 나는 손에 잡힐 듯 가까이서 벌어지는 야단법석을 호기심을 품고 그리고 오랫동안 영문도 모른 채 받아들였다. 그러나 낮 동안 제복을 입는 공군 보조병으로서는, 아들이 짧은 휴가를 나오자마자 아버지가 어머니 위로 올라가 내는 소리를, 잠옷을 입은 채로 더 이상 듣고 있기가 어려웠다.

아들이 가청권 내의 긴 소파에서 잠들지 않고 누워 있는데도, 그들이 함께 사랑을 나누었는지는 확실하지 않다. 아마도 부모님은 휴가병을 고려하여 서로의 몸을 탐하지 않았을 것이다. 하지만 정해지기라도 한 것처럼 별다른 변주도 없는 소음이 들릴지 모른다는 생각에 나는 잠을 설쳤다.

어둠 속에 누워 있는 내 눈앞에는 성교의 모든 유희 양식이 너무도 선명하게 어른거렸다. 끝까지 상영되는 영화에서 언제나 희생을 치르는 것은 어머니였다. 그녀는 유순했고, 남편이 마음대로 하도록 내버려 두었고, 녹초가 될 때까지 그를 붙들고 있었다.

아버지에 대한 어머니 아들의 증오, 그리스 비극의 진행 과정을 이미 규정하고 있고, 영혼의 박사인 프로이트와 그의 제자들이 그토록 설득력 있는 달변을 늘어놓도록 만든 잠재의식 속의 혼란스러운 격돌은, 내가 언제나 저 멀리 있는 아득한 것을 추구하도록 만든 직접적인 원인은 아니었을지 몰라도 부가적인 동력은 되었을 것이다.

나는 도주로를 탐색했다. 모든 길이 한 방향으로 달렸다. 여기서 벗어나기만 하면 돼, 전선으로, 많은 전선들 중 하나로 가능하면 빨리 달아나자.

나는 아버지와 싸우려고 시도했다. 하지만 아버지는 아예 자극을 받지 않거나 심한 욕설을 들어야만 자극을 받았다. 가족의 평화를 중시하는 아버지는 금방 누그러졌다. 아버지에게는 언제나 화합이 필요했다. 나의 생부인 그는 자신의 아이들을 위한 소망을 입에 달고 다녔다. "너희는 더 잘 살아야 해……." "너희는 틀림없이 우리보다 잘 살 거야……."

나는 그를 도깨비로 만들려고 열심히 반죽했지만, 아버지는 순순히 증오의 대상이 되어 주지 않았다. 밝은 청색 눈빛을 한 그에게 나는 마치 뻐꾸기 알에서 태어난 아이처럼 낯설었을 것이다. 그나마 나긋나긋한 누이동생의 태도가 이 오빠의 무뚝뚝함을 어느 정도 해소해 주었으리라.

그런데 어머니는? 어머니는 연주도 하지 않으면서 피아노 앞에 앉아 있을 때가 많았다. 점점 물품이 빠듯해지면서 어머니는 가게 일로 지쳐 갔다. 아니면 그녀도 아버지와 누이동생처럼, 특별히 고통을 잘 견디는 것처럼 꾸며 대는 아들이자 오빠의 짧은 체류에 시달렸는지도 모른다.

하지만 점점 더 견디기 어려워진 단칸방 집과 층계 사이의 네

가족 공동 화장실만이 내가 어느 날 군대에 자원한 유일한 원인이었다고는 할 수 없다. 학교 친구들은 욕실과 화장실이 있는 방 다섯 칸짜리 집에 살았다. 그들은 우리 집처럼 네모나게 자른 신문지가 아니라 두루마리 화장지를 사용했다. 몇몇 친구는 심지어는 힌덴부르크알레 대로를 따라 늘어선, 우파겐 로의 호화로운 빌라에 살았고, 자기만의 방을 가지고 있으면서도 멀리 떨어진 전선에 있고 싶어 했다. 나처럼 그들도 가능한 한 겁먹지 않고 위험을 체험하고, 배들을 차례차례 격침하고, 적군의 전차들을 줄줄이 폭파하거나 혹은 최신형 고사포로 적군의 폭격기를 격추하고 싶어 했다.

하지만 스탈린그라드 전투 이후로 전선은 도처에서 밀리고 있었다. 나의 아저씨 프리델처럼 특별히 크게 만들어 마분지 위에 풀칠을 해 붙여 놓은 지도 위에 머리가 알록달록한 핀을 여기저기 꽂아 전선을 추적했던 사람들은, 동쪽에서나 북아프리카에서나 유동적으로 변하는 전선을 따라가느라 애를 먹었다.

어쨌든 동맹국 일본은 해전에서의 승리와 미얀마에서의 진격 소식을 전해 왔다. 아군 잠수함들은 때때로 격침된 적군 함정의 수와 집계된 총 톤수를 포함하여 특별 소식을 전해 주었다. 대서양과 북극해 근처에서 그들은 무리 지어 가는 호송 선단을 공격했다. 「주간 뉴스」는 잠수함들의 성공적인 귀환을 사진으로 보여 주었다. 영화관을 다녀온 후에 거실의 긴 소파에서 오랫동안 잠을 이루지 못하던 단기 휴가병은 별다른 어려움 없이 750톤 잠수함 중 하나에 몸을 싣는 데 성공했다. 나는 거친 바다에서 망루에 올라 방수복을 입고 경계를 서며, 파도 거품이 이는 바다 한가운데서 춤추는 수평선에 망원경을 맞추고 있는 자신의 모습을 볼 수 있었다.

미래의 자원병은 성급한 열정으로 앞질러서 적의 바다 위를 성공적으로 운항하고 위험을 극복한 후에(적군은 수뢰도 아끼지 않았다.) 프랑스 대서양 해변에 있는 잠수함 기지 중 하나로 무사히 귀환하기를 바랐다. 줄지어 선 승무원 사이에서 그는 격침된 배들을 표시하는 세모꼴의 기 아래에 서 있는, 수염이 더부룩한 수병 옆에 자리했다. 실종된 것으로 여겨졌던 승무원 한 무리가 마치 영화 속의 한 장면처럼 해군 악대의 경쾌한 행진곡으로 환영을 받는다. 영화 관람객이 거듭해서 보았던 영웅들의 행복한 귀향 장면과 똑같다. 승무원과 함께 침몰해 버린 그 모든 잠수함의 소식을 전하는 활동사진은 아무 데도 없었다.

아니다. 그 어떤 신문 때문에 내가 그처럼 영웅들을 숭배하게 된 것은 아니었다. 부모님은 논조가 꼿꼿한 《단치히 전초》가 아니라 사실적인 소식을 생생하게 전해 주는 《최신 소식》을 구독했다. 오히려 「주간 뉴스」가 내게 흑백으로 채색한 진실을 전해 주었고, 나는 그것을 아무런 의심도 없이 믿었던 것이다.

「주간 뉴스」는 문화 영화나 본 영화에 앞서 상영되었다. 랑푸르의 예술 조명관이나 엘리자베스 교회 골목에 있는 구시가의 우파 극장에서 나는 적군에 둘러싸여 있는 독일을 보았다. 그 당시 주로 러시아의 끝없는 평원에서, 리비아의 사막에서, 대서양의 방어 요새에서 그리고 세계의 모든 바다에서 영웅적으로 수행된 방어전이었다. 게다가 본국의 전선에서도 여성은 유탄을 돌려 장착했고, 남성은 전차를 정비했다. 적군(赤軍)의 홍수에 대항하는 방벽이며, 민족의 운명을 건 전투였다. 앵글로아메리카 제국주의의 패권에 대항하는 유럽이라는 요새를 지키기 위한 전투였다. 하지만 손실은 컸다.《단치히 최신 뉴스》에는 검은 테두리를 하고 굵은 십자 문양으로 장식을 하여, 총통과 민족과 조국을 위해 목숨을 바친 병사들의 명단을 알리는 공고문이 날마다 늘어났다.

나의 소망도 대략 이런 쪽을 향하고 있었을까? 나의 혼란스러운 백일몽에는 어느 정도 죽음에 대한 동경도 섞여 있었을까? 나의 이름도 그런 식으로 검은 테두리를 한 채 영원히 남기를 원했을까? 아마도 그럴 가능성은 거의 없을 것이다. 나는 자기중심적인 차원에서의 고독을 원하긴 했지만, 나이와 더불어 오는 생의 피곤함에 젖어 있지는 않았다. 그렇다면 이도 저도 아니고 그저 멍청했단 말인가?

자발적으로 그곳으로, 그가 예감할 수 있었고 심지어 책에서 배워 알았던 것들과 역행하는 전투가 벌어지고, 죽음이 밑줄을 긋는 그곳으로 가려고 했던 열다섯 살 소년의 내부에서 무슨 일이 벌어지고 있는지 알려 주는 정보는 아무것도 없다. 여러 추측이 교차할 뿐이다. 넘쳐흐르는 감정의 격류가 쇄도했던 것일까, 자신의 힘으로 행동하고자 하는 욕구가 끓어올랐던 것일까, 아니면 성급하게 성장하여 남자 중의 남자가 되고 싶은 의지가 생겼던 것일까?

아마도 공군 보조병에게 예정되어 있는 주말 휴가를 근무가 없는 수요일이나 목요일과 맞바꾸는 것은 가능했을 것이다. 어쨌든 다음의 사실만은 확실하다. 상당한 거리를 걸어서 간 다음 나는 호이부데에서 중앙 역으로 가는 전차를 탔고, 거기서부터 랑푸르, 초포트를 지나, 어린 시절에 그딩엔으로 그리고 폴란드어로는 그디

니아로 불렸던 도시인 고텐하펜으로 가는 기차를 탔다. 너무 빨리 성장했기 때문에 그 도시에는 이렇다 할 역사가 없었다. 지붕이 평평한 신축 건물들이 항구까지 이어졌고, 항구는 부두 시설과 방파제로 드넓은 바다와 경계를 이루었다. 그곳에서 해군 지원병들이 잠수함 승무원 훈련을 받았다. 멀리 떨어진 필라우에서도 같은 훈련이 이루어졌다. 고텐하펜에서 멀지 않은 곳이었다.

한 시간 남짓한 여행은 순전한 영웅심에 맞추어진 내 소망들의 목표가 있는 곳으로 나를 데려갔다. 그때가 3월이었던가, 아니면 4월이었던가? 아마도 비가 내렸던 것 같다. 항구는 자욱한 안개에 싸여 있었다. 그곳의 옥스회프트 부두에는 한때 카데에프* 선박이었던 빌헬름 구스틀로프호가 닻을 내리고 정박해 있었는데, 당시에 잠수함 교육 부대가 그 선박을 떠 있는 병영으로 사용하고 있었다. 나는 그 점을 자세히는 알 수 없었다. 군항과 부두는 출입 금지 구역이었다.

육십 년 후, 한 인간의 일생만큼의 시간이 지난 후, 내가 빌헬름 구스틀로프호라는 동력선에 대해서, 평화 시에 인기 있었던 유람 여행용 선박과 전쟁 동안 장비를 교체하여 닻을 내린 병영 선박으로 사용되었던 과정에 대해서, 다시 출항하여 훈련병 천 명과 피란민 수천 명을 싣고 가다가 마지막으로 1945년 1월 30일에 침몰했던 사건에 대해서, 마침내 『게걸음으로』라는 노벨레로 마침내

---

* KDF 선단. 당시 히틀러 정권이 민심을 달래기 위해 유람선으로 사용했던 선단이다. 이 선단에 속했던 빌헬름 구스틀로프호는 히틀러의 패망 당시 피란민을 싣고 독일로 돌아오다 발트 해에서 러시아 잠수함의 공격으로 침몰하였고, 그때 피란민 9000여 명도 함께 수장되었다.

정리할 수 있게 되었을 때, 나는 대참사의 세세한 부분을 이미 잘 알고 있었다. 기온은 영하 20도였고, 어뢰는 세 대였다…….

시간적으로 교차되는 사건의 경과를 보고하고, 한편으로는 몰래 노벨레를 쓰면서 나는 나 자신을 침몰하는 구스틀로프호의 갑판에 있던 잠수함 훈련병 중 하나로 여겼다. 그러므로 열일곱 살 먹은 신병들이 차가운 발트 해에서 수병모를 쓴 채 어린 나이에 죽게 되었을 때 그들의 머리에 어떤 생각이 떠올랐을지도 예감할 수 있었다. 신속한 행운의 주인공이 될 소녀의 존재와 미래의 영웅적 행동 그리고 그 점에서는 나와 마찬가지지만 그녀가 기적을, 종국적인 승리를 믿었다는 것도 미루어 짐작할 수 있다.

나는 폴란드 지배 시절에 지어진 평평한 건물 안에서 입대 신고소를 발견했다. 그 건물 안, 표지판이 걸린 출입문 뒤에서는 여러 종류의 일이 관리되고 조직되고 수행되고 그 결과가 서류철에 묶이고 있었다. 나는 미리 신청했지만 다시 부를 때까지 기다려야 했다. 나보다 나이가 많은, 별로 말할 게 없는 지원자 두세 명이 나보다 먼저 신고를 했기 때문이다.

육군 하사관 한 명과 해군 하사 한 명이 내 입대 신고를 받아들이려 하지 않았다. 나이가 아직 차지 않았고, 앞으로 소집될 게 틀림없으니 지금 서둘러서 자원할 이유가 없다는 것이었다.

그들은 담배를 피웠고, 불룩한 찻잔으로 밀크 커피를 마셨다. 내가 보기에 나이가 들어 보였던 사람 중 하나가(그자가 육군 하사관이었던가?) 내가 말하는 동안 연필 몇 자루의 심을 뾰족하게 깎았다. 아니, 그처럼 꼼꼼하게 염려해 주는 장면을 어떤 영화에서 보았는지도 모른다.

제복 아니면 평복을 입고, 짧은 바지에다가 무릎까지 오는 양말을 신은 공군 보조병은 탁자와 적당히 거리를 두고 부동자세를 한 채 연습한 대로 근사하게 "잠수함 근무를 자원합니다!"라고 말했던가?

그는 자리에 앉으라는 권유를 받았던가?

그는 자신을 영웅처럼 대담하고 무언가가 있는 사람으로 여겼던가?

어떤 생각도 읽어 낼 수 없는 희미한 그림만이 답변을 대신한다.

그러므로 잠수함 훈련병에 대한 수요는 당분간 없으므로 접수를 중단한다는 답변을 받은 것으로 해 둘 수밖에 없다.

그러고 나서 이런 답변을 들은 것 같다. 알다시피 전쟁은 바다 아래에서만 벌어지는 것이 아니므로 지금 미리 등록해 놓았다가 나중에 다른 근무지로 데려가겠다. 계획에 따라 새로 창설된 전차 사단이 있으니, 1927년생 차례가 되면 틀림없이 입대할 수 있을 것이다. "서두르지 말게, 젊은 친구, 안 그래도 일찍 데려갈 거야……."

전쟁 자원자도 마찬가지로 유연했다. "잠수함 훈련병이 아니면 전차병으로라도 입대시켜 주십시오……."

그가 최신형 무한궤도 전차에 대해 질문을 했던가? "타이거 전차 부대에 입대할 수는 없을까요?"

영화 애호가*로 하여금 군사 훈련을 미리 받게 한 것은 바로 「주간 뉴스」였다. 사막의 롬멜 전차 군단.

---

* 작가 자신.

《바이어》나 『퀼러의 해군 연감』에서 얻은 어설픈 지식을 뽐내기도 했던 것 같다.

심지어 그는 일본 전함, 항공모함과 순양함에 대한 세세한 정보뿐만 아니라, 태평양에서 일본이 거둔 성공, 예컨대 싱가포르 점령, 필리핀 제도를 둘러싼 전투, 오늘날까지 그 숫자와 용어를 익숙하게 입에 올릴 수 있는 중순양함 후루타카호와 가코호의 무장 상태와 노트로 환산한 속력 등도 환하게 꿰고 있었다. 회상은 잡동사니를, 해체된 상태에서도 지속적이기를 약속하는 것들을 즐겨 쌓아 놓는다.

어쨌든 아저씨 같은 육군 하사관과 꽤나 무뚝뚝한 해군 하사는 내 이야기를 충분히 들었던 것 같다. 대화를 매듭지으면서 그들이 나의 자원을 옹호하는 말을 했으니까. 그래, 우선 노동 봉사를 해도 좋아. 전쟁 자원자도 노동 봉사는 할 수 있어. 좋아, 좋아! 거기서는 열심히 삽자루 두드리는 법을 배울 수 있지. "거기선 엄하게 꾸지람도 당할 거야……."

한때 소년이었던 그에게 줄무늬 양말 위로 무릎을 드러내고, 점호 시간에 대비한 듯 깨끗이 닦은, 끈 달린 신발을 신고 부동자세로 서 있도록 직접 명령을 내림으로써 영화 장면이나 읽을거리로부터 간접적으로 얻는 이미지를 가급적 회피하려고 애썼던 덕분에, 내 귀에는 나이 든 혹은 당시 나이가 들어 보였던 두 사람이 제복을 입은 채 웃는 소리가 바로 앞에서 들리는 듯하다. 동정과 비웃음이 섞인, 마치 짧은 바지를 입은 소년에게 앞으로 어떤 일이 들이닥칠지를 안다는 듯한 웃음이다. 육군 하사관이 입고 있던 상의의 왼쪽 소매는 비어 있었다.

그러고 나서 시간이 흘러갔다. 우리는 이 층 침대가 있는 병영 생활에 익숙해졌다. 발트 해도 해수욕 철도 없는 여름이 지나갔다. 철학을 공부했다고 둘러대는 한 하사관이 미사여구를 섞어 우리에게 알아먹기 어려운 말을 퍼부었다. 그는 "너희, 존재를 망각한 개들!"이라고 우리에게 욕설을 했다. "너희로부터 일말의 고유성마저 몰아내 버려야 한다." 그가 보기에 우리의 모습은 자기 앞에 "내던져진 한 줌의 똥 덩어리"였다. 하지만 그 밖에는 우리에게 아무런 해도 끼치지 않았다. 그는 악랄한 교관은 아니었다. 그는 자신에게 한 말을 즐겨 음미하며 나중에 『개들의 세월』의 「마테르니아덴」*에서도 써먹게 되는 그런 유형의 인물이었다.

공장 시설 말고도 정체를 알 수 없는 하얀 것들이 쌓여 있고 까마귀들이 날아드는 항구 지대로부터 북서풍을 타고 온 지독한 냄새가 우리를 덮쳤다. 나는 무엇을 보았고 어떤 냄새를 맡았던가. 그리고 이후에 무슨 일이 있었던가. 우리는 무엇인지 기억나지 않는 그 무언가를 먹었다.

8월 말경에 우크라이나 출신의 히비**라고 불리는 자원병들이 새로 만들어진 병영으로 들어왔다. 그들은 우리보다 그리 나이가 많지 않았고, 포병 중대 대원들을 도와 그때마다 필요한 소소한 일이나 부엌일이나 토목 공사 일을 도울 예정이었다. 저녁이면 그들은 공구 보관실 앞에 멍하니 앉아 있었다.

하지만 전투 훈련과 탄도학 수업 시간 사이에 우리는 그들과

---

* 『개들의 세월』 세 번째 권 제목으로 발터 마테른이 저자로 등장한다.
** 자원병이라는 의미의 Hilfswillige의 약자 Hiwis.

함께 세면장에서, 취사장 막사 뒤쪽에서, 그리고 8.8인치 포의 가려진 부분에서 꼬리가 긴 쥐를 사냥했다. 우리 중 하나는(아니면 히비 중 하나였던가?) 맨손으로 쥐를 잡았다. 잘린 꼬리를 열 개 이상 보여 주면 여러 가지 서로 다른 보상이 주어졌다. 공군 보조병은 과일 향이 나는 드롭스 사탕을, 오래 복무한 고사포병은 담배를, 그리고 히비는 러시아인이 좋아하는 마호르카라고 불리는 잎담배를 받았다.

대단히 성공적으로 포획을 하고 역병을 막았지만, 카이저하펜 포병 중대는 쥐들에 대한 승리를 요란하게 축하할 수도, 성공으로 기록할 수도 없었다. 내가 수십 년 뒤 어떤 소설에선가 박멸되지 않는 이 설치류에 대해서 장황하게 언급했던 것은 그 때문이다. 쥐들은 내 꿈에 단독으로 혹은 무리 지어 나타났다. 그것들은 큰소리로 나를 비웃었다. 내가 여전히 무언가를 희망했기 때문에……. 그것들은 사태를 더 잘 알아차렸고 제때에 땅을 파고 들어갈 줄 알았다……. 그것들은 유일하게 인간 족속과의 실없는 다툼을 넘어 생존할 수 있는 재능을 가진 존재였다.

열여섯 살 생일 직후에 나는 카이저하펜 중대원 일부와 함께 브뢰젠 글레트카우 해변 포병 중대로 옮겨 갔는데, 이 중대는 가까이에 있는 공항을 저공 공습으로부터 지키기 위해 포신이 네 개 더 추가된 고사포를 갖추고 있었다. 그곳에는 꼬리가 긴 사냥감보다 집토끼가 더 많았다.

쉬는 시간 동안 나는 해변가 모래 언덕의, 바람을 막아 주는 움푹한 곳에 눌러앉아 공책에다 가을의 시를 끄적거렸다. 너무 익어 버린 들장미 열매, 나날의 권태, 조개껍질과 세계고(世界苦)의 감정, 바람에 몸을 숙이는 갯보리 그리고 해변으로 실려 온 고무장화 한 짝이 무언가를 낳았다. 해변의 안개 속에서 자신을 내세우는 사랑의 고뇌는 시로 결실을 맺었다. 그리고 폭풍우가 지나가고 난 후에 쓸려 온 해조류에서 아주 작은 호박을, 때로는 운 좋게도 개암나무 열매만 한 호박을 수집할 수도 있었다. 한번은 호두만 한 호박을 발견하기도 했는데, 그 속에 들어 있는 다지류 곤충과 비슷하게 생긴 것은 히타이트인,* 이집트인과 그리스인, 로마 제국과 그 밖의 시대를 넘어 살아남은 것이었다. 하지만 젖은 모래로 성을 쌓는 놀이만은 더 이상 하지 않았다.

집에서는 모든 것이 전쟁 경제의 영향을 받았다. 짧은 주말 휴가 동안 나는 아버지와의 다툼을 자제했다. 아버지의 존재를 무시하는 게 더 편하기 때문이었던 것 같다. 왜냐하면 그는 엄연히 존재했고, 거실 가구들 사이에서 넥타이를 두른 채 정장을 하고 펠트 슬리퍼를 신고 서 있거나 앉아 있었으며, 변함없이 앞치마를 두른 채 변함없이 고령토 그릇을 만지고, 의연하게 쿠키 반죽을 하고, 조심스럽게 모든 신문지를 화장실 휴지로 잘랐으며, '징집 면제 판정을 받아' 전선으로 갈 수도 없어 내가 피할 수 없는 존재였기 때문이다. 하지만 아버지는 내 생일날 킨츨레표 손목시계를 선사했다.

어머니는 피아노를 거의 연주하지 않았다. 일반적인 상황에 대한 어머니의 한숨은 "제발 잘돼야 할 텐데."라는 문장으로 늘 연결되었다.

---

* 기원전 2000~1200년에 소아시아에 살았던 민족.

한번은 어머니가 이렇게 말하는 것을 들은 적도 있다. "헤스가 죽어 버린 것이 유감이야. 나는 총통보다 그 사람이 더 마음에 들었는데……."

이런 말도 들었다. "사람들이 왜 그렇게 유대인을 반대하는지 모르겠어. 예전에 재봉용품을 팔던 사람이 있었어. 이름이 추커만이었는데, 정말 친절했고 내게는 언제나 할인을 해 주었지……."

저녁 식사 후에 어머니는 공급된 모든 물품의 생필품 교환권을 식탁에 늘어놓았다. 감자 가루 풀을 이용해서 우리는 교환권을 신문지에 붙였다. 그러고 나서 신문지를 물품 조달청에 제시했고, 가게는 그렇게 제출한 교환권을 근거로 새로운 상품을 공급받았다. 우리는 막스할베 광장의 황제 커피 지점이 문을 닫은 후로 더욱 많은 고객을 확보했다.

나도 가끔 풀칠하는 일을 도왔다. 지나간 사건들을 담은 《단치히 최신 뉴스》 신문지는 전체적인 상황을 알려 주었다. 아마도 밀가루 교환권과 설탕 교환권이 국방군 최고 사령부의 실시간 보고를, 후퇴라는 말 대신에 전선 고르기라는 말을 사용하여 전반적인 상황을 흐릿하게 만들어 버린 보고문을 가렸을 것이다. 군대가 철수한 도시들의 이름은 이미 진격 때부터 잘 알고 있던 것이었다. 지방(脂肪) 교환권과 식용유 교환권도 병사들의 죽음을 공고한 지면들을 덮었을 것이다. 완두나 콩 교환권은 매주 바뀌는 영화 프로그램이나 소소한 광고문을 읽을 수 없게 만들었을 것이다.

아버지도 가끔 도와주었다. 그렇게 교환권을 붙이면서 우리는 서로 가까워졌다. 아버지는 아내를 '렌헨'이라고 불렀다. 어머니는 남편을 '빌리'라고 불렀다. 부모님은 나를 '얘야'라고 불렀다. 부모님이 '다다우'라고 불렸던 여동생은 거의 도움이 되지 않았다.

풀이 마르는 동안, 일요 희망 음악회를 방송하는 라디오는 어머니의 애창곡을 계속해서 들려주었다. "아, 나는 그녀를 잃어버렸네……." "들어라, 타우버 강이 부르는 소리를……." "홀로, 다시 홀로……." 그리고 솔베이지의 노래. "저 겨울 지나고……." "고향의 종소리는……."

겨울이 지나가는 동안에도 전선은 후퇴 중이었다. 이제는 특별 뉴스도 거의 없었다. 하지만 점점 더 많은 사람들이 폭격을 당해 시내와 교외에서 피란처를 찾았다. 그들 중에는 아버지의 여동생인 엘리 숙모도 있었다. 숙모는 부상당한 남편 그리고 쌍둥이 딸과 함께 살았는데, 둘 다 마음에 들었지만, 특히 한 명은 내가 아주 좋아했다. 거의 아무것도 건져 내지 못한 채 그들은 베를린을 떠나 전쟁의 피해를 입지 않은 도시로 갔다. 벽돌로 이루어져 고풍스러운 데다 분위기 또한 느긋해서 모든 전투가 저 멀리 아득한 곳에서 벌어지는 듯한 느낌을 주는 곳으로.

영화관은 평화 시절처럼 규칙적으로 운영되었기 때문에, 영화 애호가는 주말 휴가를 유용하게 써먹었다. 끊임없이 베를린에 물들어 갔던 쌍둥이 소녀 중 하나와 나는 하인츠 뤼만이 주연으로 나오는 「크박스, 불시착한 파일럿」과 차라 레안더가 나오는 「고향」을 보았다. 우리가 꼭 붙어 앉아서 함께 본 영화는 다른 것이었을 수도 있다. 사촌 누이는 나보다 한 살 많았으며, 어둠 속에서 나보다 능숙하게 손가락을 놀렸다.

아마도 그 겨울이 지나가는 동안, 고텐하펜의 사무실에서 나를 이런저런 종류의 무기를 택한 전쟁 자원자로 등록시켰던 서명은 아무런 결과도 없이, 일시적인 기분이 만든 해프닝으로 끝나고 말았던 것 같다. 언제나 전선과 연결된 바깥 어딘가로 향하던 욕구는 조금씩 줄어들었다. 내 욕구는 다소간 정확하게 다른 곳을 향했다. 나는 아이헨도르프와 레나우의 시를 읽었고, 클라이스트의 『콜하스』, 횔덜린의 『히페리온』에 심취했으며, 대공포 옆에서 생각에 잠겨 보초를 섰다. 내 시선은 저 멀리 얼어붙은 발트 해 위를 달렸다. 저기, 안개 낀 정박소에 스웨덴 국적으로 추정되는 화물선이 정박하고 있었다.

이 무렵에, 아직 봄이 시작되기 전에 야전 우편으로 편지가 도착했다. 그 어떤 때보다 뜨겁게 타올랐던 내 첫사랑 검은 댕기 머리 소녀가 학생의 손으로 썼으며, 정서법이 틀린 부분을 내가 고쳐야 한다고 생각했던 편지였다. 편지의 내용은 이제 기억나지 않는다. 꽃이 채 피기도 전에 행운은 산산조각 났으니.

종전 몇 년 후 나는 적십자 명단에서 그리고 이전에 헬레네랑에 학교였던 구드룬 학교를 졸업한 여학생들의 동창회 소식을 이따금 전해 주는, 추방된 주민의 단치히 지방 소식지에서 실종된 한 소녀의 이름을 찾으려고 애썼다. 그 이름은 여러 형태로 모습을 숨겼고, 손에 잡힐 듯 가까워졌다가 다시 비현실적인 것이 되었고, 책 속에서 이런저런 이름으로 바뀌어 등장했다.

1960년대 중반, 나는 쾰른 성당의 정문 앞에서 통모자를 쓴 채 처량한 모습을 하고 있던 한 여성을 그녀라고 생각한 적이 있었다. 그녀는 구걸을 하고 있었다. 내가 말을 걸자, 이가 거의 다 빠진 여성이 그 지역 사투리로 웅얼거리며 혼잣말을 했다…….

그리고 1990년대가 끝날 무렵 우리는 그단스크를 다시 방문하여 한 개인 집의 좁은 공간에서 소규모 관람객 사이에 끼어 내 소설 『무당개구리 울음』 연극판이 독일-폴란드 합작 실내극으로 성공리에 공연되는 것을 보았다. 그 후 우테와 나는 예전 브룬스회 퍼 로에 있는 오래된 건물을 지나갔다. "여기에 그녀가 살았어."라고 말하면서 나는 나 자신이 우습다고 생각했다.

무언가를 상실한다는 걸 처음에는 거의 견딜 수 없었으나, 나중에는 그럭저럭 참아 낼 수 있었다. 내가 좋아하던 사촌 누이도 있었으니까. 사무적으로 표현하자면 지겨운 일상에 대한 우리의 태도는 참아 내는 것과 별일 없이 지내는 것, 그 사이에 있었다. 우리의 교관, 전쟁에 지친 하사관과 병장은 태도가 온화했고 또 다행이라고 생각하는 것 같기도 했다. 말하자면 그들은 우리 '멍청이들'을 위험 지대에서 멀리 벗어난 곳에 데려다 놓고 지켜주었던 셈이다.

포병 중대의 해변 지역을 두드리는 발트 해의 파도 소리는 단조로웠다. 연습을 위해 우리는 집토끼를, 그리고 금지되어 있었지만 갈매기를 소구경 총으로 사격했다. 나는 부질없이 여드름과 맞서 싸웠다. 비 오는 날, 근무가 없는 동안에 우리는 체스 놀이, 말판 놀이 혹은 카드놀이를 했다.

이러한 심심풀이로, 더 이상 머뭇거리지 않고, 아무런 사건도 없이 여름 깊숙이 밀치고 들어가려는 봄을 막 넘길 무렵이었다. 그때 비벤발 방호벽에 인접한 방위 지구 사령부 건물에서, 모든 병역의무자가 나이 순서대로 받아야만 했던 징병 검사를 받고 나서 얼마 지나지 않아 제국노동봉사단에 소집한다는, 스탬프 찍힌 서류가 내게 전달되었다.

탁자 위의 소환장을 등기로 받은 것은 나 혼자가 아니었다. 톱니바퀴처럼 규칙적으로 일이 진행되었다. 이제 1927년생 차례였던 것이다. 봉사 기간은 세 달이었다. 봉사 시작일은 4월 마지막 날들 중 하루 혹은 5월 첫 번째 날들 중 하루였다. 우리 뒤를 이어 단치히의 고등학교로부터 보충 인원이 즉시 투입되었다. 나는 다른 소년들과 함께 공군 보조병 차림으로 검열을 받았고, 짧은 바지에다 무릎까지 오는 양말을 다시 신었다. 거울에 비친 내 모습은 내가 보기에도 별로였고, 귀여운 여동생이 있는 친구들 집을 방문할 때도 인기를 끌지 못했다.

이 모든 일이 짧은 간격으로 그리고 좁게 확보된 공간 안에서 순차적으로 일어났다. 이와 동시에 멀리 떨어진 곳에서는 죽은 자들로부터 양철제 인식표가 회수되었고, 아직 살아 있는 자들에게는 철제 훈장이 수여되었다.

겨울부터 봄까지 전해진 소식들, 키예프에서의 퇴각을 비롯한 동쪽에서의 전선 축소와 일본과 미국이 태평양에서 섬들을 차지하려고 벌인 전투 그리고 남유럽에서의 사건에 대한 소식은 내 지리학 지식을 다시 한 번 확장해 주었다. 우리가 개 같은 배신으로 여겼던 이탈리아의 동맹국 탈퇴 그리고 우리 공수 부대가 아브루첸 산지에서 무솔리니를 구출한 후(새로운 영웅의 이름은 스코르체니였다.) 몬테카시노 사원의 폐허를 둘러싼 전투가 계속되었다. 미국인은 로마 위쪽 해변에 상륙했고, 여전히 공방전이 치열하게 전개되고 있는 교두보를 확대했다. 내가 멋진 공군 보조병 제복을 벗어던지고 곧이어 볼품없는 제국노동봉사단 작업복을 입고 있을 때였다. 작업복이 노란 카키색이어서 사람들은 나와 다른 동료들, 즉 우리가 카키색으로 보인다고 말했다. 무엇보다도 옴폭 들어간 주름이 많은 펠트 모자는 언제 내버려도 무방할 정도로 우스꽝스러웠기 때문에 '자루 달린 엉덩이'라고 불렸다. 청소년에게 유해하다는 판정을 받을 뻔했지만, 곧 학습 자료로 인정받았고, 이후 교과 과정을 어느 정도 신봉하는 교육학자들이 흥미를 가지고 해석을 시도했던, 나의 초기 노벨레 『고양이와 생쥐』에서 희비극적 인물 요아힘 말케가 이 볼품없는 모자를 쓰고 등장한다. 화자인 필렌츠가 올리바 성의 공원에서 그런 시선으로 그를 보았던 것이다. 네모꼴 막사와 사무실 건물로 이루어진 노동봉사단 숙영지가 자리 잡은 투헬 황무지 지역은 요아힘 말케가 전쟁 영웅이 되는 과정을 다룬 에피소드가 벌어지는 평평하거나 나지막한 구릉 지대의 풍경이 되었다. "자작나무 위의 아름다운 구름과 나방이, 그것들은 자기가 어디로 가는지를 모른다. 늪지의 검게 빛나는 못들, 그곳에서 사람들은 수류탄을 던져 잉엇과 물고기와 늙은 잉어를 잡을 수 있었다. 아무 데나 똥을 눌 수 있는 자연. 투헬에는 영화관도 있었다……." 모래땅, 잡목림 그리고 노간주나무 수풀도 추가로 언급할 가치가 있는데, 그곳은 폴란드 게릴라가 활동하기에 적합한 공간이었다.

하지만 나는 노동봉사단 시절을 다른 각도에서 회상한다. 나의 회상은 글을 쓰려는 욕구에서 위대한 말케에 대해 세세하게 설명하고 또 내 정체를 벌거벗기려고 했던 필렌츠의 의도와는 구분된다. 말하자면 나는 인생의 첫 번째 무대에서 의심을 배울 수 있는 기회를 놓쳐 버렸던 것이다. 의심이란 내가 훨씬 나중에 그러나 철저하게 배울 수 있었던 것으로, 모든 제단을 철폐하고 나로 하여금 신앙 저 너머에서 결단을 내리도록 하는 행위이다.

그러나 그렇게 하는 것이 언제나 쉽지는 않았다. 왜냐하면 희망의 열기가 거듭 불을 일으키면서 냉철하게 식은 마음을 자기 쪽으로 끌어당겨 따뜻하게 데웠기 때문이다. 희망이 가리키는 곳은 모든 사람을 위한 지속적인 평화와 정의이기도 했고, '미국적 생활방식'이 가져오는 소비의 행복이기도 했다. 그리고 이제는 새로운 교황이 기적을 행할지도 모른다…….

처음부터 나는 노동봉사단원으로서 '조용한 공처럼' 유유하게 일할 수 있었다. 왜냐하면 스케치와 색칠이 재빨라서 특별 대접을 받았기 때문이다. 나는 벽돌로 쌓은 사무실 건물 내에 있는, 교관과 사병을 위한 구내식당의 벽을 그림으로 장식해야 했다. 노간주나무 수풀, 구름을 비추어 주는 연못 그리고 평평하거나 나지막한 언덕이 있는 황무지는 그럴듯한 소재였다. 명령을 받아서가 아니라 내가 좋아서 그린 물장구치는 요정 그림도 있었다.

자연 친화적인 작품을 얻기 위해 나는 자유롭게 행동해도 좋다는 허락을 받았다. 오전에는, 처음에는 삽으로 그리고 나중에는 카빈 98 소총으로 총 다루기를 익히는 일상적인 훈련에 참가했다. 그러나 오후에는 수채화 통, 물병과 펠리칸표 종이 뭉치를 들고 숙영지를 떠날 수 있었다. 아름다운 구름, 검게 빛나는 연못 그리고 힘차게 솟은 바윗덩어리의 앞이나 뒤에 위치한 자작나무가 알록달록한 색으로 종이 위에 옮겨졌다. 스케치 작품 한 무더기도 있었는데, 그것들을 밑그림으로 하여 나중에 수성 페인트를 칠해 흰 벽을 장식하기도 했다. 일찍부터 나무에 관심이 많았던 터라,

홀로 서 있는 떡갈나무는 내가 가장 좋아하는 소재였다.

나는 그 후에도 여전히 그리고 나이 든 지금까지도, 여행 중이든 혹은 벨렌도르프의 과수원에서든 자연을 수채화로 그려 왔기 때문에, 부글부글 끓어오르는 습지의 연못 옆에 서 있거나, 마지막 빙하기가 끝난 후부터 그 자리에 있었을 둥글게 솟은 바위 저 높은 곳에 앉아 있는 내 모습을 어렵지 않게 보곤 한다.

나는 평평하거나 나지막한 언덕이 있는 황무지에서 용감하게 그림을 그렸으나, 나 자신에게 엄격하게 묻는다면 공포로부터 자유롭지는 못했다. 둥글게 솟은 노간주나무 수풀 뒤쪽이나 혹은 황무지 저 멀리 솟은 바위에 몸을 숨긴 채, 노획한 카빈총을 가진 게릴라가 잠복하고 있을지도 몰랐다. 열심히 붓질을 하며 인상을 찌푸리고 있는 한 노동봉사단원은 저격병의 가늠자 속에서 보면 첫 번째 사격 목표일 수도 있었다.

시작도 하기 전에 전쟁 자원병의 생애는 종말을 맞을 수도 있었다. 게다가 나는 무장을 하고 있지 않았다. 손으로 집을 수 있도록 준비된 카빈총은 처음에는 오전 중에만 연습을 위해서 그리고 둥근 과녁이나 인형 표적지를 향해 사격할 때만 지급되었다.

나 자신의 모습 그리고 노동봉사단원으로서의 일상은 초점이 흔들린 채 아주 흐릿하게 보이지만, 총기를 지급받는 장면은 고통스러울 정도로 정확하게 그리고 오늘날까지도 선명한 기억으로 남아 있다.

날마다, 원리 원칙대로 진지한 표정을 짓고 있던 한 하사가 의식을 진행했다. 무기고를 책임진 하사였다. 그는 총을 나누어 주었고, 우리는 총을 받아 들었다. 병사 하나하나가 무장의 순간을 체험했다. 모든 노동봉사단원이 목재와 금속을, 카빈총의 개머리판과 총신을 손에 잡는 순간 그 어떤 명예심에 사로잡힌 것이 분명했다.

그리고 총을 들고 꼿꼿하게 부동자세를 취하거나 받들어총이나 어깨총 자세를 할 때도 우리 소년들은 자부심을 느꼈다. 우리는 수시로 "총기는 나의 아내다."라는 구호를 반복했다. 우리는 카빈 98과 결혼까지는 아니라도 약혼은 한 것으로 여겼다.

'우리'라는 말을 강조하여 여러 번 반복하지만, 그럼에도 일률적으로 조직되고 쉽사리 순종하는 다수에 거슬러 대항하는 예외는 어디에나 있는 법이다. 그리고 그 예외적인 인물은 벽면을 장식함으로써 혜택을 입은 저 화가보다, 그의 부지런한 붓질보다, 그리고 밝거나 구름 낀 하늘 아래 투헬 황무지의 하늘 아래에서 일어났던 그 모든 것보다 지금 내 눈앞에 더 선명하게 보인다.

그 예외는 감수성이 아주 예민하고, 연한 금발 머리와 푸른 눈에다가 옆얼굴이 길쭉해서, 북유럽 인종을 육성하기 위한 표준 도판에나 제시될 만한 소년의 모습을 하고 있었다. 턱, 입, 코, 이마가 그리는 곡선은 '순수 혈통'이라는 진단을 받고도 남을 정도였다. 빛의 신 발두르와 닮은 일종의 지크프리트였다. 그는 대낮보다 더 환하게 빛을 발했다. 그에게는 어떤 결점도 없었다. 목과 관자놀이에 조그마한 무사마귀 하나 없었다. 명령에 따라 대답할 때도 중얼거리나 더듬거리는 법이 없었다. 장거리 경주에서는 누구보다도 지구력을 발휘했고, 썩은 도랑을 뛰어넘을 때는 누구보다도 용감했다. 가파르게 경사진 벽을 순식간에 기어올라야 할 때면 누구보다도 기민했다. 무릎 굽히기 오십 번을 지치지도 않고 해냈다. 경기에서 기록을 깨뜨리는 건 그에게 쉬운 일이었을 것이다. 그 무엇도, 그 어떤 질책도 그를 우울하게 만들지 못했다. 마치 꺼져 버린 것처럼 내가 성도 이름도 기억하지 못하는 그가 실제적으로 열외가 된 것은 항명 때문이었다.

그는 총기 다루는 법을 배우려 하지 않았다. 더 나아가 총의 개머리판과 총신에 손을 대는 것조차 거부했다. 더욱 나빴던 것은 언제나 진지하고 진지했던 하사가 카빈총을 손에 넘겨주면 곧바로 떨어뜨렸다는 것이다. 그 혹은 그의 손가락은 처벌받고도 남을 만한 행동을 했다.

경솔하게 혹은 고의적으로 그리고 명령을 거부하면서 총을, 총기를, 병사와 약혼한 신부를 연병장의 먼지 속에 떨어뜨리는 것보다 더 큰 범행이 있을까?

그는 모든 노동봉사단원의 본래 연장인 삽으로는 명령받은 모든 것을 수행했다. 삽날로는 어김없이 성공적으로 받들어총을 했기 때문에 북구인다운 그의 옆얼굴 앞에 위치한 삽날은 마치 태양의 문장(紋章)처럼 보였다. 숭배할 만하고 모범적인 광경이었다. 대독일 제국이 아직도 상영 가능한 영화관을 제공할 수만 있다면 「주간 뉴스」는 스크린에다가 초지상적인 현상을 투사할 수 있었을 것이다.

동료들과의 교제에서도 그는 최고 성적표를 받을 만했다. 집에서 보내온 호두 케이크를 아낌없이 나누어 주었고, 언제나 다른 사람을 도울 자세가 되어 있었다. 친근하고 마음씨 좋은 유형의 소년으로 자신에게 요구되는 모든 것을 아무런 불평 없이 실행했다. 그는 부탁을 받으면 자신의 장화를 닦은 후에 내무반 동료들의 것도 아주 모범적으로 닦아 주었기 때문에, 엄격한 하사조차도 점호 시간에 그를 눈여겨볼 정도였다. 마른 걸레와 솔을 능숙하게 다루었지만, 그러나 총만은, 무기만은, 카빈 98만은 잡지 않았다. 우리 모두와 마찬가지로 그도 그것을 들고 입영 준비 훈련을 받아야 하는 처지였는데도.

온갖 종류의 처벌이 그에게 부과되었다. 사람들은 인내심을 발휘했지만, 아무것도 도움이 되지 않았다. 심지어 그는 긴 장대에 매단 양동이로 구더기가 득실거리는 병사들의 화장실을 퍼내는 일, 군대 은어로 '꿀 푸기'를 아무 반발 없이 몇 시간 동안 철저하게 해냈다. 그는 파리 떼에 둘러싸인 채 간이 화장실 구덩이 아래의 똥을 퍼냈고, 운반하기 위해 큰 통에 넘실거리도록 담았다. 그러고 나서 그 직후에 깨끗하게 샤워를 하고 총기 수령을 하는 곳으로 다시 갔고, 또다시 총 잡기를 거부했다. 내 눈에 총기가 쓰러지고 먼지를 일으키며 땅에 부딪히는 장면이 슬로 모션처럼 보인다.

처음에 우리는 문제점을 말하고 설득해 보려고 시도했다. 우리는 그를, '이 희극적인 하이니'를 좋아했기 때문이다. "잡아, 그냥 꽉 잡아!"

그의 대답은 몇 마디로 제한되었고, 우리는 곧 그 몇 마디를 속삭이는 목소리로 반복했다.

그러나 그 때문에 단체 기합이 내려지고, 우리 모두가 내리쬐는 햇볕 아래 쓰러질 때까지 훈련을 받게 되자, 누구나 그를 미워하기 시작했다.

나도 분노를 터뜨리고 싶었다. 우리는 그의 결점을 잡고 궁지에 빠뜨릴 참이었고, 또 그렇게 했다. 그가 우리를 궁지에 몬 것처럼 우리도 그를 궁지에 몰았다.

내무반에서 그는 전에 자기가 장화를 번쩍이도록 닦아 주었던 소년들에게 구타를 당하기도 했다. 모든 사람이 그를 적대시했다.

내무반과 내무반 사이에 있는 판자벽을 통해서 나는 그가 흐느껴 우는 소리를 들었다. 잊을 수 없는 순간이었다. 가죽띠가 철썩거리는 소리도 들렸다. 누군가가 큰 소리로 숫자를 헤아렸다.

구타도 협박도, 그 무엇도 그에게 억지로 총을 잡게 하지 못했다. 몇몇 소년이 그의 밀짚 매트리스에 오줌을 싸고 그를 오줌싸개로 낙인찍으려 했지만, 그는 이 굴욕조차도 받아들였고, 곧이어 자신의 변함없는 신조를 되뇌었다.

전대미문의 과정은 중단되지 않았다. 아침마다, 우리가 깃발 아래 점호를 위해 모이고, 그 직후 병기고의 하사가 변함없이 엄숙하고 진지한 표정으로 총을 나누어 주기 시작하자, 그는 자신에게 주어진 총을 마치 동화 속에 나오는 뜨거운 감자인 양 떨어뜨렸다. 배움이 통하지 않는 거부자는 즉시 두 손을 바지 재봉선에 대고, 시선은 저 멀리 떨어진 목표물을 향하도록 하는 힘든 자세를 취해야 했다.

명령을 내리는 사람조차도 힘겹게 만드는 그런 행동을 그가 얼마나 자주 반복했는지는 헤아릴 수 없다. 다만 그의 직속상관부터 최고 지휘자까지 그에게 던졌고, 우리도 강요했던 질문을 회상할 뿐이다. "왜 그런 짓을 하는 거야, 노동봉사단 양반?" "무엇 때문에 그러는 거니, 이 멍청한 놈아?"

그의 변함없는 대답은 하나의 관용구가 되었고, 이후 평생 동안 내가 수시로 인용하는 말이 되었다. "우린 그런 일 안 해요."

그는 언제나 복수로 존재했다. 나지막하지도 요란하지도 않게, 상당히 멀리까지 울리는 밝은 목소리로 그는 자신이 무엇을 거절했는지를 여러 사람에게 말했다. 일개 군단까지는 아니더라도 대대 병력 정도는 되는 상상 속의 거부자들이 그의 뒤에 서서 그 짧은 문장을 내뱉을 태세를 하고 있다는 것 정도는 충분히 추측이 되었다. 단어 네 개가 함께 윙윙거리면서 하나로 뭉쳤다. 우린그런일안해요.

아무리 캐고 물어도 그는 더는 구체적으로 말하지 않았다. 그저 '그런 일'이라고 말했고, 그가 손에 잡지 않으려 했던 대상의 이름을 총이라고 명시하는 것도 거부했다.

그의 태도는 우리를 변화시켰다. 날이면 날마다 단단하게 굳은 것이라고 여겼던 것들이 떨어져 나갔다. 우리의 미움 속으로 놀라움이, 마침내 질문으로 가장한 찬탄이 섞여 들었다. "저 멍청이는 어떻게 그런 일을 견디지?" "치즈처럼 창백해 보이는데도 왜 아프다고 말하지 않지?"

우리는 그를 포기했다. 벗은 엉덩이에 몽둥이질을 하는 것도 그만두었다. 우리 가운데 반항적인 병사들, 알자스나 로트링겐에서 온 몇몇 소년은 누구도 알아들을 수 없는 말을 했고, 휴식 시간에 성가실 정도로 서로 붙어 있었으며, 비가 계속 쏟아지는 가운데 완전 무장 행군을 한 후 적절한 기회를 포착하여 기묘한 표준 독일어로 아프다고 신고했고, 금지된 프랑스어로 '정말 최고야.' 같은 뜻을 담은 어떤 말을 속삭였다.

집총 거부자는 마치 연단 위에 있는 것처럼 저 높은 곳에 있었다. 더구나 우리 직속상관들의 시각에서 보자면 개별적인 거부의 영향으로 전반적인 규율이 느슨해질 우려가 있었다. 같은 기수 모두에게 공동 책임이 있다면서 처벌이 점점 강화되었다.

마침내 그가 체포됨으로써 아침마다 거부자 때문에 벌어지던 소동은 막을 내렸다. 감방 형이 선고되었다. "영창 처분!"이라는 명령이 떨어졌다. 하지만 그가 너무도 진한 여운을 남기며 우리 앞에서 사라졌기에, 그의 빈자리는 선명하게 남았다.

그 후부터는 오로지 규율과 질서가 전부였다. 야외에서 누렸던 오후의 그림 그리기도 곧 중단되었다. 붓은 깨끗이 씻어 치웠고, 벽을 장식할 그림들은 미완성으로 남았다. 수성 페인트는 말라버렸다. '조용한 공'처럼 지낼 수 있었던 특별 대접을 더 이상 받을 수 없었고, 내 앞에는 명중 사격, 수류탄 투척, 총검 공격과 넓은 들판에서의 포복에 집중하는 훈련만이 기다렸다.

간간이 구금 중인 그의 소식이 들려왔다. 하사였던가, 아니면 우리 중 하나였던가? 누군가가 말했다. "그는 틀림없이 여호와의 증인이야." 누군가는 이렇게 말하기도 했다. "그는 성경 연구자일 거야, 안 그래?"

순수 혈통의 옆얼굴을 가진 그 금발 소년은 성경이나 여호와나 그 밖의 전지전능한 존재에 호소하지 않았으며, 언제나 이렇게 말했을 뿐이다. "우린 그런 일 안 해요."

어느 날 그의 간이 옷장이 비워졌다. 얇은 종교 책자를 포함한 개인 물품도 비워졌다. 그러고 나서 그는 사라졌다. 흔히 말하듯이 소환장을 받았다.

우리는 그의 행방을 묻지 않았다. 나도 묻지 않았다. 하지만 분명한 것은 부적격이라는 명목으로 추방되지는 않았다는 점이었다. 오히려 우리는 소곤거렸다. "나이로 보면 강제 수용소에 가고도 남지."

몇 명은 위트를 발휘해서 이렇게 말했지만 별다른 웃음을 자아내지는 못했다. "그 미치광이한테는 강제 수용소가 제격이야!"

누군가가 말했다. "그런 일을 하지 않는 종파야. 여호와의 증인은 그런 일을 금해."

우리는 그런 식으로 말했다. 그들에게 왜 그런 금지령이 내려졌는지, 그들이 무엇을 증언하는지 그리고 그들이 그 밖에도 무엇을 하지 않는지를 정확히 알지도 못하면서. 하지만 우리 모두가 확실히 알았던 것은 그런 끈질긴 유형의 거부자에게 주어지는 것은 슈투트호프라는 주소뿐이라는 점이었다. 이 강제 수용소에 대해서 모두들 소문으로 알았기 때문에, 아직도 '우린그런일안해요'라고 불렸던 그가 슈투트호프에서 호되게 당할 것은 뻔했다. "거기서 우린그런일안해요는 완전히 망가지고 말 거야, 틀림없이!"

일은 보나마나 그렇게 진행되었던가?

그를 위해 누구도 애도의 눈물을 흘려 주지 않았던가?

그 후에는 모든 것이 천편일률적으로 진행되었던가?

내 머릿속으로 무엇이 지나갔던가, 아니면 나는 그 어떤 이유로 당황했던가? 한편으로는 그가 전염성이 있는 병원균처럼 격리되어 사라지고, 다른 한편으로는 그의 부재가 너무도 아쉬워 그 후로는 눈에 띄는 구멍을 옆에 두고 훈련을 받고, 보초를 서고, 넓은 들판에서 포복을 하고, 기다란 식탁에 앉아 감자 수프를 숟가락으로 떠먹고, 간이 화장실에 쪼그려 앉고, 장화를 닦고, 잠을 자고, 축축한 꿈을 꾸거나 아니면 도움을 위해 뻗은 손을 얼른 잡고 이제 시작하는 여름까지 이럭저럭 살아야 했을 때 말이다. 여름은 건조했고 뜨거웠고 바람이 심했다. 모래 먼지가 도처에 쌓였고, 많은 것을, 나를 긁어 댈지도 모를 생각까지도 덮어 버렸다.

하지만 곁가지를 다 치고 요점만 말하자면 이렇다. 나는 그 소년이 사라진 이후 기뻐하지는 않았을지라도 마음이 가벼워졌던 내 모습을 본다. 바위처럼 단단해 보였던 모든 것에 대한 의심은 사그라들었다. 내 머릿속의 잠잠함은 자립을 시도하는 어떤 생각도 허락하지 않았을 것이다. 머릿속에는 오로지 우둔함만이 자리 잡았다. 나는 자신에게 만족하며 포만감을 느꼈다. 그 시절을 재현한 자화상도 마찬가지일 것이다.

하지만 나중에, 훨씬 나중에 노벨레 『고양이와 생쥐』를 위해 멋지고 비범한 인물, 아버지가 없는 복사(服事), 잠수의 대가, 십자가를 나르는 기사이자 탈영병인 요아힘 말케를 구상했을 때, 나는 '우린그런일안해요'라고 불렸던 저 집총 거부자를 모델로 삼을 수 있었다. 다만 너무 큰 목젖 때문에 고군분투해야 했던 말케와 달리, 저 거부자는 아무 결점도 없어 보였고, 자신의 행동이 각인되도록 의도적으로 시간을 끌며 천천히 총기를 떨어뜨렸다.

그리고 나서 흑판에 게시된, 국방군 최고 사령부의 일일 소식은 적군인 미군이 대서양의 방호벽 해안에 상륙했다는 사실을 알렸고, 나의 지리학 지식은 또 한 차례 확장되었다. 물론 알자스와 로트링겐 출신의 병사들만 노르망디와 브르타뉴에 있는 도시와 마을의 이름을 제대로 발음할 수 있었다. 어쨌든 대서양 방호벽에서의 전투는 이전에 일어났던 모든 일, 그리고 북유럽 인종을 양육하기 위한 모범이었고 우리의 살 속에 가시가 되어 계속 박혀 있었을지도 모르는 저 거부자의 존재도 덮어 버렸다.

하지만 근무는 더욱 강화된 채 계속되었다. 밤마다 두 차례씩, 충격과 그 밖의 다른 일이 일어나지 않았음에도 게릴라 출현 경보가 병사들을 벌떡 일으켜 세웠다. 1인 보초와 2인 보초가 병영의 네모난 구역에서 경비를 서야 했다.

나는 혼자서 보초를 설 때마다 두려움을 줄이려고 생각 속으로 도피했다. 그 점에서는 숙달되어 있었다. 역사는 뒷걸음질 쳐 곧장 전설 속으로 변형되어 들어갔다. 옛 프루체인의 신인 페루켄, 피콜 그리고 포트림프, 포메른 지방의 공주인 메스트비나, 슈반토폴크 대공, 그리고 더 거슬러 올라가 바익셀 강에서 흑해까지 이르는 고트족의 대이동, 시대마다 다르게 무장한 군대가 나의 백일몽에 등장하여 게릴라에 대한 공포를 더는 데 도움을 주었다.

그 밖에 숙영지의 강화도 근무의 일부였다. 참호를 파고 지뢰로 봉쇄한 철조망을 설치했다. 복잡한 경보 장치도 설치해야 했다. 하지만 경보를 울릴 만한 일은 한 번도 일어나지 않았다. 다만 어느 일요일에 별다른 동기도 없이 250명에 달하는 부대원 전원이 사각형 전투 대형을 하고 집합해야 했다. 밝은 회색이 아니라 카키색 작업복을 입었고, 짧게 자른 머리에는 '자루 달린 엉덩이'를 썼다.

광장의 중앙, 깃대 바로 옆에서 건장한 수행원을 데리고 난데

없이 나타난 RAD* 지도자가 토막토막 끊기는 연설을 이어 나갔다. 수치스럽고 비겁한 반역, 귀족 출신 장교 패거리의 부끄럽고 비열한 음모, 우리의 경애하는 총통의 목숨을 노렸지만 섭리에 의해 좌절된 공격, 이어서 "그 도당들에 대한 가차 없는 박멸"을 전하는 연설이었다. 그러고 나서는 그분의 생존에 대해서, "진정한 기적!"에 대해서 언급했다.

다소 장황한 말로 그는 운명에 의해 선택받은 자로서 칭송을 받았고, 우리는 그에게 다음과 같이 충성을 서약했다. 이 시간부터, 지금부터, 오늘부터 모든 것이 우리에게, 특히 우리에게 달려 있다. 그 누구보다도 여기에서, 지금 이 순간에, 대독일 제국의 모든 곳에서와 마찬가지로, 그의 이름을 딴 젊은이들이 불굴의 충성을 맹세한다. 최후에 승리하는 날까지…….

우리는 전율에 사로잡혔다. 경건함과 같은 그 무엇 때문에 땀구멍에서 땀이 솟았다. 총통이 구원되었다! 앞으로도 계속해서 섭리는 또다시 작용할 것이다.

찬가 두 곡이 불렸다. 그리고 승리의 구호가 세 번 복창되었다. 아직도 그 이름을 알 수 없는 반역자에 대한 분노 혹은 목표도 없는 분노가 일었다.

학교에서나 어머니의 생필품 가게에서도 귀족을 만난 적이 거의 없었기 때문에 나는 소위 말하는 귀족 출신 장교에 대해 명령받은 대로 증오의 눈길을 던지려고 애썼다. 그러나 나는 자기 분열 상태에 빠져들었던 것 같다. 왜냐하면 생각 속에서 독일 역사

---

* 나치가 노동 세력을 통제하기 위해 설립한 노동 조직들 중 하나.

의 어두운 방부터 독일 역사의 빛나는 모습까지 돌이켜 보는 동안에도 나는 슈타우펜 왕조의 모든 왕에 대한 경외심을 간직하고 있었기 때문이다. 프리드리히 2세라면 저 멀리 팔레르모까지 종자가 되어 모시고 싶을 지경이었다. 농민 전쟁의 경우를 들자면, 나는 토마스 뮌처의 추종자였을 뿐만 아니라 프란츠 폰 지킹겐, 게오르크 폰 푼츠베르크 그리고 괴츠 폰 베를리힝엔이라고 불렸던 기사 출신의 농민 지도자도 지지했다. 울리히 폰 후텐은 나의 우상이었고, 교황과 모든 성직자는 나의 적이었다. 그리고 나중에 폰 비츨레벤, 폰 슈타우펜베르크와 같은 반역자의 이름 몇 개와 암살범의 이름이 알려졌을 때, 나는 '비겁한 귀족 패거리'에 대한 절절한 증오심을 뒤늦게 자라나는 채소처럼 돌보려고 애썼다.

짧게 깎은 머리카락 아래에 있는 머리는 속으로 얼마나 혼란스러웠을까. 지금 막 열여섯 살 노동봉사단원의 모습이 그 테두리부터 너무도 선명하게 사라져 간다. 그의 모습이 그동안 익숙했던 것보다 더 낯설어 보여서가 아니라, 제복을 입은 나의 자아가 스스로 사라지고 싶어 하기 때문이다. 심지어 나의 자아는 자신의 그림자를 포기한다. 좀 더 자의적으로 말하자면 나의 자아는 별다른 채무 의식이 없는 사람들 중 하나이기를 원한다.

나중에 보니 그런 사람들이 부지기수였다. 의무를 이행했다는 것, 그것이 그들에게서 확인할 수 있는 전부였다. 그들은 합창단이 되어 노래했다. "이 시대에 더 아름다운 나라는 없어······." 잘못 인도된 자, 눈이 멀어 버린 자로서 그들은 대열에 합류했고, 아무 예감도 없이 무지를 한껏 드러내며 함께 대화를 나누었다. 양파 껍질 위의 여백에 작은 글자로 쓰인, 일화(逸話)와 환경적 요인을 담고 있는 메모는 심하게 수다를 떨면서, 잊기를 원하지만 그래도 비스듬히 걸쳐져 있는 것으로부터 발길을 돌리려고 한다. 그 순간 나는 거짓 핑계도 대고 순진무구해서 몰랐다는 구실도 내세우는 것이다.

그러므로 나는 입식 책상의 서랍으로부터 아주 투명한 호박을 집어 들어야 한다. 총통에 대한 나의 신앙이 검증 가능한 외면적 균열과 점점 더 증가하는 은밀한 구호와 도처에서, 이제 프랑스에서도 밀리던 전선의 상황에도 불구하고 아무 손상 없이 유지되었다는 것을 알아내기 위해서이다.

총통을 믿는 일은 어렵지 않았다. 아이라도 할 수 있는 일이었다. 그는 완전무결했고, 그의 모든 모습은 그대로 진실이었다. 그의 눈길은 굳건했고 모든 사람을 꿰뚫어 보았다. 그의 녹회색 제복은 그 모든 요란한 훈장을 거부했다. 오직 1차 세계 대전 때의 철십자 장식만을 단 채, 그는 사람들의 시선이 향하는 그곳에 수수한 모습으로 그려진 채로 서 있었다. 그의 목소리는 천상에서 들려오는 듯했다. 그는 모든 공격에서 살아남았다. 어떤 알 수 없는 섭리가 그를 보호한 것이 아니었을까?

당황스럽게도 금발에 푸른 눈을 하고 "우린 그런 일 안해요."라는 말을 지치지도 않고 했던 소년에 대한 기억은 좀체 지워지지 않았다. 그가 사라진 이후로 그의 부재는 고통스럽기까지 했으나, 그의 존재가 우리의 모범이 되지는 않았다.

암살 시도 직후에 우리는 숙영지를 떠났다. 우리는 의복실과 장비실에 몸에 거의 맞지 않는 제복을 반납했고, 마지막 점호 시간에 받들어총을 하는 데 사용했던, 거울처럼 반짝이던 삽도 반납했다. 그러고 나서 우리는 제국노동봉사단의 노래를 들었다. "우리의 제복은 대지와 같은 갈색이라네……."

다시 민간인 복장을 하고 보니, 벗은 무릎과 끊임없이 미끄러져 내리는 긴 양말이 부끄러웠고, 이전의 학생 시절로 돌아간 기분이 들었다. 여름이 한창인 랑푸르에서는 부모님이 변함없이 귀향자를 기다렸고, 아들이 "어딘가 모르지만 바뀐 것 같다."라고 말했다.

익숙하지만 증오의 대상이었던 단칸방 집이 나를 더욱 옥죄었다. 벽지를 바른 벽 안은 조용하다 못해 거의 소리가 안 났지만, 그래도 마찬가지였다. 여동생도 없었다. 웃음도, 거실과 침실 사이, 식탁 주위를 뛰어다니며 일으켰던 소동도 이제 없었다. 놀이를 하고 언제나 함께 놀고 싶어 했던 '마리엘'은 이제 더 이상 내 책을 덮어 버리지 않았다. 여동생의 인형과 애완동물만이 왼편 창문턱 아래에 남아 있었다.

대관구 본부의 지시에 따라 어린 학생들은 모두 적군 폭격기 편대의 공격을 피해 시골로 피란을 가야 했다. 같이 따라간 교사들은 자신의 학급뿐 아니라 헬라 반도의 피셔도르프 너도밤나무 숲 근처에 있는 또 다른 학교의 학생들을 위해 수업을 계속했다. 그곳에서 여동생은 고향을 몹시도 그리워하며 엽서를 보냈다.

부모님은 내 비위를 맞추어 주었다. 아버지는 초에 절인 고기를 구워 주었고, 어머니는 레몬 꽃 피는 남쪽 지방으로 함께 여행을 떠나기만 하면 끊임없이 미소 지으며 내 말에 귀 기울여 주었다. 하지만 아들은 더 이상 품 안의 아들로 머물려 하지 않았다. 어머니는 초조한 마음으로 우편배달부를 기다렸다. 어머니의 작은 희망은 다음 말에 숨겨져 있었다. "어떻게든 빨리 끝나야 할 텐데."

두 달이 채 지나지 않아서 우편으로 소집 영장이 날아왔다. 임의로 배열된 회상의 편린 중 하나에 속하고, 아무 낙도 없이 짜증스럽게 기다리기만 하던 그런 기간이었다.

원래 상태로의 복귀는 얼마나 지긋지긋했던가! 노동봉사단에서 돌아온 후 나는 긴 여름 방학 동안 실업 고등학교 학생의 모습으로 다시 돌아가는 것을 얼마나 두려워했던가. 해변에서의 작업도 중단되고, 모래 언덕 뒤편의 들장미 넝쿨 뒤에서 몸을 가리고 시시덕거리지도 만지작거리지도 못하게 되었으니 말이다.

내가 가는 곳마다 장롱 위에는 검은색 테두리를 친 사진들이 있었으며, 나지막하게 숨죽인 목소리가 전사한 사람들, 아들들 그리고 형제들에 대한 소식을 들려주었다. 구시가는 갑작스럽지는 않아도 점차적인 쇠망을 기다리는 듯 초라해 보였다. 밤 동안의 등화관제 명령으로 골목길은 주민들에게 스산한 느낌을 풍겼다. 도처에 "조심, 적이 도청한다!"와 "석탄 절약!"이라는 현수막이 붙어 있었다. 잘 안 팔리는 물건들만 약간씩 전시되어 있는 쇼윈도.

중앙 역 앞에서, 모트라우프 다리와 곡식 창고 섬에서, 쉬하우 부두의 교외에서 그리고 힌덴부르크 대로를 따라서 야전 헌병과 히틀러 청소년단 순찰대가 민간인, 전선의 휴가병 그리고 일반 병사와 계급이 더 높은 군인에게 단순히 말을 건네는 것 이상을 약속한 더 많은 소녀들을 검문했다. 탈주자들은 경고를 받았고, 한 무리의 젊은이들은 모험 가득한 계획을 꾸몄다. 식량 관리국으로의 침입, 항구 지대에서의 방화, 가톨릭교회에서의 비밀 회합……. 믿을 수 없는 이 모든 일을 사람들은 '먼지떨이 패거리'의 소행이라고 말했다. 이 패거리는 나중에, 마침내 소환에 응하여 언급하지 않을 수 없게 되었을 때 몇 장(章)에 걸쳐 기록할 정도로 내게 중요한 의미가 있었다.

소설 『양철북』에서 그 패거리의 지도자 중 하나의 이름은 '슈퇴르테베커'이다. 그는 전쟁에서 살아남았고, 이어서 전후에는 갈등을 꺼리는 고등학교 정교사 슈타루쉬로 변신한다. 이제 상황에 적응한 이 교사의 존재는 이후의 소설 『국부 마취』에서는 고통을 두려워하며, 모든 사건을 "한편으로 보면 이렇고, 다른 한편으로 보면 저렇다."라는 척도에 따라 판단한다.

나는 그냥 듣는 사람이었다. 자발적이든 아니든, 마치 구원이라도 가져오리란 듯 소집 영장을 기다렸던 학교 친구들을 방문했을 때, 나는 여러 소문과 함께 동급생의 이름, 갑자기 사라진, 흔히 하는 말로 '잠수해 버린' 이름이 떠돌아다닌다는 것을 들었다. 아버지가 라인란트에서 근무 감독을 맡았던 동급생은 폭격당한 쾰른 시를 불안하게 했던 '에델바이스 해적'이라는 청년 집단에 대해 무언가를 알고 있었다.

재미를 위해서라기보다는 습관적으로 나는 영화관에 갔다. 골목의 토비스 극장에서 「우울한 로망스」를 보았고, 출연 배우인 마리안네 호페를 그 옛날 내가 풀로 붙여 놓았던 담뱃갑 그림의 아름다운 여성들과 비교했다. 르네상스 시기 여성의 옆얼굴이 또렷하게 떠올랐다. 나는 또 구시가의 골목이나 예쉬켄탈 숲에서 시간을 보냈고, 별다른 생각 없이 사소한 것들을 수집했다. 그것들이 수북하게 쌓여 나중에는 거의 운반하기도 힘들 정도였다. 나는 트리니타스와 성 요한 등 고딕식 교회의 벤치에 앉아 있는 자신의 모습을 본다. 첨두(尖頭) 아치와 벽돌로 쌓은 기둥 하나하나가 모두 선명하게 보인다.

그 밖에도 내게는 독서의 장소들이 남아 있었다. 다락방에 있는 장소를 가장 좋아했는데, 그곳의 나무 선반과 잡동사니와 낡아 빠진 안락의자는 그동안 치워지고 없었다. 소이탄 공격 때 인화 물질로 여겨졌기 때문이다. 손상되지 않은 골기와 아래의 빈 공간은 앞으로 생길 일에 대비하는 장소였다. 그곳엔 물통이 나란히 놓여 있었고, 언제나 사용할 수 있도록 불 끄는 채와 방화사로 가득한 커다란 통이 있었다.

나는 천창 아래서 무엇을 읽었던가? 『도리언 그레이의 초상』은 아마도 읽고 또 읽었을 것이다. 아마포로 제본하고 책등이 가죽으로 된 그 책은 어머니의 도서 목록에 포함되어 있었다. 서로 뒤질세라 옥신각신하는 악덕을 풍성하게 제공하는 오스카 와일드의 작품은 자기 자신을 비추어 보기에 적합했다.

이 무렵에 나는 메레쉬코프스키의 『레오나르도 다빈치』도 누군가에게서 빌려 와 다락방에서 탐독했던 것 같다. 뒤집어 놓은 물통 위에 앉아서 나는 견딜 수 없을 때까지 읽고 또 읽었다. 그렇게 나는 책에 빠져들었고, 책은 그때마다 나를 다른 지방의 다른 사람이 되게 했다. 위르겐 예나취, 아우구스트 벨트옴제글러, 초록의 하인리히, 데이비드 코퍼필드 혹은 척탄병 세 사람이 되기도 했다……

내가 언제 삼촌의 서가에서 『서부 전선 이상 없다』를 꺼냈는지는 알 수 없다. 전쟁 자원자로서 대기하는 동안 손가락 사이로 들어왔던가, 아니면 윙거의 『강철 뇌우』와 함께 읽었던가? 그것은 한자 광장의 페트리 고등학교에서 독일어 교사가 예비로 전선을 체험하게 하기 위한 읽을거리로 우리에게 제시한 책이었다.

정교사 리트슈바거는 1차 세계 대전 동안 다리가 뻣뻣하게 굳어 버린 베테랑으로서 내 글을 두고 "환상적인 색채감"과 그의 표현대로 "터질 듯한 생생함" 그리고 심지어 "과감하기 짝이 없는 언어유희"라고 칭찬하긴 했지만, 한편으로는 "중차대한 운명의 시련을 겪고 있는 조국"의 형편에 적합한 "진지함이 전적으로 결여"되어 있다고 비판했다.

내 신분이 학생이었다고 해도 좋고 혹은 전(前) 노동봉사단원이었다고 해도 좋다. 나는 아버지 막내 동생의 서가에서 에리히 마리아 레마르크의 소설을 발견했다. 삼촌은 할아버지의 목공소에서 끊임없이 돌아가는 원반 톱을 사용하여 기능공 다섯 명이 만든 벽과 창문, 문과 같은 병영 일부를 조립하는 공사 감독을 맡고 있었다. 그래서 프리델 삼촌은 병역에 소환되지 않고 징집 면제 판정을 받았다. 그는 이따금 조립 작업을 했는데, 부두와 항구 지대에 동부 출신 노동자를 위한, 철조망으로 둘러싼 막사가 점점 더 많이 생겨났기 때문이다.

나는 삼촌이 『서부 전선 이상 없다』가 금서에 속한다는 사실을 몰랐을 것이라고 생각한다. 내가 1차 세계 대전 동안 벌어졌던, 어린 자원병들이 가련하게 개죽음당한 이야기를 읽으면서도, 이 소설이 불태워진 책에 속했다는 사실을 전혀 몰랐듯이 말이다. 오늘날까지도 이전의 독서 경험은 내게 뒤늦게나마 영향을 미치고 있다. 구두 한 켤레를 두고 주인이 어떻게 바뀌었던가…….* 한 명 한 명이 어떻게 죽어 갔던가…….

그 작가와 책은 거듭해서 무분별했던 내 어린 시절을 상기시키며 또한 동시에 각성하는 데 있어 제한적일 수밖에 없는 문학의 영향을 돌이켜 보게 한다.

1960년대 중반 안나와 네 아이와 함께 테신에서 여름을 보내면서 나는 딸 라우라와 숲이 울창한 산비탈에서 산양을 찾으려고 돌아다녔다. 우리와 마주친 산양들은 우리 손의 소금을 핥기도 했다. 그때 나는 내 작품을 발간하는 미국인 출판업자 헬렌 울프의 중재로, 라고 마조레에 있는 골동품이 가득한 작가 레마르크의 빌라를 방문할 기회를 얻었다. 나는 그에게 정반대되는 책들을 냉탕 온탕 하듯 읽었다는 이야기를 했다. 한편으로는 전쟁을 모험이자 남자다움을 입증하는 시험대로 여긴 윙거의 찬양에 매혹됐고, 다른 한편으로 전쟁은 모든 병사를 살인자로 만든다는 레마르크의 선고에 전율했음을 고백했다.

그 연로한 남자는 혼자서 낄낄거렸고, 프로이센 억양이 섞인 영어로 말한 나의 어린 시절 독서 경험 이야기를 자신의 노년의 사랑, 이전에 무성 영화 배우였고, 한때 찰리 채플린의 아내였던 파울레트 고다드와의 연애 이야기로 넘겨 버렸다. 그러고 나서 그는 중국제 꽃병과 목각 마돈나상을 포함하여 골동품 몇 개를 자

---

*『서부 전선 이상 없다』에 나오는 이야기.

랑스럽게 보여 주었다. 아 참, 우리는 그라파를 함께 마시지는 않았다.

하지만 나중에, 아주 나중에 『나의 세기』에 담을 역사 이야기를 쓰게 되었을 때, 나는 다시 한 번 양극단의 사람인 레마르크와 윙거를 함께 엮어 넣고 싶은 유혹에 빠졌다. 1차 세계 대전 시기가 이야기 소재가 되어야 했을 때, 나는 백전노장의 두 기사를 취리히 '슈토르헨' 호텔의 테이블에 데려다 놓고 논쟁을 하도록 부추겼다. 그리고 스위스식으로 중립을 지키는 한 젊은 여성 역사학자에게 대담을 주도하게 했다. 두 사람은 포도주 감식가로서는 아주 예의 바르게 이야기를 주고받았지만, 살인적인 참호전의 의미를 둘러싸고는 상반된 입장을 숨김없이 드러냈다. 그들의 전쟁은 끝날 줄 몰랐다. 둘은 서로 화해할 수 없었다. 어떤 부분은 언급도 되지 않았다.

라고 마조레의 은쟁반을 바라보면서 나도 에리히 마리아 레마르크에게, 열다섯 살 학생이 전쟁에 따라올 수밖에 없는 사망의 유형들을 충분히 설명한 그의 책을 읽었는데도 잠수함 승무원이나 전차병으로 자원한 사실을 고백하지 않았다. 이제는 퇴색해 버린 자신의 성공에 염증을 느낀 망명자는 이후에 썼던 모든 책에 그늘을 드리운 그 유명한 소설에 반감을 드러냈다.

이제 징집영장이 식탁 위에 놓였고, 아버지와 어머니는 어쩔 줄 몰라 했다. 어머니가 즉시 피아노 쪽으로 가 「장미 정원」 중 일부를 연주했던가? 그러고 나서 비로소 눈물을 흘렸던가?

아니다. 필름을 되감아야 한다. 스탬프 찍힌 문서가 부모님의 입을 닫게 하기 며칠 전에 나는 그들과 함께, 피란 가 있는 여동생을 방문하기 위해 초포트, 고텐하펜을 거쳐 푸치히로 갔다. 너도밤나무 숲을 지나서부터는 버스가 우리를 데려다주었다. 차분한 8월의 날씨였다.

숙소는 바다 가까이에 있었다. 어머니가 전쟁과 추방을 견디면서 가족 앨범에 보관해 놓았던 사진 한 장이 그 점을 증언해 준다. 헬라 반도 해변에 드넓게 깔려 있던 밝은색 모래 위에 오빠와 여동생이 나란히 앉아 있다. 발트 해에서 수영을 하기 직전 아니면 직후이고 내 오른팔은 오라버니답게 여동생을 감싸고 있다. 서로를 거의 모르거나 전혀 모르는 남매. 그렇게 친근한 자세로 오래 있기는 어려웠을 것이다.

내가 어린 시절부터 다다우라고 불렀던 여동생은 귀여워 보인다. 그녀가 미소를 짓는다. 남자다운 꼴이 거의 갖추어졌지만 아직도 어린 티가 남아 있는 오빠는 아주 진지한 표정으로 박스 사진기의 렌즈를 들여다보려고 한다.

아버지는 정말 아름다운 늦여름 날에 이 평화로운 느낌을 주는 스냅 사진을 성공적으로 찍을 수 있었다. 내가 집을 떠나기 전의 마지막 사진이었다.

오랫동안 재촉했던 것이 이제야 흰색 바탕 위의 검은 글씨로, 서명되고 날짜가 적히고 스탬프가 찍힌 채 실현되었기 때문이다. 징집. 하지만 대문자와 소문자로 인쇄된 것은 무슨 내용이었던가?

어떤 보조 수단도 도움이 안 된다. 편지지 윗부분은 희미하게 사라져 버렸다. 차후에 강등이라도 된 듯, 서명자의 계급은 확인할 수가 없다. 일화(逸話)에 친숙한 수다쟁이인 회상(回想)은 텅 빈 종이를 보여 준다. 아니면 양파 껍질에 쓰인 것의 비밀을 풀려고 하지 않는 것은 나 자신인가?

가라앉은 것들은 소환장을 받아 인용된다. 징집과 그 후 일어난 모든 일은 곰곰이 되씹히고 그대로 말로 옮겨져 책이 되었다. 『개들의 세월』은 700쪽이 넘는 분량이 되어 앞으로 흘러간다. 그 책에는 하리 리베나우라고 불리는 사람의 행적이 충분하게 기술되어 있다. 그는 병사가 되자마자 일기를 쓰고 팔링보스텔 연병장에서, 뢴스를 인용한 문장들을 삽입한 편지들을 사촌 누이인 툴라에게 보낸다. 나중에 행군 명령에 따라 뤼네부르크 황무지에서 후퇴 중인 동부 전선으로 가게 되었을 때도 그는 편지 속에서 툴라에게 바칠 시어를 찾으려 하지만 결국 발견하지 못한다. "나는 아직 러시아인을 보지 못했어. 이따금 나는 툴라에 대해서 더 이상 생각하지 않아. 우리의 야전 취사차는 사라지고 없어. 나는 언제나 같은 책만 읽고 또 읽어. 피란민이 길을 가득 메우고 더 이상 아무것도 믿지 않아. 뢴스와 하이데거는 많은 점에서 오류를 범했어. 분츨라우에서는 병사 다섯 명과 장교 두 명이 나무 일곱 그루에 매달려 있었어. 오늘 아침 우리는 조그마한 숲에다가 총격을 가했어. 이틀 동안 나는 아무것도 쓸 수가 없었어. 적군과 마주쳤으니까. 많은 이들이 이제는 살아 있지 않아. 전쟁이 끝나면 나는 책을 쓸 거야……."

1944년 9월, 앞으로 두툼한 책을 쓸 것이라고는 물론 예상하지 못했지만, 이런저런 순간을 모은 비망록을 쓸 생각은 했던 나는 여전히 무릎까지 오는 바지를 입은 채 열차 삼등칸 객석의 나무 벤치에 앉아 있었다.

    기차는 단치히 중앙 역을 떠나 랑푸르를 뒤로하고 베를린 방향으로 굴러갔다. 나는 특별히 이 여행을 위해 구입한 마분지 트렁크를 그물 선반에 밀어 넣었다. 머릿속은 뒤죽박죽이었다. 보통 때의 혼란보다 더 어지러웠다. 하지만 그 어떤 생각도 속삭이거나 혹은 더듬거리며 명언을 내놓을 리 없는 법. 오직 징집영장만이 꼭 끼는 상의의 안주머니에서 바스락거렸다.

    어머니는 아들을 역까지 데려다주지 않겠다고 했다. 나보다 작은 어머니는 거실에서, 피아노와 괘종시계 사이에서 맥없이 나를 안았다. "네가 그저 몸 성히 돌아올 수만 있다면……."

    하리 리베나우가 그의 사촌 누이 툴라 포크리프케와 이별할 때, 전차의 보조 차장이었던 그녀는 테 없는 예쁜 모자를 쓰고 있었다. "조심해, 코 다치지 않도록!"

    아버지가 나를 데려다주었다. 우리는 전찻길을 뒤로하고 말없이 걸었다. 그러고 나서 아버지는 1인용 입장권을 샀다. 섀미* 모자를 쓴 아버지는 세련된 중산층으로 보였다. 그때까지 민간인 신분으로 전쟁을 살아 넘기는 데 성공한 사십 대 중반의 남자.

    아버지는 나의 마분지 트렁크를 무조건 들어 주려고 했다. 나의 성장기에서 제발 사라져 줬으면 했던 사람, 내가 단칸방의 협소함과 네 가구의 셋집이 공동으로 사용하는 화장실의 협소함에 대한 모든 죄를 돌렸던 사람, 히틀러 청소년단 단도로 찔러 죽이고

---

* 무두질한 염소나 양의 부드러운 가죽.

싶었고 거듭해서 머릿속으로 찔러 죽였던 사람, 감정을 수프로 변형할 수 있었고 누군가가 그 능력을 본받았던 사람, 내가 단 한 번도 상냥하게 대하지 않았고 너무나 자주 다투기만 했던 사람, 나의 아버지, 생의 쾌락을 추구하고 걱정이 없으며, 쉽사리 잘못된 유혹에 빠지고, 언제나 자제심과 자신의 말대로 '아주 세심하고 아름다운 필적'을 얻기 위해 애썼던 남자, 나를 자신의 방식대로 사랑했던 사람, 타고난 남편으로서 아내에게 빌리라고 불렸던 그 남자가 내 곁에 서 있던 그때, 기차가 들어왔고 증기를 푹푹 내뿜었다.

내가 아니라 아버지의 뺨에 눈물이 흘러내렸다. 아버지는 나를 껴안았다. 아니, 내가 아버지를 껴안았다고 나는 주장한다.

아니면 남자답게 악수만 했던가?

우리는 인색할 정도로 말을 아꼈던가? "잘 지내, 아들!" "곧 봐요, 아빠!"

기차가 널따란 지붕 아래로 굴러 들어오자 아버지가 모자를 벗었던가? 당황한 나머지 금발을 쓰다듬었던가?

아버지는 새미 모자를 들고 흔들었던가? 아니면 여름에 날씨가 뜨거울 때면 네 모서리를 묶어 우스꽝스럽게 머리에 덮어쓰고 다녔던 손수건을 꺼내 흔들었던가?

나도 객석의 창문 밖으로 손을 흔들면서 아버지가 점점 더 작아지는 모습을 보았던가?

저 멀리 떨어진 곳에서 도시가 온갖 탑과 함께 저녁 하늘 앞에 서 있던 장면은 아직도 또렷이 기억이 난다. 가까이에 있는 카타리나 교회의 종소리가 들려왔던 것 같기도 하다. "너희의 차가운 무덤에 들어갈 때까지 신실하고 정직하도록 하라……."

전후에 폐허로부터 하나하나 돌을 쌓아 재건된, 시의 다른 모든 교회와는 조금 떨어진 곳에 있던, 모틀라우 강변 가까이에 있는 요한 교회가, 다시 원래의 모습을 찾으려고 애쓰는 고향 도시를 방문할 때마다 나를 끌어당겼다. 겉으로는 멀쩡하지만 안은 불타고 황폐해진 그 상처 입은 벽돌 건축물은 수십 년 동안 폴란드의 복원 기술자들에게 부분적으로 성하게 남아 있는 파편을 재사용하기 위해 모아 놓은 저장고 역할을 했다.

1958년 3월에 그곳에 남아 살아 있던, '여전히 독일인임을' 자처하는 노인에게 그 교회에 대해 물었을 때, 나는 그 도시가 처음에는 폭탄에, 그리고 나서는 우박처럼 쏟아지는 유탄에 붕괴되고, 해커 가와 요한 가, 노이아우겐 가와 페테르질리엔 가의 타오르는 집들 사이에서 성 요한 상도 불타 버렸으며, 교회 안에서 피란하던 100명 이상의 남자와 여자와 아이가 질식하거나 혹은 불길에 휩싸이지 않았다면 무너지는 담장과 둥근 천장의 조각들과 벽의 장식품에 맞아 죽거나 파묻혀 죽었다는 말을 들었다. 노인이 이렇게 말했다. "그러한 일에 대해서는 이제 누구도 들으려 하지 않네……."

폴란드어로 들은 또 다른 말에 의하면, 많은 여성이 요한 교회로 피신했기 때문에 러시아인이 처음에 교회에 불을 질렀다고 한다. 누가 그렇게 했건 남아 있는 것은 다 타 버린 폐허뿐이다.

나중에 사람들은 폐허 상태로 끈질기게 남아 있는 교회의 파열된 석판들 위에, 그리고 남아 있는 파편 더미 위에 도시의 나머지 파편을 모았다. 브로트뱅켄 가, 하일리겐 가이스트 가, 프라우엔 가에서 가져온 석제 박공 장식, 양각의 석판, 테라스 난간들 그리고 화강암으로 된 바로크식의 둥근 내벽들이었다. 아르투스호프의 전면에 남아 있는 고딕식의 아름다운 원형 장식, 그리고 도시의 다른 폐허 더미 등 모든 습득품이 꼼꼼하게 등록되고 번호가 매겨졌다. 그러고 나서 훗날 재사용될 것에 대비해 차곡차곡 쌓여 보관되었다.

정문이 언제나 허술하게 차단되어 있었기 때문에 나는 천장이 높은 고딕식 교회로 살금살금 들어갔고, 그때마다 먼지와 잡동사니 속에서 그리고 쌓여 있는 돌 사이에서 인간의 뼈와 뼛조각을 발견했다. 그것들이 중세 후기의 것인지, 아니면 도시와 모든 교회가 불탔을 때 활활 불타오르는 요한 교회 안에서 죽었다고 전해지는 남자와 여자 그리고 아이의 것인지는 불확실하다.

아무도 정확한 것은 몰랐다. 아마도 폭파된 석판 아래 있던 무덤의 뼈들이 솟구쳐 나온 것 같았다. 어떤 시대의 것이든 뼈들은 첫눈에도 매우 비슷해 보였다. 한때는 선주와 통 제작자와 상자 제작자가 제단을 가지고 있었던 요한 교회에, 18세기까지는 부유한 상인들과 선주들이 사암과 화강암제의, 비문을 새긴 석판 아래에서 마지막으로 안식을 취했던 것이다.

뼈와 뼛조각이 누구의 것이든, 그것들은 숨겨진 돌들의 일부이며, 돌들과 더불어 증인이 되었다. 그래서 이미 1950년대에 그 황량한 교회 공간은 폴란드 영화의 세트장으로 사용되었다고 한다. 부분적으로만 판자로 가려진 높다란 창문들을 통해 들어오는 빛은 정취가 넘쳐 카메라맨과 감독의 시각에서 볼 때, 영화의 사건이 벌어지기에 안성맞춤인 장소였다.

최근에 단치히를 방문했을 때 보니 요한 교회는 달라져 있었다. 돌무더기도 뼈도 뼛조각도 없었다. 바닥은 평평하게 정돈되었고, 창에는 유리가 끼워져 있었으며, 벽돌로 쌓은 벽은 수리되어 있었다. 내가 나의 노벨레 『게걸음으로』를 낭송했을 때, 청중은 교회 깊숙한 곳까지 줄지어 있는 의자에 앉아 있었다.

인간 화물로 가득한 배의 침몰이 한 줄 한 줄 진행되고 내가 교회 음향 시설을 시험하고 있는 동안에, 무엇보다도 되돌아가기를 좋아하는 내 생각의 한 부분은 모든 탑과 박공과 더불어 그 도시가 멀쩡했던 때에 그곳을 떠난 소년을 추적했다.

나는 어떻게 공포를 배우게 되었나

　베를린으로 가는 동안* 처음 이 방향으로 여행했던 기억이 어렴풋이 떠올랐던가? 그렇게 하여 나는 어린 시절로 돌아갔던가? 그때가 올림픽이 열렸던 1938년이었던가, 아니면 이듬해였던가?

　아직 초등학생이었던 나를 '어린이 휴양 캠프 수송'**을 맡은 열차가 라인란트의 네덜란드 국경 직전까지 데려다주었다. 자유 도시 시절로 보내졌기에 우리 아이들은 그 시대를 보여 주는 어릿광대 인형극을 경험할 수 있었다. 처음엔 자유 도시 세관원의 검사가 있었고, 그다음엔 다른 제복을 입은 폴란드 세관의 검문검색을 두 번이나 받아야 했으며, 마지막으로는 국경 역인 슈나이데뮐에서 또 다른 제복을 입은 독일 제국의 세관 검사를 받아야 했다. 제복을 입은 사람들은 각기 다른 방식으로 경례를 했다. 손을 쫙 펴서 경례를 하는가 하면, 모자 위의 계급장 쪽에 두 손가락을 갖다 대기도 했고, 다시 손을 펴서 경례를 하기도 했다.

---

* 정식으로 입대하기 위해서였다.
** 2차 세계 대전 전까지는 전적으로 아이들에게 휴양을 제공하기 위한 프로그램이었으나 1940년 10월 이후부터는 어린 학생은 물론 어린 자녀를 둔 어머니들까지도 비행기 폭격으로부터 비교적 안전한 곳으로 대피시켜 머물게 했던 일종의 대국민 취약자 보호 캠프.

이 모든 일이 짧은 간격을 두고 순식간에 일어났다. 우리 아이들은 투명 포장지로 코팅된 신분증을 목에 매달고 있었는데, 그것만으로도 자부심을 느꼈다.

젖소를 기르고 돼지를 사육하며, 마티아스라는 나와 동갑내기 아들을 둔 농부에게서 나는 정성스레 손질된 높다란 밭에서 가능한 한 손상을 입히지 않고 아스파라거스 따는 법을 배웠다. 그러므로 아마도 5월이었을 것이다. 마을 이름은 브레옐이었다. 마을은 모든 면에서 랑푸르에 있는 예수 성심 교회보다 더욱더 가톨릭적인 분위기를 풍겼다. 농부 아내의 성화에 못 이겨 마티아스와 나는 토요일 저녁이면 고해 성사를 해야 했다. 그 당시 나는 지옥이 존재한다고 믿었고, 원죄에 대해서도 알 만큼 알았다.

네모난 농가 앞마당에서 시골 학교까지 이어지던 길은 기억 속에 어떠한 흔적도 남기지 않았다. 그 밖의 주변 환경도 어렴풋하게만 떠오를 뿐이다. 하지만 흰색 타일로 장식된 농가 부엌의 사방 벽에 알록달록한 빛깔의 파리들이 무수히 달라붙어 있던 광경은 지금도 눈에 선하다. 나는 그것들 중에서 가장 살찐 파리를 잡으면 몸통에 색실을 붙였다. 집에 있을 때, 지극한 동물 애호가였던 같은 반 친구가 하던 것을 어깨 너머로 배웠던 것이다. 파리들이 빨강, 파랑, 노랑의 긴 꼬리를 단 채 날아올라 식탁 위를 선회하는 모습이 귀여웠다.

마티아스와 나는 타일 벽에 붙어 있는 똥파리를 맨손으로 잡느라 서로 경쟁했다. 팔걸이의자에 앉아 쉴 새 없이 묵주를 세던 할머니는 "빈둥거리는 것보다는 파리라도 잡는 게 낫지." 하면서 우리를 칭찬해 주셨다. 바깥으로는 대지가 드넓게 펼쳐져 있었다.

교회 탑 세 개는 저 멀리 네덜란드…….

　나의 두 번째 서쪽 여행은 냉소적인 시각에서 보자면 어린이 휴양 캠프 이송 정도로 이해될 만한 것이었다. 야간 여행과 반복된 정차 끝에 기차가 제국 수도에 도착했을 때, 기차는 여행객이 필기할 수 있는 시간까지는 아니었지만 나중에 초래될 기억의 공백을 미리 채워 넣기를 요구라도 하듯 아주 천천히 움직였다.
　기억에 남아 있는 것은 이런 장면들이다. 철둑의 양편으로 집이 단독으로 그리고 무리 지어 불타고 있었다. 꼭대기 층 창문으로 불길이 날름거렸다. 그러고 나서 다시 어두워진 좁은 골목길과 나무들이 서 있는 건물 뒤편의 마당들이 보였다. 사람이라고는 실루엣처럼 어렴풋하게 드문드문 눈에 띌 뿐이었고, 여럿이 모여 있는 모습은 찾아볼 수 없었다.
　베를린은 일상적으로 파괴가 진행되는 상태였기 때문에 화재는 특별한 일로 여겨지지도 않았다. 마지막 폭탄 투하가 있고 나서 공습경보가 해제되었다. 기차는 천천히 굴러갔고, 마치 의도했던 것처럼 나는 시내를 구경할 수 있었다.
　영화를 즐겨 보던 내가 지금까지 본 것이라곤 폐허가 짤막하게 삽입된 「주간 뉴스」의 몇 장면이 전부였다. 그 장면들은 사수 구호가 적힌 현수막을 내보이기 위한 무대 장치 역할을 했다. "우리는 절대 굴복하지 않는다!" 혹은 "우리의 장벽은 무너질 수 있어도 우리의 심장은 그렇지 않다!" 등과 같은 구호가 거기에 쓰여 있었다.
　얼마 전 제국 선전부 장관 괴벨스가 시립 토비스 극장의 스크린에서 노련한 연기자의 모습을 몸소 보여 준 적이 있다. 그는 폐허 더미 앞에 서서 폭격 피해를 입은 여자들과 남자들에게 용기를 북돋아 주는 말을 건넸고, 숯검정처럼 얼굴이 그을린 방공 요원과 악수를 나누었으며, 당황한 탓에 입을 비죽이며 억지웃음을 짓고 있는 아이들의 어깨를 토닥여 주기까지 했다.

책상 위에서 징집영장을 받기 바로 직전 나는 토비스 극장에서 영사 기사로 일하는 외삼촌을 찾아갔다. 몇 년 전부터 「테네시 강에서의 목욕」 같은 청소년 입장 불가 영화를 볼 수 있었던 것도 다 외삼촌 덕분이었다. 괴벨스가 폐허 더미 앞에서 살아남은 사람들과 함께 잡담을 나누는 장면이 나오는 「주간 뉴스」가 끝나자마자, 나는 영사기 옆쪽으로 난 작은 구멍을 통해, 하인리히 게오르게가 주연을 맡은 사수(死守) 선전 영화 「콜베르크」*를 보았던가?

나중에 누군가가 소곤거리며 전한 바에 따르면, 영화가 촬영되는 동안 시대 분위기에 어울리는 옷차림을 하고 용감하게 나폴레옹의 막강한 힘에 맞섰던 몇몇 소년이 이듬해, 그러니까 콜베르크가 아무런 엑스트라도 없이 실제로 러시아와 폴란드에 의해 포위당했을 때 향토 방위대로 투입되었다고 한다. 당시에도 많은 사람이 죽었을 테지만, 그들의 영웅적 죽음은 영화로 만들어지지 않았다.

기차역에서는 어느 누구도 눈앞에 보이는 화재를 걱정하지 않았다. 일상적인 혼란이 지속되었다. 반대 방향으로 몰려가는 사람들, 끊임없이 들리는 욕설, 갑작스러운 폭소. 어떤 휴가병들은 전선

---

* 나폴레옹이 침략했던 당시 포위 공격을 견뎌 낸 폴란드의 도시 이름.

으로 돌아갔고, 어떤 휴가병들은 전선에서 왔다.

히틀러 청소년단의 소녀들은 뜨거운 음료를 나누어 주었고, 자신의 몸을 병사들이 더듬어도 킥킥거리며 참았다.

무슨 냄새가 코를 찔렀다. 가벼운 손상을 입은 역내 홀의 지붕 아래에 있던 증기 기관차가 뿜어낸 연기 냄새였던가, 아니면 화재로 인한 냄새였던가?

나는 집결 장소, 신고소, 지휘소 등 여러 표지판이 혼란스레 얽혀 있는 장소 앞에 서 있었다. 앞가슴에 사슬로 매단 금속 명패 덕분에 금방 알아볼 수 있던, 그래서 '사슬 개'라고 불리던 야전 헌병 둘이 길을 정리해 주고 있었다. 베를린의 기차역 중에서 어느 역이었던가? 내 또래의 새로운 징집병이 줄지어 서 있는 기차역 매표소에서 조금 기다린 후 나는 다음 목적지를 드레스덴으로 지정한 행군 명령서를 받았다.

줄을 지어 기다리는 소년들이 잡담을 나누던 장면이 눈에 선하다. 우리는 모험을 앞둔 아이처럼 호기심에 차 있다. 모든 것이 유쾌하게 진행된다. 무엇 때문인지 모르지만 나 역시 큰 소리로 웃고 있다. 행군 식량이 배분되고, 그중 하나인 담배가 비흡연자인 내게도 지급된다. 내 몫의 담배는 곧 다른 사람들 차지가 된다. 소년들 중 하나가 그 대가로, 크리스마스 때나 먹을 수 있는 코코아를 입힌, 감자 모양의 아몬드 과자를 준다. 그 모든 것이 너무도 생생해서 마치 꿈이라도 꾸는 것 같다.

그때 공습경보가 울렸고, 우리는 방공호로 사용되던, 기차역의 넓은 지하 공간으로 대피했다. 그곳은 곧 여러 부류의 사람으로 가득 찼다. 군인과 민간인, 그중에는 아이도 많았고 들것에 실려 온 부상자와 목발을 짚은 부상자도 있었다. 그리고 난쟁이가 포함된 예술 단원 한 무리도 있었다. 모두들 무대 의상을 입고 있었는데, 공습경보 때문에 공연을 하다 말고 곧장 지하로 피신한 모양이었다.

밖에서는 대공포가 날카로운 폭음을 내고, 먼 곳에서도 가까운 곳에서도 폭탄이 떨어지는 동안, 그들의 공연은 그곳 지하에서 계속되었다. 한 난쟁이의 곡예가 우리의 경탄을 자아냈다. 그는 볼링 핀과 작은 공들 그리고 다양한 색깔의 고리들을 동시에 공중으로 던져 올려 소용돌이치며 오르내리게 했다. 몇몇 난쟁이도 곡예 솜씨를 선보였다. 그들 중에는 매듭 만들기를 우아하게 연기하는 귀여운 여자도 있었는데, 그녀가 손으로 키스를 보내면 박수갈채가 쏟아졌다. 전선 극단으로 활동 중인 이 예술단은, 광대 차림으로 무대에 올랐던 왜소한 노인이 이끌고 있었다. 그는 빈 컵부터 물이 가득 찬 컵까지 컵들을 나란히 세워 놓고, 그것들의 테두리를 손가락으로 쓰다듬으면서 멋진 음악을 선사해 주었는데, 비애가 담긴 감미로운 음악이었다. 그러고는 예의상 미소를 지었는데, 그 장면은 내 기억 속에 하나의 그림으로 뚜렷이 남아 있다.

공습경보가 해제되자 나는 곧 도시 전철을 타고 다른 역으로 갔다. 유리도 없는 창문 밖으로 맹렬한 불꽃에 휩싸인 일군의 집이 보였다. 폐허가 된 건물 외벽들, 지난밤 심한 폭격으로 불타 버린 시가(市街). 멀리서 보니 공장 홀이 마치 내부에 축제 조명을 밝혀 둔 것처럼 벌겋게 타오르고 있었다. 잿빛 먼동이 틀 무렵 기차는 드레스덴으로 출발할 준비를 갖추고 있었다.

드레스덴으로의 이동과 관련해서는 기억나는 것이 없다. 빵에 얹어 먹을 것으로 어떤 행군 식량이 제공되었는지도 전혀 모르겠고, 서둘러 앞서 나가는 생각도, 뒤늦게 엄습하는 생각도 없다. 해독이 필요한 생각 같은 게 하나도 나지 않는다. 다만 다음 사실만은 주장할 수 있는데, 그 때문에 또한 의문이 남기도 한다. 그러니까 아직 전쟁의 상처를 입지 않은 그곳, 좀 더 정확히 말하자면 드레스덴의 신시가지 근처, 그것도 바이서 히르쉬 구역의 어떤 상류층 시민의 빌라 위층에 들어와서야 비로소 내가 어떤 부대에 소속되었는지를 알게 되었던가, 아니면 그렇지 않았던가? 내게 내려진 바로 다음 행군 명령서는 내 이름을 한 신병이 나치 무장 친위대의 어느 훈련장에서 전차병 훈련을 받게 되었음을 명백히 말해 주었다. 뵈멘 숲 속으로 깊숙이 들어간 어느 곳…….

여기서 물음을 제기할 수 있다. 육십여 년이 지난 지금도 나란히 겹쳐진 S 자는 종이에 적는 것만으로도 순식간에 공포감을 일으킨다. 그렇다면 그 당시 나는 징집 사무소에서 피해 갈 수 없었던 그 일 때문에 경악했던가?

양파 껍질에는 공포라든지 심지어 경악이라고 할 만한 징후를 보이는 생채기가 하나도 없다. 오히려 나는 무장 친위대를 엘리트 부대로 여겼다. 전선 침입이 차단되거나, 뎀잔스크*처럼 고립 지대가 폭파당하거나, 혹은 하리코프**처럼 재탈환되어야 하는 경우에 투입되는 부대 정도로 알았다. 제복 옷깃에 있는 이중 루네 문자는 내게 불쾌감을 주지 않았다. 성인 남자로 보이는 이 젊은 친구

---

* 2차 세계 대전 당시 독일군이 포위당했던 소련의 작은 마을.
** 우크라이나 북동부의 도시.

에게는 무엇보다도 어떤 병과(兵科)를 받느냐가 중요했다. 특별 방송에서도 아직 보도하지 않고 있던 잠수함 승무원까지는 아니더라도, 바이서 히르쉬 지휘 본부가 알았듯이, 새로 편성된, '외르크 폰 프룬츠베르크'라는 이름이 붙은 사단의 전차병으로 배속받고 싶었다.

나는 프룬츠베르크를 농민 전쟁 당시 슈바벤 동맹군의 지도자이자 '보병의 아버지'로 알았다. 그는 자유와 해방을 위해 투쟁했던 위인이다. 그리고 무장 친위대는 그 어떤 범유럽적인 것으로부터 출발했다. 프랑스인, 왈론족,* 플랑드르인과 네덜란드인, 다수의 노르웨이인, 덴마크인, 심지어는 중립국인 스웨덴인도 모두 함께 사단에 자원입대하여, 이른바 볼셰비키의 홍수로부터 서양을 구한다는 명분을 내걸고 동부 전선의 방어전에 투입되었다.

변명은 이 정도로 충분하다. 나는 수십 년 동안 이중 문자**와 그 말과 관련된 고백을 주저해 왔다. 어린 시절의 어리석은 자만심으로 받아들였던 행동에 대해, 전쟁이 끝난 후 계속 이어진 수치심 때문에 침묵하기를 원했던 것이다. 하지만 부담감은 늘 남아 있었고, 누구도 그것을 덜어 줄 수는 없었다.

가을과 겨울 내내 나를 무감각하게 만든 전차병 교육을 받는 동안 나중에 백일하에 드러난 전쟁 범죄에 대해 아무것도 들은 바 없다 하더라도, 수백만 인명의 말살을 계획하고 조직하고 실제로 수행했던 체제에 적응했던 당시 나의 인식 행위를 무지의 소산이라는 주장으로 은폐할 수는 없었다. 설혹 적극적인 공범 행위

---

* 벨기에 동남부에 사는 라틴화한 켈트족.
** SS 나치 친위대를 말한다.

에 대해서는 변명할 수 있다 하더라도, 오늘날까지 다 갚지 못한 잔액, 흔히들 공동 책임이라고 부르는 부분은 여전히 남았다. 나의 여생을 그것과 함께 살아가야 하는 것만은 분명하다.

숲 뒤쪽과 숲 사이, 마구 파헤쳐진 전답 위, 나무와 바라크 지붕 위로 눈이 무겁게 쌓였다. 저 멀리에는 양파를 닮은 투구 모양의 탑이 보였다. 이름 모를 훈련장에서 체코어는 들을 수 없었고, 독일어로 명령하는 소리만 들려왔는데, 결빙기라 그런지 소리는 특히 멀리까지 들렸다.

1차 세계 대전 때 투입된 전차 III과 전차 IV 같은 낡은 장비로 훈련을 받은 우리는 녹초가 되었다. 그럴 수밖에 없다고 생각은 했지만, 애초의 감격적인 열광이 차츰 식어 갔다.

내 또래 신병과, '헤르만 괴링의 선물'이라고 불리던 공군 소속이었다가 무장 친위대로 파견된 장기 복무병은 아침 일찍부터 저녁 늦게까지 혹독한 훈련을 받아야 했기 때문에 처음에 예고했던 대로 '몸이 망신창이가 되었다.' 그곳의 일과는 책에서 읽은 대로 진행되었다. 하지만 가장 악랄했던 교관들의 이름까지도 의식 밖으로 내몰아 버린 것은 의도적이었다. 그곳에서 배운 것은 교활한 술책과 말 없는 순응이었다. 나는 정어리 통조림의 기름을 뜨겁게 데워 꿀꺽 삼켜 황달에 걸린 것처럼 속이기도 했고, 훈련소에 퍼져 있던 부스럼증을 핑계로 훈련에 빠지기도 했다. 하지만 의무대 막사가 늘 환자로 넘쳐 났기에 도피할 수 있는 시간은 잠시뿐이었다. 그 후로도 고생은 계속되었다.

나이로 볼 때 아직 어린 축에 속했지만 한 해, 두 해 전선 투입을 거치면서 너무 일찍 늙어 버린 냉소주의자로 사고가 굳어 버린 교관들은, 친위대의 하사로서 그리고 근접전 훈장과 '냉동육 배지'를 수여받은 자로서 쿠반 교두보 전투와 쿠르스크 전차전에서 체득한 자신들의 경험을 우리에게 전수해 주려고 했다. 그들은 때로는 아주 진지하게, 때로는 가차 없는 위트로, 그리고 때로는 기분 내키는 대로 가르쳤다. 때로는 큰 소리로, 때로는 나지막하게 그들은 전승된 은어를 우리에게 퍼부었다. 그러는 와중에도 그들은 온갖 심술거리를 궁리해 냈다. 그중에는 그들이 새로 만들어 낸 것도 있었고, 먼 옛날부터 군대에서 관습적으로 행해져 온 것도 있었다.

    그 대부분은 기억에 남아 있지 않다. 다만 당시 신병을 굴복시키는 방법 가운데 차라리 우스꽝스러운 익살이라고 부를 만한 것 하나는 아직도 기억이 난다. 괴롭힘을 당한 자*가 보인 반응이 단지 복수심을 느낀 상태로만 머물렀는지 아니면 실제로 하나의 그럴싸한 이야깃거리처럼 복수를 행동으로 옮겼는지는 분명치 않지만 말이다. 어쨌든 이 이야기에는 핵심이 없지 않다.

    이른 아침 두 손에 양철 주전자를 들고 어둠이 채 가시지 않은 눈 덮인 숲 속을 더듬거리며 지나가는 내 모습이 보인다. 갈 때는 구보로 가고 올 때는 느린 걸음으로 돌아온다. 숲에 가려져 있긴 하지만 불빛이 환한 창문을 통해 짐작할 수 있듯이 그곳엔 성처럼 생긴 거대한 농가가 있다. 추측건대 그 안에는 상당히 중요한 사무실들이 자리 잡고 있을 것이다. 그곳에서 음악이 흘러나오는

---

* 귄터 그라스 자신.

소리를 들은 적도 있는 것 같다. 오늘날에도 나는 그 소리가 이따금 어떤 현악 사중주단이 하이든이나 모차르트의 곡을 연습한 것이라 믿지만, 사실 그것은 완전한 정적 속으로 사라져 버린 나의 이야기와는 아무 상관도 없다.

며칠 전부터 내게 친위대 하사들과 원사들의 아침 식사용 음료를 담당하라는 명령이 떨어졌다. 나는 그들을 위해 별도로 주전자 두 개에 커피를 담아 나르는 일을 맡고 있다. 커피는 항상 뜨거워야 하고, 반복해서 데워야 하고, 하루 종일 바닥나는 일이 없어야 한다. 커피는 숲 건너편의 취사 막사에 있다. 그리고 우리 신병들도 그곳에서 끓는 물을 부어 만든 맥아 음료나 보리 음료를 배급받는다. 소문에 의하면 거기에는 성욕을 억제시키는 소다가 첨가되어 있다고 했다. 특별 대우를 받는 여섯 명의 친위대 하사와 원사에게 내가 가급적 뜨거운 상태로 건네주는 커피는 제대로 된 원두 덕에 맛이 좋다. 주전자에서는 항상 진짜 커피 같은 향이 배어 나온다.

취사 막사까지 왕복하느라 나는 아침 식사 시간을 절반밖에 못 쓰며, 남은 몇 분 동안 전날 묻은 진흙 딱지를 털어 내고 솔질을 해야 한다. 그러다 보니 아침 점호 시간이면 늘 눈에 띄게 되고 그때마다 얼차려를 받는다. 군장을 메고 방독면을 쓴 상태로 구릉지 전답을 오르내리며 장거리 구보를 해야 한다. 그럴 때면 군화 바닥에 진흙이 덕지덕지 달라붙는다. 방독면을 쓴 신병에게 평생 간직할 증오심을 안겨 준 개고생이었다.

추측건대 나는 김이 서린 둥근 방독면 렌즈 아래서 울부짖고, 이리저리 구체적인 방법까지 생각하면서 복수를 꿈꾸었을 것이다.

취사 막사에서 돌아오는 길에 나는 걸음을 멈추고 눈 덮인 전나무 뒤로 몸을 숨긴다. 나는 저 멀리 농가의 불빛이 깜박이는 것을 보지만, 농가 쪽에서는 나를 보지 못한다. 사방은 적막하다. 내 숨소리만 크게 들린다.

나는 주전자들의 내용물에서 손가락 두 개 너비만큼 커피를 눈 위에 쏟아 내고는 주전자들을 바닥에 내려놓는다. 그러고는 부족해진 내용물을 채우기 위해 오줌을 갈긴다. 한 주전자, 그리고 다른 주전자가 가득 찰 때까지 오줌을 싼다. 남은 오줌은 나무들 사이로 쏟아 버린다. 아마도 눈은 노랗게 변했을 것이다.

그리고 이내 눈이 내리자 나의 흔적은 가려진다. 바깥은 춥지만 마음만은 뜨겁다. 일종의 행복감 같은 것이 넘쳐흐른다.

내면의 속삭임은 이랬다. 그래, 그들은 이 오줌을 벌컥벌컥 들이마실 거야. 어디서 구했는지는 몰라도 자신들이 비축해 놓은 각설탕으로 단맛을 좀 내겠지만 말이야. 곧 있을 아침 식사 때는 물론이고 점심 식사 때도 그리고 저녁에도 따뜻이 데운 그것을 마셔 대겠지. 목이 쉬도록 고함을 지르고 난 뒤엔 어김없이 커피포트에 손을 뻗을 거야. 나는 미리 그런 생각을 하면서 그들이, 친위대 하사들과 원사들이 한 모금 한 모금 마셔 대는 모습을 그려 본다.

그리고 그들은 내가 거의 뜨거운 상태로 건네준 그 커피를 한 포트 한 포트 마셨다. 내가 바랐던 대로 그리고 실제로. 누가 의심하겠는가. 심지어는 반복적으로 보인 무기력한 제스처와 매일 아침 있었던 복수 행위 덕분에 나는 훈련은 물론이고 교관들의 악랄한 짓까지도 속으로 비웃으며 참아 냈다고 추측할 수 있다. 사실 인접 중대에서는 한 신병이 얼차려를 받기 직전에 방독면 가방의 끈으로 목을 맨 적도 있었다.

그 밖에는 내게 명령된 모든 일을 꾀부리지 않고 수행했다. 예컨대 훈련용 전차의 바닥 밑으로 기어 들어가는 것도 서슴지 않았다. "최저 지상고(地上高)를 측정하라!"라는 명령에 즉각 따랐다.

나를 군인다운 군인으로 만들어 준 것은 중장비를 다루는 단기 교육, 이동 표적을 맞추는 사격 훈련, 돌격 군장을 한 야간 행군, 그리고 카빈총을 앞의총 자세로 잡은 채 무릎 굽히기 등등의 훈련이었다. 이따금 이 잡는 것을 목적으로 세워진 위생 막사에서 이를 잡을 수 있는 시간이 고된 훈련에 대한 보상으로 주어지기도 했다. 그러고 나면 우리는 분대 단위로 홀랑 벗고 샤워를 했고, 이어서 수용소 내의 영화관에서 한스 모저와 하인츠 뤼만이 나오는 영화를 보며 웃어 댔다.

우편물은 점점 불규칙적으로 왔다. 오후엔 이론 교육만 질리도록 받았다. 교육 막사에서는 전차에 사용되는 마이바흐 모터에 대한 교육이 이루어졌다. 기술적 재원에 대한 사항은 기억에 남아 있지 않다. 오늘날까지 나는 운전을 할 줄 모르고 하고 싶지도 않다. 무전 장비에 대한 교육을 받을 때 머릿속에 강제로 주입된 모스 부호에 대해서도 기억나는 것이 없다.

일주일에 한 번씩 생활 공간과 세계관에 대해 배우는 교육 시간은 우리를 정말 지겹게 했다. 피와 대지……. 이 말에 대해서는 오늘날에도 인터넷에서 불러낼 수 있을 정도로 목숨이 질긴 언어 쓰레기들이 남아 있다.

이야기할 수 있는 걸로 보아, 일상적 고단함과는 다른 영역에서 벌어진 한 사건이 더욱 뚜렷이 기억난다. 몇몇 신병과 나는 번갈아 가면서 성처럼 생긴 농가에서 지시받은 작업을 해야 했다. 그렇지 않아도 아침 나들이를 할 때마다 수수께끼처럼 여겼던 곳이었다. 도처에, 피아노가 놓인 현관 홀, 나선형으로 이어진 계단, 홀처럼 커다란 공간의 벽마다 사슴뿔들과 고급 액자로 둘러싸인, 사냥 장면들이 어스름한 빛을 발하는 그림들이 붙어 있었다. 가구는 몇 개 없었고, 불룩한 아치형 다리로 서 있는 책상 하나만이 덩그러니 놓여 있었다. 책상 뒤에서는 이전에 교사였을 법한 무장 친위대 중위가 나를 친절하게 맞아 주었다.

그는 '편히 서 있어'도 좋다고 말했고, 최후의 승리가 끝나면 어떤 직업을 갖고 싶은지 알고 싶어 했다. 조카의 장래를 염려하는 친절한 삼촌의 말투였다.

나는 꼭 예술가가 되고 싶다고 하는 대신, 막연하게 미술사를 공부하는 게 목표라고 말했다. 미술사라면 내가 지도자층을 위한 융커 학교 같은 곳에 진학할 준비와 능력만 갖추면 재정적 지원까지 보장받을 수 있는 분야였다.

그의 말에 따르면, 그쪽 분야에서는 최후의 승리 후에 필요하게 될 과제들을 위해 민족주의적 의식을 갖춘 사람들을 이미 교육시키고 있다고 했다. 필연적으로 있을 수밖에 없는 외국인 이주 문제에 따른 공간 설계 분야의 지도자, 경제 분야와 도시 재건 문제와 국유 재산 문제, 심지어는 바라 마지않는 예술 분야에서의 지도자가 필요하다는 것이었다……. 그러고 나서 그는 그쪽 분야와 관련해 내가 아는 예비 지식에 대해 물었다.

지금 생각하니 그 계급이 의심스럽고(그는 무장 친위대 중위였던가?) 테 없는 안경을 쓴 채 책상 너머에 앉아 있던 친절한 삼촌은 그의 표현대로 나의 '성장 과정'에 상당한 관심을 갖고 있는 듯했다.

그렇게 해서 나는, 담뱃갑 그림들과 축약판 예술가 전기 덕분에 복잡하게 엉켜 있던 실타래를 한 올 한 올 풀어냈다. 쉴 새 없이 뒤러의 자화상과 이젠하임 제단화, 틴토레토의 「성 마르코의 기적」 등에 대해 늘어놓았다. 아마 잘난 척도 꽤 했을 것이다. 사도가 천상으로부터 급강하하는 장면을 두고 과감한 원근법의 예라고 칭송하기까지 했으니 말이다.

세 권으로 요약된 그림의 세계를 이리저리 건너다니다가 나의 두서없는 지식이 바닥나고, 카라바조는 살인을 저지르는 천재라는 대담한 주장까지 한 다음, 이 미래의 융커 학교 졸업생은 안젤름 포이어바흐의 삶을 비롯하여 독일 출신 로마의 작가들 그리고 마침내는 페트리 고등학교에 재학 중일 당시 릴리 크뢰네르트로 선생이 천재라고 불렀던 화가 로비스 코린트까지 찬양의 대상을 지나치게 확대했다. 그러다 보니 그의 작품을 지금까지 '독일 예술의 집'에 전시된 다른 모든 현대화보다 높게 평가하기에 이르렀다.

나는 머리를 가로저으며 살짝 손짓을 보낸 친절한 삼촌에게서 풀려났다. 어떠한 융커 학교도 고된 훈련으로부터 나를 해방시켜 주지 않을 것이기에, 최후의 승리 후 내가 지도자층으로서의 인생행로를 걸을 수 없다는 것은 뻔한 일이었다.

열일곱 번째 생일을 맞았을 때, 조금 늦기는 했지만 나는 우편물 하나를 받았다. 모직 양말과 찌그러진 케이크가 든 작은 소포였다. 양면 가득 반듯한 필체로 이곳의 분위기를 전혀 파악하지 못한 걱정을 가득 담은 아버지의 편지 한 통도 동봉되었다. 그 뒤로는 편지만 몇 통 왔고, 크리스마스 이후에는 아무것도 오지 않았다.

흑판은 우리에게, 아르덴 산맥에서의 공격이 승리를 거듭하고 있고, 마침내 국면 전환이 이루어지고 있다고 믿게 했다. 하지만 곧 이어진 전황 보고에서 러시아군이 동프로이센으로 진격해 들어왔다는 사실을 읽을 수 있었다. 굼비넨 지역에서 독일 여성에게 자행된 강간과 살인에 대한 보고는 이론 교육 시간 내내 나의 백일몽을 대신했다.

낮 동안 우리는 차갑고 청명한 하늘에서 적군의 폭격기 편대를 보았다. 폭격기들은 한 다발의 비행운처럼 거리낌 없이 제 길을 갔다. 어디로 가고 있었을까? 사실대로 말하자면 그것들은 멋지게 보였다. 우리의 전투기들은 도대체 어디에 있었단 말인가?

그렇지 않아도 V1-로켓과 V2-로켓 그리고 이어서 선보일 것으로 기대되는 기적의 무기에 대한 소문이 나돌았다.

2월 말경, 드레스덴에 가해진 집중 폭격에 대한 소문이 퍼져 있던 무렵 우리는 보름달 아래 살을 에는 혹한의 날씨에 선서를 했다. 합창단이 무장 친위대의 맹세가를 불렀다. "모두가 배신해도 우리는 충성을 다하리……"

곧이어 나는, 처음엔 머뭇거리다가 차츰 속도가 빨라졌고, 결국에는 순식간에 덮치듯 진행되었던 대독일 제국의 붕괴를, 일종의 조직화된 카오스로 인식할 수도 있었던 과정을 목도한 증인이 되었다.

하지만 나는 종말을 향해 치닫던 그 무엇을 제대로 알아보았던가?

우리와 함께, 나와 함께 일어났던 것을 나는 제대로 알아차렸던가?

끊임없이 이리저리 내달리고, 매일같이 한 국자의 수프와 한 조각의 군용 흑빵에 매달려야 했던 나의 욕구, 다양한 크기의 걱정과 늘 짝을 이루었던 나의 욕구 때문에 보편적인 상황에 대한 통찰 같은 것이 가능하기는 했을까?

나중에 '붕괴'라고 불리게 된 그 패망의 시작을 열일곱 살 소년은 자신의 성향과 이해 범위 안에서 인식했던 것일까?

너무 큰 철모가 계속 미끄러져 내리던 한 어린 병사의 머릿속 혼란스러움을 정리하여 백지 위에 옮겨 놓으려 한 나의 첫 번째 시도가 1960년대 초 소설 『개들의 세월』로 쓰였을 때, 전차 보병인 하리 리베나우의 일기장에서는 후퇴의 연속일 뿐이던 전쟁의 사건들이 그의 사촌 여동생 툴라를 간절하게 불러내는 장면과 서로 뒤섞이고 맞물렸다. 물론 그 장면은 하리 리베나우가 침몰한 피란선 빌헬름 구스틀로프호에 대한 소문, 다시 말해 그녀가 얼음장같이 차가운 발트 해에서 익사했다는 소문을 근거로 했다.

나도 비망록에 일기 비슷한 것을 쓰긴 했지만, 바이스바서 혹은 코트부스 근처에서 다른 행군 장비 및 나의 동계 외투와 함께 분실했다. 하지만 지금 이 상실을 기록하다 보니, 마치 나 자신이 거듭 분실된 것 같은 느낌마저 든다.

짧은 휴식 혹은 연장된 휴식 시간 동안 줄 쳐진 종이 위에다 나는 대체 무엇을 끄적거렸던 것일까?

나는 어떤 생각 속으로 도피했던가? 그리하여 실제로 일어난 사건들로부터 혹은 우리가 영원한 낙오자와 야전 취사차 또는 우리를 이런저런 방향으로 보내는 파견 명령을 기다릴 때면 어김없이 찾아든 지루함 속에서 잘게 바스러졌던 사건들로부터 벗어났던가?

때 이른 봄 날씨 덕분에 나의 비망록은 운율을 갖춘 시가 되었던가?

나는 세계 종말론적인 분위기에 빠져들기를 좋아했던가?

깔끔하게 글로 정리할 산만한 생각도 없고, 해독해야 할 3월의 시도 없으며, 잃어버린 일기장에서 뽑아내어 종이에 옮기고 싶을 만큼 탐나는 의혹도 없지만 그럼에도 질문은 남아 있다. 훈련을 마친 그 신병은 무슨 일을 했던가?

그는 포수나 탄약수로 전차 안에 앉아 있었던가?

사격 연습용 인형 표적에 대고 연습하듯이 그는 움직이는 목표물에 사격을 가했던가?

언제 어디서 어떤 전투 부대에 소속되었던가?

우선 외르크 폰 프룬츠베르크라는 다분히 상상적인 사단의 일원이 되기란 쉽지 않을 것 같았다. 뵈멘 숲 속의 한가운데에 있는 훈련소로부터 각각 멀리 떨어진 행군 중대의 주둔지로 분대들이 옮겨 갔다. 한 분대는 빈 방향으로 철수했으며, 다른 분대는 슈테틴 전투에 투입되었다고 한다. 밤이면 화물 열차가 우리를 테첸 보덴바흐를 지나 드레스덴으로 싣고 갔으며, 그곳에서 다시 니더슐레지엔의 전선이 있는 곳으로 추측되는 동쪽으로 데려갔다.

드레스덴에 대해서는 불에 탄 냄새와, 화물 열차의 약간 열린 미닫이문으로 본 광경만 기억에 남는다. 선로 사이와 완전히 불타버린 건물 정면 앞에는 숯덩이로 변한 더미들이 층층이 쌓여 있었다. 화물 열차에 타고 있던 몇몇은 그것이 불길에 쪼그라든 시체들일 것이라 추측했고, 다른 몇몇은 무엇인지 알 수 없는 그 무엇을 보려고 했다. 우리는 그것을 둘러싸고 언쟁을 벌였으며, 우리를 경악케 한 것에 대해 신물이 날 정도로 떠들었다. 오늘날에도 드레스덴에서 일어났던 일은 여전히 소문에 묻혀 있다.

얼핏 보기에 우리는 현실 속에 도착했는데, 우리는 그것을 곧 다시 떠날 수도 있었고, 아니면 또 다른 현실이 되기를 원하는 그 무엇과 맞바꿀 수도 있었다. 몇 번이고 역방향으로 선로를 바꿔 가면서 우리 일행은 마침내 지정된 행군 중대에 도착했다. 그곳에서는 미처 조직을 갖추지 못한 병력이 빈 학교 건물에 숙영지를 마련해 놓고 있었다. 야외에 쌓여 있던 책걸상들은 취사 부대에 의해 땔감용으로 잘게 톱질되었다. 공군 보조병 시절부터 이어졌던 나의 막사 생활이 너무 일찍 끝나 버릴까 봐 학교 공터에 우리가 묵을 막사가 세워져 있었다.

그곳에서 우리는 군사 장비, 즉 그곳에 배치하기로 예정된 타이거형 전차가 오기만을 기다렸다. 기다림은 지연되었지만 규칙적인 급식과 느슨한 근무 감독 덕분에 견딜 만했다. 심지어는 영화 관람 시간도 주어졌다. 이미 학생 시절에 금지된 재즈 음악에 대한 보상과도 같은 존재였으며, 지치지도 않고 휘파람을 불어 댔던 일제 베르너가 나오는 영화 「우리는 음악을 연주한다」를 다시 한 번 보았던가? 아니면 그때 처음으로 총력 사수(死守) 영화인 「콜베르크」를 보았던가?

얼마나 오랫동안 그 잡종 부대는, 그러니까 국방군 소속 군인들과 포기한 비행장에서 철수한 지상 근무원들까지도 포함하고 있는 그 부대원들은 오기로 되어 있던 전차보다는, 늦게라도 보냈지만 아직 오지 않은 군사 우편을 애타게 기다렸던가?

이러한 세월은 그 날짜를 기억할 수도 없고, 다양한 줄거리로 산만하게 분산된 한 편의 영화 같기도 하다. 때로는 슬로 모션으로, 때로는 너무 빨리 진행되고, 때로는 뒤로 감겼다, 때로는 앞으로 감기며, 거듭해서 중간에 끊기기도 하면서, 전혀 다른 영화 속의 다른 인물과 함께 다른 종류의 우연을 다루는 영화 말이다.

어쨌거나 급식 수령 후 우리 사이에 섞여 기다란 나무 벤치에 앉아 있는, 전선에서 흔히 볼 수 있는 하사관의 모습이 뚜렷하게 떠오른다. 갑자기 화장실로 급히 가야 할 때면, 그는 손가락 두 개를 능숙하게 놀려 오른쪽 동공에서 유리로 된 눈알을 끄집어내고는 이 담청색 눈알을, 껍질째 삶은 감자, 양배추, 갈색 소스와 함께 점심 끼니로 우리 모두에게 같은 크기로 배급된 손바닥만 한 고기 조각 위에 올려놓음으로써 아직 음식이 남아 있는 자신의 접시를 감시했다. 그는 말투를 이리저리 변화시키면서 소리 질렀다. "유리 눈알아, 감시 잘해!" 그리하여 식탁에 앉아 있던 우리 모두는 그 의심 많은 놈이 화장실에서 돌아올 때까지 시선을 다른 쪽으로 돌릴 수 없었다.

기억이 달라붙은 곳은, 목적 의식만 차 있었을 뿐 결코 예술이 되려 하지는 않았던 그러한 정적인 삶이다. 아무튼 많은 병사들이 상처로부터 완전히 회복되었다고 서명을 받거나 아니면 군 병원으로부터 곧장 행군 중대로 보내졌다. 그런 식으로 결국엔 모두들 복무 적합 판정을 받았다.

얼마 후 벵골 호랑이 전차는 아니지만 대전차용 표범 전차 서

양파 껍질을 벗기며 157

너 대가 위장망 아래에 서 있었다. 아직은 우리가 사용법을 충분히 익히지 못한, 회전형 포탑이 없는 자주포였다. 그럼에도 불구하고 우리는 막사를 떠나 호위병으로서 전차에 동승해야 했다. 보통 때처럼 카빈 소총을 소지했지만 몇몇은 돌격용 소총으로 무장을 했다.

소문에 의하면 전선은 슐레지엔 주의 작은 도시로, 이미 탈환했는데도 계속해서 격전이 벌어지는 자간 시 앞쪽이었고, 그곳에서부터 공격을 개시하여 차단되어 있는 요새 도시 브레슬라우의 숨통을 터 주어야 했다. 하지만 우리는 바이스바서 지역까지밖에 진격할 수 없었다. 그곳에서 나는 일기장이 들어 있던 군장과 군장 위에 매어 두었던 동계 외투를 비롯한 모든 소지품을 잃어버렸다……

그때부터 다시 필름이 끊긴다. 그 필름을 이어 붙여 다시 돌아가게 하면 그때마다 뒤죽박죽 엉킨 영상만 제공된다. 어디에선가 나는 낡아 못 쓰게 된 발싸개를 벗어 버리고, 비워 버린 군용 피복 창고에서 발견한 모직 양말로 갈아 신는다. 그곳에는 내의와 비를 피할 수 있는 방수포도 더미째 쌓여 있다. 우리 부대가 하천 저지대에 멈춘 동안 나는 활짝 핀 버드나무의 꽃송이를 만져 본다.

뻐꾸기가 때 이른 울음소리를 냈던가? 그 소리를 세어 보았던가?

그리고 나서 나는 첫 사망자들을 본다. 국방군 제복을 입은 어린 병사들과 나이 든 병사들이다. 그들은 시장터의 아직 앙상한 가로수와 보리수에 매달려 있다. 교수형을 당한 자들의 가슴에 걸려 있는 마분지에는 "방어력을 상실한 겁쟁이"라고 표시되어 있다. 나처럼 왼쪽 가르마를 탄 내 또래 소년이, 교수형을 당하기 전 군사 재판에 의해 강등되어 정확한 계급을 알 수 없는 장교 옆에 매달려 있다. 우리는 모든 것을 제압하는 전차 궤도의 굉음을 울리며 양쪽으로 줄지어 있는 시체들 곁을 지나간다. 그때의 생각은 떠오르지 않고, 영상만 남아 있다.

옆에서 아무런 근심도 없는 듯 한 고랑 한 고랑 밭을 가는 농부들의 모습이 보인다. 어떤 농부는 쟁기를 맨 소로 밭을 간다. 쟁기 뒤로 까마귀들이 날아간다.

그리고 거리를 꽉 채운 피란민의 행렬이 다시 보인다. 마차들이 지나가고 그 사이로 나이 든 부인들과 어린 소녀들이 물건을 가득 실은 손수레를 밀고 당기며 지나간다. 가방과, 끈으로 묶은 짐 꾸러미 위에 올라앉아 인형을 손에서 놓지 않으려 하는 아이들도 보인다. 한 노인이 끄는 손수레에는 어린 양 두 마리가 전쟁 통에서 살아남기를 바라고 있다. 영상 수집가*는 그가 붙들어 놓을 수 있는 것보다 더 많은 것을 본다.

다시 후퇴길에 올랐다가 잠시 쉬는 동안에 나는 한 소녀의 뒤를 쫓아간다. 이 부분만큼은 확실한데 그녀의 이름은 수잔네이며 할머니와 함께 브레슬라우에서 피란 나온 참이었다. 그녀가 내 머리를 쓰다듬는다. 내게 손을 잡는 것까지는 허용하지만 그 이상은 거부한다. 총탄으로 구멍투성이가 된 농가의 훼손되지 않은 마구간에서 흥분을 불러일으킬 만한 사건이 벌어진다. 송아지 한 마리

---

* 귄터 그라스 자신.

양파 껍질을 벗기며

가 멀뚱멀뚱 쳐다본다. 아, 이 이야기에 지루해하고 있는 사람들을 위해 진실을 희생해도 무방할 만큼 핵심적인 것이 들어 있다면 좋으련만.

그러나 나는 일기장에다 이 정도로 쓸 수밖에 없었을 것이다. "수잔네는 벚꽃색 목제 진주들로 만든 목걸이를 목에 걸고 있었다······." 아니, 그런 목걸이를 하고 있던 소녀는 연한 금발이 아니라 길게 땋아 늘인 검은 머리를 하고, 내가 굳이 이름을 밝히고 싶어 하지 않는 완전히 다른 소녀였던가?

거듭 토막이 나는 필름은 내 시야 밖에서 일어났던 것에 대해서는 아무것도 보여 주지 않는다. 나의 고향 도시가 그동안 러시아군에게 점령당했다는 소식은 소문을 들어 알았지만, 나는 단치히 시내가 자욱한 연기를 길게 내뿜는 폐허 더미로 변했다는 사실은 모른다. 그러니 불타 버린 벽돌 교회의 폐허들이 사진사를 기다리고 있다는 사실도 모른다. 그들의 임무는 계획된 재건 사업이 진행되기 전에 모든 손상, 교회 탑의 밑동과 건물 정면의 잔재를 남김없이 기록함으로써 나중에 학생들이 진실을 알도록 하기 위한 것이 아니었던가······.

하지만 생각 속에서는 훼손되지 않은 단치히의 모습을 그대로 볼 수 있었고, 교회 탑들도 왼쪽부터 오른쪽으로 그 수를 셀 수 있었다. 박공 장식과 등하굣길도 눈에 선했다. 그리고 가게 카운터 뒤에서 어머니를, 부엌에서 아버지를 보려고 용을 쓰기도 했다. 아니면 부모님이 여동생과 함께 최소한의 짐만 꾸린 채 결국 구스틀로프호에 자리를 잡았을 것이라는 불안감이 나를 괴롭혔던가?

이때부터는 우연이 연출을 맡아 제작했던 임의적인 영상 장면으로부터 벗어나 내가 적과 처음으로 마주쳤던 장면이 무조건 자신을 드러내려고 한다. 하지만 때와 장소에 대한 언급이 없음은 물론이고 적을 눈으로 직접 본 적도 없다.

다만 그때가 4월 중순이었다는 사실은 추측할 수 있다. 소련군이 상당히 오래 지속하던 대포 사격을 끝내고, 황폐해진 그들의 대지와 사망자 수백만 명에 대한 복수를 위해, 그리고 승리, 오직 승리를 위해 오데르 강과 나이세 강을 따라 형성되어 있던 독일군 전선을, 그리고 포르스트와 무스카우 사이의 전선을 돌파했을 무렵이다.

우리의 대전차용 전차들, 몇 대의 장갑차와 화물차, 야전 취사차 그리고 보병과 전차병이 뒤죽박죽으로 섞인 병력이 어린 숲 지대에, 반격을 위한 것이든 아니면 빗장 방어 체제를 구축하기 위해서든 진지를 구축하는 모습이 보인다.

꽃봉오리를 틔운 나무들, 그 아래의 자작나무들. 햇살은 따뜻하다. 새는 지저귄다. 나른한 기다림. 나보다 나이가 많지 않은 누군가가 하모니카를 분다. 한 병사는 비누 거품을 일으키며 면도를 한다. 그때 별안간에(아니면 새들의 침묵이 충분한 사전 경고였던가?) 스탈린의 오르간, 즉 다발식 로켓포가 우리를 덮친다.

그 무기가 상투적으로 왜 그렇게 불리는지 이해하기까지는 오래 걸리지 않았다. 울부짖는 소리, 쉭쉭거리는 소리 그리고 쿵쿵거리는 폭발음이었던가? 로켓포 중대만으로도 숲은 곧 초토화된다. 로켓포는 아무것도 남겨 두려 하지 않고 쓸어버린다. 엄폐물로 쓰이리라 예상했던 어린 나뭇가지들도 모조리 짓밟힌다. 피할 곳이라곤 없다. 아니면 일개 졸병이라 그나마 피할 곳이 있었던가?

배운 대로 대전차용 전차의 저판 밑으로 기어 들어가는 내 모습이 보인다. 그곳에서 누군가가, 아마도 조종수나 포수 아니면 전차장이 바닥 밑의 최저 지상고를 잰다. 장화들이 서로 맞닿는다. 왼쪽, 오른쪽 모두 궤도가 시야를 가린다. 삼 분, 아니 영원의 시간 동안 오르간이 연주를 할 수도 있다. 공포에 질린 나는 바지에 오줌을 싼다. 그리고 침묵. 내 곁에서 이를 달달 떠는 소리가 들린다. 여러 절로 계속된다.

벌써부터, 아니, 레닌의 오르간이 콘서트를 준비하기 전부터 이가 덜걱거리기 시작해, 부상자들의 신음 소리가 다른 모든 소음을 압도할 때까지도 계속된다.

짧은 순간이었지만 그 효과는 충분했다. 첫 단원에서 이미 나는 두려움이 무엇인지를 제대로 배웠다. 공포가 나를 사로잡았다. 숙달된 포복도 더 이상 소용없었고, 나는 전차 밑으로 기어 들어갔다. 파헤쳐진 숲 속의 땅과 썩은 나뭇잎이 온통 뒤섞인 곳으로부터 기어 나오는 내 모습이 보인다. 스탈린의 오르간이 연주를 하는 동안 나는 그 혼합물 속으로 얼굴을 파묻었다. 그 냄새도 따라왔을 것이다.

여전히 다리를 후들거리면서 나는 공포의 이미지에 무방비로 내맡겨졌다. 어린 숲의 주위는 갈기갈기 찢기고, 자작나무들은 무릎 높이 정도로 꺾여 있었다. 나무 우듬지들이 떨어지면서 우리가 가지고 있던 수류탄 중 일부가 너무 일찍 터지기도 했던 것이다. 몸뚱이들이 여기저기 널려 있었다. 흩어져 있기도 하고, 포개져 있기도 하고, 숨이 끊어졌는가 하면 아직 살아서 꿈틀거리기도 했다.

나뭇가지들에 꿰뚫려 있는가 하면, 수류탄 파편에 만신창이가 된 시체도 있었다. 많은 신체들이 곡예하듯 서로 얽혀 있었다. 신체의 일부 부위들도 보였던 것 같다.

이전에 하모니카를 연주하던 소년의 것이었던가?

얼굴에 면도 거품이 말라붙은 병사도 눈에 띄었다…….

그 사이를 생존자들이 기어갔고, 나처럼 바짝 얼어붙은 채로 서 있기도 했다. 몇몇은 부상을 입지 않았는데도 비명을 질렀다. 누군가는 어린아이처럼 질질 짜기도 했다. 나는 오줌으로 젖은 바지를 입은 채 말없이 서 있었다. 바로 옆에는 조금 전까지 무슨 내용인지는 모르나 나와 함께 수다를 떨었던 소년의 열린 몸통이 보였다. 내장이 드러나 있었다. 그의 둥근 얼굴은 죽는 순간 쪼그라든 것처럼 보였다…….

지금 여기서 상세히 묘사하는 것과 비슷한 것을 나는 다른 곳, 즉 레마르크나 셀린*의 작품에서 읽은 적이 있다. 스웨덴군이 황제군을 섬멸했던 비트슈토크 전투를 묘사하면서 일찍이 그리멜스하우젠이 말로 전해져 오던 끔찍한 광경을 인용한 적이 있는데 그것과도 비슷한 장면이었다…….

이를 달달 떨던 사람이 갑자기 내 옆으로 와서는, 키 높이대로 몸을 꼿꼿하게 세웠다. 그는 더 이상 떨지 않았으며, 자신의 옷깃에 있는 무장 친위대의 고위 계급장을 과시하듯 드러내 보였다. 턱 아래쪽에는 철 십자 훈장이 비스듬히 달려 있었다. 몇 해 동안 우리 어린 학생들에게 비슷한 모습의 영웅들을 공급해 주었던 「주

---

* 루이페르디낭 셀린(Louis-Ferdinand Célin, 1894~1961). 프랑스 출신의 의사이자 소설가.

간 뉴스」에 나올 법한 그런 영웅이었다.

그는 내게, 겁에 질려 이를 달달 떨던 자신의 모습을 목격한 증인에게 호통을 쳤다. "어이, 빈둥빈둥 서 있지 말고 병력을 모아. 전투 능력이 있는 자들을 모으라고, 당장. 새 진지를 구축해야 해. 어서 서둘러! 반격할 준비를 갖추란 말이야……."

나는 그가 갈기갈기 찢긴 몸뚱이들, 죽은 자들, 아직 살아 있는 자들을 몰아 대는 모습을 본다. 고함을 지르고, 팔을 이리저리 휘젓는 꼴이 우스꽝스럽다. 그림책에 나올 법한 주인공의 모습은 더 이상 아니다. 오히려 나중에 그에게 고마움을 표시하고 싶을 정도다. 왜냐하면 대전차용 전차 두 대와 전차 몇 대만 출동할 수 있을 정도로 무참하게 패배한 부대의 한가운데에 그가 등장함으로써 학생 시절부터 보아 온 영웅의 상이 깨져 버렸기 때문이다. 무언가가 와해되어 버린 것이다. 예전에 '우린그런일안해요'라고 불렸던 푸른 눈의 금발 소년에 의해 아교를 칠해 땜질해야 하는 정도로 금이 갔던 내 믿음의 뼈대가 통째로 흔들렸던 것이다. 언젠가 안정을 되찾긴 할 테지만…….

그 후 나는 이름을 알 수 없는 한 전투 부대에 소속되었다. 대대, 중대는 해체되었다. 프룬츠베르크 사단은, 예전에는 존재했을지 몰라도 이제는 더 이상 존재하지 않았다. 소련군이 오데르 강과 나이세 강을 넘어 넓은 전선을 돌파했다. 전차에 의해 돌파되고 곳곳에 구멍이 뚫린 우리의 주 전선은 서류상으로만 존재했다. 하지만 나는 그 주 전선에 대해 무엇을 알았던가? 그것은 무엇이었던가, 혹은 무엇이어야 했던가?

퇴각의 혼란 속에서 나는 나와 마찬가지로 소속 부대의 잔류

병들을 찾고 있던 흩어진 병력과 연락을 시도했다. 이후로 적과 다시 마주치는 일은 없었지만 그럼에도 공포감이 나를 늘 따라다녔다. 도로변 가로수에 목매달린 병사들이, 중대 소속을 입증할 수 있는 증명서가 없거나 혹은 스탬프가 찍힌 행군 명령서 없이 이 부대, 저 부대를 찾아다니다가 처할 위험을 경고해 주었다.

서쪽으로 깊숙이 내몰린 동부 전선의 중앙 지역은 악명 높은 셰르너 장군의 지휘를 받고 있었다. '셰르너 명령'에 따라 야전 헌병들, 즉 쇠사슬 개들은 계급을 막론하고 행군 명령서 없이 이동하는 병사들을 수색했고, 체포된 사람들은 기피자, 겁쟁이, 탈영병의 죄목으로 야전 군사 법정에 세워졌다. 그런 다음 그들은 지체 없이 그리고 누구나 볼 수 있도록 교수형에 처해졌다. 그래서 "개들이 떴다!"라는 경계의 외침은 일종의 상투어가 되었다. 셰르너와 그의 명령은 적보다 더한 공포의 대상이었던 것이다.

포르스트와 무스카우 사이의 지역이 돌파된 후뿐만 아니라, 그 후로도 오랫동안 셰르너는 나를 쫓아다니며 괴롭혔다. 1960년대 중반 나는 희곡 한 편을 구상했는데, 「패한 전투들」이라는 제목으로 공포의 대상이었던 그 인물을 다룰 예정이었다. 하지만 이 도상(圖上)의 전쟁놀이에서는 아무 성과도 거둘 수 없었다. 그래서 다시 산문으로 시도했다. 이야기가 끊임없이 막히는 가운데, 슈타루쉬 선생의 치열 부정합 수술과 그 부작용 이야기를 다루고, 아울러 베트남 전쟁에 반대하면서 자신의 닥스훈트*인 막스를 불에 태워 버리려는 학생이 등장하는 소설 『국부 마취』에서도 육군 원

---

* 짧은 다리에 몸이 긴 독일산 개.

수 페르디난트 셰르너는 크링스라는 이름으로 등장한다. 거리낌 없이 사람의 목을 매다는 그 짐승 같은 인간은 그렇게 지속적으로 나를 우습게 보았던 것이다.

불안은 벗어던질 수 없는 짐이었다.

두려움을 배우기 위해 여기저기서 발췌된 자료들이 매일매일 내게 공부할 단원으로 주어졌다. 굴복, 모면, 적응, 굴종은 생존을 위한 간단한 기술로, 나는 그것들을 예행연습 없이 실천해야 했다. 배우려 하지 않는 자에게 저주가 있을지어다. 약삭빠름이 우연과 결합하여 낳은 행운이라는 이름의 아이도 종종 도움이 되었다.

나중에 나는 다행스러운 우연의 도움으로 빠져나오게 된 몇몇 상황을 오랫동안 기억 속으로 불러들였다. 세세한 부분까지도 믿음직스럽게 되어야 한다는 주장과 함께 그러한 상황들은 세월이 흐르는 동안 점점 더 선명한 이야기로 마무리되었다. 하지만 전쟁 동안 아슬아슬하게 살아남았던 위험의 순간으로 보존된 모든 것은 의심받아 마땅하다. 아무리 그것이 이야기 속에서 명백한 구체성을 자랑하고, 진실한 이야기를 자칭하며, 호박(琥珀) 속의 모기처럼 입증된 것처럼 행세한다고 하더라도 말이다.

4월 중순, 두 번에 걸쳐 내가 즉흥적으로 구성된 부대의 일원으로서 러시아군의 전선 뒤쪽에 투입된 것은 분명하다. 허둥지둥 후퇴하면서 일어났던 일이다. 그때마다 나는 알 수 없는 임무를 부여받은 정찰대의 일원이었다. 우연이 구원자 역할을 하지 않을 경우에는 번번이 행운이 그 역할을 했다. 하지만 그 두 번의 곤경은 탈출구를 찾으려는 듯 몇 년 동안 매번 모습을 바꾼 채 지속적으로 나의 꿈자리를 점거했다.

나는 학생 시절부터 읽었다기보다는 집어삼켰던 책들을 통해 그와 같은 탈출구들을 알고 있었다. 허무맹랑한 이야기 속을 헤매고 다니는 나의 글을 좋아했던 리트슈바거 선생님이 읽기 쉬운 보급판으로 『짐플리치시무스의 모험』을 "바로크적 사실주의, 그리멜스하우젠의 작품이 다 그러하듯이 황당무계한 가운데서도 진실성이 있다……."라는 식으로 추천하며 내 손에 쥐어 주셨고, 나도 그 책을 열심히 읽었던 것이다.

그러니까 나는 의도적으로 스스로에게 용기를 북돋웠던 셈이다. 생존 기술자인 짐플리치시무스는 전쟁이 지속되는 삼십 년 동안 온갖 책략과 운을 통해 가시덤불 뒤에 도사리고 있던 온갖 위험으로부터 성공적으로 벗어났고, 또 비트슈토크 전투 중에 서둘러 판결을 내리려는 군 법무관 앞에서, 단짝 친구가 그 마지막 위기의 순간에 반박할 수 없는 논리로 자신을 구해 준 덕분에 나중에 쓰고 또 쓸 수 있었다. 그런 점에서 볼 때, 나도 행운이라든지 혹은 또 다른 단짝 친구의 도움을 받지 않았다는 법은 없지 않겠는가?

기관총 사격을 맞고 개죽음을 당하거나, 아니면 포로로 잡혀 시베리아에서 살아남는 법을 처음으로 익힐 수 있는 기회는, 한 하사의 지휘를 받던 낙오 병력 예닐곱 명이 단층집의 지하로부터 탈출을 시도했을 때 찾아왔다. 그 집은 러시아군이 점령한, 아직 격전 중이던 마을에 있었다.

우리가 어떻게 해서 러시아 전선 뒤쪽으로 가게 되었는지 그리고 오두막이라고 부르는 게 나을 것 같은 집의 지하실로 들어가게 되었는지는 분명치 않다. 어쨌든 반대편 도로로 탈출하여 그때까지 우리가 지키고 있던 집들 중 한 곳으로 들어간 것이 우리를 구원해 주었던 셈이다. 군모를 삐딱하게 눌러쓴 키 크고 깡마른 하사가 "지금 아니면 결코 기회가 없어!"라고 말하는 소리가 들린다.

모래투성이의 라우지츠 지역에 위치해 있던 그 격전지, 집들이 도로변에 길게 늘어서 있던 그 마을은 애당초 이름이 없었거나, 아니면 내가 이름을 잊어버렸을 것이다. 지하실 창문을 통해 중간중간 총격 소리가 들려왔다. 개인 화기와 기관총 소리였다. 선반에는 먹을 것 하나 없었다. 제때 대피한 것으로 보이는 집주인은 자전거 판매상이었으며 자신이 아끼는 물건들을 비축해서 지하실에 숨겨 두고 있었다. 아주 많은 자전거들이 앞바퀴를 위로 한 채 나무 거치대에 매달려 있었다. 모두 사용 가능해 보였고 타이어에는 바람도 팽팽했다. 어쨌든 그것들은 누군가가 사용해 주기를 기다리고 있었다.

하사는 즉각 결정을 내려 버리는 부류가 분명했다. "지금 아니면 결코 기회가 없어."라고 말한 뒤 그가 외친다기보다는 속삭이는 소리를 내가 들었던 것이다. "어서, 모두들 자전거를 한 대씩 잡아타라. 그리고 전속력으로 달린다······."

내가 당황하면서도 분명한 말투로 "하사님, 저는 자전거를 못 탑니다."라고 이의를 제기하자 그는 내 말을 썰렁한 농담쯤으로 받아들였던 것 같다. 아무도 웃지 않았다. 이 창피스러운 무능력에 대해 좀 더 깊은 원인을 설명하고 다음과 같이 변명할 시간적 여유도 없었다. "그저 그런 식료품점을 운영하는 어머니는 나한테 새

자전거든 중고 자전거든 사 줄 여력이 없었어요. 그래서 경우에 따라 목숨까지 구해 줄지 모를 자전거 타는 법을 제때 배우지 못했습니다……."

내가 자전거 대신으로 일찍부터 배운 수영 기술을 자랑하기도 전에 하사는 다시 즉흥적으로 결정을 내렸다. "자, 그럼, 자네는 기관총을 들고 엄호 사격을 하게. 우리가 데리러 올게, 나중에……."

평소대로 하사의 말에 순종하며 거치대에서 자전거를 들어 올린 누군가가 나의 공포감을 덜어 주려고 했을 수도 있다. 하지만 그 소리는 아무도 듣지 못한 채 사라졌다. 나는 사용해 보지 않은 무기를 들고 지하실 창문으로 가서 사격 자세를 취했다. 이 무능한 군인은 이번에도 제대로 사격할 기회를 얻지 못했다. 지하실을 빠져나간 사내 대여섯 명은 여성용도 포함된 자전거를 타고 집 정문을 통해 밖으로 나가자마자 마을 길 중간 지점에서 기관총 사격을 받고 쓰러졌던 것이다. 이쪽인지, 저쪽인지, 아니면 양쪽에서였는지 총알이 날아온 방향은 알 수 없었다.

버둥거리다가 곧 움찔움찔 경련을 일으키는 한 무리 병사의 모습이 보인다. 키가 큰 하사였던가? 누군가가 풀썩 땅바닥으로 쓰러졌다. 그러고는 아무 움직임도 없었다. 쓰러진 병사들 한가운데로 불쑥 솟은 자전거 앞바퀴만 돌고 또 돌았다.

살육 현장에 대한 이러한 묘사는 추후에 각색되어 보태진 영상일 수도 있다. 왜냐하면 나는 최후를 장식한 총성을 듣기 전에 이미 지하실 창가를 떠났고, 아무것도 보지 못했으며, 보려고도 하지 않았기 때문이다.

익숙하고 가벼운 기관총 대신에 카빈 소총을 들고 나는 자전거 판매상의 집을 빠져나와 뒤뜰과 삐걱거리는 작은 문으로 도망쳤다. 정원 뒤로, 정원 사이로, 이미 싹이 돋아나고 있는 관목들로 몸을 가리면서, 샛길을 이용하여 요란한 격전의 현장인 마을을 벗어났다. 그러자 곧 양쪽으로 어른 키만 한 덤불들이 둑처럼 둘러싼 경편 철도용 레일이 눈앞에 나타났다. 철로는 우리의 전선이 있을 것으로 짐작되는 방향으로 곧장 뻗어 있었다. 적막감. 덤불숲 속에서 참새와 박새가 지저귀는 소리만 들렸다.

자전거를 탈 줄 모르는 나의 무능함을 썰렁한 농담쯤으로 치부했던 그 하사로부터 무언가를 배웠다기보다는, 예언자적 지시라도 되는 양 그 선로를 따라가기로 했던 선택은 한마디로 올바른 결정이었다.

철도 침목과 철로 자갈을 밟으며 1킬로미터 남짓 걷다 보니 철도 위에 아치형으로 솟은, 훼손되지 않은 다리가 보였다. 무개(無蓋) 군용 자동차를 선두로 보병을 태운 화물 트럭, 마차를 앞세운 유탄 포대들이 지나가고 소규모 부대들이 도보로 그 뒤를 쫓아갔다. 독일 군복 차림의 정체를 알 수 없는 병사들이 느릿느릿 걸음을 옮기고 있었다. 나는 앞뒤 가리지 않고 그 대열에 합류했다. 적과의 접전이 아니더라도, 행군 명령서 없이 홀로 다니는 병사들은 죽음의 후보자가 되어 교수형을 당하곤 했기 때문이다.

이 얘기가 믿기도 어렵고, 꾸며 낸 이야기처럼 보일 가능성이 짙다는 것도 안다. 하지만 그로부터 몇십 년 후 아들딸들이 아무도 보지 않는 숲길에서 누워서 떡 먹기인 자전거 타는 법을 배우라고 아버지를 설득했는데도 한 번 정도 시도해 보고는 다시는 자전거에 손대는 것을 거부했다는 사실은 이 생존 이야기의 진정한 핵심이 무엇인지 말해 준다. 예를 들어 덴마크의 울스할레 스코우에서 어릴 때부터 자전거 타는 법을 터득했던 말테, 헨스헨 그리고 헬레네가 "겁내지 말아요!" "어서, 아빠!" 하고 외쳐 대자 용기를 얻어 자전거에 오른, 한 어머니의 아들은 그 자리에서 바로 나동그라졌다. 자전거를 '철사 당나귀'라고 조롱했고, 자전거 한 대 사 주지 못할 정도로 빠듯하게 살림을 꾸렸던 어머니는 아무것도 예감하지 못했으면서도 결과적으로는 아들의 목숨을 구해 주었던 것이다.

1980년대 초, 내게 운동 감각이 없다면서 네덜란드식 2인승 자전거 주인으로서 조금이나마 용기를 입증해 보이라며 나를 유혹하는 데 성공한 사람은 우테였다. 그녀가 앞에 앉아 핸들을 잡았고, 뒷자리에 앉은 나는 불어오는 맞바람에 흩날리는 그녀의 곱슬머리를 즐거이 쳐다보았다. 그렇게 안전이 보장된 상태에서, 즉각적인 결정으로 인해 위험에 처할 염려도 없이 내 생각들은 자유롭게 나래를 폈다.

오데르 강 전선과 나이세 강 전선이 붕괴된 이후 낮 동안엔 어떻게 지냈고 밤 동안엔 어떤 시간을 보냈는지에 대해서는 되감아 돌리고 또 종종 이어 붙이기까지 한 필름도 별다른 것을 말해 주지 않는다. 이전까지만 해도 달변이었던 양파 껍질도, 그리고 태곳적 곤충이 그 안에서 마치 요즈음에 태어난 것처럼 움직이고 있는 투명하기 그지없는 호박도 아무런 도움을 주지 못한다. 그러므로 다시 그리멜스하우젠의 책을 뒤져 볼 도리밖에 없다. 그의 작품에 묘사된, 나의 경우와 비교될 수 있는 혼란스러운 전쟁 상황은 공포를 배우게 하고, 조스트 출신 저격병의 모험까지 경험할 수 있도록 해 주지 않았던가. 왜냐하면 비트슈토크 전투에 대한 그의 묘사가 황제군이 비참하게 죽은 도세 강과 그 일대의 늪지대를 배경으로 삼았다면(그리멜스하우젠은 바로크 시대의 동료 작가인 오피츠의 언어를 빌려 살육 현장을 예술적 감각으로 색채감 있게 묘사했다.) 나와 관련된 전쟁의 배경은 코트부스와 슈프렘베르크 사이에 있는 라우지츠로 명시할 수 있기 때문이다.

전선이 다시 안정되어야 했다. 그것은 다급한 현실이었다. 내가 이리저리 헤매고 다니던 바로 그곳에서, 새로 편성된 전투 부대와 함께 제국 수도를 둘러싸고 점점 좁혀지던 원형 방어선이 돌파되었던 것이다. 소문에 의하면 히틀러는 바로 그곳에서 진지를 사수 중이었다.

그 때문에 서로 엇갈리는 명령들이 난무했고 결국엔 서로 마주 보며 길을 봉쇄하던 병력이 이동을 시작하면서 대혼란이 빚어졌다. 슐레지엔의 피란 행렬들만이 제대로 된 방향인 서쪽으로 향하려고 시도했을 따름이다.

아, 1960년대 초만 해도, 그러니까 엄연한 사실조차 거짓말이라며 응징하고 불합리해 보이는 모든 것에 대해 소신껏 명쾌한 해석을 내놓을 만큼 거리낌 없던 때에는 말이 얼마나 쉽게 술술 풀려나왔던가. 수문(水門)은 항상 열려 있었다. 그간 억제되었던 언어의 봇물이 폭포처럼 쏟아졌다. 때로는 뜨겁고 때로는 차가운 언어의 욕탕 속에서 예전의 이야기 방식은 회춘을 경험했다. 침묵으로 반항할 때는 간질이는 고문을 가해 억지로 고백의 고함이 새어 나오게끔 했다. 아무리 사소한 일에도 울림이 뒤따랐다. 그리고 거기서 얻은 핵심적인 포인트 하나하나는 세 가지의 희생된 진실과 바꿀 만한 가치가 있었다. 모든 사실적인 것이 질서 정연하게 배열되었기 때문에, 수순만 제대로 지킨다면 역추적 또한 가능할 정도였다.

그렇게 하여 『개들의 세월』 2부 마지막 장에서는 가운데 부분이 폭삭 내려앉은 총통의 벙커와, 오로지 망상에 사로잡혀 베를린을 사수하려던 최후의 결전이 갖는 의미를 캐물었던 것이다. 총통의 애견으로서 프린츠라는 자신의 이름을 알아들었던 셰퍼드가 달아났을 때 이에 대한 수색 작업은 언어적 압축을 통해, 저 흔들거리는 하이데거식 독일어로 다음과 같이 형상화되었다. "무(無)는 끊임없이 무화(無化)된다." 그리고 명사(名詞)들로만 조야하게 짜 맞추어진 국방군 최고 사령부의 어법으로부터 잡종 언어가 생겨났으며, 거기에서 파생된 의미의 과잉은, 구차한 항변에 의지하고 있긴 해도 진실이라는 이름으로 머릿속에 떠올랐던 모든 것을 휩쓸어 버렸다. "총통의 명령에 따라 25기갑 보병 사단은 코트부스 전선의 빈틈을 메우고 개가 빠져나가지 못하도록 철저히 감시될 것이 예상된다……. 총통의 애견이 갖는 근원적 개방성은 (시각과 청각 같은) 원(遠) 감각에 의해 조율되어 있다……. 원(遠) 감각에 의해 조율된 무(無)는 슈타이너의 부대 내에서는 무(無)로서 인정되었다……. 무(無)는 적의 전차 부대와 아군 선봉대 사이에서 발생한다……."

하지만 내가 있던 곳 혹은 있어야만 했던 곳에는(코트부스 전선의 빈틈이었던가?) 아군 선봉대도 없었고 눈에 띄는 군사적 결합체도 없었다. 어쩌면 정체가 수상한 슈타이너 부대에 배속되었을 프룬츠베르크 사단 정도가 무(無)로서 생겨났을지 모른다.* 서로 엇갈리는 명령에 따라 황급히 모인 그야말로 오합지졸이었다. 이제야 필름이 다시 돌아가 당시의 상황이 선명하게 떠오른다. 모든 것이 엉망진창이었다. 외톨이 신세로 남아 있던 전차병이 좀 더 높은 권력의 일시적인 기분에 따라 새로운 부대에 귀속되기 전까지는 어느 것 하나 질서 있게 진행되지 않았다.

우연이라는 오래된 지인(知人)이 던진 주사위에 의해 나는 열두 명에서 열다섯 명 정도로 구성된 분대에 속하게 되었다. 중화기를 소지하지 않은 보병 돌격대로서 '황천길 파견대'라 불리는 분대였다.

그 당시 나는 어디에선가 판초 우의와 방수포, 그리고 더 고약하게도 카빈총까지 분실했다. 그 때문에 이탈리아제 자동 권총을 지급받았는데, 설령 그것을 사용할 기회가 있었다 해도 아마 서투르게 다룰 수밖에 없었을 것이다.

철모를 한데 모아 두었던 기억도 난다. 기분이 언짢은 성인 남성들의 얼굴과 불안해하는 어린 소년들의 얼굴에 그늘을 드리웠던 철모이다. 잃어버린 부대원들의 사진이 한 장이라도 남아 있다면, 내 얼굴은 아마도 왼쪽에서 세 번째였을 것이다.

오래 근무한 하사가 다시 지휘권을 잡았는데, 어깨는 벌어졌지만 영민하지 못한 사람이었다. 그가 내린 명령은 진격할 것, 그리

---

* 하이데거식 어법을 빈정대고 있다.

고 적과의 만남을 조심하라는 것이 다였다. 어둠이 내릴 무렵 우리는 한참을 헤맨 끝에 전차 궤도에 의해 파헤쳐진 숲길에 다다랐다. 몇 시간 전에 선봉대로 나선 타이거 전차와 대전차용 전차 중대가 덜거덕거리면서 그 길을 지나갔다고 했다. 지금쯤이면 우리의 선두와 연락이 닿아야 했다. 하지만 휴대 무전기상으로는 아무런 암시도 얻을 수 없었고, 다만 종잡기 어려운 말의 조각들과 쏴쏴 하는 소리만 들려왔다.

길 양쪽으로는 온통 숲 지대가 이어졌다. 소나무들 그리고 또 소나무들뿐이었다. 높이 솟은 소나무들이 왼쪽, 오른쪽으로 늘어서 있었다. 중화기를 끌고 가지는 않았지만 우리는 행군 도중에, 완장으로 보아 향토 방위대에 소속된 한 나이 든 남자와 경상을 입은, 마치 쌍둥이라도 되는 듯이 모두 왼쪽 다리를 저는 병사 두 명을 챙겨야 했다.

향토 방위대원은 잡다한 소리를 늘어놓았다. 기분에 따라 거품을 물며 신을 원망하기도 했고, 때로는 옆 사람에게 욕설을 퍼붓기도 했다. 다리를 다친 두 병사는 반쯤 들다시피 하면서 부축을 해 줘야 했다. 그렇게 우리는 천천히 앞으로 나아갔다.

전차 선봉대에서 무전상으로 여전히 아무런 응답도 없었기 때문에 하사는 길가에 앉아 잠깐 휴식을 취하라고 명령했다. 전선 경험이 많아 보이는 그는 곧 퇴각할 것으로 예상되는 나머지 대전차용 전차들을 기다리려고 했다. 그렇게 해서 절름발이 두 명과 헛소리를 해 대는 향토 방위대원 정도는 태워 보낼 수 있으리라고 기대했다. 그렇지 않아도 우리는 녹초가 되어 있었다. 다행스럽게도 하사는 숲길을 감시할 보초병으로 다른 어린 친구들이 아닌 나를 지목하고는 두 눈 똑바로 뜨고 주시하라는 명령을 내렸다.

다시 하나의 그림이 떠오른다. 나 스스로 상상의 나래를 펼친다. 나는 자꾸 아래로 미끄러져 내리는 철모를 쓰고 있다. 나는 명령대로 행동한다. 나는 임무에 충실하려고 최대한 노력한다.

많이 지쳤지만 나는 임무를 성공적으로 수행했다. 얼마 안 있어서 그새 칠흑같이 어두워진 숲 속 길에서 불빛 하나가 나타났다. 점점 가까워질수록 불빛은 두 개로 나뉘었다. "전차로 보이는 동력 차량 출현!"과 같이 규정에 따른 보고를 한 후 나는 더욱 정확하게 관찰하고, 명령대로 전차로 추정되는 그 물체를 정지시키기 위해 길 한복판으로 나갔다. 왼손잡이로서 왼손을 높이 들어 올렸다.

궤도 차량이 헤드라이트를 최대한 환하게 비추면서 빠른 속도로 달려오는 바람에 놀랐을 수도 있지만, 전차가 내 앞쪽으로 두 발짝 정도 떨어진 거리에 멈춰 섰을 때 나의 놀라움은 실제로 확인되었다. 한번 힐끗 보는 것으로도 충분했다. 불빛을 아끼지 않고 거리낌 없이 다가온 것은 러시아 전차일 수밖에 없었다…….

"러시아 놈들이다!" 하고 나는 길가의 분대를 향해 소리쳤지만, 적의 전차에 촘촘히 달라붙어 앉아 있던 병사들의 얼굴을 일일이 식별할 시간도 없었고, 더구나 난생처음으로 살아 있는 러시아 군인과 얼굴을 맞대고 부딪쳐 볼 여유도 없었다. 총알이 날아오기 전에 나는 오른쪽으로 잽싸게 피한 후, 길가와 맞닿아 있던 소나무 보호림 쪽으로 몸을 날렸다. 거리가 있긴 했지만 위험을 벗어난 것은 아니었다.

내가 들은 것은 두 개의 언어로 울려 퍼진 고함 소리였고, 그

고함 소리는 자동 권총 사격 소리에 묻혔다. 그리고 마침내는 칼라시니코프 경기관총 소리만이 들려왔다.

빽빽이 들어선 어린 소나무들 사이를 엉금엉금 기면서 서서히 그들과의 간격을 벌리는 사이 나는 어느덧 왼쪽과 오른쪽이 모두 보호림 구역인 곳으로 들어섰다. 아무튼 나는 멀쩡히 살아남았다. 하사를 중심으로 한 다른 분대원에게는 주어지지 않은 행운이었다. 향토 방위대원조차 더 이상 신을 원망하지 않았으며 옆 사람에게 욕설을 퍼붓지도 않았다. 그리고 그 누구에게도 책임을 추궁하려 하지 않았다. 러시아인의 목소리만 들리더니 그마저도 멀어졌다. 누군가가 기분이 좋은 듯 웃어 댔다.

바싹 마른 나뭇가지들이 큰 소리로 딱딱 소리를 냈기 때문에 살아남은 전차병은 더 이상 훈련받은 대로 팔꿈치로 포복하고 싶지 않았다. 그렇게 하면 역사의 진행에서 벗어날 수 있기라도 한 듯 그는 죽은 듯이 엎드려 있었다. 이탈리아제 자동 권총과 두 통의 탄창을 가지고 있었기에 아직 전투력을 상실한 것은 아니었지만 말이다.

적의 전차가 움직이고 이어서 병사들이 움직이기 시작하는 것을 보고 나는 어린 소나무 보호림이 끝나고 울창한 숲이 이어지는 곳까지 포복 자세로 계속 기어갔다. 숲 속 나무들은 프러시아식으로 줄지어 서 있었다. 아니다. 나는 시체들만 있을 것으로 예상되는 곳으로는 다시 돌아가지 않았다. 게다가 희미한 불빛과, 숲길로부터 들려오는 엔진 소리가 적의 진군을 확인시켜 주었다.

그 때문에 나는 점점 숲 속으로 깊이 들어갔다. 갑자기 나타난 것인지, 아니면 나의 바람 때문이었는지 모르지만 실제로 반달의 빛이 흐릿한 하늘을 배경으로 빛나고 있었기 때문에 외톨이 병사는 나무둥치들에 부딪히지 않을 수 있었다. 하지만 송진 냄새가 덮치더니 마침내 그를 캡슐로 싸 버렸다. 그렇게 되자 그는 호박 속에서 오랜 세월을 견뎌 낸 후 마치 나의 화신인 양 행세하는 곤충을 닮고 싶어 했다. 그것은 언제라도 꺼내 쓸 수 있도록 다른 습득물들과 함께 입식 책상의 맨 위 서랍 안에 놓여 있다. 그리고 등불에 가까이 가져가 질문을 기다린다. 거미든 진드기든 혹은 딱정벌레든, 그것들은 어느 정도 인내심을 갖고 관찰하면 정보를 제공하는 법이다…….

혼자 남은 전차병, 나이 든 한 인간의 초기 판본을 반달 빛 아래 관찰한다면 내 눈앞에 무엇이 펼쳐질까?

그는 마치 그림 동화 속에서 탈주해 나온 것 같다. 금방이라도 울음을 터뜨릴 것 같은 표정이다. 그는 자신이 등장하는 이 이야기가 마음에 들지 않는다. 오히려 그는 손만 뻗으면 잡을 수 있을 만큼 언제나 가까이에 있는 책 제목 그대로의 주인공과 닮고 싶어 한다. 사실 그렇다. 그는 지금 이 순간 그리멜스하우젠의 우리로부터 나온 주인공과 닮아 있다. 그에게 세상은 미로처럼 구불구불한 정신 병원이며, 그곳으로부터 발트안더스라는 이름을 가진 사람으로서 잉크와 펜만을 가지고 도망쳐 나오게 될 것이다. 학생 시절부터의 속임수, 즉 수다 떨기는 그가 살아남고자 할 때마다 늘 도움이 될 것이다.

그 후로 일어난 일들은 모두 영양분이 풍부한 추측의 온상에서 푸른 싹을 틔운다. 그는 기꺼이 이런저런 인물이 되어 보고 싶어 한다. 하지만 내 눈에 보이는 것은 균일한 크기로 자란 나무등치들 사이로 얼핏 희미하게 보이다가 이내 사라져 버리는, 오갈 데 없는 방랑자뿐이다. 머리에 쓴 철모가 자꾸만 아래로 흘러내리는 병사를 한 영상 수집가가 포착한다.

그는 여전히 무장을 하고 있으며 언제라도 자동 권총을 뽑아 들 태세다. 그에게는 아무런 쓸모도 없는 길쭉한 북 모양의 방독면 가방이 매달려 있다. 식량 주머니에는 마지막으로 배급받은 행군 식량의 남은 부스러기만 들어 있다. 수통은 반쯤 비어 있다. 아버지에게서 생일 선물로 받은, 야광 숫자가 붙은 킨츨레표 손목시계는 언제부터인가 멈춰 서 있다.

아, 지금 그에게 전쟁이 끝난 후 노획물로 건진 가죽으로 만든 주사위 통과 상아로 만든 주사위 세 개가 있었더라면. 그는 그것을 가지고 동갑내기 동료와 함께 바트 아이블링 포로수용소에서 미래를 점치지 않았던가. 요제프란 이름의 그 동료는 목표 의식이 뚜렷한 가톨릭 신자였고, 따라서 나중에 신부, 주교, 그리고 가능하다면 교황까지 되고 싶어 했다……. 하지만 그것은 발단이 복잡할 뿐만 아니라, 이곳 어두운 숲 속과는 아무런 상관없는 또 다른 이야기일 뿐이다.

지금 그는 나무에 기대어 앉아 자고 있다. 그러다가 깜짝 놀라 일어난다. 바이스바서에서 분실해 외투가 없지만 추위를 느낄 정도는 아니다. 이제 그는 햇빛을 받으면 나무등치처럼 그림자를 던지지만, 숲 밖으로 빠져나오지는 못하고, 자신이 쳇바퀴 돌듯 맴돌고 있다는 사실도 모른 채 비틀거리며 걷는다. 식량 주머니에서 으깨진 비스킷 조각을 꺼내 들고, 수통 뚜껑을 돌려 물을 마신다. 철모는 그새 목덜미까지 내려와 있다. 그는 정확한 시간을 알지 못하며, 미래를 점치기 위해 던져 볼 만한 주사위 같은 것도 가지고 있지 않다. 그는 여전히 이름을 모르는 한 동료를 그리워한다. 그러고는 짐플리치시무스가 되고자 헛되이 노력한다. 늘 새롭게 나타나는 위험 속에서도 탈출구를 찾아내고 그리하여 사람들의 칭송을 받으며, 식량을 조달할 때도 검은 호밀 빵과 베스트팔렌식 햄 같은, 영양이 풍부한 노획물을 챙기던 저 조스트의 사냥꾼처럼 되고 싶은 것이다.

날이 다시 저물고 작은 올빼미가 울어 대는 동안 그는 마지막 남은 빵 부스러기를 씹는다. 잔뜩 흐린 밤하늘 아래 있자니 배도 고프고 처량하기도 하다.

완전히 어둠의 포로가 된 채 그는 두려움을 배울 그다음 단원을 펼친다. 자신의 등 뒤에 공포가 붙어 앉아 있는 것처럼 느끼면서 그는 "신이시여, 저에게 경건한 마음을 불어넣어 부디 천국으로 인도해 주소서."라는 어린이 기도문을 떠올리려고 한다. 그러고는 아마도 "엄마, 엄마!" 하고 불러 볼 것이다. 마치 저 먼 곳에서 모든 것을 예감한 그의 엄마가 "이리 오렴, 애야! 설탕을 섞은 달걀노른자를 한 잔 마시렴." 하고 그를 불러 주기라도 할 것처럼 말이다. 하지만 그는 실제로 뭔가 일이 일어날 때까지 어두운 숲 속에 홀로 남아 있다.

나는 발소리 혹은 그 비슷한 소리를 들었다. 숲 속 땅바닥에서 나뭇가지가 딱 부러지는 소리가 났다. 덩치 큰 짐승인가? 멧돼지인가? 어쩌면 유니콘일지도?

나는 멈추어 섰고, 아무 소리도 내지 않았다. 그 순간 그 혹은 그것, 그러니까 어두운 숲 속에서 발소리를 냈던 짐승, 인간 혹은 상상 속의 동물도 가만히 걸음을 멈추었다.

누군가가 나타났고, 가까이 다가오는 듯하더니 다시 멀어졌다. 그러고는 곧 다시 가까이 왔다. 아주 가까이.

조심! 침도 크게 삼켜서는 안 된다! 나무등치 뒤쪽으로 숨을 곳을 찾는다.

고된 군사 훈련을 통해 터득한 대로 무기의 안전장치를 푼다. 상대방도 틀림없이 그럴 것이다.

두 인간은 서로를 적으로 추측하고 있다. 몇 년 후 발레나 영화의 한 장면을 위해 초안으로 삼을 만한 상황이다. 그것은 모든 수준 있는 서부 영화에서 긴장감 넘치는 줄거리의 클라이맥스에 도달하기 위한 장면, 말하자면 마지막 총격전을 앞두고 벌어지는 의례적인 소동 같은 것이었다.

어두운 숲 속에서는 휘파람을 부는 것이 도움이 된다고들 하지만 나는 휘파람을 불지 않았다. 어떤 무언가가, 어쩌면 멀리 떨어져 있는 어머니가 내게 노래를 부르라는 영감을 주었다. 「에리카」와 같이 외워서 아는 행군가와 최근에 마리카 뢰크가 불러서 유행을 탄 영화 음악 「밤에는 아무도 혼자 있고 싶어 하지 않는다」 중에서 부를 만한 것을 찾는 대신, 이러한 상황에서 친밀감을 줄 수 있는 동요가 거의 선택의 여지도 없이 내 입술에서 흘러나왔다. 나는 오랫동안 반복해서 "꼬마 한스가 홀로 길을 갔다네……."라는 구절을 불러 댔다. 그리고 그렇게 노래를 시작하자마자 "…… 저 넓은 세상 속으로……."라는 답가가 들려왔다.

얼마나 오랫동안 번갈아 가며 노래를 했는지는 확실하지 않다. 아마도 독일어를 사용하는 두 인간이 어두운 숲 속을 헤매는 중이고, 둘 다 엄폐물에서 나와도 좋으며, 그래서 이제는 군대식 독일어로 서로에게 말을 건네도 무방하고, 총구를 아래로 내린 채 서로 닿을 만큼 가까이, 더 가까이 가도 좋다는 사실을 말해 주기에 충분할 정도로 노래를 교환했을 것이다.

돌격대 소총으로 무장한 나의 노래 동료는 나보다 몇 살 많아 보였고 키는 몇 센티미터 작아 보였다. 철모 대신에 구겨진 전투모를 쓴 초췌한 인간이 내 앞에 서 있었고, 선천적인 듯 보이는 느릿한 말투로 베를린 사투리를 내뱉었다. 그가 성냥을 켜는 순간 나는 잠시나마 깜짝 놀랐다. 아무 말도 없이 퉁명스럽게 담배를 꺼내 문 얼굴이 드러났다.

나중에 안 사실이지만, 그는 폴란드 출정을 필두로 프랑스와 그리스를 거쳐 마침내 크림 반도에 이르기까지 전장을 누비면서 병장까지 진급한 사람이었다. 하지만 더 이상 계급의 사다리를 오르고 싶은 생각이 없어졌다. 위태로워 보이는 그 어떤 상황에서도 그는 당황하지 않았다. 그는 나의 수호천사였으며 그리멜스하우젠으로부터 차용해 온 영혼의 단짝이었다. 들판을 지나고 러시아 전선을 통과해 마침내 나를 숲 밖으로 이끌어 준.

병장은 나의 반대편에서 이곳 숲 가장자리까지 왔고, 야영 불빛을 통해 알 수 있듯이 그곳에서 시작되는 넓은 들판은 다시 적에게 점령된 것으로 판단했기에 우리는 불빛이 전혀 보이지 않는 곳을 찾아 나섰다. 말하자면 그는 길을 찾았고, 나는 두 걸음쯤 떨어져 그의 뒤를 따라갔다.

잠시 쉬는 동안 그는 상당히 오래 지속되는 달빛 아래서 얼굴에 비누칠을 하고 사흘쯤 자란 수염을 말끔히 깎아 냈다. 나는 나의 상사를 위해 손거울을 받쳐 들었다.

서쪽 방향의 어둠 속으로 고랑을 뻗은 전답이 우리에게 모험을 감행하도록 부추겼을 때 비로소 우리는 그동안 우리를 지켜 주던 숲을 빠져나왔다. 갓 쟁기질한 것처럼 보이는 전답이 불룩하게 솟은 흙더미 뒤편까지 이어졌다. 그다음부터 우리는 덤불숲 가운데로 난 들길을 따라갔다. 들길은 개울 위로 난 다리로 이어졌다. 다리에는 감시병이 없었다. 우리는 수통을 채우고 물을 마신 후 다시 가득 채웠다. 그는 담배를 한 대 피우기 위해 휴식을 취했다.

우리의 길과 교차되던 슈프레 강의 지류였던가? 우리는 다음 다음 다리에 이르러 상당히 먼 거리에서 불빛이 깜박이는 것을 보았다. 웃음소리, 조각난 말들이 우리 쪽으로 날아들었다. 불빛 속에 왔다 갔다 하는 몇몇 병사의 실루엣이 보였다.

그렇다. 러시아군은 노래를 부르지 않았다. 또한 아무도 술에 취한 것 같지 않았다. 아마도 절반은 자고, 나머지 절반은······.

우리가 개울을 막 건넜을 때 외치는 소리가 우리를 따라왔다. "멈춰!" 그리고 반복해서 "멈춰!" 소리가 들려왔다.

우리가 다리의 일부 구간을 이미 지나왔을 때 세 번째 외침이 들려왔고, 병장은 지시를 내렸다. "최대한 빨리 뛰어!"

나중에 전쟁이 끝난 후에도 여전히 느릿느릿 한참 동안 뛰어가는 꿈을 꾸곤 했던 것처럼, 우리는 들판을 가로지르고 전답을 뛰어넘어 달리고 또 달렸다. 파헤쳐진 흙덩이들이 군화 바닥에 들러붙었다 떨어지고, 다시 들러붙었다. 급기야 우리는 자동 기관총의 사격을 받으며, 밤하늘을 찢는 조명탄 로켓의 불빛 속에서 슬로 모션 동작으로, 과도하게 늘어진 영화 장면처럼 더딘 속도로 전답과 경계를 이루는 무덤이 있는 곳까지 뛰어가서 그 뒤에 몸을 숨겼다.

러시아군, 혹은 우리가 '이반'이라 불렀던 병사들은 우리를 수색하려고 하지 않았다. 그렇게 하여 한바탕 총격 장면은 가라앉았다.

전답을 환하게 밝혔던 로켓도 더 이상 발사되지 않았다. 달빛만 이따금 얼굴을 내밀었다. 토끼 한 마리가 우리 따위는 두렵지 않다는 듯 깡충깡충 뛰어갔다.

우리는 들판을 가로질러 성큼성큼 걸어갔고, 더 이상 다리를 건널 필요도 없었다. 동틀 무렵 아직 적군의 손에 넘어가지 않은 게 분명한 마을이 눈앞에 나타났다. 교회를 중심으로 아침 안개에 싸여 있는 나지막하고 적막한 마을은 마치 시간으로부터 떨어져 나온 듯 평화로웠다.

제대로 경계를 서지도 않은 대전차 장애물 뒤편의 마을 어귀에서 우리를 맞아 주었던 오스트리아 출신 기병 대장의 무표정한 혹은 시큰둥한 얼굴이 지금도 눈에 어른거리는 것은 이상한 일이다. 그와 그가 이끄는 향토 방위대원들과 마주쳤던 시간은 고작 일 분밖에 되지 않았는데도 그의 눈물주머니와 윗입술에 난 수염까지도 스케치를 하거나 글로 묘사할 수 있을 정도다. 그는 천성적으로 우울한 성격으로 보였으며, 장황한 설명을 동반한 우리의 귀환 보고를 중간에서 끊고는 "자, 행군 명령서나 보여 주시지요?" 하고 의례적인 질문을 하듯 무성의하게 물었다.

스탬프를 찍은 증명서가 없는 우리는 이른바 법률의 보호 밖에 있는, 좀 더 엄밀히 말해 군사 재판의 대상일 수 있었기 때문에 그는 산탄총과 대전차 로켓포로 무장한 나이 든 사내 세 명에게 우리를 농가 지하실로 끌고 가 가두라고 지시했다. 나이 든 사내 중 한 명은 자신이 마을의 이장이자 농촌 지도자라는 점을 강조했다.

그리고 또 하나 흥미로운 사실은 아무도 우리를 무장 해제하지 않았다는 점이다. 기병 대장에게는 진주로 수놓은 목줄을 한 강아지 한 마리가 있었다. 그는 자신의 팔에 강아지를 올려놓고는 이 세상에 자신의 관심을 끌 만한 가치가 있는 건 그 강아지뿐이라는 듯 사랑스럽게 말을 붙였다.

그리고 우리를 끌고 갔던 늙은 향토 방위대원 중 한 명이 나의 병장에게 시혜물로 갓 개봉한 담배 한 갑을 내밀었다. 어떤 종류의 담배였는지는 기억나지 않는다.

비록 배는 고팠지만 덕분에 무사히 독일 전선에 도착할 수 있게 해 준 그 마을의 이름도 기억나지 않는다. 전선에 도착하자마자 곧장 혹은 얼마 안 있어 약식 군사 재판을 받을 각오를 해야 했지만. 그 마을의 이름이 페터라인이었던가? 아니면 우리가 나중에 퇴각하면서 지나친 적이 있는 다른 마을이 이 귀여운 이름으로 불렸던가?

지하실 안의 깊숙한 선반에는 음식물을 채운 저장용 병들이 진열되어 있었는데, 손으로 쓴 스티커가 내용물을 말해 주었다. 아스파라거스, 오이, 호박, 푸른 완두콩, 슈바르츠자우어* 그리고 거

---

* 돼지, 거위 등의 살과 내장을 다른 것과 섞어 만든 스튜.

위 내장이 정겨운 쥐털린 서체로 쓰여 있었다. 저장용 유리병 위엔 먼지 하나 없었다. 유리병 속에는 흐린 빛깔의 사과 주스와 딱총나무 열매 주스가 저장되어 있었다. 지하실 한구석에 쌓아 둔 감자에서는 이미 작은 손가락 크기 정도의 싹이 돋아 있었다.

거의 토하기 직전까지 우리는 저장용 병 중 하나에 들어 있는 돼지고기 통조림을 숟가락으로 퍼 먹었고 겨자에 절인 오이를 깨물었고 주스를 마셨다. 그러고 나서 병장은 담배를 피웠다. 그는 담배를 자주 피우는 편은 아니었지만 일단 피우기 시작하면 충분히 음미하면서 피웠다. 먼 곳에 있는 내 어머니처럼 그 역시 담배 연기로 동그라미를 만들어 공중에 떠돌아다니게 할 줄 알았다. 나는 방독면 가방을 비우고는 거기에다가 딸기 잼인지, 버찌 잼인지를 채워 넣었다. 나중에 확인될 테지만 그로 인해 내게 곧 후회할 일이 생긴다.

우리는 한두 시간 동안 즉결 군사 재판의 결과를 기다렸고, 예상되는 두려운 판결 내용에 대해서는 한마디도 입에 담지 않았다. 오히려 배가 부른 나머지 꾸벅꾸벅 졸기까지 했다. 어쨌든 나는 그때를 두려움에 찬 기다림의 시간으로 기억하지 않는다. 이윽고 병장이 지하실 문을 확인해 보았다. 문은 잠겨 있지 않았다. 바깥쪽에 열쇠가 꽂혀 있었다. 아무도 우리를 감시하지 않았다. 우리가 고양이 한 마리를 놀라게 했던가, 아니 그곳에 고양이가 있었다면 녀석의 수면을 방해했던가?

지하실 위쪽, 부엌 창문을 통해 대전차 장애물이 눈에 들어왔다. 그곳에서 마지막 파이프를 피우는 향토 방위대원은 없었다. 기병 대장은 강아지와 함께 다른 곳으로 가 버렸다. 그새 마을이 텅 비어 버린 게 분명했다. 아니면 이곳 주민들이, 마치 이곳에 그들이 존재하지도, 지금까지 아무도 존재하지 않은 것처럼 행동했던 것인지도 모른다.

기병 대장은 우리의 존재를 잊었거나, 멜랑콜리에 사로잡혀 우리를 변덕스러운 운명에 맡겨 버렸던 것이다. 갓 베어 낸 소나무 둥치들로 만든 대전차 장애물 위에서 참새들이 체조를 하고 있었다. 햇살은 따뜻했다. 노래라도 부르고 싶은 분위기였다.

장애물 옆쪽에 난 작은 틈새로 전답들이 보였다. 전답 위로 사격 자세를 갖춘 적군, 러시아 보병이 접근해 왔다. 멀리서 보니 해로울 것 같지도 않았다. 그냥 장난감 인형 같았다. 사정거리 내에서 러시아 적군을 다시 만난 것이다. 병사들 하나하나를 볼 수는 없었지만, 그들은 한 발 한 발 거리를 좁혀 왔다. 하지만 총격은 없었다. 작고 길쭉한 군모, 철모, 모피 모자 등을 쓴 채 천천히 다가오는 병사 중 몇몇은 내 또래였다. 흙색 제복. 왼쪽부터 오른쪽까지 인원을 셀 수 있었다. 한 명 한 명이 모두 표적이었다.

하지만 나는 나의 병장이 자신의 돌격대 소총을 이용해 페터라인 마을을 사수하려 하지 않았던 것처럼 이탈리아제 자동 권총을 겨누지 않았다. 우리는 아무런 소음도 내지 않고 자리를 피했다. 명령에 의해서든, 아니면 반사적이든 이반이 총격을 가해 왔더라도 우리는 대응 사격을 하지 않았을 것이다.

인간에 대한 사랑에서라기보다는 그럴 만한 가치가 없었기 때문이다. 이성 혹은 그럴 만한 필연성의 결여가 우리로 하여금 방아쇠를 당기는 것을 저지했던 것이다. 그 때문에 내가 자주 입에 올렸던 주장, 즉 전쟁이 끊임없이 나를 몰아세웠던 몇 주 동안 목표물을 정조준한 적도, 방아쇠에 손가락을 대지도, 사격을 단 한 발도 하지 않았다는 주장은 나중까지 남아 있던 수치감을 어느 정도 경감해 주는 역할은 했다. 어쨌든 우리가 사격을 안 한 것은 분명하다. 하지만 내가 언제 군복 상의를 좀 더 가벼운 것으로 바꿔 입었는지는 이보다 더 불분명하다. 스스로 내린 결정이었던가?

옷깃의 루네 문자를 보고는 상의를 바꿔 입도록 명령하고, 실제적인 압력을 가해 그렇게 하게 했던 것은 바로 병장이었다. 나의 표식이 그의 마음에 들지 않았던 것이다. 말 한마디 할 필요도 없이 그는 나를 통해 그 악명 높은 단체의 조직원으로 오해받을 수 있었던 것이다.

언젠가, 유리그릇이 가득 든 지하실에서였던가, 아니면 그가 얼굴에 비누칠을 하고 면도를 한 후 담배를 꺼내 물었던 휴식 시간이었던가. 나는 그가 이렇게 말하는 것을 들었다. "만일 러시아군이 우리를 체포하면, 이 애송이, 옷깃 장식 때문에라도 넌 끝장이야. 자네 같은 부대원은 그 자리에서 총살이야. 한 방에 끝장이란 말이야……."

어디서였는지는 모르지만 그는 당시 내게 보통의 군복 상의를, 군대 용어로 말해 '보급했던' 것 같다. 총구멍이나 핏자국이 없는 것이었다. 게다가 크기도 꼭 맞았다. 그렇게 이중의 루네 문자가 없어지자 그도 흡족해했다. 나도 새로 지급받은 위장복이 마음에 들었다.

그 정도로 나의 수호천사는 배려심이 깊었다. 짐플리치시무스가 위험에 처할 때마다 단짝이 곁에서 심신을 다해 도움을 주었듯이 이제 새로 수정된 자화상 속에서 나는 나의 병장에게 의지할 수 있었다.

'이후'가 있으면 언제나 '이전'이 있는 법이다. 우리가 현재라고 부르는 이 덧없는 '지금 지금 지금'은 늘 지나간 '지금'에 의해 음영이 드리워진다. 그러므로 미래라고 불리는, 앞으로 난 탈출로는 납덩이처럼 무거운 신발을 신고서만 달려가 붙잡을 수 있다.

적지 않게 무거운 마음으로 지금 나는 육십 년 세월을 뛰어넘어, 본래 목적대로 쓰이지도 않는 방독면 가방을 매달고 새로 재단한 듯한 군복 상의를 걸친 열일곱 살의 병사가, 모든 위험을 감각적으로 미리 알아낼 만큼 끈질기고 재치 있으며, 직업이 이발사라고는 아무도 알아차리지 못할 그 병장 옆에 붙어, 퇴각하는 부대에 합류하기 위해 애쓰는 모습을 떠올린다. 두 사람은 '쇠사슬 개들'의 통제를 피하는 데 성공한다. 피할 수 있는 구멍들을 용케도 찾아간다. 전선이 눈에 띄는 경우는 아주 드물다. 낙오병 수천 명 중에서 그들은 구원의 증명서 하나 갖고 있지 않은 두 이탈자다. 이들을 받아들일 만큼 녹초가 된 부대는 어디에 있단 말인가?

젠프텐베르크에서 슈프렘베르크로 이어지는, 피란민을 가득 실은 마차들로 꽉 찬 도로에 이르자 같은 녹회색 군복을 입긴 했지만 서로 확연히 차이가 나는 이들 한 쌍은 오히려 이 정체(停滯)를 기회로 삼았다. 도로 한쪽에 임시로 마련된 집결지에서 스탬프가 찍힌 증명서, 즉 생존을 보증하는 행군 명령서를 얻은 것이다. 야외에 등받이 없는 의자와 함께 책상이 달랑 놓여 있고, 그 위에는 사전에 인쇄된 증명서들이 있다. 전쟁에 지친 상사 한 명이 등받이 없는 의자에 앉아 아무것도 묻지 않고 신속히 서명을 한 후 스탬프를 찍는다. 나는 병장이 말한 그대로 무슨 말인가를 따라 지껄인다.

우선은 날인된 증명서상으로만 존재할 뿐이어서 막연한 서약에 불과하지만, 어쨌든 새로 편성된 전투 부대에 귀속된 우리는 이제 법적인 보호를 받을 수 있게 되었다. 집결지 한가운데 초원 위의 견인차에서 막 떼어 낸 이동식 야전 취사차의 모습이 선명하게 눈에 들어온다. 야전 취사차의 솥에서 김이 모락모락 올라온다. 간편 냄비 요리 냄새가 난다.

우리는 줄을 서서 차례를 기다린다. 온갖 계급이 섞여 있다. 장교들도 새치기를 해서는 안 된다. 결국은 우연에 의해 지배된 순간들의, 계급을 넘어선 무정부 상태가 지속된다.

고기를 넣은 감자 수프가 배급된다. 취사병은 매번 아래쪽에서 한 국자, 위쪽에서 반 국자를 퍼서 그릇에 담아 준다. 모두들 식량 주머니 외에 그 위에 줄로 묶어 놓은 식사 도구 한 벌과 코펠을 소지하고 있어서, 각각 한 국자 반씩을 배급받는다. 분위기는 무겁지도 가볍지도 않다. 전형적인 4월의 날씨다. 그 순간 해가 얼굴을 내민다.

우리는 마주 보고 서서 음향에 맞추어 숟가락질을 한다. "맙소사." 몇 발자국 떨어져서 마찬가지로 숟가락질을 하던 누군가가 말을 한다. "오늘이 아돌프 생일이잖아! 그렇다면 특별식은 어디 있는 거야? 그래, 쇼카 콜라, 담배, 그리고 건배를 위한 작은 브랜디 한 잔 정도는 있어야 하지 않을까! 만세, 총통 각하!"

지금 누군가가 유머를 말하려고 하지만 말이 자꾸 꼬인다. 전염성이 강한 웃음소리가 번진다. 유머가 계속 이어진다. 한 토막의 평화로운 영상. 손풍금을 울려 줄 누군가만 있으면 된다.

"이 지역 이름이 뭐라고?"

"라우지츠!"

누군가가 이 지역에 대해 잘 알고 있다. "이곳엔 상당량의 갈탄이……."

1990년도 초에 나는 여러 가지 일로 코트부스와 슈프렘베르크 사이의 몇몇 마을과 소도시를 방문했다. 현재에 목말라하고 가장 최근에 일어난 사실들을 기록하는 와중에도 나의 생각은 과거로 돌아간다.

그 무렵 그곳은 전쟁이 남긴 상처 중 하나, 그러니까 사십 년 이상이나 두 개의 국가로 나뉘어 있던 분열의 후유증이 통일에 의해 비록 극복까지는 아니더라도 점진적인 접근을 통해 차츰 아물어 가는 듯 보였다. 어쨌든 기적이라 할 만한 그러한 가능성이 있었다. 하지만 사람들은 느린 행보에 만족할 만큼 시간적 여유가 없다고 생각했기에 돈을 들여서라도 가난한 동쪽을 부유한 서쪽과 대등하게 만들려 했다. 그것도 빨리, 생각했던 것보다 훨씬 빨리.

나는 그곳을 두 번 여행했다. 처음에는 한 무리의 사업가가 이미 자본의 선구자로서 호텔을 점거 중이던 코트부스에 며칠 머물렀다. 그다음 초여름에 했던 여행은 알트되버른이 목적지였다. 그곳에서 나는 과부와 나이 든 딸이 함께 운영하는, 아침을 제공하는 민박집에 묵었다. 성, 성의 공원, 조업을 중단한 공장, 일용품 가게, 산부인과 병원, 그리고 교회 앞마당에 가지런히 정렬되어 있는 잘 관리된 구소련의 국군묘지 등이 있는 작은 도시였다. 여관을 겸

한 레스토랑에서 졸얀카*를 떠먹은 후 바이에른에서 가져온 맥주를 마실 수 있었다. 화폐가 통합되기 직전이었지만 평화롭게 노획된 땅에 대한 바겐세일은 이미 시작되고 있었다. 도처에 서쪽 기업들의 깃발이 나부꼈다.

하지만 내게 중요한 곳은 한 군데뿐이었다. 눈에 들어오는 풍경은 이곳에서 수십 년 동안 갈탄 채굴 작업이 지속되었음을 짐작케 했다. 알트되버른의 성(城) 공원 뒤편도 그러했듯이 움푹하게 깊이 꺼진 이 지역은 마치 지구 밖의 어느 곳, 달에 속한 땅처럼 보였다. 폐석으로 쌓아 올린 원추형 작은 산들이, 고인 지하수 웅덩이들 사이로 솟아 있었다. 그 위엔 새 한 마리 앉아 있지 않았다.

나는 산부인과 병원 바로 뒤편의 폐석 더미 위에서 내려다보면서 연필과 목탄으로 한 장 한 장 스케치를 했다. 처음엔 알트되버른에서 시작했고, 이어서 프리첸 마을의 남아 있는 부분들을 그렸고, 나중엔 장소를 바꿔 이전에 '검은 펌프'라고 불렸던 콤비나트의 가지런한 굴뚝과 냉각탑을 그렸다.

곧 스무 장에 달하는 한 묶음의 데생용 도화지가 가득 채워졌다. 내장처럼 꼬인 고장 난 벨트 컨베이어도 그렸다. 그 일대는 물론 그곳에서 떨어진, 탄갱의 가장자리에 마치 곤충처럼 올라앉아 있는 석탄 굴착기도 모티프가 되었다.

인간의 손에 의해 만들어진 심연을 들여다볼 수 있었던 경험은 그때 실제로 존재했던 심연 그 자체보다 더 많은 것을 이해하게 해 주었다. 그 때문에 나는 나중에 『광야』라는 소설에서 서독인의

---

* 수프의 일종.

동독화를 염두에 두었지만, 비관적인 전망을 할 수밖에 없었을 때, 그 심연을 언급할 수 있었던 것이다.

하지만 그러고 나서 스케치 그림과 그림 사이에서 필름은 거꾸로 감기기 시작했다. 나는 자신만을 추적했고 또 추적하고 있다. 젠프텐베르크에서 슈프렘베르크로 이어지는 도로변에 시간을 뛰어넘어서 전차병 한 명이 보인다. 그의 곁에는 느릿한 말투로 베를린 사투리를 쓰는 병장이 서 있다. 전차병은 그 지역 일대를 놀란 눈으로 쳐다보며 얼굴을 찡그린다. 힘 좋은 야전 취사병이 감자 수프를 나누어 주고 우리가 반쯤 찬 코펠을 들고 서로 마주 보고 서 있던 장소가 어딘지는 분명치 않다.

그 4월의 햇살이 그랬듯이 지금은 6월의 햇살이 나를 따뜻하게 해 준다. 나는 지금 박자를 맞추어 숟가락질을 하는 우리의 모습을 본다. 우리는 반격을 위해 진격하는 전차 대열과, 그 반대 방향으로 이동하는 피란민 행렬들이 서로의 진로를 방해하는 도로변에 서 있다. 한쪽 차도에서는 비켜서는 것이 불가능하다. 지표면이 사정없이 벗겨지며 일어난다.

아래쪽으로는 갈탄 채굴 지대가 건너편의 폐석 더미까지 이어진다. 도처에는 발전소의 먹이가 될 '검은 황금'이 조개탄으로 압착되기를 기다리고 있다. 라우지츠 지역은 평화 시에 그랬듯이 전쟁 중에 노천 채굴장으로 유용하게 쓰였다. 내가 그 일대를 여행하면서 눈에 보이는 것보다 더 많은 것을 보았던 저 전환의 해*까지 줄곧 그랬다.

---

* 베를린 장벽이 무너진 1989년.

원추형으로 쌓아 올린 폐석 더미와 지하수 웅덩이 위로 적막감이 감돈다. 내가 바로 최근에 노천 채굴로 생겨난 경관을 그렸을 때도 그곳은 전차장이 예전에 내질렀던 고함 소리에 귀를 기울일 수 있을 만큼 적막했다. 마이바흐 엔진의 소음, 마차를 타고 가는 피란민의 아우성, 말들의 울음, 아이들의 울음소리, 그리고 하사가 쿵쿵 스탬프를 찍어 대는 소리, 우리가 코펠을 긁었을 때 났던 양철 숟가락의 달그락거리는 소리, 그리고 구소련 전차 유탄의 첫 폭음 소리까지 들을 수 있을 정도로 그곳은 적막했다.

숟가락질을 하던 나의 병장이 말했다. "T-34 전차다."

나도 그의 메아리가 되어 외쳤다. "T-34 전차다!"

건너편의 깊게 팬 채굴 표면 위로 전차 몇 대가 숲을 헤치고 모습을 드러냈다. 장난감처럼 작은 전차들이 멈추어 서서 포격을 했다. 아군은 도로 위에서 마주 본 채 멈추어 선 상황이기 때문에 적은 목표물을 정확하게 겨냥할 수 있었다. 포탄이 점점 더 가까이 떨어졌다. 주행 방향으로 포신이 고정된 우리의 대전차용 표범 전차들은 전투 대형을 갖추기 위해 방향을 돌려야 했다.

명령 소리, 서로 경쟁하듯 커져 가는 외침이 들려왔다. 전차들이 사람을 가득 태운 마차들을 폐석 더미 가장자리에서 푹 꺼진 구덩이 쪽으로 밀어붙였기 때문이다. 그들은 잡동사니처럼 그 안으로 쏟아졌다.

지금 내 눈앞에는 사격 방향에 있는 장애물을 걷어 내려는 듯, 포탑의 해치를 열고 몸을 내민 채 맨손을 휘두르는, 그림처럼 잘생긴 소위의 모습이 떠오른다. 피란 가방을 놓치지 않으려 애쓰는 슐레지엔의 농부들이, 한쪽으로 미끄러지는 마차 위에 앉아 있는 인형처럼 작은 아이들이 보인다. 비명을 지르는 여자의 모습도 보이지만 그녀의 고함은 들리지 않는다. 소리도 없이 목표물을 찾아내며, 때로는 멀리, 때로는 가까이에서 터지는 유탄들이 보인다. 이어서 더 이상 그 광경을 바라볼 필요가 없어지자 양철 코펠에 남아 있는 수프가 보인다. 나는 한편으론 허기를 느끼며 다른 한편으로는 놀라서 바라보는 관객이다. 목격자이기는 하나 무성 영화와 같은 그 사건에는 가담하지 않은 관객. 하지만 지금 나는 펜을 놀림으로써 가장 최근의 시간으로 옮겨 온 그리멜스하우젠이 된다. 잔인무도한 전쟁의 시기에 벌어졌던 수많은 이야기와 전투를 하나하나 기록한 그리멜스하우젠 말이다. 나의 귓속에서 누군가가 말을 한다. 그와 동시에 그곳에서 일어나는 모든 것을 보게 한다. 꿈을 꾼다고 생각하지만, 나는 의식이 뚜렷하며 또 계속 그렇다. 끈이 느슨해진 철모가 이제, 정확히 말해 이제 머리에서 벗겨져 모든 감각이 사라질 때까지 말이다.

시간이라는 것을 측정할 수 있다면 아마도 이 같은 사건은 짧은 시간 안에 일어난 일들일 것이다. 이후 나와 함께 그리고 나를 둘러싸고 일어났던 일들은 이리저리 짜 맞춰지고 해체되면서 처음엔 유령처럼 지워졌다가 나중엔 뚜렷한 영상들로 다시 되살아난다. 거의 비워진 코펠도 그렇고, 킨츨레표 손목시계도 마찬가지다.

나의 병장은 어디에 있는가?

자동 권총과 두 통의 탄창은 어디에 있는가?

어째서 나는 아직도, 혹은 또다시 서 있는가?

오른쪽 허벅지의 상처에서 피가 솟구치면서 내 바지를 흠뻑 적신다. 철모의 끈이 턱 쪽에서 통증을 일으킨다. 왼쪽 어깨에 힘없이 덜렁거리며 달려 있는 팔이, 그것이 거부를 한다. 누군가와 함께 나의 병장을(그가 그곳에 누워 있다!) 일으켜 세우려고 하지만 그것이 거부한다.

유탄 파편이 그의 두 다리를 갈기갈기 찢어 놓았다. 상체는 다치지 않은 듯하다. 그가 놀란 눈으로 쳐다본다. 믿기지 않는다는 듯이…….

그는 들것에 실리고 나는 부축을 받아 다른 부상자와 함께, 줄여서 '잔카'라고 불리던 구급차에 실린다. 멀쩡하게 모락모락 김을 피우던 야전 취사차가 소용돌이치는 모래 먼지 때문에 눈앞에서 사라진다. 위생병 하나가 차 위로 뛰어오른다. 다른 부상병들은 남아서 기다려야 하고, 욕을 해 댄다. 누군가는 무조건 함께 가겠다고 차에 매달리기까지 한다……. 마침내 차문이 닫히고 빗장이 질러진다.

짐작일 뿐이지만 이제 우리는 중앙 응급 구호소 방향으로 덜거덩거리며 후송된다.

소독제 냄새. 네모난 상자 속이긴 하지만 안전하다는 생각이 든다. 전쟁이 잠시 멈추었다. 어쨌든 처음엔 별다른 일이 일어나지 않았다. 우리는 천천히 길을 찾아갔다. 병장은 쭉 뻗은 채로 누워 있었다. 조금 전만 해도 갓 면도한 것처럼 번쩍거리던 그의 매끄럽고 불그레한 얼굴에 녹색 빛이 완연했다. 잔뜩 위축된 모습이었다. 다리는 가제로 감싼 뒤 끈으로 동여매진 상태였다.

그렇게 그는 간이침대에 누워 있었다. 의식은 있었고 머리를 움직이지 못해 곁눈질로 나를 쳐다보았다. 무언가 말을 하려고 애를 썼고 점차 발음이 뚜렷해지더니 마침내 나지막하면서도 느릿한 말투로 담배를 부탁했다. 나는 그의 가슴 주머니에 들어 있는 구겨진 담뱃갑에서 담배 한 개비와 라이터를 끄집어냈다.

비흡연자인 내가 담배 한 개비에 불을 붙여 그의 입술 사이로 물려 주었다. 그러자 입술의 떨림이 즉시 잦아들었다. 그는 탐욕스레 몇 모금을 빨아 대고는 눈을 감았다. 그러고는 이제야 비로소 자신의 상태를 알았다는 듯 놀라서 다시 눈을 떴다. 새삼 나를 놀라게 한 것은 그의 얼굴에 공포가 역력했다는 사실이다.

다른 부상자들의 신음 소리와 함께 위생병이 붕대가 부족하다고 욕설을 해 대는 소리를 들으면서, 이상하게도 고통이 느껴지지 않는 나의 몸 상태에 놀라던 참에 나의 병장이 부탁을 했다. 아니, 내게 명령을 내렸다. 자신의 바지는 물론 팬티까지 벗기고 두 다리 사이를 만져서 확인해 보라고.

모든 것이 그대로 있고 손에도 잡힌다는 사실을 확인시켜 주자 그는 히죽 웃고는 담배를 몇 모금 더 빨았다. 그러고는 이내 잠들었다. 편안하게 숨을 쉬었고, 귀여워 보이기까지 했다.

바지 속에 손을 넣어 만져 보는 이 행위를 나는 십이 년 후, 폴란드 우체국을 방위하던 장면을 글로 묘사할 때, 오스카 마체라트에게 실행시켰다. 그는 서서히 죽어 가는 건물 관리인 코비엘라의 성적 능력이 무사함을 자신의 다섯 손가락을 이용해 확인할 수 있었다.

중앙 응급 구호소에서 우리 둘은 떨어졌다. 그는 천막 안으로 실려 갔고, 나는 바깥에 남았다. 허벅지를 붕대로 감기 위해 바지를 오금까지 내려야 했을 때에는 나의 우스운 꼴을 보고 주변에서 한바탕 폭소가 터졌다. 늘 내게 매달려 있던 방독면 가방이 손가락 하나 길이의 유탄 파편에 의해 길쭉하게 찢긴 바람에, 안에 든 딸기 잼인지 버찌 잼인지가 흘러나와 바지가 심하게 얼룩져 있었기 때문이다. 그때부터는 자리에 앉을 때마다 바지의 엉덩이 부분이 달라붙었고, 나중에는 개미들까지 유혹하게 되었는데, 나로서는 결코 웃을 만한 상황이 아니었다.

찢긴 방독면 가방은 응급 구호소에 남겨졌다. 하지만 나를 지켜 주어 훗날 아들들과 딸들의 아빠로 살아남게 해 준 그 소련제 유탄 파편만은 원래 길이 그대로 나의 자식들에게, 더 나아가 손자 손녀에게까지 기꺼이 보여 주고 싶다. 보거라, 불안을 맛보고 공포를 배웠던 대가로 내게, 전쟁 자원병에게 주어졌던 이 생생한 수업의 증서를 보아라. 보아라, 얘들아, 톱니 모양의 이 기다란 파편을…….

출혈은 거의 없었지만, 안에 작은 금속제 이물질이 들어 있는 것으로 추측된 내 왼쪽 어깨에 붕대를 감게 된 것은 시간이 좀 지나서였다. 나의 새 군복 상의에 난 구멍은 거의 눈에 띄지도 않을 정도로 작았다. 대롱대롱 매달린 팔은 멜빵 붕대로 고정했다. 응급 구호소는 화물 열차 조차장역과 가까운 곳에 있었기 때문에 그 사이의 중간 역들에 대한 기억은 없다. 주변은 아직도 전쟁 중이었지만, 적어도 내게는 전쟁이 서둘러 종료되었던 것이다.

저녁 무렵 우리는 열차에 실렸다. 위생병과 목록을 작성하는 군의관 그리고 나를 포함한 경상자들이 낮 동안 야전 취사차 근처에서 투덜거렸던 불만을 그때까지 표한 것으로 보아 4월 20일에서

21일로 넘어가는 밤이 틀림없을 것이다. 전쟁 내내 총통의 생일날이면 늘 배급되던 특별식이 이번엔 빠졌다는 게 불만의 내용이었다. 담배도, 정어리 통조림도, 네 명당 한 병씩 지급되던 도펠코른도 없었다. 그 밖에 어떤 것도 없었다…….

이러한 결핍은, 모든 병사는 물론 비흡연자인 내게도 기분 나쁜 일이었으며, 도처에서 목격되는 대독일 제국의 멸망보다도 더 중대한 사건으로 취급되었다. 투덜거림에다가 지금까지 들어 본 적 없는 욕설까지 보태졌다.

화물 열차가 알 수 없는 목적지를 향해 굴러갔다. 나는 열차 차량들 중 한 량에, 경상자와 중상자 사이에 누워 있었다. 열차는 이따금 끝도 없이 오래 정차하기도 하고, 또 이따금씩 짧게 정차하기도 했다. 그사이 바깥은 어두워졌고, 우리가 탄 열차는 여러 번 선로를 바꾸었다. 카바이드 램프 하나만이 차량 안을 비추었다.

우리는 썩은 냄새와 함께 지린내까지 풍기는 짚단 위에 누워 있었다. 내 옆에서는 머리 붕대를 감은 산악 전투병이 희미한 손전등 아래서 종교 서적을 읽고 있었다. 그러면서 그는 연신 입술을 움직였다. 오른쪽에는 복부 총상을 입은 누군가가 데굴데굴 구르며 비명을 지르다가 곧 잠잠해졌다.

물은 준비되어 있지 않았다. 부상병들의 비명을 들어줄 의무병은 단 한 명도 타고 있지 않았다. 열차가 굴러가든 멈춰 서든 상관없이 목소리와 신음이 난무했다. 마지막 신음 소리 후의 갑작스러운 적막감.

나의 왼쪽 동료는 낮은 목소리로 기도를 했다. 광분한 누군가가 희미한 카바이드 불빛 속에서 자신의 붕대를 뜯어내고는 벌떡 일어섰다가 쓰러졌고, 다시 일어섰다가 자빠졌으며 결국에는 그 자리에 뻗고 말았다. 내 오른쪽 옆에서는 더 이상 아무런 움직임이 없었다.

밤은 끝날 기미가 보이지 않았다. 종전 후 여러 해 동안 꿈속에서까지 그 밤은 계속되었다. 그랬다. 나는 여전히 아무런 통증도 느끼지 않았다. 난 잠시 잠에 곯아떨어졌다가는 다시 깜짝 놀라 깨어나곤 했다. 그러고 나서는 얼마나 오랫동안인지 모를 긴 잠을 잤다.

적재물을 실은 화물 열차가 마침내 목적지에 도착하자 생존자들과, 복부 총상을 입고 내 곁에 누워 있던 이를 포함한 사망자들이 내려졌다. 군의관 하나가 체크 리스트를 작성하며 경상자와 중상자를 분류했다. 한번 힐끗 보는 걸로 충분했다. 일은 신속하게 처리되었다.

기적적으로 살아남은 오래된 대성당 도시 마이센이 봄날 아침 햇살 속에 모습을 드러냈다. 마치 노래 속에서처럼 그곳엔 온갖 새들이 모여 있었다. 나를 포함해 부상자들 중 몇몇이 주스가 가득든 컵을 잡으려고 필사적으로 손을 뻗었다. 이러한 종류의 내용물이 든 수송 물품을 많이 하역해 본 듯한 히틀러 소녀단이 주스를 나누어 주었다.

중상자들은 다시 화물차로 후송되었다. 우리 경상자들은 서로를 부축한 채 인도 위를 절뚝거리며 걸어가 군인 병원으로 사용되던 성까지 올라갔다. 대부분이 여성인 그곳 주민들은 길가에 서 있다가 보행에 어려움을 겪는 군인들을 도와주었다. 나 역시 한 젊은 여성의 부축을 받아 산 위까지 올라갔던 것 같다.

매번 다른 목표를 향해 매진하는 것처럼 활력적인 사십 대 중반의 맏아들 프란츠와, 그 무렵 드레스덴에서 조산원 일을 배우며 자신의 마음속 고민거리를 애써 숨기던 막내딸 넬레가 사이좋은 오누이로서 일 년 전에, 갓 복구된 도시 마이센을 방문하여 그곳에서 매끄러운 앞면에 도시의 경관이 그려진 엽서 한 장을 내게 보내왔다. 뒷면에는 천진난만한 애정의 표시라 할 만한 글귀가 쓰여 있었다. 나의 우연한 생존을 기념하면서 넬레와 프란츠는 성당에 촛불을 밝혀 올려놓았다.

성에서 나는 충분한 보살핌을 받지 못했다. 군인 병원은 정원 초과 상태였다. 간이침대들이 복도를 가득 채우고 있었다. 의사들은 과로로 녹초가 되어 있었고, 간호사들은 신경이 곤두서 있었다. 모든 것이 부족했지만 그중에서도 특히 의약품이 부족하다고 했다. 오른쪽 허벅지와 왼쪽 어깨 둘레에 새 붕대를 감아 주는 정도가 고작이었다. 공식 증서에 서명되면서 확증됐지만 내 왼쪽 어깨에는 아주 작은 유탄 파편이 박혀 있었다. 나의 경우엔 수술이 그다지 절박하지 않았고, 파상풍 예방 주사도 놔주지 않았다.

행군 식량이 배급되었고, 그것은 내가 매달고 다니는 식량 주머니를 가득 채웠다. 나의 손목시계만 사라지고 없었다. 이제는 전투모를 썼는데, 머리에 딱 맞기까지 했다. 들러붙는 엉덩이 부분 때문에 불쾌했던 바지도 갈아입고 싶었다.

주사와 새 바지 등 필요한 것을 나중에 공급해 주겠다는 내용과 함께 내게 마지막 행군 명령이 하달되었다. 목적지는 군 병원 도시인 마리엔바트인 듯했다. 문학 작품 속에서도 자주 언급되고 사람들이 즐겨 찾던 이 이름난 요양지는(노년의 괴테는 그곳에서 한 어린 여성에게 푹 빠졌지만 퇴짜를 맞았고 그 대신에 「마리엔바트의 비가」를 남겼다.) 에르츠 산맥의 어느 뒤쪽, 주데텐란트 지방 깊숙한 곳에 자리 잡고 있었다.

실명으로 나를 증명할 수 있는 유일한 증서인 스탬프가 찍힌 종이가 발급되기를 기다리는 동안 병장은 바퀴 달린 들것에 실려 수술실 밖으로 나왔다. 그의 코가 더 뾰족해 보였다. 그 전엔 면도하지 않은 얼굴을 한 번도 본 적이 없었다. 나의 수호천사는 다리도 없이, 거즈에 휘감긴 몸통이 되어 내 곁을 스쳐 지나갔다. 그는 잠들어 있었고 내게 물음을 남겨 놓았다. 깊은 잠에서 깨어나는 것이 두려운 일인가, 아니면 바람직한 일인가.

그는 벽면마다 중세 시대의 전쟁 도구들이 걸려 있는 복도를 따라 굴러갔다. 극(戟),* 쇠뇌,** 쌍날 도끼, 화살, 곤봉, 칼 등이 묶여 있었고, 그리멜스하우젠의 전란(戰亂) 시대에서 유래했을 화승총도 있었다. 모두 인간이 같은 인간을 상대하기 위해 이 시대 저 시대에 발명해 낸 것이었다.

나는 나의 병장을 눈으로 전송했다. 애타게 필름을 되감아 보지만 말없이 떠난 그의 모습은 답변을 거부한다. 그는 살아 있을까? 살아 있다면 어디에 있을까? 한 번도 입 밖에 낸 적이 없었기에 그의 이름 또한 익명으로 남을 수밖에 없다.

엄한 군사 훈련을 받은 나는 칠흑같이 어두운 소나무 숲에서든, 통조림 음식이 든 유리그릇들이 빼곡한 지하실에서든 그를 '병장님'이라고 불렀다. 그는 내가 잘못된 방향으로 비틀거리며 가기

---

* 쌍날 칼과 창이 함께 붙은 중세 시대의 무기.
** 화살 여러 대가 연달아 발사되는 활. 노(弩), 노포(弩砲)라고도 한다.

라도 하면, 비록 말을 놓긴 했지만 나를 '병사'라고 부르면서 행동을 신중히 하라고 경고하곤 했던 나의 선임병이었다. 그의 억양은 두 사람이 사적으로 친해지는 걸 용납하지 않았다.

그렇기에 나는 나의 기억을 믿기가 망설여진다. 기억에 따르면 그는 내가 어두운 숲 속에서 불렀던 동요 속 주인공처럼 한스라는 이름으로 대답하며 노래까지 불렀고, 어떤 경우엔 자신을 '꼬마 한스'라고 지칭하기도 했다. 그리고 구급차 안에서, 대체 불가능한 신체 일부분을 잃었을까 봐 불안해하면서 "꼬마 한스의 바지 속으로 손을 넣고 만져 봐."라는 말로 사내로서 자신의 상태를 확인해 보도록 명령하지 않았던가.

그렇다. 그곳에서 그에게 부족한 것은 없었다. 하지만 나의 수호천사에게는 마음의 단짝이 없었다. 그가 없었더라면 난 "죽었을 것이다." 이 말은 위험이 임박했을 때 그가 한 말이었다. "조심해, 병사, 죽지 않도록."

종전 후 몇 해 동안, 그리고 그 후에도 다리가 절단된 사람들이 휠체어를 타고 도시의 거리 풍경을 장식하거나 혹은 취업 능력이 떨어지는 자로서 관청 사무실 책상에 앉아 서류에 도장을 찍어 대는 동안 내 질문은 계속되었다. 이 사람이 그 사람인가? 초라한 행색을 하고 느린 말투로 질문을 던지며 상대방에게 친절한 시선 한번 주지 않은 채, 너의 베를린 샬로텐부르크로의 이주 허가서에 뭔가를 기록하는 이 장애인 사무원이 베를린 사투리를 쓰는 꼬마 한스일 수도 있지 않을까?

내가 어떻게 에르츠 산맥을 넘어왔는지는 알 수 없다.

몇몇 구간은 열차를 탔고, 열차가 다니지 않을 때엔 짐마차를 얻어 타고서 지금은 이름이 기억나지 않는 여러 곳을 거쳐 왔다.

한번은 간신히 산을 올라가는, 나무를 때어 작동하는 무개 화물차 위에 올라앉아 있는데 갑자기 야보라고 불리는 미군 전투 폭격기 한 대가 저공비행을 하며 공격해 왔고 화물차가 불길에 휩싸였다. 야보가 다가오는 것을 본 나는 그 직후 화물칸에서 뛰어내려 도로 옆 도랑으로 굴러 들어갔다. 「모든 것이 산산조각이 났을 때」라는 전쟁 영화에서도 이러한 장면은 틀림없이 스턴트맨이 맡았을 것이다.

그다음엔 영상이 멈춘다. 줄거리로 연결될 만한 것이라고는 아무것도 없다. 어떻게든 나는 앞으로 나아갔다. 어떤 차량을 얻어 탔든지 간에 나는 우회로를 용납하지 않는다는 행군 명령서의 지시 사항을 따랐다.

한번은 산속으로 들어가, 집 뒤편에서 토끼를 기르는 나이 든 교사 부부의 집에 묵었다. 그들은 고열에 시달리던 나를 간호해 주려 했고, 나를 민간인 복장으로 갈아입혀서 그들의 말대로 "마침내 모든 것이 끝날 때까지" 지하실에 숨겨 보호해 주려 했다.

제바스토폴 전투에서 사망했다는 그의 아들 사진이 상장(喪章)으로 장식되어 놓여 있었다. 스무 살쯤 되는 젊은 나이였다. 그의 옷이 내게 잘 맞았던 것 같다. 그의 책들도 꺼내 읽어 볼 수 있었다. 내용은 상관없었다. 왼쪽 가르마를 탄 그가 사진 속에서 나를 쳐다보았다.

나는 그곳에 머물지 않았고, 계속해서 행군 명령을 따르기로 했다. 말끔하게 빨아 더 이상 개미 한 마리 붙지 않게 된 원래의 내 바지를 입고 산맥을 넘어가기로 했다. 널빤지로 덮인 작은 집 앞 계단에 서서 교사 부부는 나를 목송해 주었다.

어떻게 그럴 수 있었는지는 기억이 안 나지만 나는 카를스바트까지 갔다. 문학적 맥락뿐 아니라, 메테르니히의 결정과 관련해 볼 때 정치적 의미 또한 다분히 함축하고 있던 또 다른 요양지 카를스바트의 도로 한복판에서 나는 무릎을 꿇고 쓰러져 누워 버렸다.

열이 있었다. 어깨에 박혀 있던 유탄 파편 때문이거나, 아니면 파상풍 예방 주사를 맞지 않았기 때문일 것이다. 왼팔이 손가락 끝에 이르기까지 뻣뻣하게 굳어 갔지만, 통증은 기억나지 않는다.

스탬프가 찍힌 종잇조각이 나를 증명해 준 것은 다행스러운 일이었다. 나중에 들어 보니, 한 젊은 군인이 길거리에 누워 있거나 혹은 웅크리고 앉아 있는 것을 보고 즉시 그가 가진 유일한 종잇조각, 즉 행군 명령서를 확인한 인간은 악명 높은 쇠사슬 개들 중 한 명이었다.

요양지 두 군데 모두 군인 병원의 도시였다. 야전 헌병은 나의 종잇조각에 적힌 목적지 기재 사항에 따라 조치를 취했다. 그는 의식이 없던 나를 오토바이 뒷자리에 태우고 안전띠를 채운 다음 곧장 인근에 있는 군인 병원 도시인 마리엔바트로 데려갔다고 한다. 전차병에게는 사실상 전쟁이 끝난 곳이었고 그로부터 공포가 빠져나간 곳이기도 했다. 비록 나중에 그 공포가 나의 잠을 점거하고는 장기 체류 손님이 되어 자기 집인 양 편하게 지내긴 했지만 말이다.

양파 껍질을 벗기며

식탁에 초대된 손님들

 야전 헌병이 마리엔바트에서 나를 인계하고, 고열에 시달리던 내가 시트를 새로 깐 침대에 눕혀졌을 때, 총통은 이미 세상에 존재하지 않았다. 제국 수도를 사수하는 전투 중에 쓰러졌다는 소문이 돌았다. 세상사 으레 그렇듯이 그의 퇴장도 당연지사로 받아들여졌다. 나도 아쉬운 느낌은 없었다. 이따금 주문(呪文)으로 불러내기도 하면서 결코 의심받지 않았던 거대한 존재가, 이제는 바삐 서두르는 간호사들의 손길 아래 증발되어 버렸던 것이다. 간호사들의 손가락은 내 왼팔을 잡았을 뿐이지만, 그 짜릿한 느낌은 온몸으로 전해졌다.

 나중에 상처가 아물고, 처음에는 오버팔츠에서 그리고 이어서 바이에른의 하늘 아래 포로 수천 명 가운데 한 사람으로 드넓은 포로수용소에 갇혀 있었을 때도 박탈감은 들지 않았다. 그는 온데간데없이 사라져 버렸다. 과거에 존재한 적도, 결코 실제로 존재한 적도 없는 것처럼 사라졌다. 잊어버려야 마땅하고, 총통 없이도 언제나 잘 살 수 있지 않느냐는 듯이.

 이런저런 사망자 소식이 쏟아지는 가운데 그의 영웅적인 죽음에 관한 전언도 희미하게 실종되면서 하나의 각주가 되고 말았다.

심지어 사람들은 그에 대해, 그와 그의 연인에 대해 농담을 주고받기까지 했다. 이전에는 그의 연인에 대해 낌새도 알아차릴 수 없었지만, 이제는 이런저런 소문이 입에서 입으로 흘러 다녔다. 어디론가 아득하게 사라져 버린 그의 형상보다는, 이제 시작되는 5월로부터 꽃을 피우라고 명령받은, 군인 병원 뜰의 라일락이 눈에 더 생생했다.

그 후의 모든 일, 군인 병원 그리고 얼마 후의 포로 생활에서 있었던 모든 일은 시간의 째깍거림으로부터 떨어져 나간 듯하다. 우리는 그저 숨을 들이쉬고 내쉬기만 했다. 그 어떤 일들은 실제 사건이라며 자신의 존재를 주장했지만, 그저 희미할 뿐이다. 그러나 한 가지만은 확실했다. 나는 몹시 배가 고팠다.

"그땐 어땠어요?" 내 아이들이나 손자들이 전쟁의 종말에 대해 이야기를 자세히 듣고 싶어 할 때면, 나는 서슴없이 이렇게 말한다. "철조망에 갇힌 후로는 계속 배를 곯았지."

하지만 나는 차라리 이렇게 말하고 싶다. 병영에 있거나 노천에 있거나 굶주림이 내 주인이 되었을 때는 말이야, 그놈이, 굶주림이 나를 점령해 버렸어. 나는 마치 빈집과도 같았지.

그랬다. 굶주림이 나를 갉아먹었다. 굶주림은 사람을 갉아먹는다고들 한다. 이른 시기에 상처를 입은, 내가 자신의 또 다른 판본으로 소개하려 하는 그 소년은 설치류가 끈질기게 괴롭혔던 수천 명 중 하나였다. 무장 해제당하고, 오래전부터 보잘것없어져 완전히 궤도에서 이탈한 독일 군대의 한 부분 중의 부분으로서 나는 참으로 가련한 몰골을 하고 있었다. 설령 가능했다 해도, 어머니에게 아들의 사진 같은 건 전혀 보내고 싶지 않을 정도였다.

그들이 우리 웃옷의 등 쪽에다가 형판(型板)을 대고 흰색 석회를 뿌려 약자를 새겼는데, 그 글자들은 물에 빨아도 색이 바래지 않았으며, 우리의 신분이 POW*임을 확인해 주었다. 그러나 그 신분을 가진 사람이 할 수 있는 활동이라곤, 아침 일찍부터 저녁 늦게까지 그리고 꿈속에서까지 굶주림을 견디는 것뿐이었다.

물론 내가 굶었던 것은 엄연한 사실이지만, 나중에 밝혀졌듯이 러시아인 전쟁 포로를 가두어 놓았던 강제 수용소에서 명령에 따라 수십만 명이 아사한 것과 비교하면 아무 일도 아니었다. 하지만 그래도 내가 말로 표현할 수 있는 것은 나 자신의 굶주림뿐이다. 내게는 오직 나의 굶주림만이 새겨져 있다. 나는 오직 나에게만 물어볼 수 있다. 그놈이 어떻게 자신의 존재를 과시했는지, 굶주림이 얼마나 오랫동안 울부짖었는지.

그놈은 제자리걸음을 하며 머물렀고, 다른 모든 것을 보잘것없게 만들었으며, 아울러 소음도 일으켰는데, 그때 이후 지금까지 귀에 남아 울리는 그 소리는 불충분하게도 위장의 쪼르륵거림이라고 불린다.

기억은 곧잘 틈새에 대해 이의를 제기한다. 바닥에 들러붙어 있던 것들은 부르지도 않았는데 다양한 이름들을 앞세워 등장하며 변장하기를 좋아한다. 회상도 이따금씩은 희미하고 임의적으로 해석할 수 있는 정보만을 제공한다. 회상의 그물은 때로는 성기고

---

* prisoners of war의 약자로 포로라는 의미.

때로는 촘촘하다. 느낌들, 생각의 부스러기들은 문자 그대로 틈새로 떨어진다.

하지만 씹을 것 외에 나는 무엇을 추구했던가? 최후의 승리에 대한 믿음이 이미 사라진 터에 무엇이 내 이름을 한 소년을 움직였던가? 오로지 결핍이었던가?

지속적인 굶주림을 갉아먹음이라고 표현하긴 했지만, 그 갉아먹음을 어떤 식으로 회상할 수 있단 말인가? 텅 빈 위장이라는 것이 나중에 채워 넣을 수 있는 공간이라도 된단 말인가?

배부른 독자 앞에서 아프리카 집단 수용소에서 벌어지는 현재의 고난에 대해 지금 연설을 하거나, 혹은 내 소설 『넙치』에서처럼 "문헌상으로 볼 때 굶주림이 어떻게 퍼져 나갔으며" 또 사라지지 않고 계속되었던가 하는 식으로 일반론을 펼침으로써, 굶주림의 역사에 대해 끝도 없이 이야기를 이어 가는 것이 더 시급하지 않겠는가?

전무후무했던 굶주림이 언제부터 나를 괴롭혔는지는 확실치 않다. 그런데도 나의 자아는 주제넘게 다시 앞으로 나서며 대략 날짜를 제시한다. 5월 중순에서 8월 초 사이였던가?

하지만 세월의 흐름에 눈금을 새기는 이러한 언급이 누구에게 도움이 된단 말인가?

그동안 익숙해진 대로 내가 별다른 주저 없이 '나'라고 말하는 순간, 다시 말해 대략 육십 년 전 나의 상태를 묘사하려는 순간, 당시의 '나'는 조금도 낯설지 않긴 하지만, 실제로는 그 '나'가 마치 먼 친척처럼 사라져 버리고 없는 터에 말이다.

확실한 것은 나를 받아들였던 첫 번째 수용소가 체코와의 국경선 근처에 있는 오버팔츠에 자리 잡고 있었다는 점이다. 보급품이 넉넉했던 그곳의 감시병들은 미군 제3 군단 소속이었다. 미국 병사들의 거동은 느긋했고 그 때문에 우리 눈엔 외계인처럼 보였다. 꼭 집어서 말하기는 어렵지만 포로들은 그 상류층을 동경해 마지않았다.

대략적으로 보면 수용소는 오랫동안 사용되던 그라펜뵈어 연병장 부지에 위치했고, 연병장의 가시철조망 주위는 숲 지대였다. 마찬가지로 확실한 것은 굶주림이 갉아 대던 무렵에 나는 어렸고, 그 얼마 전까지 장갑차 소총수라는 가장 낮은 계급으로, '외르크 폰 프룬츠베르크'라는 이름 아래 전설로만 지속되던 사단 소속이었다는 점이다.

수용소 내에서 이를 제거하기 위한 방역 작업이 실시되었는데, 나는 디디티라는 가루를 그때 처음으로 알았다. 그리고 몸무게도 쟀는데, 나는 50킬로그램도 안 나갈 정도로 깡마른 상태였다. 그것은 우리를 겨냥했던 것으로, 우리가 추정했던 아침 이슬 플랜의 실천에 부응하는 체중이었다.

미국의 한 정치가에 의해 고안되고 그의 이름을 따 명명된, 모든 독일 전쟁 포로를 대상으로 한 이 처벌은 당사자들에게 극도의 내핍 생활을 강요했다. 예컨대 점호 후에는 모든 불필요한 행동을 피해야 했다. 왜냐하면 850칼로리로 제한된 하루 배급량은 기름방울이 둥둥 떠다니는 오트밀 수프 4분의 3리터, 군용 빵 4분의 1조각, 약간의 마가린 혹은 빵에 바르는 치즈 혹은 한 스푼의 마멀레이드를 기준으로 산출되었기 때문이다. 물은 충분했다. 디디티는 결코 아끼지 않았다.

칼로리란 단어도 갉아먹는 굶주림을 경험하기 전까지는 낯설었다. 결핍이 그제야 나의 학구열을 자극했던 것이다. 당시에는 아는 것이 거의 없었고 잘못된 정보만 축적하고 있었다. 강제 이송을 당하면서야 비로소 내가 얼마나 멍청했던가를 깨달았다. 그래서 이후로 나는 스펀지 같은 흡인력을 발휘하게 되었다.

사라져 가는 소수자에 대한 총칭으로 그동안 '시대의 증인'이라는 칭호를 얻은 나에게 누군가가 제3 제국의 종말에 대한 틀에 박힌 시사적 질문을 던지면, 나는 곧장 오버팔츠에서의 수용소 생활과 지나치게 빠듯하게 책정되었던 칼로리를 언급한다. 왜냐하면 나는 대독일 제국의 무조건 항복이나 이후에 곧 그렇게 명명된 '붕괴'를 군인 병원 도시인 마리엔바트에서 경상자로서 체험하긴 했지만, 그러한 사실을 우연히 알았든 아니면 무지했든 간에 일시적인 것으로, 전투의 소강상태 정도로 여겼기 때문이다. 게다가 항복 앞에 붙은 '무조건'이라는 부가어를 처음에는 결정적인 것으로 이해하지도 못했다.

마리엔바트에서는 봄 날씨와, 신체적으로 가까이 있는 간호사들이 내게 무엇보다도 커다란 영향을 주었다. 미성년자다운 혼란에 고착되어 있었기 때문에 나는 자유롭다기보다는 압도된 상태였다. 평화는 공허한 개념이었으며, 자유라는 말은 감당하기 버거운 단어였다. 어쨌든 야전 헌병과 교수형을 집행할 나무들에 대한 불안이 사라졌기 때문에 한결 마음이 놓였다. 하지만 나중에 시대의 전환점으로 그리고 행동에 있어서 특별 허가증과도 같았던 '영점(零點)의 시간'으로부터 울려 퍼진 종소리는 듣지 못했다.

아마도 내가 있던 장소의 영향이었는지도 모른다. 한때 구식 온천이 있던 그곳은 마이엔그륀에 위치하고 있어서 너무나 졸음이 밀려왔고, 그렇기 때문에 역사적인 그날을 종말과 시작을 알리는 날로 받아들이기 힘들었을 것이다. 근처의 카를스바트에 머무는 러시아인처럼 얼마 전부터 시내에는 피부가 흰 미국인과 피부가 검은 미국인이 주둔했다. 우리는 그들의 등장을 호기심 어린 눈길로 체험했다.

그들은 밑창이 고무로 되어 있고 끈이 달린 군화를 신고는 소리 없이 나타났다. 요란한 소리가 나는 우리의 군화와는 정반대였다. 우리는 놀란 입을 다물지 못했다. 승리자들이 쉼 없이 껌을 씹어 대는 모습도 감탄스러웠다. 거의 한 발짝도 걷는 법 없이 아무리 짧은 구간도 언제나 느긋하게 지프차를 타고 다니는 그들의 모습은 먼 미래에 상영될 영화 속 장면 같았다.

병원이라는 표지를 단 우리의 커다란 건물 앞에 GI 한 명이 경계를 섰다. 아니, 쪼그리고 앉아서 자동 권총을 어루만지며 우리에게 수수께끼를 냈다. 그는 우리를 경계하라는 지시를 받았던 것인가, 아니면 오랫동안 굴욕을 당했던 체코 시민군의 복수로부터 우리를 보호했던 것인가? 내가 학교에서 배운 영어를 그에게 시험해 보았을 때, 그 승리자는 패배자인 나에게 추잉 껌 한 통을 선사했다.

그러나저러나 육체적으로는 이미 어른 대접을 받고 싶어 했고, 이전에 여관으로 쓰였던 빌라에서 핀란드 간호사들로부터 간호를 받았던 열일곱 살 소년의 머릿속에서는 어떤 생각이 오갔던가?

무엇보다 그는 아무것도 포기하지 않는다. 겉으로만 그곳 침대에 누워 있을 뿐이다. 그는 어느새 일어나 복도를 따라 현관 쪽으로 몇 걸음 간다. 오른쪽 허벅지의 상처는 거의 다 나았다. 유탄 파편에 상처를 입어 어깨에서부터 아래쪽으로 손까지 굳어 버린 그의 왼팔은 손가락으로 일일이 주무르고 움직이고 구부려 주어야 한다.

그 상처는 곧 치유되고 잊혔다. 그러나 우리가 '로타'라고 불렀던 핀란드 간호사들의 냄새는 남아 있다. 염석(鹽析) 비누와 자작나무 향 샴푸가 혼합된 냄새.

전쟁이 그 젊은 여성들을 카렐리야* 숲 지대로부터 저 멀리 내몰았던 것이다. 그녀들은 별로 말이 없었고 섬세하게 미소 지었으며 나와 함께 손을 꼭 잡고 돌아다녔다. 로타의 손가락으로 치료를 받던, 여드름투성이 소년에게는 모든 독일 군대의 무조건 항복이라는 소식보다 그녀들의 손놀림이 더 마음에 와 닿았다.

하지만 수십 년 후 그 중요한 날짜가 달력에서 보일 때마다 사람들은 '시대의 증인'에게 그 해방의 날을 어떻게 보냈느냐고 물었다. 내 대답은 언제나 같았다. "온갖 강요가 떨어져 나갔지요. 당시에는 석방된 우리에게 자유란 것이 무엇을 의미하는지 거의 알아차리지 못했지만 말입니다······." 차후의 일을 고려하여 신중하게 대답했지만 사실 마음속으로는 주저 없이 이렇게 말했다. 나는 자신의 포로였고 계속 그랬습니다. 새벽부터 밤중까지, 꿈속까지 애타게 소녀들을 갈망했고, 석방의 날에도 물론 그랬어요. 모든 생각은 그곳으로, 오로지 그곳으로만 달려갔지요. 나는 손가락으로 만

---

* 러시아 연방 북서부에 위치한 자치 공화국.

지작거렸고, 또 만져지기를 원했어요.

어쨌거나 오른손으로 잠시면 진정시킬 수 있었던 이 또 다른 굶주림은 갉아먹는 굶주림보다 더 오래 지속되었다. 성욕이 나를 본격적으로 손아귀에 넣은 것은, 일품 냄비 요리, 국수를 곁들인 굴라시, 그리고 일요일에는 감자 샐러드와 함께 양파 소스를 친 다진 고기 구이 등을 배불리 먹어서 좋은 기억으로 남아 있는 군인 병원 시절이 지나간 후 철조망에 갇힌 우리가 아침 이슬 플랜에 따라 절식을 해야 했을 때였다.

얼마 전까지 피부로 느낄 수 있었던 간호사들을 사진처럼 세밀하게 그린 그림이라든지 애타게 보고 싶었던 댕기 머리 여학생의 얼굴이라면, 수용소에서도 봉납 액자 역할을 할 수 있었을 것이고, 그렇게 하여 말은 하지 않지만 기꺼이, 갉아먹는 배고픔을 어느 정도 가라앉혀 주기도 했을 것이다.

어쨌든 내게는 이것도 없고 저것도 없었다. 나는 이중의 고난을 겪고 있었다. 둘 중 하나는 언제나 깨어 있었다. 하지만 돌이켜 보니 내가 이중의 고난에 완전히 내맡겨져 있었던 것은 아니다. 상상 속 여인들이 또렷하게 떠오르지 않은 덕분에 오른손의 도움을 빌려서 그리고 나중에는 치유된 왼손의 도움으로 하나의 욕구를 해결할 수 있었던 것처럼, 나는 또 다른 궁핍을 해결할 수 있는 교환 물품을 가지고 있었다. 교환 물품 거래는 우리가 오버팔츠에서 나와 잠시 동안 바트 아이블링 근처에 있는 훨씬 더 넓은 수용소의 노천으로 옮겨졌을 때 처음으로 이루어졌다. 우리는 이 수용소에 있다가 통제 가능한 단위로 나뉘어 다시 철조망이 쳐진 막사로 이동했다.

그곳에서 우리는 작업반으로 일하면서 경비병들과 접촉하게 되었다. 그들의 지시가 떨어질 때마다 나는 통역을 맡았고, 그 통역병은 이 일 외에도 소량의 교환 물품을 제공해야 했다. 그리하여 나의 변변찮은 학교 영어는 다시 한 번 검증될 기회를 얻었다. 그 일은 어머니의 의도에 전적으로 부합했고 약간의 가게 일을 어깨 너머로 배웠던 어머니의 아들은 제대로 거래를 성사시킬 수 있었다.

비어 있는 빵 주머니는 정말이지 어떤 용도로도 안성맞춤이었다! 마리엔바트에서의, 통제를 받지 않았던 딱 이틀의 기간이 내게는 교환 물품을 구할 수 있는 기회였다. 독일의 질서 체제는 증발해 버렸고, 고무 밑창을 댄 군화를 신은 미국인은 아직 진군하지 않았으며, 아직 충분히 무장하지 못한 체코 시민군도 이 공백을 차지하고 지배권을 행사해야 할지 망설이고 있었기 때문에 우리에게 유리한 시간이었다.

침대에서 빈둥거리는 이들을 제외한 모든 사람에게 자유의 공간이 열렸다. 우리는 근처를 돌아다니면서 게걸스럽게 노획물을 찾았다. 우리가 있던 여관 건물과 라일락 정원 옆에 쉽게 접근할 수 있는 땅이 있었고, 그 위에 서 있는 건물은 작은 탑, 돌출 창과 테라스가 있어서 흡사 하나의 대저택과도 같았다. 그곳에는 몇 시간 전만 해도 나치 지구대 본부가 있었다. 그러나 다락 층까지 내부가 복잡하게 얽힌 그 건물은 아마도 당 행정청의 지부에 불과했을 것이다. 어쨌든 지구대 대장과 다른 거만한 간부들이 달아나 버린 그 건물이 우리 앞에 열려 있었다. 어쩌면 잠겨 있어서 누군가가 쇠 지렛대를 이용하여 열었는지도 모른다.

어쨌든 그동안에 다시 왼손을 쓸 수 있게 된 나를 포함하여 걸을 수 있는 모든 부상병은 사무실과 빈방, 회의실, 비둘기들이 둥지를 튼 종루, 마지막으로는 행정청의 지도관들이 안락한 친교의 밤을 위해 소파와 대나무 가구를 비치해 놓았던 지하 창고까지 샅샅이 뒤졌다. 벽에는 제복을 입은 당원들의 단체 사진이 걸려 있었다.

소녀들이 가슴을 덜렁이며 체조를 하고 있는 "믿음과 아름다움"이라고 쓴 현수막을 보았던 것 같다. 하지만 의무적으로 비치해야 하는 총통의 사진은 없었다. 기도, 작은 깃발도 없었다. 조금이라도 값이 나가는 물건은 하나도 손에 넣을 수 없었다. 캐비닛이란 캐비닛은 모두 텅 빈 채 하품하고 있었다. "제기랄, 음료수도 하나 없어." 왼쪽 귀가 떨어져 나간 모습으로 뒤죽박죽인 내 기억 속에 틀어박힌 하사 하나가 욕설을 뱉었다.

마침내 나는 위층에서 무언가를 찾아냈다. 어떤 당 간부가 전쟁과는 거의 무관한 업무를 보며 앉아 있었을 법한 책상의 제일 아래쪽 서랍에서 여송연 상자에 담긴 은빛 옷핀 쉰 개를 발견했던 것이다. 옷핀의 장식은 양각으로 둥글게 새겨진 방공호 모양을 사실적으로 본뜬 것이었다. 모형 방공호의 아래쪽에는 각운을 맞춘 글이 새겨져 있었다. 나는 서부 전선 방벽의 기념품을 잽싸게 손에 넣었다. 나는 전쟁 이전 시기의 수집품을 좋아했는데, 제대로 된 방공호를 본 건 영화에서뿐이었다.

어린 시절 계단식으로 튼튼하게 쌓아 올린 대전차 장애물과 다양한 크기의 방공호들로 제국의 서부 국경을 공고히 다지는 모습은 리드미컬하게 연주되는 음악, 가볍게 흔들리는 영상 뉴스와 활기찬 논평이 이어지는 「주간 뉴스」의 단골 메뉴였다. 그러므로 나의 노획물에는 뭔가 영웅적인 헛수고가 달라붙어 있는 셈이었다.

양은으로 된 이 기념품은 이전에 특별히 유능한 서부 방벽 일꾼들에게 주어졌다. 1938년 이후로는 주데텐 지방의 독일인도 프랑스 국경과 가까운 곳에서 벌어지는 방공호 공사에 자발적으로 참여하여 그 공을 인정받았다. 아직도 「주말 뉴스」의 영상이 눈앞에 어른거린다. 남자들이 삽질을 하고 콘크리트를 발로 밟는 장면이.

우리 어린애들은 숙적에 대항하는 방벽이 완성되어 가는 모습을 열광적으로 바라보았다. 나지막한 언덕 풍경의 한 부분을 이루는 몇 킬로미터에 달하는 대전차 장애물은 우리 시선을 압도했다. 방공호 안에서 우리는 좁은 틈새를 통해 목표물을 찾았고, 장래에 잠수함 승무원은 아닐지라도 영웅적인 방공호 수비대가 된 자신의 모습을 그려 보았다.

그로부터 육 년 후 그 옷핀들이 내 어린 시절의 꿈과 순진한 방공호 놀이를 회상하게 했듯이, 나는 지금 여송연 상자에 담긴 나의 발견물을 회상하면서 옷핀 하나하나를 선명하게 떠올린다.

서랍 속에는 그것 말고는 거의 아무것도 없었다. 어쨌거나 연필 몇 자루, 쓰지 않은 8절판 대학 노트 두 권, 앞서 칭송해 마지않은 은 제품 그리고 아주 얇은 편지지를 챙길 수 있었다. 하지만 이리저리 찾아봐도 펠리칸 만년필은 보이지 않았다. 고무지우개와 연필깎이를 손에 넣었는지는 확실치 않다.

다른 사람들은 찻숟가락과 케이크용 포크를 찾아냈고, 냅킨 링 같은 불필요한 것들을 집어넣었다. 몇몇 병사는 마치 직무 여행이나 휴가 여행을 승인하기라도 할 참인 듯 도장과 인주를 가져오기도 했다.

아 참, 상아 주사위 세 개와 주사위 통 하나도 나의 노획물에 포함되어 있었다. 6이 두 번, 3이 한 번 혹은 5가 한 번 나올 정도로 내가 주사위를 잘 던졌던가?

나중에 우리가 오버팔츠 수용소에서 노천의 바트 아이블링 대수용소로 옮겨졌을 때 나는 동갑내기 동료와 이 주사위들을 가지고 내기를 하며 놀았다. 어두운 소나무 숲에서 내가 애타게 찾았던 적이 있고, 이제 요제프라 불리며, 그대로 인쇄해도 좋을 만큼의 바이에른 표준 독일어를 구사하는 소년이었다. 비가 자주 내렸다. 우리는 모래를 파헤쳐 구덩이를 만들었고, 비가 올 때면 그가 가지고 있던 천막포 아래에 쪼그리고 앉았다. 우리는 신과 세계에 대해 이야기했다. 나처럼 그도 복사(服事) 일을 했는데, 그는 다년간, 나는 임시방편으로 그 일을 맡았다.

그는 여전히 믿음이 있었고 나는 아무것도 신성하게 여기지 않았다. 둘 다 이가 득실득실했지만 우리는 거의 신경도 쓰지 않았다. 그도 시를 썼는데, 나와는 달리 저 높은 곳을 향했고, 나중에는 차츰차츰 역사 쪽으로 합류했다. 하지만 내게 가장 중요했던 건 서부 방벽을 새긴 옷핀이었다.

갑작스럽게 생긴 내 재산의 교환 가치를 처음에는 막연히 짐작만 했으나, 바트 아이블링 대수용소에서 노무자 수용소로 옮겨진 후에는 뻣뻣한 너도밤나무를 베어 내는 작업반의 조원이 되어 "이것은 지크프리트 전선에서 온 기념품입니다.(This is a souvenir from the Siegfried Line.)"라는 학교 영어를 사용함으로써 번쩍이는 서부 방벽 옷핀 세 개를 한 남자에게 이득을 남기고 넘기는 데 성공했다.

버지니아 출신의 마음씨 좋은 농부 아들인 우리의 경계병에게는 고국에 가져가 보여 줄 만한 전리품이 없었기 때문에 옷핀 하나에 럭키 스트라이크 담배 한 갑만큼의 값어치가 있었다. 그리고 담배 한 갑으로 군용 빵 한 덩이를 얻을 수 있었는데, 빵 한 덩이는 담배를 피우지 않는 사람의 나흘치 식량에 달하고도 남았다.

내가 또 다른 경계병인 피부가 검은 트럭 운전사, 피부가 장밋빛인 농부 아들이 절대로 말을 건네지 않는 트럭 운전사로부터 지크프리트 전선에서 온 옷핀 두 개를 주고 잘 구워진 옥수수 빵을 받았을 때, 노련한 병장 한 사람이 그 빵을 바싹 구우라고 충고해 주었다. 그는 빵 덩이를 얇게 썰고, 다시 반으로 나눈 빵 조각들을 주철제 원통형 쇠 난로의 뚜껑 위에 하나씩 얹어 놓았다. 그 난로에는 여름에도 불을 지폈는데, 숲 속 파견대원들의 눈에 띈 쐐기풀이나 민들레 같은 것을 시금치와 함께 조리했기 때문이다. 일부 대원들은 뿌리를 익혀 먹기도 했다.

점령군 병사로 프랑스에서 몇 년 동안 멋지게 살 수 있었다고 고백한 한 하사관은 별식을 가져왔다. 그는 숲 속 웅덩이에서 잡은 버둥거리는 개구리 열 마리 정도를 빵 주머니에서 꺼내 산 채로 뒷다리를 잘라 시금치와 함께 끓였다.

우리에게 익숙한 이 층 침대를 대신하여, 두 줄로 죽 늘어선 나무 침대들이 있는 수용소 막사에는 종전 무렵까지 강제 부역자들이 살았다. 침상의 기둥과 버팀목에는 키릴 문자로 새겨진 글자들이 보였다. 스몰렌스크와 키예프로 진군했다 돌아온 몇몇 병사는 이렇게 주장했다. "저건 우크라이나 놈들이 쓴 게 틀림없어."

원통형 쇠 난로도 강제 부역자들이 있던 때의 것이었다. 우리는 주저 없이 그들의 후계자가 되어 기둥과 버팀목에 글자를 새겨 넣었는데, 보고 싶은 소녀들의 이름이나 흔히 들을 수 있는 음담패설 같은 것이었다.

바싹 구운 옥수수 빵을 나는 전쟁 마지막 무렵의, 사수(死守) 구호가 고딕체로 실린 신문지에 싸서 숨겨 놓았다. 짚을 채운 매트리스와 나무 침상 사이에 있는 저장품으로 그것은 나의 일용 식량을 풍성하게 해 줄 것이었다. 그렇게 빠듯하게 나는 굶주림의 경계선을 지킬 수 있었다.

다음 날 저녁 우리 조가 벌목 작업을 하고 돌아왔을 때는 포장지를 포함하여 빵 부스러기 하나 남아 있지 않았다. 옥수수 빵을 바싹 구울 때 나를 도와주었고 그 대가로 빵의 4분의 1을 얻어 갔던 병장이 막사의 최고 고참이자 으레 명령권을 발휘하는 하사에게 이 사실을 보고했다. 그리하여 우크라이나 병사들이 이전에 사용했던 나무 침대와 짚을 채운 매트리스 그리고 병을 진단받았거나, 벌목 작업이 아닌 실내 근무에 차출되었거나, 청소부로 근무했던 자들의 온갖 잡동사니도 수색 대상이 되었다.

그때까지만 해도 단호하고 절도 있게 행동했던 공군 중위의 (수용소에는 말단 졸병들과 함께 대위까지의 장교들이 섞여 있었다.) 짚을 채운 매트리스 아래에서 먹다 남은 구운 빵들이 신문지에 싸인 채 발견되었다.

그의 비행은 불문법에 의해 '동료 물품 절도'로 판정받았는데,

그 이상 나쁜 죄는 없었다. 강력한 처벌과 신속한 집행이 요구되는 범행이었다. 절도 피해자로서 그리고 목격자로서 내가 정식으로 열린 병영 재판에 관여했는지는 회상할 수도 없고 회상하고 싶지도 않다. 여하간 중위는 유죄 판결을 받았고 검대로 벌거벗은 엉덩이를 구타당했다.

터진 피부 위의 기다란 자국들이 아직도 눈에 선한 것처럼 보이지만 그것은 나중에 덧칠된 이미지일 수도 있다. 왜냐하면 이런 종류의 체험은 역사로 탈바꿈하자마자 자신의 생명력을 주장하며 그 세세한 부분을 기꺼이 뽐내는 법이기 때문이다.

어쨌든 그 도둑은, 이전에 장교였던 사람에 대한 병사들의 분노마저 더해져 과도하게 두들겨 맞았다. 전쟁 동안 출구가 막혀 있던 증오심이 계기를 만나자마자 폭발하고 말았던 것이다. 얼마 전까지만 해도 순종밖에 몰랐고 히틀러 청소년단 시절 이래로 절대복종에 길들어 있던 내게서도 대독일 국방군 장교에 대한 마지막 존경심이 사라지고 말았다.

종전 무렵 '헤르만 괴링의 선물'로 여겨졌던, 보병 부대로 전속된 그 '공군 머저리'는 얼마 후에 다른 병영으로 옮겨졌다.

구운 옥수수 빵은 맛이 나쁘지 않았고 단맛이 조금 나는 게 어떻게 보면 건빵 같았다. 나의 서부 방벽 옷핀들은 구운 빵을 얻는 데 거듭해서 도움이 되었고, 나는 그 빵을 버섯 수프에 적셔 먹었다. 키 낮은 침엽수림에서 나는 살구버섯을 발견하여 병영으로 가져오기도 했다. 왜냐하면 어린 시절부터 버섯과 카슈바이의 버섯 요리, 심지어는 핏빛 느타리버섯 그리고 나중에는 말불버섯에도 익숙했기 때문이다. 살구버섯과 마찬가지로 나는 그것들을 매일 배급받는 마가린 한 덩이와 함께 원통 쇠 난로 위에 얹어 구웠다. 나는 야생 시금치에도 맛을 들였는데, 이것들은 내 생애 처음으로 만든 요리였다. 병장은 소금을 주었고 나와 함께 버섯 요리를 먹었다.

그 이후로 나는 손님들을 위해 기꺼이 요리를 한다. 현재의 문제들, 지어낸 이야기나 역사에서 불러온 이야기를 해 주는 사람들을 위해 요리를 한다. 최근에 나는 미셸 드 몽테뉴, 젊은 하인리히 폰 나바라 그리고 프랑스 앙리 4세의 인생 후반기를 전기로 쓴 만 형제 중의 형*을 식탁에 초대한 적도 있다.** 소규모지만 이야기하기 좋아하는 사람들의 모임이었는데, 그들 모두는 인용구를 자랑스럽게 쏟아 냈다.

우리는 신장 결석과 담석, 성(聖) 바돌로매제(祭)***의 밤, 한자 동맹 도시의 저택****에 살았던 동생,***** 위그노파 신교도의 지속적인 고난에 대해서 말했고, 보르도와 뤼베크를 비교하기도 했다.

우리는 법률가들을 국가적 재앙이라고 비방했고, 된똥과 물똥을 비교했으며, 모든 프랑스인이 일요일이면 즐겨 먹는 냄비 속의 닭 이야기도 꺼냈다. 그러고는 내 손님들이 생선 수프를 든 후 빵가루를 입혀 튀긴 송아지 지라 요리를 곁들여 핏빛 느타리버섯을 즐기는 동안 그렇게 많이 진보했는데도 어쩔 수 없는 계몽주의

---

* 하인리히 만(Heinrich Mann, 1871~1950)을 가리킨다.
** 하인리히 만을 실제로 부른 게 아니라 다른 사람들과 식탁에 앉아서 그를 화제에 올렸다는 뜻이다. 인용구를 통해서 과거의 사람들이 생생하게 살아서 등장한다.
*** 1572년 8월 24일, 파리 성 바돌로매제의 밤에 있었던 신교도 살육 사건.
**** 만 형제가 살았던 부덴브로크 하우스를 가리킨다.
***** 토마스 만(Thomas Mann, 1875~1955)을 가리킨다.

양파 껍질을 벗기며

의 가련한 수준에 대해 논쟁했다. 또한 아직도 시효가 다하지 않은 질문, 즉 파리가 박람회를 개최할 자격이 있는지에 대한 질문도 우리에게는 중요했다. 그리고 내가 치즈가 담긴 쟁반에다 벨렌도르프의 호두나무에서 따 온 최근의 수확물을 곁들여 내놓자 칼뱅주의가 자본주의의 유모가 아니겠는가 하는 문제를 둘러싸고 뜨거운 논쟁이 벌어졌다.

나중에 왕이 된 앙리 4세는 큰 소리로 웃었다. 몽테뉴는 리비우스나 플루타르크를 인용했다. 만 형제 중 형은 동생이 질기게 우려 먹는 주도 모티프*에 대해 조롱을 퍼부었다. 나는 인용의 기술을 칭송했다.

어쨌든 내가 처음으로 초대한 손님이자 살구버섯을 요리하여 먹여 준 고참 병장은 그리스의 여러 섬들에 있는 사원의 폐허들, 노르웨이 피오르 만의 아름다움, 프랑스 대저택들의 포도주 창고, 코카서스 지방의 높은 산들, 그가 너무도 좋아하는 질 좋은 감자 튀김을 먹을 수 있는 브뤼셀로의 출장에 대해 이야기해 주었다. 그는 유럽의 거의 절반을 알았고, 국경을 넘고 또 넘고 전투에 전투를 거듭했노라고 말했다. 접시가 빈 후에 그는 초대자를 위해 "어느 폴란드의 소도시에서……."를 불러 주었다.

국방군 최고 사령부의 보도가 나의 지리 정보 확대에 도움을 주었다면, 전쟁 경험은 나의 손님인 병장에게, 지속적인 평화의 시기인 오늘날 병적으로 사진을 찍어 대는 관광객이 밤중에 슬라이드와 더불어 우리에게 보여 주는 저 수다스러운 화법을 불어넣어

---

* 토마스 만이 심취한 바그너 음악에서 '주도 모티프'란 특정한 멜로디나 화음 또는 음상(音像)이 동일한 형태나 변주된 형태로 반복해서 등장하는 작곡 기법을 말한다.

주었던 것이다. 그러고 나서 그는 덧붙였다. "나의 에르나와 함께 다시 한 번 모든 곳을 돌아다닐 거야. 나중에 화약 연기가 사라지면 말이야."

버섯 요리와 야생 시금치가 나를 요리사이자 초대자로 만들었다면, 오늘날까지 지속되는 나의 취미, 냄비 속에서 이것과 저것을 섞고, 어떤 것을 다른 것으로 채우며, 양념을 사용하여 특별한 맛을 내고, 요리를 하면서 살아 있는 손님과 죽은 손님을 상상하는 나의 취미는 갉아먹는 배고픔이 나를 지배하던 초기에 시작되었다. 병에서 치유된 부상병이 간호사들의 부드러운 손길에서 강제로 떨어져, 마리엔바트의 요양소에서 곧바로 오버팔츠의 굶주림의 수용소로 옮겨 갔을 때 말이다.

만 몇천 명에 달하는 전쟁 포로 사이에서 나는, 십칠 년 동안 거의 굶은 적 없이 배불리 먹으며 살다가, 세상의 처음이자 마지막을 의미하는 배고픔을 지속적으로 갉아먹는 고통으로 견디고 또한 동시에 언제나 솟아오르는 영감의 원천으로 이용하는 법을 배웠다. 상상력은 증대되었지만 내 몸은 눈에 띄게 말라 갔다.

만 명 중에 단 한 사람도 완전하게 굶주리지는 않았지만, 결핍은 우리에게 금욕적인 외관을 선사했다. 금욕적인 기질이 별로 없는 사람들조차도 스스로가 그 어떤 정신적인 존재임을 느꼈다. 그리고 이러한 정신적인 외관이 내게도 잘 어울렸던 게 분명하다. 퀭하게 커진 눈으로 나는 눈앞에 존재하는 것보다 더 많은 것을 받아들였으며, 초월적으로 환호하는 합창곡을 들었다. 또한 배고픔은 이런저런 방식으로 강조된 "인간은 빵만으로 살지 않는다."라는 격언의 교훈을 때로는 빈정거림 섞인 수용소의 구호로, 때로는 위안을 주는 상투어로 받아들이게 했기 때문에 많은 사람들에게 정신의 양식을 위한 욕구를 증대시켰다.

수용소에서 무언가 새로운 일이 벌어졌다. 어제까지만 해도 당연했던 억압적이고 집단적인 우매함이 배제된 행위들이 도처에서 목격되었다. 비탄의 눈물을 흘리며 몰래 돌아다니는 모습도, 풀이 죽어 지친 모습도 더 이상 보이지 않았다. 패배자들이 다시 기운을 차렸다. 더욱이 우리의 총체적인 패배는 전쟁이 계속되는 동안 지하 창고에 저장되어 있던 힘이 그 모습을 드러내게 했다. 다른 영역에서는 여전히 승리를 장담할 수 있다는 듯 그 힘이 꿈틀거렸다.

점령국은 독일인에게 내재되어 있는 듯한 이러한 조직화의 재능을 특별한 능력을 부지런하게 활용하는 증거 정도로 보면서 방관했다.

우리는 일반적인 교양, 예술의 향유, 철학적 인식과 신앙의 재건 그리고 실천적인 지식에 도움을 줄 각 분야에 전념하는 그룹과 소그룹을 조직했는데, 이 모든 일은 시간표에 따라 철저하고 정확하게 진행되었다.

우리는 고대 그리스어, 라틴어, 그리고 에스페란토어 강좌도 들을 수 있었다. 대수학과 고등 수학을 연구하는 그룹도 있었다. 과도한 사색과 심오한 의미를 탐구하기 위한 연구 영역은 아리스토텔레스에서 시작하여 스피노자를 거쳐 하이데거까지 이르렀다.

하지만 직업 훈련도 소홀히 하지 않았다. 미래의 지배인은 복식 부기 기장법을 익혔고, 교량 건설 기사는 평형 역학의 문제를,

법률가는 평계 대기를, 내일의 경제학자는 시장 경제의 이윤 창출 법칙과 미래를 확신하는 주식 투기꾼의 정보를 익혔다. 이 모든 것은 평화와 평화가 정착될 공간들을 고려하여 진행되었다.

다른 한편에는 성서학을 연구하는 그룹도 있었고, 심지어는 불교 입문을 위한 그룹도 생겨났다. 그리고 지난 전쟁에서 퇴각하는 동안에 입은 막대한 손실에도 불구하고 많은 악기들이 쓸 수 있는 상태로 보존되었기 때문에, 날마다 하모니카 오케스트라가 모여 맑은 공기 속에서 열심히 연습을 하고 청중 앞에서 연주를 했다. 심지어 미군 장교들과 바다 건너에서 온 언론인들이 참석한 가운데 연주를 하기도 했다. 모든 병사의 인터내셔널가(歌)이자 인기 있는 유행곡인 「릴리 마를렌」, 그리고 「페테르스부르크의 썰매타기」와 「헝가리 광시곡」 같은 협주곡들로 갈채를 받았다.

게다가 노래 그룹도 만들어지고, 곧 무반주 합창단도 생겨났는데, 이들은 일요일이면 모여든 음악 애호가들을 모테토*와 마드리갈 합창곡으로 기쁘게 해 주었다.

하루 종일 이렇게 많은 것들이, 아주 많은 것들이 우리에게 제공되었다. 그랬다. 우리에게는 시간이 있었다. 오버팔츠의 수용소에서는 바깥에서 일하는 작업반을 위한 행사들이 전무했다. 가까운 뉘른베르크에서 폐허를 치우는 일조차 허락되지 않았다. 오직 경계병이 지키는 울타리 안의 천막과 병영 건물과, 이전에 수용소가 기병 연대의 주둔지였음을 역력하게 말해 주는 넓은 마구간의 거친 환경 속에서 배고픔에 맞서고 배고픔의 끊임없는 갉아먹음을

―――――――――
* 성서 구절에 의거하여 작곡한 다성(多聲)의 무반주곡.

꿋꿋이 견디며 배워야 했다.

소수의 병사만 동참하지 않았다. 그들은 패배자로서 마음껏 비통해했고 패배한 전투를 생각하며 울었다. 심지어 몇몇 병사는 쿠르스크에서의 전차 대결을 되씹고, 스탈린그라드 시내 혹은 외곽에서의 도상(圖上) 전쟁을 반복함으로써 뒤늦게나마 승리를 얻을 수 있다고 생각했다. 하지만 많은 병사들은 오전에는 속기술을 배우고 오후에는 중고(中高) 독일어 문학을 배우는 등 여러 개 강좌를 들었다.

그런데 나를 다시 학생이 되게 한 것은 무엇이었던가? 열다섯 살 이후로, 그러니까 공군 보조병의 폼 나는 옷을 착용한 이후로 학교와 학교의 감독으로부터 달아났던 내가 뒤처졌던 과목인 수학과 라틴어를 듣는 것은 당연한 일 아니었던가? 그리고 모자라는 예술 지식을 보완하기 위해 '나움부르크 대성당의 초기 고딕식 교회 조각품'이라는 테마를 중심으로 한 일련의 강의를 들어야 마땅하지 않았을까? 또한 수용소 안에 널리 퍼져 있던 '사춘기의 행동 장애'를 다루는 치료 모임이 도움이 되었을 수도 있다. 하지만 배고픔은 내게 요리 강습을 택하게 했다.

그쪽으로 끌려간 것은 수용소 본부의 병영 건물 앞에서 흑판에 다른 강좌들과 나란히 게시된 광고를 보았기 때문이다. 쪽지에는 심지어 요리사 모자를 쓴 얼굴도 나를 주목하시오 하는 표정으로 그려져 있었다. 이전에 기병 연대의 수의학 연구소였던 곳에서 모든 강좌 중에 가장 어처구니없는* 강좌가 두 시간씩 매일 두

---

* 굶주림이 일상화된 곳에서 요리 강습을 하기 때문이다.

번 열린다는 것이었다. 필기 도구는 각자 지참이었다.

마리엔바트에서 미래의 교환 물품이 되어 준 은색 서부 방호벽 옷핀을 구한 것은 얼마나 도움이 되었던가. 그뿐만 아니라 주사위 통과 상아 주사위를, 그리고 독일 공업 규격 A4 용지 한 뭉치, 대학 노트 두 권, 연필, 거기에다가 연필깎이와 고무지우개를 구할 수 있었던 것은 얼마나 다행한 일인가.

그 이후 이런저런 방향으로 나의 회상에 구멍이 뚫렸다. 예컨대 이미 수용소 시절에 나의 솜털 수염을 깎아야 했는지 기억나지 않고, 또 언제부터 내가 솔과 면도 기구를 손에 넣었는지도 전혀 알 수가 없다. 하지만 이전에 기병 연대의 수의학 연구소였던, 거의 비어 있던 공간을 지금 눈앞에 그려 보기 위해서 나의 보조 수단 중 무언가를 동원할 필요는 없다. 그 공간은 사람 키 높이까지 흰색 타일이 붙어 있고, 그 위쪽으로 푸른색 에나멜을 칠한 널빤지가 테두리를 이루고 있다. 정면 창문의 맞은편에 있는 검은색 칠판도 마찬가지로 선명하게 보인다. 하지만 그 교육 도구가 어디서 왔는지에 대해서는 아무것도 말할 수 없다. 아마도 그 칠판은 미래의 수의사관들에게 말의 성질, 소화관, 관절, 심장, 치아와 말굽 그리고 무엇보다도 달리고 일을 하는 데 동원되는 네발짐승의 병에 대해 가르치는 데 유용하게 쓰였을 것이다. 말의 위장병은 어떻게 다루어야 하나, 말은 언제 잠을 잘까 등등.

그리고 내가 선명하게 기억하는 강의 공간이 '초심자를 위한 요리 강좌'에 두 시간 사용된 후 그대로 비어 있었는지, 아니면 사면이 벽으로 둘러싸인 그 공간에서 세척 가능한 칠판의 도움을 받아 고대 그리스어라든지 평형 역학 같은 강의가 열렸는지는 확실하지 않다. 그 강의 공간에서 이윤을 극대화했던 이후 경제 기적의 첫 번째 소득을 추정해 보았을 수도 있고, 시대를 앞질러 광산업에서의 기업 합병이나 오늘날 활기차게 진행되는 '적대적 인수'를 실행해 보았을 수도 있다. 또한 그 다목적용 공간은 이런저런 종파의 예배에 사용되기도 했을 것이다. 높다랗게 자리 잡은 뾰족한 아치형 창문은 가볍게 울리는 네모난 공간에 어떤 성스러움을 부여했다.

어쨌든 사건이 벌어진 장소는 거듭해서, 줄거리 진행이 그때마다 세세하게 분화되는, 연출의 무대가 된다. 불러낼 수 있는 인물이 빠진 적은 단 한 번도 없다. 그리하여 이 이야기는 이전에 한 번, 그리고 1960년대 말 무렵 소설 『국부 마취』에서 슈타루쉬라는 고등학교 정교사에 의해 적절하게라기보다는 불충분하게 언급된다. 그는 '초심자를 위한 요리 강좌'를 대수용소인 바트 아이블링, 즉 오버바이에른의 드넓은 하늘 아래로 옮겨 놓았고, 칠판은 포기했다.

하지만 나의 판본은, 브뤼잠이라는 요리의 대가가 얼굴도 없이 등장하는 지나치게 허구적인 그 이야기를 그럴듯한 사실을 동원하여 반박하기에 적합하다.* 어쨌든 추상적인 요리 강습으로 배고픔을 몰아낸 것은 나 자신이었다.

그 누구와도 혼동할 수 없을 정도로 뚜렷하게 나는, 그가, 비록 이름은 잊어버렸지만, 그 요리의 대가가 칠판 앞에 서 있는 모

---

*『양파 껍질을 벗기며』가 『국부 마취』보다 그때의 사건을 더 실제에 가깝게 서술하고 있다는 말로 보인다.

습을 본다. 깡마르고 키가 크며, 일반적인 군복을 입은 사도와 같은 인상을 주는 그 중년의 인물은 학생들이 자기를 주방장이라고 불러 주기를 원했다. 회색 고수머리는 매우 비군사적인 방식으로 존경을 요구했다. 눈썹은 아주 길어서 빗질이라도 해 주고 싶을 정도였다.

강의를 시작하자마자 그는 우리에게 자신의 경력을 알려 주었다. 그는 부쿠레슈티를 출발하고 소피아와 부다페스트를 거쳐 인기 있는 주임 주방장으로서 빈에 도착했다. 때때로 다른 도시에 있는 고급 호텔들의 이름도 언급했다. 자그레브인가, 세게드인가에서는 한 크로아티아 백작의 전속 요리사를 지냈다고 한다. 요리 기술의 경력에 대한 증거로 그는 심지어 빈의 자허 호텔을 거론하기도 했다. 반면에 그가 전설적인 오리엔트 특급 열차의 식당차에서 저명한 승객들에게 요리를 해 주었고, 그래서 문서상으로 공인된 형사들조차도 예민한 육감을 동원해야만 풀 수 있는, 섬세하게 얽힌 음모와 복잡한 살인 사건의 목격자였는지는 불확실하다.

어쨌든 우리의 대가는 주임 주방장으로서 오로지 유럽의 남동쪽, 그러니까 요리들이 칼로 자른 듯 서로 구분될 뿐만 아니라 또한 서로 섞이기도 하는 저 다민족의 나라에서 활동했다.

암시적으로 흘리는 말이 사실이라면, 그는 저 멀리 베사라비아 지방에서 왔으며, 당시에 말했던 것처럼 보이테 독일인*이었다. 독일인 종족과 마찬가지로 발트 해 국가 출신이며, 히틀러와 스탈린의 협정에 따라 '고향 제국'으로 끌려왔던 사람들 말이다. 하지

---

* 특히 동유럽권 출신으로 나치 때 독일 국적을 취득했으나 독일어가 서투른 사람. 보이테(Beute)는 노획물이라는 뜻이다.

만 풋내기 시절의 우둔함을 벗어나지 못했던 내가 오늘날까지 그 영향을 미치고 있는 히틀러-스탈린 협정에 대해서 무엇을 알았겠는가? 아무것도 몰랐다. 다만 '보이테 독일인'이라는 경멸 조의 분류 명칭만은 익히 알고 있었다.

전쟁 직후부터 모든 사람이, 따라서 나도 알았던 것은 내 고향 도시의 깊숙한 곳까지, 카슈바이를 포함하여 투헬 황무지에 이르기까지 폴란드 농부들이 농장에서 쫓겨나고 그 자리에 발트 해 연안의 보이테 독일인이 정주하게 되었다는 사실이다. 고향의 편평한 대지처럼 길게 늘어지는 그들의 말씨는 쉽게 모방할 수 있었다. 짧은 기간에 불과했지만, 내가 콘라디눔 학교에 있으면서 리가 출신의 소년과 학교 의자를 같이 사용했을 때 특히 그랬다.

그러나 그가 말하는 대로 '야전 취사차의 포수'로 강등된, 군인으로서의 이력이 병장에서 막을 내렸던 주임 주방장의 특별한 '독일어'*는 나의 귀에 낯설었다. 그는 '조금'이라고 발음하는 대신에 '죄금'이라고 말했다. 흰 양배추**라고 부르는 대신에 그는 '카푸스터'라고 불렀으며, 칠판 앞에 서서 요란하게 두 손을 휘두르며 설명을 시작하자마자 인기 영화배우 한스 모저처럼 말을 우물거렸다.

사디즘적인 가학 증세가 있는 사람처럼 그가 고추냉이 소스를 곁들인 소 등심살, 민물고기 경단, 양고기 꼬치 요리, 송로로 간을 맞춘 야생 쌀밥, 포도주에 절인 양배추와 당의를 입힌 꿩 가슴살 요리 등의 고급 요리로 우리 굶주린 학생들을 괴롭혔으리라 추정할 수도 있겠지만, 예상과 달리 그는 간편한 가정 요리를 성의껏

---

* 주임 주방장은 독일어를 의미하는 도이치(Deutsch)를 다이취(Deitsch)로 발음했다.
** 독일어로 '바이스콜'이다.

소개해 주었다. 원칙적인 설명 후에 그는 재료로 쓸 적당한 대상을 눈앞에 보여 주며 입맛을 한껏 돋웠다.

굶주림에 시달리던 우리 학생들은 필기를 했다. 꼬불꼬불 서투른 글씨로 페이지를 가득 메웠다. 이것을 넣고…… 저것을 추가하고…… 그 전체를 두 시간 반 동안…….

아, 마리엔바트 시절에 건진 노획물 중 최소한 대학 노트 두 권 가운데 하나만이라도 남아 있었더라면. 나처럼 젊은 녀석뿐 아니라 나이 지긋한 가장들도 포함된 강의 참석자들에게 풍성한 설명과 함께 전달된 지식 중 두세 가지만 지금까지 남아 있을 뿐이다. 기름기가 번지르르한 소시지를 만드는 것과 같은 세세한 부분을 포함하여.

그는 주문(呪文)으로 불러내기의 대가였다. 한 손만을 사용하여 푸짐한 재료를, 꿈에서나 볼 법한 음식 재료를 작업대 위에 올려놓고 칼을 들이밀었다. 그 어떤 재료도 맛이 떨어지는 경우는 없었다. 그는 공기를 휘저어 끈적끈적한 수프로 만들었다. 세 마디 콧소리로 그는 돌마저도 부드럽게 녹였다. 언젠가 날을 잡아 나와 함께 나이 든 비평가들을 모아 놓고 그를 식탁으로 초대한다면, 그는 맨손으로만 그리는 상상력의 놀라운 효과를, 흰 종이 위의 마술을 보여 줄 수 있을 것이다. 그러나 어쩔 수 없이 그들은 모든 것을 더 잘 안다고 생각할 것이고, 별로 내키지도 않으면서 이집트 콩을 양 갈비 요리와 함께 숟가락으로 떠먹을 것이며, 허겁지겁 그들의 허술한 장비, 즉 문학적 콜레스테롤 수치를 활용할 것이다.

"오늘, 자, 그러면, 돼지를 살펴보기로 합시다." 요리의 대가가 이렇게 말을 꺼내며 칠판에다가 삐걱거리는 분필과 확신에 찬 필체로 다 자란 암퇘지의 윤곽을 그렸다. 그러고 나서는 검은 평면 위를 가득 채운 돼지를 명칭별로 나누어 로마 숫자를 붙였다. "1번은 동그랗게 말린 꼬리 부분으로, 보통 완두콩 수프와 함께 맛있게 먹을 수 있지요……."

이어서 그는 마찬가지로 요리하기에 적합한, 앞발부터 무릎뼈에 이르는 암퇘지의 복사뼈 부위에다 번호를 매겼다. 그러고 나서 앞다리의 족발부터 뒷다리의 넓적다리까지, 다시 목덜미 부위부터 허리 부위를 거쳐 갈비 부위와 뱃살까지 번호를 매겼다.

간간이 우리는 확고부동한 지혜의 목소리를 들었다. "목덜미는 돼지갈비처럼 즙이 많아요……."

빵을 반죽하여 입힌 허리 고기는 오븐에 밀어 넣어야 했다. 그리고 오늘까지도 내가 따르는 요리법이 계속 소개되었다.

날마다 한 국자의 물기 많은 양배추 수프나 보리 수프만 허용되던 우리에게 그는 구운 돼지의 껍질에다 날선 칼로 가로세로로 눈금을 새기라고 충고했다. "자, 자, 그러면 돼지 껍질이 더 맛있어진다고!"

그러고 나서 그는 눈길을 이리저리 돌렸고, 나를 포함한 그 누구도 빼놓지 않고 응시하며 말했다. "여러분의 입속에, 미안한 말이지만, 군침이 도는군요." 그러고 나서 모두가 자신의 입속과 다른 사람의 입속에 군침이 도는 소리를 듣는 동안 의도적으로 잠시 쉰 후 우리 모두의 고통에 대한 동정심과 이해심에서 이렇게 말하는 것이었다. "자, 이제 기름진 것에 대해서는 그만하고 돼지를 어떻게 잡는지 알아봅시다."

대학 노트 두 권이 사라지긴 했지만, 나는 양파의 도움으로 기억을 되살려 요리 대가의 운을 맞춘 격언들을 문자 그대로 인용할 수 있다. 돌이켜 보니 그가 팬터마임처럼 동작하는 모습이 분명히 떠오른다. 돼지를 잡는 장면에서는 무엇보다도 '돼지의 피'를 따뜻한 상태로 빼내고, 커다란 통에 넣어 엉기지 않도록 끊임없이 휘저어야 했다. "휘저어야 해, 끊임없이 저으라고!"

그리하여 우리는 등받이 없는 의자, 상자, 타일을 바른 바닥에 앉아 상상 속의 찔린 상처로부터 김을 내며 분출하다 나중에는 방울방울 떨어지는 돼지의 피를 상상 속의 커다란 통 속에서 왼쪽으로, 오른쪽으로 그리고 가로세로로 저었다. 우리는 점점 더 맥 빠진 소리로 꽥꽥거리는 암퇘지의 소리를 듣고, 피의 온기를 느끼고, 피 냄새를 들이마신다고 생각했다.

나중에 도축 잔치에 초대될 때마다 나는 눈앞의 현장을 보고 실망하지 않을 수 없었다. 왜냐하면 그때마다 도축은 저 요리 대가의 주문을 절뚝거리며 뒤따라갔고, 단조로운 도살에 불과했으며, 그의 말을 희미하게 드러내는 메아리에 불과했기 때문이다.

그리고 나서 우리는 휘저은 피를 납작 귀리와 양념을 한 마요라나 잎과 함께 끓이고, 이어서 걸쭉한 반죽을 깨끗하게 씻은 돼지 창자 속으로 밀어 넣어 소시지 만드는 법을 배웠다. 마지막으로 주임 주방장은 남유럽 방식에 따라 "자, 자, 소시지 속을 만들 때는 피 5리터에다가 건포도 300그램을 섞어야 합니다."라고 충고했다.

내 미각은 너무도 간절하게 미래의 방향으로 향했기 때문에 나는 일생 동안 감자 죽과 사우어크라우트*와 함께 창자에 곡물을 채운 소시지를 맹렬하게 먹어 치웠다. 값이 싸고 1950년대에 현금 사정이 어려워서 그랬던 것만은 아니다. 오늘날에도 불가피하게 베를린에 있는 파리 바에 갈 때면 프랑스의 부댕**을 즐겨 먹는다. 얇게 썬 돼지고기를 푸짐하게 넣은 북독일의 선지 요리 슈바르츠자우어***는 내가 가장 좋아하는 요리 중 하나이다. 그리고 카드놀이를 위해 수시로 이런저런 손님을 초대해 놓고는 거친 음식을 식탁에 올린다.

아, 카드놀이를 한판 마친 후 굽거나 찐 소시지들이 김을 내고, 팽팽하게 묶인 창자의 껍질이 터지거나 혹은 잘려서 그 속을 드러낼 때면 얼마나 기분이 좋은지. 덩어리져 굳은 피와 섞여 있는 건포도와 곡물 반죽. 오버팔츠 수용소 시절의 저 베사라비아 출신의 주임 주방장은 그토록 오랫동안 내 입맛을 돋우었다.

"자, 자, 여러분." 하고 그가 말했다. "아직도 다른 가능성이 있지요. 돼지고기 요리는 아직 끝나지 않았어요."

한때 성경 속의 살로메가 기다란 손가락으로 세례자의 머리를 가리켰던 것처럼 그는 분필로 윤곽을 그린 돼지머리를 가리켰다. 허벅지 살과 목살 그리고 동그랗게 말린 꼬리와 마찬가지로 앞서 칠판에 숫자를 매겨 놓았던 부위였다. "이제 맛있는 돼지고기 젤리를 만들 차렙니다. 공장에서 만든 젤라틴 없이……."

---

* 묽은 소금물에 절이고 발효시켜 잘게 썬 양배추.
** 동물 내장에 돼지 피, 양파 등을 넣어 만든 프랑스 소시지.
*** 돼지, 거위 등의 살과 내장을 다른 재료와 섞어 만든 스튜.

그것에 이어 또 다른 과제가 주어졌다. 그가 '제리'라고 발음했던 '젤리'는 살찐 뺨, 긴 주둥이 그리고 너덜너덜한 귀 부분에서 나오는 것으로 그 자체가 젤리처럼 굳어야 했다. 그리고 나서 그는 반으로 절단한 돼지머리를 요리하는 과정을 요란하게 설명했다. 돼지머리를 커다란 냄비에 넣고 소금물을 끼얹은 후 약한 불로 충분하게 두 시간 동안 익히고, 아울러 정향(丁香) 잎과 월계수 잎 그리고 자르지 않은 양파를 넣고 첫 번째 맛을 내야 했다.

1960년대 말, 그러니까 분노와 짜증과 격분을 헤드라인과 양념 채소보다 더 싸게 얻을 수 있었던, 저항의 기운이 가득했던 시절에 내가 「돼지머리 젤리」라는 긴 시를 한 편 썼을 때, 나는 전래의 양념으로 요리를 하도록 했지만, 거듭해서 "칼끝에 흐르는, 남아 있는 진한 분노"를 추가했고, 분노와 짜증도 아끼지 않았다. 이것들은 폭력적인 힘들 앞에서 무기력했던 시절에 채소 속으로 섞여 들어갔고 나중에 '68세대'라고 불린 혁명가들이 노여움으로 얼굴을 붉히게 하는 현수막을 만드는 데 도움을 주었다.

하지만 머리 반쪽에서 뼈를 발라내는 일에서는 학생이 스승을 따랐다. 바람 한 점 없는 고요한 순간에 그는 두 손을 써서, 끓이고 난 후 뼈에서 식은 고기와 지방을, 연골에서 주둥이를 어떻게 분리하고, 특히 젤리가 잘 만들어지는 귀와 껍질에서 젤리를 어떻게 긁어내는지를 보여 주었다. 그는 목적 없이 몸동작을 해 보이는 사람이 아니었다. 그는 상상 속의 아래턱을 이리저리 다루었고, 두개골에서 흘러내리는 뇌수를 숟갈로 떠올렸으며, 눈구멍을 깨끗하게 비웠고, 목구멍에서 분리된 혀를 눈앞에 보여 주었으며, 지방층에서 분리된 돼지의 뺨을 통째로 덜어 냈다. 그러고는 전리품 전체를 민첩하게 주사위 크기로 잘랐고, 그러면서 끓고 있는 마른 가슴 부분이나 목덜미와 함께 익어 가는 모든 것을 일일이 열거했다. 잘게 썬 리크, 원반형으로 썬 신 오이, 겨자씨, 풍조목의 꽃봉오리, 강판으로 간 레몬 껍질, 거칠게 빻은 검은 통후추.

그리고 '맵지 않은' 녹색과 붉은색 파프리카를 잘게 썰고, 주사위 크기로 자른 고기와 쌓아 놓은 첨가물이 다시 한 번 끓은 후에, 그는 마지막으로 엄숙하게, 마치 바구니에 든 인체 모형의 병에서 성수라도 따르듯이 가득 찬 냄비에다가 식초를 모자라지 않게 충분히 부었다. 알려진 대로 식초는 차가워지면 맛이 약해지기 때문이다. "자, 자, 이제 전부 대접에 쏟은 다음, 차가운 장소에 두고 약간의 인내심을 갖고 기다리기만 하면 되는 거지요."

이제 긴 휴식 시간이 찾아왔다. 돼지머리 젤리의 이상형이 그 자체로 그리고 어떤 낯선 첨가물도 없이 젤리처럼 굳어 갔다. 밖에서는, 이전의 수의학 연구소 바깥에서는 계속되는 봄 날씨에 수강생들이 라틴어 단어와, 다른 강좌에서 수학 공식을 달달 외우는 동안, 그는 자신의 마술의 희생자인 모든 관객을 일일이 주시했다.

불신이 생겨나지 않도록 하기 위해, 그는 대가조차도 칼로리가 높은 꿈의 요리에서 깨어나야 한다는 듯이 잠시 실눈으로 쩨려보았다. 그러고는 말했다. 아니, 이미 거명한 영화배우의 음조로 우물거리며 말했다. "이제 완성입니다. 대접을 흔들어서는 안 돼. 자, 자, 자르기 좋게 굳으면 여러분의 식탁에 올리는 거야."

다시 한 번 휴식을 취하고 거듭해서 실눈으로 쩨려본 다음 그는 마치 미래를 자신의 혓바닥 위에 올려놓은 듯이 말했다. "나중에 아침 식사로 맛있게 먹게 될 거요. 모든 게 나아지고 살 수 있는 돼지가 충분해지면 말이오."

사라져 버린 것 가운데서 가장 아쉬운 것은 대학 노트 두 권이다. 거기에서 인용할 수만 있다면 내 말이 더 믿음직스러울 테니 말이다.

혹시라도 그 요리의 대가가 약한 불에 익히고 뼈를 발라내고 고기를 해체하고 주사위 크기로 자르고 첨가물을 쌓아 놓고, 게다가 엄숙하게 식초를 붓는 일을 마치 성스러운 행위처럼 진행하는 동안 내가 기록을 하지 않았던 건 아니었을까?

아니면 당시까지 소녀의 몸을 어루만지는 시들을 긁적거리고 오래 근무한 병사들의 의기소침한 얼굴들을 그렸던, 마리엔바트 시절의 재고품인 나의 노트는 평범하기만 한 요리법을 받아 적기엔 너무 아까웠던가?

이런 질문들에 대해 나는 곧장 답변한다. 어떤 잃어버린 종이 위에 썼건, 고무지우개로 지운 흔적이 있건 없건, 그때를 뒤돌아보니 연필로 날아갈 듯이 급하게 쓰는 내 모습이 보인다. 그리고 내가 가득 고인 침을 삼키는 소리도 들린다. 요리 강좌의 다른 수련생들과 마찬가지로 내부의 설치류가 내는 끊임없는 소음을 덮기 위해 침을 꿀꺽 삼켰던 것이다.

그리하여 저 요리 대가의 강의는 내게 깊이 각인되었다. 그래서 나중에, 혹은 베사라비아 출신의 주임 주방장이 '돼지를 충분히' 살 수 있을 때라고 확신하며 말했던 그 미래에, 나는 돼지머리 젤리를 찬양하는 시를 종이에 옮겼을 뿐만 아니라, 생존한 손님과 이전 시대에서 불러낸 손님에게 냄비 가득 젤리를 대접하여 기쁨을 선사할 수 있었다. 그러므로 내가 그때마다 식탁에서 저 추상적이지만, 배고픔을 덮어 버리는 요리 강좌를 이런저런 식으로 변형하여 말하는 것을 빠뜨린 적은 거의 없었다. 『소년의 마법 피리』 민중본 전집 편집자들과 나란히 그림 형제와 화가인 룽게를 초대했을 때도 마찬가지였다.

나는 주임 주방장의 출신지를 이리저리 마음대로 바꾸었다. 그는 한때는 헝가리 바나트 출신이었고, 또 한때는 당시만 해도 안첼이라고 불리던 젊은 시인 파울 첼란을 만났다고 주장하는 체르노비츠 출신이었다. 그리고 부코비나에 이어서 베사라비아가 다시 그의 요람이 있었던 지방이 되었다. 보이테 독일인은 히틀러-스탈린 협정이 그들을 고향으로 데려오기까지 그처럼 널리 흩어져 살았던 것이다.

때로는 돼지머리 젤리에 구운 감자가 곁들여졌다. 때로는 검은 빵과 먹을 때 더 순수한 맛이 났다. 이리저리 바뀌는 손님들, 멀리 해외에서 온 사람, 사회민주당의 삼연성(三連星)인 브란트, 팔머, 크라이스키 같은 유럽인, 그리고 바로크 시대에서 온 사람들, 예컨대 모든 것이 헛되다고 말했던 안드레아스 그리피우스, 페스트가 데려가기 전의 마르틴 오피츠, 또한 아직도 겔른하우젠이라고 불리는 그리멜스하우젠과 여인 쿠라세가 돼지머리 젤리를 남기는 일은 거의 없었다. 돼지머리 젤리는 때로는 식사 초반에, 때로는 메인 메뉴로 식탁에 올랐다. 하지만 요리법은 언제나 같았다.

나의 요리 대가는 신속하게 지나가는 강의 시간 동안 암퇘지, 수퇘지, 새끼 돼지와 그 활용에 대해 많은 이야기를 해 주었다. 고향 집에서는 돼지에게 옥수수 속대인 '쿠쿠루츠'를 먹여 살찌우고,

그의 고향에서는 돼지 사료 공급용으로 별도의 참나무 숲이 자라고 있으며, 도토리는 단단하면서도 지방질이 많지 않은 고기를 만들어 주고, 돼지비계도 가볍게 볼 수 없는 것이 복부와 콩팥의 지방을 프라이팬에 넣어 볶으면 돼지기름이 나오며, 돼지 간, 돼지 심장, 돼지 허파를, 돼지를 도살하면서 피를 뺄 때처럼 고기 저미는 기계 안에 넣어 돌리면 소시지의 속을 만들 수 있다는 것이었다. "하지만, 자, 자, 마요라나 잎을 넣어야지요." 그리고 베이컨과 햄을 훈제하는 것은 고도의 기술이라는 것이었다.

그러고 나서 모두들, 나도 물론, 경건한 마음이 되고 풍성한 말로 배를 불리고 나면 그가 마지막으로 이렇게 말했다. "자, 여러분, 이제 돼지는 끝났군요. 내일모레, 이제는 돼지에 대해 더 이야기하지 않아도 되니 벌써 마음이 놓입니다. 그때는 온갖 가금에 대해 샅샅이 살펴보기로 합시다. 미리 말하지만, 쓱 없는 거위 요리는 꽝이랍니다!"

그의 격언이 속을 채운 거위의 경우에 절대적인 효과를 발휘한다는 사실이 입증된 것은 다음다음 날이었던가? 그 시절은 지나갔다. 그런데 이전에 수의학 연구소였고, 오늘날까지 음향을 울려 퍼지게 하는, 타일을 바른 공간이 이제 다시 나를 사로잡은 것이다. 끝없이 반복되는 허기 말고는 어떤 일도 일어나지 않던 시절이었다. 수용소 내에 신속하게 퍼지면서 젊은이들을 화들짝 놀라게 했던 그 소문만 뺀다면.

동부 독일 출신의 모든 포로를 소련 점령군에게 인계한다는 두려운 소문이 돌았다. 우리 편에서 싸웠던 카자흐인 연대 전체가 영국인에 의해 러시아인에게로 넘겨진 후 소련의 복수를 피하기 위해 혈족 단위로 자결했다는 것이다.

그러고 나서 곧 집단 출소가 있을 거라는 소문이 나돌았다. 이따금 재교육을 위해 가장 나이 어린 수감자들을 이송할 거라는 말도 있었다. "아메리카로 이송!" 나이 든 병사들은 그들이 우리 소년들에게 남아 있는 나치 근성을 몰아낼 거라며 조롱 조로 말했다.

이미 계획되었고, 이제 결의되었으며, 그에 따라 무장 해제된 모든 전쟁 포로를 실제로 재무장시킬 거라는 근거 없는 소문이 아주 끈질기게 나돌았다. 그것도 미국의 장비로. "셔먼 전차와 그 밖의 장비로……"

나는 하사 하나가 이렇게 떠벌리는 소리를 들었다. "분명해, 지금부터 우리는 미국 군대와 같이 가는 거야." 우리는 어느새 미군, 미국 군대라는 말을 하고 있었다. "러시아 놈들에 대항해서 말이야. 미군에게는 우리가 필요해. 그들은 우리 없이는 아무것도 할 수 없어."

다른 병사들도 그의 말에 동의했다. 언젠가 다시 러시아인에 대항해서 전쟁을 하게 될 것은 너무도 명백하며, 러시아인이 아직 바익셀 강 너머에 있었을 때 이미 그 점을 염두에 두었어야 했다는 것이다. 하지만 이제 아돌프가 사라지고, 괴벨스나 힘러 그리고 괴링 같은 다른 간부들도 사라진 터에, 누가 그 일을 맡는단 말인가.

"그래, 우리의 참전 경험은 붉은 홍수에 대항하는 방벽이야. 우리는 러시아 놈들에게 맞서는 법을 알아. 특히 겨울에 말이야. 미군은 그 점에서는 먹통이야."

"난 빠질래. 생각만 해도 살이 빠진다. 레닌그라드 앞에서 이 년, 그러고 나서 수렁에 빠졌고, 마지막으로 오데르 강으로 내몰렸지. 그걸로 충분해!"

그러나 미래를 점치는 이러한 소문은 조금도 궤도를 벗어나지 않고 시간과 함께 그대로 실현되었다. 수년 후 아데나워는 여기에서, 울브리히트는 저기에서 전승국들과 협상을 벌였고, 그 결과 하나의 독일 군대가 여기에 생겨났고, 또 다른 독일 군대도 저기에 생겨나지 않았던가.

하지만 모든 헛소문 중에서도 가장 뜨거운 소문이 청중과 중간 전달자들을 발견했고, 몇몇 장교는 이미 자신들의 휘장을 닦고 있었지만, 그것은 수용소 내에 널리 퍼진, 일반적인 내용의 수업과 특수한 내용의 수업, 성경에 충실한 교화와 문화적 향유에 대한 욕구는 막을 수 없었다. 나와 내 동급생들의 경우를 보자면, 우리 중 누구도 미군의 제복을 입고 서양 혹은 그 밖의 무엇을 구하고 싶은 생각은 없었다. 무사태평하게 우리는 갉아먹는 배고픔을 요리법으로 마비 시키는 일에 자신을 맡기고 있었다.

그러므로 돼지 요리 강습이 있은 후 곧 혹은 얼마 후에 있었던 거위를 주제로 한 강의가 나중까지 남아 있는 나의 요리법에 도움이 되었고, 특히 이후의 발전에서 중요한 계기가 되었다는 생각이 든다. 뒤돌아보면 나는 한편으로는 끊임없이 자신의 혼란스러운 욕구를 쓰다듬지만 해결책을 찾지 못한 소년의 모습으로, 다른 한편으로는 찢긴 시체와 교수형을 당한 병사들이 나무에 매달려 대롱거리는 것을 본, 너무 일찍 늙어 버린 냉소주의자의 모습으로 떠오른다. 신이든 총통이든 그 모든 신앙이 무가 되어 버린 것을 목도한, 불에 덴 아이였던 내게 어두운 숲 속에서 「꼬마 한스」를 함께 불렀던 병장 이외의 권위는 단 하나뿐이었다. 눈썹을 빗어 주고 싶은 생각이 들게 했던, 저 바싹 마르고 머리가 이미 센 남자였다. 그는 말과 제스처로 내게서 배고픔의 가시를 빼 주었던 것이다. 단 몇 시간에 불과했지만 말이다.

그러므로 이런저런 가르침을 주며 다른 도축용 가축도 칼 아래 두고, 고기를 양념으로 처치하고, 생선이나 갑각류 등 이런저런 것을 입맛에 맞는 소시지로 만들었던 우리의 주임 주방장은 지금까지도 내게 주문을 부르는 힘으로 남아 있다. 내가 양고기 뒷다리에 마늘과 샐비어를 채워 넣거나 송아지 혀의 거친 피부를 벗기는 순간이면 그는 영락없이 내 손가락을 주시한다.

그의 노련한 감독은 언제나 나를 안심시켰다. 예컨대 철학자 에른스트 블로흐가 프리데나워 니트슈트라세 가로 초대받았던 저녁에 속을 비운 거위를 앞에 두고 사과를 넣을 것인지, 아니면 거장의 말대로 밤버섯을 넣을 것인지 선택해야 했을 때, 내가 실제로 내린 결정과 상관없이 생도는 주임 주방장의 격언에 접종되어 있었던 것이다. "쑥 없는 거위 요리는 꽝!"

당시 1960년대 말경, 다양한 구호 덕분에 혁명이 어쨌든 종이를 통해 자신을 주장하고 있을 때 나는 식용 밤나무를 선호했다. 블로흐는 접시에 가슴 반쪽 이외에 날개를, 그리고 짤막한 거위 다리 하나를 받았는데, 그 때문에 신이 난 그는 즉시 긴 이야기를 늘어놓았다. 그는 밤버섯 속을 칭찬했고, 안나와 나에게 그리고 눈이 동그래진 네 아이에게 식사를 하면서 때로는 시간을 와락 움켜쥐고 때로는 시간을 느슨하게 만들며 미완성의 인간들에 대한 끝내고 싶지 않은 동화를 들려주었다. 이야기는 토마스 뮌처로부터 출발하여 카를 마르크스에게로 이어졌고, 그의 메시아적인 소명으로부터 올드 쉐터핸드로, 그리고 카를 마이에게로 나아갔으며, 그러다가 곧 산에서 내려온 모세가 천둥소리를 냈고, 갑자기 바그너의 모티프가 윙윙거렸다. 이어서 문학의 구비적(口碑的) 원천을 회상했고, 중얼거리는 목소리로 곧장 나아가는 문학의 여정을 가로막는 장애물들을 제거했으며, 마침내 또 다른 동화를 예로 든 후(헨젤과 그레텔이었던가?) 다 발라 먹은 거위의 다리를 치웠다. 그러고는 자신의 예언자 같은 머리에 명령을 내려 종종 인용하곤 하는 원리를 말하게 했다. 그리고 곧장 목소리를 가다듬어 허구적 이야기의 일반적인 경우와 특수한 경우를 찬양하는 노래를 불렀다.

식탁에 앉은 아이들, 프란츠, 라울, 라우라와 클라인브루노는 입을 다물지 못한 채 특이하기 짝이 없는 우리 손님의 말 한마디 한마디에 귀를 기울였다. 요리의 대가가 거위의 속으로는 언제나 향초인 쑥을 사용하라고 간곡하게 권유했을 때, 내가 베사라비아 출신인 주임 주방장의 말에 귀를 기울였듯이 말이다.

그는 갑자기 사라졌다. 사근사근한 제스처와 함께 "자, 자, 여러분." 하며 우리의 배고픔을 달래 주었던 주임 주방장은 더 이상 보이지 않았다. 소문에 의하면 상당한 고위층의 지시를 받고 불려 갔는데, 흰색으로 래커 칠한 헬멧을 쓴 헌병 두 명 사이에 앉아 지프를 타고 간 것이 마지막 모습이었다는 것이다.

동시에 이런 소문도 나돌았다. 미군 제3 군단을 이끌던 패튼 장군이 연설 때마다 요란하게 드러냈던 러시아에 대한 증오심이 최근에 대치 중인 동부 전선에서 우리 독일 군대를 재무장시킬 거라는 소문을 증폭했는데, 선견지명이 있는 바로 그 장군이 국제적 명성을 가진 그 주임 주방장에게 자신과 고위직 손님들의 입맛을 돋우기 위해 전속 요리사가 되어 달라고 요청했다는 것이다.

패튼 장군이 나중에 사고로 죽었다고 전해졌을 때도 다시 소문이 돌았다. 장군은 중독으로 살해당했고, 살인 음모에 얽혀 그의 전속 요리사, 우리의 상상 속 요리의 대가가 체포되었는데, 그와 함께 더 많은 첩보 요원과 수상한 인물도 감방에 갇혔다는 것이다. 그리고 모반자에 대한 재판과 그 결과에 따른 소송 기록은 비밀 정보기관에 근무하는 독일 전문가들의 조언에 따라 비밀에 붙여졌고, 그리하여 혼란스러울 수밖에 없는 소설의 소재, 영화의 소재가 생겨났다는 것이다.

그러나 내 이야기를 하자면, 요리의 대가 그리고 소문 속의 전속 요리사가 사라지자마자 배고픔이 더욱 날카로워진 이빨로 나를 갉아먹기 시작했다. 이제야 나는 한 편의 범죄 영화를 위한 시나리오를 쓰고 싶다는 생각이 든다. 남동 유럽의 요리법에 매료된 패튼 장군이 허풍을 떨며 새로운 전쟁을 하고 싶은 기분에 빠져들고, 그럼으로써 내 스승이 위험에 처한다는 내용으로 말이다. 이 시나리오에서 떠벌리기를 좋아하는 호전적인 장군은 러시아의 NKWD*에게 제거해야 할 골칫거리이며, 서구의 비밀 정보기관들

---

* 국가안보총국.

도 그에 대한 대책을 세우려고 한다. 패튼은 너무 요란하게, 너무 많이 그리고 너무 빨리 말하기 때문이다. 패튼은 인내심이 없는 사람이다. 그러므로 패튼은 사라져야 한다. 속을 채운 거위의 도움을 받아서라도, 쑥 대신에 다른 양념을 넣은······.

그렇게 해서 시나리오에 따라 냉전의 작동 규칙을 시험해 볼 수도 있을 것이고, 곧 활동하게 되는 독일 통신사 '겔렌 조직'*의 탄생 시각을 꼼꼼하게 추적해 볼 수도 있을 것이며, 게다가 영화 산업에 도움을 줄 수 있을지도 모른다.

그라펜뵈어 연병장의 대지 위에 있던 수용소가 부분적으로 해체되고 5월 말경 트럭으로 오버바이에른으로 가 노천 수용소인 바트 아이블링으로 옮겨졌을 때 우리는 땅을 파고 그 위에 천막을 치고 살았다. 그러다가 몇 주 후 다시 나뉘어져 노동 수용소로 간 후에야 내 배고픔이 완화되었다. 은빛으로 빛나는 서부 방벽 기념 옷핀이라는 교환 물품 덕분에 칼로리 낮은 '아침 이슬' 일일 배급량을 개선할 수 있었던 것이다.

미국제 담배와의 교환은 특히 채산이 맞았다. 당시까지는 아직 궐련과 바꿀 생각은 하지 못했다. 그리고 빵과 땅콩버터도 손에 넣었다. 밧줄처럼 연쇄적으로 이어지는 내 기억 속에는 소금 1킬로그램에 절인 쇠고기도 들어 있다. 두툼한 막대 모양의 초콜릿도 생각난다. 또한 상당한 양의 질레트 면도날도 얻었던 것 같은데, 물

---

* 겔렌은 독일 육군의 장성이자 방첩 부대의 지휘관으로 미군에 의해 대소련 스파이 망 구축에 종사하게 된다. '겔렌 조직'으로 알려진 이 기구는 뮌헨 풀라흐에 본부를 두었으며 이 조직 덕분에 연합군은 숨어 있던 수많은 나치의 고위급 인사들을 체포한다.

론 내가 쓸 것은 아니었다.

대수용소인 바트 아이블링에 있을 때는 낙타표 담배 세 개비를 주고 캐러웨이 열매 한 봉지를 구한 적도 있었다. 나는 캐러웨이로 맛을 낸 양배추를 기억하며 그것을 씹었다. 사라진 요리 대가의 비법이었다.

나는 손에 넣은 캐러웨이 열매를 동료에게 주었고, 그와 함께 비가 계속 내리는 동안 천막 아래 쪼그리고 앉아 주사위 세 개로 미래를 점치며 놀았다. 요제프라고 불리는 그는 나를 설득한다. 흔들림 없이 낮은 목소리로, 그러나 부드럽게. 그 장면은 결코 잊히지 않는다.

나는 이것이, 그는 저것이 되기를 원했다.

나는 말했다, 진리는 여러 개라고.

그가 말했다, 진리는 오직 하나라고.

나는 말했다, 아무것도 더 이상 믿지 않는다고.

그는 바로 다음 도그마에 안장을 채우고 탈 준비를 했다.

나는 소리쳤다. 요제프, 너는 대심문관이 되려고 해. 아니, 더 이상의 것이 되려는 거야.

그는 언제나 여러 개의 눈을 더 던졌고, 주사위 놀이를 하면서 성 아우구스티누스의 말을 인용했다. 마치 그의 고백이 라틴어로 머릿속에 들어 있기라도 한 듯이.

우리는 날마다 그렇게 이야기를 나누고 주사위 놀이를 했다. 그러던 어느 날 그는 바이에른 지방이 고향이라 수용소에서 풀려났고, 나는 확실한 고향 주소가 없어서 본적 불명으로 판정받아 먼저 이를 구제(驅除)하는 조치를 받았다. 그러고 나서는 노동 수용소로 옮겨졌다.

그곳에서는 우리 POW와 다양한 방식으로 관련이 있는 두 가지 소문이 나돌았다. 하나는 이름을 들어 본 적 없는 일본의 두 도시에 원자탄이 두 개 떨어졌다는 소식이었다. 우리는 이 더블 펀치를 그런대로 감수했다. 왜냐하면 우리에게는 다른 사건이 더 실감나고 더 실제적이었기 때문이다. 미국의 정치가 모겐소에 의해 마련된 영양실조 대책이 늦여름에 취소되었던 것이다. 우리는 1000칼로리 이상을 공급받았다. 심지어는 소시지 8분의 1개도 일일 배급에 포함되었다.

이후부터 우리는 철조망 바깥에서 주린 배를 쥐고 암시장으로 가는 그 어떤 병사들보다 배부른 집단으로 여겨졌다. 아우구스부르크와 뮌헨에서 폐허 더미를 치웠던 작업반원들에게서 들으니, 그곳에서는 민간인들이 빵집과 정육점에 아직 남아 있는 것을 조금이나마 구하려고 장사진을 이루고 있다는 것이었다. 그들에게 평화는 점점 더 빠듯해지는 일일 식량의 모습으로 주어졌다. 수용소 울타리 뒤에 있는 우리의 사정은 점점 나아졌다. 사람들은 하루하루 익숙해져 갔고, 부자유 속에서 오히려 안전함을 느끼는 것 같았다.

많은 전쟁 포로, 특히 거주지가 러시아와 폴란드 점령 구역인 포로들은 수용소에서 출소하는 것을 두려워하기까지 했다. 나도 어쩌면 그들 중 하나였는지 모른다. 아버지와 어머니로부터 소식이 없었기 때문에 나는 시험 삼아 자신을 부모도 고향도 없는 뿌리 없는 존재로 여겼다. 부모님은 여동생과 함께 제때 단치히를 떠났을까, 아니면 구스틀로프호에 승선했다가 익사했을까? 나는 자기 연민이 마음에 들었고, 이런저런 역할을 시험해 보았으며, 나를 고아라고 생각하며 지냈다. 특히 밤에, 밀짚을 채운 매트리스 위에서.

다행스럽게도 처지가 비슷한 동갑내기들이 있었다. 하지만 엄마와 아빠 이상으로 아쉬운 것도 있었다. 여성의 윤곽을 하고 있는 그 어떤 것, 불충분하나마 꿈속에서도 원했던 것으로, 그것이 없으면 동성연애라도 마다하지 않을 그 무엇이었다. 우리는 때때로, 아니 틈만 나면 서로를 더듬고 애무했다.

그러고 나서 상황은 다시 좋아졌다. 미국에 익숙해지기 위해 기회만 닿으면 서슴없이 사용했던 학교 영어 덕분에 나는 노동 파견대에 배속되었다. 맡은 임무는 퓌르스텐펠트부르크 비행장의 병영 구역 내에 있는 미 공군의 중대 취사장에서 설거지를 하는 것이었다. 또한 감자 껍질을 벗기고 당근을 다듬는 것도 우리에게 맡겨진 일이었다. 매일 아침 트럭이 와서 우리를 동화 속에서만 발견되는 놀고먹는 어떤 장소, 천국의 세계로 곧장 데려다주었다.

마찬가지로 그곳에서는 등에 DPs*라고 써 붙인 한 무리의 사람들이 설거지와 다리미질을 맡고 있었다. 그들 유대인 여섯 명은 순전히 우연의 도움으로 여러 번의 강제 수용소 생활에서 살아남았고 모두들 팔레스타인으로 가려 했지만 아직 허락을 받지 못한 상태였다.

우리와 마찬가지로 그들도 음식 찌꺼기, 산더미 같은 감자 죽,

---

* displaced persons. 전쟁, 압제, 자연재해 등으로 고국에서 추방당한 난민, 유민, 실향민을 의미한다.

구운 베이컨에서 빠진 기름 그리고 가슴살과 뒷다리만 없는 통닭이 날이면 날마다 대형 쓰레기통 속으로 쏟아지는 것을 보고 깜짝 놀랐다. 이러한 낭비를 멍하니 바라보았던 우리의 머릿속에 복합적인 감정이 일었을 거라고 짐작만 할 뿐이다. 지금까지 승리자의 모습을 미화하여 보여 주던 거울에 갑자기 균열이 일어났을까?

동갑내기였던 유대인들과 우리에게는 휴식이 충분히 주어졌지만, 그 때문에 오히려 유대 관계가 끝나고 말았다. 감시가 느슨했기 때문에 우리는 휴식 시간만 되면 말로 치고받았다. DPs들끼리는 대개 유대어나 폴란드어를 사용했다. 그들이 아는 독일어라곤 "밖으로! 빨리빨리! 차렷! 아가리 닥쳐! 가스실!" 정도였다. 우리가 인정하고 싶지 않은 경험에서 온 언어의 선물이었다.

우리의 어휘는 생각도 없이 따라 말하는 조각난 병사 독일어였다. "이 개새끼! 오줌싸개! 똑바로 못해!"

처음에 미군은 우리의 말싸움을 보고 웃었다. 그들은 우리가 설거지를 해 주었던 피부가 흰 미군이었다. 그들은 이웃 중대의 미군을 검둥이라고 부르며 모욕했다. 어린 유대인들과 우리는 그것을 말없이 들었다. 우리의 말싸움이 다른 차원에서의 소음을 일으켰기 때문이다.

그러고 나서 그들은 우리에게 교육을 시켰다. 언제나 금방 다리미질한 셔츠를 입고 안경을 끼고 부드럽게 말했던 미국의 교육 장교는 자신이 우리에게 제시한 것의 의미를 이해시키려 애썼지만, 우리는, 나는 그것을 믿으려 하지 않았다. 흑백 사진들이었다. 베르겐 벨젠 강제 수용소, 라벤스브뤼크 강제 수용소를 찍은 사진들……. 나는 시체의 산더미, 소각로를 보았다. 나는 굶고 있는 사람들, 굶주린 사람들, 다른 세계에서 온 해골처럼 바싹 마른 생존자들을 보았다. 믿을 수 없었다.

우리는 같은 말을 반복했다. "독일인이 그런 짓을 했다고요?"

"독일인은 그런 일을 한 적이 없어요."

"독일인은 그런 짓을 하지 않아요."

그리고 우리는 우리끼리 말했다. "선전이야. 모든 게 선전일 뿐이야."

어린 나치인 우리와 함께 재교육을 받기 위해 잠시 다하우로 보내졌던 한 숙련된 미장이가, 우리가 역을 지나고 또 역을 지나 강제 수용소를 통과했을 때 말했다. "너희 샤워기가 달린, 가스실이라고 소문난 샤워실 봤지? 방금 회칠을 했어. 틀림없어. 미군이 나중에 지은 거야……."

시간이 흐르면서 나는 간헐적으로 사태를 알아차렸고, 수시로 멈칫거리며 고백했다. 무지해서 혹은 더 정확히 말해, 알려고 하지 않으면서 나는 범죄에 가담했던 것이다. 세월이 흘러도 작아지지 않고, 앞으로도 없어지려 하지 않을 것이며, 지금까지도 그 때문에 내가 병을 앓고 있는 범죄였다.

배고픔이 그랬던 것처럼, 죄과와 그에 따르는 부끄러움 역시 우리를 갉아먹고, 끊임없이 갉아먹었다. 하지만 굶주림은 일시적이었고, 부끄러움은…….

나의 완강함을 꺾은 것은 교육 장교의 주장과 그가 우리에게 내밀었던 너무도 분명한 사진들이 아니었다. 오히려 장애물이 제거된 것은 일 년 후, 이전의 제국 청소년 지도자였던 발두르 폰 쉬라

호의 목소리를 어디선가 라디오에서 들었을 때였다. 선고를 내리기 직전에 뉘른베르크에서 전범으로 기소된 피고들이 다시 한 번 발언할 기회를 얻었던 것이다. 히틀러 청소년단의 책임을 덜어 주기 위해 쉬라흐는 그들이 아무것도 몰랐다고 단언했고, 오로지 자신만이 유대인 문제의 궁극적인 해결책으로 계획되고 완수된 대학살에 대해 알았다고 말했다.

나는 그의 말을 믿어야 했다. 그리고 이후에도 그의 말을 믿었다. 하지만 취사장 파견대에서 설거지와 통역을 하는 동안에는 아무것도 믿지 않았다. 우리가 전쟁에 진 것은 분명했다. 승리자들은 병력, 전차, 비행기에서, 게다가 칼로리에서 우리보다 우월했다. 그런데 사진들은 무엇이란 말인가?

우리는 동갑내기 유대인들과 다투었다. "나치, 네놈들 나치!"라고 그들은 소리를 질렀다.

우리는 거기에 맞섰다. "꺼져 버려, 팔레스타인으로!"

그러고 나서 우리는 이상하게, 아니 희극적으로 보이는 미국인을, 특히 별다른 소득도 없이 애를 쓰는 교육 장교를 한목소리로 비웃었다. 그 장교에게 그들이 노골적으로 '검둥이'라고 경멸하는 이유가 뭐냐고 물어 당황하게 만들었던 것이다.

우리는 말다툼을 실컷 하고 나면 입으로 매음을 했고, 여자들에 대해, 손에 넣을 수 없는 이상적인 여성상에 대해 수다를 떨었다. 왜냐하면 우리 POW뿐 아니라 부모를 잃은 유대인 아이들도 그들 나름대로 꿈의 소녀를 애타게 그리워했기 때문이다. 그리고 곳곳에 미녀 사진을 걸어 놓은 미군은 우리의 웃음거리였다.

한 번인가 두 번인가, 다른 사람들이 벤이라고 불렀던 DPs 중

한 사람이 내게 진득진득한 고기 기름이 잔뜩 스며든 캔 하나를 말없이 건네주었다. 우리가 트럭의 적재 칸에 오르기 전에 받는 검사를 마친 직후였다. 원래 남은 음식을 수용소로 가져가는 것은 금지되어 있었다.

돌이켜 보면 붉은 곱슬머리의 벤은 내 맞은편에 서 있다. 1967년 텔아비브에서 행한 연설에서 나는 벤과 디터를 언급했다. 대학이 나를 초대했을 때였다. 당시 서른아홉 살이었던 나는 오랫동안 침묵 속에 가려졌던 모든 것을 곧이곧대로 말하는 성향 때문에 평화의 교란자 취급을 받았다.

내 강연의 제목은 「길드는 것에 대해서」였다. 나는 독일어로 강연을 했는데, 청중이 대부분 독일 출신의 유대인이었기 때문이다. 연설을 하는 동안 나는 벤과 디터에 대해, 서로 대립했던 세탁 파견대와 취사장 파견대에 대해, 그리고 서로 다투는 무리 사이에서 중재하려고 애썼던 교육 장교에 대해 이야기했다.

내 원고에서 그는 헤르만 마우틀러였고, 1938년에 오스트리아에서 도피해야 했으며, 미국으로 이민을 갔고, 대학을 나온 역사학도로서 인간의 이성을 믿었다. 살아남은 대중 앞에서 내가 한 이야기 속에는 그의 좌절에 대한 내용이 세세히 담겨 있었다. 그때로부터 대략 사십 년이 지난 오늘날 그것을 다시 읽으면, 그의 좌절이 나의 헛수고와 유사하다는 생각이 든다.

헤르만 마우틀러는 지어낸 이름이다. 그러나 실제 이름을 알 길 없는 그 유약한 인물은, 이른 시기의 자화상에서 내가 알아보려고 애를 쓰는 완고한 소년보다 더 선명하게 모습을 드러낸다. 왜냐하면 내 이야기 중에 나오는 디터도 나의 일부분일 뿐이기 때문이다.

이야기들은 그런 식으로 신선한 생명력을 유지한다. 불완전하기 때문에 풍부한 내용으로 고안되어야 하는 것이다. 이야기들은 결코 완결되지 않는다. 그것들은 계속 앞으로 나아가거나 아니면 반대 방향으로 진행될 기회를 기다린다. 일찌감치 대수용소인 바트 아이블링에서 출소했던, 바이에른 출신의 소년 요제프의 이야기도 마찬가지다. 나는 그와 함께 며칠 동안 이를 잡아서 터뜨려 죽였고, 비가 올 때 천막 아래서 캐러웨이 열매를 씹었으며, 우리의 미래를 점치려고 주사위를 던졌다. 부드러우면서도 독선적인 사람이었다.

그에 대해서는 계속해서 이야기해야만 한다. 나와 마찬가지로 복사(服事)를 지내던 시절 이래로 시를 썼지만, 요제프와 내가 그리는 미래는 전혀 달랐기 때문이다……

다만 벤과 디터에 대한 이야기는 중단되어도 좋다. 내가 열여덟 살이 된 직후 가을에 취사장 파견대는 좀 더 나이가 많은 병사들로 교체되었기 때문이다. DPs들은 한동안 그대로 머물렀는데, 아마도 나중에 팔레스타인 땅으로 도주하는 길을 찾는 데 성공했던 것 같다. 정치적인 약속으로서의 이스라엘, 국가로서의 이스라엘을 세우기 위해 그들이 이후 전쟁, 또 전쟁을 겪어야 했던 곳으로.

그 교육 장교는 나중에 다양한 출신의 사춘기 수감자의 특별한 문제점들에 대해, 그리고 자신의 과감한 시도와 실패에 대해 한 권의 책을 쓸 수도 있었을 것이다. 그러나 나는 수용소가 바뀌었기 때문에 이전에 알지 못했던, 자유라고 불리는 어떤 것을 얻을 수 있었다.

겨울이 시작될 무렵 나는 다른 동료들과 함께 뤼네부르크 황무지로 이송되었다. 나의 짐에는 서부 방벽 기념 옷핀 약간과 확보해 둔 면도날 통이 들어 있었다. 군단 화물차를 타고 우리는 텅 빈 고속 도로를 달려, 언덕 지대를 지나고, 이어서 평화롭고 탁 트인 평원을 지나갔다. 출소를 위해서 수용소를 옮긴다는 소문이 있었다. 이따금 보이는 폭파된 고속 도로 교량들이나 전차의 잔해는 아직도 남아 있는 공포를 상기시켰다. 도착하자마자 우리는 문스터 수용소의 막사로 들어갔다.

영국군 초병들은 남아 있는 나의 교환 물품 일부에 관심을 보였다. 지크프리트 전선의 귀여운 벙커들이 새겨진 옷핀. 얼마 후 나는 스탬프가 찍힌 서류를 받아 들었고, 소독을 한 후 마지막으로 하루치 식량을 배급받았다. 그러고는 영국군 점령 구역 내의, 폐허 더미로 둘러싸인 드넓은 보호 구역으로 들여보내졌다. 그곳에서 내가 지금까지 몰랐던 자유를 누릴 참이었다.

첫눈에는 속기 마련이다. 양파 껍질을 벗기면 눈앞이 가물거리기 시작한다. 맑은 눈으로는 읽을 수 있던 것이 그런 식으로 흐려진다. 나의 호박은 모기라든지 작은 거미와 같은, 알아볼 수 있는 삽입물을 더욱 분명하게 고정한다. 그러나 유탄 파편을 기억나게 하는, 내 왼쪽 어깨에 캡슐이 되어 굳어 버린, 말하자면 기념품과도 같은 다른 삽입물도 있을 수 있다.

전쟁으로부터 그리고 수용소 생활에서, 일화로 묶이거나 혹은 진실된 이야기로 변주되어 남아 있기를 바라는 에피소드들 말고는 내게 무엇이 남아 있단 말인가?

흑백 사진들을 보고 놀랐을 때 처음에는 믿지 않았고, 나중에는 입을 닫았다. 게다가 내게 공포와 배고픔을 안겨 주었던 훈계의 시간도 있었다. 그리고 칠판과 분필 자국을 제외하고는 재료도 양념도 없는 요리 강좌 덕분에 나는 간절하게 바랐던 것, 심지어는 도달할 수 없는 곳에 있는 것까지도 냄새와 이런저런 소음을 곁들여 상상할 수 있게 되었다. 더욱이 나는 저 멀리 떨어진 시간으로부터 여행을 온 손님들, 어린 시절의 친구들처럼 일찍 죽었기 때문에 지금은 없는 손님들, 혹은 책에서만 말을 하는, 다시 말해 죽은 자로서 말을 하지만 그럼에도 살아 있는 손님들을 식탁에 초대하는 법을 배웠다.

손님들은 다른 별에 대한 소식을 전해 주고, 직접 식탁에 앉아 논쟁을 벌이기도 한다. 혹은 중세의 석상으로 굳어 버린 탓에, 건전하게 작용하는 허구적인 이야기들의 도움을 받아 구원을 받으려고도 한다.

나중에 나는 시간을 길게 늘어뜨려 소설 『넙치』를 썼는데, 줄거리가 진행되는 동안 그때마다의 세기로부터 온 손님들을 자리에 앉혀 식사를 대접했다. 도로테아의 고딕 시대에는 청어를 대접했고, 수녀원장인 마르가레테 루쉬는 처형 전 마지막 식사로 아버지에게 내장 요리를 대접할 수 있었다. 그리고 처녀 아그네스는 병치레를 하는 시인 오피츠에게 자초 소스에 담근, 찐 대구를 대접했다. 아만다는 올레프리츠를 위해 감자 수프를 마련했으며, 또한 나폴레옹의 총독이었던 라프 장군은 소피가 마련한 송아지 머리에 채운 버섯 요리에서 겨우 벗어날 수 있었다. 레나 슈투베는 아우구스트 베벨이 손님으로 왔을 때 자신의 작품 『프롤레타리아의 요리책』을 건네주고, 겨자 소스에 담근 콩팥 요리를 해 주었다······.

굶주림이 우리 속을 갉아먹던 시절에 나는 요리 대가의 말에 귀를 기울였다. 추가 재료가 듬뿍 주어지자 곧 공기 수프, 구름 경단, 바람 닭이 내 식단을 채웠다. 어린 시절 내게서 달아나 버린 자아는 텅 빈 그릇이었음이 분명하다. 베사라비아 출신의 요리사는 그 그릇을 채워 주었다. "자, 자, 여러분."이라고 그와 함께 말하면서 나는 기꺼이 식탁에 앉고 싶다.

막장 밖과 막장 안

 우리의 시야를 수평과 수직의 틀 안에 가두는 철조망은 더 이상 존재하지 않았다. 그 또는 나는 장사해서 번, 2파운드가 채 안 되는 차(茶)가 든 가벼운 봇짐을 든 채 자유라고 불리는 어떤 곳, 우리의 거동 공간으로 제한된 영국군 점령 지역으로 보내졌다.
 그런데 누가 누구에게 자유를 보장해 주었단 말인가? 도대체 자유라는 이 선물은 어떻게 사용할 수 있었던가? 이 2음절 단어는 우리에게 무엇을 약속해 주었던가? 수많은 수식어에 의해 임의대로 해석되면서, 때로는 그 의미가 확대되고, 축소되고, 심지어는 정반대로 사용되지 않았던가?
 이리저리 정리하더라도 기억의 편린에는 빈틈이 있기 마련이다. 나는 우연히 살아남았던 한 사람의 실루엣을 그리고 있다. 아니, 얼룩이 있기는 하지만 그 밖에는 아무것도 쓰여 있지 않은 백지 같은 존재, 현재의 나, 그렇게 될 수도 있었고 혹은 그렇게 되고도 싶었던 존재, 불투명한 미래의 존재를 그리고 있는 것이다.
 항상 왼쪽 가르마를 하고 다니는 키 172센티미터의 어떤 사람. 빛바랜 군복을 입고 다니면서 기껏해야 일주일에 한 번 정도 자신의 솜털 수염을 다듬는 어떤 사람. 그리고 통행조차 맘대로 하지 못하는, 허용된 자유를 구가하는 사람. 어쨌든 그 사람이 씩씩한 첫걸음을 뗀 것이다.

여기에 이상화(理想化)된 이미지들도 가미된다. 예컨대 진지하게 늘 무언가를 골똘히 생각하며, 폐허 가운데서 의미를 찾는 소년이라는 이미지. 하지만 이러한 이미지들은 머뭇거리면서 물러나고 만다.

우선 당시의 내 상황을 그림으로 그려 벽에 걸 수는 없을 것 같다. 분명히 기억나는 건 극히 단편적인 사실뿐이기 때문이다. 나이는 열여덟 살. 출소 시점에는 체중 미달도 아니다. 이에게 피를 빨리던 상황에서는 벗어났고, 고무 밑창을 댄 끈 달린 미제 구두를 신은 자신의 모습은, 돌이켜 보아도 그리 나빠 보이지 않는다.

하지만 수용소 생활을 하는 동안 어린 시절 얼굴을 찌푸리던 버릇이 사라졌는지는 분명치 않다. 당시의 재산 목록은 여전히 비흡연자였던 내가 담배나 은색 기념 옷핀과 바꾸어 비축해 둔, 이국풍 포장지에 싸인 영국제 차 그리고 상당한 양의 면도날이 고작이었다. 그것들은 온갖 잡동사니와 글씨를 끄적거려 놓은 종이들과 함께 내 식량 주머니를 가득 채우고 있다. 그렇다면 내면의 삶은 어떤 풍경이었을까?

신을 믿지 않는 그 가톨릭 신자는 시대의 민감한 주제였던 신앙 문제를 잘 알고 있었고 또한 동시에 그것들을 무관심하게 받아들일 수 있었던 것처럼 보인다. 그를 은폐된 무신론자라고 추정할 수 있는 것은 아마도 그가 다른 믿음을 가졌기 때문일 것이다.

그는 곰곰이 따진다. 하지만 그렇다고 해서 그가 생각하는 것들 중 인용할 만한 것이 있지는 않다. 다만 외면적으로는 이런저런 것이 그에게서 퇴색되지 않고 남아 있다. 예컨대 적갈색 군복 바지나 안감을 댄 미국산 방풍 재킷 정도이다. 역시 미군용 제품으로 무척이나 따뜻한 털모자도 황록색이다. 점차 그의 모습은 민간인처럼 변한다. 다만 식량 주머니만이 독일군 제복의 녹회색을 그대로 유지하고 있다.

    수용소에서 방면되기 위해서는 주소가 필요했다. 마침 내게는 동갑내기 동료인 필립이 자기 엄마에게 보내는 안부 인사와 함께 슬쩍 쥐여 준 주소가 있었다. 필립은 천사 같은 얼굴에 보조개까지 있는 귀여운 사내로 그의 웃음은 전염성이 있을 정도로 매력적이었다. 그도 나처럼 즉흥적인 데가 있어서 자원병이 되었던 것이다.
    그는 문스터 수용소에 머물러야 했고, 나중에 작업반과 함께 배편으로 영국에 보내졌다. 그에 반해 나는 방면될 수 있었다. 나의 왼쪽 어깨에 콩알만 한 크기의 유탄 파편이 박혀 있는 게 뢴트겐 사진으로 확인되었기 때문이다. 그것은 오늘날까지도 그 자리에 자리 잡고 있으니 내게는 일종의 작은 전리품인 셈이다. 호박 속에 사로잡혀 아직도 살아남은 딱정벌레처럼 말이다. 왼손잡이인 내가, 예전엔 안나 앞에서 그랬지만 지금은 우테가 보는 앞에서 돌멩이나 공을 집어 들어 한번 던져 보려고 하는 순간이면 내 몸 안의 그 이물질은 어김없이 명백한 신호를 보내온다. 그만둬! 난 자고 있어. 날 깨우지 마······.
    필립과 달리 나는 웨일스의 탄광에서 막장 작업을 하기에 부적합했다. 어쨌든 그의 어머니에게는 그가 틀림없이 돌아올 것이라는 확신을 주어야 했다. 경찰에 접수된 나의 공식적인 첫 주소는 프라이하이트 퀼른 뮐하임이라는 곳이었다. 그곳 역시 폐허 더미였지만 신기하게도 거리 표지판만은 여기저기에 온전히 남아 있었다. 건물 앞면에 붙어 있거나 돌무더기를 뚫고 솟아오른 쇠막대기에 대롱대롱 매달려 길을 안내했다. 폐허 더미에서는 고개를 쏙 내민 민들레가 곧 꽃을 피워 낼 낌새였다.

나중에 나는 불법으로 미국과 프랑스의 점령 지역을 한 마리 개처럼 배회하면서 먹을거리와 잠자리 그리고 또 다른 굶주림인 피부와 피부의 접촉을 갈망하곤 했다. 하지만 거리 표지판이 나를 엉뚱한 곳으로 안내하거나, 그 아래에 사람들이 파묻혀 있을 것으로 추정되는 파편 더미 위로 안내한 곳에서 본 것은 건물 측벽만 황량하게 남은 낯선 도시였다.

깨어 있었던가, 꿈속이었던가. 나는 남아 있는 담벼락 사이의 길을 따라 계속 이동하고, 산처럼 쌓인 쓰레기 더미 위에 올라 먼 곳이라도 바라보려는 듯 멈추어 선다. 공기 중의 돌먼지와 모르타르 가루 때문에 이가 여전히 뽀드득거린다…….

내 동료의 엄마는 민첩한 사람이었으며, 염색을 한 건지 원래 그런지는 모르겠지만 머리카락 색깔이 검푸르고 기다란 파이프로 줄담배를 피웠다. 그녀는 만나자마자 나에게 암거래에 필요한 실무 교육을 시켰다. 네 가지 과일로 만든 잼, 인조 꿀, 미국산 땅콩버터, 축음기 바늘, 라이터돌 그리고 손전등용 배터리를 내가 직접 무게를 재고 개수를 세어 요리대 위로 넘겨주었다. 아울러 나는 비축해 두었던 안전 면도날의 일부도 거래해서 곧 현금을 챙겼다. 이른 아침부터 저녁 늦게까지 가치가 비슷한 교환 물품을 가진 고객들이 찾아왔다. 심지어는 은빛 여우의 것을 포함한 모피들을 버터와 교환하기도 했다.

사람들이 오가는 와중에 필립의 누이는 마치 상상 속의 관객을 눈앞에 둔 인형처럼 귀엽게 깡충거리며 돌아다녔다. 거품에서 태어난 듯한 그녀는 동생의 판박이였다. 그녀는 비단 양말에 이런저런 모자를 바꾸어 쓰고 다녔고 몸에선 늘 5월의 향기가 풍겼지만, 상상 속에서나 손가락을 기다랗게 늘려 그녀를 만져 볼 수 있었다. 어쩌면 그녀가 천사처럼 내 곁을 떠돌며 내 머릿결을 쓰다듬었을 수도 있다.

대리 만족을 위해 나는 영화관으로 도피했는데, 폐허 속에서 꿋꿋하게 살아남아 전쟁 중이나 평화 시나 한결같이 「슬픈 로만체」를 주요 프로그램으로 상영했던 그 영화관이 지금도 눈앞에 선하다. 주연은 한때 인기를 누렸고, 지금도 내가 그 이름을 아는 마리안네 호페, 파울 달케 그리고 「유대인 쥐스」라는 또 다른 영화로 악명을 얻은 페르디난트 마리안이었다.

일주일 내내 단치히의 토비스 영화관에서 상영되었던 「슬픈 로만체」는 공군 보조병이었던 내 소망을 어느 정도 이루어 주었다. 「낮과 꿈 사이의 한 시간」이라는 감미로운 음악과 함께 그녀, 호페가 화면에 등장하는 순간…… 쇼윈도 앞에 서 있는 그녀…… 유혹에 빠진 그녀…… 홀로 불행 앞에 선 그녀…… 구김살 없이 환한 그녀의 얼굴…… 그녀의 목에 걸린 장신구…… 재빨리 지워지는 그녀의 미소…… 영원불멸의 그 아름다움…….

삼사 년 전, 내 젊은 시절의 우상은 아흔이 넘은 나이로 세상을 떠났다.

그 당시 쾰른 호어 가의 간이매점들 앞에 굶주린 사람들이 장사진을 쳤던 것처럼 이제 내게 숱한 질문들이 꼬리를 물고 이어진다. 이를테면 내가 죽기 살기로 활동적이었던 그 당시, 내 이름을 가진 정처도 없는 암거래상이었던 나는 아비투어*로 눈을 돌려 이전에 그만두었던 학업을 계속할 생각이 없었던가?

수습생 자리를 얻으려고 노력은 했던가, 했다면 언제, 어떤 분야에?

관청 사무실을 정기적으로 방문하여 게시판에 올라 있는 명단에서 이름을 찾을 정도로 아버지와 어머니 그리고 누이동생을 애타게 그리워했던가?

그 당시 나는 자신의 문제만으로 고통스러워했던가, 아니면 세상 돌아가는 형편, 그중에서도 특히 소문자로 그리고 대문자로 인쇄되어 '독일인의 집단 책임'이라고 불렸던 문제 때문에 고통스러워했던가?

어쩌면 나의 고통은 당시 명백하게 나를 따라다녔던 부모 상실감과 고향 상실감으로만 덧씌워져 있지 않았을까?

또 다른 안타까운 상실로는 무엇이 있었을까?

이 부분에서 양파는 빈자리만 보여 준다. 나는 시험 삼아 스스로를 쾰른의 한 고등학교에 다니는 학생으로 여기지도 않았으며, 수습생 자리에도 매력을 느끼지 않았다. 동부 출신의 피란민과 피폭자를 위한 등록 사무소에 가서 수색 신청서를 제출한 적도 없다. 물론 엄마는 예전 모습 그대로 상상할 수 있었지만 그렇다고

---

* 독일의 대학 입학 자격시험.

그 결핍이 고통스러울 정도는 아니었다. 향수 때문에 시를 쓴 것도 아니었고, 죄의식이 발동한 것도 아니었다.

건물 잔해와 폐허 더미 사이를 헤매는 정처 없는 떠돌이에게는 자기 한 몸 간수하는 일이 유일한 목표였던 것 같다. 지금 생각해도 다른 걱정거리는 없었으니까. 혹은 무어라 말할 수 없는 고통을 안고 퀴퀴른 성당 안으로 들어갔던가? 도시 한가운데서 숭고함을 발산해 왔던 성당의 두 거탑도 도시 전체가 초토화되는 과정에서 외관상 상처를 입었다.

분명히 기억나지만, 그해 초에 나는 필립의 누나 소개로(그 무렵 난 이미 그녀에게 성가신 존재가 되고 있었다.) 라인 강 하류 지역인 베르크하임 에푸르트의 한 농가에서 일자리를 구했다.

연초였음이 틀림없다. 최소한의 기본 교육만을 받은 후 나는 쟁기 뒤꽁무니를 비틀거리며 쫓아다니거나, 농부가 밭고랑을 내면서 말고삐를 잡아끄는 모습을 본다. 쟁기질은 이른 새벽부터 저녁 늦게까지 이어졌다. 먹을 것은 충분했다. 하지만 또 다른 굶주림이 남아 있었다. 죽과 잼으로는 진정시킬 수 없었던 그 굶주림은 내 고통을 점점 더 키우더니 결국엔 내 안에 불쾌감마저 자아냈다.

나는 지적 장애 증세가 있는 일꾼과 좁은 방에서 잤다. 동프로이센 출신의 처녀 하나가 그때까지도 돼지를 사육하던 연로한 아버지와 함께 강제로 수용되어 젖 짜는 일을 하고 있었지만, 돼지 외에도 암소 열두 마리와 말 네 필을 가진 농장 주인이 그녀의 실질적인 소유주였다. 그는 부인과 함께 주일마다 교회에 다닐 정도로 착실한 가톨릭 신자였다.

파노라마처럼 흘러가는 나의 요지경 무대에는 엘자베라고 불리던 키가 크고 골격이 튼튼한 아가씨가 등장한다. 그녀는 정원 울타리 앞이나 안마당으로 통하는 대문 앞 그늘, 아니면 우유 통 사이에서 밝은 빛을 받으며 서 있다. 그녀가 서 있거나 움직이거나 구부릴 때마다 하나씩 그림이 생겨났다. 그 흡인력이 너무도 강렬해서 나는 그녀가 풍기는 마구간 냄새를 좇아 엉성하게 운을 맞춘 시를 열 편 정도 쏟아 놓기도 했다. 뽑아 놓은 무와 나무 곡괭이 사이에서 나는 그것들을 휘갈겨 썼다.

그 지방은 서정적인 분위기를 자아낼 만한 공간이 아니었다. 햇빛이 비칠 때면 소유 농지에 따라 구획되고, 비가 올 때면 그 경계가 사라져 버리는, 마을 교회 탑을 제외하면 솟아오른 건물 하나 없는 그런 풍경이었다.

밤이면 코를 골아 대는 일꾼, 낮이면 농가 전체가 떠나가도록 소리를 지르는 농장 주인의 화통 같은 목소리, 게다가 밝은 금빛 솜털이 난 여신이 맨손으로 젖을 짜는 열 마리 정도의 암소. 이 모든 것이 견디기 힘들었다. 나는 농가에서 질리지도 않고 풍성하게 배를 채웠지만, 내게 남은 굶주림은 성격이 달랐다. 그것에 대해서는 양파 껍질에 빽빽이 기록되어 있다.

마침내 자를란트까지 가게 되었다. 나와 마찬가지로 문스터 수용소에서 석방된 동료가 알려 준 주소 덕분에 나는 작은 주택의 다락방에서 제대로 된 새털 이불을 덮고 지낼 수 있었다. 그 집에 사는 동료의 어머니는 나를 또 다른 자식처럼 대해 주었다.

이렇게 얘기하면 고향같이 푸근한 분위기에서 안락하게 지낸 듯한 인상을 풍기겠지만, 실은 자를란트에서는 그 어떤 곳에서보다 비참하게 굶주렸다. 프랑스 점령군이 1935년에 "제국으로의 귀향"이라는 구호에 찬성 투표를 했던 사람들뿐 아니라 자를란트 시민 모두를 사후적으로 처벌하려 했기 때문이다. 메르치히 근처에는 집 몇 채가 일렬로 서 있었다.

사람들이 콩고라고 불렀던 것 말고는 그 정확한 이름이 기억나지 않는 동료가 하나 있다. 황야에서 폭동을 일으킨 바르바리 사람들을 상대로 격전을 벌이는 자신의 모습을 미리 그려 보기도 하면서, 프랑스 외인부대에 들어가고 싶어 했던 그 친구와 함께 나는 초만원 기차를 타고 훈스뤼크까지 간 적이 있다. 우리 생각에 그곳은 세상이 끝나는 곳이었다. 그곳의 구릉 지대는 보기만 해도 우울했다.

당시엔 물물 교환 여행이라고 불렀던 이러한 종류의 여행이 일상적이었다. 남아 있는 영국제 차, 안전 면도날 그리고 쾰른에서 암거래 수익금으로 받은, 어느 곳에서나 인기 있던 라이터돌을 주고 감자와 양배추를 가져왔다. 이 농장 저 농장으로 다녔지만 가끔은 공치는 날도 있었다. 하지만 나는 저울에 달고 수로 헤아릴 수 있는 교환 물품 말고도 다른 것을 더 제공할 수 있었다.

프랑스에서 와서 그곳에 정착한 외국인 노동자와 식탁과 침대를 같이 쓰면서 만족해하던, 외관상 임신한 것으로 보이는 한 농부의 아내에게 경솔하게도 손금을 보고 미래를 점쳐 주었더니 그녀는 사례금으로 양젖 치즈 덩어리에다 훈제 베이컨 한 덩이까지 얹어 주었다. 그녀는 매우 만족한 얼굴로 식탁에 쪼그리고 앉아 있었는데, 그도 그럴 것이 내가 그녀의 손금을 통해 영원히는 아닐지라도 상당히 오랫동안 그녀의 남편이 집을 비울 것이라는 사실을 예언했기 때문이다. 그녀의 남편은 1943년 이래로 동부 전선에서 실종되었지만, 액자 사진 속에서는 살아 있는 것으로 간주되었다.

나는 이 수상쩍은 기술을 어디서 배웠던가? 타고난 재능이었던가? 어렸을 적 집시들이 폴란드로부터 자유 도시의 국경을 수시로 넘나들며 랑푸르의 거리에서 칼이나 가위를 갈아 주고 땜장이 일을 하면서 점을 치는 것을 어깨 너머로 보고 배웠던가?

아마도 오버팔츠의 전쟁 포로를 위한 대수용소에 있을 때 일이었던 것 같다. 나는 그 당시 심심풀이로 그리고 실제 굶주림을 잊기 위한 수단으로 추상적인 요리 강좌를 들었다. 그리고 나 같은 학생을 끌어당긴 또 다른 강좌가 있었는데, 바로 손금 보는 법을 배우는 강좌였다.

타고난 재능이었든 어깨 너머로 배웠든, 아니면 제대로 배웠든 간에 훈스뤼크의 오지에서 누군가에게 긍정적인 미래를 전문가처럼 점쳐 주면서, 나는 아무런 양심의 가책도 느끼지 않았던 게 틀림없다. 농부의 아내와 부끄러운 듯 늘 뒷전에 머물러 있던 그녀의, 식탁과 침대를 공유하는 동거인의 손금이 말해 주는 예언은 명백했고, 나의 손금 보는 기술은 그에 맞추어 짭짤한 벌이와 높은 칼로리로 보답받았다.

사실 베이컨은 훈스뤼크로 떠난 물물 교환 여행의 특별한 소득은 아니었다. 루르 지역이 폭격을 맞았기 때문에 농가로 피신해 온 후 그곳에서 일자리를 얻은 농부 아내의 시누이가 내게 호의를 베풀어 주었는데, 저울로 잴 수도 숫자로 셀 수도 없는 성격의 것이었다.

본래는 내 동료인 콩고가 그녀가 어딜 가든 꽁무니를 졸졸 쫓아다녔지만 끝내 성공하지 못했다. 한번은 상당히 긁힌 채로 욕설을 퍼부으면서 마치 시골 머슴 같은 꼴로 비틀거리며 마구간을 빠져나왔다가는 이내 이를 드러내고 씩 웃기도 했다. 그만큼 천성이 좋은 녀석이었다. 일이 닥치면 닥치는 대로 받아들이는 어깨가 넓은 친구였다.

그에겐 전쟁이 너무 짧았다. 그의 모험심은 아무도 못 말렸다. 그러므로 나는 늘 그의 뒤를 추적하며 다녀야 했다. 1950년대 중반 프랑크푸르트의 학생 극단이 2막으로 된 나의 첫 극작품 「홍수」를 무대에 올렸을 때 그는 귀향하는 외인부대원과 비슷한 성격의 역할로 등장한다. 그의 동료 레오는 그를 콩고라고 부른다. 그들은 라오스와 인도차이나를 두루 다녔으며 이제는 잃어버린 아들을 연기하는 것이다…….

바로 다음 역까지 가는 길에 행운의 여신이 우리를 맞아 주었다. 농부 아내의 시누이가 감자 포대, 양배추 머리, 양젖 치즈 덩어리, 획득한 베이컨 덩어리와 그 밖에 우리가 교환해서 모아 두었던 것을(말린 강낭콩도 한 봉지쯤 있었던가?) 손수레를 이용해 기차역까지 나르는 일을 도와주었다.

우리는 달빛을 받으며 출발했다. 처음엔 완만하게 올라가다가 나중엔 급경사가 3킬로미터에서 3.5킬로미터 정도 이어지는 들판 길이었다. 우리가 갔던 거리는 걸렸던 시간과 마찬가지로 대략적으로만 기억난다.

콩고가 수레를 끌었으며 교대하려고 하지 않았다. 처음엔 말이 없다가 우리는 곧 수다를 떨었다. 우리는 보았던 영화에 대해 이야기를 나누었지만, 서로 손을 잡지는 않았다. 키가 비슷한 우리는 한 젊은 여배우를 함께 좋아했는데, 나중에 은막의 스타로 명성을 떨친 그녀는 '디 크네프'라고 불렸다. 내가 최근에 한 민영 방송 프로그램에서 보았던, 그녀가 출연한 영화는 「다리 아래에서」였다.

바트 크로이츠나흐행 완행열차는 두 시간 이상이 지나야 온다는 것을 안 콩고는 대합실 의자에 드러눕더니 곧 잠이 들었다. 우리는 너덜너덜하게 붙은 글자만이 그곳이 역이라는 것을 말해 주는, 창고 같은 건물 앞에 있었다. 달 혹은 구름이 바삐 제 길을 가고 있었다. 그 외에 더 보고, 더 말하고, 더 하고, 혹은 더 바랄 일이 있었던가?

그때 내게는 소녀로 보였던 그 젊은 여성이 손수레를 좀 타고 갈 수 없겠느냐고 부탁을 해 왔다. 두려워서가 아니라, 그저 그렇게 해 보고 싶다는 것이었다.

대략 보름달이 차오르기 시작한 초여름이었던 게 분명하다. 들길 양쪽으로는 갓 베어 낸 풀들을 쌓아 둔 건초 더미들이 보였다. 조금 전까지만 해도 별다른 인상을 풍기지 않던 것이었다. 건초 더미는 일정한 간격을 두고, 어스름하게 하늘과 경계를 이루는 숲 가장자리까지 이어졌다. 구름이 건초 더미들을 어둡게 가리는가 싶더니, 곧 은빛으로 빛나는 건초 더미의 모습을 유혹적으로 드러냈다. 기차역으로 가는 도중에 쌓아 올린 건초 더미들을 이미 보고 또 보았지만, 이제 벌초된 풀에서는 더욱 그윽한 향기가 났다.

잠들어 있는 동료와 물물 교환으로 구입한 물건 그리고 기차역이 돌 하나 던지면 닿을 거리로 우리 뒤에 있었던가, 아니면 좀 더 시간이 지났을 때였던가? 나는 빈 수레를 재빨리 갖다 댔고, 그녀는 내 손을 잡았다. 그런 뒤 우리 두 사람은 바로 가까이에 있는 건초 더미 쪽으로 갔다. 아마도 건초 더미가 있는 곳까지 얌전히 끌려간 것은 나였을 것이다. 지금도 잉게의 모습 중 적지 않은 부분이 세세하게 기억나기 때문이다. 그녀가 내 첫 번째 여자여서만은 아닐 것이다. 거의 보름달에 가까운 그녀의 넓적한 얼굴에는 주근깨가 퍼져 있었다. 하지만 건초 더미 속에서는 주근깨가 아무런 문제도 되지 않았다. 감지 않았던 그녀의 눈은 회색보다는 오히려 초록색이었음이 분명하다. 그리고 들일을 하느라 거칠어진 그녀의 손은 커 보였다. 그 손은 나를 어떻게 도와야 할지 잘 알았다.

물론 건초 더미는 말로 표현할 수 없는 냄새를 풍겼다. 굶주렸기 때문에 성급하게 구는 내게 그녀는 더 천천히 덜 허둥거리며 손가락을 이용해 자기를 부드럽게 애무하는 법을 가르쳐 주어야 했다.

새로 발견한 것이 얼마나 많았던가. 축축하고 깊숙했던 것. 모든 것을 가까이서 느꼈고, 손으로 더듬어 볼 수 있었다. 내가 부드럽게 감싸 쥐었던 것. 느슨하게 풀어졌던 것. 우리가 냈던 소음 그리고 동물의 신음 소리.

그리고 건초 냄새가 우리를 덮쳤다. 그 냄새에 사로잡혀 우리는 다시 반복했다. 아니, 한 번으로 충분했던가? 초보자치고는 잘 배웠던 편이기를 바랄 뿐인가?

그리고 그다음엔? 건초 더미에 누워 교대로, 아니면 나 혼자서 무언가를 속삭였을까? 건초 더미 안에서 어떤 말을 나누었는지는 기억이 나지 않는다. 다만 잉게가 자신의 입장을 꼭 고백해야 겠다는 듯이 차분하게 말하던 장면만은 기억이 난다. 전쟁 동안의 가정사였다. 보훔 시 외곽에 있는 폭격당한 연립 주택. 이미 이 년 전에 그녀의 약혼자는 저 아래, 게릴라가 득실거리던 발칸 반도에서 전사했다. 광부였던 그는 원래는 징집 면제자였으나(그녀는 '징집 면제 판정'이라고 말했다.) 스탈린그라드로 끌려갔고, 그것도 공병으로 복무하게 되었다. 처음에는 훈련을 위해 그로스 보쉬폴에, 이어서 전방에 배치되었다가, 그의 편지에 따르면, 나중에는 교량 건설을 위해 산악 지대로 투입되었다는 것이다…….

그녀는 말을 더 이어 갔다. 하지만 지금 내 기억에는 남아 있지 않다. 그녀의 곁에 누워 있기라도 한 것처럼 거듭해서 불렀던 그 약혼자의 이름도 생각나지 않는다.

그런데 건초 더미 속에서 이런저런 이야기를 속삭였던 것은 나였던가? 별이 총총한 하늘에 대해 심오한 얘기를 나누었던가? 아니면 눈에 보였다 사라졌다 하는 달에 대해 말했던가? 아마도 갓 태어난 시 문학에 대해서도 말했을 것이다. 그 무렵 마음이 혼란스러워질 때면 나는 운율을 맞추기도 하고 운율을 무시하기도 하면서 짧은 시구를 읊조렸기 때문이다.

나를 염려해서였든, 아니면 단순한 호기심에서 그랬든 그녀가 직업을 비롯하여 내 장래 희망에 대해 물었을 때 나는 더듬거리며 당황했던가? 당시 건초 더미 속에서 벌써 나는 "예술가가 될 거요, 틀림없이!"라고 말했을까?

그런 식으로 살집 좋은 피부와 피부가 겹쳐 빛을 내고 있지만, 양파는 그것에 대해 아는 바가 없다. 훼손된 텍스트 사이의 빈 공간만 있을 뿐이다. 지금 내가 판독 불가능한 텍스트를 붙들고 앞뒤를 맞추려고 애를 쓰고 있긴 하지만 말이다…….

매번 다른 식으로 쌓이는 기억의 층위 속에서 나는 어떤 방식이었는지 모르겠지만 여하간 잉게를 웃게 했던가, 아니면 웃게 하려고 애를 썼던가? 하지만 그녀 쪽에서는 아니었다. 왜냐하면 그녀 곁의 초보자가 거의 보름달에 가까운 달 아래에서 갑자기 한 마리 짐승처럼 슬픔에 잠겨 아무것도 모르고 또 무엇 때문에 그래야 하는지 몰랐을 때, 그녀는 다정하게 쓰다듬어 주지도, 따뜻한 말 한마디도 건네지 않았기 때문이다. 벌초된 풀 냄새도 더 이상 참아 내기 어려웠던 듯하다.

우리가 자리에서 일어났을 때 건초 더미는 납작하게 눌려 있었다. 그녀는 팬티를 찾아 입었고 나는 바지 단추를 만지작거렸다. 그러고 나서 우리는 각자 자신의 몸에 묻은 지푸라기를 떼어 냈던 것 같다. 그랬다는 생각이 든다. 그리고 그녀가 건초 더미를 다시 정돈해서 쌓기 시작했고, 나도 도왔던 것 같다. 멀리서 보면 밤중에 들일을 하는 한 쌍의 부부 같았을 것이다.

그러고 나니 달랠 길 없는 고독감은 사라졌다. 아니다. 잉게가 다른 건초 더미를 이용해서 우리의 잠자리를 다시 가지런하게 만드는 것을 도왔을 때, 나는 노래를 부르거나 흥얼거리지 않았다. 다만 네 개의 손만이 부지런히 움직였다.

그녀가 폴란드어로 코비악이라는 단어 또는 루르포트 출신의 축구 선수 이름처럼 '스키'로 끝나는 자신의 성을 대면서 "원한다면 엽서를 보내 봐."라고 말했는지는 불분명하다.

그 이상은 기억에 없다. 아니, 더 있던가? 있었다면 아마도 망설임, 눈 깜박할 순간만큼의 망설임이었을 것이다. 그러고 나서 우리는 서로 반대 방향으로 갔다. 그녀는 빈 손수레를 끌고 갔다.

첫 번째 경험 후 나는 제법 이력이라도 난 듯 그녀 쪽을 돌아보지 않았을 것이다. 지난 일은 지난 일일 뿐. 「뒤돌아보지 마」라는 동요도 있지 않은가. 그리고 후에, 한참 후에 내가 쓴 시의 제목도 그것이었다.

짧은 길 혹은 조금 먼 길을 되돌아가 누군가가 그의 왼쪽 손가락에 코를 대고 냄새를 맡았다면, 그것은 몇 분 전의 기억을 즉시 창고 안에 보관해 놓고 싶어서였을 것이다. 대합실에서 잠들어 있는 동료, 이전에 잉게가 얼굴을 할퀸 적이 있는 동료 옆에 쪼그리고 앉아 있자니 내 몸에서 그녀와 건초 더미 냄새가 여전히 풍겼다. 그 후 우리가 물물 교환한 노획물을 가지고 바트 크로이츠나흐 방향으로 이동하는 동안에도 콩고는 연신 선량한 웃음만 지었을 뿐 저속한 말은 하지 않았다…….

오늘날까지도 내게는 여전히, 황급히 길을 떠나는 버릇이 남아 있다. 그렇게 서두르는 이유는 무엇인가? 불안에 쫓겨 먼 곳으로 가야 한다는 듯이 말이다. 그런 초조함은 기차가 도착할 때까지 지속되었다. 그렇게 시간은 무익하게 흘러갔다.

나중에 나는 스스로에게 물어보곤 했다. 잉게라고 불린 그녀와 함께 그다음 건초 더미에서 그리고 곧 다시 굶주려 또 다른 건초 더미에서 잠자리를 같이하지 않을 자신이라도 있었을까?

그렇다면, 굳이 내가 영양가 없는 자를란트로 돌아갈 이유는 무엇이었을까? 구릉 지대에 위치한 황량한 가톨릭 도시인 그 훈스뤼크는 차츰차츰 친밀감을 주는 곳으로 영화의 소재도 되고, 시리즈물로 계속 찍기에도 적합한 장소가 될 수 있지 않았을까?

그리고 그대*의 동료인 콩고도 그대 없이 지냈을 것이다. 감자와 양배추 머리와 치즈 덩어리 그리고 손금 보는 기술과 교환한 물품이 있기는 해도 그는 자리를 털고 일어나 그곳을 떠났을 것이다. 전쟁에서 자신의 진가를 충분히 발휘하지 못했다고 생각하는 그로서는 주저하지 않고 알제리나 모로코로 가려 했을 것이다. 그곳에서 위대한 국가의 명예를 위해 전사하기 위해.

그리고 이따금씩 농부 아내의 손금을 보고 긍정적인 예언을 해 줌으로써 그녀가 근심 없이 잠자리에 들고 순산을 하도록 도울 수도 있었을 것이다. 그런데 러시아에서 실종되었던 그녀의 바깥양반이 어느 날 현관문 앞에 서 있기라도 한다면⋯⋯. 때늦은 귀향⋯⋯. 문밖에서⋯⋯.

나는 수시로 건초 더미를 밭의 좌우로 옮겨 놓곤 했는데, 그것은 달빛을 받고 있던, 주근깨가 무수히 박힌 넓적한 얼굴의 그 젊은 여성 때문이라기보다는 나를, 어린 시절에 사라져 버린 나를 찾기 위해서였다. 그러나 그 기억 속의 나는 너무도 성급했던 첫 관계 때 깔개에서 났던 냄새와 소음과 함께, 둘이서 하나의 육체가 되었던 장면과 함께 생각날 뿐이다. 사람들은 이러한 노력까지도 사랑이라고 부른다.

그다음엔 구멍들이 이어지고, 영상들이 흔들린다. 내게 지속적인 정복감을 맛보게 하거나 혹은 긴박한 모험으로 승화시킬 만한

---

* 귄터 그라스 자신.

것은 아무것도 없다. 그 계절은 못으로 고정되기라도 한 듯 항상 1946년 초여름으로 남아 있다.

나는 이행 단계도 없이 계속해서 떠돌았다. 베저베르크란트에 머물다가도 곧 미군 점령 지역인 헤센 접경 지역으로 갔고, 그 후에는 뇌르텐 하르덴베르크 지방에 사는, 농부의 아들이자 언어 장애가 약간 있는 또 다른 동료의 집에서 며칠 동안 기식을 한 후 다시 합법적으로 괴팅겐의 영국군 곁으로 돌아왔다.

하지만 이제 건초 더미는 없었다. 그리고 사례금을 주고 손금을 보아 달라고 하는 사람도 없었다. 그 어떤 안정된 거주지도 나를 유혹할 수 없을 정도로 정처 없는 방랑의 시기였다. 하지만 여기서든 저기서든 최소한의 생필품을 타기 위해서는 경찰에 전입 신고를 해야 했다.

나는 괴팅겐에서 무엇을 추구했던가? 물론 대학은 아니었다. 그 어떤 증명서라도 취득했던가? 열다섯 살 이후로 나는 학교라는 존재를 마음속에서 지워 버렸다. 교사들은 내게 겁을 주어 학교를 그만두게 하는 존재였다. 그리하여 『양철북』의 시간표 단원에 나오는 초등학교 교사인 처녀 슈폴렌하우어라든지 『고양이와 생쥐』에 나오는 체조 교사 말렌브란트, 『국부 마취』의 정교사 라이덴스만 슈타루쉬, 마지막으로 『머리로 아이 낳기, 혹은 독일인 소멸하다』에 등장하는 아이를 갖지 못하는 교사 부부인 하름과 되르테가 내 원고지를 채우게 되었던 것이다. 그러므로 교육자들은 내 작품에 풍성한 소재를 제공한다. 심지어 「서른두 개의 이〔齒〕」라는 극작품은 위생학뿐 아니라 교육학적 망상을 다루기도 했다.

나는 학교 밖에서 카빈 98을 분해했다가 단 몇 분 안에 완벽하게 재조립할 수 있는 능력을 터득했고, 포병 훈련을 받은 경험 덕분에 8.8인치 고사포의 뇌관과 전차포를 다루는 방법을 익혔으며, 전광석화처럼 엄폐물을 찾아내는 훈련도 받았다. 또한 어떠한 명령에도 "예."라고 대답하고, 대오를 맞추어 행군하는 법도 알게 되었다. 나중에는 식량을 자체 조달하는 법과 위험을 감지하는 요령, 예컨대 야전 헌병대 소속의 헌병을 피하는 법을 알게 되었으며, 게다가 갈기갈기 찢긴 시체와 길 양쪽에 즐비하게 늘어선 교수형당한 자들을 보고도 견딜 수 있게 되었다. 공포 때문에 바지를 적시기도 했고, 두려워하는 법도 재빨리 배웠으며, 숲 속에서 노래를 부르기 시작했고, 서서 자는 법도 익혔다. 거짓 이야기를 판별할 줄도 알게 되었고, 지방, 고기, 생선 그리고 온갖 채소 없이도 맛있는 구이와 수프를 만들 줄 알게 되었으며, 아주 멀리 떨어진 시대의 손님들까지도 식사에 초대할 수 있었다. 게다가 손금을 보고 미래를 점치는 법도 배우지 않았던가. 하지만 이 모든 것은 대학 입학 자격을 보증해 줄 고등학교 졸업과는 닿을 수 없을 만큼 먼 거리에 있었다.

분주하게 돌아가는 기차역들 주변을 배회하곤 하던 나는 괴팅겐 역 앞에서 아주 오래전 학교 친구를 만났다. 콘라디눔 학교, 페트리 실업 고등학교 혹은 성 요한 학교에서 그가 내 옆자리에 앉았는지, 아니면 앞자리 혹은 뒷자리에 앉았는지는 확실하지 않다.

그가 내게 아주 단정한 태도로 말을 걸어왔다. 나는 그와 함께 아직은 폭탄 공격의 참화를 겪지 않은 시내를 가로질러 동부 피란민을 위한 임시 숙소로 갔다. 그가 자신의 어머니와 함께, 하지만 다 자란 여동생은 없이 지내고 있는 곳이었다.

이른바 퀸셋*들이 줄지어 서 있었다. 반원형 아치로 된 골함석의 바라크 사이로 건조 중인 빨래들이 널려 있었다. 먹을 것이라고는 양배추 줄기를 넣고 끓인 보리 수프가 전부였고, 내게 배려된 잠자리도 야전 침대였다. 그녀의 큰아들은 몬테카시노 수도원 부근의 전투에서 사망했고, 남편은 러시아군에 체포되어 디르샤우와 그 밖의 몇몇 도시로 끌려다니다가 결국엔 실종 처리되었다. 그러므로 유일하게 남아 있는 아들이 결핍된 무언가를 채워 주어야 하는 형편이었다.

며칠 후 옛날에 나의 옆자리 짝이었다고 주장하는 그 친구의 유혹에 빠져 나는 어떤 특별한 김나지움에 다니게 되었다. 그곳에서 소홀히 했던 것도 만회하고, 단어를 달달 외움으로써 헛되이 보내 버린 세월에 새롭게 활기를 불어넣고도 싶었다. 그가 나를 설득했다. 이곳에 다니다 보면 나중에 정식 학생이 될 수 있고, 그러다 보면 아비투어도 칠 수 있다는 것이었다. 그도 나와 마찬가지로 아비투어가 없다. 달랑 식량 주머니를 들고 다니는 나와는 달리 그도 비록 인조 가죽일망정 제대로 된 학교 가방을 들고 다니긴 했지만. 아비투어 없이는 어딜 가나 온당한 대우를 받기 힘들다. 매사가 그렇게 돌아간다. "명심해! 아비투어 없는 인간은 대접받기 어려워."

한 시간 남짓한 수업 시간은 견딜 수 있었다. 첫 시간에는 라틴어 교재와 씨름했다. 그럭저럭 할 만했다. 라틴어는 라틴어일 뿐이니까. 하지만 두 번째 시간은 한때 내가 가장 좋아했던 과목인

---

* 골함석으로 만든 반원형 간이 막사.

역사 시간이었다. 광범위한 시간을 관통하는 역사적 공간에서 내 상상력은 도피처를 마련할 수 있었고, 대체로 중세풍 복장을 한 채 끝없이 전쟁에 연루되는 인물들이 거주하는 빈 공간을 충분히 제공했다. 인간이란 무엇인가? 역사라는 불완전한 작품 속을 떠도는 하나의 미립자, 참여자, 어중이떠중이, 그리고 하나의 작은 조각에 불과하지 않을까? 다른 사람들이 마당을 가로질러 몰고 다니고, 그때마다 다채로운 색깔을 띠게 되는 공과 같은 것이 아닐까? 다시 교실 의자에 앉아 있자니 그런 생각이 들었던 것 같다.

나의 방랑 시절에 대한 기억에는 많은 것들이 누락되어 있다. 이를테면 라틴어 수업이 끝나자마자 곧장 다음 수업을 듣기 위해 모인 동급생들의 숫자 같은 건 기억이 나지 않는다. 분명한 것은 그들이 우리 둘보다는 전쟁의 햇수만큼 나이가 많았다는 사실이다. 어쨌든 역사 선생의 모습만큼은 손에 닿을 듯 분명하게 보인다. 체구는 작지만 다부지고, 짧은 머리는 위로 뻗쳤으며, 안경은 쓰지 않았고, 턱 아래쪽에 파리 수염을 한 채 그는 줄지어 있는 책상 사이를 왔다 갔다 하다가 발뒤꿈치를 이용해 뒤돌아서서, 마치 세계정신의 절대명령이라도 받들려는 듯 갑자기 그 자리에 멈추어 섰다. 그러고는 다음과 같은 의례적인 질문을 던지면서 역사 수업을 시작했다. "지난 시간에 어디까지 했지?" 그러고는 자기가 대답했다. "엠스 전보 사건 부분이었지."

수업 진도에 맞춘 것이었지만 나는 비스마르크와 그의 속임수를 듣고 싶지 않았다. 1870년에서 1871년까지의 사건이 도대체 나와 무슨 상관이란 말인가?

그 당시 전쟁 경험이라고 불렸던, 내가 들었던 속성 코스는 최근까지도 이어졌다. 이 과정은 엊그제야 끝이 났다.

수업 내용은 낮과 밤을 가리지 않고 꿈속까지 나를 따라다녔다. 내가 멈춰 설 곳은 어디에도 없었다.

'피와 철'로 독일 통일을 벼리는 계기가 되었던 그 전쟁은 내게 무엇을 주었던가?

엠스 전보는 나와 무슨 상관이 있었던가?

모든 것을 일일이 반추할 필요가 있을까, 그리고 기억의 날짜를 어느 날에 못질하여 고정할 필요가 있을까?

그리고 이 선생은 도대체 어떤 시기를 제쳐 두고, 건너뛰고, 아무 일도 일어나지 않은 것으로 간주하고, 또 고통 때문에 묵살해 버리고 싶었던 것일까? 내가 경험한 시기였을까?

왜소한 그 교사가 불길한 전보로 내게 일종의 신호라도 준 듯, 나는 자리에서 일어났다. 그러고는 항상 손 닿을 거리에 두었던 식량 주머니를 움켜쥐고는 말없이 그곳을 빠져나왔다. 교육이라는 그 어떤 지상 명령으로도 저지받지 않은 채 나는 학습 지진아들을 위한 교실을 떠났을 뿐만 아니라, 동시에 학교와 원리 원칙만을 고수하는 숨 막히는 분위기를 영원히 떠났다. 어쩌면 나 자신이 이런 방식의 퇴장을 즐겼는지도 모른다.

아비투어를 어김없이 끝내고 일생 동안 스스로를 만족스럽게 평가하며 살아갔을 내 동급생은 그 이후 한 번도 만난 적이 없다. 하지만 인쇄소를 포함하여 내가 거래하는 출판사가 괴팅겐의 뒤스터 가에 있으니 그 도시는 내게 한 가지 이상의 이유에서 늘 여행할 가치가 있는 곳이다.

방금 간략하게 언급한 에피소드와 관련된 다른 부수적인 이야기들도 있지만, 특별한 방식의 그 만남이 내 머릿속에 선명하게 남아 있다. 학교생활과 결정적으로 결별한 후 곧 기차역 대합실에 가 있는 내 모습이 보인다.

어디로 가려 했을까? 여행 계획이라도 있었을까?

무작정 남쪽을 택했던 것일까? 그곳을 떠나 불법이긴 하지만 미군 점령 지역으로 가서, 알트외팅과 프라이라싱 사이에 있는 바이에른의 촌구석을 뒤져서라도 동료 요제프를 만나기를 바랐던 것일까? 다시 한 번 주사위를 던져 앞으로 어떻게 먹고살 것인가를 결정하기 위해.

어쩔 줄 모른 채 괴팅겐 역 대합실의 꽉 찬 자리들 사이에서 빈자리를 찾는 내 모습이 보인다. 나는 여기저기 놓인 트렁크와 짐꾸러미를 넘어 다닌다. 초만원인 공간을 짓누르는 답답한 공기. 마침내 빈자리가 보인다. 자세히 살핀 보람이 있었던지 바로 내 옆에 빛바랜 국방군 군복을 입은, 내가 좋아하는 타입의 사내가 보인다. 만년 병장, 왼팔에 있는 갈고리 두 개의 계급장이 없어도 단박에 알아볼 수 있다.

그와 같은 부류를 나는 잘 알았다. 어릴 적에 어두운 숲 속에서 나를 구해 주었던 병장처럼 크고 다부진 체격에 무뚝뚝해 보이는 이런 타입의 사내는 믿을 만했다. 나는 속으로 생각했다. 하사관이 되려 했던 사람이 아니라면 믿어도 좋아. 영리하고 교활하고 숙련된 방식으로 그는 언제나 임무를 성공적으로 수행했다. 진격, 진지전, 백병전, 역습, 후퇴 등 전쟁과 관련된 모든 활동에 그는 숙달되어 있었다. 그는 상처를 입었을 때도 적의 허점을 노려 무사히 빠져나왔다. 한마디로 믿을 수 있는 사람이었다.

나무 의족을 쭉 뻗은 채 그는 내 옆에 앉아 파이프 담배를 피워 댔다. 보통 담배와 먼 친척뻘쯤 되는, 정체를 알 수 없는 담배였다. 그는 이번에 끝난 전쟁뿐 아니라, 삼십 년 전쟁 이후에 칠년 전쟁에서도 살아남은 사내처럼 보였다. 초시대적인 존재. 그는 군모를 목덜미 쪽으로 밀쳐놓고 있었다. 그렇게 해서 우리는 말을 나누게 되었다. "이봐, 어린 친구. 혹시 행선지를 모르는 거 아냐, 그렇지?"

사람들은 색깔 있는 헝겊 아래 가려진 채 어렴풋하게 보이는 나무 의족에 신경을 쓰지 않았다. 나중에 해프닝이 벌어지기까지는 그랬다. "글쎄요, 일단 하노버를 지나면 곧 기차역이 나오는데, 그때쯤이면 방법이 있을지도……."

우리는 곧 도착한 완행열차에 올라탔고, 역마다 요금을 분할 지불하는 방식으로 많은 역들을 지나갔다. 상당히 밀치락달치락한 후에 우리는 이미 만원이 된 비흡연칸에 자리를 잡을 수 있었다. 하지만 병장의 파이프는 아랑곳하지 않고 연기를 뿜어내, 좁은 공간을 이내 담배 연기로 채웠다.

그렇게 담배를 피우는 와중에 그는 식량 주머니에서 빵 조각과 소시지 하나를 꺼냈다. 그의 주장에 따르면 최고 품질의 소시지가 생산되는 아이히스펠트산(産)이었다.

그는 공수 부대원이 사용하는 칼을 이용하여 소시지를 새끼손가락 두께 정도로 썰었는데, 파이프를 손에서 놓으려고 하지 않는 자신보다는 나를 위해서였다. 그는 그런 식으로 짝꿍(그는 나를 그렇게 불렀다.)을 먹여 주었다.

기억에 따르면 나는 공기 중에 말린 선지 순대를 씹었지만, 잠재의식 속에서는 저지방의 돼지 순대나 고기 순대의 맛을 느꼈던 것 같다. 어쨌든 내가 무언가를 씹으면서 좌우 창밖으로 펼쳐진 구릉 지대를 내다보며 아무 생각 하지 않거나 이런저런 잡생각을 하는 동안에도 그는 계속 연기를 뿜어 댔다.

그러자 전쟁 이전에 유행했던 냄비 모양의 모자를 쓰고 맞은편에 앉아 있던 나이 든 여자가 자욱한 연기를 더 이상 못 참겠다는 듯 불만을 표시했고, 뾰족한 손가락으로 비흡연칸이라는 표지를 가리키며 보란 듯이 잔기침을 하며 큰소리로 불평하기를 멈추지 않았다. 심지어는 날카로운 목소리로 열차 승무원을 불렀고, 즉시 그 칸에 있는 다른 승객들에게도 이 '무례한 흡연 행위'를 응징하도록 부추겼다. 고상한 척하는 하노버 지방의 말투에 따라 단어의 '슷' 발음을 무례할 정도로 강조하자 내 짝꿍은 오른손으로 번지르르하게 기름기가 도는 단도를 위협적으로 빼 들었고, 다른 손으로는 입에서 파이프를 떼어 놓으며 한동안 이런 자세를 유지했다. 그러고는 빠른 동작으로 칼날을 자신의 바짓가랑이 속으로 집어넣어 오른쪽 허벅지 쪽을 찔렀다. 칼날은 그 자리에 머물며 한동안 부르르 떨었다. 게다가 그는 소름 끼치는 웃음마저 흘렸다.

그 나이 든 여자는 혼비백산해서 모자와 함께 객실을 빠져나갔다. 그 즉시 그 자리는 북적대는 통로에 서 있던 다른 누군가의 차지가 되었다. 왕년의 병장도 손에 힘을 빼고는 찰칵 소리가 나도록 칼집에 칼을 꽂아 넣었다. 그러고는 파이프의 재를 털어 냈다. 우리는 천천히 하노버로 접근했다.

남아 있는 것은 기억을 보존해 주는, 우연히 찍은 스냅 사진들 뿐이다. 그 당시 말없이 소시지 조각을 씹던 사람은 나무 의족을 힘껏 찌른 단도가 부르르 떨리던 모습을 아직도 선명하게 본다. 하지만 긴박했던 그 사건이 괴팅겐에서 하노버로 가는 열차 안에서 있었던 일인지, 아니면 반대 방향인 카셀을 지나 저 멀리 뮌헨까지 가는 열차 안에서 있었던 일인지는 분명치 않다. 어쨌든 그 후에 나는 바이에른의 마르크틀암인이든가 혹은 그 근방의 시골에서 내 동료, 일 년 전만 해도 캐러웨이 열매를 함께 씹었고, 미래를 점치려고 주사위를 던졌으며, 처녀의 몸으로 잉태한 성모 마리아에 대해 논쟁을 벌였던 요제프를 찾아보려 했다. 하지만 그는 부모님 집에 없었다. 아마도 어느 신학교에서 쪼그리고 앉아 공부를 하거나 스콜라 신학의 계명에 따라 금욕 생활을 실천하고 있었으리라. 그는 전 과목에서 최고의 성적을 거두었고, 그에 비해 나는······.

　어쨌든 이런 사건은 나무 의족을 붙인 또 다른 동료와 함께 있었어도 일어날 수 있었다. 그런 동료는 얼마든지 있었으니까. 선지 순대든 저지방 돼지 순대든, 잭나이프든 날이 선 칼이든, 상행선에서든 하행선에서든 상관없이 말이다. 기억이 간직하고 응축시켜 보관하는 것들은 때로는 이런 식으로 때로는 저런 식으로 이야기 속에 자리를 잡지만, 그것들이 어디서 유래했는지 그리고 또 어떤 의심스러운 부분이 있는지는 아무 문제도 되지 않는다.

　괴팅겐 역 대합실에서 내 옆자리에 앉았던, 어쨌든 의족을 붙인 그 병장이 오갈 데 없는 내게 하노버에 도착하거든 바로 부르바흐 칼리 주식회사 행정실로 가서 일자리를 신청하라는 조언을 해 준 것만은 사실이다. "막장일을 할 젊은이가 필요할 거야. 거기라면 중노동자를 위한 생필품 쿠폰도 받을 수 있고, 버터도 실컷 먹을 수 있을 거야. 게다가 지붕이 있는 잠자리도 얻을 수 있어. 그리로 가 봐, 젊은 친구!"

두 짝꿍은 하노버의 중앙 역 앞, 폭탄 파편으로 구멍투성이가 된 에른스트 아우구스트 기사 청동 기념비 옆에 서 있었다.

나이 어린 동료는 나이 많은 동료가 하라는 대로 했다. 그 당시 자신이 어떤 상태였든 혹은 자신이 앞으로 어떻게 될지와 상관없이, 경험은 그에게 확연한 가르침을 주었다. 그는 어른을 사칭하는 모든 사람을 불신했지만, 그 병장처럼 확실한 유형의 사람만은 믿었다. 어린 동료는 직업이 이발사였던 병장이 러시아군 전선을 가로질러 숲에서 자신을 구해 준 후로 그러한 유형에 대해 잘 알게 되었다. 며칠 후 T-34 전차가 퇴각로를 포격했을 때 그 병장은 다리가 갈기갈기 찢겨 살아날 가망이 거의 없었다. 하지만 나의 대합실 동료는 나무 의족을 붙이고 살아서 그곳을 빠져나왔다. 그는 살기 위해서는 어디로 가야 할지, 무엇을 해야 할지, 혹은 무엇을 하지 말아야 할지를 잘 알았다. 그러므로 나는 그의 조언을 믿고 따를 수 있었다.

그리고 무엇보다도 '막장'이라는 말이 마음에 들었다. 나 자신을 땅속 깊이 은닉함으로써 바삐 돌아가는 바깥세상을 더 이상 볼 필요가 없다고 생각하니 묘한 쾌감이 느껴졌다. 세상을 떠나 삼켜지고 실종된 채로, 마치 주민 등록상에서 퇴거된 자처럼 지내고, 땅껍질 아래 깊은 곳에서 노동을, 그것도 최고로 힘들다고 알려진 노역을 과감하게 해내는 일이었다. 아마도 나는 밝은 빛 아래서는 볼 수 없었던 어떤 것을 막장 안에서 찾으려고 했는지도 모른다.

그의 말대로 하기 위해 헤어지기 전 나는 고맙다는 표시로 나무 의족을 붙인 동료에게 남은 담배 쿠폰을 선물로 주었다. 그 무렵까지만 해도 나는 안정된 통화 구매력을 발휘하며 시장을 지배하던 궐련에 중독되어 있지 않았기 때문이다. 말하자면 담배는 하나하나 헤아려 계산할 수 있는 나의 재산이었다.

그곳에서 나는 기다리지도 않고 면접을 보았고, 일자리를 신청했으며, 그 즉시 부르바흐 칼리 회사의 총원 명부에 연결수로 등록되었다. 나의 작업장인 지크프리트 1세 광산은 자르슈테트 행정구역 내의 그로스 기젠이라는 마을 근처에 있었다. 그곳에서 나는 카바이드등과 작업용 목제 신발을 지급받았다. 내 잠자리는 수년 전부터 몸에 익은 바라크 내의 이 층 침대 위 칸이었다.

대략 힐데스하임과 하노버 사이의 평지에 위치한 이 마을은 사탕무 재배에 적합한 곳이었다. 다만 남서쪽 지평선 방향으로 베저 강 상류의 산악 지대가 푸르스름하게 구릉지를 형성하고 있었다. 초여름의 신록으로 뒤덮인 평지 위에 수갱 시설의 운반 탑을 비롯해서 돌 제분기, 한쪽으로 갱부용 목욕탕이 붙어 있는 보일러실, 그리고 빌라 형태로 된 회사의 본관이 들어서 있었다. 그리고 일부는 원추형으로, 일부는 완만하게 경사를 이루며 산처럼 쌓여 있는 흰색 폐석 더미가 다른 모든 것보다 높이 솟아 있었다. 날마다 쏟아져 나오는 폐석과 토사가 그 높이를 더해 갔다. 석탄 수레들은 케이블에 걸쇠로 연결된 채 궤도 위를 운행했다. 수레들은 가득 찬 상태로 올라왔다가 빈 채로 다시 굴러 내려갔다. 다가왔다 다시 사라지곤 하면서 수레들이 내던 끽끽 소리가 아직도 귓전에 맴도는 듯하다. 그래서인지 최근까지도 라체부르크를 출발하고 뤼네부르크와 하노버를 거쳐 나의 출판업자인 슈타이들*의 인쇄소가 있는 괴팅겐까지 가는 열차를 타고 가면서, 나는 오늘날 농지로 사용되는 평지 위로 불쑥 솟은 채로 긴 세월을 견딘 끝에 이제 자연 경관의 일부가 되어 버린 흰색 폐석 더미를 고대하며 창밖을 내다보곤 한다. 지크프리트 1세 광산의 시설을 포함한 수갱 시설들은 이미 수십 년 전에 철거되고 운행이 중단되었다.

바라크 안에는 익숙한 이 층 침대가 구비된 방이 여섯 개 있었다. 구내식당에서 제공되는 음식은 맛은 없지만 양껏 먹을 수 있었다. 게다가 광원들에게 지급되는 중노동자 쿠폰이 있으면 추가 식품을 얼마든지 공급받을 수 있었다. 소시지, 치즈, 그리고 아침 식사나 야간 근무 전에 나오는 두툼한 버터와 달걀을 말이다. 그리고 진폐증을 방지하기 위해 날마다 우유가 특별히 공급되었다. 막장 안에서는 보통 목제 신발을 신었다. 갱부 목욕실에서 우리는 옷을 벗은 후 옷 배낭을 지붕 아래에 매달아 놓고 교대로 샤워를 했다.

연결수로서 내 작업 공간은 지하 950미터 깊이의 수평갱이었다. 그곳에서는 전기로 움직이는 화차들이 부서지기 쉬운 칼리 암석이 가득 차 있거나 비어 있는 채로 더 높이 위치한 수평갱의 배

---

* 귄터 그라스의 작품을 도맡아 출간하는 출판업자.

출구부터 주(主) 수직갱의 승강기가 있는 곳까지 몇 킬로미터를 운행했다. 그리고 근무 교대를 알리는 벨이 울리면 광원들은 그 승강기를 이용해서 나가고 들어왔다.

그곳에서 내가 맡은 작업은 비어 있거나 꽉 찬 석탄 수레들을 케이블에 연결하여 보내고, 승강기 앞에서 연결 고리를 풀며, 염분을 품은 암석이 폭파되고 쪼개져 있는 갱도의 용마루 쪽으로 수레들이 가는 동안 갱내 환기구를 열고 닫는 일이었다. 이리저리 휙휙 불어오는 바람 속에서 내달리고 궤도 위를 비척거리며 걷다 보니 거듭해서 무릎이 깨졌다.

먼저 들어온 연결수 소년들이 나를 훈련시켰다. 화차가 천천히 움직이는 동안 나는 마지막 수레에서 뛰어내려 화차와 보조를 맞추며 뛰어가다가, 인조 가죽으로 된 갱내 환기구의 천 조각을 그때마다 옆으로 잡아 젖히고 화차가 지나가게 한 다음 다시 환기구를 닫고는 뛰어가면서 마지막 수레에 펄쩍 뛰어올라야 했다.

내가 교대 근무를 위해 타고 갔던 전동차의 기관사는 대부분의 경우 시간을 충분히 주었다. 그래서 화차를 놓치고 그 뒤를 따라 긴 구간을 혼자 걸어가야 했던 건 한두 번뿐이었다.

그처럼 바삐 이어지는 일은 진땀을 빼는 중노동이 무엇인지 그리고 중노동자용 쿠폰을 얻으려면 얼마나 뼈 빠지게 일해야 하는지를 실감케 했다. 그나마 근무할 때마다 한 번 정도는 정전이 되는 통에 한두 시간씩 작업이 중단되기도 했는데, 이는 드문 일이 아니었다. 어디서든 정전은 일상이었고, 마치 운명처럼 받아들여졌다.

그럴 때면 우리는 멈춰 선 수갱의 승강기 옆에 우두커니 앉아 있거나, 구간 전체가 정전되었기 때문에, 폭파로 흩처럼 넓은 공간이 확보된 갱도의 용마루 중 하나로 가서 앉아 있곤 했다. 이곳의 공간은 충분히 넓기 때문에 현재는 물론 앞으로도 우리의 모든 핵폐기물을 처리할 장소로 이용될 수 있을 것이고, 그래서 방사능을 배출하게 될지도……

나중에 나는 소설 『개들의 세월』 마지막 장을 더 이상 칼리 암석이 채굴되지 않는 광산에 할애했다. 모든 수평갱과 용마루 갱실에는 칼리 암석 대신에 수출 품목으로 생산되는 허수아비들을 즐비하게 채워 넣었다. 일정한 포즈로 고정되거나 기계 장치를 이용해 움직일 수 있게 한 허수아비들은 인간 사회의 복제물 같은 옷차림을 하고는, 인간의 기쁨과 고통을 표현함으로써 상품 가치를 가지게 되었다. 이것들은 주문에 따라 배달되었고, 세계 곳곳으로 팔려 나갔다. 말하자면 인간 또한 신과 꼭 닮았기 때문에, 신이 원조 허수아비쯤으로 여겨질 수 있었던 셈이다.

막장 안에서 정전이 될 경우 카바이드등만이 불을 밝혀 주었고, 그 불은 용마루 갱실의 튀어나온 벽에 우리의 모습을 거대한 그림자로 던지게 하여 마치 귀신이 출몰하는 듯한 분위기를 연출했다. 그들은 이제 막 파낸 수평갱에서, 멈춰 선 셰이커 컨베이어에서, 용마루 깊숙한 곳에서 몰려나왔다. 광원, 갱부, 폭파 전문가, 갱부 감독 그리고 우리와 같은 연결수가 기관사와 함께 몰려나왔다. 속성 수습 과정을 거친, 대개는 어린 보조 인력이나 대를 이은 전문 일꾼(그들 중 몇몇은 연금을 수령할 나이였다.) 할 것 없이 한데 섞여 정전 시간 내내 쪼그리고 앉아 있었다.

이들의 중얼거림은 얼마 지나지 않아 정치적 논쟁으로 이어졌고, 이내 언성이 높아지고 격론으로 치달았으며, 때론 주먹다짐 일보 직전까지 갔다가 때마침 전기가 다시 들어와 갱내 안전등이 켜지고 셰이커 컨베이어가 다시 덜거덕거리고 전동차가 윙윙거리는 소리를 내기 시작하면서 진정되곤 했다. 수갱의 화물용 승강기가 달그락거리기 시작하는 것과 동시에 다양한 방언들로 채색되던 말다툼이 이내 수그러들었다. 그렇게 하여 모두들 조용히 혹은 못다 한 말을 속으로 삼키면서 다시 각자의 자리로 돌아갔다. 이리저리 흔들거리는 카바이드등 불빛 속에서 그들의 모습은 점점 작아져 갔다.

그들의 논박을 곁에서 엿듣기만 할 뿐 수동적으로 꿀 먹은 벙어리처럼 잠자코 있기만 했던 내게 정전 시간은 추가로 주어진 견습 시간이기도 했다. 아무 일 하지 않아도 땀이 흐르는, 막장 안의 지속적인 열기 속에서 나는 열띤 논쟁에 귀를 기울이려 했지만, 많은 부분이 이해되지 않았다. 때로는 자신이 멍청하게 생각되기도 했지만 나이 든 동료들에게 물어볼 생각은 감히 하지 못했다. 나는 때로는 이 말에, 때로는 저 말에 쏠렸다. 논쟁이 이어지다 보면 자연스레 편이 갈렸는데, 대개는 세 부류로 나뉘어 서로 다투었다.

편이 가장 적은 부류는 공산주의적인 계급 의식을 강조했고 자본주의의 임박한 종말과 아울러 프롤레타리아 계급의 승리를 예견했으며, 어떠한 질문에도 하나의 답변으로 응수하며 불끈 쥔 주먹을 내보이길 좋아했다. 갱부 감독이 이 부류에 속했는데, 막장 밖에서 사교적이었던 그는 광산 근처의 일가구용 주택에 살았다. 나는 그의 맏딸과 가끔 영화관에 가곤 했다.

두 번째 부류이자 가장 수가 많은 그룹은 나치 구호를 큰 소리로 외치는 자들로서 구 질서를 붕괴시킨 죄인을 찾으려 했고 "깃발을 높이……"와 같은 선동적인 구호를 흥얼거렸으며 "총통께서 살아 계신다면 우리 모두를……" 하는 식으로 망상과 거친 저주를 남발했다.

세 번째 부류는 점점 보잘것없어지는 개선안으로 논쟁을 완화하려 애썼다. 한편으로는 부르바흐 칼리 회사의 경우를 예로 들어 몰수에 반대했고, 다른 한편으로는 노동조합의 통제 아래 대규모 산업의 국유화를 지지했다. 이처럼 시들해지다가도 지지 세력이 모이면 다시 힘을 얻는 이 부류는 사회 민주주의라고 평가 절하되었는데, 공산주의자들은 그들이 '사회주의 파시스트적'이라고 비난했다.

그들이 무엇 때문에 논쟁을 넘어 격노하게 되었는지는 납득할 수 없는 부분이 많았지만, 연결수이자 머리가 둔한 나도 오랜 논쟁의 정점에 가서는 공산주의자 무리와 고집불통 나치주의자가 하나로 뭉쳐, 사회 민주주의자의 말문을 막아 버렸다는 것은 알아볼 수 있었다. 조금 전까지만 해도 불구대천의 원수였던 사람들이 사회 민주주의에 대항해 적갈색 연합 전선을 구축했다.

이 모든 것이 틀에 박힌 듯이, 마법에 걸린 듯이 진행되었다. 정전 사태가 발생할 때마다 똑같은 방식으로 부류가 나뉘었다. 나는 확실하게 어느 편을 들기가 어려웠다. 확고한 입장이 없어 이런저런 선동에 휘둘리는 사람처럼, 나는 때로는 이 부류에, 때로는 저 부류에 속했을 것이다.

폭파 작업 때 갱부로 일하다 사고를 당해 약간의 장애가 있는, 사회 민주주의 진영의 전동차 기관사가 언젠가 막장 밖에서,

근무 교대를 끝내고 탈의실을 빠져나온 내게 그 자가당착적인 적갈색 연대에 대해 자신의 생각을 털어놓았다. "지금 이곳에서는 1933년 직전 무렵의 분위기가 재현되고 있어. 그 당시 공산주의자들과 나치들이 우리에게 맞섰지. 그러고 나서 나치들이 공산주의 진영을 먼저 척결했고, 이어서 즉시 우리를 공격했지. 연대는 일찌감치 깨졌던 거야. 그래, 이 사람들은 도무지 역사로부터 배우려 하질 않아. 언제나 전부 아니면 무(無)를 원한다니까. 그들이 우리 사민주의자들을 증오하는 것은 긴급한 상황에서 우리가 절반 정도로도 만족하기 때문이야……."

지금 나는 깜박거리는 카바이드등 불빛 아래에서의 그 세계관 수업이 나를 계몽시켰고, 전후의 정치 상황을 처음으로 통찰하게 해 주었으며, 계몽의 작은 등불을 켜 주었다고 말하려는 것이 아니다. 하지만 공산주의자들과 나치주의자들이 '체제'라고 폄하했던 국가를 어떤 사악한 패거리들이 망가뜨렸고, 무엇이 국가에 최후의 일격을 가했는지를 그 연결수 소년은 어렴풋이 깨닫기 시작했던 것이다.

막장 안에서는 교육받은 사민주의자가 되지 않았지만 막장 밖에서 몇 가지 통찰력을 얻을 기회가 있었다. 어느 일요일 아침 기관사가 나를 데리고 정리된 폐허 더미인 하노버로 갔다. 사민당 당수인 쿠르트 슈마허가 그곳 노천 광장에서 수만 명 인파를 향하여 연설을 하고 있었다.

아니, 연설을 했다기보다는 5월의 단치히 초원에서 나치 대관구 지도관인 포르스터가 그랬던 것처럼 절규에 가까운 소리를 내지르고 있었다. 한때 모든 정치가는 그런 식으로 절규를 했다. 하지만 그가 천둥 치듯 내뱉은 몇 마디 말은 나의 기억 속에, 훗날 사회 민주당 당원이자 영원한 중립주의를 일관되게 신봉하게 되는 나의 뇌리에 깊이 박혔다. 뙤약볕 아래에서 소맷자락을 펄럭이며 수만 관중의 머리 위로 소리를 내지르던 연약한 모습의 인물이 뚜렷이 남아 있다.

나치 시절 몇 년간 수감 생활을 한 후 그는 금욕주의자가 되었고, 공공연하게 기둥 위 고행자로 살았다. 그런 그가 국가 재건을 호소하고 나서서 폐허로부터 사회 민주주의 독일이 발흥해야 한다는 의지를 확고히 표명한 것이었다. 한마디 한마디가 쇠에다 망치질을 하는 것 같았다.

고함에 반감이 있던 나의 본래 의지와 달리 슈마허 동지의 연설은 내게 확신을 주었다. 어떤 점 때문이었을까? 어떤 결과가 있었던가? 유토피아적 훈육을 받으며 먼 미래로의 도약을 시도했던 저 연결수 소년이 사민주의적 행보, 이를테면 빌리 브란트의 '작은 발걸음의 정치'에 몰두하게 된 것은 그로부터 여러 해가 지나서였다. 내가 『달팽이의 일기』에서 진보를 위해 쉬지 않고 발을 움직이라고 처방한 것은 그보다 더 많은 세월이 흐른 뒤였다. 점액질의 흔적. 그리고 의심이라는 둥근 머릿돌들로 포장된 머나먼 길.

사실 빈집과도 같았던 나의 정치적 고립은 막장 안에서부터 이미 구멍이 뚫리고 금이 가기 시작했다. 나는 시험 삼아 당파성을 띠기도 했다. 그러므로 지크프리트 1세 칼리 광산은 가끔은 중단되긴 했지만 내게 무료로 과외 수업을 해 주었던 셈이다. 둥글고 높다란 용마루 갱실에서 연출되는 빛과 그림자 놀이처럼 나는 이리저리 흔들리면서 때로는 찬성을 하고 때로는 반대를 했고, 때로는 이편을 들고 때로는 저편을 들었다. 하지만 골수 나치주의자가 허튼소리를 늘어놓으려 하면 나는 즉시 귀머거리가 되었다.

한번은 막장 안에서 소련군 점령 지역에서의 공산주의와 사회민주주의의 통합당 출범을 둘러싸고 또다시 논쟁이 가열되었다. 그때 나는 강제 통합에 대해 경고했고, 연결수 소년이 갱내 환기구를 열고 닫을 때 그리고 달리는 수레 위에 올라타야 했을 때 항상 배려하는 마음으로 서행 운전을 했던 기관사의 논지를 대변했다. 그런가 하면 막장 밖에서는 세 딸의 자상한 아빠인 갱부 감독이 『공산당 선언』의 몇 구절로 전후의 궁핍해진 현실을 번역했을 때 그것을 들어 주기도 했다.

양 진영은 이렇게 번갈아 가며 나를 선동하는 데 성공했다. 나는 선량한 청중으로서 그들의 열정을 촉진시켜 주었던 셈이다. 하지만 오늘날처럼 자본이 절대적 지배권을 행사하고 나 개인의 무력감이 극대화된 시점에서, 내가 만일 당시의 연결수를 내 입식 책상 옆으로 불러들여 처음에는 부드럽게, 그러고 나서 엄격하게 심문하고, 언급을 회피하려는 그를 유도 신문하여 궁지로 몰아넣는다고 하더라도, 작업복을 입은 그 어린 남자에게서 들을 수 있는 얘기라고는 고작해야, 근무 교대 시에 잠깐씩 정원과 베란다가 있는 주택으로 그를 유혹한 사람이 바로 갱부 감독의 맏딸이었다는 말 정도일 것이다. 그녀는 선동하지 않고도 나를 설득했다고 말이다.

미인은 아니지만 매력이 없지는 않았다. 어린 시절부터 그녀는 왼쪽 다리를 절었다. 사고였을까? 그녀는 거기에 대해서는 아무 말도 하지 않았다. 혹시 그녀가 그 큰 불행의 원인에 대해 하소연했을 때 내가 흘려들었던 건 아닐까?

그녀는 시간이 얼마 남지 않은 것처럼 마찰음을 내며 빠르고 성급하게 말했다. 그녀의 모습을 떠올리자면 길쭉한 달걀형 얼굴에 양미간이 좁고 눈이 갈색이었으며, 머리카락은 짙은 색 직모였다. 뭔가를 골똘히 생각해서인지 이마는 늘 찌푸려져 있었다. 그녀는 영리했고 논리적 사고를 담은 문장을 구사했다. 떨리곤 했던 그녀의 두 손은 유창한 언변에다 제2의 목소리를 더해 주었다. 그녀가 가장 자주 사용했던 말 중 하나는 '엄밀히'였다. 엄밀히 보자면, 엄밀히 말하자면, 엄밀히 생각하면……

관리부의 사무 수습생이었던 그녀는 신속하게 운을 맞춘 나의 시 몇 편을 타자기로 타이핑해 주었다. 그러자 시구의 한 줄 한 줄이 그럴싸해 보였고, 술술 읽히는 게 시각적인 차원에서만 봐도 인쇄하기에 손색없어 보였다. 타이핑 작업을 하면서 그녀는 말없이 맞춤법도 봐 주었다.

우리는 가능한 한 자주 붙어 다녔다. 그녀가 발을 전다는 사실은 아무 문제도 되지 않았다. 그녀의 얼굴과 떠는 두 손만으로도 충분히 매력적이었다. 그렇게 가슴이 불룩하지는 않았던 그녀는 광산 문 바로 근처에서 아버지를 기다렸고 아마 나도 기다렸을 것이다. 그녀는 너무도 귀엽고 몸무게가 가벼워, 밋밋한 몸을 적당한 높이로 들어 올리면, 선 채로 몸 안에 돌진해 들어갈 수도 있었다. 자르슈테트에서 영화를 보고 돌아온 뒤 베란다 혹은 현관에서 몇 분 동안 우리가 한 몸이 되었을 때 그랬던 것처럼.

그녀의 방으로 통하는 계단을 올라갈 수는 없었다. 그녀도 이 층 침대가 있는 바라크로 들어가려 하지 않았다. 그녀는 항상 나를 배려하면서, 영화 관람의 마지막 프로그램에 해당되는 것을, 그녀가 원했든 혹은 나만 원했든 간에 허용해 주었다. 그리고 나는 조심하라는 그녀의 부탁을 따르는 법을 내 나름대로 익혔다.

하지만 몇 분만 허용되었던 베란다나 현관의 바람막이 공간에서보다는 무밭 사이의 들길에서 우리는 더욱 선명한 경험을 했다. 그녀는 직설적으로 말했고, 우리는 모든 것을 솔직 담백하게 얘기했다. 다소 흐릿한 하늘을 배경으로 희끄무레하게 빛나는 폐석 더미를 바라보면서 우리는 최근에 본 영화들에 대해 많은 얘기를 나누었다. 그중 하나가 안개 자욱한 영국을 배경으로 한 스릴러물 「가스등과 그림자」였고, 다른 하나는 '디 크네프'가 배역을 맡았던 「살인자는 우리 중에 있다」였다.

우리는 존재하지 않는 신에 대해서도 얘기했다. 우리는 교리의 무가치함에 대해서도 얘기했다. 우리는 그 당시 유행했던 그 개념을 몰랐거나 아니면 소문으로만 듣고 알았던 실존주의의 생도였다. 우리 둘은 『차라투스트라는 이렇게 말했다』를 읽었으며 '본래성'이나 '내던져짐' 같은 숭고한 어휘를 어디선가 우연히 들어 알았다. 물론 이 지역에 건초 더미는 없었다.

처음으로 땅이 얼고 사탕무가 익었을 때 우리는 땅거미가 진 후 자루와 바구니 그리고 손잡이가 짧은 괭이를 들고 서둘러 들판으로 갔다. 밤중에 수확을 하는 사람은 우리만이 아니었다. 우리의 적(敵)은 개를 데리고 나온 농부들이었다.

전쟁이 끝난 해에 아내를 잃은 홀아비이자 세 딸의 아버지로서 가끔은 처량한 느낌을 주던 갱부 감독의 집 세탁장에서 우리는 그의 지시를 받으며 함께 껍질을 벗겨 잘게 썬 무를 빨래 삶는 솥에다 넣고 걸쭉한 시럽이 될 때까지 끓였다. 커다란 나무 국자로 부글부글 끓는 솥 안을 쉴 새 없이 휘저었다. 그 냄새, 아주 달고 끈적끈적했던 그 맛, 그리고 무를 잘게 썰면서 터뜨렸던 소녀들의 삼중창과도 같은 웃음소리가 지금도 생생하게 남아 있다. 우리는 시럽을 회사 소유의 불룩한 병에 채워 넣었다. 그러고도 솥에 남은 나머지로는 아니스 열매를 첨가해 맥아 봉봉을 만들었다.

시럽을 만들면서 우리는 노래를 불렀다. 아버지는 딸들에게 노동요 몇 곡을 전해 주었다. 강제 수용소에서의 감금도 징벌 부대에서의 일선 근무도 그에게서, 그가 즐겨 말했던 '계급 의식'을 떼어 낼 수는 없었던 것이다.

그런데 세 딸의 이름은 무엇이었던가? 누구인지는 모르겠지만 그중 한 명은 엘케라고 불렸다. 시럽을 끓이면서 이따금 독설이 오가기도 했지만, 정치 논쟁으로 넘어간 적은 거의 없었다.

저 멀리 뉘른베르크에서 전범자에 대한 판결이 내려져 교수형이 집행되었고, 몇몇 동료와 함께 사탕무 수확을 시작하기 직전에 지하 950미터 갱도에서 축하 파티를 벌였던 나의 열아홉 번째 생일 이후에 나는 그로스 기젠의 시청에서 먼 친척의 이름과 주소를 발견했다. 실향민이 된 아내와 딸들을 데리고 뤼베크에서 피란하고 있었다. 내가 그 즉시 편지를 썼던가, 아니면 잠시 망설인 후에 썼던가?

점령 지역 내의 도시와 마을이 다 그랬듯이 시청 사무실 복도에는 실종자 명단과 날짜뿐 아니라 이따금 사망자 명단도 실린 기다란 실종자 목록이 붙어 있었다. 적십자와 다른 단체들이 명단의 발송과 보완 작업을 맡았다. 아이들의 경우엔 여권용 크기의 사진을 별도로 내걸었다. 동프로이센, 슐레지엔, 포메른, 주데텐란트 그리고 내 고향 단치히에서 온 피란민과 추방자, 병과와 계급을 불문한 군인, 피폭자와 철수민 그리고 수백만 명이 서로를 찾고 있었다. 이름도 없는 젖먹이들이 부모를 애타게 찾았다. 어머니들은 피란 과정에서 헤어진 아들과 딸을 찾으려고 했다. 어린아이의 사진 밑에 발견 장소만 쓰여 있는 경우도 간혹 있었다.

찾고 발견하고. 여성들은 그렇게 약혼자와 남편의 귀환을 갈망했다. 남자 친구와 여자 친구는 서로를 그리워했다. 나 역시 매주 새로 게시되는 이산가족 명단에서 부모와 세 살 아래의 누이동생을 찾았다.

모든 이성적인 판단을 무시하고 그들이 여전히 집에 있는 모습을 보고 있었기 때문에 나는 가족이 낯선 곳에 있는 장면을 상상할 수도 없었고 상상하고 싶지도 않았다. 어머니는 여전히 가게 카운터 뒤쪽에 꼼짝 않고 서 있고, 아버지는 부엌에서 케이크용 밀가루를 반죽하고 있으며, 댕기 머리 여동생은 거실에서 놀고 있었다. 강제로 쫓겨나, 집도 정든 가구도 벽에 걸린 유화 액자도 없으며, 거실과 침실을 동시에 덥혀 줄 타일 바른 난로와도 멀리 떨어진 곳에 있는 신세였는데 말이다.

라디오는 여전히 찬장에 놓여 있을까? 누가 어떤 방송을 듣고 있을까? 원래는 내 것이었던, 유리를 끼운 어머니의 책장은 어떻게 되었을까? 담뱃갑 그림들을 수집해서, 규격에 맞게 풀칠해 붙여 놓은 그림 앨범은 누가 뒤적이고 있을까?

그랬다. 곧바로, 아니면 아주 잠시 망설인 후에 나는 먼 친척에게 편지를 보냈다. 하지만 예전에 단치히 쉬트리츠에 살았던 그들로부터 답장이 오기 전에 오버슐레지엔 출신의 바라크 동료 한 명이 결혼을 했다. 신부는 그곳 마을 출신으로 미망인이었다.

웃음이 헤프고 머리에 파마용 롤을 잔뜩 매단 금발 여인이 눈부신 모습으로 내 앞에 서 있다. 그리고 조금 후 그녀는 칼리염 100파운드들이 자루 몇 개와 맞바꾼, 낙하산용 비단으로 만든 신부 드레스를 걸치고 있다.

나와 마찬가지로 연결수 소년이었던 다른 동료와 함께 나는 신부 측 증인 역할을 해야 했다. 그곳 마을에서 우리 말고는 증인을 구할 수 없었기 때문이다. 신랑은 카토비체 태생으로 그곳의 일상어인 폴란드식 독일어를 구사했다. 그리고 하모니카를 신나게 불며 여러 절로 이루어진 노래 한 곡을 가르쳐 주었는데, 그중에서 "안택의 다리엔 벼룩이 살고 있어요, 그는 곧 무기 휴대 허가증을 얻게 되지요." 같은 몇 줄만이 아직도 기억난다.

전쟁 미망인의 거실 겸 부엌에서 우리 넷은 큰 소리로 축하 파티를 열었다. 그로스 기젠과 인근 마을들 그리고 자르슈테트에 사는 친척이나 이웃 사람은 아무도 오지 않았다. 자매뿐만 아니라 부모까지도 니더작센식 사고방식에 따라 빈털터리 외국인 사위와 한 테이블에 앉기 싫었던 것이다. 타지에서 온 사람은 영원히 이방인이었다.

참석하지 않은 하객들의 목마름까지 충족해야 한다는 듯 우리는 엄청나게 마셨다. 신랑과 결혼식의 증인들, 그리고 특히 신부는 유쾌한 분위기를 만들려고 애썼다. 삶은 돼지 목살을 안주 삼아 물컵으로 술을 들이마셨다. 누가 많이 마셨고 누가 적게 마셨는지 지금은 기억나지 않는다. 감자 슈납스를 비롯해서 그 밖에 암거래 시장에서 조달해 온 것들이 식탁에 가득했다. 심지어 코냑도 있었다. 게다가 의심스러운 알코올까지도 많이 마셔 버렸기 때문에 자칫하면 모두 실명할 수도 있었다. 그 무렵 신문에는 가족 파티 후의 집단 중독 사건에 대한 소식이 연일 보도되었다. 변조된 소주 안에 들어 있는 메틸알코올이 그 원인이라고 했다. 그러나 우리는 우리와 신랑 신부의 행복을 위해 거듭 건배를 했고, 참석하지 않은 하객들에 대해 목청껏 험담을 했다.

그러다가 어느새 우리 넷은 전쟁 미망인의 신혼 침대에 함께 쓰러졌다. 실명하지는 않았지만 다들 장님이나 마찬가지였다. 그러고 나서 많은 살덩어리들 사이에서 어떤 일이 벌어졌는지 어떤 양파 껍질도 알려고 하지 않았고, 지금도 알려 하지 않는다. 어쨌든 신부만은 밤사이에 일어났거나 일어나지 않았던 일을 알고 느끼고 또 짐작했을 것이다. 누구와 관계했는지, 누구와는 거의 관계하지 않았거나 전혀 하지 않았는지 그리고 누구와는 여러 차례 반복했는지를 말이다.

침대의 머리 쪽 벽에는 첫 번째 결혼 때의 것인 유화 한 점이 걸려 있었는데, 아름다운 백조 한 쌍이 그려진 그림이거나 사슴 한 마리가 외로이 울부짖는 그림이었을 것이다.

다음 날 아침, 아니 정오가 다 되어 우리가 깨어났을 때 새로 결혼한 금발의 신부는 거실 겸 부엌에 이미 아침 식사를 차려 놓고 있었다. 달걀 프라이와 구운 베이컨 냄새가 났다. 그녀는 서로 시선을 마주치지 않으면서 허공을 쳐다보는 세 사람, 그녀의 남편과 두 연결수 소년을 향해 금발 사이로 미소를 짓고 말을 건넸다. 하지만 우리는 거의 말을 하지 않았고, 몇 마디 나눈 말도 곧 시작될 야간 작업에 관한 이야기뿐이었다.

    결혼식 날 밤은 그렇게 뒤죽박죽 뭐가 뭔지도 모른 채로 미끄러지듯이 지나가 버렸다. 막장 밖의 운반 탑 내 바람막이 칸에서, 모든 것 위로 솟아 있는 폐석 더미가 창밖으로 내다보이는 침실에서 그렇게 결혼 첫날밤은 치러졌다기보다는 발생했다. 하지만 막장 안에서는 정전 동안에 갱부들이 논쟁을 계속했고, 나는 반복되는 내용에 신물이 나 끼어들고 싶지 않았다. 한때 나를 사로잡았던 소년 나치단의 정신은 땀처럼 증발해 버린 것 같았다. 나는 분쟁을 유발하며 끈질기게 남아 있는 과거와 아무 연관도 맺고 싶지 않았다. 한물간 이념들 중 그 어느 것에도 유혹을 느끼지 않았다. 한때 유일하게 정당성을 확보했던 이념이 다른 모든 것을 괄호 안으로 넣어 버렸던 바로 그곳에서 하나의 틈이 벌어졌는데도 말이다.
    하지만 겉으로는 보이지 않더라도 안으로는 입을 쩍 벌리고 있던 저 균열을 어떻게 메웠을까?
    어쩌면 그것들은 지속적이면서도 산만한 의미 추구였을 것이다. 하지만 연결수 소년은 다소 길었던 강제적 휴식 시간에, 논쟁에 열을 올리는 동료들과 거리를 두고 오로지 카바이드등에 의지해 죽은 언어로 된 청동기 시대의 문법*과 어휘 공부에 열중했고

---

* 라틴어 문법.

결국 본격적인 생도가 됨으로써 그들의 의미 추구 놀이로부터 스스로를 구제할 수 있었다.

이러한 부조리한 상황이 오히려 집중적인 효과를 발휘하여 나는 오늘날까지 동사 변화를 암송할 수 있을 정도다. 땅껍질 아래 950미터 지점에서 열심히 그리고 이를 악물고 부족한 라틴어 실력을 개선하고자 했던 연결수 소년, 그가 바로 나다. 학생 시절처럼 그는 연신 얼굴을 찡그려 가면서 자신의 경구를 되풀이한다. 쿠이 쿠아이 쿠오드 쿠이우스 쿠이우스 쿠이우스…….*

나는 그**를 조롱하고, 그를 '별 볼일 없는 녀석'이라고 부른다. 하지만 그는 곁눈을 팔지 않고 결핍된 공간을 그 어떤 것으로 채우려고 애쓴다. 설사 그것이 언어의 쓰레기 더미일지라도 말이다. 바트 아이블링 수용소의 동료는 그 언어에 능통했고, 그것을 "영원히 세계를 지배할 언어"라고 불렀다. 심지어 요제프는 확고부동한 이 언어의 문법에 따라 꿈을 꾼다고 주장하기도 했다.

문법책과 사전은 어느 마음씨 좋은, 퇴직한 고등학교 여교사에게서 빌렸다. 그녀는 전쟁이 끝나기 직전 처참하게 파괴당한 주교 도시 힐데스하임에 살았는데, 비흡연자인 나는 여선생에게 담배라는 일정한 대가를 지불하고 그녀의 다락방에서 과외 수업을 받았다.

어디서였는지는 기억나지 않지만 그녀를 만난 것은 우연이었다. 그녀는 두꺼운 유리 안경을 쓰고 고양이를 무릎에 안은 채 적포도주 색깔의 안락의자에 앉아 있곤 했다. "라틴어를 조금 배워

---

* 라틴어 관계 대명사의 격 변화.
** 막장 시절의 귄터 그라스.

두는 것도 나쁘진 않을 거야."라고 그녀는 조언했다.

비번이면 나는 어김없이 버스를 타고 그녀에게 갔다. 비록 박하차였지만 그녀는 수업이 끝난 후 내게 차를 대접해 주었다.

가까운 친척과 먼 친척이 보내온 우편엽서들은 내가 다시 고등학교 시절로 퇴행하는 것을 끝내 주었다. 나는 공감하면서 엽서들을 읽었다. 부모님과 누이동생은 전쟁과 추방에도 불구하고 별다른 상처를 입지 않고 살아남았다고 했다. 그리고 최근엔 그들이 소련 점령 지역에서 영국 점령 지역으로 거주지를 옮길 수 있게 되었다는 말도 있었다. 메클렌부르크를 떠나왔다는 것이다. 달랑 가방 두 개만 들고 경계선을 넘었으며, 조부모들이 피란처로 삼았을지도 모르는 뤼네부르크에서 잠시 머문 뒤 북쪽 지방은 이미 오래 전부터 피란민들로 넘쳐 나고 있었기 때문에, 쾰른 근처의 라인란트에, 좀 더 정확히 말하자면 베르크하임 에르프트 군에 있는 커다란 농가에 묵고 있다는 것이었다.

뿔뿔이 흩어져 사는 친척들의 우편엽서에는 다른 이야기들도 있었다. "우리의 단치히는 더 이상 존재하지 않아."라고 망가진 고향 도시에 대해 이야기해 주었고, 그동안 견뎌 냈던 그 모든 고초에 대해서도 알려 주었다. 그리고 정확한 내막에 대해 아무것도 알 수 없었던 '소문 속 범죄'에 관한 내용도 있었다. "폴란드인이 우리에게 저지른 부당 행위에 대해서는 모두들 침묵을 지키고 있어······."

그뿐 아니라 친척들은 직접 겪은 폭력, 실종자, 사망자와 할아버지에 대해서도 소식을 전해 주었다. 할아버지는 가구 공장을 잃은 것을 못내 괴로워하며 슬퍼하셨다고 한다. "원반 회전 톱, 평삭 선반, 그리고 지하에 있던 문 장식과 창문 장식 등등……."

친척들은 갈수록 악화되는 총체적 난국에 대해 한목소리로 한탄했다. "특히 우리같이 추방당한 사람들은 어디에서도 환영받지 못해. 우리도 이곳 사람들과 마찬가지로 독일인인데 말이야……."

부모님이 거주하고 있는 라인 강 지역의 숙소 주소는 그로스기젠 시청에서 내게 알려 주었다. 어쨌든 나는 공장에 알리지도 않은 채 아침 근무를 마친 후 무작정 버스를 탔다. 크리스마스 직전 아니면 새해가 시작될 무렵이었을 것이다. 그 무언가가 나를 잡아당겼다. 나를 잘 따른 갱부 감독의 딸이었던가?

거리에는 눈이 쌓여 있었고, 그 위로 더 많은 눈이 떨어졌다. 나는 아껴 두었던 버터 1킬로그램, 그리고 공장 실험실에서 만든 무 시럽이 가득 든 불룩한 브롬 병 두 개를 가방에 넣어 가지고 왔다. 지난번 거둔 수확에서 내게 주어진 몫이었다.

그렇다. 나는 갱부 감독의 맏딸이 흘리던 눈물도, 그녀의 아버지가 성급하게 떠나는 내게 잘 가라는 인사를 건넸는지도 기억하지 못한다. 하지만 그곳을 떠나면서 여행용 가방이 아닌 선원용 배낭 속에 공장 소유의 물품을 채웠던 것만은 틀림없다. 왜냐하면 다음의 사실이 그 점을 입증하기 때문이다. 그로부터 이십 년도 더 지난 후 그곳에서 벌어질, 브란트의 '신동방 정책과 독일의 정책'이 화두가 된 연방 의회 선거를 염두에 두고 유권자 운동 단체의 창립을 돕기 위해 니더작센 지방을 재차 여행하게 되었을 때, 나는 힐데스하임에서의 선거 행사가 끝난 후 사민당 후보에게 내가 연결수 소년으로 일했던 막장 경험과 정전 시간 동안 불붙었던 논쟁에 대해 말해 주었다.

그로서는 언제부터 사민주의적 망설임이 나의 정치적 행보를 규정하기 시작했는지 알게 된 계기였을 것이다. 하지만 내 동료에게는 핵심을 찌르는 듯 날카로운 나의 서술이 너무 비현실적으로 들렸거나, 아니면 소설 『개들의 세월』의 보완 설명 정도로 여겨졌던 까닭인지, 그는 내가 그곳을 떠나온 후에도 여전히 이익을 내고 있던 부르바흐 칼리 회사를 방문하여 종전 후 몇 년 동안의 총원 명부를 확인하기까지 했다. 그런데 거기에 내 이름을 가진 사람이 지크프리트 1세 탄광에서 "공장 소유의 나무 신발을 가지고 도주함."이라는 기록이 보란 듯이 남아 있었던 것이다.

이제 그곳에서는 더 이상 칼륨이 채굴되지 않는다. 그곳은 이제 사탕무보다는 유채 재배지로 개간되었다. 하지만 평평한 들판 위로 우뚝 솟은 희끄무레한 폐석 더미는 여전히 자신의 존재를 과시하고 있다. 폐석 더미는 그 시절을 떠올리게 한다. 무 도둑질과 정전이 일상이었고, 모두들 중노동자용 쿠폰을 갈망했으며, 한 영리한 소녀가 나의 맞춤법 오류를 고쳐 주었고, 언어 도살자로서의 자유라는 말이 시험대에 올랐으며, 지크프리트 1세 탄광 시설의 수평갱에서 한 어수룩한 연결수 소년이 수습 생활을 하던 시절이었다.

하노버에서 열차를 타고 출발해, 쾰른에서는 다시 버스로 갈아타고 나는 비교적 익숙한 니더라인 지역으로 갔다. 가는 내내 매서운 추위가 함께했다. 예년보다 빨리, 그러니까 11월 말경부터 시작된 그해 겨울은 그것을 경험한 모든 사람에게 잊을 수 없는 기억으로 남아 있다. 온 세상이 눈 천지였고 혹한이 계속되었다. 강은 얼어붙었고 수도관은 동파되었다. 도시 전역에서 훈기 있는 강당이라고는 찾아볼 수 없었다. 석탄과 코크스의 운송은 중단되었다. 추위에 떠는 사람들은 굶주렸고, 굶주린 사람들은 얼어 죽었다.

특히 아이와 독거노인에게 1946년에서 1947년 사이의 겨울은 치명적이었다. 일상적인 궁핍에다가 땔감마저 부족했기 때문이다. 석탄 수송 차량이 약탈당했고, 나무들은 벌목되어 그루터기까지도 송두리째 베어져 나갔다. 코크스를 실은 예인선도 운하 한복판에 얼어붙어 있어 밤낮으로 감시를 해야만 했다. 그 와중에 열기를 대신할 수 있는 특별한 수단은 유머였다. 하노버와 쾰른에서 셰익스피어의 「한여름 밤의 꿈」이 시립 극장의 공연 프로그램에 올려진 것도 그 때문이었다. 임시로 마련된 무대 위에서 배우들이 이리저리 뛰어다니며 우스꽝스러운 장면을 연출하면 관객은 그것을 보고 박수갈채를 보내면서 열기를 얻을 수 있었다.

응고점 이하의 추위와 부족한 열량 속에서도 삶은 그렇게 이어졌다. 지하 950미터 막장 안의 열기로부터 막 도망쳐 나온 나도 막장 밖의 난방이 되지 않는 열차와 냉습한 버스 안에서 얼어 가고 있었다.

승객들이 모두 추위에 떨었지만, 나만은 도처에서 엄습하는 혹한을 아주 특별하게 견딜 수 있으리라 믿었다. 저 연결수 소년은 추위에 대처할 예방책을 강구해 놓았고, 식료품 구입용 쿠폰으로 중노동자에게 영양가 있는 음식을 배불리 먹일 수 있었기 때문이었다. 게다가 갱부 감독의 맏딸이 배려 깊게도 여행을 위해 떠 준 벙어리장갑도 있잖은가.

하지만 이런 기분도 들었다. 가족과 상봉할 생각을 하니 기쁘기도 했지만, 이면에는 어떤 불안감도 있었다. 아버지, 어머니와의 재회가 오히려 실망을 일으킬 수도 있고, 부모님과 누이동생이 낯설게 느껴지기라도 하면 추위는 더욱 가중될 게 뻔했으며, 그렇게 되면 그들의 아들이자 오빠는 그 앞에 이방인으로 설 수밖에 없는 것이었다.

나는 선원용 배낭과 그 내용물, 즉 버터 1킬로그램과 무 시럽이 가득 든 불룩한 병들에 기대를 걸었다. 잃어버린 아들의 예고되지 않은 귀향은 그들에게 깜짝 선물이 될 것 같았다. 하지만 내가 버스에서 내렸을 때 어머니, 아버지 그리고 누이동생이 마치 나를 깜짝 놀라게 해 주려고 그랬다는 듯 플리스슈테텐 정류장에 서 있었다. 하지만 그들은 이주 서류에 필요한 도장을 받으러 베르크하임으로 가던 참이었다. 우연이었을까?

나중에 어머니는 그때의 만남을 숙명으로 확신했다. 행운이든 불행이든 그 모든 것이, 그러므로 나의 생존 사실도(나는 당연히 죽은 것으로 되어 있었다.) 더 높은 의지에 따른 것이며, 숙명에 의해 예정되어 있었다는 것이 어머니의 확고한 믿음이었다.

게다가 어떤 집시 여인이 아들이 곧 돌아올 것이라고, '엄마의 사랑스러운 존재'가 선물을 안고 돌아올 것이라고 예언해 주었던 것이다. 선물이라야 시럽과 버터에 불과했지만 말이다.

아들의 놀라움은 이루 말할 수 없었다. 지나치게 헐렁해진 남루한 외투를 입은 가족이 그곳에 서 있었으니 말이다. 어머니의 얼굴엔 슬픔이 가득해 보였고, 아버지는 전쟁 통에도 섀미 모자만은 간직하고 있었다. 댕기 머리를 하지 않은 여동생은 더 이상 아이가 아니었다.

내가 동생을 향해 "다다우, 그동안 숙녀가 다 됐네." 하고 소리치며 인사를 했다고 한다. 그리고 의심스러운 경우 늘 오빠와는 다르게, 오빠보다는 더 '진실에 가깝게' 기억하는 그녀는 오늘날까지도 예언녀가 있었다고 주장한다. "솔직히 말하자면, 예언한 여자는 그 일을 알았어……"

최근에 우리는 손자 몇을 데리고 낯설어진 우리 옛집을 찾아갔고, 그곳 글레트카우와 초포트 사이의 해변가를 거닐다 남매간의 다정한 대화에 빠져든 적이 있다. 이런저런 얘기를 비롯해 새 교황에 대한 얘기까지 나왔다. 아이들이 파도 자락에서 호박을 찾는 동안 그녀가 말했다. "엄마는 먹을 것을 주지 않았어. 우리도 가진 게 없었으니까. 그런데도 집시 여자는 오빠가 돌아오기도 전에 엄마의 손금을 보고는 아들이 사흘 안에 돌아온다고 확언했다는 거야."

그때로부터 이 년 전쯤에, 그럼에도 아득한 옛날처럼 느껴지는 시점에, 그러니까 단치히가 모든 탑과 박공과 더불어 아직 훼손되지 않은 1944년 9월에 아버지는 나를 중앙 역으로 데려다주었다. 아버지는 말없이 나의 마분지 트렁크를 들어 주었고, 양복에 둥근 당 배지를 달고 있었다. 겨우 열여섯 살이었던 나는 무릎까지 오는 바지를 입고, 꽉 낄 정도로 작아져 버린 상의 안주머니에 징집영장을 넣은 채 아버지와 나란히 승강장 위에 서 있었다. 어머니는 베를린 방향으로 떠나가는 열차에 올라탄 아들, 어머니의 믿음대로라면 저승길로 떠나는 아들의 뒷모습을 보려고 하지 않았다. 그런데 이

양파 껍질을 벗기며 309

제 운명이 우리를 다시 한곳에 모아 놓은 것이다.

　우리는 반복 강박증에 따라 서로를 껴안았다. 아무 말도 하지 못했거나 혹은 머뭇머뭇 몇 마디 주고받은 게 전부였다. 시작도 끝도 찾을 수 없는 세월의 흐름 속에서 너무 많은 것이 그리고 말로 다 표현할 수 없는 일들이 일어났기 때문이다. 겪었던 공포가 너무 끔찍했기에 그들은 한참 후에야 말문을 열 수 있었고, 그 외에는 아예 침묵했다.

　여러 차례 당한 폭력에 대해 어머니는 모두를 침묵하게 했다. 어머니는 나이 들고 병약해져 있었다. 쾌활함과 조롱하는 버릇은 거의 사라지고 없었다.

　그런데 이 노쇠하고 왜소한 남자가 내 아버지였던가? 언제나 자신감 있고 당당하게 처신하려 애썼던 그 남자가 맞단 말인가?

　누이동생만이 그동안 일어난 모든 일을 잘 견뎌 낸 듯 보였다. 게다가 이젠 거의 어른이 된 것처럼 보였다. 그녀는 호기심 가득한 빛나는 눈으로 이 '굉장한 오라버니'를 바라보았다.

　지금에서야 나는 종전 무렵의 몇 달 동안, 때로는 군인 병원에서 때로는 감옥에서 그리고 이후 정처 없이 여기저기를 떠돌아다니는 동안에 오로지 나 자신의 문제와 이중의 굶주림 때문에 결코 분명히 알 수 없었던 것들을 이해하기 시작했다. 상실로 인해 모든 것이 변해 버렸다. 상처 입지 않은 사람은 아무도 없었다. 집들만 폐허로 변한 게 아니었다. 전쟁의 뒷면과 평화를 통해, 그동안 역주행을 했고 사후 폭력을 통해 가해자를 희생자로 만들었던 모든 범죄 행위가 백일하에 드러났다.

　내 앞에 추방민이 서 있었다. 눈앞에서는 개인으로 보일지 모르나 통계상으로는 수백만 명 중 하나였다. 나는 말하자면 공포와 함께 살아남은 생존자들을 부둥켜안았다. 사람들은 어떻게든 목숨을 부지했다. 그러나…….

우리는 서로에 대해 아무것도 몰랐다. "우리 애가 다시 돌아왔어요!" 아버지는 버스에서 내리는 사람들과 버스를 타고 베르크하임으로 가려는 사람들 모두를 향해 소리쳤다. 하지만 난 이제 더 이상, 이 영원한 숙명의 도시의 몇몇 교회가 모든 종을 요란하게 울려 내게 작별 인사를 했던 그때, 아버지의 배웅을 받으며 단치히 중앙 역까지 갔던 소년이 아니었다.

해당 관청이 부모님과 누이동생을 어떤 농가에 살도록 지정해 주었다고 했다. 이러한 강제 조치는 당시 일반화되어 있었다. 왜냐하면 피란민이나 추방민을 자발적으로 받아들이려 하는 집이 거의 없었기 때문이다. 특히 어떤 피해도 입지 않은 듯 보이는 곳일수록, 집과 마구간 그리고 창고를 아무런 근심 걱정 없이 상속받은 집일수록, 그리고 고집불통의 농부로 살아오면서 털끝만큼도 성가신 일을 당한 적이 없는 사람일수록, 승리의 함성을 지르며 맞이한 전쟁에서 상처 입은 사람들과 함께 패배했다는 사실을 인정하려 들지 않았다.

결국 관청의 강제 지시에 따라 농가의 주인은 내 부모에게 칸막이로 나뉜, 콘크리트 바닥 위의 공간을 내주었다. 그곳은 이전에 돼지 사료를 준비하던 곳이었다.

불평해 봐야 소용없었다. "당신네들이 왔던 곳으로 돌아가시오!" 농지 몇 헥타르 정도를 가진 농가 주인의 대답은 늘 그런 식이었다. 내가 지난해 초에 도망쳐 나왔던 농가의 주인처럼 그 역시 가톨릭 신자였다. 도처에서 사람들은 이방인들과 소위 흘러 들어온 자들에 대해 불신의 눈초리를 보냈고 더 나아가 적대감까지 드러냈다. 그리고 그러한 현실은 별로 변할 여지도 없어 보였다.

추위가 기승을 부렸고, 특히 지하실이 없는 콘크리트 바닥에서 올라오는 냉기는 최악이었다. 그나마 비축해 둔 약간의 겨울 감자마저 언 피해를 입었다. 감자는 해동된 상태에서 손가락만 갖다 대도 쉽게 바스러졌다. 껍질째 요리하든 껍질을 벗긴 채 요리하든 액체가 흘렀고, 유리처럼 번질거렸으며, 역겨울 정도로 단맛이 났다. 옆에서는 돼지우리의 악취가 풍겼고, 안에서는 사료 저장고의 외벽이 얼음장 같은 냉기를 뿜었다.

우리는 한 공간에서 잤다. 누이동생은 엄마와, 아들은 아버지와 같은 침대에서 잤다. 사정은 랑푸르의 단칸방 집에서 네 명이 모두 한 방에서 자던 어린 시절보다 더 열악했다. 그때는 흰색 타일을 바른 난로라도 있지 않았던가. 이곳엔 출입구 쪽에 주철제 화덕 하나만 달랑 놓여 있었고, 우리는 밤이면 서로 꼭 달라붙어 그곳에 둘러앉곤 했다. 우리는 말없이 대화를 나누었고, 이따금 많은 것을 의미하는 침묵 속에서 스스로를 달랬다.

화덕의 불구멍은 아버지가 일터에서 배낭에 넣어 가지고 온 조개탄으로 채워졌다. 아버지는 인근에 있는 갈탄 노천 탄광에서 수위실 보조 자리를 얻었던 것이다. 단정하고 읽기 쉬운 필체 덕분이었다고 한다. 그는 장부를 맡아 근무 교대 시의 출퇴근 상황을 기록했다.

그러니까 조개탄은 현물 급여로 제공된 것이었다. 마침내 부모님이 공장 근처의 오버아우셈이라는 마을에 집을 마련했을 때는 많은 양의 '검은 황금'까지도 배급받았다. 본래의 길쭉한 형태를 그대로 유지한 달걀 모양의 조개탄이었다.

아버지의 일자리가 있던 공장은 열을 지어 선 굴뚝들을 통해 엄청난 연기를 뿜어 대는 포르투나 노르트라고 불리는 산업 시설이었는데, 이 이름은 나중에 『양철북』에서 한 장(章)의 제목이 되었다. 광원들의 마을인 오버아우셈의 공원묘지로 시체 한 구가 이장되고, 시체가 한 조각 한 조각 모습을 드러내는 동안 오스카 마체라트는 햄릿의 물음을 각색한 독백을 한다. "결혼할 것인가, 말 것인가?"

내가 귀향까지는 아니어도 갑작스럽게 도착한 지 일주일쯤 지났을 때, 조개탄을 잔뜩 짊어진 아버지가 그의 말대로 '복음(福音)'과 함께 일터에서 돌아왔다. 그가 말했다. "얘야, 너를 위해 정말 괜찮은 수습 일자리를 제안받았다. 관리실이야. 그것도 공장장 사무실이 있는 건물 맨 위층이란다. 따뜻하게 난방도 되고……."

아버지의 말은 더 이어졌다. 자부심도 없지 않았고, 자식을 배려하는 따뜻한 마음도 있었다. 하지만 아들이 품고 있는 허황된 꿈에 대해서는 전혀 아는 바가 없었다. 그의 연갈색 눈은 깜박이지도 않았다.

아마도 나는 격려의 말로, 나중에 발행 부수가 많은 신문들의 경제란에서 종종 인용되곤 하던 금언까지도 들었던 것 같다. "갈탄 속에 미래가 있다!" 아울러 다음과 같은 논박하기 어려운 말도 틀림없이 들었다. "정식 졸업장 하나 없이 수습공 자리를 얻은 걸 고맙게 생각해야 해……."

아들이 한바탕 크게 웃는 것만으로 감사의 말을 대신했을 때, 선량한 아버지는 얼마나 상심했을까. 그렇다. 나는 아버지를 비웃었던 것 같다. 아버지의 제안은 그만큼 내 바람과는 거리가 멀었고, 그야말로 웃음거리로 여겨졌다.

"저더러 알량한 사무원이나 하라고요? 기가 막혀서! 석 주도 안 돼 공장 소유의 우표란 우표는 다 가지고 줄행랑을 놓을 텐데요. 저를 범죄자로 만들 작정이세요?"

그러고 나서 배은망덕한 아들은 자신의 본래 희망이 무엇인지 그리고 무엇을 하려 하는지 거침없이 말했다.

하지만 내가 원한 것이 정확히 무엇이었던가? 아버지가 부드럽게 강요했던 사무직이야말로 내 장래 소망의 정확한 방향이 아니었을까?

한 더미의 운율시와 무운시와 더불어(몇몇 시는 갱부 감독의 딸이 깔끔하게 타이핑을 해 주었다.) 포로 생활 동안 혹은 나중의 바라크 생활 동안 만났던 동료들을 그런대로 소재로 삼은 꽤 많은 스케치 작품들과 더불어, 게다가 세밀화에 나오는 것 같은 작은 인물들이 등장하는가 하면 기념비적으로 과장된 온갖 형태의 인물도 등장하는 구체적 상상과 더불어, 이를테면 옷을 벗기도 했고 옷을 입기도 했고, 긴 다리로 서 있거나 넘어지거나 원망이 가득한 표정으로 몸을 숙이고 있기도 했으며, 반은 짐승이고 반은 인간인 형상, 그리고 머릿속으로 밀려드는 온갖 형상과 더불어(이전부터 내 머릿속에는 많은 인물들이 넘쳐 났다.) 나는 조각가가 되고 싶었다. 단순한 점토를 가지고, 이리저리 만져 볼 수 있는 존재감으로 공간을 채우는 형상들을 만들고 싶었다.

이제 웃음을 멈추고 아버지에게 대략 이런 존재가 되고 싶다고 말하자, 아버지는 '배고픈 예술'과 '고정 관념'에 대해 평소에 듣기 힘들 만큼, 크고 격앙된 목소리로 훈계를 시작했다.

아버지가 바로 앞의 미래에 대해 사전 경고를 하듯 다음과 같이 말했을 때 실은 나도 어느 정도는 공감했을 것이다. "내일 일도 알 수 없는 험악한 시대에 배를 곯는 직업이라니. 그런 생각은 당장 잊어버려!"

회반죽도 바르지 않은 벽으로 둘러싸인 공간에서 지내다 보니 어머니는 랑푸르 집의 벽에 걸려 있던 뵈클린의 유화 복제품 「망자들의 섬」을 떼어 오지 않은 것을 늘 애통해했다. 액자에서 떼어 낸 뒤 둘둘 말아 이주민 가방에 담아 왔어야 했다는 것이었다. 어머니는 수수한 상점 여주인이었지만 온갖 예술을 신성하게 여기는 사람이었고, 이른 나이에 죽은 오라버니들이 운명의 도움으로 구원된 아들 속에 계속 살아남아 있는 것을 보았다. 그런 까닭에 내가 호언장담하며 계획을 떠벌리고 장밋빛 미래를 펼치자, 한편으로는 남편의 염려에 동의하면서도 다른 한편으로는 당신의 아들이 언젠가 어떤 아름다운 것을, 또한 비극적으로 아름다운 것을, 어쨌든 슬픔 어린 아름다움을 담은 만족스러운 작품을 만들어 낼 것이라는 상상에 희망을 걸었다. 그것은 어머니를 남몰래 미소 짓게 만들던 소박한 희망이었다.

하지만 어머니의 미소는 잠재한 공포로부터 호출을 받은 걱정 앞에서 곧 물러나고 말았다. 어느 날 조개탄 화덕 앞에 쪼그리고 앉아서, 호밀 가루와 납작 귀리를 받는 조건으로 농가 안주인의 아이들을 위해 염색되지 않은 양모로 양말을 뜨던 어머니가 머뭇거리는 말투로 반신반의하듯 물었다. '먼 미래의 음악'에 대한 비웃음이 비치는 질문이었다. "그런데 애야, 정말 예술로 나중에 목구멍에 풀칠이라도 할 수 있다고 믿는 거니?"

신문에서였던가, 아니면 화보 같은 데서였던가? 삽화를 넣은 기사 하나를 본 적이 있다. 그리 멀지 않은 곳에 있는 뒤셀도르프 미술 대학이 몇몇 아틀리에에서 학사 일정을 다시 시작했다는 내용이었다. 보도 일자는 지난여름이었다. 포니 머리*를 한 채 학생들에게 둘러싸여 있는 에발트 마타레라는 조각 전공 교수의 사진이 함께 실려 있었다.

그리고 또 다른 삽화에는 누워 있는 소를 간단명료하게 만든 대가의 조각 작품이 실려 있었다. 어머니가 마음에 들어 했던 작품이다. "하지만 아비투어도 없이 어떻게 정규 대학에 들어가겠니? 모두들 너를 비웃을 거야! 자리도 얻지 못할 게 뻔해."

하지만 나는 개의치 않았다. 아무것도 문제 되지 않았다. 그로부터 수십 년 후, 아들과 딸 들도 마찬가지로 나의 전철을 밟으며 수많은 우회로를 거쳤다. 예컨대 라우라는 아버지의 충고를 따르지 않고, 재능이 있는데도 화가가 되기보다는 도공으로 남고자 했다. 그때 나는, 내가 그 비좁은 임시 숙소를, 부자간의 끊임없는 설전의 공간이 될 수밖에 없었던 그 공간을 별다른 생각 없이, 그것이 모험이라는 것도 제대로 알아차리지 못한 채 무작정 뛰쳐나왔던 일을 기억에 떠올렸다.

그렇게 해서 가족 모두가, 그중에서도 '아빠의 귀염둥이'인 누

---

* 가지런히 잘라 늘어뜨린 앞머리.

이동생 발트라우트가 가장 힘들어했던 짧은 기간의 초청 공연은 막을 내렸다. 돌이켜 보니 누이동생은 귀엽고 철없을 정도로 쾌활한 것이 겉으로는 아무런 근심 걱정도 없는 듯 보였다. 미소 지을 때마다 보조개도 생겼다. 그때 그녀는 땋은 머리가 아니라 물결 모양 머리를 어깨까지 늘어뜨리고 있었다. 그녀는 무엇이 되어야 했을까, 무엇이 될 수 있었을까? 그녀는 때 묻지 않고 순수해 보였을 뿐이다. 단치히로 '러시아군이 몰려왔을 때' 그녀가 체험했던, 혹은 고통을 당한 흔적은 조금도 찾아볼 수 없었다. 아무도 그것에 대해서 말하지 않았다.

두 주 정도 가족과 함께 보낸 후, 잿빛 먼동이 틀 무렵 나는 선원용 배낭에 약간의 짐을 챙겨 넣고는 높다랗게 쌓인 눈 속으로 터벅터벅 걸음을 옮겼다. 때로는 휘몰아치고 때로는 흩날리며 눈송이들이 계속 쌓였다. 그곳에서 4킬로미터쯤 떨어진 슈토멜른 역이 내 목적지였다. 방향을 찾는 데 도움을 주는 것은 전신주들밖에 없었다. 예술에 대한 열망을 이루기 위해, 나의 세 번째 굶주림을 가라앉히기 위해 나는 길을 떠났고, 악전고투하며 앞으로 나아갔다.

세 번째 굶주림

젊은 시절부터 그랬지만, 난 이 세 번째 굶주림을 제어해 본 적이 없다. 흑백 영상으로 만족하는 금욕주의적 절제를 통해서도, 종이란 종이는 모조리 더럽힐 정도의 중독성을 통해서도 허기를 해소할 수 없었다. 진저리가 날 정도로 포식해 봐도 그 굶주림을 가라앉힐 수 없었다. 만족한 적이 단 한 번도 없었다. 난 언제나 좀 더, 좀 더 하며 허기를 느꼈다.

누구나 겪는 일상적인 굶주림이라면 기름방울이 드문드문 보이는 양배추 수프라든지, 심지어는 얼어 버린 감자 몇 알로도 몇 시간은 가라앉힐 수 있었다. 육체적 사랑에 대한 욕구 또한 마찬가지였다. 부르지 않았는데도 헐떡거리며 달려드는, 물리치기 어렵고 끊임없이 새로운 얼굴로 나타나는 저 욕망도 우연한 기회를 포착하든가, 아니면 빠른 손놀림 몇 번으로 제거할 수 있었다. 하지만 예술을 향한 굶주림은 달랐다. 이는 가만히 있는 것이든 움직이는 것이든 가리지 않는, 모든 것을 향한 욕구였다. 그림자를 던지는 모든 대상뿐만 아니라 눈에 보이지 않는 것, 예컨대 성령과 그것의 숙적, 즉 스스로가 하나의 우상이 되는 저 덧없는 자본까지도 욕구의 대상이었다. 교황청의 금융 기관인 '방코 디 산토 스피리토'를 음탕한 사원으로 묘사하기 위해 주(主) 현관에다가 인물상들을 배치할 때도 무언가를 생생하게 보이도록 만들려는 욕구는 좀처럼 달래지지 않았고, 낮에는 물론 꿈자리까지 따라다녔다. 하지만 이러한 욕구는 내가 예술 혹은 내 나름대로 예술이라고 간주했던 것을 배워 보기로 마음먹자 그 어떤 기대감으로 충족되었다. 1946년에서 1947년에 걸친 혹한이, 그러한 내 소망을 가로막는 첫 번째 방해물이긴 했지만 말이다.

무릎까지 쌓인 눈길에 얼어붙기도 하고 동시에 진땀도 흘려가며 가까스로 슈토멜른 기차역에 도착해 편도 표 한 장을 샀고, 아버지와 어머니 그리고 누이동생과 재회하자마자 곧 다시 그들로부터 도망치다시피 했다. 그리고 완행열차를 타고 뒤셀도르프에 도착했을 때는 두 팔 벌려 나를 맞아 주는 이는 아무도 없었다.

쾰른, 하노버, 힐데스하임보다는 정도가 덜했지만 온통 폐허가 된 도시를 가로질러 미술 대학의 육중한 건물을 물어물어 찾아갔다. 폭설 때문이지, 아니면 전력 부족 때문인지 시가지에는 전차가 다니지 않았다. 마침내 구시가의 변두리에 분위기가 음산한 네모난 건물이 보였다. 하지만 수위실에는 "환영합니다!"라든지 "당신을 기다렸습니다!"라고 인사하며 반갑게 맞아 주는 사람 하나 없었다.

먼저 현관문을 노크한 뒤에 손잡이를 눌러 돌렸다. 그러고는 잠겨 있는 아틀리에 주위의 복도를 서성거리고 계단을 오르내렸다.

아직도 내 발소리가 들리는 듯하고, 여러 층으로 된 얼음 창고처럼 얼어붙은 건물 안에서 내가 숨 쉬는 모습을 보는 듯하다. 나는 약해지고 싶지 않다. 그래서 용기를 내어 상상 속에서 자신과의 대화를 시도한다. 멈추어서는 안 돼, 견뎌 내야 해! 네 동료인 요제프를 생각해 봐. 그는 이렇게 말했지. "은총은 저절로 굴러떨어지는 게 아니라고……." 그리고 그때 갑자기 돌아가는 길에 무성 영화 시대의 예술가를 연상시키는, 나이 든 남자의 형상을 한 예술을 만났다. 그의 입에서도 나처럼 하얀 입김이 뿜어져 나오고 있었다.

그 후 이 년 정도가 지나서야 나는 좀 더 정확한 것을 알 수 있었다. 검은 목도리를 두르고 그 위에 검은 숄을 감싼 채 검은 펠트로 만든 챙이 넓은 예술가 모자를 눌러쓰고 내 앞에 있던 오십대 중반의 그 나이 든 남자는 엔첼링이라는, 미술학과 교수였으며 연금 생활을 신청해 둔 상태였다. 아마도 그는 자신의 아틀리에로 가려던 참이었을 것이다. 아틀리에에는 놀랄 만큼 하얀, 실물 크기의 나체 석고상 남녀 한 쌍이 얼어붙어 있었다. 아마도 그는 집에서 추위에 떨거나 학교에 나와 떨거나 마찬가지라고 생각하여 학교로 나온 것 같았다.

다짜고짜 그가 물었다. "여기서 뭘 하려는 건가, 젊은이?"

나는 거침없이 대답했다. "조각가가 되고 싶습니다." 아니면 "무조건 예술가가 되고 싶습니다." 정도로 대답했던가?

양파를 움켜잡고 상기해야 하는 순간이다. 결국 이 운명의 몇 분 안에 할 것인가 말 것인가의 향방이, 아니, 좀 더 결정적으로 존재와 비존재의 여부가 결정되었던 것이다. 진땀을 흘리는 양파 껍질은 이에 대해 무슨 말을 하는가?

온통 검은색으로 치장한 그 인물에게는, 예술에 대한 식견이라고는 어린 시절 담뱃갑 그림들에서 배운 게 전부인 내가 귀찮았을지도 모른다. 계단에서 그와 마주쳤던 일을 아무리 떠올려 봐도 그 당시 지속된 끔찍한 혹한 탓인지 인용할 만한 대화 내용이 하나도 없다. 다만 그 미대 교수가 냉랭하게 내뱉은 한마디만큼은 오늘날까지도 생생하게 들린다. "지금 우리는 석탄이 없어서 휴교 중이네."

하늘이 무너지는 소리였다. 하지만 나 자신이 분명했던 그 사람은 조금도 낙담하지 않았고, 쉽사리 떨려 나가지도 않았다. 조각가가 되고 싶은 소망이 얼마나 간절한지를 웅변조로 반복하여 피력하는 내 목소리가 그 공간에 힘찬 메아리를 일으켰음이 분명하다. 젊은 사람의 눈에는 그저 나이 든 남자로만 보이던 그 교수가 나의 끈질긴 굶주림에 설득당한 듯 보였기 때문이다.

그가 질문을 던졌다. 열아홉 살이라는 내 나이는 그에게 문제가 되지 않았거나, 아니면 받아들일 만했다. 그렇게도 중요한 나의 출생지에 대해서도 그는 별다른 언급 없이 넘겨 버렸다. 종교도 그의 관심 사항이 아니었다. 학생 시절에 단치히 공대에서 초보자를 위한 야간 코스를 개설했던 유명한 말(馬) 그림 화가 프리츠 풀레 선생에게서 모델을 그리는 공부를 조금 했다는 사실도 그다지 만족스러운 반응을 이끌어 내지 못했다. 그리고 때마침 끝난, 나의 풍부한 전쟁 경험에 대해서도 들으려 하지 않았다. 그리고, 다행스럽게도! 그는 고등학교 졸업 여부에 대해서, 그 모든 것의 출입구를 열어 주는 아비투어에 대해서도 일절 묻지 않았다.

엔젤링 교수는 몇 마디 지시 사항만을 언급했다. 곧장 현 위치에서 우선 왼쪽으로 꺾은 후 다시 오른쪽으로 가서 길 오른편에 있는, 힌덴부르크 대로의 노동청을 찾아가라는 것이었다.

그곳에 가면 석공이나 돌 조각가의 수습생 자리를 주선받을 수 있는데, 수공업 분야의 일자리는 넉넉한 편이며, 게다가 묘석 관련 일이라면 수요가 많다는 것이었다.

마지막으로 나의 직업 상담자는 비록 수염은 없지만 신뢰가 가는 예언자로서 우쭐대며 덧붙였다. "그곳에서 경험을 쌓은 후 다시 이곳에 지원하게나, 젊은이. 그때쯤이면 분명 이곳에도 다시 석탄이 공급될 걸세."

그에 대해서는 어떠한 조건이나 이의도 달 수 없었다. 전쟁이 끝난 후 어떠한 명령도 따르고 싶지 않았고, 오랜 세월의 군 복무 경력을 자랑하는 병장의 충고 정도나 받아들일까 말까 했던 내가, 전쟁의 호된 맛을 본 터라 정서적으로 삐딱해진 전쟁의 산물인 내가, 그러는 사이에 어떠한 약속도 의심의 눈초리로 보는 법을 터득했던 내가, 어쨌든 그 당시 내가 어떤 상태였느냐와 상관없이, 나는 그의 지시를 맹종까지는 아니어도 순순히 받아들였던 것이다. 예언자의 말은 선택의 여지가 없는 유일한 방향을 가리켰다. 누구의 목소리였든 설득이었든 상관없이, 나는 노동청 앞을 비켜 가지 못했다. 그의 말이 끝나자마자 나는 노동청으로 향했다.

아, 오늘날의 나도 어느덧 혹은 곧 고교 졸업생이 되어 어디로 가야 할지, 무엇을 해야 할지 모르는 손자 손녀에게 그런 식으로 명쾌하게 인생행로를 제시해 줄 수 있다면 좋으련만. "루이자, 그것을 해 보기 전에 먼저 이것을……."

"론야, 아비투어의 유무에 따라 너는……."

"루카스와 레온, 내가 너희에게 꼭 해 주고 싶은 얘기는……."

"그리고, 로자나, 그런 일이라면 나중에 시작해도 늦지 않을 거야……."

아무튼 삼십 분 뒤에 손에 넣은, 관청 스탬프가 찍힌 종이 한 장은 내게 기쁨을 주었다. 종이에는 손글씨로 석수 공장 세 군데의 주소가 쓰여 있었다. 세 군데 모두 묘비 제작이 주된 사업인 만큼 시립 공원묘지 근처에 위치해 있었다. 일 처리 과정은 관료적이지 않았다. 졸업 증명서 같은 것도 요구하지 않았다.

회상이라고 하는 것은 이상할 정도로 변덕스럽다. 갑자기 눈이 녹기 시작했고, 추위가 조금씩 수그러들었다. 전기 공급이 재개되자 전차도 운행을 재개했다. 베르스텐 공원묘지 근처에 있는 첫 번째 공장에 들른 나는 그곳에서 한동안 넋을 잃을 수밖에 없었다. 장인인 율리우스 괴벨의 작업장에서 징어라는 나이 지긋한 돌 조각가가 십자가에 매달린, 근육이 우람한 그리스도상을 조각하고 있었다. 엷은 부조(浮彫) 방식으로 작업된, 넓은 바위 벽에 머리를 왼편으로 떨어뜨리고 있는 조각상이, 고통을 너무도 사실적으로 담고 있어서 눈을 뗄 수가 없었.

나를 매료한 것은 휘록암에 조각된 건장한 수난자가 아니라 그곳에서 배울 기술적 숙련에 대한 전망이었다. 직업에 어울리지 않게 옷을 갖추어 입은 괴벨이 썩 마음에 들지는 않았지만 난 그곳에서 일을 하기로 약속했다. 나중에 안 사실이지만 그는 돌에는 손도 안 대는 것은 물론이고 매사에 손가락 하나 까딱하지 않는 인간이었다. 게다가 내게 수습생 생활 초기에는 오로지 석공 일만 해야 한다는 주문까지 했다.

대가다운 면모는 거의 없이, 나긋나긋하게 설득하는 묘비 판매원에 더 어울릴 법한 그는 미래의 실무자들에게 공장 건물 앞쪽에 질서 정연하게 세워진 채 상(喪)을 당한 고객들을 기다리는 완성된 묘석들에 늘 주의를 기울이게 했다. 수습생 하나가 수직으로 서 있는 암석에서 녹아내리는 눈 모자를 쓸어내리는 일을 맡았다.

묘석들에는 아직 사망한 사람들의 이름과 사망 일자가 새겨져 있지 않았다. 은은하게 혹은 반짝반짝 윤을 낸 묘석들은 미터석, 대석(臺石), 평판석 등으로 분류되어 가격이 매겨졌다. 묘석을 구입하려는 유가족들은 괴벨의 작업장에 있는 등급별 묘석들뿐 아니라, 비트벡 거리에 접한 몇몇 석수 공장에도 들러 묘석들을 알아보았다. 조금 미화해 말하자면 인간의 죽음, 즉 인간의 무상함을 먹고사는 사업은 곤궁한 시기에도 수요가 넘쳤다.

괴벨은 다양한 종류의 대리석과 화강암을 썼고, 사암과 석회석을 구분했으며, 금방 쪼갠 몇 가지 원자재가 빠져 있는 것을 보고는 화를 냈다. 그러고는 무성한 잡초 사이에 방치된 오래된 묘석들을 가리켰다. 시효가 지난 묘석을 문자가 새겨진 면을 갈아 내고 재사용할 요량이었다. 그러고 나서 공구 중 일부를 하나하나 명칭을 불러 가며 확인했고, 몇 년 전에 주문한 비데아 철심으로 된 해머가 아직도 배달되지 않았다며 투덜거렸다. 그 장비는 스웨덴제라 비싼 외화를 지불해야만 구입할 수 있었다.

해머, 끌, 정 등의 공구와 슐레지엔산 대리석, 벨기에산 화강암, 석회석 그리고 패각 석회암 등에 대해서는 나중에, 한참 세월이 지난 후에 소설의 한 장(章)을 할애해서 쓴 적이 있다. 그때는 그 모든 용어를 원고지에 하나하나 온전히 옮겨 적을 수 있었고,

묘지 사업과 관련된 일이라면 시체의 물건을 훔치는 일까지 이골이 나 있었다. 문학이라는 것은 어쩌면 남아 있는 단추, 기병대의 녹을 벗긴 말편자, 인간의 무상함 그리고 풍화된 묘석 같은 소재들을 먹고사는 것일지도 모른다.

예술을 향한 노정과 숱한 우회로, 그리고 문학과 진실 사이에 난 좁은 길 위에서 『양철북』은 끊임없이 이 방랑자의 길을 가로막는 장애물로 작용할 것이다. 그 책은 방랑자가 책의 앞뒤 표지 사이에 갇혀, 힘겨운 걸음마를 채 배우기도 전에 그 빽빽한 내용으로 부정적인 영향을 줄 수 있는 그런 작품이었다.

예컨대 나는 고령의 석공이었던 코르네프를 괴벨의 공장에서 데리고 나와, 말 그대로 참을성이 많은 원고지 위에 풀어놓았고, 아울러 그에게 보잘것없는 작업장을 제공했다. 그렇게 하여 그는 내 첫 소설의 곱사등이 주인공에게 기준 끌, 뾰족 끌, 치형(齒形) 끌, 그리고 보통 끌 등의 공구를 이용해 금방 쪼갠 거친 원석을 말끔하게 조각하여 마침내 하나의 완벽한 묘석으로 바꾸어 놓는 작업을 가르치는 스승으로 재탄생했다. 그리고 생계 수단으로서의 암거래 행위를 혐오스럽게 여겼던 나의 수다스러운 주인공 오스카 마체라트는, 곱사등도 아닐뿐더러 소설 플롯에 적합한 어떠한 내력도 없이 도제 생활을 시작한 나와 마찬가지로 이해력이 빨랐다.

모든 것은 이야기 소재가 된다. 미가공 상태의 삶을, 여러 차례 교정을 거치고 인쇄되어야만 비로소 안정을 얻는 텍스트로 변형하기 위해서, 예컨대 오랜 세월 방치된 채 팔리지 않은, 한구석에 무질서하게 쌓여 있는 묘석들 중 하나를 인용할 수도 있다. 장인 괴벨의 의지에 따라 그 묘석에 쐐기 형태로 새겨져 있던 비문을 지워 버려야 했고, 그렇게 함으로써 그간 묘석의 앞면에 남아 있던, 1854년에 태어나 1923년에 죽은 프리드리히 게바우어라는 남자에 대한 기억도 함께 사라졌다. 휘록암 표면을 반들반들하게 새로 다듬는 작업에는 여러 가지 다양한 공구들이 사용되었다. 새로운 이름과 날짜와 함께 누군가의 생애가 쐐기 문자로 새겨지고, 묘석은 공증을 받은 일정 기간 동안 또다시 생명을 얻는 것이다. 말하자면 이렇게 재가공하여 비문을 새긴 돌덩이들은 시간적으로 제한된 고인의 삶을 우리에게 환기시키는 토대이다.

이름은 덧없이 사라진다. 하지만 비문들, 이를테면 "죽음은 삶으로 통하는 관문이다."와 같은 비문은 네모난 공간 안에 살아남아도 무방하다. 굳이 지우거나 제거할 필요가 없는 것이다.

사망 판정을 받았다가 다시 살아난 석재들에 대해서도 몇 마디 언급할 수 있었던 만큼, 실제로 살아 있는 사람들의 변화에 대해서도 어느 정도 정보를 제공해도 무방할 것이다. 하지만 우선은 고령의 석공이었던 코르네프에 대한 얘기만 하고 싶다. 그의 실제 이름이 무엇이었는지는 확실치 않지만 말이다.

사실 그는 부스럼 병에 시달렸다. 혹 모양의 흉터 자국이 있는 목 부분이 특히 눈에 띄었다. 그러니까 초봄, 다시 말해 1947년 봄이 시작될 무렵 그의 목 언저리에 농양이 몇 개 생겼다. 얼른 보기에 비둘기 알만 한 크기의 혹이었는데, 마치 안에 고름이 가득 찬 화주(火酒) 잔을 연상케 했다. 그 때문에 우리 수습공들은 코르네프의 종양이 도지기 시작할 때면 길게 이어진 비트벡 거리를 따라 걸으며 짓궂게 노래를 부르곤 했다. "겨울은 안녕, 이제 코르네프의 고통이 시작된다네……."

소설 속에서는 괴벨이 운영하는 회사명을 단순히 뵈벨이라고 소개했지만 사실상 그의 묘석 공장에는 상호명을 대문자로 쓴 제대로 된 간판이 달려 있었다. 수공업 장인이라기보다는 오히려 사업가에 가까웠던 그는 그로부터 몇 년 후에 추가로 구입한, 홀트하우젠 외곽에 위치한 돌 자르는 톱 시설에 힘입어 신축 건물 몇 채를, 석회암 정면과 대리석 바닥으로 장식하는 데 성공했다. 경제 기적이 시작된 시절에 이루어진 그의 빠른 성공은 그 자체로 하나의 이야기가 될 것이다.

내가 괴벨의 회사와 수습공 계약을 맺은 데는 매혹적인 이유가 하나 더 있었다. 터무니없이 적은 100제국마르크의 월급 외에 (『양철북』에서도 보잘것없는 장인 코르네프는 도제인 오스카에게 매우 짜게 굴었다.) 굶는 데 이력이 난 내게 일주일에 두 번씩 고기가 든 채소 냄비 요리를 먹여 주고 아울러 추가 배식도 해 주겠다는 약속을 받은 것이다.

작업장 바로 뒤편에 있는 숙소에서는 괴벨의 부인이 온갖 양념으로 맛을 낸 수프를 끓였다. 눈이 왕방울만 한 그녀는 한때 제국의 여성 지도자들이 하고 다녔던, 왕관처럼 땋은 머리가 잘 어울리는 귀부인 스타일이었다. 슬하에 자식은 없지만 예전이라면 다산모(多産母) 황금 십자 훈장을 받고도 남을 만큼 매사에 넉넉한 배려심을 보여 주는 여자였다. 그녀는 그곳의 하숙인 모두를 실컷 먹일 생각만 했다.

라인 강 왼쪽 기슭에서 온 농부에게 묘석을 판매했을 때는 10킬로그램의 콩과 식물 외에도 비계가 많은 돼지 옆구리 살, 털을

뽑지 않은 닭 몇 마리를 현금 대신 받았다. 그리고 합장묘 자리에 쓰일 붉은색 마인산 사암을 내준 대가로는 도살할 만큼 알맞게 자란 숫양을 건네받았고, 그것의 갈빗대와 너덜너덜해진 뱃살은 채소 냄비 속에 옮겨 와 있었다.

아이의 무덤에 쓰일 대석(臺石)은 성 마틴 축제 때 먹는 거위와 바꾸었다. 기름진 수프 속에 들어 있는 날개, 목, 심장과 위장의 작은 고깃덩이들이 입맛을 돋우었다.

그녀는 같은 공장 지붕 아래서 같이 돌가루를 들이마시는 모든 식구를 그런 식으로 먹여 살렸다. 나 외에도 세 명의 허약한 수습공, 슐레지엔 출신의 비문 조각 전문가로서 형제간인 두 명의 석공, 고령의 석공인 코르네프 그리고 돌 조각가인 징어가 있었다. 나는 자신감에 차서 일을 시작했고, 슐레지엔 출신의 형제 중 하나가 내 사수 역할을 맡아 주었다. 그는 곧장 스스로를 특별한 존재로 여기지 말고 예술가 중 하나로 여기라는 조언을 해 주었다.

나중에 그는, 처음엔 무사했지만 결국엔 최후의 격전지가 되면서 폐허가 된 도시 브레슬라우에 대해 얘기해 주었다. 시체 처분 명령에 따라 거리에 쓰러진 수많은 사람들이 집단 무덤 속에 매장되었다는 사실보다는, 쌓여 있는 시체들을 위해 자신이 묘석 하나 제대로 세워 줄 수 없었다는 사실을 더 괴로워했다.

슐레지엔 출신의 형제는 문학에도 해박했다. 그들은 안겔루스 질레지우스의 격언시를 읊으면서 돌에 비문을 새기곤 했다. "인간만이 본질적이다. 세상이 사라지고 나면 우연은 그치지만, 본질만은 그대로 남기 때문이다."

그렇게 나는 괴벨 공장에서 함께 일하는 도제가 되었다. 거주지를 정하는 일이 어려운 문제였다. 그곳으로 갈 때 가져간 가방과 선원용 배낭 그리고 여전히 나를 따라다니는 식량 주머니가 집도 절도 없는 수습공의 처지를 웅변해 주었다. 하지만 내게는 어머니 쪽에서 물려받은 가톨릭의 분위기가 남아 있었고, 때마침 괴벨이 내 종교를 묻기에 성모 마리아의 이름을 댔더니 곧장 구원을 받을 수 있었다.

그는 자신이 책임자로 있는 대리점에서 하느님께 전화를 드려 신앙심이 독실해 보이는 한 얼뜨기에게 높은 자리를 하나 마련해 달라고 추천이라도 한 게 분명했다. 불과 몇 분도 지나지 않아 그가 마련해 준 잠자리는 비록 천국은 아니었지만 적어도 천국의 분점 정도는 돼 보이는 곳이었다. 라터 브로히에 위치한 카리타스 요양원이었다.

앞서 말했듯이 비트벡 거리에는 사암과 현무암을 전문적으로 취급하는, 『양철북』에서 C. 쉬모크라는 대규모 공장으로 소개되었던 모크 사(社)를 비롯하여 석공 공장 여러 곳이 모여 있었고, 내가 거주할 곳은 그곳 정류장에서 시가 전철을 이용할 경우 쉽게 도달할 수 있고, 샤도우플라츠 역에서 한 번만 환승하면 되는 구간이었다. 어머니 쪽에서 물려받은 기도발이 잘 먹혀서인지는 모르겠으나 마치 수호신이 돕기라도 하는 것처럼 나 스스로는 별다른 노력을 하지 않는데도 모든 일이 순조롭게 풀려 나갔다.

지금 이 순간 회상은 자발적으로 그리고 공짜로 내게 여러 가지 제안을 한다. 그만큼 많은 일들이 동시에 일어났던 것이다. 그러면서 화자에게 선택권을 넘긴다. 석공 이야기를 계속할 것인가, 아니면 내 내면의 단면들을 두드리며 들여다볼 것인가? 단치히의 공원묘지들을 돌이켜 보면서 나중에 나올 『무당개구리 울음』에 대한 내용을 미리 얘기할 차례인가, 아니면 바로 숙소 얘기를 하는 것이 맞을 것인가?

뒤셀도르프의 카리타스 요양원은 프란체스코파 수도사들에 의해 운영되었다. 신부 서너 명과 수사 대여섯 명이 심하게 폭격당한 만네스만 공장 근처에 있는 이 요양 시설을 관리했다. 처음에는 거처 없이 떠돌아다니는 수공업자들을 돌보던 곳이었으나 점차 오갈 데 없는 사람들과 독거노인들을 돌보는 시설로 그 용도가 바뀌었다. 심지어 퀴르텐이라 불리는 연쇄 살인범까지도 1920년대에 이곳에서 신부들의 보살핌을 받았다고 한다. 잠시라도 수요가 끊기지 않은 까닭에, 경계선이라고는 야트막한 담장과 울타리가 고작인데도 놀라울 정도로 멀쩡하게 남아 있는, 이곳 박애주의적 치외 법권 지대로서의 건물은 온갖 정치적 격동을 견뎌 낼 수 있었다. 평화의 시기에도 전쟁의 시기에도 이곳은 계속 운영되었다.

수도원장인 풀겐티우스 신부가 이곳의 책임자였다. 거친 이미지를 풍기는 중년의 수도자인 그는 내가 처음 인사하러 갔을 때 나의 신앙심에 대해 묻기보다는 즉시 곰팡내 나는 헌옷 수거함을 뒤지게 했다. 염색한 누더기 군복을 입은 이 젊은 '신참'에게 평복으로 갈아입으라고 하려는 요량이었다. 게다가 괴벨의 작업장에서 입을 아마포로 만든 바지도 필요했다. 갱 안에서 연결수 소년이 입었던 작업복은 이미 닳은 지 오래였다.

나는 머리에서 발끝까지 이곳 규정에 맞는 옷차림을 할 수 있었다. 수도원장은 심지어 갈아입을 속옷과 두 벌의 셔츠까지 수거함에서 꺼냈으며, 여러 가지 색깔의 쓰다 남은 털실로 짠, 나를 오랫동안 따뜻하게 해 줄 스웨터도 한 벌 꺼내 들었다. 그 밖에도 풀겐티우스 신부는 내게 파란 바탕에 붉은 물방울무늬가 있는 넥타이까지 떠맡겼다. "주일에 필요할 거야." 그 말은 앞으로 이곳 요양원에 딸린 카리타스 예배당으로 가게 될 거라는 암시였다.

모든 것이 들어맞았다. 가장 최근의 자화상을 떠올려 본다면 이때가 내가 가장 근사해 보이던 시절이 아니었나 싶다. 그도 그럴 것이 회상의 문이 마치 옷장처럼 열리는 순간 그곳에는 갖가지 축제 때 입을 잘 다림질된 바지뿐 아니라 전쟁 후 처음으로 입게 된, 생선뼈무늬가 선명한 재킷도 보란 듯이 걸려 있을 것이기 때문이다.

1880년대의 튼튼한 건축 양식으로 지어진 수도원 본관 건물의 날개 쪽에 내가 기거할 숙소가 정해졌다. 숙소 분위기는 별로 새롭지 않았으며, 이미 익숙하던 것을 변형한 정도였다. 말하자면 이런 잠자리는 이미 과거에 공군 보조병과 노동봉사단원, 그리고 나서 전차병, 전쟁 포로 그리고 연결수 소년 시절에 이 층 침대의 위쪽 사용자로서 누리던 것이었다. 창문 하나 없는 그곳에는 이 층 침대가 네 개 더 있었으며, 나 외에도 몇몇 대학생과 수습생이 함께 묵고 있다는 사실을 저녁 무렵에야 알았다. 나보다 몇 살 어리거나 몇 살 더 많은 친구들이었다. 그들은 나와 마찬가지로 소녀들을 갈구했고, 여자와 여자의 육체적 특성에 관련된 얘기를 끝도 없이 늘어놓았다. 하지만 그래 봐야 그들이 할 수 있는 일이라고는 기껏 마음에 드는 여자아이 몇몇과 함께 어울려 가까운 곳에 있는 그라펜베르크 숲 근처를 배회하는 것이 고작이었을 것이다. 더욱이 1947년 겨울에는 그 숲도 다른 주변과 마찬가지로 지속되는 혹한에 얼어붙어 있었다.

아무튼 그곳의 작은 숲길들은 요양 시설로 이어졌는데, 몇 년 후 그곳 요양소에서 한 환자가 자신의 간호사 브루노에게 결백을 증명하는 소견서를 무려 500쪽이나 써 달라고 부탁했고, 또 그 성과도 있었다.

집 한가운데에 갇혀 있어 창문이 없는 데다가 젊은 사내들의 냄새가 가실 날이 없는 공간, 하지만 그 덕에 난방 효과는 뛰어난 우리의 공간 바로 옆에 한 수사의 방이 붙어 있었다. 이름은 기억 나지 않지만 키가 훤칠하고 두건 달린 갈색 수도복을 입고 늘 나는 듯이 바삐 움직이던 모습이 지금도 눈에 선하다.

그는 급식 감시와 같이 세속적인 일을 맡고 있었지만, 우리는 그를 천사 같은 인물로 여겼다. 그의 눈은 마치 마리아를 직접 목격이라도 한 듯이 늘 붉게 충혈되어 있었다. 게다가 몸 한가운데를 두르는 끈에는 열쇠 꾸러미가 매달려 있어서, 철거덕거리는 소리로 그가 지금 두 모퉁이 정도 거리 밖에서 오가고 있다는 것을 알려 주었다. 나는 그가 앉아 있는 모습을 본 적이 없었다. 그는 언제나 움직이는 중이었다. 여기저기서 자신을 부르는 소리가 들리는 듯 늘 발걸음이 황급했다. 그가 관리하는 자물쇠가 몇 개나 되는지 아무도 몰랐다.

시간 개념을 초월한 듯해서 나이마저 가늠하기 어려운 그 수사가 이곳 사람들을 다루는 방식은 은근하면서도 다정하고, 그러면서도 집요한 구석이 있었다. 그가 감시하는 대상에는, 방문에

'여성 방문'을 금지한다는 거주자 유의 사항이 큼지막하게 붙은 우리 젊은 친구들뿐만 아니라 큰 홀에 모여 앉아 쉬지 않고 그르렁거리며 어렵게 호흡을 하는 노인들까지 포함되었다. 노인들의 숫자는 100명까지는 아니어도 70명에서 많이 모자라 보이지는 않았다. 지난 수십 년 이후 카리타스에 의해 운영되어 온 이곳 노인 요양원에서는 방마다 죽어 나가는 행렬과 다시 들어오는 행렬이 끊기지 않았다.

감독을 맡은 수사는 밤이고 낮이고 방에 난 여닫이창을 통해 홀과 그 안의 노인들을 들여다보았다. 노인들은 기진맥진해 있다가도 어느새 불안에 사로잡히는가 하면 발작적으로 기침을 해 대거나 아니면 갑자기 싸움을 벌이기도 했다.

우리는 잠자리에 들기 직전까지 그가 창을 통해 노인들에게 말을 건네는 소리를 듣곤 했다. 그는 마치 아이들에게 자장가를 불러 주듯 부드러운 목소리로 얘기를 했다. 말투를 듣고 그가 자우어란트 출신이란 걸 알아챌 수 있었다.

그 이름 모를 수사는 가끔 내가 그 창을 들여다보는 것을 허락해 주었다. 나는 다양하기 그지없는 인간 실존의 허약함을 목격했고 지금까지도 그 광경이 눈에 선하다. 그곳을 들여다보노라면 나 자신이 직접, 더 이상 치료될 가망이 없는 만성 기침병에 걸린 채 70개에서 100개에 이르는 작은 침상 중 하나로 옮겨져 누워 있는 것 같은 생각이 들었다. 간병 대상자로 지정되어 수사의 관리에 내맡겨진 존재로 말이다. 가끔 나는 침대보를 뒤집어쓴 채 몰래 파이프 담배를 피우곤 하는데 그럴 때면 그는 창을 통해 나지막하지만 호소력 있는 말투로 나를 꾸짖는다.

우리가 사용하는 침실 공간의 반대쪽에는 노인들의 식당으로 연결되는 문이 있었는데 이곳은 그만이 드나들 수 있는 통로였다. 그는 높다란 창문들을 통해 여름철이면 밤나무들이 짙은 그림자를 드리우는 정원 쪽을 바라보았다. 밤나무 아래에는 벤치들이 놓여 있었는데 대부분 만성 기침이나 천식을 앓는 노인네들의 차지였다.

아침 식사 때면 주방 담당 수사 두 명이 거친 곡물 수프를 가득 채운 넓고 큰 솥을 우리 방 식탁에 올려놓았다. 수프는 프란체스코파 교우들에 의해 캐나다로부터 조달된 분유와 섞였다. 끊임없이 제기되는 불평불만에도 불구하고 우유 곡물 수프의 탄 맛은 개선되지 않았다. 때론 묽고 때론 너무 뻑뻑했던 그때의 수프 맛은 쉽사리 잊히지 않을 것 같다.

우리가 식사를 끝내고 나면 노인들에게 아침 수프가 배급되었다. 주방 담당 수사들은 식당으로 난 여닫이창을 통해 국자로 배식을 했다. 수사들은 마치 아이들을 달래듯이 노인들에게 얘기를 건넸다.

라터 브로이히의 카리타스 요양원이 내게 몇 년 동안이나 숙식을 저렴한 비용으로 제공해 주었기에 나는 화폐 개혁이 있을 때까지, 그리고 모든 것을 바꾸어 놓은 그 사건이 일어난 뒤에도 변함없이 앞서 말한 우유 곡물 수프, 두 조각의 혼합 빵, 한 덩이의 마가린 그리고 한 번씩 바꾸어 가면서 배급되는 자두 잼, 인조 꿀 혹은 고무처럼 말랑말랑한 발라 먹는 치즈로 차려진 아침 식사를 고수했다고 할 수 있다.

일요일에는 가끔, 그리고 성체 축일과 같이 중요한 종교적 기넘일에는 어김없이 삶은 달걀이 배급되었다. 그리고 점심 식사 때는 저민 자반 요리나 치킨 프리커시가 나온 후 젤라틴 향료를 섞은 디저트나 바닐라 푸딩이 식탁에 오르기도 했다. 그에 비해 저녁 식사는 워낙 단조로웠기에 딱히 기억나는 게 없다.

주중에는 강의를 들으러 가는 대학생이든 일하러 가는 도제나 수습생이든 헨켈만이라고 불리는, 모양이 평평한 잠글 수 있는 양철 그릇에다가 1인분씩 음식을 배급받아 길을 떠나곤 했다. 음식 맛은 재료를 알아맞힐 수 있을 정도로 늘 똑같았다.

우리의 식량 배급표는 식당에서 일괄적으로 관리했다. 우리는 언제나 배불리 먹을 수 있었다. 다만 의류 배급표와 담배 배급표는 직접 지급되었다.

그런 식으로 생필품을 공급받으면서 나는 매일 일터로 나갔다. 카리타스 요양원 밖의 일상적인 궁핍함과 비교할 때 나는 썩 잘 지내는 편이었다. 다만 나의 두 번째 굶주림이 시도 때도 없이, 특히 시가 전차를 타고 가는 중에 그토록 성가시게 굴지만 않았더라면 더 좋았을 것이다.

항상 만원이었던 전차는 뒤셀도르프 라트에서 출발해 요양원 근처에서 한 번 정차한 후 정류장마다 경적을 울리며 달렸고, 나는 샤도우플라츠에서 빌크와 베르스텐 묘지 방향으로 가는 전차로 환승해야 했다.

자리에 앉아 본 적은 한 번도 없었다. 전차 안에는 남녀 가릴 것 없이 숙면을 취하지 못한 사람, 말똥말똥 깨어 있는 사람, 조용히 있는 사람 그리고 끊임없이 수다를 떠는 사람이 빽빽하게 들어

차 있었다. 나는 거기서 되네케스와 예된스 같은 라인 지방 특유의 사투리를 들었고, 낡은 옷에서 나는 냄새를 맡았으며, 전쟁 후라면 으레 그렇듯이 남자들보다 많은 수의 여자들을 보았다.

반은 의도적으로, 반은 떠밀린 채로 나는 여자아이들과 성인 여성들 사이로 떠밀렸다. 굳이 끼어들지 않아도 내 바지가 여자들의 옷과 밀착되었다. 전차가 서거나 다시 출발할 때마다 옷과 옷, 그리고 그 안의 살과 살이 맞닿았다.

겨울에는 외투와 솜 재킷이 완충 작용을 했지만, 봄이 오면 얇아진 봄옷들이 서로 마찰을 일으켰다. 무릎과 무릎이 부딪혔다. 손잡이를 잡기 위해 위로 손을 뻗을 경우엔 맨살이 드러난 팔뚝과 손이 포개졌다.

그러므로 안 그래도 자율적인 데다가 쉽게 흥분하기까지 하는 나의 페니스가 작업장으로 가는 삼십 분 동안 반쯤 딱딱해지거나 완전히 딱딱해지는 것은 별로 이상한 일이 아니었다. 환승 시에도 그것은 수그러들지 않은 채 바지를 팽팽하게 부풀려 놓았다. 심지어는 의도적으로 딴생각을 해 보았지만 그래도 페니스를 잠재울 수는 없었다. 아침에 우유 곡물 수프로 배를 불려 놓았더니, 이제 또 다른 굶주림이 나를 요란하게 들볶아 대는 것이었다.

매일매일이 그랬다. 늘 난처한 상황에 빠졌고 두려움까지 느꼈다. 이 성가신 존재로 인해 남에게 불쾌감을 주는 것은 물론이고 노여움에 찬 욕설까지 얻어먹을 수 있었기 때문이다.

하지만 나와 가까이 있던, 치마와 블라우스를 입은 승객들 중 누구도 화를 내지는 않았다. 나를 힐끗 쳐다보면서 차장에게 다가가 귓속말로 일러바치는 사람도 없었다. 다만 이 무례한 반항아의 주인만이 바지 속의 반란과 아울러 자신의 무력감을 느낄 뿐이었다.

그러는 동안에 승객들은 서로 얼굴을 익히게 되었다. 사람들은 시간표에 따라 어느 정도 정확하게 운행되는 전차에 정시에 올라탔다. 사람들은 미소를 지어 보이기도 했고, 반응이 시원찮으면 다시 시도를 했다. 고갯짓을 하며 서로 다가서기도 했다. 서먹서먹하더라도 그렇게 서로 다가갔다.

킥킥거리는 웃음으로 이따금 중단되기도 했던, 소녀들과 성인 여자들의 잡담에서 나는 그들이 백화점, 전화국, 클뢰크너 회사의 컨베이어 벨트 그리고 일반 사무실 등에서 일한다는 것을 알거나 눈치챌 수 있었다. 나는 의도적으로 직업여성들 사이로 몸을 밀치고 들어갔으며, 가정주부들 사이로 몸을 밀치는 경우는 아주 드물었다.

가을이 되면서는 아침마다 밀려드는 무리들이 나를 연극 학교에 다니는 두 여학생 뒤쪽으로 떠밀었다. 그 둘은 꽃무늬 옷을 입고 있었다. 상당히 허세를 부리면서 그녀들은 바로 가까이에 서 있는 사람들은 아랑곳하지도 않고 햄릿과 파우스트를, 유명한 그륀트겐스를, 마찬가지로 유명한 플릭켄쉴트, 그리고 좀 더 유명한 호페를 포함하여 그 당시 뒤셀도르프 연극계를 주름잡던 인물들을 입에 올렸다. 모두들 의심스러운 구석이 있는 위장술의 대가이자, 엄격한 전통을 자랑하는 무대 교육 분야의 산 증인이며, 학생 시절부터 영화 스크린에서 보아 왔던 내 우상들이었다.

매일같이 연극계 뒷얘기를 듣게 되면서 두 번째 굶주림과 더불어 예술에 대한 굶주림도 고개를 들기 시작했다. 그래서 나는 그 무렵 공연 프로그램에 올라 있던 그라베의 「익살, 풍자, 아이러니」에 대해 함께 얘기해 보고 싶었다. 하지만 난 가슴이 납작하고 뼈가 앙상한, 이 궁핍한 시대의 연극 꿈나무들에게 그저 말없이 달라붙어 있을 뿐이었다. 그녀들은 수다에 정신이 팔린 나머지 좀 더 깊은 의미에서 그리고 가공할 만한 내 상상력 때문에 그들에게 어떤 일이 일어났는지 알아차리지 못했다. 동시에 혹은 집요하게도 차례차례로.

두 여자아이는 그레트헨이나 케트헨처럼 보이기를 원했다. 하지만 그녀들이 연습한 모놀로그를 몇 마디 들어 보니 대충 짐작이 갔다. 플릭켄쉴트 특유의 R 발음 굴리기는 그럭저럭 소화해 내는 것 같았다. 하지만 호페와 비교하기에는 개성이 부족했다. 그녀들의 피상적인 대화는 계속되었다. 그러나 그들과 나 사이에는 한마디도 오가지 않았다.

그륀트겐스가 훗날 사르트르의 희곡 「파리 떼」를 한 임시 무대에서 상연했을 때, 관객이었던 나는 내가 몸을 밀착시켰던 상대들이 어수선한 코러스의 중간쯤에 곤충 차림으로 무대에 오른 것을 보았던 것 같다.

그러고 나서는 다시 사무실 여직원 혹은 방송국 여직원이 내 상대가 되었다. 나는 그녀들 사이로 밀치고 들어갔고, 그녀들은 나를 밀침으로써 나에게 고통과 쾌락을 번갈아 맛보게 했다. 이제 그녀들의 얼굴은 기억나지 않는다. 하지만 내가 바로 가까이 다가갔던, 두 소녀 중 한 아이가 미간이 넓은 두 눈으로 무심하게 나를 쳐다보았던 기억은 난다.

비트벡 거리의 석공 공장 앞마당에 늘어서 있던, 반짝반짝하게 연마된 채 쐐기 문자로 이름과 날짜가 새겨지기만을 기다리는 묘석들이 눈에 들어오기 시작할 때에야 비로소 매일 아침 시가 전차 안에서 벌어졌던 삼십 분간의 흥분 상태가 진정되었다. 그때쯤 해서는 우유 곡물 수프의 탄내 나는 뒷맛도 어느 정도 수그러들었다.

공장에 도착하는 대로 나는 혼합 요리가 든 헨켈만 도시락을 장인의 부인에게 내놓았다. 그러면 그녀는 내 것과 함께 조각가 징어, 고령의 석공 코르네프, 슐레지엔 출신의 활자 조각가들 그리고 몸이 허약한 수습생들의 헨켈만을 모아서 점심시간까지 식지 않도록 뜨거운 욕실에 보관해 두곤 했다.

화요일과 금요일에는 식량 주머니에 헨켈만을 넣지 않고 작업장으로 갔다. 이날은 영양가도 풍부하고 맛도 좋은 고기 수프와 채소 수프가 나왔는데, 나를 포함한 수습공들은 그에 상응하는 대가를 신속하게 지불해야 했다.

라인 강 왼쪽 기슭의 농가 출신이어서 그런지 동물을 내놓고 좋아했던 장인의 부인은 석재 창고 바로 옆 마구간 비슷한 공간에다 레그혼 종의 닭 다섯 마리와 매일같이 청초(靑草) 사료를 주어야 하는 젖염소 한 마리를 기르고 있었다. 염소는 덥수룩한 흰색 모피에 분홍색 젖통을 늘어뜨리고 있었다. 염소의 몸짓에는 오만함이 묻어났다. 그 당시 녀석이 실제로 우유를 공급해 주었는지는 확실하지 않지만 양파에게 물어보건대 아무튼 녀석의 꽉 찬 젖통은 부인의 손으로 짜였을 것이다.

수습생들과 나는 매일 번갈아 가면서 목줄을 맨 염소를 잡초들이 자라고 또 자라는 곳으로 데리고 다녀야 했다. 묘석들이 진열된 공간에서는 청초 사료 같은 건 찾아볼 수 없었다. 그곳은 닭들의 놀이터였고, 울타리 밖으로 나가야 비로소 잡초들이 무성히 자라고 있었다. 훗날 이러한 풍경은 「중앙 공원묘지의 가금류」라는 시의 모티프가 되기도 했다.

염소들이 비트벡 거리를 따라 자라던 온갖 녹색 사료는 물론 쐐기풀까지 모조리 먹어 치우자 남은 목초지는 이제 베르스텐과 더 멀리 홀트하우젠까지 운행하는 시가 전차의 철로 주변뿐이었다. 선로 양쪽으로 며칠 분은 족히 될 사료 풀이 자라고 있었다.

도제들 혹은 코르네프가 신참이라고 부르는 이들에겐 이 오만한 가축을 끈에 묶고 다니는 것으로 그들의 낮 동안의 일과를 때우는 것이 일도 아니었다. 비록 점심 식사 후의 휴식 시간을 그 대가로 지불해야 했지만 말이다. 석공 작업이 너무 미숙했기 때문에 이후 공식적인 이력을 쌓는 데 필요한 보직을 늦게 받았던, 안경을 낀 한 도제는 정해진 휴식 시간을 훌쩍 넘겨 가면서까지 사료 풀을 찾아다니기도 했다.

게노베바라고 불리는 염소를 끌고 다니는 일은 시간이 지날수록 고역스러웠다. 무엇보다도 주위의 시선이 문제였다. 철길을 따라 나란히 선 나무들 뒤쪽으로 시립 병원 건물들이 있었던 것이다. 요양원이 공원묘지와 묘석 공장 근처에 있는 것은 드문 경우가 아니었다. 병원 출입구 쪽은 문병객을 포함해 병원을 드나드는 수많은 사람들로 넘쳐 났다.

점심시간이면 간호사들은 혼자 혹은 여럿이서 짝을 지어 재잘거리며 나무 밑으로 모여들었다. 아, 그녀들의 재잘거림이란! 그런 그녀들에게 말 안 듣는 염소와 씨름하는 내 꼴은 여간한 웃음거리가 아니었던 것이다.

나는 조롱 섞인 목소리로 불러 대는 소리를 참아야만 했다. 여기저기 기운 아마포 작업복을 걸치고 매번 엉뚱한 방향으로 가려고 용을 쓰면서 음매음매 울어 대는 고집불통 염소와 실랑이를 벌이는 행색은 나를 영락없는 웃음거리로 만들었다. 아니, 나 스스로 그런 생각이 들었다. 적의 화살을 온몸으로 받아 낸 성 세바스찬처럼 나는 온갖 조롱과 놀림의 표적이었다.

당시만 해도 소심했던 나는 남을 골려 대기 좋아하는, 눈부시게 흰옷을 입은 간호사들을 향해 뻔뻔한 말로 받아치거나 해서 그들을 도리어 궁지로 몰아넣을 수 있는 위인이 못 되었다. 부끄러움을 많이 탔던 나는 그들의 비아냥거림의 사정권에서 벗어나면 곧바로 게노베바에게 발길질을 해 대곤 했다.

자신이 비웃음을 사고 있다고 생각하는 사람이라면 복수를 염두에 두기 마련이지만, 사실상 이런 경우엔 실패하기 십상이거나, 혹은 나의 경우엔 아무런 효과도 없었을 것이다. 그래서 나는 욕설과 상소리를 꾹 삼키고 말았다. 하긴 유혹의 소리를 질러 마땅한 순간이 아니었던가.

이러한 한낮의 공연은 그 나름대로 소득이 있었다. 훗날 소설 속에서 염소에게 사료를 먹일 시간에 발육 장애로 병원 치료를 받게 되는 주인공 오스카 마체라트는 자기를 간호해 주던 간호사 중 한 명에게 데이트 신청을 하고, 치료가 끝난 뒤에는 심지어 간호사 게르트루트를 초대해서 커피와 케이크를 함께 먹는 데 성공하지만, 정작 내게는 그 상황에 어울릴 법한 말이 떠오르지 않았다. 나는 젖통을 덜렁거리는 고집불통 염소에 달라붙은 희극적이면서도 비극적인 장식물에 불과했다.

오스카는 미사여구를 늘어놓을 줄 아는 인물이었다. 하지만 나는 말재간이 없었다.

심지어 그는 자신의 곱사등을 이용해서도 수완을 부릴 만큼 갖가지 묘안을 갖고 있었지만 나는 유연하지 못했고 그래서 오해의 소지가 있는 제스처만 떠올렸다.

그는 오래전부터 상대를 유혹하는 데 쓰였던 술수를 아주 세련되게 입에 올릴 수 있었지만, 사람들이 내게서 들을 수 있는 것이라곤 침을 삼키고 말을 삼키는 소리뿐이었다.

아, 나도 오스카처럼 뻔뻔할 수 있었다면! 아, 나도 그처럼 유머 감각이 있었더라면!

설상가상 내겐 불운마저 겹치는 것 같았다. 한번은 성모 마리아처럼 생긴 간호사와 단둘이 산책을 하면서 미리 준비해 온 근사한 말과 달콤한 말을 늘어놓으려 할 무렵, 끌고 왔던 염소가 요란한 소리로 그리고 한참 동안 오줌을 갈겨 대는 것이었다.

어쩐 말인가? 눈길을 돌려야 했던가? 철길 건너편에 줄지어 늘어선 묘석들 중 어딘가에 염소를 묶어 둘 곳을 찾아야 했던가? 어떤 방법으로 태연한 척해야 했던가?

모든 것이 소용없었다. 젖염소 게노베바의 오줌은 도무지 그칠 줄을 몰랐다. 순식간에 웃음거리가 된 우리 두 사람의 꼴은 가련하기 그지없었다.

지금도 그때를 생각하면 부끄러움으로 얼굴이 화끈거린다. 끊임없이 흘러내리는 염소의 오줌을 멈추게 할 방법은 지금도 딱히 떠오르지 않는다. 차라리 거름이 잔뜩 뿌려진 다른 사료터였더라면 재빨리 해결책을 찾을 수도 있었을 것이다. 물론 '베디히'와 '뢰벤부르크'라 불렸던 댄스홀 위에서라면 더욱 쉬웠을 것이다. 그 당시 나는 춤꾼으로 이름을 날리고 있었으니까. 젊은 두 다리를 밑천 삼아 춤판에서 얻은 명성은 몇 년 전에 발표한 시에서 한 노년의 남자를 통해 묘사된 적이 있다. 그 늙은 남자는 '마지막 댄스'를 추기에 무리가 없을 만큼 여전히 자신의 몸놀림이 유연하다고 믿었다. 그것이 영원히 지속될 '죽음의 탱고'일지라도.

춤에 미쳐 보낸 주말들. 주중엔 코르네프의 지도 아래 나는 몽둥이라 불리는 나무망치를 들고 일정한 속도와 세기로 두드리는 법을 익혔다. 나는 거칠게 다듬은 석회석과 벨기에산 화강암의 표면을 정으로 쪼고 끌로 다듬었다. 그러다 보니 어느새 아이 묘지에 쓰일 만한 크기의 슐레지엔산 대리석에 홈을 파서 테를 두르는 작업 정도는 할 수 있게 되었다. 심지어는 정년퇴직한 한 교수의 묘지에 쓰일 용도로 주문받은 미터석을 장식할 쇠시리 작업을 시도하기도 했다.

나이 많은 징어는 내게 삼각대와 점각기를 사용하여 휘록암을 한 점 한 점 쪼아 십자가에 못 박힌 예수의 석고 모델을 그대로 재현해 내는 작업을 가르쳐 주었다.

삼각대에 움직일 수 있도록 설치된 못은 십자가에 못 박힌 그리스도상 모델에서 가장 낮은 지점과 가장 높은 지점을 측정하는 데 사용되었다. 필요한 부분의 수치를 측정하기 위해서는 삼각대를 석고상과 돌 재료에 번갈아 사용해야 했다. 특징적인 부분을 하나도 빠짐없이 옮겨서 뾰족하게 깎아 내고 마지막에는 못이 표시하는 지점과 정확히 일치하도록 홈 파는 끌을 이용해 끌질을 해야만 했다.

누군가가 눈속임이라도 할라치면 징어는 그 즉시 안경테 너머의 날카로운 눈빛으로 모든 것을 알아차렸다. 젊은 시절 함부르크의 비스마르크 기념비에 끌질을 했던 경험이 있는 그는 내게 돌덩어리에 얼굴을 새겨 넣는 작업을 전수해 주었다.

망치질을 하다 보니 손에 굳은살이 박였고 뾰족 끌을 잡은 손에는 각질이 생겼다. 어디 내놓아도 손색이 없는 근육이 형성되었다. 겉보기에 나는 수공의 장인다운 면모를 갖추게 되었다. 나중에 정치적인 퇴행기가 닥치고 서슬 퍼런 검열과 국가의 명령에 따른 집필 금지 조치가 내리더라도 석공으로서 내 가족은 먹여 살릴 수 있을 것이라는 믿음, 말하자면 경우에 따라서는 자신 있게 용퇴할 수도 있다는 확신 같은 것이 들 정도였다. 널리 알려진 대로, 죽음이란 휴식을 모르기 때문에 궁핍한 시대에도 묘석에 대한 수요는 끊기지 않을 것이기 때문이다. 괴벨의 공장으로 단독 묘와 합장묘에 대한 주문이 쇄도한 것도 당연했다.

우리는 끊임없이 끌질을 했다. 당시 나는 벨기에산 화강암에서 구름처럼 날아오르고, 노인의 방귀처럼 유황 냄새를 풍기는 먼지를 들이마셨다. 마지막 광택 작업에는 연마기가 사용되었다. 하지만 주말에는 돌먼지로부터 자유로울 수 있었다. 토요일부터 일요일까지는 오로지 춤에 빠져 지냈다.

일은 그렇게 시작되었다. 두건 달린 수도복을 걸치고 딸랑거리는 열쇠 꾸러미를 든 채, 기침을 해 대는 노인들과 이 층 침대를 누리던 우리를 감시하느라 새벽부터 늦은 밤까지 쉴 틈이 없는 수사 양반은 토요일 오후면 자신의 열린 방문 옆에 말없이 서서 경건한 마음으로 우리가 시내 나들이를 준비하는 모습을 바라보았다.

나는 풀겐티우스 신부의 의류 수거함에서 건진 검정 바지를 입었다. 바지 주름을 칼같이 잡는 법은 세탁실에서 근무하는 수사에게서 배웠다. 게다가 생선뼈무늬 재킷을 걸쳐 입었으니 내 모습은 영락없는 전문 춤꾼처럼 보였을 것이다. 하지만 유감스럽게도 침대가 열 개나 있는 우리 방에는 거울이 없었다.

엔지니어를 목표로 공부를 했고 나중에 만네스만 회사의 매니저로서 배관 사업 분야의 동향을 꿰뚫었으며, 예전에 알던 그 병장 타입의 나이 지긋한 학생이 중간 크기의 넥타이를 묶는 방법을 가르쳐 주었다. 몇몇은 자신의 신발을 반짝반짝하게 닦았고, 다른 몇몇은 설탕물로 머리를 고정했다. 그런 식으로 모두가 말쑥하게 치장을 했다.

경건한 태도의 수사는 수도복 소매 안으로 손을 찔러 넣은 채, 보물이라도 건져 올릴 듯이 떠들썩하게 주말 무도회장으로 떠나는 우리 일행을 굳은 표정으로 지켜보았다.

어릴 적부터 춤꾼이었던 내게는 이 모든 것이 식은 죽 먹기였다. 전쟁 발발 전후 무렵에 나는 각종 축제 행사 때면 시의 성벽 높은 곳에 올라가거나 아니면 랑푸르의 유명한 야외 술집인 클라인함머파크의 화환으로 장식한 넓은 홀에 단순한 구경꾼뿐 아니라 훗날의 집필을 위한 꼼꼼한 자료 수집인으로서 참석하곤 했다. 평상복이나 카키색 유니폼을 입은 교외의 소시민들이 서로 뒤엉켜

흥을 돋울 때, 열세 살이었던 나는 당시 독수공방 중이던 병사의 신부들 손에 이끌려 각종 춤을 배웠다. 이를테면 라인 폴카와 원스텝, 폭스트롯, 영국 왈츠 그리고 탱고에 이르기까지 일찍부터 춤을 접했던 나는 전쟁이 끝난 후 곧 무대의 총아가 되었다.

당시 딕시랜드 밴드는 「슈샤인보이」, 「타이거 래그」와 「헤바바리바」 등의 노래를 사람들이 원할 경우 탱고 리듬으로도 연주해주었다. 댄스홀은 도처에 넘쳐 났다. 뒤셀도르프의 구시가와 게레스하임의 지하실 곳곳은 물론이고 교외의 작은 도시 그라펜베르크도 마찬가지였다. 도시와 경계선을 이루는 그라펜베르크 숲에는 기념 중독증에 걸린 몇몇 환자 덕분에 유명해졌다는 요양소와 사회 복지 시설이 들어서 있었고, 나 또한 그 숲을 좋아하게 되었다. 이 달아오른 춤꾼은 전화국에서 근무하는 이런저런 소녀들과 산책을 하다가 마음에 드는 벤치를 발견하거나 혹은 길에서 좀 떨어진 곳에 위치한, 안성맞춤으로 이끼가 낀 침상에 눕곤 했다.

술래잡기와 봉사 놀이를 했던가. 단지 촉각에 의존한 희미한 기억만 있을 뿐 그 대부분은 블랙홀 속으로 빨려 들어가 버렸다. 헬마라는 한 여성을 제외하고는 어떤 이름도 떠오르지 않는다. 가슴이 컸던 헬마는 언젠가 '뢰벤부르크'에서 갑자기 홀 안의 불빛이 흐려지면서 여자가 춤 상대를 선택할 수 있는 시간이 선언되자, 나에게 폭스트롯을 청했고, 그 후로 나를 따르게 되었다.

그만큼 춤에 광분하던 시기였다. 우리 패배자들은 대서양 저편의 승리자들이 불렀던 「나를 담장에 가두지 마오」 같은, 블루스를 추는 동안 해방감을 주는 노래에 탐닉했다.

그것은 살아남았음을 자축하는 것이자 전쟁에 의해 야기된

재난을 잊기 위한 몸부림이기도 했다. 수치스럽거나 공포스러웠던 것 그리고 등 뒤에서 숨어 기다리는 비열한 행위 같은 것들이 끼어들 여지는 없었다. 지난 과거 그리고 바로 그 과거의 집단 무덤들로부터 생겨난 둔덕들은 토요일부터 일요일까지 댄스 플로어가 되어 평평해졌다.

몇 년 후 춤과 거리를 둘 수 있게 되었기 때문에, 그리고 앞서 말한 '뢰벤부르크' 댄스홀에서 그라펜베르크 요양소와 사회 복지 시설의 수용자들이 보는 앞에서 「로자문데」의 선율에 맞춰 원스텝을 선보였기 때문에, 비로소 오스카는 주말마다 내가 성가시게 여긴 나머지 옆으로 제쳐 놓고 쫓아 버렸던 여자들의 이름을 일일이 거명하고 이름 그대로 기록할 수 있었던 것이다. 오십 년이 지난 지금에 와서도 여전히 문을 두드리며 들여보내 달라고 졸라 대는 귀찮은 존재들은 누구였던가.

회상은 재차 회상을 위해 애쓰는 또 다른 회상들에 의존한다. 그런 점에서 회상은 양파를 닮았다. 양파는 껍질이 하나하나 벗겨질 때마다 오래전에 잊혔던 사실들, 저 까마득한 어린 시절의 젖니까지도 남김없이 드러낸다. 그리고 날카롭게 썰면 또 다른 목적을 이루기도 한다. 껍질을 썰다 보면 눈물이 나고, 그 눈물은 우리의 시야를 흐리게 만드는 것이다.

바로 눈앞에서 좀 더 세밀하게 나는 카리타스 요양원의 정원에 그림자를 드리운 밤나무 아래 벤치에 앉은 내 모습을 본다. 그곳에 앉을 때마다 나는 한 노인의 얼굴을 종이 위로 옮기려고 시도한다.

연필을 이용하여 나는 흐릿하고 축 처진 눈과 눈물주머니, 바싹 마르고 언저리에 꺼칠꺼칠한 보풀이 있는 귀, 그리고 끊임없이 중얼거리는 입을 그린다. 나는 움푹 고랑이 파인 이마를, 맨살이 드러나거나 흔들리는 머리카락으로 성기게 덮인 두개골을, 측두골 위의 나지막하게 떨리는 얇은 피부를, 그리고 목덜미의 주름투성이 가죽을 그린다.

부드러운 톤에 독특한 광택이 나는 연필을 사용하여 콧마루와 아래턱, 늘어진 아랫입술 그리고 쑥 들어간 턱을 묘사한다. 가로 주름과 세로 주름은 이마를 표시한다. 연필로 그은 선들이 굽이치다가 안경 너머의 그늘 속으로 사라진다. 두 개의 분화구. 콧구멍에는 회색빛 털이 보풀보풀 자라 있다. 검은색과 흰색 사이에 존재하는 무한히 많은 회색의 색조들. 그것이 나의 신조이다.

어린 시절부터 나는 연필로 스케치를 했다. 이를테면 근접 관찰 방식을 택해 표면이 거칠거칠하고 분위기가 음산한 벽돌담을 머릿속으로 재구성해 내곤 했다. 고무지우개는 다 닳아서 가루가 될 때까지 옆에 두곤 했는데, 나중에, 훨씬 나중에 나는 연필에 붙어 있는 이 보조 도구를 한 연작시에서 형상화했다. "나의 고무지우개와 달, 이 둘은 점점 줄어든다."

노인네들은 카리타스 요양원의 벤치 위에 옆얼굴을 보이도록 비스듬히 돌아앉아서 마치 명령이라도 받은 양 시선을 고정했다. 그렇게 그들은 한두 시간씩 앉아 있었다. 많은 노인들이 천식 발작에 시달렸고, 호흡은 늘 그르렁거렸다. 그들은 중얼중얼 혼잣말로 혼란스러운 소리를 늘어놓기도 했는데, 간간이 1차 세계 대전과 베르됭 전투와 인플레이션 같은 단어들이 들려왔다. 현금과도 같은 담배로 나는 그들의 모델료를 지불했다. 그들은 작업이 끝나자마자 혹은 잠시 기침 발작을 한 후에 모델료로 받은 두세 개비의 궐련을 꽁초가 될 때까지 피웠다.

당시만 해도 아직 담배를 피우지 않았던 나는 언제든 모델료를 지불할 수 있었다. 나의 담배 재고는 모델이 필요한 스케치를 위해 우선 소진되었다. 그러나 단 한 번 불타오르듯 물결치는 머릿결과 수염을 가진 노인이 아무런 대가도 받지 않고 모델이 되어 준 적도 있다. 그는 이렇게 말했다. "오로지 예술 자체를 위해서네!"

하지만 밤나무 아래의 화가가 아무리 열심히 한다고 한들, 그에게는 지적해 주는 누군가가 필요했다. 나는 스탈린그라드로 갔다가 전면전이 시작되면서 미술 선생으로 발령이 났던 옛날의 임시 교사에게 목질 섬유가 섞인 종이 위에다 그린 연필화 몇 점을 보여 주고 싶었다. 이 석공 실습생이 생각하기엔 작품이 그런대로 괜찮았기 때문이다.

내가 열네 살 무렵에 그녀는 페트리 고등학교에서 교편을 잡고 있었다. 토요일이면 따분함에 지쳐 있던 한 무리의 버릇없는 녀석들이 그녀를 성가시게 굴었는데, 그들 중 몇몇은 털 난 여자 성기만을 달랑 그리거나, 아니면 지나치게 기다란 성기를 지닌 자그마한 인물을 스케치한 그림들을 가지고 왔다.

그녀는 학급의 멍청한 아이들을 아예 무시했다. 몇몇 미숙하고 버릇없는 애들은 카드놀이를 하거나 두 시간 내내 엎드려 자기도 했다. 그러면 그녀는 나머지 아이들을 데리고 원근법 수업을 진행하곤 했다. 자신이 보기에 조금이라도 재능이 있는 학생 두세 명만을 집중적으로 지도했다.

그렇게 하여 나는 그녀의 돌봄을 누리게 되었다. 그뿐만 아니라 초포트에 있는 그녀의 정원 화실로 초대까지 받았다. 그 당시 동부 전선 후방 어딘가에서 참모부 보급 장교로 병참 근무를 하고 있던, 자기보다 나이가 훨씬 많은 법률가와 결혼한 상태였던 그 젊은 여성은 집 전체가 온통 풀로 덮인 작은 집에 살았다. 그 집에 내가 얼마나 자주 드나들었는지는 기억나지 않는다.

나는 짧은 바지나 혹은 히틀러 청소년단이 입는 동계 제복을 입고서 시가 전차를 타고 올리바를 지나 글레트카우로 갔고, 그곳에서부터는 설레는 마음으로 해안의 모래 언덕이나 바다의 파도 거품을 따라 걷곤 했다. 하지만 해안으로 떠밀려 온 미역 속에서 호박(琥珀)을 발견하지는 못했고, 초포트의 첫 번째 고급 주택들 바로 앞에서 왼편으로 꺾어 들어갔다. 막 꽃봉오리를 터뜨리기 시작하거나 늦여름부터 빛나는 들장미 열매를 맺는 관목 곁을 지나갔다. 정원 문은 삐거덕 소리를 냈다.

북극광의 은혜를 입은 베란다에는 육중한 조각상들과 반신상들이 석고 상태로, 혹은 아직 마르지 않은 점토 상태로 놓여 있었다. 그리고 그 뒤편으로 그림이 걸린 화가(畵架)가 보였다. 그녀는 석고 분사기에 더러워진 앞치마를 두르고, 손가락 사이에는 담배를 꽂아 들고 있었다.

그녀는 쾨니히스베르크 출신이지만 고향에 있는 미술 대학이 아니라 단치히의 공대에서 지도 교수를 만났다. 바로 말(馬) 그림으로 잘 알려진 풀레 교수가 그녀의 선생이었는데, 나 역시도 나중에 그의 밑에서 초보자 코스를 밟은 적이 있다.

그녀의 헤어스타일은 오래전에 유행이 지난 짧고 단정한 커트였다. 그리고 당시 내 이름을 가진 고등학생은 릴리 크뢰네르트에게 어느 정도 거리를 둔 채 빠져 있었던 것이 분명하다. 하지만 시선을 주거나 일부러 접촉하지는 않았다. 그런데 전혀 예상 밖으로 그녀 쪽에서 내게 접근해 왔다.

그녀는 흡연 용구가 놓인 작은 탁자 위에(나의 여선생은 끊임없이 자욱한 연기를 뿜어 댔다.) 무심코 그랬는지 혹은 사려 깊은 의도에서 그랬는지는 몰라도 절판된 미술 잡지와 카탈로그를 한 더미 올려놓았다. 내 나이쯤 됐거나 아니면 더 오래된 것들로, 몇몇은 흑백이고 또 몇몇은 컬러였다.

학생은 그것들을 한 장 한 장 넘기면서 딕스와 클레, 호퍼와 파이닝거의 금지된 그림들을 포함하여 바를라흐의 「독서하는 수도원 학생」을 비롯한 조각상들 그리고 렘브루크의 거대한 조각상 「무릎 꿇은 여인」도 보았다.

사실 나는 더 많은 것을 보았다. 하지만 정확하게 무엇을 보았던가? 하지만 흥분했던 것만은 분명하다. 이전에 본 적이 없던 것들이기에 매력적이었고 동시에 두렵기도 했다. 그 모든 것은 금지된 것이었고 '타락한 예술'이었다.

영화관의 「주간 뉴스」는 영화 관람객에게 제3 제국에서 아름답다고 인정받은 것을 거듭해서 상영했다. 조각가 브레커와 토라크는 대리석으로 조각된, 실물보다 큰 영웅 조각상들로 근력의 힘을 누가 더 잘 표현하는지 경쟁했다.

릴리 크뢰네르트, 담배 골초, 가벼운 사시(斜視)로 나를 자극했던 여자, 남편과 멀리 떨어져 살던 쇼트커트의 젊은 여성, 나에게 금지된 그림, 예컨대 렘브루크의 작품을 보여 주었는가 하면 빔머와 콜베 같은 활동이 허가된 조각가까지도 알게 해 주었던 나의 사랑하는 여선생. 그녀는 자신이 어느 정도 인정한 재능 있는 제자에게 밀고당할 수도 있는 위험을 감수했던 것이다. 배반이 예사였던 때가 아닌가. 익명의 제보로도 충분했다. 그 무렵 열광적인 신앙심에 불타던 김나지움 학생들이 자신들의 선생을 슈투트호프의 강제 수용소로 보내 버리는 것은 흔한 일이었다. 일 년 후 나의 라틴어 선생인 예하(猊下) 슈타히니크도 그런 식으로 강제 수용소로 보내졌다.

그녀는 전쟁에서 살아남았다. 1960년대 초반 내가 다섯 살배기 쌍둥이 형제 프란츠와 라울을 데리고 슐레스비히 홀스타인을 여행하면서 저녁에 킬의 코르데스에 모인 관객 앞에서 『개들의 세월』을 낭독했을 때 나는 릴리 크뢰네르트와 마찬가지로 살아 돌아온 그녀의 남편을 그다음 날 플렌스부르크에서 우연히 만났다. 그녀는 여전히 담배를 피웠고, 내가 미술 과목에서 위험천만한 가르침을 주신 것에 감사드린다고 했더니, 빙그레 미소를 지었다.

아, 비흡연자였던 내가 밤나무 아래에서 기침을 해 대는 나이든 노인들을 부드러운 톤의 연필로 스케치하고 그 대가로 담배를 나누어 주던 그때, 그녀가 내 옆에서 비판적인 조언을 해 주었더라면 얼마나 좋았을까…….

나의 원초적인 굶주림은 비록 맛은 없어도 뒷맛은 오래갔던 요양원의 수프로 달래지고, 나의 또 다른 굶주림 역시 주중의 출근길 시가 전차 안에서 점점 더 솟구쳐 올랐지만 주말의 춤 파티가 끝난 후 내게 호감을 가진 파트너들을 통해 충족되었다. 하지만 세 번째 허기, 즉 예술에 대한 욕구는 충족되지 못한 채 남아 있었다.

그륀트겐스 극장의 값싼 좌석에 앉아 있는 내 모습이 보인다. 괴테의 「타소」가 바로 그 무렵에 이미 공연되었던가, 아니면 이듬해에 공연되었던가? 나는 여러 전시장에서 번갈아 쏟아 내는 그림의 홍수에 거의 익사 상태로 빠져 있다. 샤갈, 키르히너, 슐레머, 마케 그리고 또 누가 있었던가?

카리타스 요양원에 있을 때는 슈타니스라우스 신부가 내게 릴케와 트라클을 비롯해서 바로크 시인들과 초기 표현주의자들의 선집을 제공해 주었다. 그뿐만 아니라 나는 그가 나치 시대를 거치면서도 온전히 보존한 프란체스코 도서관의 소장품들도 탐독할 수 있었다.

게다가 나는 분츠라우에서 아버지와 함께 피란을 왔던, 한 붙임성 있는 선생님의 딸에게서 안내를 받아 로베르트 슈만 홀에서 콘서트를 관람하며, 그간 눈과 귀를 자극해 왔던 모든 것에 대한 욕망을 가라앉힐 수 있었다.

하지만 독서열과 더불어 예술 작품에 대한 수동적인 소비는 오히려 예술에 대한 굶주림을 더욱 배가했으며, 나 스스로 창작 활동을 하도록 부추겼다.

그렇게 해서 몇 미터 길이의 장황한 시구들이 내게서 배출되었다. 일종의 시적인 신진대사였다. 일과 시간이 끝나면 나는 괴벨이 운영하는 석공 공장의 간이 숙소에서 석회석으로 만든 작은 조각상들을 처음으로 끌질했다. 여성 토르소였는데 특히 소녀의 머리에 중점을 두었다. 그 외에 나는 천식을 앓던 노인들이 담배를 대가로 제공했던 펠리칸표 스케치북을 채워 넣었다. 다양하고 흉터가 많으며 낯빛이 흐리고 메마른, 피골이 상접한 얼굴들이었다. 수염이 까칠까칠한 상태든 턱수염을 제대로 기른 상태든, 눈을 깜박거리든 눈이 눈물로 젖어 있든, 아무튼 노인들은 나를 물끄러미 바라보았다. 시간을 되돌려 밤나무 아래 그 벤치 풍경을 봄날의 청아한 빛 속에, 여름날의 빛 속에, 그리고 가을날의 빛 속에 차례로 떠올려 볼라치면, 이미 죽음의 그림자를 드리우고 있는, 반쯤 의식이 나간 얼굴들을 종이 위에 스케치하는 내 모습이 보인다.

비흡연자로서 비축해 두었던 모든 수확물이 동나면서 한 방을 쓰는 동료들에게까지 모델을 부탁했는지는 분명치 않다. 그나마 얼굴에 마마 자국이 있는 카리타스 요양원의 수도원장인 풀겐티우스 신부가 못마땅한 표정을 지으면서도 내 모델이 돼 주었던 것 같다. 그리고 또 다른 모델은 릴케 애호가인 슈타니스라우스 신부였던 것 같은데, 그는 섬세하면서도 조심스러운 사람으로, 바로크 시대 수도사였던 슈페 폰 랑겐펠트의 「저항의 나이팅게일」 속 시구를 즐겨 인용하곤 했다. 나는 성모의 기적을 고대하는 눈빛으로 동분서주하면서 우리를 돌보아 주었던 수사를 천사의 모습으로 그린 그림이 남아 있기를 바랐다. 하지만 대부분은 분실되었고 노인들의 그림만 남아 있다.

율리우스 괴벨, 고령의 석공 코르네프 그리고 다리가 세 개 달린 점각기를 잘 다루던 돌 조각가 징어와 같이 생활한 지 일 년이 지난 후, 매주 두 번씩 채소 수프를 먹으며 오랜 세월을 젖염소 게노베바를 줄에 묶어 끌고 다닌 후, 나는, 우리의 실습생은 학사 일정을 바꾸기로 마음먹었다.

음매음매 울어 대는 가축과, 십자가에 못 박힌 근육질의 점각 그리스도상, 그리고 초승달 위에 놀림 다리와 고정 다리로 서 있는 대리석 성모상과 결별하고 싶었다. 그리고 지나칠 정도로 반짝반짝 윤을 낸 화강암, 어린아이의 묘석에 원형 부조로 장식하기 위해 내가 끌질해 놓았던, 꺾은 장미들로부터도 떠나고 싶었다. 레그혼 닭들이 묘석들 사이에서 모이를 쪼아 대며 돌아다니는 것을 더 이상 보고 싶지 않았다.

비트벡 거리의 끝에 위치한 모크 사(社)의 대규모 공장에 마음이 끌린 것은 그 때문이었다. 그곳에서는 주로 아이펠* 채석장에서 갓 들여온 사암이나 응회암 그리고 현무암 같은 석재들이 가공되었다. 그리고 그곳에는 무덤을 무겁게 만드는, 비명(碑銘)을 새긴 잡석에 대한 수요가 거의 없었다. 게다가 그곳에는 성가시게 달라붙는 염소도 없을 것 같았다.

하지만 고령의 석공 코르네프가 주는 매력과 결별하기란 쉬운 일이 아니었다. 봄이면 우리는 새가 많이 날아드는 공원묘지에서 적게는 몇 개에서 많게는 수백 개에 이르는 묘석들을 대석(臺石)과 함께 바닥에 고정하는 작업을 해야 했다. 우리는 다른 묘지로 시체를 이장하는 광경도 바라볼 수 있었다. 그와 함께라면 죽음을 다루는 일도 참을 만했다. 그와는 남을 비방하는 일도 신이 났다.

코르네프는 나중에 그의 조수 오스카 마체라트와 함께 '포르투나 노르트' 장(章)에서까지 화강암과 휘록암을 옮겨 놓는 기회

---

* 마인츠로부터 라인 강 하류의 양안에 있는 산맥의 북서쪽 지역.

를 얻으며, 또한 자발적인 시체 이장의 증인이 되기도 한다. 그리고 내게 충고한 것과 마찬가지로 오스카와 함께 점심때면 도시락을 덥히기 위해 묘지 화장터에서 도시락을 꺼내 놓기도 했다. 이쯤 되면 묘석 예술 및 묘지 정리와 관련된 주제는 더 이상 꺼낼 것이 없을 법하다. 남아 있는 얘깃거리라곤 기껏해야 문학과 진실에 대한 것이 고작일 터이다. 이를테면 누가 누구에게 무엇을 말했는지, 누가 더 정확하게 거짓말을 했는지, 오스카인지 아니면 나인지, 결국엔 누구를 믿어야 하는지, 둘 다에게 부족한 것은 무엇인지 그리고 누가 누구에게 필봉을 휘두르고 있는 것인지 등등.

하지만 저 마체라트 씨는 결코 모크 사에 소속되어 있지 않았기 때문에 나는 내 어린 시절을 때늦게 재구성하는 번거로운 일로부터 잠시 벗어나고 싶다.

자신이 낳은 인큐베이터 속 아이의 달걀 껍데기를 쓸어 모으는 것도 매혹적인 일일 수 있다. 대개는 쓰레받기에서 의심스러운 출생을 말해 주는 잔재물이 발견되기 마련이다. 고집스럽게 우겨지는 세부 사항들, 특히 예전에 삭제되었지만 소생하기를 기다리는 착상들도 더불어 발견된다. 예컨대 내가 징어 장인의 동의하에 괴벨의 회사를 떠났고, 수습생들 중 하나가 염소 게노베바의 점심 사료를 먹이러 나갔다가 끈을 놓쳤고, 그 바람에 온 사방을 뒤지고 다녔지만 결국엔 빌크 방향으로 가는 전차에 치인 듯 그 염소가 마지막으로 음매 소리를 남기고 사라졌다는 소문 같은 것 말이다.

심지어 눈이 왕방울만 한 괴벨 부인은 이런 추측까지 했다고 한다. 순전히 내가 그곳을 떠났다는 이유만으로 게노베바가 시름에 잠겨 철로 쪽으로 갔다가 기차 바퀴에 치였다고 말이다.

모크 사에서 몇 달을 보내면서 나는 수습생 및 직공과 함께 돌 깎는 작업을 했지만, 결과적으로 묘지 분위기를 잘 살리지는 못했다. 그러므로 시립 공원 내부에, 즉 정원 안에 추하게 남아 있던 전쟁의 상흔을 제거하는 편이 더 나았을 것이다.

사암으로 만든 조각상들이 폭탄 파편에 의해 머리가 잘려 나가거나 외팔 장애인이 된 곳에선, 머리가 없는 다이애나 여신상과 메두사상의 사진이나 석고 모델을 보고 원래대로 복구하는 작업이 필요했다. 없어진 사지와 반 토막 난 천사의 머리들은 자신의 본모습을 애타게 찾고 있었다. 우스꽝스럽게 생긴 조막손에 지방 혹이 있고, 곳곳에 곰보 자국이 있으며 풍성하게 땋은 고수머리를 한 나체 동자상(童子像)들도 모크 사에 맡겨졌다. 회사 사장은 미리 예측한 대로 시 당국을 흡족하게 했다.

나는 그곳의 오랜 석공 가계 출신인 수습공들의 도움을 받아 돌 작업을 할 때 일단 잘못 치면 능숙한 위장술로 감추지 않는 한 영원히 되돌릴 수 없다는 것을 알게 되었다. 그러니까 우리는 전쟁으로 망실된 부분을 복원하면서, 다시 말해 땜빵 작업을 하면서 세월을 보냈다. 너무 끈적거리지도 너무 묽지도 않게 돌 접합제를 만드는 방법은 징어 장인에게서 배웠다. 그는 헤어지면서 직무상 비밀로 몰래 간직하라며 내게 비법을 털어놓았다.

지속적인 굶주림의 대상인 예술의 문제를 내가 처음으로 실감한 것은, 익명의 고객들이 90센티미터 높이의 토르소를 여러 개 복제해 달라고 주문했을 때였다. 사장은 모피 담요 안에 조심스레 쌓여 있던 모델을 풀어 보고는 비밀리에 작업을 진행시켰다.

그 석고상의 원제작자는 한때 그 분야에서 인정받았던, 아니 타의 추종을 불허할 만큼 탁월했지만 나치 시대 때의 조각 작품들이라 하여 모든 미술관에서 추방당했던 조각가 빌헬름 렘브루크가 틀림없었다. 아주 잠깐이지만 나는 학생 시절 나의 여선생이었던 릴리 크뢰네르트가 가지고 있던 금지된 미술 잡지에서 이미 그를 만난 적이 있었다. 그녀는 그를 "진정한 대가 중의 한 분"이라고 불렀다.

하지만 모크 사에서는 렘브루크라는 이름이 거론되지 않았다. 다만 석고 모델의 출처에 대해서 수군거리는 정도였다. 그러자 직공들 중 하나가 익살을 떨었다. "처음엔 하나였지만 나중엔 셋이 되는 셈이지."

많은 사암들이 작업을 기다리고 있었다. 복제품을 거래하는 화상(畵商)이 주문한 게 분명했는데, 화상은 그것을 원본으로 위장해서 암거래 미술 시장에 넘길 터였다. 그 전쟁 후의 시기에는 안목이 없는 구매자들이 많았는데, 그들 대부분은 토착민 출신의 부자들이거나 미국에서 이주해 온 사람들이었다. 말하자면 위조의 시대가 도래한 것이었다.

아무튼 밝은색 사암에 복제품 세 개가 재생되었고, 음미하기 위해 나무틀에 올려지자마자 신속히 팔려 나갔다.

그 팔 없는 토르소는 허벅지 가운데 부분부터 살짝 돌린 머리의 정수리까지로 이루어져 있었다. 골반이 기울어진 것은 놀림 다리와 고정 다리를 암시했다. 렘브루크의 이 작품은 1차 세계 대전이 발발하기 직전, 그러니까 파리에서 활동하던 중반기의 작품

일 것이다.

평소처럼 우리는 석고 모델의 표면에 연필로 표시해 둔 수많은 점들을, 작업할 돌 재료에 그대로 옮겨 표시했다. 이 작업에는 전통적인 방식대로 이동식 바늘이 달려 있는 삼각 점각기가 도움이 되었다.

우리의 작업은 노장인(老匠人) 모크가 직접 감시했다. 전통 있는 석공 가문 출신의 도제들은 온갖 눈속임에 능숙했지만 모크가 카리스마 넘치는 눈길로 등장하면 꼼짝하지 못했다. 그는 자신의 겹쳐진 눈꺼풀을 두 손가락으로 들어 올리고는 모든 부분을 세세하게 관찰했다. 그러고는 이쪽저쪽 눈꺼풀에서 다시 손을 떼는 모습이 마치 부처를 연상케 했다. 그는 어떠한 기계도, 회전식 금속 팔에 고정된 첨두 같은 것도 사용하지 않았지만, 잘못된 부분을 어김없이 찾아냈다.

부끄러움을 무릅쓰고 고백하자면 나는 별문제가 없을 듯해도 실제로는 다루기 까다로운 토르소의 등 부분에 대해서는 특히 눈에 띌 정도로 날림 작업을 했고, 그래서 손질이 필요했다. 견갑골 사이에 부족한 부분을 보충해 주어야 했고, 그러고 나면 다른 부분과의 균형이 또 깨져 버렸다.

오늘날 나의 렘브루크 복제품 중 하나가 누구를 기쁘게 하고 있는지 누가 알겠는가. 맨 처음 그것을 구입했던 익명의 구매자 손에 있든가, 아니면 다시 한 번 더 판매된 뒤에 또 다른 소유자가 그 가짜 원본을 보관하고 있을 것이다. 어쨌든 1차 세계 대전이 끝난 후 생을 마감했던 빌헬름 렘브루크에게 용서의 아량을 베풀어 달라고 부탁하고 싶은 생각이 여전히 재깍거린다.

아, 내가 이따금 성공적으로 수행하는 가상의 초대라는 방식을 시험할 기회가 주어진다면, 릴리 크뢰네르트 선생이 불세출의 대가라고 칭송했던 저 렘브루크를, 젊은 나이에 페르트 레 쥐를리와 랑게마르크 전투에서 각각 숨진 화가 마케 그리고 모르크너와 함께 가상의 테이블로 불러 모으고 싶다.

내 원고지 위에서 우리 네 사람은 당시의 현안에 대해, 이를테면 사람들이 얼마나 열광적으로 전쟁에 참여했는가와 같은 문제에 대해 대화를 나눌 것이고 그러고 나서는 예술에 대해 의견을 주고받을 것이다. 그때 이후 예술은 어떻게 되었고, 모든 금지 조치를 어떻게 극복했는지에 대해서. 하지만 외부의 강압에서 자유로워지자마자 예술은 스스로를 하나의 독단 안에 가두고 그리하여 추상적인 세계로 도피했던 것은 아닌지 등등에 대해서.

우리는 잡동사니 같은 설치 예술과 천박한 유행, 갈피를 잡지 못하는 비디오광, 난무하는 온갖 이벤트, 성인(聖人)처럼 떠받들어지는 고철 덩어리, 그리고 언제나 현재만을 추구하는, 공허로 가득 찬 예술 산업에 대해 큰소리로 비웃어 줄 것이다.

그런 다음 나는 초대자이자 요리사로서 죽음으로부터 휴가를 얻은 내 손님들을 즐겁게 해 줄 것이다. 우선 대구 머리에 신선한 서양 자초로 양념을 한 생선 수프를 식탁에 올릴 것이다. 이어서 마늘과 샐비어를 채워 넣고, 마요라나 삶은 물에서 건져 올린 양의 뒷다리를 완두콩과 함께 내놓을 것이다. 마지막 디저트로는 염소 젖 치즈와 호두를 준비할 것이다. 그리고 잔마다 화주를 가득 채워 건배를 하고 세상을 비방할 것이다.

베스트팔렌 출신으로 말이 없는 렘브루크는 고작해야 몇 마디 하는 게 다일 것이다. 하지만 수다 떨기 좋아하는 아우구스트 마케로부터는 이런저런 이야기를 들을 수 있을 것이다. 예컨대 파울 클레 그리고 루이 무알리에와 함께 전쟁이 발발하기 몇 달 전인 4월 14일쯤 튀니스로 짧은 여행을 하면서 겪었던 빛의 현상이나 다른 모험들에 대한 이야기를. 그리고 빌헬름 모르크너로부터는 플랑드르에서 탄환이 그를 ……하지 않았다면, 어떤 그림을 그렸을지 들을 수 있을 것이다. 추상화일 가능성이 있지만 말이다.

하지만 렘브루크의 불행한 사랑에 대해서는 아무 말도 듣지 못할 것이다. 어린 나이에 극단을 대표했던 미모의 연극배우 엘리자베트 베르크너와의 이루지 못한 사랑 얘기 말이다. 그가 그녀 때문에 자살을 시도했다는 소문도 있으나 나는 믿지 못하겠다. 그의 머릿속에 그리고 많은 사람들의 머릿속에는 영원히 끝나지 않을 것 같은 전쟁만 들어 있던 때가 아닌가…….

식사가 끝나면 분명 렘브루크에게 감사의 말을 전할 기회도 있을 것이다. 그는 나의 학생 시절에 별로 인기가 없었으나, 내게는 엄청난 좌절을 안겨 준 예술의 척도였던 것이다…….

그러고 나서 무슨 일이 있었던가? 화폐 개혁이었다. 화폐 개혁의 날은 시간을 그 전과 그 후로 갈라놓았다. 화폐 개혁은 모든 사람들에게 마지막을 그리고 동시에 시작을 알렸다. 그것에 의해 어떤 것은 가치가 떨어졌고 또 어떤 것은 새로운 가치를 과시하게 되었다. 화폐 개혁은 굶주린 많은 이들 가운데서 신흥 부자들을 탄생시켰고, 암거래 시장의 물줄기를 마르게 했다. 화폐 개혁은 자유

시장을 표방했고, 부자는 부자로, 가난뱅이는 가난뱅이로 머물게 했다. 그것은 돈을 신성시했고 우리 모두를 소비자로 만들었다. 어쨌든 화폐 개혁은 전반적으로 사업에 활기를 불어넣었다. 그 덕에 지금까지 물물 교환과 현물로 대가를 받았던 비트벡 거리의 석공 회사들에도 주문량이 늘어났다.

모든 것을 변화시킬 날 바로 직전에 모크 사는 전쟁의 상처로 여전히 흉물스러운 모습을 하고 있는 한 은행 건물의 외벽을 보수하는 작업을 수주받았다. 은행주는 건물 외벽을 수치스럽게 여겼다. 어떤 사건을 겪었는지 짐작케 하는 그 건물은 작업 일자와 비용 견적에 맞추어 예쁘게 손질된 새 피부를 얻을 예정이었다.

폭탄 파편으로 패각 석회암 덩어리에 생겨난 상처를 긁어내고, 새로 쪼개어 만든 네모난 패각 석회암을 그 자리에 채워 넣어야 했다. 그런 다음 맞춤 못으로 고정하고 틈새를 메워 꼼꼼하게 마무리했다. 이 작업의 주문자가 누구였던가? 아마도 최근에 라인루르 은행으로 개명한 드레스덴 은행이 아니었을까 싶다.

그 당시를 보여 주는 사진은 달랑 한 장뿐이다. 사진은 강철관으로 된 높다란 비계(飛階)에 올라서서 조망이라도 하듯 세상을 쳐다보는 한 남자를 보여 준다. 자신의 직업을 과시라도 하듯, 그 왼손잡이 사내는 한 손에는 석공용 나무 곤봉을, 다른 손에는 뾰족 끝을 폼 나게 들고 있다.

직장 동료가 찍어 준 스냅 사진이었을 것이다. 사진의 배경에는 끌로 파낸 홈 같은 것이 보이는데 이것은 드레스덴 은행의 전면을 장식하는 자연석 외벽이 얼마나 두꺼웠는지를 말해 준다. 여러 층의 건물은 내부가 불타긴 했지만 폭탄의 우박을 견뎌 내고 이제 싱싱한 자본과 새로운 이익을 갈망하고 있는 것이다.

젊은 석공은 혼자 서 있다. 왜냐하면 모든 시스템, 즉 조직적 범죄에 기여했던 통화의 요새를 맡고 있는 책임자는 사진에 노출되는 것을 꺼렸고 오로지 은행 전면에 있는 모든 손상을 제거하는 것으로만 만족하려 했기 때문이다. 그런 식으로, 최소한 외관으로나마 명성을 되찾기를 원했던 것이다.

차양 넓은 모자를 쓰고 아마포 작업복을 걸친 채 자신을 의식하면서 강철관 비계에 올라 세상을 관조하는 수척하고 젊은 청년, 그가 화폐 개혁 직전의 내 모습이다. 활동적인 포즈를 취하고 있는 자화상.

흑백 사진에서 볼 때 은행 앞의 비계에 높이 올라서 있는 내 모습을 멀긴 해도 알아볼 수는 있다. 그리고 그 은행의 위층들은 아직 화재의 흔적이 남아 있어 출입이 불가능했지만 1층 창구 홀은 고객이 왕래할 수 있도록 열려 있었다.

점심 휴식 시간이면 우리 석공들은 바로 그 위층에 앉아 도시락을 비웠다. 1층과 2층 사이의 천장 한 부분이 뚫려 있어서 임시방편으로 두꺼운 널빤지를 살짝 덮어 놓았기 때문에 그 널빤지 사이로 난 손가락 너비의 틈을 통해 창구 홀을 들여다볼 수 있었다.

그래서 나는 디데이 바로 며칠 전 은행 직원들이 새 화폐의 지폐와 동전을 기다란 탁자 위에 올려놓고 그것들을 분류하고 세어 다발로 묶은 뒤 두루마리 형태로 포장하는 것을 볼 수 있었는데, 기적을 행할 화폐 유통의 출범 준비는 그런 식으로 제시간에 이루어졌던 것이다. 그리하여 나는 화폐 개혁의 목격자가 되었다.

마음만 먹었다면 팔을 뻗어 움켜쥐거나 낚싯대로 건져 올릴 수도 있었을 것이다. 몇몇 동료와 함께 계획만 잘 짰다면 범죄자가 아니라 자선가나 가난한 사람을 돕는 로빈 후드가 될 수도 있었을 것이다. 가장 최신 버전의 교리가 그처럼 가까운 곳에서 나를 유혹했다.

그때까지 건축 현장에서 내가 받았던 시급은 95제국페니히였다. 초과 수당을 합하여 주급은 대략 50제국마르크였다. 하지만 이것은 곧 아무런 가치가 없어졌다.

앞으로 저 아래 드레스덴 은행의 창구 홀에서, 천 군데 이상의 다른 교부 장소에서처럼 우리의 미래가 돈으로 지불되고 더 나아가 미래에 대한 가격이 매겨질 것이라고 예감이라도 할 수 있었던가?

갑자기 모든 것이, 거의 모든 것이 갖추어졌다. 어제까지만 해도 가진 것 없이 초라했던 창구는 준비한 상품을 과시했다. 무언가를 비축해 둔 사람들은 새 화폐를 신속하게 손에 넣었다. 이 목격자의 눈에 결핍이란 위조된 것이자, 과거의 허구적 유물처럼 보였다. 과거의 모든 것이 무가치해졌기 때문에, 즉 더 이상 말할 가치도 없어졌기 때문에 모든 사람은 비록 쉽지는 않았으나 과감하게 미래로 눈을 돌렸다.

나는 정의의 이름으로 눈을 깜박이며 누구에게나 주어졌던 첫 번째 수령 금액 40독일마르크로 무엇을 살 수 있는지조차 몰랐다. 아마도 오리지널 파버 카스텔 연필 세트와 새 고무지우개 한 개 정도가 아니었을까? 아니면 스물네 개의 작은 칸을 가진 수채화 팔레트 정도였을까?

아마도 대부분은 어머니를 초대해 함께 함부르크를 여행하면서 교통비로 써 버렸던 같다. 어머니는 자신의 여동생 베티와, 아버지의 가장 나이 많은 형의 아내인 마르타 아주머니를 방문하고 싶어 했다. 그 당시 경찰 공무원이었던 큰아버지 알프레드는 나의 사촌들과 함께 호엔프리트베르크 로의 연립 주택에 살았고, 내가 방문할 당시는 북부 슈타데 근처에 살고 있었다.

함부르크의 폐허 상태는 쾰른보다 더 광범위한 듯 보였다. 다시 살펴본 뒤에야 높이 솟은 굴뚝들이 겨우 눈에 들어왔다. 당시에 여러 층으로 된 임대 주택들이 무너졌을 때 남은 굴뚝들이었다.

그런데 놀랍게도 공연장 하나가 아직도 운영되고 있었다. 어릴 적 나는 어머니와 함께 단치히 시립 극장에서 「백설공주」를 연극으로 본 적이 있는데, 어머니는 오페라든 오페레타든 드라마든 가리지 않고 극장에 드나들기를 좋아했다. 우리는 저녁이면 헤르만 슈펠만이 주연을 맡은 스트린드베리의 희곡 「아버지」를 보러 다녔다. 막이 내리자 어머니는 눈물을 흘렸다. 방문했던 친척들에 대해서는 기억나는 게 없지만 오갈 때의 철도 여행만은 또렷이 기억이 난다.

올라가는 길에는 폭격당한 루르 지역을 지나고 나서부터 좌우로 펼쳐진 베스트팔렌 지역의 평원이 눈앞을 바삐 지나간다. 세상을 떠들썩하게 하는 일 같은 건 전혀 일어나지 않은 듯한 광경이다. 내 맞은편에 말없이 앉아 있는 어머니의 모습이 보인다.

어머니는 내가 질문하는 것을 달가워하지 않고, 눈앞의 풍경을 '순수한 눈요기'로 즐기도록 종용한다. "보렴, 초원이 비옥하구나. 소들도 정말 많아……"

그럼에도 불구하고 나는 질문을 한다. "러시아인이 쳐들어왔을 때 어땠어요? 실제로 무슨 일이 있었나요? 왜 다다우는 우스꽝스러운 이야기만 하는 거죠? 왜 아버지는 말씀하시기를 주저하는 거예요? 다다우는 어때요? 어머니에겐 무슨 일이 있었던 거죠? 러시아인이 두 사람에게…… 그리고 나서 폴란드인이 들어왔을 때는……."

하지만 어머니는 말이 없다. 들려오는 말은 기껏해야 이 정도다. "이미 다 지난 일이야. 특히 네 누이동생에 대한 일은 묻지 마라. 묻는다고 나아지는 건 아무것도 없으니. 어쨌든 우리는 조금이나마 운이 좋았던 편이야……. 이렇게 살아남았잖니……. 지난 일은 지난 일이다."

그리고 돌아오는 길에 어머니는 내게 아버지에게 너무 퉁명스럽고 쌀쌀맞게 말하지 말라고 부탁했다. 아버지는 정말이지 너무 많은 일을 견뎌 냈고 어머니와 함께 매달려 왔던 가게를 포함하여 모든 것을 잃어버렸다. 그래도 아버지는 아무런 불평 없이 오로지 아들만을 걱정했다. 그리고 아버지도 같이 왔다면 좋았겠지만 유감스럽게도 그런 경우는 드물다는 것이었다. "다음번에는 다투지 마라." 지난 일은 그대로 묻어 두어야 한다는 얘기였다. "아버지에게 조금만 더 상냥하게 대해라, 애야. 아니면 분위기 좋게 카드놀이라도 하자꾸나. 네가 한다고만 하면 아버지는 언제든 좋아하실 거야……."

돌아가시기 전까지 어머니는 빈 가게에서, 아래 지하실에서, 혹은 집 안 어딘가에서 무슨 일이 있었는지, 어디서 몇 번이나 러시아 병사들로부터 강간을 당했는지 단 한마디도 꺼내지 않았다. 딸을 보호하기 위해 어머니가 대신 몸을 내놓았다는 것은 어머니가 돌아가신 후 누이동생을 통해 어렴풋이 전해 들었다. 충분한 설명은 없었다.

내 입에서도 배후에 가려진 채 덮여 있는 것에 대한 이야기는 더 이상 나오지 않았다. 도중에 중단된 내 질문들…… 냉담해진 나의 신앙심…… 히틀러 청소년단의 캠프파이어…… 유보트의 영웅이었던 해군 대위 프리엔처럼 죽고 싶었던 소망…… 그것도 스스로 목숨을 끊어…… 우리가 '우린그런일안해요'라고 불렀던 제국노동봉사단 소년…… 그러고 나서 총통이 신의 가호를 입고 어떻게 살아남았던가……. 살을 에는 추위 속에서 했던 무장 친위대의 군기 맹세. "모두가 배신해도 우리는 충성을 다하리……." 그리고 다발식 로켓포가 우리 위로 쏟아졌을 때 쓰러져 간, 대부분이 나처럼 어리고 미성숙했던 수많은 사망자들…… 응답을 기다리며 숲 속에서 공포에 떨며 내가 꼬마 한스를 불렀을 때…… 나를 구하려다 때마침 날아든 러시아 전차의 포탄에 두 다리를 잃은 그때 그 병장…… 하지만 마지막까지 최후의 승리를 굳게 믿었던 일…… 한 경상자가 고열의 환각 상태에서도 검은 머리를 땋은 한 소녀를 만지작거리던 장면…… 파고들었던 배고픔…… 주사위 놀이…… 그리고 사진을 보고도 믿을 수 없었던 광경, 다시 말해 베르겐 벨젠에 쌓여 있던 시체들. 똑바로 쳐다보다가 잠시 호흡을 가다듬고 다시 똑바로 쳐다보면서 눈길을 외면할 수 없었던 장면, 쉽게 말하자면 형언하기 힘든 광경이었기에…….

아니었다. 사실 나는 뒤를 돌아보지 않았거나 혹은 놀란 나머지 어깨 너머로 슬쩍 보았을 뿐이다. 건축 현장에서 석공 일을 하면서 새로운 화폐 가치로 환산된 시급을 받고 얼마 뒤에는 7페니히 정도를 더 올려 받았을 때, 나는 할 수 있는 한 현재에 충실하게 살았고 가급적 앞만 보았다. 일감은 부족하지 않았다.

제국마르크가 붕괴하자마자 모크 사에는 공원묘지 사업 이외의 영역에서도 주문이 쇄도했다. 도처에서 전쟁 피해를 입은 건물의 정면들이 수리를 기다렸다. 건물 정면의 수리가 그야말로 호황을 맞았던 것이다. 빠르게 치솟는 비계 뒤로, 공사 도급금에 비례하여 전쟁의 상흔이 제거되었다. 그렇게 하여 비교적 뒤늦게 도입된 정면 수리 기술의 첫 번째 산물들이 세상에 선을 보였다. 총통이 좋아했던 대리석 트래버틴이 특히 인기를 끌었다.

일과가 끝난 뒤 우리는 표면이 얼룩덜룩한 넓적한 란 대리석* 판을 새로 개업한 정육점으로 옮기곤 했다. 정육점 안의 사방 벽과 판매대를 반들거리고 색채감 있게 꾸미기 위해서였다. 그리고 신흥 부자들이 새로 구입한 빌라들 주위에 응회암 석재로 담을 쌓는 일도 했다.

그러므로 순수 예술을 위한 시간은 낼 수 없었다. 전쟁으로 상처를 입은 모든 사암 조각상이 머리와 무릎뼈 그리고 부드러운 주름을 돌려받았다. 내 서툰 필체를 드러냈던 렘브루크 토르소를 진품으로 여기고 구입한 구매자도 있었다. 그리고 카리타스 요양원의 노인네들도 담배 배급표가 없어 담배를 구할 수 없었던 내게 더 이상 밤나무 아래의 모델이 되어 주려 하지 않았다.

구매욕 넘치는 새 돈을 짤랑거리며 선물을 여러 개 사서 부모

---

* 독일 라인 강의 지류인 란 강이 주산지인 대리석.

님을 놀라게 해 드리기도 했지만, 잔업으로 벌어들인 추가 임금조차도 나의 세 번째 굶주림을 달래 주지는 못했다. 오로지 건물 정면 수리 작업만큼은 수요가 넘쳤다. 그러다가 마침내 미술 대학에서 연락이 왔다.

기침 발작이 멎은 틈을 타 내게 호의를 베풀어 주었던 나이든 남자들을 그린 그림들의 화랑이라고 할 수 있는, 연필화들로 가득한 작품집 하나와 함께 소형 조각품 세 점, 즉 렘브루크 스타일을 자유롭게 본뜨고 특히 머리 부분을 강조한 여성 나체 토르소들로 나는 기한에 맞춰 응시했다. 그리고 신청 서류에 장인인 모크의 사인이 들어 있어서 그런대로 공신력이 있는 도제 경력 증명서를 동봉했다.

게다가 풀겐티우스 신부도 자신의 총애를 받아 온 이 하숙생에게 약속대로 아침 기도 때마다 합격을 기원해 주었다. 그것도 카리타스 요양원 예배실 안에 실물 크기의 채색 석고상으로 모신 전지전능하신 안토니우스 성인 앞에서 말이다.

총 스물일곱 명의 응시자 중 단 두 명만 입학 허가를 받을 시험이라 경쟁이 치열할 것이고, 또 직접 그린 인물 소묘화로 잠재성을 가늠할 것이고, 무엇보다도 나의 석공 수습 및 돌 조각가 도제 경험이 입학 허가를 받는 데 결정적인 요소로 작용할 테지만, 정작 마타레 교수는 유감스럽게도 더 이상 제자를 받을 생각이 없어, 겨울 학기에 개설되는 조각 기초 수업은 내게는 생소하기만 한 마게스라는 교수에게서 받아야 한다는 사실을 내가 털어놓았을 때, 라터 브로이히에 있는 카리타스 요양원의 그 수도원장은 미술 공부를 할 수 있는 다른 방법을 주선해 주기로 했다.

나는 종종 그와 대화를 나누었고, 그러는 가운데 은총의 기적, 삼위일체의 보다 심오한 의미, 그 밖의 신비한 현상들 그리고 프란체스코파의 청빈에서 오는 성스러운 희열 같은 것에 대한 설명을 듣거나 혹은 그들의 주장을 어느 정도 납득하게 되었다.

이따금 수도원장이 자신은 물론이고 내게도 술을 한 잔씩 따라 주면서 무신론자와 나누었던 이러한 대화는 전쟁 포로로 있던 시절 동료 요제프와 함께 주사위 놀이를 하면서 나누었던 대화를 상기시켰다. 요제프 역시 성심 예수와 축복받은 성모 마리아에 대한 나의 어릴 적 잃어버린 신앙심을 환기시키려고 마치 코를 대고 킁킁대는 수색견처럼 애쓰지 않았던가. 그 당시 요제프는 이미 신학적 궤변으로 무장한 상태였다.

바트 아이블링 근처의 대(大)수용소에서 요제프가 그랬던 것처럼 풀겐티우스 신부는 나를 설득하려 했다. 신부는 비록 바이에른 출신의 그 친구처럼 영리하진 않았으나 농사꾼답게 약삭빠르고 교활한 방식으로 나를 설득하려 했다. 자신이 해외 지점이라고 불렀던 본관 건물의 돌출 창 한구석에서 그는 자신의 하숙생에게 미래의 청사진을 제시했다. 하지만 그 중세적 버전의 미래상은 거의 아무런 매력도 없었으며 학생 시절 나의 공상을 떠올리게 하는 수준이었다.

그의 말에 따르면 최근에 프란체스코 수도회 중앙 수도원에서 조각가인 고령의 루카스 신부가 사망했으므로, 천장의 채광창, 조소용 받침대 그리고 점토가 가득 든 상자가 있는 그의 작업장을 사용할 수 있었다. 게다가 그 작업장은 야외의 수도원 정원으로 연결되도록 배려되어 있었다. 그곳에는 작업 도구도 충분했고, 묵직한 돌덩이들이 자신들을 조형해 줄 손을 기다리고 있었다. 심지어는 위대한 미켈란젤로가 생전에 선호했던, 카라라산(産) 대리석도 누군가의 헌납 덕택에 가득 쌓여 있었다. 그러므로 그 정도만으로도 흔쾌히 마음을 정할 만했다. 부족한 신앙심은 성모상을 작업하고, 그 성 처녀에 이어 즉시 성 프란체스코상을 그리고 이후에 성 세바스찬상 작업을 하다 보면 더욱 키워지고 공고해질 게 분명했다. 경건한 마음으로 헌신하고 태만하지만 않는다면 대개는 깨달음도 얻을 수 있다는 것이었다. 그리고 자신의 경험으로 아는 바지만, 나머지는 은총의 영역이었다.

그는 자신이 제시한 청사진 그리고 그것과 관련된 경건한 소망들에 대한 내 의구심을 비웃었다. 그에게 나의 두 번째 굶주림에 대해 주위를 환기시키면서 그것은 치료 불가능할 뿐만 아니라 만성적인 것이며, 더 나아가 내가 어린 처녀든 성숙한 여성이든 가리지 않고 여성 자체에 대해 지독한 욕정을 품고 있으며, 플랑드르에 있던 히에로니무스 보스의 작업장에서 짐승들과 상상의 존재들을 대상으로 한, 성 안토니우스를 유혹했던 음란 행위를 능가하는 짓도 할 수 있다는 얘기를 했을 때에야 비로소 풀겐티우스 신부는 나를 스카우트하려는 노력을 접었다. "아, 그래, 육욕을 말하는군." 그는 이렇게 말하면서 두 손을 수도복 소매 안으로 집어넣었다. 악마의 시험에 든 수도사들이 보통 하는 몸짓이었다.

하지만 그로부터 수십 년이 지난 후, 내놓는 작품마다 성공으로 이어지고, 명성도 지루해지고, 세속적인 눈총이 역겨운 동시에 가소롭게 느껴지게 되었을 때, 정치 영역에서 좌우의 매복처에 숨어 있는 적수들과 벌였던 투쟁이 일시적으로나마 잦아들었을 때, 이중의 직업을 가진 예술가로서, 남편이자 아버지, 주택 소유자이자 납세자, 그리고 노벨상 수상자이자 식구 수가 날로 늘어 가는 가정의 부양자로서 확고부동하게 삶의 한가운데에 자리를 잡고 자나 깨나 온갖 핑계거리를 궁리하게 되었을 때, 나는 자신에게 질문을 던져 보았다. 내가 일찍이 바트 아이블링의 대수용소에서 주사위 놀이를 했을 때 그동안 주교가 된 동료 요제프의 말을 들었더라면 과연 내 인생은 어떻게 되었을까. 그의 독단적인 항의심제(抗疑心劑)를 용기 있게 꿀꺽 삼키고, 어린 시절 가졌던 믿음을 새롭게 하며, 대학에서 조각 수업을 받든 안 받든 상관없이 수도원장의 조언이나 제안에 귀를 기울였더라면 과연 어찌 되었을까. 처음에는 시험 삼아 시작했다가 곧 초심자로 그리고 결국엔 서약식과 함께 풀겐티우스 신부가 찬양하는 수도원의 작업장으로 도피했더라면 내 인생은 어떻게 되었을까…….

수도사로서의 나. 어떤 수도사의 이름이 어울렸을까? 흔히들 원하는 성자들 이름을 제외하고 과연 어떤 이름이 내게 형상 조각품을 다루도록 권유할 수 있었을까? 이전에 나움부르크의 장인이 그랬던 것처럼 내가 경제계와 정치계에서 각각 세속적인 설립 기금 헌납자의 상들을 대좌 위에 만들어 세운 뒤 서로 짝을 지어 주었다면 어떻게 되었을까? 이쪽에는 천부적인 여론 조사 전문가인 노엘레 노이만 여사 옆에 아데나워 총리를 세우고, 저쪽에서는 뚱보인 루트비히 에어하르트를 다리가 늘씬한 영화배우 힐데가르트 크네프와 맺어 주었다면 어떻게 됐을까? 성당 문들에 사용되는 부조 장식으로는 「지옥으로의 추락」이 어울렸을 것이다. 아니면 인식의 나무 아래서 부지런을 떨다가 차츰 원죄의 맛을 알아 가는 아담과 이브도 괜찮았을 것이다.

첫 번째 굶주림을 채우고, 세 번째 굶주림도 절반쯤 예술가 냄새를 풍기며 충족한다 해도, 끊임없이 다른 육체를 탐하는 두 번째 굶주림은 주어진 기회든 찾아낸 기회든 번번이 나를 유혹했을 것이고, 결국 구제 불능의 속물로 만들었을 것이다.

나는 어떻게 해서 흡연자가 되었나

직업상의 이유로 오랜 세월 자신을 혹사해야 하는 사람은 잔존물을 이용하게 된다. 그 잔존물의 양이 그리 많은 것은 아니다. 손에 잡히는 보조 수단들에 힘입어 모양이 이루어지고 변형되고, 마침내 앞으로 나아가다가 다시 역방향으로 거슬러 이야기될 수 있는 무언가를, 모든 것을 삼켜 버리는 괴물로서의 소설들이 꿀꺽 삼켰다가 다시 폭죽처럼 솟구치는 언어들로 배설해 놓은 것이다. 서정적 신진대사에 이어 서사적 신진대사가 뒤따른다. 이익이 남았던 모든 것, 즉 그렇게도 많은 배설물이 빠져나간 뒤엔 마침내 텅 빈 공간이 될 수 있다는 희망, 말끔히 지워진 빈 여백으로 거듭날 수 있다는 희망이 싹튼다.

그럼에도 여전히 남아 있는 것들이 있는데, 바로 우연이 남겨둔 것이다. 예컨대 "1948~1949년 겨울 학기"라는 시기가 박힌 학생증 같은 것이다. 거기엔 뒤셀도르프 국립 미술 대학 직인이 찍혀 있다. 학생증은 꺾이고 파손되고 너덜너덜하며 그 위엔 젊은 사내를 찍은, 여권 사진 규격의 사진이 붙어 있다. 갈색 눈과 검은 머리카락으로 보아 그는 남쪽 출신일 것이며, 그것도 이탈리아 쪽보다는 발칸 반도 쪽일 것이다. 애써 소시민 스타일로 넥타이를 매고 있지만, 그의 기본 정서는 전쟁 직후 유행했던 실존주의처럼 보이며, 그는 신사실주의 영화에 나오는 제스처와 몸짓을 보여 준다. 그만큼 그는 신에게서 버림받은 듯 음울하고 위축된 모습으로 카메라 대물렌즈를 주시하고 있다.

해당 인물에 대한 기재 사항과 알파벳 소문자 기준선 아래쪽에 있는 자필 서명을 보더라도, 사진 속 인물은 나 자신이 보기에도 낯설 만큼 음울하긴 하나, 미대에서 첫 학기를 다니고 있는 내가 분명하다. 넥타이는 박애주의를 실천하는 풀겐티우스 신부가 관리하는 의류 수거함에서 꺼내 온 것 같은데, 아마도 포토마톤이라 불리는 가게에서 속성 사진을 찍으려고 맸을 것이다. 깔끔하게 면도하고 반듯하게 가르마를 탄 내 모습은 숲에서 나무들을 시원하게 쳐 낸 느낌이고, 꼭 집어 말할 만한 특징이 없기 때문에 오히려 이런저런 추측의 여지가 넓게 열려 있다.

나에게 그리고 나와 비슷한 사람들에게 따라붙는 실존주의적 성향, 혹은 그와 유사한 범주에서 이해될 수 있는 사상에 대한 경향은 프랑스에서 수입되어 독일의 폐허 상황을 엄습한 교리와도 같은 것이었다. 그것은 마스크처럼 끼고 다닐 수 있었으며, 우리 같은 생존자, 즉 나치 지배하에 있던 시대를 에둘러 표현했던 저 '암울한 시절'의 생존자들에게 잘 어울렸다. 그 마스크는 비극적인 포즈를 취하는 데 유용했다. 사람들은 그때그때 우울한 기분에 따라 자신이 갈림길에, 아니면 심연 앞에 서 있는 것을 보았다. 모든 인간이 동일한 정도로 위험에 처한 그런 상황이었다. 시인 벤과 철학자 하이데거는 이러한 종말론적인 분위기에 어울리는 명언들을 제시했다. 철저하게 검증되었고, 그에 따라 예상되었던 핵무기로 인한 죽음이 살아남은 자들을 위협할 것이라는 우려였다.

이 생생한 바겐세일 때문에 아랫입술에 늘 담배를 붙이고 있어야 했다. 밤새도록 이어진 토론이 결국 인간 존재를 '모든 존재자의 내던져짐'으로 요약하는 동안, 비스듬한 방향으로 물린 담배는 불이 붙었든 차갑게 식었든 간에 아래위로 흔들거리며 시소를 탔다. 무의미 속에서의 의미, 개인과 대중, 서정적 자아와 편재하는 무(無)가 언제나 논의의 중심이었다. 그리고 자유로운 죽음이라고도 불리는 자살이 반복적으로 거론되는 화두였다. 사회 속에서의 자살 문제를 담배를 피워 대며 고민하는 것이야말로 기품 있는 태도의 필수 조건이었다.

여권 규격 사진 속의 그 젊은이는 그처럼 깊이 파고들고 기꺼이 부조리 속에 빠져드는 대화를 나누면서 처음에는 그와 함께 모여 앉아 기약 없는 피날레를 축하했던 다른 모든 사람처럼 차(茶)에 중독되었다가 나중에는 차츰 흡연자가 되었을 것이다. 하지만 망설이고 망설이면서 천천히 배운 담배를 언제 처음 손댔는지는 기억하기 어렵다.

어쨌든 나의 역사를 연대기적으로 밝히는 일은 나를 코르셋처럼 압박해 온다. 아, 지금 노를 되저어, 어릴 적 젖은 모래로 성을 쌓고 또 쌓았던 발트 해의 한 해변가에 가 닿을 수만 있다면……. 아, 다시 한 번 채광창 아래 앉아 책을 읽을 수 있다면, 그 후론 두 번 다시 경험해 보지 못한 그때의 독서 삼매경에 빠져들어 보았으면……. 다시 한 번만 더 동료 요제프와 함께 천막 아래 쪼그리고 앉아 미래를 점치며 주사위를 굴려 볼 수 있다면……. 그때만 해도 미래는 아직 푸릇푸릇하고 때 묻지 않아 보이지 않았던가…….

아무튼 나는 당시 스물한 살로 성인임을 자부했고, 노루와 망아지를 묘사한 조각품을 제출하여 시험 위원회로부터 좋은 평가를 받은 크레펠트 출신의 한 소녀와 함께 제프 마게스 교수의 조각반에 배정받았을 때만 해도 분명히 고백하건대 비흡연자였다. 그리고 우리는 가장 어린 축에 속했다.

풀겐티우스로 추측되는 누군가가 내게 담배 대신에 활기를 돋우는 효과가 있는 포도당을 권한 적이 있었다. 그러고는 캐나다 출신의 동료 신부들과 봉사 중인 수사들이 헌납한 포도당을 내게 나누어 주었다.

한 가지 특이했던 것은, 의안(義眼)을 박은 전쟁 부상자 한 명을 포함하여 아틀리에의 나머지 모든 사람이 흡연자였다는 점이다. 누드 모델로 활동하는 정말 날씬한 한 가정주부도, 내가 포도당을 건네주었음에도, 놀림 다리와 고정 다리 자세로 삼십 분 정도 포즈를 취한 뒤엔 휴식 시간에 매번 담배를 피워 댔다.

뒷머리를 추어올린 헤어스타일, 즉 전쟁 무렵부터 조롱거리였던 '추어올린 헤어스타일'을 한 나이 든 여성으로, 나를 어머니처럼 돌보아 주던 그 여학생은 우아하게 손가락 끝으로 담배를 피웠다. 우리의 교수로부터 총애를 받았던 그녀의 여자 친구도(아마 교수의 연인이었을 것이다.) 손수 만 담배를 신경질적으로 피웠다. 그러다가 마게스 교수가 학생의 아틀리에로 들어오기라도 하면 점토 덩어리에다 담배를 비벼 껐다. 하나같이 담배 연기를 뿜어 댔으며, 심지어 한 학생은 파이프를 물기도 했다.

지나치게 열성적인 초심자로서 나는 담배를 다루는 법이나 손수 마는 법을 보고는 그 자리에서 혹은 금방 터득했을 것이다.

작업할 때 입는 무릎 길이의 흰색 가운까지도 슬쩍 한번 보고는 챙겨 입었던 내가 아닌가. 남녀 할 것 없이 모든 학생은 가운을 입고 각자에게 주어진 점토 조각상을 앞에 놓고 반원 모양으로 둘러선 채로, 높다란 곳에서 나체로 포즈를 취하고 있는 주부를 주시하며 조소용 나무 주걱과 점토 올가미를 이용하여 신체의 세세한 부분까지 묘사했다. 마치 간호사와 수련의라도 되는 것처럼 그들은 전문의의 회진을 기다렸다. 마게스 교수 역시 늘 베레모를 쓰고 흰 가운을 걸친 채 등장했기 때문이다.

카리타스 요양원의 의류 수거함에서 건진 아마포 바지와 쓰다 남은 털실로 짠 울긋불긋한 스웨터를 걸친 모습은 내 눈에도 이류처럼 보였다. "갓 구운 대학생"이라며 아들을 자랑스러워했던 어머니는 변변한 작업복 한 벌 없는 아들에게 발끝과 머리끝 부분만 조금 해진 침대 커버를 이용하여 새하얀 가운을 만들어 주셨다. 그 당시 사진을 통해 나는 그런 식으로 옷을 입은 나를 본다.

늦게 시작된 흡연자로서의 첫 담배 이력보다 눈앞에 더 또렷하게 떠오르는 건 이 초보자에게 처음으로 주어졌던 과제다. 실물 크기보다 큰 로마 제국 후기의 여자 석고 두상을 조소용 점토로 복제하는 일이었다. 그것은 마게스 교수가 대학의 고대 예술품 보관실에서 찾아내, 말하자면 내게 떠넘기다시피 한 것이었다.

나무 토대판 위에 조립된 쇠파이프 구조물이 점토 덩어리를 고정해 주었고, 쇠파이프 구조물에는 나비라고 부르는 작은 나무 봉들이 십자 형태로 튼튼하게 동여매여 있었다. 숱이 많은 고수머리에다 머리가 왼쪽으로 약간 틀어져 있고 동시에 옆얼굴도 기울어져 있었기 때문에 그것을 정확히 재현해 내기가 여간 어렵지 않았다.

나는 컴퍼스와 연추의 도움을 받아 작업했고, 특히 어깨 각을 활용해 석고의 몸체가 오른쪽으로 약간 돌려진 듯한 효과를 연출했다. 게다가 촉촉하고 부드러운 점토는 처음 사용해 보는 재료였기 때문에 저녁 무렵 아틀리에를 나갈 때에는 곧바로 그것을 물에 적신 수건으로 감싸 주었다.

로마 제국 후기의 것과는 다른 조각상들과 두상들이 눈앞에 어른거릴 때면 나는 더욱더 내면으로 침잠했다. 그리고 석고 주물상에 이중 턱의 포인트를 주는 작업 시간이 길어지면 길어질수록 나는 더욱더 많은 것을 배웠다. 호기심에 불타 나는 세부적인 것 안에 숨겨진 아름다움을 찾아내려 했고 또 찾아냈다. 이를테면 눈꺼풀의 부드러운 곡선이나 자유롭게 매달린 귓불의 아랫부분 같은 곳에서 말이다.

석공 수습공이자 돌조각 수습공일 때는 단단한 재료를 갈아내는 작업을 해야 했다. 그런데 이제 대학 첫 학기에는 부드러운 덩어리를 쌓아 올리고, 녹회색 점토로 형태를 만들고, 하느님과 비슷하게 찰흙을 이용하여 아담의 머리까지는 아니더라도 이브의 머리를 반죽하는 법을 배웠다.

성 마틴 축제일이었던가? 어딘가에서 축제라도 열리는 날이면 온종일 정신없이 바쁜 하루를 보내다가도 다시 대학의 오래된 건물 안에서 조용히 작업에 집중하곤 했다. 그러면서 복제물은 서서히 하나의 형태를 얻었고, 석고로 된 간호사의 모습을 닮아 갔다. 그리고 틈나는 대로 온몸의 뼈를 모두 갖춘, 학생들이 튀네스 혹은 쉘이라고 불렀던 한 남자의 해골을 앞에 놓고 누드 스케치와 데생을 공부했다. 튀네스와 쉘은 라인란트 지역에서 인기를 얻었던 인물로, 그들의 영웅적 삶은 수많은 재담을 통해 사람들의 입에 오르내렸다.

그리고 시(市)에서 해 줄 수 있었던 일은 미술관에서 끊임없이 전시회를 열어 주는 것이었다. 라인 지역의 분리파 소속 화가들, '젊은 라인란트' 그룹, 표현주의자들, '무터 아이'의 소장품 그리고 뒤셀도르프 지역 유명인들의 작품이 전시되었다. 그곳에서 나는 골러, 슈리버, 마케탄츠 그리고 조각가 유프 뤼프잠의 작품들을 보았다. 푸트리히라는 화가도 인기 있었다.

특별 진열장에는 나치로부터 파면당할 때까지 대학 교수로 있었던 파울 클레의 수채화가 전시되고 있었다. 아틀리에에 떠도는 소문에 의하면 파울 클레가 파리로 떠나기 전까지 빌헬름 렘브루크가 얀센이라는 교수의 수제자였다고 한다. 또 다른 전설에 의하면, 아우구스트 마케도 비록 짧은 기간이지만 이곳에서 필요한 공부를 했다고 한다. 이들은 감히 그 이름을 입에 올리기조차 두려운, 일찍부터 노련미를 갖춘 대가들이었다.

이따금 나는 다른 아틀리에도 방문했다. 예컨대 천재로 인정받긴 했지만 당시 에발트 마타레스의 제자 중 하나에 불과했던 요제프 보이스라는 기인이 있던 아틀리에도 방문했다. 그런 그가 나중에 인조 꿀의 가격은 물론 여러 가지 기름과 펠트의 가격을 끝도 없이 폭등시킬 줄 누가 예감이나 했겠는가.

오토 판콕의 동물원에 들른 적도 있었다. 영재들이 그의 돌봄을 받으며 야생 식물처럼 무성하게 자라고 있었고, 집시들도 일가 권속을 이루어 자유로이 드나들었다. 그곳에는 흰 가운을 걸친 사람이 아무도 없었다.

내 진로와 관련하여 간단하면서도 분명한 조언을 해 주었던 조각가 엔젤링의 반에서 나는 노르베르트 크리케를 만나기도 했다. 그는 자신의 스승을 있는 그대로 본받으려 노력했고, 살아 있는 소녀를 석고상으로 재현하는 작업을 했다. 그리고 불과 몇 년 후 벌거벗은 사람을 충분히 만든 후에는 철사를 이리저리 휘어 조각상을 제작하면서 자기 나름대로 시대정신을 구현했다.

도처에서 천재들이 출현했지만, 그들은 아르프에서 자트키네에 이르는 '모더니즘'이 이미 과거의 유물이라는 사실을 인정하려 하지 않았다. 그러다 보니 아류들이 부끄러움도 없이 자신을 유일무이한 존재로 사칭했던 것이다.

나 역시도 그 당시 초현세적인 높이로의 도약을 시도했던가? 아니면 자신의 여물통을 언제든 절반 정도는 채울 수 있다는 자신감 때문에 예술을 향한 나의 굶주림은 이미 충족되고 말았던가?

아마도 작업하기 까다로운 돌을 손으로 다루어야 하는 직업의 성격상 나는 천재인 양 뻐기지 못했던 것 같다. 또한 팔츠 지방의 석공 가문 출신인 마게스도 나를 엄하게 대했다. 그리고 또 나를 몰아붙인 것은 독일인의 덕목 목록에서 최상위를 차지했던 어떤 세속적인 것, 즉 근면성이었다.

나는 여전히 햇볕과는 거리가 먼, 라터 브로이히에 있는 카리타스 요양원의 침대 열 개짜리 방에서 지내고 있었지만, 북쪽으로 높다란 창들이 나 있고 점토, 석고 그리고 축축한 헝겊 냄새를 풍기는 널따란 학생용 아틀리에가 진정한 나의 공간이었다. 석공 교육을 받을 때부터 아침 일찍 돌아다니는 것에 익숙했기에 나는 조소 작업용 받침대 앞에 제일 먼저 서 있는 학생이었고, 또 가끔은 마지막까지 남아서 자신의 작품을 천으로 둘러싸 놓는 학생이었다. 비록 몇 시간에 불과했지만, 다른 어느 곳에서 내가 이렇게 혼자만의 시간을 가질 수 있었겠는가? 아니다. 혼자는 아니었다. 내 열 손가락은 모두 주물러 형태를 만들 수 있는 반죽 덩어리, 즉 점토를 만지고 있지 않았던가. 그 순간만큼은 행복감 같은 것을 느꼈다.

다만 한 가지 밝혀 둘 것은, 토요일이면 나는 대학 건물이 문을 닫기 직전에 커다란 창문 정면의 아래쪽 환기창을 조금 열어 놓고는 일요일 오전에 다시 그곳을 통해서 아틀리에로 들어오곤 했다. 그러자면 울퉁불퉁한 자연석으로 된 건물 외벽을 타고 높이 기어올라 가야만 했다.

그건 영화로 찍을 만큼 위험천만한 장면이었다. 이를테면 건물 외벽을 기어오르는 자의 열정적인 만용, 혹은 제2의 루이스 트랭커 아이거 북벽을 정복하다, 정도로 말이다. 그러나 조각가를 위한 작업실이나 온갖 석고상들과 청동 주조물들은 1층에 있었기 때문에 나의 주말 등반은 가벼운 유희로 그치고 말았다. 내가 그러한 등반을 고안했다기보다는 과도하게 연습했다고 말하는 편이 나을 것이다. 누구도 그것을 언짢게 생각하지 않았다. 심지어 건물 관리인조차 못 본 체했다.

첫 학기 중반 무렵에는 '뢰벤부르크 댄스홀'의 댄스 파트너 중 한 명을 설득하는 데 성공하여 일요일마다 등반 여행을 함께할 수 있었다. 그녀는 난방이 약한, 하지만 원형 전기스토브가 부분적으로나마 온기를 느끼게 해 주는 아틀리에의 회전식 나무 발판 위에서 내 모델이 되어 주곤 했다. 불평이 전혀 없는 것은 아니었지만 내게 푹 빠져 있던 그녀는 나를 위해 기꺼이 기어올랐고 또 서 있어 주었다.

주중에 모델을 해 주던 가정주부와 달리 놀림 다리와 고정 다리 자세를 한 채 떨고 있는 주말 댄서의 몸매는 빈약했다. 우리의 주중 모델은 프랑스 출신의 대가인 마욜은 물론 내 지도 교수도 이상적으로 생각할 만큼 팽팽한 몸매를 자랑했다. 그에 반해 주말 댄서의 쇄골과 골반뼈 그리고 척추는 과도하게 두드러진 편이었다. 약간 안짱다리 자세로 뻣뻣하게 서 있는 그녀에게서 제대로 된 아름다움을 이끌어 내기 위해 나는 그녀의 몸을 이리저리로 돌려세웠다.

다소 신경질적이었던 그녀는 고정 자세로 서 있는 게 너무 힘들게 느껴지면 금방이라도 울 것 같은 표정을 지었다. 나는 말없이 신속하게 작업했다. 그녀가 몸을 뒤척이기 시작하면 휴식 대신에 포도당을 주곤 했다. 그녀의 엉킨 머리와 음부는 붉은 털로 타올랐다.

그렇게 이기적인 방식으로 내 이름을 한 학생은 자신의 손으로 최초의 조각품을 만들었다. 단 한 번도 아틀리에를 사랑의 보금자리로 이용해 본 적이 없는 우리는 작업이 끝나면 건물 정면을 따라 아래로 내려와서는 곧바로 전차를 타고 그라펜베르크로 갔다. 그곳에서는 한밤중까지 래그타임 음악이 흘러나왔다. 댄서이기도 한 나의 주말 모델은 그곳이라면 기꺼이 따라나섰고 빠른 발걸음으로 순순히 쫓아왔다.

이름이 엘스베트였던가? 나는 그녀의 체격에 맞추어 점토로 몇몇 초안을 만들었고, 그것들로부터 우선 사과를 들고 있는 소녀의 석고 모형을 뜬 후, 이어서 청동 주물을 만들었다. 이 비밀스러운 초안들로부터 나의 첫 조각품이 탄생했다. 베레모를 쓰고 대개는 퉁명스러운 표정을 짓고 있는 지도 교수의 감독하에 대략 1미터 크기의 미소 짓는 소녀가 탄생했다.

마욜이 좋아하는 통통함과는 전혀 다르게 그녀의 엉덩이는 빈약했고 팔은 축 늘어져 있었다. 마게스는 이 작품을 승인했다. 나치 시대 때 생겨난 몇몇 충혼비와 베를린 올림픽 스타디움에 있는 거대한 근육질 형상 두 작품을 만들었다고 전해지는 그의 눈에 중간 크기의 내 작품이 마음에 들었던 것이다. 더욱이 1949년에서 1950년 사이의 겨울 동안에 '약간 어리석은 듯 미소를 흘리는 소녀상'은, 나의 여학우인 트루데 에서가 만든, 내 작품과 크기는 비슷하지만 엉덩이를 널따랗게 강조하여 만든 조각품과 함께 훗날 해당 학기의 우수 작품으로 지명되었고 대학 연감에도 사진이 실렸다. 색을 칠해 청동처럼 보이게 한 그 석고 모형이 고정 다리와 놀림 다리 자세로 삐딱하면서도 도발적으로 서 있는 모습을 정면으로 촬영한 사진이었다. 그 미소 짓는 소녀는 금방 인쇄되어 한 면 전체를 차지했다.

그 당시에는 대학 연감에 실린 사실을 대수롭지 않게 여겼지만, 돌이켜 보니 이제야 그 의미가 뚜렷하게 와 닿는다. 그 팸플릿은 어머니가 돌아가실 때까지(어머니는 1954년 1월 말에 암으로 돌아가셨다.) 그저 소문에 그쳤던 내 예술가적 재능을 증명해 주는 유일한 증거이자 증명서로 남았던 것이다. 그동안 자식의 '미친 짓'을 마음 졸이며 지켜보고, 자신의 말대로 무한한 가능성이 있는 '공상의 나라'로의 여행을 견디며 무작정 아들을 믿어 왔던 어머니가 이제 작은 자부심을 느끼며 친척과 이웃에게 보여 줄 수 있는 그 무언가를 손에 쥐게 된 것이다. "자, 다들 보세요. 내 아들이 어떤 일을 해냈는지……."

이 사진 한 장이 어떻게 해서 어머니에게 하나의 성화(聖畵)가 되었는지는 짐작만 할 뿐이다. 아, 어머니에게 더 많은 것을 안겨 드렸더라면 좋았을 것을. 남에게 자랑할 만큼 마음에 드는 걸로 말이다. 하지만 붓과 갈대 펜으로 그린 소묘 작품들은 섬뜩할 정도로 음울하여 어머니에게 공포감만 일으켰다. 어머니의 소망에 따라 나는 나중에 친구 프란츠 비테에게서 유화 물감을 빌려 왔고, 반짝반짝 바탕칠을 한 압착 판지 위에다 어머니가 가장 좋아하는 과꽃 한 다발을 그렸다. 그것이 내가 그린 유일한 유화였다.

부모님은 이 년 이상을 포르투나 노르트 갈탄 탄광 근처의 거실 겸 부엌이 달린 단칸방에서 살았다. 회사 소유의, 작지만 난방이 잘되는 그 집은 많은 광원들이 거주하던 마을인 오버아우셈에 있었다. 집세는 저렴했다. 그리고 가구도 하나둘 늘었다.

대부분 그랬지만, 내가 아무런 예고 없이 찾아가도 긴 소파 옆에 있던 작은 상 위에는 바로 그 대학 연감이 놓여 있었다. 어머니는 내가 올 것을 미리 알았던 양 정확히 그 페이지를 펼쳐 놓고 있었다. 어머니는 줄곧 그녀의 아들에게서 이제는 증명된, 그래서 그녀에게 새로운 희망을 안겨 준 그 무언가를 기대했다.

그리고 추측건대 인쇄된 원작가의 이름과 더불어 남 앞에 내

보일 만한 그 업적 증명서는 부자간의 오랜 갈등을 어느 정도 누그러뜨리고 서로 간의 교류도 다소나마 부드럽게 만들어 주었다. 이미 지난해부터 뒤셀도르프의 마리엔 병원에서 실습을 시작했던 여동생도 나와 함께 부모님을 찾아뵈러 가서 그 사진 한 장으로 인해 확보된 가정의 평화를 누릴 수 있었다. 가정의 평화는 식탁에서 카드놀이를 하는 와중에 아버지나 아들이 최고 패를 놓쳤을 때도 깨지지 않고 지속되었다. 나는 어렸을 적 어머니의 어깨 너머로 카드놀이를 배웠다. 어머니는 다른 사람보다 높은 수를 불러 패를 잡을 정도로 카드놀이에 열성이었고, 그러면서도 좀처럼 지는 법이 없었다.

어머니는 그 대학 연감을 소중히 간직했다. 끊임없이 미소를 보내는 1미터 남짓의 그 소녀가 지금 이 나이까지도 내게 소중한 이유가 바로 그것이다. 당시 그 석고상은 중간 크기의 다른 석고상들과 함께 내 관심을 별로 끌지 못했고, 1952년 말 거주지를 옮기면서는 그 모든 것을 아틀리에에 남겨 두고 왔다. 그러자 동급생 하나가 고아가 된 그 석고상들을 거두어 갔다.

그로부터 십 년이 지나 내가 명예와 명성과 돈을 충분히 얻었을 때 비로소 그 친구가 연락을 해 왔고, 그렇게 하여 그 조각상에 지속적인 생명을 부여하는 청동 주물 작업이 이루어졌다. 그와 유사한 일은 건물 정면 등반의 결과물인 「사과를 든 소녀」의 경우에도 일어났다. 잠시 동안 우리 반에서 모델을 서 주었고 나중엔 북독일과 스페인에서 다재다능한 여성 예술가로서 창조적 활동을 하던 에디트 샤르가, 내가 갑작스럽게 학교를 그만두고 난 후 내 석고 주물을 구원해 주었던 것이다. 그 석고 주물은 구체적으로 기억할 수 있는 몇몇 대상을 제외한다면, 마치 노출이 불충분한 사진들에서처럼 희미하게만 보이던 시절을 연상시킨다.

사실적인 모습으로 포착할 수 있는 것은 너무도 적다. 시간과 시간의 사이에는 기껏해야 어떤 느낌들만 흔들거린다. 어렴풋하게 짓누르던 것들 혹은 유희적이고 가벼웠던 것들은 불분명하게 남아 있다. 그 어떤 사건도 나를 행동하는 인간 혹은 고통받는 인간으로 인식하게 하지 못한다. 그리고 지금의 나는 그 당시라면 고통스러울 정도로 속속들이 떠올릴 수 있었을 어떤 것을 회상하지 못한다. 양파가 그것을 거부한다. 다만 추측할 수 있는 것은 학생용 아틀리에와 카리타스 요양원 바깥에서 일어난 일들이다. 그리고 나 자신의 모습조차도 수많은 스케치들 중 하나로서 볼 수 있을 뿐이다. 그것도 원본과는 거리가 먼.

두 번째, 세 번째 학기에 미대생은 예술에 몰두하지 못하고, 늘 새롭지만 빠르게 사라져 가는 영향들을 이리저리 갈피도 잡지 못한 채 따라다녔다. 그리고 또다시 사랑의 갈증을 느꼈고, 춤에도 미친 듯이 빠져들었다. 하지만 나라 안의 정치적 분열이 깊어 가고, 냉전이 시작되고, 멀리 한국에서 전쟁이 발발했던 그 시절에, 내가 어떤 당파를 지지했는지 그리고 특정한 당파를 지지했다면 그 논거가 무엇이었는지는 분명치 않다. 그 당시는 "양키 고 홈"이라는 부질없는 구호가 난무하던 시기였다.

무엇보다도 뒤셀도르프에서 맨 처음 뿌리를 내리기 시작한 경제 기적 덕분에 신흥 부자가 된 작자들에 대해 내 안에서는 비록 감정적이긴 하지만 역겨움이 일었다. 그들에 대한 항구적인 반감은 지금까지도 분명하다. 하지만 그동안에 선거권자가 된 내가 첫 번째 의회 선거에서 투표권을 행사했던가? 아마도 그렇지 않았을 것이다. 자신의 실존과 그에 상응하는 실존적인 문제들에 파고드느라 현실 정치에는 거의 관심을 두지 않았던 것이다. 재무장이라는 문제가 마침내 현실이 되었을 때도 이 어린 전쟁 참여자, 포화의 희생자인 이 아이는 좀 더 큰 틀에서는 저항하지만 정치적으로는 수동적인 '사회적 무관심주의자' 정도에 불과했을 것이다.

아데나워 총리는 내가 혐오했던 모든 것을 뒤에 숨기고 있는 가면처럼 여겨졌다. 기독교 정서를 이용한 위선적 행동, 거짓에도 불구하고 앵무새처럼 반복하는 결백 선언 그리고 위장된 범죄 조직임을 감추려는 전시 효과용의 우직한 제스처 등등. 가짜들이 판치는 가운데 내가 가진 푼돈만이 실질적인 것으로 느껴졌다. 건물 정면 뒤에 감추어진 음모와 가톨릭적 밀약이 정치를 사칭했다. 뒤셀도르프에 위치한 헨켈 사(社)에서 페르질이라는 세탁제가 생산되고 있었는데 그것으로부터 '페르질 증명서', 즉 결백 증명서라는 말이 유래했다. 이것의 도움으로 나치의 갈색 때를 묻히고 있던 적지 않은 사람들이 결백한 서독 사람으로 거듭났다. 이후로 그들은 고관대작을 꿰차고 앉아 자신들의 청렴결백을 마음껏 과시했다.

그렇다면 사민주의자들은 어떠했던가? 연결수 소년으로 일하던 시절, 폐허 더미가 된 하노버의 한 건물 앞에서 그의 연설을 들은 적이 있으며, 오늘날 내가 보기엔 잊힌 위인 중 한 사람이라 할 수 있는 사민주의자 쿠르트 슈마허는 1950년대 초반 민족주의적 파토스로 나를 놀라게 했다. 나는 국가의 냄새를 풍기는 모든 것이 역겨웠다. 민주주의적인 사소한 일들은 거만하게 거절당했다.

정치 공약으로 무엇을 내세우든 나는 그에게 반대했다. 칼리 광산 950미터 깊이의 탄광 안에서 내가 사민주의적 견해로 힘겹게 인식했던 모든 것이 끝 모를 공약(空約)이 된 느낌이었다. 나로서는 만나고 싶지도 않은, 설사 만나더라도 한바탕 싸움을 벌일 것 같은 그 자기중심주의자는 오로지 자신만을 보고 자신만을 느꼈다.

차도 많이 마시고 담배도 피우며 밤새 대화를 나누면서 우리는 실존주의가 제시했던 그 모든 상투어도 흡입했다. 또다시 전체성이 논의의 중심에 섰으나, 우리가 생각하기에는 더 높은 수준에서였다. 우리를 맞붙어 논쟁하게 만든 그 갈등의 점화점은 이미 과거가 된 전쟁의 범죄 행위가 아니었으며, 더더욱 지금 현재의 당파 싸움도 아니었다. 오히려 우리는 관념상의 운명이라는 물가에서 찰방거리며 물장구를 치고 있었다.

아마도 밤늦도록 이어진 언어 소모전에서 모호한 반파시즘 그리고 근거도 별로 없는 친유대주의적 발언도 나왔을 것이다. 늦게나마 과거를 만회하기 위한 조치로 그간 소홀히 했던 저항이 이제 당당한 용기와 증명할 필요도 없는 영웅적인 정신을 불러일으켰다. 그리고 나 역시도 주둥아리만 용감한 검객 중 하나였을 것이다. 하지만 다행스럽게도 내 기억은, 이 쓰레기 투입구는 그들의 상투어들을 저장해 두지 않았다.

나의 새 스승인 오토 판콕의 영향을 받고서야 비로소 약간의 변화가 왔다. 하지만 여전히 내 존경을 받고 있었음에도, 제프 마게스는 별다른 주목을 받지 못했으며 결코 인상적인 대가도 되지 못했다. 그는 예술에 관해 일절 언급하지 않았다. 그의 단단하고 확고부동한 형식 개념은 단순한 것을 찬양했다. 그리고 1960년대 초반에 그는 『화강암 기념비』라는 책을 출간했는데, 거기에서 그 단순성이라는 기준은 돌조각 차원에서 유용한 표현을 얻었다. 그의 감독 아래 나는 열심히 손기술을 익혔다.

그렇지만 아틀리에를 벗어난 곳에서는 내 일상이 무엇으로 채워졌던가? 나는 빌려 온 책이나 슈타니스라우스 신부가 쥐여 준 책을 읽었다. 포크너의 『8월의 빛』이나 그린의 『만물의 심장』 같은, 로볼트 사의 페이퍼백 소설들이 저렴한 가격으로 시장에 나왔다. 트라클이나 링엘나츠의 혹은 그 두 사람으로부터 동시에 영향을 받은 시들도 끊임없이 내 손에 들어왔다. 가장 긴요한 욕구는 카리타스 요양원에서 채웠다. 돈이라면 경우에 따라서 쇼윈도 장식을 해 주거나, 아니면 임시직이긴 해도 건축 현장에서 석공 일을 하며 쓸 만큼 벌었다. 또한 라인 강가에서 사격 축제가 벌어질 때면 뚱뚱한 맥주쟁이들과, 서로 팔짱을 끼고 선 부인들의 초상화를 그려 주었다. 한 점에 2마르크였다. 그 돈이면 전차 월 정기권, 영화표, 극장표, 주말 무도회 비용 그리고 마침내 손대게 된 담뱃값까지도 충당할 수 있었다.

아니, 내가 처음으로 흡연자가 된 것은 여전히 라인 강 하류의 갈탄 공장에서 일하던 아버지의 광부 공제 기금으로 내게 매달 장학금 50마르크가 지불되던 때였던가?

어쨌든 내 이름을 한 젊은이가 그러기로 생각한 다음부터 나는 규칙적으로 담배를 피우기 시작했다. 내가 선호했던, 검은 크라우저라는 담배는 입자가 곱게 썰려 있어 직접 손으로 말아 피우기 좋았다. 로트 핸들레나 레발 같은 공장 완제품은 아무리 저급품이라도 가격을 감당하기 어려웠다.

나는 일찍 담배를 배운 사람처럼 피워 댔다. 하지만 그 전까지는 어떠한 위기 상황도 나를 니코틴 중독자로 만들지 못했다. 사랑의 아픔도, 지독한 회의감도 나를 그 지경까지 내몰지는 못했다. 열띤 토론 분위기에도 불구하고 그 내용이 피상적이고 알맹이가 없었던 만큼 나는 흡연자들의 공동체에 속해서라도 그들처럼 담배와 담배 말이 종이에 손을 대고 싶었을 것이다. 바로 그것이 나를 중독자로 만들거나 좀 더 관대하게 말하자면 습관성 흡연자로 만들었던 것이다.

검은 크라우저는 겉은 푸른색이고 속은 은색인 멋진 종이 봉지 안에 들어 있었다. 왼손잡이인 나는 꺼내기 쉽게 그것을 늘 왼쪽 바지 주머니에 넣고 다녔다. 손으로 마는 법을 나는 갱 밖에서는 장기 복무를 한 병사 출신들로부터, 그리고 갱 안에서는 광원들의 어깨 너머로 배웠다. 그 덕분에 어린 연결수 소년은 대여섯 개비 정도를 손수 말아 가지고 다니다가 그의 기관사에게도 제공하곤 했다.

1970년대 중반, 흡연자에게 생기는 다리 혈관 협착증이 무서워서 파이프 담배로 바꿔 피우게 되었을 때 「손수 만 담배」라는 제목으로 여러 해 동안의 경험에 대한 일종의 추도사를 쓴 적이 있다. "담배를 말 때 순순히 응하지 않는 보풀들은 모두 과감하게 버린다. 그렇게 하여 담배 종이 면적의 3분의 1 정도에다가 담배를 수북하게 저며 담고 그 전체를 둥글게 만 후 혀끝으로 서두르지 말고 천천히 침을 바른다. 감정을 실어, 밑에서 집게손가락으로 지긋이 받쳐 들고는 종이 바깥쪽에 침을 발라 접착시킨다……."

나는 추도사에서 "네덜란드제 담배 종이는 고무 성분도 없는

데 잘도 달라붙는다."라고 칭송하기도 했다. 그리고 마지막으로 말아 피우는 담배의 특별한 매력을 언급했다. "손수 만 담배의 꽁초들은 그 모양이 다 제각각이다. 비틀어진 모습이 언제나 주인의 감정을 보여 준다. 그래서 내 재떨이는 날마다 나의 위기 상황이 그간 좀 나아졌는지 어땠는지, 정보를 제공해 준다."

오늘날에 와서 볼 때, 내가 지금까지 살아온 세월을 세 시기, 즉 비흡연자 시기, 담배를 직접 말아 피우던 시기 그리고 파이프 담배를 피우던 시기로 나눈다면, 전쟁 동안 그리고 종전 후의 첫 평화 시절 동안의 비흡연자 시기가 가장 좋았던 것 같다. 일일 담배 배급분 그리고 나중에 손에 넣게 된 흡연자 카드를 가지고 거래하던 시절은 그런대로 신이 났다. '액티브'라고 불리는 공장 완제품 담배들이 암거래되는 시장에서는 늘 마르크를 손에 쥐었다. 하지만 흡연자는 한 모금 한 모금 빨아들일 때의 그 짧은 쾌락만을 반대급부로 누렸다. 그들이 그만두지 않으려 했던 악습이었다.

쉰 살이 되었을 때, 그러니까 담배를 마는 것이 일종의 편집증이 되고 엄숙한 보상 행위가 되다시피 했으나 결국 의사의 경고에 따라 날마다 손수 말아 피우던 담배를 포기하게 되어서야, 비로소 그는 한 친구로부터 선물받은, 연기에 잔뜩 그을린 중고 파이프의 도움을 받아 파이프 담배를 시작했다. 그리하여 이후 오늘날까지 파이프를 입에 달고 산다. 점토로 사람이든 동물이든 형상을 만들면서 열 손가락 모두를 바삐 움직여야 할 경우에는 종종 파이프를 입 가장자리로 밀어 물고는 담뱃불이 꺼진 줄도 모르고 그대로 두기도 한다.

추가로 이런 생각도 든다. 만일 내가 전업 조각가로 남았더라면, 그리고 온갖 이야기가 난무하고, 그래서 신경질적으로 담배를 (한동안 나는 크고 작은 여송연도 추가로 피웠다.) 움켜쥐도록 자극하는 원고를 붙들고 한 손 혹은 두 손으로 쓰고 두들겨 대지 않았더라면, 나는 지금 이런저런 금연 교육자들을 상대로 나 자신을 변호하지 않아도 되었을 것이다. 물론 그들의 열성은 세련되었지만 니코틴 향락을 금지하는 데 국한되어 있으며, 심지어 개선의 여지가 없는 흡연자들에게는 좁고 한정된 공간만을 허용한다. 하지만 이후에, 아니 내일이라도 당장 그들의 머릿속에 좀 더 배려심 있는 처벌 방식이 문득 떠오를지 누가 알겠는가?

나를 강박 관념에 시달리게 하는 글쓰기를 제때에 그만둘 줄 아는 덕성 있는 비흡연자로서 기침도 적게 하고, 곳곳에 회색 반점이 보이는 가래침을 뱉을 필요도 없으며, 왼쪽 다리에 통증을 느끼지 않고 걸을 수 있게 된다면 얼마나 좋을까……. 담배를 끊읍시다!

비흡연자 시절, 혹은 끝없이 피워 댈 정도로 중독된 직후에 나는 하루에 한 번씩 지도 순회를 하면서 그때마다 간략하게 지시 사항을 전달하곤 했던 퉁명스러운 제프 마게스 교수의 지도를 받아 조각품들의 점토 표면을 가능한 한 오랫동안 원래 상태로 거칠게 유지할 수 있는 방법을 배웠다. 그는 표면이 너무 일찍 매끄러워지면 눈이 현혹된다고 말했다. "그렇게 되면 겉보기에만 완성된 것처럼 보이는 거야."라는 게 그의 일관된 지적이었다.

훗날 나는 그 방법을 원고 작업에 응용하여, 텍스트를 항상 거친 상태로 유지하면서 이 버전 저 버전으로 유동적으로 흘러가게 했다. 또한 나는 여전히 입식 책상에서 글을 쓴다. 조소용 받침대 앞에 서는 게 습관이 되었기 때문이다. 마게스는 앉아서 작업하는 것을 용납하지 않았다.

1950년대 말까지 나는 그의 제자였다. 몸매가 빈약한 몇몇 소녀들이 완성되거나 혹은 완성된 것처럼 보였다. 수업 시간이면 대체로 뚱뚱하거나 비만인 모델을 충실히 재현하기 위해 포동포동한 마욜의 체형을 본떠 만든 복제품들의 신체 부위를 늘리는 작업을 하곤 했는데, 나는 꿋꿋하게 거부했다. 그럴 때면 동급생 중 하나가(의안을 붙인 그는 전쟁 베테랑 출신이었다.) 날마다 휘파람을 불어 댔는데, 그 주제와 동기는 모두 다 베토벤의 교향곡 아홉 곡에서 따온 것이었다. 그리고 피아노 협주곡들에서 따온 것도 있었다.

그의 휘파람 기술은 놀라울 정도로 완벽했다. 바흐부터 브람스까지의 클래식 음악을 망라하는 조곡(組曲)과 소나타를 얼마나 기교 있고 호소력 있게 불어 댔는지 나는 3번 교향곡을 5번 교향곡과 구분하는 것은 물론이고 슈베르트와 슈만의 차이까지도 식별할 수 있었다. 그는 절제된 열정으로 휘파람을 불었다. 소리는 너무 크지도 않았고 자신만 들을 수 있을 정도로 너무 작지도 않았다. 동급생들이 원하는 수준에 맞춰 그는 이런저런 아다지오나 크로이처 소나타 그리고 소야곡 같은 특히 알아듣기 쉬운 멜로디를 반복해서 들려주었다. 내 기억이 맞다면, 즉 의례적인 과장 없이 제대로 떠올린다면 그는 바흐의 푸가 음악 전체 곡까지도 휘파람으로 불 수 있었다.

전쟁 베테랑은 다른 학생들에게는 잘 알려져 있지만 나로서는 금시초문이었던 모티프들을 휘파람으로 불어 대면서 고대 이집트 미라 같은 느낌을 주는, 실물 크기를 넘어서는 여성 점토 조각상 표면을 평평한 조소용 나무 주걱으로 매끄럽게 다듬었다. 이어서 톱니 모양 도구를 이용해서 미라의 표면을 꺼끌꺼끌하게 하는 작업을 할 때는 휘파람으로 연주하는 알레그로가 흘러나왔다. 그런 다음 다시 광택 작업을 할 때는 느린 악곡으로 바뀌었다. 그가 잡고 있는 나무 주걱이 상하로 미끄러지듯 움직였다. 그 대가가 콘서트 프로그램을 중단하는 것은, 마게스 선생이 지도 순회를 할 때뿐이었다.

그렇게 해서 나는 보너스로 음악 수업까지 들었다. 장담하지만 내 선생과 극심한 논쟁만 벌이지 않았더라면, 나처럼 배움에 목마른 사람은 그 휘파람 도사로부터 더 많은 것을 얻어 냈을 것이다.

내 쪽에서 갈등을 일으키지는 않았다. 마게스 교수 또한 나에 대해 그리고 하루도 거르지 않는 나의 근면성에 만족했던 것 같다. 자신이 만든, 얕은 부조 형식의 무릎 꿇은 여자를 묘사한 거대한 석고 모형을 패각 석회암으로 옮기는 작업을 해야 했을 때, 그는 심지어 정식으로 시급을 지불하는 조건으로 내게 만네스만 우퍼에서의 작업을 거들어 달라고 부탁하기까지 했다. 그곳에서 그의 작품으로 정부 청사의 정면 입구를 장식하는 작업이었다. 인도 마감일이 코앞에 닥쳤다. 나도 비계에 올라 퀴스터 사(社) 소속의 두 기능사 옆에서, 심술궂을 정도로 여기저기 강도가 다른 그렌츠하임산(産) 패각 석회암에다 끌질을 했다.

조소용 점토로 몇몇 소녀상을 만든 후, 허벅다리를 넓게 벌린 채 누워 있는 여자의 형상을 추가로 조각하는 일이 마음에 들었을 즈음, 마게스는 노출된 음부와, 그가 느끼기에 '단순하게 완결된' 구도감이라고는 찾아볼 수 없는 천박한 자세에 거부감을 드러냈다. 그는 내게 허벅다리를 오므리게 하라고 종용했다.

교수가 원하는 예법과 형식의 요구를 거부한 제자에게 선생은 어쩔 수 없이 다음과 같은 결정을 내렸다. "내 지도를 받는 이상 그런 것은 용납할 수 없어." 이어서 그는 덧붙였다. "그 어떤 경우에도!"

아니면 주먹다짐도 불사하겠다는 자세로 그가 보기에 너무 벌어진 것으로 보이는 그것을 억지로 눌러 붙여 버렸던가? 점토는 약하고, 따라서 쉽게 변형되는 법이니.

회상은 때로는 그의 입장에 유리하게, 때로는 나의 입장에 유리하게 평가될 수 있는 여러 변이체를 내놓는다. 그래서 나는 지도 순회라는 미명의 간섭이 끝나자마자 즉시 하체를 벌리고 누운 여자의 모습을 다시 복구하려 했다. 점토는 쉽게 변형되는 법이니.

어쨌든 낮은 목소리로나마 저마다의 엄격한 원칙을 고수하며 선생과 제자 사이의 논쟁이 이어졌다. 우리는 점토로 만들어지지 않았기 때문에 서로 양보하지 않았다. 우리 학급에서 대변자를 자처했던 의안을 붙인 전쟁 베테랑이자 천부적 휘파람꾼이 중재를 시도했지만 소용없었다.

그렇게 해서 내 지도 선생이 바뀌었다. 마게스는 심지어 내게 오토 판콕의 아틀리에를 주선해 주기도 했다. 수제자로 인정되는 요제프 보이스에게 기독교 차원에서의, 더 나아가 인류적 차원에서의 금욕주의적 작풍을 길러 주던 마타레 선생 밑으로는 들어가고 싶지 않았다. 그보다는 오히려 전형을 따르는 강제 교육에서 벗어나 자기만의 길이나 우회로를 찾을 때가 된 것 같았다.

판콕은 조각가가 아니었다. 거의 언제나 목탄을 이용하여 흑백으로 그리거나 목판화 작업에만 몰두했으며, 그 때문에 색맹이라는 소리를 듣기도 했다. 하지만 그는 과감하게 표현하기를 원하고 당시의 나처럼 새롭게 자신의 소신을 고수하려 하는 학생들을 끌어들였다. 내 동급생들, 이를테면 늘 피어 있지만 남자들한테는 별로 인기가 없었던 베아테 핀스터, 그리고 특히 트루데 에서와 그녀의 잘생긴 남자 친구 만프레드와는 이후로도 계속 친교를 이어 갔다. 북프리슬란트의 바이킹을 연상시키는 고수머리의 만프레드는 나중에 파리로 납치되었는데, 아마 그 자체만으로도 이야기 한 편이 성립할 것이다.

나의 새 스승은 오십 대 중반쯤 되어 보였지만 얼굴 아래쪽을 뒤덮은 수염이 일찌감치 잿빛이 되어 더 늙어 보였으며, 당당하고 위엄 있는 태도는 성서적 엄격함이라기보다는 어딘지 모르게 하느님 아버지 같은 인상을 풍겼다. 느긋하고 너그러운 태도로 학생들을 대했기 때문에 우리는 그를 스승이라기보다는 인상 깊은 인물로 여겼다. 그가 많은 것을 통찰할 수 있었던 것은 단순히 키가 컸기 때문만은 아니었다.

그렇게 해서 너무도 고지식한 나머지 다른 사람들의 조롱을 받는 원조 기독교인들이 등장했다. 아니, 더 정확히 말하면 발현했다. 그에게서는 온화한 혁명가 같은 분위기가 풍겼다. 바로 그 때문에 그의 평화주의적 신앙 선언, 즉 독일의 재무장에 반대하는 입장을 표현하고 현수막으로도 널리 유포된 「그리스도가 총을 부러뜨릴 것이다」라는 목판화가 주는 메시지는 내게 오랫동안 모범적인 표본으로 남았다. 내가 1980년대 소련과 미국의 중거리 미사일

개발에 반대하는 운동을 벌일 때까지 말이다. 아니, 어쩌면 그 이후까지였을지도 모른다. 그도 그럴 것이 지난 세기 말에 과분하게 많이 받은 상금으로 유랑민인 로마와 신티*를 위한 재단에 자금을 대면서 나는 격년으로 수여되는 재단 차원의 상에다 오토 판콕의 이름을 붙이자고 제안했으니까.

나치 시절 그에게는 창작 금지와 전시 금지령이 내려졌다. 때때로 집시들과 살고 그들과 여행도 다녔던 그는 오랜 세월 박해를 받아 그 수가 대폭 줄어 버린 그들의 삶을 수많은 목판 조각과 목탄화로 형상화했다. 그는 집시들의 삶을 잘 이해했고 그들의 곤궁함과 공포를 일련의 그리스도 수난화를 통해 재현해 냈다. 그것들은 검은색과 흰색 사이에 무한하게 다양한 회색들이 가득 펼쳐진 대형 판화였다.

집시라면 젊은이든 늙은이든 그의 사람이었다. 오토 판콕의 아틀리에뿐 아니라 그의 제자들이 사용하는 작업실에도 아우슈비츠 비르케나우에서 살아남은 사람들이 소수로 줄어든 일가를 이루어 드나들었다. 그들은 한눈에 파악하기 어려운 판콕의 가족에 속했다. 그들은 단순한 모델 그 이상이었다. 그들은 우리와 함께 한 시대를 살아갔다. 우리가 희망해 왔던 대로, 폐기 처분된 오랜 질서 원칙이 눈 깜짝할 사이에 복구되고 쇄신되었던 시대에 말이다. 하지만 우리는 회복하기엔 구제 불능이 되어 버린 아이들처럼 행동했다.

---

* 우리가 흔히 집시라고 부르는 동유럽의 유랑 민족들. 나치 정권에 의해 조직적으로 학살당했다.

내 회상 속의 연극에는 막과 장면 전환이 존재한다. 그 연극 속에서 배우들은 회상에 따라 한번은 이렇게, 한번은 저렇게 차려입고 등장하고, 마치 자유롭게 꾸민 인물들처럼 소품실을 거리낌 없이 이용한다. 지나칠 정도로 곱슬곱슬한 수염을 기른 그 선량한 사람의 주변과 보호 구역에서는 온갖 가능한 것과 불가능한 것을 생각해 볼 수 있었고, 이미지를 통해 상상해 볼 수도 있었다. 그렇기 때문에 훗날 내게서 잉크가 마를 날이 없어졌을 때 내가 상상해 낸 한 인물은 판콕의 동물원에서 그 자리를 발견했다. 그 인물은 장(章)마다 그의 시간을 먹어 치우는 소설 속에 살았다. 모든 장에서 그 인물은 사건의 중심에 있었다. 수동적으로든 능동적으로든 그 인물은 이런저런 역할을 했다. 게다가 오스카 마체라트는 내가 동물 보호 구역으로 기억하는 아틀리에 회사에서 모델로도 수입을 올렸다.

화가나 조각가라면 탐낼 만한 그는 표현력이 풍부하고 상징적인 묘사에 적격이었다. 좀 더 보태자면, 발육 부전인 데다 곱사등이었던 그는 새로 시작되는 시대뿐 아니라 지나간 시대의 광기를 구현하는 데 적격이었다. 그리고 그는 이런저런 면을 두루 갖추고 있었기 때문에 동시에 그 모든 것의 반대가 될 수도 있었다. 그를 만난 사람은 오목 거울 앞에 선 거나 마찬가지였다. 그가 등장하는 순간 그에게 너무 가까이 다가갔던 사람들 모두가 다른 인물을 보게 되었던 것이다.

오스카를 모델로 보고 모델로 변신시키려 했던 오토 판콕은 자신이 캐리커처가 되어 목탄 먼지가 가득한 코를 풀어 대는 쿠헨 교수로 등장했다. 오스카는 화가의 시베리아산 목탄이 종이 위에서 삐걱거리는 마찰음을 일으키자 그 즉시 그에 상응하는 그림을 그렸는데, 거기에서 그의 눈에 비친 모든 것은 단어들로 거무스름하게 칠해졌다.

오스카는 교수의 제자들과도 비슷한 방식으로 어울렸는데 그 모델, 즉 오스카는 그들의 화가(畵架)에 양식상의 영향을 미쳤다. 다만 집시들과는 교제를 피했는데, 그들이 그의 정체를 그리고 속임수로 가득 찬 그의 언어유희와 그림을 꿰뚫어 볼지도 몰랐고, 특히 그들이 자신을 탈마법화할 거라는 두려움이 염려스러웠기 때문이다.

그리고 판콕의 가장 흡인력 있는 제자인 나 또한 쿠헨 교수가 목탄 먼지 코를 풀어 대는 장(章)들에 등장하지 않은 채 끝없는 언어의 혼잡 속으로 녹아들었다. 결국엔 소설에 맞게 재단되어 출판 시장에 얼굴을 내밀게 되는 그 언어의 혼잡 상태 속으로 말이다.

나는 줄거리의 흐름을 따라가고 그 어떤 것도 잊어버려서는 안 되는 글쓰기 도구에 불과했다. 확고하게 굳어진 사실들은 물론이고 역광 속에서 모습을 드러냈던 허구, 즉 오스카의 출현까지 그 모든 그럴싸한 속임수를 놓치지 말아야 했다.

그는 누가 죽어야 하며 누가 기적적으로 살아남을 수 있는지를 결정했다. 내게 어린 시절의 어렴풋한 배경을 다시 한 번 들춰내라고 강요한 것도 오스카였다. 그는 내게 진실을 사칭했던 모든 것을 물음표 사이에 가둘 수 있도록 특별 허가증을 주었다. 삐딱한 비교를 의인화시킨 인물이라 할 수 있는 그는 모든 삐딱한 것을 아름답게 바라보는 법을 가르쳐 주었다. 내가 아니라 그가 판콕을 쿠헨으로 변모시켰고 부드러운 마음씨의 평화주의자를 하나의 화산으로 변모시켰다. 그리고 그 화산의 분출은 가공할 힘으로 종이란 종이를 모두 어둡게 만들었다. 오스카의 현존은 어둠 속의 방탕한 축제를 유발했다. 그는 세상을 검게 보았고, 검게 칠했으며, 그의 곱사등은 칠흑 같은 그림자를 드리웠다.

지나는 김에 하는 말이지만, 오스카 마체라트는 마게스 교수에게서도 모델을 섰고 곧 그의 이름을 마룬 교수로 바꾸었다. 마룬 교수와 쿠헨 교수와 함께 있으면서 오스카의 곱사등을 보기도 했던 내 학우 중 몇몇은 나중에 모든 것에 이름 붙이기를 좋아하는 그의 글쓰기 욕구의 소재로 활용되었다. 예컨대 판콕의 관대한 지도를 함께 받았던 친구 프란츠 비테는 나와 같은 아틀리에에서 작업을 했는데, 그는 소설 속에서 '폰 비틀라'라는 유령 같은 역할을 맡았다. 그리고 지금까지도 얘기되는 친구 겔트마허는 몸져누운, 클렙이라는 스파게티 요리사로 변신했다. 그는 공산주의자이면서도 영국 여왕을 찬미했고, 플루트 연주를 하면서 인터내셔널가와 「신이여 여왕을 구원하소서」를 뒤섞였다.

작가라면 누구나 자신이 고안해 낸 인물에 점차 예속되는 법이지만 그들의 행동과 잘못에 대해 책임을 회피할 수는 없다. 오스카는 한편으로는 다양한 속임수를 써서 내 것을 빼앗았지만 다른 한편으로는 생색을 내면서 그의 이름으로 일어난 모든 일에 대한 저작권을 내게 양도했다. 글을 쓰는 사람은 자신에게 책임을 부여한다. 하지만 세무 당국만은 저자의 실존이란 단순한 주장, 즉 허구에 지나지 않기 때문에 납세 의무가 없다는 사실을 인정하려 하지 않는다.

그 당시 내가 보냈던 시간을 입증 가능한 사실들을 근거로 더

들어 찾는 것이 어렵다는 점을 고백해야겠다. 왜냐하면 내가 문제의 핵심을 건드리려고 하면 앞서 다른 에피소드들에서도 보았다시피 그때마다 다른 누군가가 염치없이 나서서 발언을 하기 때문이다. 공적으로 인증된 소설의 주인공으로서 그는 장자의 특권을 요구하면서 내게, 물물 교환이 가능해질 때면 언제나, 누구나 잘 아는 완두콩 요리를 내놓으라고 졸라 대는 것이다.

오스카는 우선권을 주장하고, 모든 것을 나보다 더 잘 알며, 구멍투성이인 나의 회상을 비웃는다. 읽어 보면 알 수 있듯이 그에게 있어서 양파는 다른 기억과 의미가 다르다.

정신적 부담도 덜고 자신에게 책임이 있는 미숙함으로부터도 벗어나기 위해 에움길로 가지 말고 곧장 내가 다녔던 긴 여행들에 대한 이야기로 넘어가자. 7월부터 9월까지 긴 방학이 이어졌기 때문에 가능한 일이었다.

1951년부터 모든 시민은 여권을 신청할 수 있었다. 비자를 신청하면 오래 기다리지 않아도 허가가 났다. 무엇보다 중요한 여행 경비는 건설 현장에서 석공으로 일하면서, 그리고 지난겨울 카니발 차량을 치장하는 작업에 참여하면서 미리 벌어 두었다. 조소용 주걱을 이용해 철조망과 올이 굵은 삼베 위에 석고를 발라 만든, 독일 전체를 대표하는 아데나워와 울브리히트의 형상이 우리의 차량 위에서 팔짱을 낀 채 흔들거렸다. 그 당시 인기를 끌었던 "누가 비용을 지불하나, 누가 그렇게 많은 돈을⋯⋯."이라는 사육제 유행가가 지금도 귓전을 맴돈다.

하지만 무엇보다도 든든한 금전상의 보루는 패각 석회암과 트래버틴 석회석으로 건물 정면을 장식해서 벌어들인 돈이었다. 자연석으로 된 창문턱을 개축하는 작업이었다. 시급은 1마르크 70페니히였다.

7월 중순에 여행 준비가 완료되었다. 부모님에게는 편지를, 혹은 여의치 않을 경우엔 엽서를 자주 보내겠노라고 약속했다. 배낭은 가벼웠다. 갈아입을 셔츠와 양말, 수채화 통, 붓과 연필이 가득 든 작은 상자, 스케치북 그리고 몇 권의 책이 전부였다. 침낭은 폐기 처분된 미군용 비품을 판매하는 가게에서 저렴하게 구입했다. 그곳에는 군인들이 진군해 들어올 때 신었던, 하지만 지금은 하이킹용 신발로나 사용될 군화도 있었다.

한때 튜턴족, 호엔슈타우펜 가의 황제 그리고 예술적 경건함을 지닌 독일계 로마인이 독일인의 근원적 욕구에 따라 그랬던 것처럼, 나 역시도 이탈리아로 마음이 끌렸다. 머나먼 여행의 목적지는 팔레르모였다. 내가 어린 시절부터 몽유병자처럼 찾곤 하던 친숙한 장소였다. 프리드리히 2세의 시종이나 매잡이로서 방문하기도 했고, 호엔슈타우펜 왕조가 몰락했을 때는 콘라딘의 수행원으로서 마지막 방문을 했다.

알프스를 넘게 한 원동력으로는 황급히 배설해 낸 시(詩)로도, 그리고 부쩍 늘어난 담배 소비로도 그 고통을 진정할 수 없었던 상처를 꼽을 수 있다. 나의 첫 번째 위대한 사랑이 좌절되었던 것이다. 학생 시절의 사랑의 망상을 제외한다면 말이다.

그녀, 안네로제는 나처럼 배우는 자세로 조각에 몰두했다. 내 눈에는 눈동자가 회색빛인 푸른색인 그녀가 아름다워 보였는데,

당시 나는 그 이유를 알고 있었다. 이리저리 흔들리는 치마를 입은 그녀는 슈투트가르트 출신이었고 그곳에서 조각가인 바움의 제자였다. 3월이나 4월 초쯤이었을 것이다. 그러니까 봄을 예고한다기보다는 사칭한다는 표현이 어울릴 법한, 그러면서도 변화를 부추기는 계절이었다.

우리의 사랑이 싹트기 직전에 나는 변변한 작별 인사도 없이, 마침내 라터 브로이히에 있던 카리타스 요양원을 떠났다. 율리히 가에서 나는 수도 시설은 없지만 욕조는 붙어 있는 빈 목욕탕을 발견했다. 장롱과 야전 침대도 남아 있었다.

마리엔 병원의 원무과에서 수습 과정을 밟고 있던 여동생이 그곳에서 무료 식사를 주선해 주었기 때문에 나는 이후 프란체스코파 소속의 수녀들로부터 박애주의적인 보살핌을 받을 수 있었다. 게다가 몇몇 간호사의 휴무일에는 그들과 댄스홀에 가거나 아니면 율리히 가에 있는 재임대인의 야전 침대에 짧게나마 함께 몸을 싣기도 했다. 더욱이 목욕탕에는 야자 껍질 섬유로 만든 양탄자도 깔려 있었다. 하지만 양탄자의 길이와 폭에 대해서는 기술하고 싶지 않다. 왜냐하면 그것에 대해서 오스카가 그동안 내게 언급한 바 있고, 또 그곳을 임차하여 주주 행세를 하고 싶어 할 것이기 때문이다.

율리히 가에서 간호사들과 어울렸던 시간은 아주 짧았다. 간호사들과의 교제는 안네로제가 내 시야에 들어오는 순간 끝나 버렸다. 그 순간부터는 내게 다가오는 여성들이 모두 눈 밖으로 밀려났다. 나는 오직 그녀만을 보았고 또 보기를 원했다. 이렇게 시야가 좁아지는 경우엔 보통 그렇듯이 모든 것이 그녀를 소유하고 싶은 마음에 집중되었다. 단숨에, 그리고 서둘러서 우리만의 널따란 공간을 마련하려고 애썼다. 수도 시설이 되어 있지 않은 목욕탕은 좁기도 좁았지만 그 밖에 다른 결함도 있었다.

그래서 나는 화가이자 음악가인 호르스트 겔트마허의 힘을 빌리고, 또 어린 시절 랑푸르에서 이웃으로 지냈던 미장이 현장 감독 베르너 카프너의 도움을 받아 뒤셀도르프 슈토쿰에서 한 축사의 위층을, 부속실이 딸린 아틀리에로 개축하기 시작했다. 그렇게 하여 우리의 갈 곳 없는 사랑을 위한 은신처가 마련되었다. 오랜 세월 이 층 침대들이 가득 들어찬 바라크나 작은 방에서 지낸 끝에 마침내 처음으로 사면의 벽을 갖춘 나만의 집을 갖게 된 것이다.

어쨌든 사랑과 소유욕은 같은 강도로 나의 건축 욕구를 자극했다. 건축에 대한 이러한 집착은 나중에 기회가 있을 때마다 끊임없이 얼굴을 드러냈다. 베를린 슈마겐도르프의 폐허 같은 아틀리에를 시작으로 프리데나우어 니트 가에 커다란 아틀리에를, 그리고 마르쉬도르프 베벨스플레트에 작업실을 만들었다. 그뿐만 아니라 덴마크 발트 해의 섬인 묀에다가 작은 아틀리에를 짓는가 하면 포르투갈의 오래된 건물과, 마침내 벨렌도르프의 축사까지도 용도에 맞게 개축하고 증축하는 작업을 했다. 그렇게 하여 머리로 출산(出産)하는 데 필요한 나의 공간, 나만의 공간을 확보했던 것이다.

시멘트, 석고판, 속이 빈 블록 그리고 천창과 철제 옥외 계단으로 연결되는 문에 쓰일 강철 프레임 등 대부분의 재료는 지키는 사람이 없는 건축 현장에서 가져오거나, 아니면 경찰관의 아들에서 미장이 현장 감독으로 출세한, 어린 시절의 이웃에게서 저렴한 가격에 제공받았다.

계단은 철거 회사로부터 싼 가격에 구입했다. 겔트마허는 원통형 쇠 난로와 몇 미터 길이의 난로 연통을 장만해 주었다. 연통은 외벽을 통과하여 배기가스를 밖으로 배출하는 데 필요했다. 갈탄 공장에 근무하는 덕에 늘 현물 급여를 풍부하게 받았던 아버지를 통해, 나는 이미 연초에 월동용으로 비축해 놓은 조개탄을 공급받을 수 있었다.

약간의 사용료만 지불하면 되는 축사는 임대 주택의 뒤뜰에 있었으며 우리는 주택 맨 아래층에 있는 화장실을 사용할 수 있었다. 마당에는 이름 모를 작은 나무 한 그루가 비실거리며 자라고 있었다.

겔트마허는 플루트와 백파이프 그리고 그림 도구들이 가득 든 불룩한 트렁크와 함께 앞방에 자리를 잡았다. 안네로제와 나의 보금자리는 천창이 있는 아틀리에였기 때문에 맑은 날에는 머리 위로 밤하늘의 별을 셀 수 있었다. 네 개의 벽돌 위에 2인용 매트리스를 쇠틀로 고정했다. 우리가 밤낮으로 다지(多肢) 동물처럼 한 몸으로 엉겨 붙을 때면 옆방에 사는 겔트마허의 플루트는 동요를 변형한 블루스로 반주를 맞추어 주었다.

우리의 시한부 행복은 여름이 시작될 때까지 지속되었다. 안네로제와 나, 우리 두 사람은 혹한기에도 아무런 걱정 없이 따뜻하게 지낼 수 있었을 것이다. 게다가 우리들의 짝짓기 욕구도 결코 줄어들지 않았을 것이다. 내 첫사랑이 그렇게 갑작스레 끝나지만 않았더라면 말이다.

먼 곳에 있으면서도 처음부터 위협적인 태도를 보이던 그녀의 어머니가 편지와 전보를 홍수처럼 쏟아 낸 뒤에 마침내 자신의 고분고분한 딸에게 어떠한 조건이나 이의도 달지 말고 슈투트가르트로 돌아오라는 엄명을 내렸던 것이다. 당장!

그녀의 어머니는 지방 일간지에서 읽고 스크랩한, 경악할 만한 기사를 증거 자료로 제시했다. 한 석공이 젊은 여자를 살해한 사건을 다룬 기사였다. 더욱이 함께 실린 사진들은 그 석공이 묵직한 해머와 뾰족 끝 같은 공구를 이용했다고 말해 주었다. 그 사건이 있은 후 곧장 나는 그녀의 광분한 어머니의 글 속에서 그 살인자 석공과 동일시되었다. 게다가 동봉한 신문 스크랩은 살인자가 동부 지방 출신이며 왼손잡이라는 사실도 전하고 있었다.

안네로제는 기나긴 하룻밤과 반나절을 망설였지만 승자는 그녀의 어머니였다. 이별은 심장을 찢는 듯했다. 천창도 있고 어느 정도 모양을 갖춘 우리의 아틀리에가 놀라우리만치 공허하게 느껴졌다. 침대는 이제 너무 넓었다. 너무도 그리운 슈바벤 억양. 그녀의 짧고 억센 손가락. 온갖 상냥함으로부터 갑작스레 단절된 채 가련하게 낑낑거리는 개 한 마리가 홀로 남겨졌던 것이다. 그 신음 소리를 지금 활자화해 보려 하지만 버려진 자의 상념을 해독하려는 시도가 성공할 리는 만무하다.

그때까지 그는 어린 소녀든 나이 든 여성이든 갑작스럽게 싫증을 느낀 뒤에는 이별의 말도 없이 냉정하게 버려 왔다. 그런 그가 이제 끈 끊어진 무기력한 신세가 되었던 것이다.

내 친구 겔트마허는 늦은 밤까지 여러 종류의 플루트로 독일 계통의 재즈를 연주하여 나의 흥을 돋워 주려 했지만 그것으로도 위로할 수 없다는 것을 알고는 대가답게 「성문 앞 우물 곁에」를 블루스로 변주해 주었다.

건축 현장에서 일하는 것도 조금 도움이 되었다. 그리고 피란의 혼란스러운 상황에서도 어머니가 용케 보존했던, 희귀한 자유도시 우표들이 가득한 수집첩을 미술 대학의 건물 관리인에게 건네주는 조건으로 나는 아틀리에의 비품 일체를 제공받을 수 있었다. 그는 지하 창고에 보관되어 있는 학교 소유의 비품 가운데 조소용 받침대 하나, 회전반 두 개, 금속제 컴퍼스 몇 개와 이젤 하나를 꺼냈다. 누가 공급해 주었는지 지금도 알지 못하는 그 이젤은 '누드화 실습실 II'라는 라벨이 붙은 채 나의 벨렌도르프 작업실에 놓여 있다.

하지만 이러한 교환 거래도, 아니, 그 어떤 것도 사랑하는 사람의 상실을 보상해 줄 수는 없었다. 그나마 여행하는 편이 차라리 나았다.

서둘러 비자를 신청했다. 비자를 기다리는 동안 건축 현장에서 건물 정면 장식 작업을 했다. 300마르크 남짓한 돈을 가죽 가방에 챙겨 넣고는 그야말로 맨몸으로 나섰다. 도망이나 다를 바 없는 출발이었다.

히치하이크를 하면서 나는 우선 남쪽으로 걸음을 재촉했다. 하지만 갑자기 생겨난 그 어떤 불가항력적인 망상이 슈투트가르트의 고속 도로 휴게소에서 나더러 이 첫 번째 충동적인 일탈을 중단하라고 부추겼다.

고속 도로에서 벗어나는 출구에서 배달 차량을 얻어 타고 시

내 중심 방향으로 들어갔다. 주소는 하젠베르크슈타이게였다.

산길을 올라 나는 전나무 녹음 속에 묻혀 있는 빌라를 몰래 찾아갔다. 살해 욕구에 넘치는 석공이라는 공포감을 주입받은 내 연인이 도피했던 곳으로, 그녀는 그곳에 가택 연금되어 있었다. 이 모든 것은 그녀가 동화 속 마녀와도 같은 어머니의 부추김을 따른 결과였다.

나는 구원의 왕자 역할을 하고 싶었던가?

복수심 혹은 실낱 같은 희망이 내 등을 떼밀었던가?

필름이 되감기기 시작하다 멈춰 선 지금 보니, 때는 땅거미가 내려앉을 무렵이었던가, 아니면 밤중이었던가? 나는 닫힌 정원 문 앞에 서 있다. 문은 녹슨 채 경첩에 비스듬하게 걸려 있다. 현란한 무늬로 장식된 단철 공예품을 나는 흔들고 또 흔든다. 나는 요란하게 손짓을 하며 들여보내 달라고 재촉하고, 큰소리로 모녀에게 저주를 퍼부으며, 두 손가락으로 휘파람을 불어 댄다. 하지만 문틈의 간격을 넓혀 주러 나오는 사람은 아무도 없다. 다시 욕설을 퍼붓는다. 그러고는 다시 이 곡 저 곡 기원(祈願)의 노래를 부른다. 간절하게, 아마도 눈물까지 흘리면서.

이제 나는 뒤로 돌아갔다가, 다시 앞으로 돌아가는 필름이 내게 보여 주지 않는 것을 보고 싶다. 분을 이기지 못한 젊은이가 경첩으로부터 정원 문을 들어 올리고는 공포에 질린 빌라의 앞뜰에다 두 손으로 힘껏 던져 버리는 장면 같은 것 말이다.

젊은 시절엔 나도 그렇게 강하고 싶었던 모양이다. 이 미쳐 날뛰는 자는 단철제 문짝을 내동댕이치고 싶었다. 상실의 고통이 너무도 컸기에 이 넘치는 사랑을 어떻게 해야 할지 몰랐다.

양파 껍질을 벗기며

하지만 필름은 전혀 다른 방향으로 진행되었다. 소설 『개들의 세월』에서는 물불 가리지 못할 정도의 복수심에서, 나 아닌 누군가가 경첩으로부터 정원 문을 빼 들어 올려(내던져짐의 상징으로) 뾰족 모자를 쓴 한 철학자의 마당에다 내동댕이쳤다. 하지만 그 일은 슈바르츠발트의 산기슭에서 전혀 다른 이유 때문에 생긴 일이었다. 하지만 나는 그 순간 아무 짓도 하지 못한 채 슈투트가르트의 하젠베르크슈타이게에 서서 두 팔을 얌전히 내려뜨리지 않았던가.

젊은 사내는 굳게 잠긴 문 앞에 아무 말도 못하고 서 있었다. 지금 분명히 떠올릴 수 있는 것은 그가 빌라를 찾아간 것은 밤이었고, 불 켜진 다락방 창문을 바라보았으며, 자신에게 친숙한 실루엣이라도 보기를 애타게 기다렸지만 헛수고였고, 끊임없이 고뇌만 곱씹었다는 것이다. 커튼 뒤로는 그림자 하나 얼씬하지 않았다. 올빼미 새끼 소리도 들리지 않았으며, 흑흑 울어 줄 나이팅게일 한 마리도 보이지 않았다. 그렇게 필름은 끝났다. 나는 산길을 내려왔다.

승용차와 화물차를 번갈아 얻어 탔고, 인스부르크부터는 심지어 오토바이도 얻어 타면서 나의 고통은 나와 동행했다. 차를 갈아탈 때마다 조금씩 누그러지던 나의 고통과 함께, 나는 브레너 고개를 넘어 레몬 꽃 만발한 나라로 갔다.

머나먼 길이었다. 배달용 삼륜차를 탔고, 나귀가 끄는 수레에도 올랐으며, 당시에 인기가 있었던 2인승 차 토폴리노를 타기도 했다. 그러면서 장화*를 오르내렸다. 계속해서 시칠리아 섬을 가로

---

* 장화 모양으로 생긴 이탈리아를 의미한다.

질러 가다가 시라쿠스와 팔레르모 사이의 한 지역으로 들어가게 되었는데, 말 그대로 외딴 오지였다. 그림자 하나 생기지 않는 그곳에서 나는 몇 시간 동안 자동차나 마차와 바퀴 달린 것들을 기다렸다. 그러다 보니 불모지가 된 산기슭 쪽에서 한 무리의 무장한 사람들이 몰려왔다. 점점 더 가까이 다가오는 그들의 행색을 보니 수렵 단체라기보다는 마피아의 지역 조직원쯤 되어 보였다. 그들은 밀짚모자를 쓴 채 놀라서 어안이 벙벙해진 이 낯선 사내를 에워쌌다.

나는 배낭을 열어 보였고 자질구레한 소지품들을 꺼내 그들이 한눈에 알아보도록 진열했다. 두건 달린 수도복과 흡사하게 생긴 긴 저고리를 걸친 우두머리가 나의 출신지와 여행 목적을 물었다. 그러고 나서 아까부터 보이던 토폴리노 한 대가 산을 올라 마침내 가까워지자 카빈총을 몸 앞쪽으로 치켜들고는 2인승 차를 세웠다. 겁에 질린 운전사, 시골 의사는 억지로 태운 동승자를 칼타니세타까지 데려가 그곳의 한 시장터에 내려 주었다.

그 이후의 모험담을 나는 내 아이들에게 너무도 자주 그리고 너무도 다양한 판본으로 이야기해 주었는데, 이제는 정본을 결정하고 싶다. 그중 하나를 예로 들면 이렇다. 그들은 나에게도 익숙한 독일제 카빈 98을 들고서, 그러니까 최근의 점령 기간 중에 손에 넣은 노획물로 경고 사격을 함으로써 계속해서 차를 얻어 타고 갈 수 있었다는 이야기다. 사실 그들은 뉴욕에 있는 그들의 두목이자 대부인 럭키 루치아노에게서 원격 지시를 받아, 전쟁 중이던 1943년 미군이 이 섬을 점령할 때 상륙 부대를 도운 마피아다.

섬 전체에 자리 잡은 '명예로운 단체'의 지역 조직원들은 나를 가난하면서도 신앙심 깊은 순례자 정도로 보았던 게 틀림없다. 잘 알려졌다시피 팔레르모에 모셔진 성녀 로살리아에게 가는, 참회할 준비를 완벽하게 갖춘 펠레그리노 정도로 말이다. 그러니까 그들이 나를 도와준 셈이었다. 그리고 칼타니세타부터는 한 화물차 운전사가 아주 자발적으로 나를 목적지까지 태워 주었다.

그에 앞서 나는 토스카나와 움브리엔을 둘러보았고, 로마까지 가서 그곳의 우피치 미술관에서 드디어 말로만 듣던 예술 작품들의 진품을 관람했다. 티치아노의 「우르비노의 비너스」와 보티첼리의 「비너스의 탄생」을 비롯하여, 나무와 풍경을 배경으로 화살에 관통당한 소년의 육체가 고통에 못 이겨 몸을 비틀고 있는 팔라초 피티 소도마의 「성 세바스티안」도 보았다. 모두 어린 시절 다채로운 색깔의 담뱃갑 덕분에 예술에 대한 나의 욕구를 일깨워 주었던 그림들이었다. 피에로 델라 프란체스카가 옆얼굴을 그린, 혹이 달린 코에 빨간 모자를 쓴 한 남자의 그림 앞에 나를 세우는 것은 어려운 일이 아니었다.

나는 유스 호스텔과 수도원, 올리브 나무 아래에서 그리고 포도나무 줄기 사이에서 잤고, 가끔 공원 벤치에서도 잤다. 멘자 포폴라레가 문을 열었을 때는 값싼 국수와 기름이 둥둥 뜨는 빵 수프와 나폴리풍의 트리파를 먹었다. 그리고 가난한 사람들의 식사인 내장도 처음 먹어 보았다. 유위(瘤胃)라고 불리는 이것은 소의 네 번째 위를 가지고 만드는 전 세계적인 요리로, 솔질을 하고 깨끗이 씻어 낸, 테리 천 수건과 모양이 비슷하다.

훗날 중요한 손님을 맞을 때면 나는 이 음식을 토마토와 마늘 그리고 흰콩을 곁들여 만든 간편 냄비 요리로 내놓곤 했다. 이를테면 나움부르크 대성당의 거장과 그의 모델들을 초대했을 때 그랬다. 이들 모두는 13세기 초 군사적 영토 점령 후 잘레 강가에 정착했던 소시민들이나 농부들 가계의 출신이었다.

그들은 거장에게 말 그대로 온몸으로 도움을 주었다. 거장은 게르부르크 백작 부인과 콘라트 백작, 헤르만 변경 백작과 그의 웃음 많은 딸 레글린디스, 생각에 잠긴 쉬초 백작, 설립자인 티모 폰 퀴스트리츠 그리고 에케하르트 2세와 자식을 낳지 못했던 그의 부인, 즉 세계적으로 널리 알려진 우타 폰 나움부르크 등의 인물을 잘 다듬어진 석회석으로 형상화할 때 이들의 직접적인 도움을 받았다.

성당의 서쪽 성가대 자리에, 나중에 초기 고딕 양식이라고 불리게 된 성당 설립자들의 조각상이 세워졌을 때에는 토마토도 흰콩도 없었다. 그렇지만 이름 모를 거장을 둘러싼 손님들에게, 나는 로마의 대중식당에서 저렴한 가격으로 배불리 먹은 적 있는 신선한 누에콩과 내장 요리를 대접할 수 있었다.

범접하기조차 어려운 우타 폰 나움부르크의 모델을 서기도 했던, 통 제조업자의 부인인 아름다운 게르트루데도 그 음식을 먹은 적이 있다. 쉬초 백작과 꼭 닮은, 눈빛이 음울한 마부도 넉넉하진 않았지만 내장 요리를 얻어먹었다. 그리고 웃음 보조개로 폴란드의 공주 레글린디스를 재현해 내는 데 도움을 주었던, 금세공사의 어린 딸 발부르가는 한 국자 더 달라고 청하기도 했다.

짜증스러울 정도로 주도면밀한 당국으로부터 마그데부르크, 에어푸르트, 예나 그리고 할레에 이르기까지의 낭독 여행을 마침내 허가받았던 동독 시절, 그러니까 베를린 장벽이 무너지기 두 해 전, 우테와 나는 나움부르크 대성당을 방문했다. 높다랗게 서 있는 설립자들의 조각상을 보면서 우리가 경탄하고, 우테도 우타를 우러러보는 동안 우리 방문단의 전문 안내원이 돌로 조각한 인물들에 대한 현실 사회주의적인 배경을 설명해 주었다.

"거장은 성인 명부에 든 성인들을 재현하는 작업을 의도적으로 포기했습니다. 그리고 그 당시 이미 계급 의식을 가지고 노동에 충실했던 사람들을 전범으로 삼아……."

그러고 나서 우리의 방문객 안내원은 파쇼적 선동 숭배, 특히 우타에 대한 숭배조차도 이곳에 진열된 조각상들에게서 배어나는, 삶에 밀착된 아름다움은 경감할 수 없었을 거라고 강조했다. 그곳을 나올 때 나는 레글린디스의 웃음소리를 들었다.

이탈리아 여행을 시작하면서 나는 세 개의 주소를 준비했다. 첫 번째 것은 슈투트가르트의 하젠베르크슈타이게였지만 그것은 곧 소용이 없어졌다. 두 번째 것은 여동생 발트라우트가 배려해 준 곳이었다. 그해 초 여동생은 상업 관련 실무 교육을 마치고 로마 근처의 한 수도원에서 신앙심 깊은 수녀들을 보좌하고 있었다. 그 수도원은 다양한 병원들을 포함하여 아헨에 있는 수도원 본원 그리고 몇몇 해외 지역의 분원까지도 후원하고 있었다.

여동생이 수녀들을 보좌하며 지낸 탁아 시설은 로마 지부에 속했다. 그곳에서는 모두들 바삐 움직였다. 수도원 채소밭에서 밭일까지 하느라 기도할 시간조차 없어 보였다. 심지어 여자 수도원장도 일을 거들었다. 물품을 배분하고 세탁물을 정리해서 쌓아 올리며 올리브를 수확하는 일에도 참여했다. 그야말로 열린 문과 실천적 배려가 살아 있는 수도원이었다.

시칠리아로 가는 길에 그리고 그 섬으로부터 돌아오는 길에 그곳의 부속 건물에서 묵었는데, 조그만 방에서 보니 알바니아의 산들이 한눈에 들어왔다.

매일 저녁 와인 한 조끼가 제공되었다. 식사는 몸 전체가 포동포동한 베스트팔렌 출신의 주방 수녀가 날라다 주었다. 그녀는 식사 배달을 끝내고 다시 굴러서 돌아가기 전에 신앙심 깊은 말을 남기기 좋아했다.

햇빛이 비스듬히 관통하는, 빈 포도주 잔을 앞에 두고서 그녀는 비신앙인에게 늘 하던 대로 순결한 수태의 기적에 대해 설명했다. 증명이라도 해 보이려는 듯 그녀의 집게손가락은 관통해 들어오는 빛과 신성하게 남은 빈 잔을 가리켰다.

그런 식으로 대천사의 일관된 목표 지향성이 저녁 햇살에 겹쳐졌고, 강력한 신앙의 힘이 뚜렷한 베스트팔렌 지방 말투로 표현되었다.

내게 어떠한 성행위도 절대적으로 멀리해야 한다고 말하면서 나의 주방 수녀는 마치 그녀 또한 유리로 된 듯, 그리고 언제나 기적을 기다리는 듯 너무도 투명한 웃음을 지었다.

그런 다음에는 더 이상 할 말이 없다는 듯 온몸을 감싼 수녀복 소매 안으로 두 손을 넣고 사라졌다.

수녀가 가자마자 나는 그 신성불가침의 잔으로 포도주를 마셨다. 그 순간 어떤 음탕한 생각이 뇌리를 스쳤다. 어린 시절 나는 자신을 알리는 일에만 그치지 않는 대천사 역할을 하지 않았던가.

그리고 전쟁 포로 시절 나의 동료 요제프가 주사위 놀이를 하면서 내가 진정한 신앙을 가지도록 애쓰는 동안에도, 나는 동정녀를 비방했고 성모 마리아의 이름으로 남녀 할 것 없이 인간들에게 고통을 주었던 모든 고문 기구를 일일이 열거하지 않았던가.

하지만 활동적인 수녀들 곁에서 지내는 여동생은 행복해 보였다. 동생은 종전 무렵 군인들로부터 강간을 당한 후 잃어버렸던 어릴 적 신앙을 되찾았고, 그것은 그 나름대로 어떤 결실을 예고했다.

세 번째 주소는 여행을 떠나기 직전 아리스티드 마욜의 마지막 모델로 일했고, 파리에서 그의 조각품들을 왕성하게 거래하던 활력적인 여성 디나 브예르니가 찔러 넣어 준 것이었다.

그녀는 시(市)에다 실물 크기의 청동 예술품을 팔기 위해 뒤셀도르프로 왔다. 그녀의 젊은 시절 모습을 본떠 만든 벌거벗은 소녀는 훗날 궁정 정원의 대좌 위에 서게 되었다.

그녀의 출현을 자연 현상 중 하나라도 되는 듯 찬탄하며 받아들였던 우리를 위해 그녀는 저녁마다 독일어와 러시아어로 혁명가를 불러 주었다. 그녀의 그런 모습은 한동안 내 친구 겔트마허의 혼을 쏙 뺐다. 더욱이 그녀는 트루데 에서로부터 연인이었던 만프레드를 이간질해 빼앗은 뒤, 그를 곧장 파리로 납치하듯 데려갔다. 그러고는 그곳에서 차츰 청력을 잃었다.

하지만 사랑의 아픔이 아직도 생생한 까닭에 그런 종류의 유혹에 빠져들지 않았던 내게, 그녀는 '메디치'라는 로마식 빌라에서 프랑스 정부 연구비를 받아 시간을 보내고 있는 전남편의 주소를 건네주었다. 그러고는 한마디 덧붙였다. "그 사람은 누가 찾아오는 것을 좋아해요……."

정말 그랬다. 그는 손님을 주저하지 않고 맞아 주었다. 전혀 사용하지 않은 듯 텅 빈 아틀리에의 분위기에 나는 빨리 적응해서 흉상 작업을 시작해야 했다. 그리고 아무런 근심 없이 무위도식하는 나의 고수머리 집주인을 점토 두상의 형상으로 보여 주는, 선명하지 않은 사진 한 장이 이 에피소드를 증명하고 있다. 그 조각품은 목양신을 스케치한 것처럼 표정이 풍부하면서도 어딘지 모르게 미완성의 느낌을 준다.

고풍스럽고 길쭉한 대리석 식탁에 앉아서 나는 그를 비롯한 다른 연구비 수혜자들과 함께 코스 요리를 먹었다. 그들은 풍성한 대화를 나누며 예술 작품에 대한 자신들의 작업을 진지하게 논구했지만, 나로서는 몇몇 제스처를 제외하고는 도무지 알아듣기 어려운 얘기들이었다. 그들은 음식을 먹기 전에도 먹는 중에도 먹고 나서도 담배를 피워 댔다. 이제 곧 개봉할 프랑스 영화의 감독쯤 된다면 숨겨 놓은 카메라를 이용하여 그 시대의 전형적인 모습이라 할 만한 이 장면들을 포착했을 것이다.

스페인식 계단 위쪽에 자리 잡은 메디치 빌라는 지친 예술가들을 위한 요양소와도 같았다. 몇 발짝만 걸어 들어가면 넓은 정원 안에 놓인 그늘진 돌 벤치들이 휴식을 권유했다.

더위가 내게 허락한 것 이상으로 나는 온종일 로마 거리를 돌아다녔다. 시원함을 느낄 수 있는 곳이라고는 교회와 작은 예배당뿐이었다. 그리고 나는 그곳에서 모든 분수대와 기둥 토막이 은유로 작용하는 것을 보았다. 검은 옷을 입고 챙이 넓은 모자를 쓴 한 무리의 성직자들은 속성으로 완성할 수 있는 동작 스케치의 소재가 되고도 남았다. 나는 묽은 중국산 먹이 가득 든 그릇에 비둘기 깃이나 갈매기 깃을 담가 가면서 스케치를 했다. 모든 것이 놀라워 보였고, 모든 것이 모티프가 되었다. 졸고 있는 마차 끄는 말들, 거리에서 노는 아이들 그리고 긴 줄에 걸쳐진 갖가지 빨래들. 발코니에 서 있는 뚱보 여자. 그늘 하나 없는 텅 빈 광장들.

나는 밀짚모자를 샀다. 흡연자에게는 나치오날레가 가장 저렴한 담배였다. 메디치 빌라에서 유배된 왕자처럼 지내는 디나 브예르니의 전남편이 내게 갈루아를 권하기 전까지는 그랬다. 직접 말아 피우는 담배인 검은 크라우저도 곧 부스러기조차 남지 않게 되었다.

하루하루가 선물이었다. 시간적으로 제한이 있긴 했지만 결코 멈추지 않았던 첫 여행이었으며, 오로지 내 의지로 멀리 떠나온 여행이었으니 말이다. 사실 나이 들어서 한 여행까지 이후의 모든 여행을(나는 우테와 함께 대륙과 대륙을 누볐고, 중국, 인도, 멕시코를 돌아다니기도 했다.) 나는 사전에 주도면밀하게 계획했고, 유익함을 미리 고려했다. 하지만 나의 첫 번째 여행에서 이탈리아의 장화를 오르내리며 날마다 얻었던 풍성한 효과에 비하면 그러한 여행들은 오히려 가치가 덜하게 느껴진다.

나는 살아 냈다. 다시 말해 끊임없이 받아들였고, 물릴 줄 몰랐으며, 과잉을 선별적으로 줄여 보려는 무모한 시도도 했다. 나는 풍부한 제스처를 자랑하는 대리석 앞에서 경탄했고, 에트루리아인을 묘사한 손바닥 크기의 청동상을 보고 황홀경에 빠지기도 했다. 피렌체와 아레초에서는 바사리의 작품을 찾아보았고, 피티 궁전과 로마의 보르게제 궁전에서는 학생 시절 보았던 담뱃갑 그림들을 화려한 액자에 장식된 진품으로 마음껏 구경했다.

나는 주변 풍경과 거리, 그리고 광장을 그렸으며, 늘 그랬듯이 열기가 채 식지 않은 정오의 휴식이라든지 그늘진 공원의 분수대를 주문으로 불러내는 시구들을 배설했다. 행운인지 불행인지 나는 젊은 시절 테베레 강에서 익사하여 영속성 없는 우정 관계를 마감했던 독일계 로마 화가인 포르의 자취를 따라갔다. 그의 자취를 만났다가는 곧 십자로에서 헤어지기도 했다. 그리고 적당히 쉬기도 하고, 어쩔 수 없이 경비도 아껴 가면서, 그리고 여기저기서 레몬 아이스크림도 사 먹어 가면서 가벼운 발걸음으로 스페인식 계단을 올라갔다. 여동생이 훗날을 위한 자화상용으로 밀짚모자를 쓴 내 사진을 찍는다고 하기에 허락해 주기도 했다. 움브리아에 있는 한 수도원에서는 숙식을 제공받는 조건으로 아이를 안고 있는 훼손된 성모 마리아상을 보수해 주었다. 그리고 저녁이면 페루자의 코르소 거리로 가 전구들이 알록달록하게 켜진 포도나무 덩굴 아래에서, 보티첼리의 천사라도 느껴 보려는 듯 한 영국 여자와 춤을 추었다. 나폴리의 혼잡한 거리로 나가서 어머니에게 장문의 편지를 쓰기도 했다. 편지는 충족되지 않은 어머니의 동경을 채색된 세밀한 풍경으로 채워 주었다. 메시나에서는 부탄가스를 위한 광고 그림을 그려 다음 여행 경비를 일부나마 보충하기도 했다. 그리고 나중에 자주 언급한 이야기지만, 지역 마피아 단원들에게 둘러싸인 적이 있을 때 팔레르모로 가는 수사를 사칭해서 오히려 그들로부터 토마토와 염소젖 치즈를 잔뜩 얻은 적도 있다.

나는 스스로를 법률의 보호권 밖에 있는 존재로, 진정시킬 수 없는 역마살에 사로잡혀 체질적으로 온갖 모험을 즐기는 인간으로 여겼다. 하지만 나 또한 종전 이후 몇 년 동안 마침내 열린 경계선을 넘어 정처도 없이 그 어떤 목표를 향해 히치하이크 혹은 이곳 지방의 말로 메초 포르투나를 해 가면서 아시시, 폼페이, 아그리젠토와 그 밖의 곳을 찾아감으로써 자유라는 그들의 신념을 시험해 보려 했던 젊은이 수천 명 중 하나에 불과했다. 나는 배낭여행족을 만난 적도 있는데, 칠 년 전에는 서로 다른 군복을 입은 채 몬테카시노 수도원을 둘러싼 전투 때 살아남았거나, 아니면 연합군이 안치오 네투노 해변에 상륙했을 때 적군으로 대치한 적도 있었겠지만, 지금은 민간복을 차려입고 평화롭게 예전의 그 사건 현장을 둘러보러 온 사람들이었다. 나는 잘 정돈된 국군묘지의 이정표를 보았다. 부대별로 줄지어 세워진 십자가들, 그리고 신속하게 생겨나 즐비하게 늘어선 폐허들도 보았다. 바닷물은 미적지근했다.

여행 도중 나는 스웨덴, 캐나다, 스코틀랜드에서 혼자 혹은 둘이 여행을 떠나온 소녀들을 만났고, 곳곳에서 기회가 있을 때마다 하파란다, 토론토, 글래스고로 엽서를 보냈다. 하지만 그들 중 누구에게도 마음을 열지는 못했다. 슈바벤 촌놈의 고루함이 내 발목을 잡았던 것이다. 자칭 성지 순례자였던 나는 지역 마피아 단원들에게 약속했던 것처럼 성녀 로살리아를 찾아뵙지는 못했다. 하지만 팔레르모에 있는 이탈리아 국립 미술원을 방문한 손님으로서 로소네 교수의 조각가반에 입학 허가를 받았을 때, 로소네 교수의 제자였던 아우로라 바르바로를 향해 감정의 문이 활짝 열리는 것을 경험했다. 빗장이 풀리고 커튼이 걷혔다. 그것을 어떻게 말해야 하나. 첫눈에……

    열일곱 살쯤이었던 그녀는 우아하면서도 조신했다. 그녀와 함께 구석진 교회 벤치에 앉아 얘기를 나누었을 때, 문법과는 거의 거리가 먼 몇 마디 말로 나는 내가 그녀에게서 보았던 모든 것을 어렴풋하게나마 전달할 수 있었다. 나의 엉뚱한 소망이 어느 곳으로 달려가고 있는지, 그녀가 아무것도 모른 채 내 곁에 있어 주는 것만으로도 심적 고통을 몰아낼 수 있고, 그래서 그녀의 조신한 아름다움이 오히려 나를 고통스럽게 한다는 말도 암시적으로 전달했다. 물론 그 이름을 부를 때의 울림 또한 사랑스러웠다.

    로소네 교수의 허락하에 아우로라가 내 조소용 점토의 모델이 되어 주었을 때, 우리는 음울한 감시의 눈길을 던지는 그녀의 남동생이나 꾸벅꾸벅 졸던 할머니를 일종의 감시원으로 한구석에 세워 두어야 했다. 눈으로 보는 것만 가능했다. 하지만 손가락 끝 정도는 서로 맞닿았다.

    우리는 영어 단어를 써서 조금 통할 수 있었다. 하지만 사랑의 형태로 발전할 가능성은 새털처럼 공중에 붕 뜬 상태였다. 그리고 내가 실제 모습보다 좀 더 길쭉한 형태로 그린 아우로라의 상반신 초상화도 스케치 상태에 머물렀다. 그래서 내가 여행을 떠난 직후에는 로소네 교수의 제자 중 하나가 그 스케치로 석고 주물을 만드는 작업을 해야 했다.

    나는 떠났고 그녀는 남았다. 그러나 1960년대 초, 단 한 번 중단되어 공백 상태로 남았던 때를 제외하고는 오늘에 이르기까지 오십 년 이상 우리는 지속적으로 이런저런 소식을 주고받으며 살고 있다. 그 당시 어스름이 내려앉은 교회에서의 은밀한 추억과 사랑의 속삭임 그리고 짧은 시간이긴 했지만 가까이 있을 수 있었던 순간들을 단 한 번도 잊은 적이 없다.

하지만 내가 만일 팔레르모에 머물렀다면 어떻게 되었을지는 전혀 다른 필름 속에서나 상상 가능하다. 어쩌면 시칠리아의 하늘 아래서 늙어 간 한 영감의 삶을 연출한 한 편의 희비극이 되지 않았을까. 그리스인, 사라센인, 노르만인, 슈타우펜인에 의해 섬나라의 폐허 더미에 남겨진 것들은 서사적으로 이리저리 가지를 뻗은 내 소설의 소재가 되었을 것이 틀림없다. 굳이 충족될 필요도 채워질 필요도 없는 소망들 말이다.

그렇다면 단치히는? 팔레르모와 비교할 때 나의 잃어버린 도시 단치히에 대해서는 어떤 상념이 떠올랐던가?

체괄루 방향으로 돌아오는 길에 히치하이크를 해서 얻어 탄 첫 번째 화물차의 조수석에서 나는 여행용 양식이 들어 있는 작은 꾸러미를 열었다. 그 안에는 구운 과자와 말린 무화과 열매 외에 푹 삶은 달걀 여섯 알이 들어 있었다. 아우로라, 나의 이루지 못한 사랑, 호박(琥珀) 속의 함유물로 지속될 나의 사랑은 그처럼 세심한 배려를 해 주었던 것이다.

9월 중순, 나는 학기 시작에 맞추어 정확한 시기에 뒤셀도르프에 도착했다. 거의 완성되어 가던 슈토쿠머 키르히 가의 아틀리에는 이제 더 이상 생기 없고 황량하게 느껴지지 않았다. 즉시 나는 프란체스코의 흉상과 에트루리아 출신처럼 보이는 작은 인물상들을 점토로 조형하는 작업을 시작했다. 게다가 다양한 악기들을 가지고 있고, 다른 모든 것을 몰아내는 냄새를 풍기는 나의 작은 플루트, 겔트마허도 곁에 있었다.

판콕은 내 여행 성과물인 스케치와 수채화를 흘낏 보고는 호의적인 평가를 내리는 눈치였다. 그의 제자 중 다수가 멀리서부터 돌아와 저마다 무언가를 꺼내 보였다.

이탈리아 기행에 대한 지금까지의 회고는 부수적인 이야기 한 편을 남기도록 허락했다. 수많은 인물들이 등장하고, 나중에 독립적인 자리를 차지하게 되는 이 이야기는 거의 모든 것을 집어삼키는 소설에 먹잇감을 제공해 주었던 것이다. 그러므로 지금 진행되는 이 보고는 기껏해야 그 이야기를 제외한 나머지 부분들만 활용하고 있는 셈이다.

트루데에서의 형인 한네스가 찍은 사진에서는 겔트마허와 나, 프란츠 비테가 함께 시가 비슷한 뭉툭한 것을 피우고 있다. 우리는 서로에게 없어서는 안 될 중요한 존재들이며 저마다 나름대로 역할을 하고 있다.

아, 나의 친구들! 나는 그 두 사람이 늘 그립다. 둘 다 오래 살지 못했다. 그 둘은 자신의 재능과 스스로에 대해 갈피를 잡지 못하고 흔들렸다. 그들보다 오래 사는 것만 봐도 나는 튼튼한 인간임이 분명하다.

작은 플루트라 불렸던 호르스트 겔트마허와의 우정, 그리고 래그타임과 블루스를 즐겨 온 내 취향이 합쳐져 재즈 트리오가 결성되었다. 나머지 한 사람은 기타리스트이자 밴조* 연주자인 귄터

---

* 북아메리카 흑인이 주로 연주하는 기타 모양의 현악기.

숄이었다. 그는 미술 교직 과정을 이수한 후 나중에 바로 미술 교사가 된 친구로 항상 즐거워 보였다.

내게는 가장 초창기의 재즈 시절(뉴올리언스!)부터 사용해 오던 흔한 물건인 빨래판이 타악기로 주어졌다. 그 주름진 양철판을 나는 골무를 낀 여덟 손가락으로 리드미컬하게 두드려 댔다.

구시가에 있는 좁고 긴 내부 구조를 가진 이 층 건물의 식당으로, 사이비 헝가리식 분위기를 자아내던 '시코스'에서 우리는 매주 세 차례 연주를 했다. 쳄발로 연주자인 한 집시가 콘트라베이스를 연주하는 아들과 함께 나머지 날의 연주를 맡았다.

2층으로 연결되는 계단 아래 좁은 공간에서 우리는 무료 식사와 약간의 보수를 받는 조건으로 자정을 훨씬 넘긴 시간까지 몸을 혹사했다. 관객은 주로 신흥 부자들이었는데 그 가운데는 어느 정도 성공을 거둔 예술가와 그 추종자들도 끼어 있었다. 마치 소설에서 튀어나온 듯한 인물인, 시코스의 남자 주인 오토 슈스터와 그의 아내이자 여주인은 나중에 그 속에서 오스카 마체라트의 양철북이 빨래판을 몰아내 버렸던 저 곁가지 이야기에 유용하게 활용되었다.

오스카는 내키는 대로 사람들을 부렸으며 '양파 주점'이라 불리는 시코스에다 한 장(章) 분량을 할애할 정도로 과도한 의미를 부여했다. 표정은 돌처럼 굳어 있지만 삶의 욕망으로 넘치는, 그 특별한 술집의 손님들은 작은 도마와 나이프의 도움을 받아 눈물을 흘렸다. 특별한 종류의 설사약인 잘게 썬 양파는 나중에 '슬픔 불감증'이라고 비난받았던 전후 사회에 어느 정도 바람 구멍을 내 주는 데 적합했던 것이다.

이야기는 그런 식으로 진행되었다. 돈을 지불하는 대가로 마음껏 울부짖을 수 있었다. 비용을 들여 흘린 눈물은 감정을 이완시켜 주었다. 돈을 지불한 손님들은 마침내 아무 의미도 없이 흥얼거리면서 용감하게 오스카의 북소리를 따라간 아이들이 되었다. 다른 어떤 농작물이나 원예 작물보다도 양파가 문학적인 용도에 더 적합하다는 결론을 이끌어 낼 수 있는 대목이다. 껍질을 한 꺼풀씩 벗길 적마다 이리저리 도약하는 기억의 작용을 도와주든, 아니면 말라 버린 누선을 부드럽게 자극해 눈물이 흐르도록 하든, 양파는 언제나 비유적이다. 게다가 '양파 주점'의 입장에서 볼 때 양파는 사업상 수익마저 안겨 주지 않았던가.

여기에 대해서는 더 이상 말할 게 없다. 문학으로 활용되었다면, 그 자체로 말을 하는 법이다. 설사 '양파 주점'이 시코스보다 오래 살아남는다 하더라도 나로서는 오토 슈스터가 운영하던 바가지 술집의 질식할 듯한 공기에 더 애착을 느낀다. 석유램프가 분위기를 더해 주고 희미한 불빛마저 선사해 주지 않았던가.

우리들 즉흥 음악가 삼인조에게는 좀처럼 휴식이 허용되지 않았다. 자정이 지나 마지막 손님들이 나가고 나서야 비로소 우리는 세게드*식 굴라시로 배를 가득 채웠다. 나는 담배는 적당히 피웠지만 술만큼은 엄청나게 마셨다. 꽥꽥 소리를 질러 대던 부인들이 우리에게 베풀고 간 과실주 찌끼와 매실주와 슈납스를 마셨다. 그것은 시끌벅적한 사업이었으며, 이른바 경제 기적에 편승하면서

---

* 헝가리 중심부의 도시로, 파프리카 산지로도 유명하다.

터득한 보상이었다.

나는 방탕한 생활에 젖어 있었다. 대학에서 내 얼굴을 보기가 쉽지 않았다. 매일 밤 다음 날까지 마셨다. 공허한 수다. 고약한 브랜디 냄새. 상을 찌푸린 채 서로의 존재 가치를 지워 버리는 손님들의 얼굴. 그리고 내가 어느 정도 신빙성 있게 기억할 수 있는 것들이 마치 우윳빛 판유리 뒤에 서 있을 때처럼 투명하게 비친다. 우리 셋은 늦은 시간까지 많은 손님을 상대했다. 겔트마허는 목이 쉬도록 플루트를 불었고, 숄은 밴조의 현을 뜯고 두드려 댔으며, 나는 빨래판을 이용하여 때로는 느릿하게 때로는 빠르게 리듬을 탔다.

한번은 몇 주 전부터 표가 매진될 정도로 많은 관객 앞에서 잼 재즈* 공연을 끝냈을 때, 젊은 시절 우리의 우상이 일행을 데리고 시코스에 나타났다. 그는 대여섯 테이블쯤 떨어져 앉아 우리 방식대로의 재즈 연주를 들었는데, 귀청을 뜯을 듯이 뿜어져 나오는 겔트마허의 플루트 연주가 마음에 들었던 모양이다. 어쨌든 예사로운 소리는 아니었으니까.

나중에 들은 얘기지만 그는 일행에게 택시를 타고 호텔로 가서 트럼펫을 가져오라고 했다고 한다. 그런 뒤 그 유명한 손님은 위층으로 연결되는 계단 아래 구석진 곳에 자리 잡은 우리를 표시 나지 않게 갑자기 쳐다보더니(지금 내 눈앞에 그의 모습이 보인다.) 그 금관 악기를 입술에 대고 밝고 낭랑한 소리를 내며, 박한 대우를 받고 시끄러운 소리를 견디며 연주하는 우리 쪽으로 올라온

---

* 재즈 연주자들이 악보 없이 즉흥적으로 하는 재즈 앙상블.

다. 그러고는 거칠게 털털거리는 겔트마허의 플루트 음을 파악하려는 듯 두 눈을 희번덕거리더니 곧 트럼펫 솔로를 연주한다. 그러자 이번에는 겔트마허라는 이름의 독주자가 낡은 플루트로 화답한다. 그렇게 해서 어우러진 금관과 목관의 앙상블은 우리가 열망하는 레코드나 라디오를 통해, 그리고 닳아빠진 흑백 사진을 통해서만 아는 완벽한 사치모*를 재현해 낸다. 그는 소리 구멍을 막아 트럼펫 소리를 줄이더니 다시 자신의 사운드를, 잠시 동안이지만 영원히 우리의 사운드와 결합시켜 코러스를 만든다. 아울러 그는 나와 나의 골무에게 다른 리듬을 허용하며, 숄의 밴조에 흥을 돋워 주고 결국엔 모든 사람의 환호성을 유도한다. 그리고 돈벌이꾼**이 자신의 밧줄 타기 춤을, 그러니까 피콜로 연주를 끝내자 그는 우리의 능력을 인정한다는 의미로 트럼펫을 짧게 한번 불고는 우리 모두에게 동네 아저씨처럼 다정하게 고갯짓을 하고는 사라진다.

이 얼마나 의미심장한 강림이었던가! 숄의 밴조, 주름진 양철판을 긁어 대는 나의 골무가 아니라, 짧게 멜로디를 울린 후에 먼 곳을 갈망하는 이주자와도 같이 독일 민요를 앨라배마로 이식하는 데 가볍게 성공한 작은 플루트야말로 우리의 유혹자였다. 그는 「쿠어팔츠 출신의 사냥꾼」을 자신만의 버전으로(아니면 크리스마스 캐럴 「오 탄넨바움」이었던가?) 연주함으로써 루이 암스트롱의 귀를 사로잡았던 것이다.

---

*두꺼운 입술 덕에 붙여진 루이 암스트롱의 별명으로 그의 스타일 혹은 그를 모방하는 연주법을 말한다.
**독일어 겔트마허(Geldmacher)는 영어로 돈벌이꾼(moneymaker)이라는 의미이다.

우리의 사중주는 과감하면서도 환상적으로 잘 어우러졌다. 넷이 함께 연주한 시간은 오 분에서 칠 분 정도뿐이었지만(행복이란 게 그보다 오래 지속되기는 하던가?) 플래시를 이용해 찍은 사진 한 장조차 남아 있지 않은 그때의 장면이 지금도 귀에 쟁쟁하고 눈에 선하다. 그 당시 즐거웠던 노력의 대가로 얻은 희열은 훗날 내가 받은 어떤 상보다, 심지어는 최고 대우의 상보다 가치 있었다. 물론 성경에나 나올 법한 고령의 나이에 그렇게 큰 상*을 받은 것은 반어적인 거리감을 동반한 기쁨을 맛보게 해 주었고, 그때부터는 그 수상 경력이 보너스 같은 직업 명칭으로 따라붙었지만 말이다.

그렇다. 직업상의 변형** 덕분에 기껏해야 종이 위에서나 신빙성 있는 무언가로 존속하며, 무미건조한 현실 속에서는 구체적으로 실현될 수 없는 그러한 상황을, 회상 속에서나마 한 번 더 경험하도록 나를 유혹하지만, 그때 느꼈던 희열은 내게 비유적으로 남아 있다. 그 느낌은 손에 잡힐 듯 가까운 곳에서 지속되고 있고, 모든 해석에서 자유로운 금빛 트럼펫으로 남아 있으며, 모든 부정적인 의혹 저 너머에 있는 것이다.

판콕의 동물원에서는, 프란츠 비테와 나의 대담한 시도가 캔버스나 포장지 위에서 보기 좋게 실패한 것 외에는 별다른 일이 일어나지 않았다. 기적이 일어나 우리를 경건하게 만드는 일도 없었다. 트루데 에서가 굶주린 친구들을 위해 수많은 청어를 넣고 끓인

---

* 1999년에 받은 노벨 문학상을 가리킨다.
** 타악기 주자에서 작가로의 변신.

생선 수프를 기적의 오병이어(五餠二魚)*로 경험했던 것을 제외한다면 말이다.

그리고 내 여동생은 실제로 기적이라도 경험한 사람처럼 이상야릇하게 변해서 로마와 수도원의 보호 울타리로부터 돌아왔다. 그녀는 수녀가 되고 싶다는 말로 부모님께 충격을 안겼다.

아버지는 비탄에 빠졌고, 어머니는 앓아누웠다. 나는 갈증 그 이상으로 술을 마셔 댔다. 프란츠 비테는 혼란스러운 말을 늘어놓기 시작했다. 격노한 나머지 겔트마허는 자신의 머리를, 정말 단단한 벽에다가 들이받았다. 한국과 그 밖의 다른 곳에서는 전쟁이 벌어졌다. 벼락부자가 된 놈들이 자신의 재산을 보란 듯이 내보이고 다니는 동안 우리는 도무지 갈피를 잡지 못한 채 빚쟁이 인생을 살았다.

어쨌든 시코스에서 나는 1952년 여름에 두 번째로 긴 여행을 떠날 만큼 넉넉한 팁을 챙겼다. 나는 뒤셀도르프를 벗어나 멀리 떠나고 싶어 겨울 동안 돈을 모았다. '작은 파리'라고 억지 주장을 하는 그 도시, 말카스텐** 축제 때면 예술가 흉내를 내는 한 무리의 사람들이 보헤미안풍으로 가장(假裝)을 하는 그 도시를 떠나고 싶었다.

그 무렵 나는 줄곧 춤과 함께 보낸 사육제 축제가 내게 유산으로 남겨 준, 쉽게 따라오는 여자 댄서 둘을 교대로 옆에 끼고 몇 주를 보냈다. 그들은 번갈아 슈토쿠머 키르히 가에 있던 나의 아틀

---

* 예수가 빵 다섯 개와 물고기 두 마리로 5000명을 먹였다는 성경상의 기적을 의미한다.
** Malkasten. 사전적 의미는 화구 상자. 예술가 단체의 고유 명칭으로 사용되기도 한다.

리에를 방문했다. 그럴 때면 나는 그들에게 원통형 쇠 난로에서 만들어 낸 프라이팬 요리를 대접하곤 했다. 토끼 내장 요리, 신맛이 나는 돼지 콩팥, 구운 말 간 등은 나의 여자 댄서들을 놀라게 할 만했다.

한 명은 팔다리가 길었고 다른 한 명은 전체적으로 균형이 잘 잡힌 몸매였다. 욕망이 일거나 기회가 주어질 때면 그 둘에게 번갈아 가며 충실했지만, 나의 마음 혹은 좀 더 정확히 말해서 나의 심실은 여전히 누군가를 받아들일 만한 공간이 아닌 듯했다. 그들은 재봉사 과정을 마친 뒤 그저 그런 재능으로 예술에 헌신하려 했다.

어쨌든 우리는 서로에게 만족했다. 그리고 소유 관계가 아니었기 때문에, 우리의 교차 교제는 긴장감이 없지는 않았으나 비극적인 종말로 치닫지는 않았다. 우리는 당분간 그런 상태가 지속되기를 바랐다.

두 여자는 영국 점령군의 지원을 받는 문화원 '브뤼케'에 개설된 프랑스 팬터마임 코스에 수강 신청을 해 놓은 상태였다. 브리기테라 불리던 여자는 나중에 내가 꽁무니를 빼자 자기 선생을 따라 사회주의 진영으로 들어간 뒤 동베를린에서 안무가로서 경력을 쌓았다. 그녀는 나하고 사귈 때 이미 자신의 이름에 프랑스식 악센트를 주기 시작했는데, 라인 지방 출신답게 성격이 쾌활했던 그녀에게는 그리 어려운 일이 아니었다.

반면에 포메른 출신이었지만 가냘픈 몸매가 매혹적이며 청록색과 보라색 양말을 신은 긴 다리로 쾨니히 거리를 유행을 선도하는 패션쇼 무대로 만들었던 다른 여자는 뒤셀도르프에 좀 더 머물면서 팬터마임에 충실했다. 그리고 몇 년이 지나 그녀는 그사이 사람들의 입에 자주 오르내리게 된 한 소설에서 뮤즈인 울라의 모델이 되었다. 하지만 문학 외적 영역에서는 나와 다른 천사들로부터 유타로 불렸다. 오늘날까지도 우리 두 늙은이는 멀리서 서로의 안부를 묻는데 그럴 때 내 귀엔 그녀의 이름이 더없이 정겹게 들린다.

나는 브리기테와 유타가 동행하지 않는 프랑스 여행 계획을 세웠다. 그동안 그들은 지체되었던 팬터마임 동작을 체득할 수 있었다. 그들은 거울 앞에서 기이한 보행법을 연습했고 목 관절을 갑자기 꺾기도 했다.

이번에도 나는 히치하이크를 하면서 파리로의 여행길에 올랐다. 지중해와 대서양 해안 사이의 중간쯤에서는 대개 피로에 지친 화물차 운전자의 조수 역할을 해 주었다. 그들이 졸지 않도록 가끔은 노래도 불러 주어야 했다.

먼동이 틀 무렵 파리의 대형 시장에 나가면 오늘날에는 더 이상 존재하지 않는 큰 건물들 옆에서 마르세유 방향이든, 셰르부르나 비아히츠 방향이든 간에 교통 편의를 제공받기가 그리 어렵지 않았다. 히치하이크를 하여 어디를 가든, 어떤 해변으로 가든 항상 도착지는 파리였다. 그 과정에서 숙소는 매번 바뀌었는데 처음에는 포르트 드 라 샤펠 근처의, 빈대가 우글거리는 유스 호스텔에 투숙했다가 나중엔 생쉴피스 성당*이 보이는, 카츠라는 이름의

---

* 팔레틴 거리에 위치한 성당으로 파리에서 두 번째로 규모가 크다. 세계에서 가장 큰 파이프 오르간과 유명 예술품들로 이름이 알려졌다.

클라이스트 작품 번역가의 집에 묵기도 했다.

그는 피비린내 나는 드라마들이 쏟아 내는 수많은 언어의 혼잡에 흠뻑 빠져 있었으며, 끊임없이 자신의 단편들에서 남자들을 살해하는 아마존족 대목을 인용했고, 사람을 만날 때마다 "나의 백조는 죽음 속에서도 여전히 「펜테질리아」를 노래한다."라고 외치면서 인사를 했다. 내가 보기엔 영 거북스럽기만 하던 외알 안경을 쓴 채 그는 오데옹 카페의 마당 한쪽에 앉아 있었다. 마인츠나 프랑크푸르트 출신이라는 말도 있었는데, 수다스럽게 잡담을 늘어놓다가도 출신지나 심지어 전쟁 통에 살아남은 경위에 대해 질문을 받으면 극도로 말을 아꼈다.

나는 사정이 여의치 않을 경우 동갑내기 프랑스 친구들의 집에 묵기도 했다. 그들은 알제리나 인도차이나에서 군 복무를 마쳤고 독특한 방식으로 전쟁을 경험한 티가 역력했다. 언어가 복잡하게 뒤섞이는 일이 있더라도 우리는 서로를 잘 이해했다. 시체 하나하나가 산더미처럼 쌓여 있는 것을 보았던 사람에게는 남은 하루하루가 축복인 것이다.

한동안 나는 지붕들과 굴뚝들이 보이는 다락방에서 살았다. 말 그대로 치고받고 싸운 뒤 냉전 중인 생조르주라는 옛 귀족 가문의 부부를 대신해 내가 부엌 설거지를 책임진다는 조건으로 그 방을 임대료 없이 사용할 수 있었다.

오전이면 그들이 다투는 소리가 응접실에서부터 긴 복도를 지나 부엌까지 들려왔다. 나는 이따금 말없이 서 있었고, 소용은 없었지만 내 나름대로는 진정시키려는 제스처를 하면서 부부를 말리기도 했다. 하지만 구경꾼도 아랑곳하지 않고 그들은 내가 방금 씻어 놓은 접시나 아직 씻지 않은 접시를 서로에게 집어 던지곤 했다.

그들은 자신들의 부엌 도우미에게는 늘 정중했고 친절하기까지 했다. 그래서 내가 설거지를 끝낼 때까지 잠시 휴전을 하기도 했다. 서로 마주칠 일이 별로 없었기 때문에 부부의 결투 현장에 증인이 필요했던 게 분명하다.

그들은 심지어 나이프나 포크를 집어 던지기도 했다. 한번은 주인 남자의 왼쪽 손등에 베인 상처가 나서 붕대로 감아 준 적도 있다. 언어 능력이 부족한 탓에 추측만 할 뿐이지만 두 던지기 선수가 열을 내다가 급기야 미친 듯이 화를 폭발시켰던 것은 아마도 상속과 관련된 갈등 때문이 아니었나 싶다. 대략 위그노가 박해를 받던 시기나, 아니면 그 이전, 그러니까 영원히 끝나지 않을 것 같던 장미 전쟁 시대까지 출발점이 거슬러 올라가는 오래된 상속 싸움이었던 같다.

어쨌든 주인 남자와 부인은 서로 존칭을 사용했다. 그런대로 격식을 갖춘 싸움이었다. 그 싸움에 대한 해설을 노래로 부르고, 그리하여 3인극의 공연자가 될 수 있었다면 좋았을 것이다. 게다가 내 친구 카츠가 연출을 맡아 주었다면 금상첨화였을 것이다.

아무튼 우리의 부엌극은 한 고급 주택에서 상연되었다. 내가 잠시 기거했던 그 집의 주소는 불르바르 페레르였다.

누가 깨진 유리 조각을 쓸어 담았던가? 아마도 짐짓 냉담한 표정을 하고 있는 내가 그 일을 했을 것이다. 날마다 식기가 깨지는 것은 별로 중요하지 않았다. 그도 그럴 것이 생조르주 부부의 불화는 투쟁적인 분위기가 보편화되어 있던 시대에 일종의 의식으로 거행되었기 때문이다. 테제와 테제가 충돌하던 시대가 아닌가. 그 당시의 내가 벌써 카뮈를 읽지는 않았을 것이다. 그러나 카뮈와 사르트르의 논쟁이 모두의 입에 오르내리던 시절이었다. 직접적으로 그들의 문구를 인용하기보다는 주변에 떠도는 상투적인 말에 의존하긴 했지만 말이다. 논쟁의 중심에 있는 것은 부조리함 자체와 시시포스, 즉 바위를 굴려 올리는 행복한 자였다.

나를 전염시킨 장본인은 아마도 카츠였을 것이다. 그는 별로 힘들이지 않고도 클라이스트에서 카뮈로, 키르케고르에서 하이데거로 그리고 그 둘로부터 사르트르로 넘나들었다. 카츠는 뭔가 절망적인 것을 좋아했다.

그 당시 실존주의적 구원론을 두고 두 명의 신 사이에 벌어진, 시간과 국경을 초월하여 지속된 논쟁을 지켜보면서 나는 처음에는 주저했지만 나중에는 카뮈의 편을 적극적으로 옹호했다. 게다가 어떤 형태의 이데올로기든 불신했고 그 어떤 신앙에도 매여 있지 않았던 나는 바위 굴리기를 일상적인 극기 훈련으로 받아들였다. 카뮈 같은 사람이 내 마음에 들었다. 신들에게 저주받은 죄수, 인간 실존의 부조리함을 일출과 일몰처럼 정해진 것으로 받아들이고, 그렇기 때문에 자신이 산 위로 굴려 올린 바위가 정상에 멈춰 서 있지 않을 것임을 아는 그러한 존재는 내가 보기에 숭배할 만한 성인이었다. 희망과 절망의 저편에 있는 영웅. 쉬지 않고 바위를 굴리는 것에서 행복을 느끼는 존재. 결코 포기하지 않는 존재.

파리에서 나는 부차적으로, 또 암암리에 당파적 결정을 시험해 보기 시작했다. 카츠와 함께든 아니든 상관없이 술판에서 벌어지는 논쟁에서 내 입장을 표명했다. 그러다 보니 차츰 정치적 권력관계가 눈에 들어오기 시작했다. 나는 끼어들었고, 필요한 경우엔 나 자신과도 논쟁을 벌였으며 감자튀김과 부댕, 즉 프랑스식 선지소시지 같은 값싼 음식으로 배를 채웠다.

프랑스 여행에서 거둔 종이 수확물에는 스케치북 외에도 중간 사이즈로 그린 그림 한 더미가 있다. 이것들은 갈매기 깃과 대나무 줄기를 이용해 윤곽을 잡고, 거의 손을 떼지 않은 채 단번에 그린 그림들로서, 내가 여행 중에 카페, 공원 벤치, 지하철 그리고 그간 바뀌었던 많은 숙소들 가까이에서 혹은 멀리서 포착했던 남자와 여자의 두상이었다. 포장지 위에 그린 스물네 점의 수채화도 있다. 모자를 쓰거나 벗은 두상, 반신상, 그리고 교외의 거리까지도 나의 모티프가 되었다. 나는 많은 다리들이 걸쳐 있는 생마르탱 운하와 술집 장면을 반복해서 수채화에 담았다. 한 장 한 장 그릴 때마다 수채화는 피카소와 뒤피 그리고 수틴의 작풍을 닮아 갔다. 표현주의적으로 고양되었다는 점에서, 그 그림들은 일 년 전 이탈리아 여행에서 먹으로 그린 것들과는 느낌이 확연히 달랐다. 자기 자신 혹은 닮고 싶었던 누군가를 찾으려는, 성급하게 완성한 작품들이자 습작품들이었다. 하지만 나는 누가 되고 싶었던가?

여행 중에 무엇을 썼는지는 더듬어 찾아보아야 한다. 오디세우스의 항해사를 둘러싼 일련의 시들은 잊어버려도 무방할 것이다. 하지만 그 뒤에 쓴, 현대의 한 기둥 위 고행자가 부조리의 영웅으로 격상되는 대목을 형상화한 일련의 시는 경우가 다르다. 임금과 빵을 포기한 젊은 미장이가 가족 및 사회의 속박을 모두 끊고 그가 사는 도시의 시장 한복판에 있는 기둥 위로 올라가, 거기에서 일상의 분망함, 다시 말해 세상을 관망한다. 높은 곳에서 세상을 향해 은유가 가득한 비방을 쏟아붓기 위해서이다. 어쨌든 그는 자신의 어머니가 긴 막대기 끝에 매달아 공급해 주는 음식만은 마다하지 않는다.

독일의 초기 표현주의자들, 그리고 아폴리네르와 가르시아 로르카로부터 자양분을 공급받긴 했지만 그것을 과다 섭취했던 운문 서사시, 힘자랑깨나 하며 의기양양했지만 끝내 완성하지 못했던 이 운문 서사시에 대해서는 언급만 하고 넘어가야 할 것 같다. 왜냐하면 진저리 날 만큼 오래 끈, 여러 해 동안의 발효 과정을 거치면서 정적인 기둥 위 고행자가 동적인 두산자(頭産者)로 변화했기 때문이다. 머리로 아이를 낳는 두산은 정반대되는 시각에서, 말하자면 테이블 모서리 높이에서 세상을 힘구하는 것이 아니던가. 그것도 산문 형태로 말이다.

프랑스 여행의 막바지에 나는 우회로를 택했다. 주소 하나가 스위스를 여행하도록 유혹했다. 그리하여 나는 아르가우 주(州)와, 이를 데 없이 깨끗한 소도시 렌츠부르크를 방문했다.

뒤셀도르프 영화관에서「올림포스의 아이들」이라는 영화가 상영되었을 때 만난 연극배우 로스마리 로스를 찾아가는 길이었다. 그녀는 성급한 포옹과 지속적인 논쟁의 과정을 거치면서 나를 타성적인 빈털터리 정도로 여겼을 것이다. 그녀가 떠난 후 온갖 스위스제 물건들이 가득한 소포가 내게 배달된 것으로도 확인할 수 있는 사실이었다. 작은 플루트인 겔트마허와 나는 오보말티네,* 덩어리 초콜릿, 가루 치즈 그리고 말린 쇠고기를 보고 환호했다. 나는 나의 지불 수단인 길고 짧은 시들로 답례했다.

그녀는 여동생의 가족과 함께 렌츠부르크의 부모님 집에서 살았다. 일가족용 단독 주택은 주택 단지 내의 다른 집들과 거의 구별이 되지 않았다. 아버지는 우편배달부였고, 서적 조합인 구텐베르크의 회원이자 사민주의자였다. 하지만 커피와 케이크를 조촐하게 차려 놓고 담소를 나누기 좋을 어느 오후에, 고별 방문차 무심코 그곳에 들렀던 그녀의 여자 친구는 부유한 시민 집안 출신이었다. 당시 열아홉 살이었던 그녀는 댄서 지망생처럼 갑자기 흥분해서 왔다 갔다 하더니, 기다란 목을 길게 빼고는 내가 물어보지도 않았는데 자기는 부모님이 바라는 것처럼 교사가 되기는 싫고 곧장 베를린으로 가서 저명한 교육자인 마리 비그만 밑에서 맨발로 추는 표현 무용을 배우고 싶다는 말을 늘어놓았다.

어찌나 대담하고 울림 풍부한 문어체 독일어로 소신을 밝히던지! 얘기를 듣고 나니 그때까지만 해도 내 안에 막연한 소망으로만 머물던 뭔가가 저절로 구체화되었다. 나는 빙 둘러앉은 로스의 가족들 그리고 특히 그 미래의 댄서 앞에서 나 역시 곧 베를린으로 옮겨 가고 싶다고 힘주어 말했고, 서부 독일의 기후가 내게 맞지 않는다는 말도 덧붙였다.

그렇게 해서 시작된 잡담은 이런저런 방향으로 지속되었다. 그녀 혹은 나는 이런 추측을 했다. 아마도 베를린에서 다시 만날 수

---

* 스위스의 대표적인 제약 회사 노바티스 콘체른이 개발한 유명한 맥아 엑기스.

있겠지만, 베를린이 워낙 큰 도시인 만큼 쉽게 길을 잃을 가능성도 있으며, 그래도 운이 닿는다면······.

나는 프랑스를 여행하면서, 동승할 기회를 기다리는 시간이 길어질 때는 언제나 닭을 그려 왔기 때문에 그 미래의 댄서가 보인 빠른 동작을, 그간 내가 관찰해 왔던 가금류의 걸음걸이와 비교해 볼 수 있었다. 즉흥적인 비교였지만 그녀의 호감을 사는 데는 별 효과가 없었다.

커피와 케이크를 들면서 다시 베를린이 화제에 올랐다. 로스마리 로스는 앞서 말했던 장소 변경이라는 나의 갑작스러운 영감이 마음의 동요 때문이라는 점을 알아차렸다.

나중에 안나가 떠나간 후(그녀는 다른 곳에서도 작별 인사를 해야 했을 것이다.) 사민주의적 시각에서의 빈정거림이 쏟아졌다. 여행에 환장한 그 여자아이는 교양 있는 양갓집 자식이고, 그 집안은 자유주의적인 방식으로 철물점을 운영한 끝에 재산을 축적했다는 것이다. 분명 결혼 지참금은 걱정 없을 터이고, 게다가 독일에서 온 빈털터리에게는 특히 유익한 정보가 아니냐는 말도 나왔다······.

반어적으로 은폐한 질투심이 그 사소한 언쟁을 아마도 불길하게 물들였을 것이다. 투쟁적인 두 사람, 로스마리와 나는 기분을 상하지 않으면서도 급속하게 지쳤을 것이다. 그러는 동안에 무엇에든 얽매이지 않는 데 이력이 나 있던 나는 태연히 담배만 피워 댔다. 이들 가족이 내게 건네준, 노란 포장지에 싸인 파리지엔이라는 담배였다.

어쨌든 커피 테이블을 둘러싸고 모여 앉은 가족들은 때로는 문어체 독일어를, 때로는 스위스 독일어를 사용하며 대화에 흠뻑 빠졌다. 그때 나의 명석한 영화관 여자 친구의 여동생의 아들인, 세 살쯤 되어 보이는 남자아이가 아동용 북을 매달고는 거실로 들어왔고, 나무 막대기들로 둥그런 양철을 두들겨 댔다.

그 아이는 두 번은 오른쪽을, 한 번은 왼쪽을 두드렸다. 그러고 나서 모여 있는 어른들은 못 본 체하고는 거실을 가로질러 가더니 다시 돌아와 식탁에 앉은 사람들 주위를 빙빙 돌며 끊임없이 북을 쳐 댔다. 아이는 초콜릿을 내밀어도 실없이 불러 대도 아랑곳하지 않는 것이 마치 모든 것을, 모든 사람을 꿰뚫어 보는 듯했다. 그러고는 갑자기 돌아서더니 왔던 길을 통하여 그 방을 빠져나갔다.

울림을 남기는 출현이자, 지워지지 않는 영상이었다. 그 영상은 마침내 빗장이 열리고, 부유물을 운반해 가는 영상들의 홍수가 방류되며, 어릴 적부터 내 비밀 금고를 가득 채웠던 단어들이 방출될 때까지 오랫동안 지속되었다.

안나 슈바르츠의 출현 역시 매우 짧았지만 자신의 이름 이상을 내게 남겼다.

그때까지만 해도 불분명했던 나의 소망, 경제 기적을 일으킨 뒤셀도르프, 맥주에 취한 활기찬 구시가 그리고 미술 대학의 천재들이 우글거리는 소굴을 떠나고 싶었던 나의 소망은 그렇게 예상치 못했던 자극제를 경험했다. 나는 베를린에서 원기 넘치는 새로운 스승, 나중에 내가 응모작에 썼던 표현대로 '절대적인 스승'을 찾고 싶었다. 그리고 좀 더 거친 풍토에서 나의 재능을 훈련시키고 싶었다.

프랑스로 여행을 떠나기 전의 초여름, 조각가 카를 하르퉁의 전시회가, 특히 기념비적인 효과를 주는 그의 작은 조각품들이 나를 사로잡았다. 베를린의 조형 예술 대학에서 선생으로 가르치던 그에게 나는 스케치 작품들, 석고 모형을 찍은 사진 몇 장, 시로 가득 채운 서류철 그리고 편지 형식으로 쓴 간단한 이력서를 보냈고, 늦가을에 입학 허가를 받았다.

거창한 송별식은 없었다. 어머니는 "그렇게 먼 곳에." 하며 슬퍼했다. 아버지는 베를린은 정치적으로뿐 아니라 다른 면에서도 '위험한 곳'이라는 말을 되풀이했다. 이미 아헨에 있는 수도원 본원에 들어가 바쁘게 생활하고 있던 여동생은 내게 '신의 축복'을 빌어 주었다.

슈토쿠머 아틀리에에는 아직도 완성되지 못한 프란체스코의 두상과 신(新)에트루리아 주민들을 형상화한 작은 인물상들이 굳어 있었다. 그것을 보니 맥이 빠졌다. 하지만 그만큼 뒤셀도르프를 떠나기는 더 쉬워진 셈이었다.

섣달 그믐날의 질펀한 축제가 끝난 후 작은 플루트 겔트마허와 기타를 든 숄 그리고 콘트라베이스를 짊어진, 쳄발로를 연주하는 집시의 아들이 이른 아침 나를 기차역까지 배웅해 주었다. 프란츠 비테도 함께 있었다. 이것이 마지막이라도 되는 양 모두들 뭉툭한 시가를 피웠다. 우리는 다시 한 번 재즈곡을 연주했다. 빨래판과 골무는 플랫폼 위에 남겨졌고, 그 이상의 무언가도 함께 남겨졌다.

그렇게 하여 나는 1953년 1월 1일 겨울 학기 도중에 지역 간 열차에 올라탔다. 짐은 적었지만 단어들과 가슴에 간직한 형상들만큼은 풍족했다. 아직은 어디로 가야 할지 몰랐지만 말이다.

베를린의 공기

아, 나의 친구들! 기차가 출발할 때도 여전히 프란츠 비테는 바보 같은 행동을 하고 있었다. 플랫폼에서 몸을 흔들거리는 그 친구는 쉽게 손에 잡히지 않는, 수상쩍은 인물이다. 끊임없이 자세를 바꾸어 등장하기 때문이다. 한번은 긴 다리를 뽐내는 두루미 포즈를 취했다가 그다음에는 마치 날아서 그 자리를 뜨고 싶은 듯 날갯짓을 해 댔다. 계속해서 이런저런 포즈를 취해 보지만 자신의 기대에 못 미치는 모양이었다. 그러면 그는 본래 모습으로 돌아갔고, 다시 자신의 모습을 바꾸는 책 속의 발트안더스가 되었다. 그리고 그를 다양한 색채로 표현한 그림들에서 모습을 드러냈다가, 마지막에는 지나치게 길게 늘인 상태로 구체적인 형태를 보였는데, 그것은 말하자면 또 하나의 엘 그레코*의 작품이었다.

얼마 전까지만 해도 우리는 오토 판콕의 특별한 제자들만 사용할 수 있었던 작은 아틀리에에서 저마다 다른 길을 가고 있었다. 댄서였던 그는 무지개의 여러 단계 색들 위로 달렸고, 내가 남긴 흔적들은 흑백으로 이리저리 교차되었다.

---

* 엘 그레코(El Greco, 1541~1614). 스페인 미술의 거장. 길게 늘어지고 왜곡된 신체를 주로 그렸다.

나는 그가 여러 개의 붓으로 그림을 그리면서 동시에 성인들의 전설을 이야기할 때나, 순교자의 피를 마치 분수처럼 콸콸 쏟아지도록 그릴 때면 물끄러미 그를 쳐다보았다.

그는 캔버스에서는 혼란스럽지 않게 명료하게 자신을 표현했다. 빨간색 옆의 파란색, 초록색 옆의 노란색처럼 말이다. 하지만 캔버스를 벗어나면 그의 말은 혼란스럽게 뒤엉켰고, 덧없는 아름다움인 저 시문학을 떠올리게 했다. 활자화되기는 했지만 동시에 향기를 잃은 문학 말이다.

그는 단어들로 구름을 탑처럼 쌓아 올릴 수 있었고, 점차적으로 음절을 감소시켜 그 구름 탑을 무너뜨릴 수도 있었다. 실제로는 연약한 존재였던 그는 스스로 덜커덩거리는 천사라 외치고 다녔다. 자신의 의지 앞에서는 그 어떤 확고한 것도 견뎌 낼 수 없다고 큰 소리를 쳤다. 그는 재미 삼아 부엌칼로 자신의 그림들을 망가뜨리기도 했다.

새해 아침 내가 출발하고 난 뒤 곧바로 그랬던가, 아니면 일 년쯤 후에 일어난 일이었던가? 이미 오래전부터 그를 겨냥해 오기라도 한 듯 벽돌 한 장이 날아와 그의 머리에 부딪혔다고 한다.

사람들은 람베르투스 교회 근처의 뒤셀도르프 구시가에서 벌어진 싸움을 그 원인으로 언급했다. 프란츠 비테라는 이름의 익살꾼은 쾨니히 거리를 따라 눈을 덮어쓴 채 촘촘히 주차되어 있던 오펠, 보르크바르트, 메르세데스 그리고 가운데가 볼록 나온 폴크스바겐의 지붕들 위에서 엄숙하게 춤을 추었다고 한다. 하지만 그 춤꾼이 워낙 가볍게 이륙했다가 사뿐히 착륙한 덕에 금속판은 아무 손상도 입지 않았다는 것이다.

이것은 나중에 사실로 확인되었다. 그는 지붕에서 지붕으로 점프하는 와중에도 익살스러운 표정을 짓곤 했는데(그에겐 그럴 능력이 있었다.) 그때 갑자기 그의 머리에 벽돌이(혹은 포석(鋪石)이었던가.) 날아와 부딪혔다는 것이다. 그렇게 해서 자동차 주인들이 일치단결하여 벌인 한바탕의 난동은 그에게 점프를 더 이상 허용하지 않는 것으로 종료되었다.

얼마 지나 외관상으로 상처가 아물었을 때 그는 그라펜베르크로 보내졌다. 다시 수상쩍은 기미를 보여 강제로 이송된 것이었다. 나는 그곳을 떠난 지 일 년쯤 후에 그가 있는 치료 및 요양 시설을 방문했다. 달콤한 음식을 사 들고 갔다. 그의 모습은 여전히 문제가 있는 것처럼 보였다. 그는 놀랄 만큼 낮은 목소리로 말했고, 기다란 손가락으로 복도 창문 너머로 보이는 활엽수들을 가리켰다.

신들의 과보호로 유약해진 총아 프란츠는 어느 날 이 창문으로 몸을 던졌다고 한다. 복도를 따라 도움닫기를 한 후 마침내 유리창을 무시하며 뛰어내린 것이다. 한 번 더 날아올라 새가 되거나 창공이 되고 싶었던 것일까, 나무들 사이를 노니는 바람이 되고 싶었던 것일까.

그의 이름, 나의 죽은 친구 이름을 그대로 따서 내 아들 중 하나에게 붙여 주었다. 그것은 폴란드의 한 우체국에서 자신의 의지와 상관없이 영웅이 되어 버린 아저씨의 이름이기도 했다. 이 프란츠와 저 프란츠. 먼동이 틀 무렵 내가 출발했을 때 우리가 프란츠 꼬마라고 불렀던 그는 플랫폼에 남아 있었다.

구제 불능의 불안으로 늘 허둥거렸던 프란츠 비테 옆에는 호르스트 겔트마허가 미동도 없이 서 있었다. 그의 이름은 사람들을 현혹했다. 그에게는 많은 재능이 있었지만(그는 두 손으로 스케치를 하고 여러 손가락으로 플루트를 연주해 전대미문의 음향까지도 만들어 낼 수 있었다.) 정작 돈 버는 재능은 없었다.

앞날이 촉망되는 그의 이름을 가지고 내가 가련한 어머니를 놀라게 한 적도 있다. 당신의 사랑하는 아들이 장차 예술가로서 어떻게 밥벌이를 할 생각인지, 예컨대 매달 들어가는 전차 정기권은 어떻게 구입할 것인지, 게다가 담뱃값과 그 밖의 물건들은 무슨 돈으로 구입할 것인지 어머니가 걱정스레 물었을 때, 나는 친구 이름인 '겔트마허'와 물감과 종이를 다룰 줄 아는 나의 재주를 들먹였다. 우리가 손을 한번 휘젓기만 하면 그 정도 푼돈은 마련할 수 있다는 듯한 동작을 해 보였더니 어머니는 그것을 '마치 진짜'처럼 믿는 듯했다.

가련한 어머니가 친구의 이름으로부터 최악의 것, 즉 위조지폐를 만드는 지하 작업실을 떠올린 건 놀라운 일도 아니었다. 어머니는 겔트마허뿐 아니라 그녀의 골칫덩이 아들까지도 그 하수인쯤으로 여겼을 것이다. 어머니는 그처럼 처벌을 받을 만한 화폐 위조 행위에(지폐든 동전이든 간에) 내 손가락이 관련되었을 거라고 추측했던 것이다.

나중에, 좀 더 분명히 말해서 어머니가 돌아가시고 몇 년이 지난 뒤에, 여동생은 내게 어머니가 바깥에서 현관문 위쪽의 벨을 누르는 소리가 들릴 때마다 깜짝 놀라며 행여나 마을 경찰이나, 좀 더 심한 경우 형사라도 들이닥쳤나 해서 노심초사했다고 말해 주었다.

그리고 작은 플루트 겔트마허는 자신의 머리가 얼마나 단단한지 입증해 보이겠다며 괜히 회칠한 벽이나 맨담벼락에 머리를 박는 바람에 자신과 자신의 머리를 위험에 빠뜨리기도 했다. 그러한 사건은 불규칙적인 간격을 두고 일어났다. 평소에는 온순하고 아주 공손한 친구였다. 사람을 만날 때엔 격식을 차려 몇 차례나 인사를 하고 남의 집을 방문할 때면 현관 입구의 매트에다 구두창을 꼼꼼하게 문질러 닦고 들어갔으며 집을 나설 때도 마찬가지로 꼼꼼하게 신경을 썼다.

그의 느릿한 등장과 퇴장은 기이한 규칙을 따랐다. 말하자면 그는 들어올 때나 나갈 때마다 노크하는 걸 잊지 않았다. 하지만 플루트를 드는 순간만큼은 무자비한 인간으로 변했다. 자신의 머리 강도를 시험할 때와 비슷했다. 그가 자신의 플루트를 하나하나 여러 조각으로 부러뜨린 후 라인 강의 다리로 가서 집어 던지는 광경을 나는 여러 번 보았다. 그러고 나선 자신도 애석해했지만 말이다.

그는 악보를 보고 연주하지 않았다. 하지만 동요, 크리스마스 캐럴 그리고 요리사의 노래를 목화 따는 흑인의 노래 리듬에 맞춰 구성지게 연주했기에 그의 음악은 듣는 이의 심금을 울렸고, 그 때문에 사람들은 그의 앞에 금방 인쇄한 악보가 놓여 있다고 믿었다. 게다가 그는 숙련된 장식가로서 세세한 부분까지도 놓치지 않는 열정으로 구시가의 가장 저급한 선술집을 서부 영화에 나오는 살롱으로 만들거나, 미시시피 강에 떠 있는 화려하게 장식한 외륜(外輪) 기선의 독립된 선실로 둔갑시켰다. 이로써 뒤셀도르프는 돈 많은 고객뿐 아니라 환상적인 요식업을 위한 장소도 제공하게 되었던 것이다.

그는 존 브라운이자 동시에 존 브라운의 어머니이기도 했다. 그리고 올드 모세스*이자 버팔로 빌**이기도 했다. 그는 고래 배 속에 들어가 앉았던 요나가 되기도 했으며, 추장의 딸인 셰넌도어***와 함께 강물이 샘에 도달할 때까지 울기도 했다. 팝 아트가 유행하기 오래전부터 그는 이미 남몰래 팝 아트를 개척했던 것이다. 그는 시시한 색깔들로부터 스스로를 구분한 검은 윤곽과도 같은 존재였다.

『양철북』이 출간되고, 이전에 청소부 아주머니가 커피 앙금으로 얼치기 점을 쳐서 예언한 대로 악명을 떨치기 시작했던 해에, 나는 당시 키펜호이어 출판사의 편집인이었던 디터 벨러스호프에게 부탁하여 호르스트 겔트마허의 재즈 연주 앨범과 악보집인 「오, 수잔나」를 출판 목록에 끼워 넣을 수 있었다. 오래전에 절판된, 가로가 세로보다 더 긴 포맷에 담긴 이 예술 작품 안에는 블루스와 흑인 영가 그리고 복음 성가 등이 다양한 색채로 녹음되어 있는데 오늘날에도 중고 서점 혹은 인터넷으로 구입할 수 있다.

플루트 연주자는 그나마 프란츠 비테보다 오래 버텼다. 1960년대 초 내가 『개들의 세월』이라는 원고에 빠져들기 시작했을 때 그가 베를린의 카를스바트 가로 우리를 찾아왔는데, 맥주를 너무 많이 마신 탓에 이미 몸이 비대해져 있었다.

전쟁의 공포가 파손된 지붕의 뼈대 속까지 스며든 듯 보이는

---

* 재즈 음악계의 전설이라 불리는 올드 맨 모세스(Old Man Moses)를 지칭하는 것으로 보인다.
** 미국 개척 시대의 전설적인 들소 사냥꾼.
*** 미주리 강 선원들이 자주 부르던 것이 세상에 알려지면서 유명해진 노래. 인디언 추장의 딸과 사랑에 빠진 떠돌이 상인의 이야기로 추장에게 딸을 데리고 미주리 강을 지나 서쪽 멀리 가고 싶다고 말하는 내용이다.

반폐허 상태의 그곳에 불쑥 나타난 그는, 아내 안나와 아들들 그리고 베를린 장벽을 쌓던 해에 태어난, 가끔 미소만 지을 뿐 평소엔 잘 웃지 않는 딸아이 라우라까지 깜짝 놀라게 했다.

스스로도 놀라고 공포에 질렸던 그가 다른 사람들을 놀라게 하고 공포에 질리게 만들었던 것이다.

누군가가 뒤를 쫓고 있다는 망상에 시달렸던 그는 뒷걸음으로 방을 빠져나갔고 걸어가면서도 길에 남은 자신의 발자국을 지우려 애썼다. 지문 자국도 없앴고 정체불명의 위협적인 사람들을 피해 내 아틀리에의 작은 공간에 숨기도 했으며, 특별한, 그래서 값이 싸지 않은 카메라를 사 달라고 부탁도 했다. 바지 속에 넣고 다니며 도시 곳곳을 찍을 거라고 속삭이면서 말이다.

그는 울기도 하고 웃기도 했다. 더 심각한 것은 그가 이마로 벽에다 박치기를 해 댔다는 것이다. 그러던 어느 날 그는 피리를 놔둔 채 사라졌고 다시는 돌아오지 않았다.

그 직전까지도 그는 정신이 명료했기 때문에 우리는 그 당시 서베를린의 시장이었던 빌리 브란트의 영광을 기리는 의미에서 함께 음반을 취입하기도 했다. 그는 최고음부 연주용부터 알토 연주용까지 다양한 플루트로 연주를 했고, 나는 나의 신조를 선언한 「금욕」이 포함된 세 번째 시집 『삼각 선로』에서 따온 몇 편의 시를 낭송했다.

1950년대 말경 내가 안나를 위해 썼던 발레용 가극 각본인 「거위와 다섯 요리사」에다, 그가 감미로운 음향과 귀청을 찢는 듯한 음조를 섞어 연주한 녹음테이프는 유감스럽게도 잃어버렸다. 그 각본은 엑스 레 방에서 초연되었지만 아쉽게도 안나는 참여하지 못했다.

이제는 모든 울림이 사라졌다. 겨우 남은 것이라곤 음반 몇 개가 전부다. 내가 아끼는 수집물로서 말이다. 그리고 나를 떠나 버린 두 친구는 내 기억 속에 확고히 자리하고 있다. 감옥은 가득 차 있지만 누구도 거기서 석방되지는 못할 것이다.

약속이라도 했던 것일까? 아니면 우연이 또다시 연출을 맡았던 것일까? 내 맞은편에 누군가가 앉아 있어서, 조심스럽게 다가가 보았다. 승객이 드문드문 앉아 있는 베를린행 지역 간 열차 안에서 그 또는 나는 다른 칸에 자리를 잡을 수도 있었을 것이다.

루트라고 불리던 루트비히 가브리엘 슈리버는 나보다 스무 살 위였다. 화가이자 조각가였던 그는 1933년에 즉시 활동 금지 처분을 받기에는 아직 미숙했던 예술가들의 세대에 속했다. 그가 자신의 그림들을 더 이상 슈투케르트 화랑이나 '무터 아이'의 갤러리에 전시할 수 없게 되었을 무렵에 전쟁이 시작되었고 이후 전쟁 기간 내내 군 복무를 해야 했다.

최근에 그는 그뤼네발트 가에 있는, 전쟁 중에도 손상되지 않은 한 건물에서 미래의 예술 교육자를 키워 내는 교육 기관의 교수가 되었다. 나는 치코시에서 성급하게 술을 마셔 대던 중에 그를 처음 보았다. 대부분의 경우 그는 혼자였으며 한 모금 한 모금 술을 마실 때마다 중간중간에 마치 다시 세례라도 받아야겠다는 듯 과일주로 거듭 자신의 이마를 적셨다.

언젠가, 음악을 멈추고 쉬는 틈을 타 나는 빨래판과 골무를 한쪽으로 치우고 그에게 말을 걸었다. 베를린에 있는 하르퉁의 학생 아틀리에로 가고 싶다는 내 말을 듣자 그는 그 자리에서 도움의 손길을 내밀었다. 필수적으로 제출해야 하는 포트폴리오에 관한 것 말고도 자필로 편지를 써서 지원하는 요령도 알려 주었다. 그래야만 유리하고 좋은 인상을 준다는 것이었다.

그런데 지금 그와 마주 보고 앉게 된 것이다. 그는 로트 핸들레를 피웠고 나는 가지고 있던 슈바르처 크라우저로 볼품없는 담배를 말았다. 우리는 서로를 흘낏 쳐다보았다.

뒤셀도르프에서 쉽게 흥분하는 외톨이로, 그리고 갑작스러운 공격으로 다른 사람을 두렵게 만드는 존재로 소문나 있던 그는, 서류상으로만 결혼한 상태였던 애인을 찾아갔다. 루트는 자신의 아내와 이혼한 상태였다.

기차가 출발하자 애인은 플랫폼에 남겨졌다. 마치 밴조와 플루트 그리고 콘트라베이스를 들고 나를 전송해 주던 친구들처럼.

루트는 가끔 한숨을 쉬다가도 이내 침묵을 지켰다. 나는 틀림없이 그에게 무언가 말을 건네고 싶었을 것이다. 하지만 그러지 못했다. 그는 베를린과 뒤셀도르프 사이를, 아틀리에와 애인 사이를 시계추처럼 왔다 갔다 했다.

그녀의 갸름한 얼굴은 스쳐 지나가면서 보기도 했지만, 그가 옆얼굴로 형상화한 작은 목제 조각품을 통해서도 본 적이 있다. 그가 이타라고 불렀던 그녀는 플랫폼까지는 아니더라도 기차역까지는 배웅을 나왔던 게 틀림없다.

루르 지방에 와서야 비로소 정월 아침이 희미한 빛으로 밝아 왔다. 루트는 골러, 마케탄츠, 그로테 등의 화가들과 전쟁 전부터 알고 지내는 사이였다. 나치가 지배하던 시기와 전쟁은 그들의 발전을 막았고, 뒤늦게서야 그들은 자신의 본보기들로부터 벗어나려고 시도했다. 그의 그림에서는 엄격한 구성에 맞선 섬세한 색상의 단계들이 두드러졌다.

나는 그가 영국군 포로였던 때에 그렸다는 수채화 두 점을 간직하고 있다. 밝고 절제된 색조로 공원 풍경을 그린 그림이다. 나중에 우리가 친구가 되었을 때 그는 도펠코른을 연거푸 서너 잔 마신 후 자신의 잃어버린 시절에 대해 말을 꺼냈다. 그런 와중에 감정이 격해지더니 화를 못 이기고 손날로 애꿎은 옆 손님을 쳐서 쓰러뜨렸다.

우리는 기차를 타고 가는 동안 처음에는 그렇게 많은 얘기를 나누지 않았다. 자고 있었던 걸까? 그럴 가능성은 거의 없었다. 지역 간 열차 안에 미트로파 식당차*가 달려 있었던가? 아니었다.

어느새 눈 덮인 니더작센에 다다랐을 때 그는 신체적 변화와 관련됐을 법한 그 무엇에 대해 암시적으로 설명하려고 시도했다. 나는 그가 색칠한 석고를 통해 자신의 조각품 중 하나의 부피를 더 크게 만들려고 하는 것이라 추측했지만 결국엔 그의 애인이 임신했다는 사실을 알아차렸다. 그리고 나서 루트는 갑자기 콧노래를 흥얼거렸고, 이어서 가톨릭풍의 노래를 불렀다. 대략 노래 가사를 들어 보니 임마누엘의 탄생을 기리는 내용이었다. 하지만 그와 이타 사이에서 태어난 아들은 나중에 시몬이라는 세례명을 받았다.

루트의 전 부인도 옆얼굴을 자세히 보면 갸름한 얼굴에 미간

---

* 독일 철도의 식당차.

이 좁고 두 눈이 둥글게 앞으로 튀어나와 있는 편이었다. 전시회 동안 나는 그 시끌벅적한 분위기 속에서 말없이 쓸쓸하게 있는 그녀를 보았다.

마리엔본에서 동독 철도 경찰의 검문은 소란 없이 순조롭게 진행되었다. 하지만 루트는 음울한 표정으로 망설이며 가방에서 자신의 신분증을 꺼냈다.

우리 두 사람에겐 짐이 별로 없었다. 낡고 불룩한 가죽 가방 안에는 내 연장이 셔츠와 양말 사이에 놓여 있었고, 그 아래에는 석공용 끌, 두루마리처럼 감아 놓은 그림들, 시(詩)가 가득 든 서류철 등이 자리를 차지하고 있었다. 시코스에서 여행용 식량으로, 캐러웨이 열매가 든 빵 사이에 구운 양고기를 넣어 포장해 오기도 했다. 나는 카리타스 요양원 시절에 챙겨 온 옷을 입고 있었다.

장소 변경의 즐거움 그리고 뒤셀도르프의 답답한 공기로부터 벗어나고자 하는 충동 외에 무엇이 내 머릿속을 지나갔는지 알 수 있다면 좋으련만. 지금은 어떤 보조 수단을 써도 그때의 상념의 메아리가 들려오지 않는다.

수하물 보관 선반 위에 놓인 불룩한 가방, 생선뼈무늬 옷을 입은 젊은 남자 등 나는 외형적으로만 그 자리에 존재할 뿐이다. 서쪽에서 동쪽으로 여행하는 중 정신없이 밀려온 말(言) 때문에 두개골이 깨져 버릴 듯했던 것만은 사실이다. 눈을 피하려 해도 소용없었던 대형 쓰레기, 말없이 꾹 참아야 했던 소음, 허깨비 같은 인물들, 이 모든 것이 지역 간 열차와 나란히 달려가는 것을 나는 보았다. 내게서 떨어져 나가려 하지 않았던 두산(頭産), 즉 머리가 낳은 산물들이었다.

양파 껍질을 벗기며

신체적으로 닿을 만큼 가까이서 보니 맞은편에 앉은 사내는 틀림없이 루트비히 가브리엘 슈리버였다. 처음엔 조심스러웠으나 막역한 사이가 된 후엔 내가 루트라고 불렀던 사람이다.

그렇게 줄여서 부르긴 했지만 그의 이름은 루트코프스키로부터 루트슈트룀을 거쳐 교구장 루데비크, 술친구 루트리히카이트가 되었고, 이어서 사형 집행인 라데비크 혹은 목판 조각가인 루트비히 스크리버에 이르기까지 다양한 이름으로 확대되었으며, 세기에서 세기로 넘어가며 그 이름이 바뀌기도 했다. 그의 이름은 전해 오는 이야기 속에 짜 넣어지기도 했고 또한 동시에 1970년대 중반에 썼던 내 소설 『넙치』에도 등장했다. 그 소설의 짧은 장들 중 하나는 '루트'라는 표제를 달고 있는데, 그것은 내가 소설을 쉼 없이 쓰는 동안 그 친구가 생을 마감했기 때문이다.

그 후로 나는 루트가 그립다. 그 후로 루트는 내 기억 속에 살아 있다. 그 때문에 나는 그를 떠날 수 없다. 이미 언급했듯이 나는 그를 초기 베를린 시절에 알게 되었다. 우리는 자주 만났고, 너무도 가까운 공간에서 마주쳤다. "마치 세찬 바람을 뚫고 나가는 사람 같았다. 폐쇄된 공간, 학생들이 들어찬 아틀리에 안으로 발을 들여놓을 때면 그는 허리를 구부리며 인상을 찡그렸다. 이마와 광대뼈가 튀어나오긴 했지만 하나하나 정교하게 세공된 조각 같은 얼굴이었다. 부드럽게 물결치는 머릿결. 언제나 맞바람을 쐰 까닭에 붉게 충혈되었던 눈. 섬세하게 생긴 입가와 콧방울. 자신이 그린 연필 스케치처럼 순결한……."

추도사를 쓰는 지금보다 이십 년쯤 전 모습이긴 하지만 전체적인 윤곽과 더불어 조금 세밀하게 스케치한다면 대략 그 정도였던 그가 베를린행 지역 간 열차 안의 맞은편에 앉아 있었다. 짙은 연기가 우리 외에 아무도 없는 객실 칸을 가득 채웠다.

난방이 지나치게 차가웠던가, 아니면 지나치게 뜨거웠던가?

그가 형상 파괴자 같은 추상화 화가들에 분노했던 것이 바로 그때였던가, 아니면 그 후 술집에서 대화를 나눌 때였던가?

그때 벌써 우리는 구운 양고기와 캐러웨이 열매가 든 빵을 나누어 먹었던가?

우리는 눈이 조금 내린, 평평하게 펼쳐진 풍경을 차창 밖으로 지나치며 바라보았다. 인적 하나 없는 상상 속의 황량한 광경이었다. 폐허의 잔해가 거의 정리된 마그데부르크에 이르자 루트가 입을 열었다. 자기가 낳은 게 분명한 엠마누엘이라는 아들에 대해 큰 소리로 자랑을 늘어놓는가 하면, 히타이트인의 예술과 사라진 지 오래인 위대한 양식, 즉 미케네와 미노스의 소공예 작품에서 느껴지는 명랑함에 대해 얘기를 했다. 그뿐만 아니라 에트루리아의 청동 예술품에 대해서도 부분적으로 언급했고, 남부 프랑스의 로마네스크 양식 조각품들 그리고 자신이 그곳에서 복무하던 때의 이야기를 이었다. 계속해서 이야기는 노르웨이와 빙양(氷洋) 전선(그곳에서는 "러시아인이 위장용 설상복을 입어서 그들을 알아보기 어려웠다.")으로 옮겨 갔고, 마지막으론 나움부르크 쪽으로 방향을 틀어 그곳의 대성당과 초기 고딕 양식의 설립자들 인물상에 대해 주의를 환기시켰다가 다시 그리스로 돌아왔다. 하지만 자신이 이런저런 섬에서 군 복무를 했던 경험은 언급하지 않았고, 아르카이크 양식의 고요함에 이른 형식과 오늘날까지 우리를 혼란스럽게 하는 내적인 명랑함에 대해 칭송을 아끼지 않았다. 그리고 우린 너무

늦었어, 뒷북이나 치고 있는 거야, 또 다른 프톨레마이오스일 뿐이야 하고 말했다.

그는 예술에만 몰두할 수 있었던 저 군인 시절(내겐 그렇게 보였다.) 유럽 전역을 넘나들던 때를 떠올리며, 넘칠 듯 가득한 술잔은 앞에 없지만 자기가 좋아하는 책 『오일렌슈피겔』에서 나이 든 주인 나리*가 했던 건배사를 인용했다. "술잔을 던져 산산조각 낼 시간이 되었도다······."

내로라하는 술꾼인 그는 화주 한 모금 마시지 않고도 도취 상태에 빠져 이야기할 수 있었다.

포츠담에 도착하자 취기가 가셨다. 플랫폼에는 인민 경찰이 쫙 깔려 있었다. 스피커에서는 군대식 명령 독일어로 바뀐 작센 지방 어투의 안내 방송이 흘러나왔다. 국경 경찰의 요구에 따라 우리는 한 번 더 신분증을 보여 주었다. 그러고 나서는 곧장 서베를린 지역으로 진입했다. 소나무 숲, 소규모 주말농장들, 서서히 보이기 시작하는 폐허들.

루트는 다시 침묵했고, 습관대로 한숨을 쉬다가는 갑자기 별 이유도 없이 부드득 이를 갈았다. 그리하여 나중에 '이를 가는 사람'이라는 인물로 소설에 등장하게 되었다. 기차가 동물원 역으로 진입할 즈음에 그는 내게 그뤼네발트 가에 있는 자신의 아틀리에에서 묵는 게 어떠냐고 지나가는 말처럼 제안했다.

내가 묵을 곳이 없다는 것을 그는 어떻게 알았을까? 혼자 내

---

* 오일렌슈피겔을 가리킨다.

버려져 미완성 조각품들 사이에서 쓸쓸히 지내는 것이 두려웠던 걸까?

그곳에서 우리는 오일렌슈피겔 따위는 인용하지 않고 도수 높은 도펠코른을 물컵에 따라 마셨다. 그리고 그가 미리 챙겨 온 훈제 고등어를 달걀 요리에 곁들여 먹었다. 아틀리에의 부엌에 있는 전기 레인지 위에다 작은 프라이팬을 올려놓고 소금과 후추를 뿌린 후 휘저어 만든 것이었다.

아틀리에 한편에 놓인 두 개의 간이침대 중 하나에 몸을 눕히자 곧 잠이 들었다. 하지만 그런 와중에도 나는 그가 무언가로 가려진 점토 형상들 사이에 서서, 한 석고 흉상의 표면을 사포로 문지르는 것을 보았다. 멀리 있는 애인의 옆얼굴과 유사해 보였다.

그다음 날 나는 슐뤼터 가에 방을 구했다. 흰머리를 파마한 과부가 살고 있는 집에 매달 20마르크를 내기로 하고 방 한 칸을 재임대했다. "여성의 방문은 당연히 금지입니다."라고 그녀가 말했다.

사용하지 않는 가구들이 가득 찬 방에서 세입자에게 제공된 것은 할아버지 때부터 사용해 왔을 법한 상자 모양의 침대가 고작이었다. 벽시계는 시간의 멈춤을 보증하기라도 하듯 움직이기를 거부했다. "남편만 태엽에 손댈 수 있어요. 그 밖에는 누구도, 심지어는 나도 만지면 안 돼요."라는 말이 들려왔다.

과부는 주말마다 타일을 입힌 난로로 난방을 해 주기로 했다. 물론 웃돈을 약간 내야 한다는 조건이 붙었다.

그 얼마 전에 매달 광부 조합에서 받는 장학금이 50마르크에서 60마르크로 오른 참이었다. 게다가 시코스의 여주인이(오토 슈스터는 원인 불명의 사고로 세상을 떠났다.) 남편의 초상화 부조(浮彫)를 제작해 준 대가로 내게 상당한 돈을 주었다. 그래서 나는 방세와 웃돈을 선불로 지불했다.

고맙게도 내게 고정 주소를 제공해 준 그 집 외벽의 요란스러운 장식은 약간의 균열만 있는 채로 유지되고 있었다. 종전 무렵에 건물 측면이 폭격을 받아 건물의 앞부분과 뒷부분만이 마지막 남은 어금니처럼 휑하니 남아 있었다. 훗날 봄이 왔을 때는 창문 너머로 좁은 정원에 꽃봉오리가 풍성하게 맺힌 밤나무 한 그루가 보였다.

집의 맞은편에 건물 정면의 잔재 부분이, 폐허가 된 땅 위에 을씨년스럽게 서 있었다. 하지만 거리 좌우로는 더 이상 폐허 더미가 보이지 않았고, 깨끗이 정리된, 탁 트인 평지 위로 바람만 맴돌았다. 처음에는 싸락눈만 바람에 날리더니 나중에는 도시 전체에 흙먼지 세례가 퍼부어졌다. 어디를 가든, 가까이 슈타인플라츠 광장에 있는 대학을 가든, 아니면 거주민 등록 관청에 가든 입안에 벽돌 가루가 씹힐 정도였다.

베를린 전역에, 동부를 비롯하여 서부 점령 지역 세 곳을 온통 돌가루가 뒤덮었다. 하지만 소강상태였던 눈이 다시 내리기 시작하자 베를린의 공기는 시(詩)에서도 찬미되었던 것처럼 먼지 하나 없는 순수한 상태가 되는 듯했다. 부엌에 놓여 있던 여주인의 라디오에서는 불멸의 유행가가 악을 쓰며 울려 나왔다. "이것이야말로 베를린의 공기, 공기, 공기……."

그로부터 십 년이 지나서야 나는 「폐허 더미를 치우는 위대한 여성 인부는 말한다」라는 긴 시를 썼는데 그 마지막 구절은 다음과 같이 확언한다. "베를린은 흩뿌려진 먼지로 가득하네./ 먼지가 날아오르지만,/ 다시 바람은 잦아들지./ 폐허 더미를 치우는 위대한 여성 인부는 성인으로 추앙될 것이네."

이곳에는 전쟁의 상흔이 더 광범위하게 펼쳐져 있었다. 가는 곳마다 가련할 정도로 엉망진창이어서 마치 전쟁 말기와도 같았다. 면적이 엄청나게 넓은 방화벽들 사이에는 수많은 공터가 있었다. 새로 지은 건물은 찾아보기 힘들고 판잣집과 노점만 즐비했다. 쿠어퓌르스텐담 거리가 내게 우아한 산책로가 돼 주었으면 싶었지만 그러지 못했다. 단지 동물원 역과, 나중에 에른스트 로이터 광장으로 이름이 바뀐 암 크니에 있는 지하철역 사이의 하르덴베르크 가에서, 즉 슈타인플라츠 광장 근처에서 나는 비계(飛階)가 설치되어 있는 것을 보았다. 그 뒤쪽으로 곧 베를린 은행 건물이 흉측스러운 다층 건물 형태로 세워질 것이라고 했다.

아셍어에서는 몇 페니히만 주면, 인기가 좋은 완두콩 수프와 이곳 사람들이 제멜이라고 부르는 작고 길쭉한 빵을 사 먹을 수 있었다. 모든 것이 저렴했다. 심지어 막스 크라우제 회사에서 나오는 필기 용지도 마찬가지였다. "내게 써 보세요, 그녀에게 써 보내세요, MK 종이에다가!" 오랫동안 내 머릿속에 남은 그 광고 문구는 이 층 버스에 부착되어 시내 이곳저곳을 돌아다녔다.

마침내 나는 도착했다. 그곳에 오자마자 뒤셀도르프에서 따라온 모든 것이 내게서 떨어져 나갔다. 아니면 늘 그랬던 대로 도착하자마자 그곳에 적응하기 위해 뒤돌아보지 않고 불필요한 짐을 내던지던 손쉬운 방법을 택했던 것일까?

여하튼 줄여서 HfBK라고 불리는 조형 예술 대학 건물이 기다렸다는 듯 나를 맞아 주었다. 특별히 나를 맞아들이기 위해 전쟁 중에도 멀쩡했다는 듯이 말이다. 나의 새로운 선생인 카를 하르퉁은 말을 많이 하지 않았다. 그는 나를 자신의 학생들과 누드모델에게 소개해 주었다. 모델은 휴식 시간을 이용해 양말 같은 것을 뜨고 있었다.

작업 바지와 사용하지 않는 조소용 받침대를 걸어 둘 수 있는 옷걸이용 갈고리를 지정받았다. 자를란트 출신으로, 나처럼 말아 피우는 담배를 피우는 로타르 메스너가 내게 자신의 담배를 권했다. 하르퉁의 제자 중에서 유일한 여성인 브로니라는 체격이 당당한 여학생도 가입해 있던 남성 전용 클럽이 나를 받아 주었다.

대학의 주(主) 건물 뒤편, 나무들로 둘러싸인 안마당 뒤쪽으로 조각 전공 교수들인 샤이베, 진테니스, 울만, 곤다, 디어케스, 하일리거 그리고 하르퉁의 아틀리에와 그들 각각의 제자들이 사용하는 학생용 아틀리에가 자리 잡고 있었다. 아틀리에 창문에 서서 보면 외트란트 저 너머 왼쪽으로는 공대가 보였고, 오른쪽으로는 음대 건물의 한 귀퉁이가 눈에 들어왔다. 더 뒤로는 폐허 잔해들이 반쯤 덤불에 가려진 채 상처를 드러내고 있었다.

거장의 형상 의지가 반영되긴 했지만 하르퉁의 제자들이 모델을 보고 점토로 만들어 낸 조각품들은 독자적인 느낌을 주었다. 홍일점 여학생은 누워 있는 누드모델의 풍만한 몸매를 부각시켰다. 그녀가 가장 재능 있는 학생인 듯했다.

우리 아틀리에의 분위기는 왠지 무미건조했다. 보헤미안식으로 튀는 행동을 하는 이도 없었고, 스스로 천재인 양 객기를 부리는 친구도 없었다. 게르손 페렌바흐라는 가장 어린 친구는 슈바르츠발트의 목판 조각가 집안 출신이었다. 두세 명은 동베를린 출신이었는데, 그들은 인근 공대의 동독인을 위한 가장 값싼 학생 식당에서 끼니를 때웠다. 페렌바흐는 내게 그 근처에 있는, 저렴한 가격에 빵과 달걀, 마가린과 발라 먹는 치즈를 살 수 있는 '부터 호프만'*이라는 곳을 가르쳐 주었다.

바로 첫 번째 주에 나는 입학 신고식 차원에서 모두를 불러 놓고, 밀가루를 미리 입혀 둔 청어 몇 마리를 전기 레인지에다 구웠다. 파운드당 35페니히를 주고 산 것이었다. 주말 시장에서 살 수 있었던 싱싱한 청어를 나는 그 후로도 배불리 먹었다.

도착하자마자 나는 서 있는 모델을 보고 누드화를 그린 다음에 남는 시간을 이용하여 조밀한 형태로 닭을 조형하기 시작했다. 그것은 나중에 시뻘겋게 달아오른 도토(陶土)를 써서 얇은 석고 주물로 만든 나의 첫 번째 테라 코타 작품이 되었다. 여기에는 지난해 프랑스를 여행하며 그렸던 닭 그림들이 영향을 미쳤다. 「바람 닭의 장점들」 같은 시에서도 등장하듯이 그 후로도 닭과 수탉은 오랫동안 나의 스케치와 시의 소재가 되었다.

보통 때는 학생들과 일정한 거리를 두려 하던 하르퉁이 한 차례의 지도 순회를 마친 뒤, 이전에 파리에서 루마니아 출신의 조각가 브랑쿠시의 아틀리에를 방문했을 때 일화를 들려주었다. "그러

---

* 베를린의 대규모 생필품 매장.

니까 점령군 시절 군 복무를 할 때." 하고 그는 좀 더 구체적인 시기를 보충했다. 브랑쿠시의 형식 언어가 인상적이었는데, 그야말로 "기본 형식으로 압축되어 있다."라는 것이었다. 그러고 나서 그는 작업 중인 닭 작품을 가리키며 자신이 즐겨 쓰는 표준 문장 하나를 반복했다. "자연스럽게, 하지만 의식적으로!"

북쪽에서 오는 빛이 아틀리에의 커다란 창문으로 비치듯이 그는 아주 냉철한 말들만 입에 올렸다. 틀에 맞춘 듯 짧게 깎은 짙은 턱수염도 그런 분위기를 연출했다. 오랜 세월 자신을 단련시킨 사람의 풍모였다. 그는 당시 유행이 되어 버린 '추상적'이라는 개념을 그것이 도출되었던 모든 대상 혹은 모든 물체에 능숙하게 연관시킬 줄 알았다. 따라서 그 당시 내가 구상적인 예술에 천착했던 것은 추상에 대한 그의 이해에 상응하는 것이었다. 그는 중간 문을 통해 바로 옆에 있는 자신의 마이스터 아틀리에까지 청어 구이 냄새가 퍼져 들어오는 것을 불쾌해했지만, 우리의 딱한 처지를 이해하고는 이따금 부터 호프만의 감자 샐러드를 곁들인 햄버거 스테이크를 제공해 주기도 했다. 그는 슈리버와 친한 사이였기 때문에 나중에 학생에 대한 그의 영향이 점점 더 커지는 것을 너그럽게 이해해 주었다.

1월의 어느 날, 학기 중에 입학한 상태였던 나는 구두(口頭)로 재시험을 치러야만 했다. 처음엔 입도 벙긋하지 않던 카를 호퍼 학장과 서너 명의 미대 교수가 탐색적인 대화를 이끌어 갔다. 그 과정에서 지원용 포트폴리오에 첨가했던 나의 시(詩)들이 곤다 교수의 특별한 관심을 끌었다. 그는 기둥 위 고행자 연작시 중 몇 편을 칭찬했고, 자신이 느끼기에 "지나친 감이 없진 않지만 그래도 대담성이 보인다."라고 평가한 소유격 은유 몇 개를 인용했다. 하지만 내가 듣기엔 불쾌한 지적이었다. 왜냐하면 시적인 이미지를 만들어 내는 그러한 매너리즘을 나는 이미 극복했다고 생각했기 때문이다.

곤다가 수년 전 소설을 한 권 써서 출판까지 했다는 말을 다른 교수들의 반어적 언급을 통해 들을 수 있었다. 게다가 그는 릴케 찬미자였다. 이어서 나는 슈타니스라우스 신부 덕분에 풍성해진 독서욕의 결실로 접할 수 있었던 『말테의 수기』도 언급했다.

이윽고 우리는 조각가 오귀스트 로댕의 비서이자 전기 작가였던 릴케까지 입에 올렸다. 곤다와 나는 책에서 읽은 것을 앞세워 설전을 벌였다. 그 혹은 내가 무엇을 인용했는지는 기억나지 않는다. 아마도 「파리의 회전목마」에 나오는 한 구절쯤이었을 것이다. "때때로 하얀 코끼리가……."

하르퉁도 참석했던 교수들의 집단 면접에서 잠시 침묵이 흐른 후 호퍼가 입을 열어 간단명료하게 입장을 정리했다. 면접은 이것으로 충분하고, 신입생은 받아들여졌으며, 릴케에 대한 얘기라면 앞으로도 얼마든지 할 수 있다고.

지금 생각해도 그때 그 시험은 이상했다. 그것은 시험이 아니었다. 좀 더 고차적인 은유에 목말라 있던 시(詩)들에 대한 무조건적인 지지이자, 시인 자질이 보이는 전도양양한 신입생에게 주는 보너스 같은 것이었다.

더욱 놀라웠던 것은 카를 호퍼가 보여 준 인내심이었다. 면접 때 한가운데에 말없이 앉아 있던 그는, 처음엔 소심한 듯하더니 나중에는 자기도취에 빠졌던 나를 잘 참아 주었다. 나는 좀 더 혹

양파 껍질을 벗기며

독한 심문을 받았어야 했다.

　상실감이 역력하던 호퍼의 얼굴이 지금도 생생하다. 그는 의장 자격으로 앉아 있었지만, 마치 지난밤 폭격으로 불타 버린 자신의 그림들을 잊지 못하고, 머릿속으로나마 그림들을 그리고 다시 그려야 한다는 강박에 사로잡혀 넋이 나간 상태였다.

　그 후 나는 그와 마주친 일이 거의 없었다. 대학 건물의 실내를 느린 걸음으로 걸어가는 모습을 본 게 고작이었다. 그 후 곧 그는 어떤 예술계의 교황과 힘겨운 논쟁을 벌였고, 거기서 살아남지 못했다. 그리고 그 논쟁은 오늘날까지도 결말이 나지 않았다.

　입학 첫날 대학 건물의 현관 왼쪽 뒤편에서 전화박스를 보았다. 하지만 누군가가 그것을 사용하는 것을 보니 안심이 되었다. 서너 명 정도가 그 앞에서 차례를 기다리는 모습에 차라리 마음이 홀가분해졌다. 불안스레 그들의 시선을 피하는 것이 나의 습관처럼 되었다. 자리가 비어 내 차례가 되자 나는 곧 유혹에 빠져들었다. 지금, 지금, 지금······.

　전화박스 안을 들락날락하다가 마침내 용기를 내어 외우던 번호를 돌렸다. 하지만 첫 번째 신호음이 울리자마자 수화기를 내려놓았다. 한두 번 그쪽 안내실의 반응이 들려왔으나 대답은 하지 않았다. 동전만 낭비했다.

　한동안 전화박스를 이용하는 사람이 없었다. 전화박스는 기다렸고, 인내심을 보였으며, 머뭇거리는 나를 기다려 주는 것 같았다. 잠복해서 기다리는 함정 같았다고나 할까. 슈타인플라츠 광장으로 가는 도중이었던가, 아니면 아틀리에를 막 빠져나와 대학의 앞뜰에 발을 들여놓을 때였던가, 아무튼 또다시 그 전화박스가 내 눈앞에 있었다.

그것은 내 앞에서 다가왔고 내 뒤에서 쫓아왔다. 슐뤼터 가에 사는 이 재임대인을 향해 전화박스는 꿈속에서도 활짝 열려 있었고 텅 빈 상태로 나를 맞아 주었다. 전화박스는 다이얼과 번호로 유혹당한 나를 자신의 동거인으로 만들었다. 꿈속에서도 나는 계속되는 통화 중 신호에 좌절했다. 하지만 꿈속에서나마 응답이 왔고 비교적 오랫동안 행복한 대화를 나누었다.

나를 겁쟁이라고 부른다면, 그것은 내 행동을 절반쯤은 제대로 파악했다는 의미이다. 묵주 기도의 한 구절처럼 번호를 하나하나 반복해서 읊어 대며 그대로 내버려 두는 것도 잠깐은 도움이 되었다.

한번은 전화박스 앞에 줄을 서서 기다리는 동안 진테니스 교수 밑에서 공부하는, 어딘가 조랑말 같은 구석이 있는 크리스티네라는 여학생과 힘겹게 농담을 주고받은 적도 있는데, 초조함을 달래는 데 어느 정도 도움이 되었다. 그녀의 포니테일이 인상 깊었던 것이다. 한 번쯤 쓰다듬어 보고 싶을 정도였지만 그 이상은 아니었다. 그러나 그녀가 먼저 전화박스 안으로 들어갔을 때 나와 비슷하게 생긴, 무슨 말을 해야 할 때면 어김없이 공포감을 느꼈던 누군가는 도망을 치고 말았다.

내 사랑은 그토록 불안하고 가공되지 않은 상태로 보존되고 있었다. 생명력도 없이, 공상 속의 부드러운 말들 아래 묻혀 있었다. 그만큼 나는 망설임을 즐겼으며, 오히려 우리의 관계가 발전하는 것을 두려워했다. 왜냐하면 내가 집에 발을 들여놓으려고 발걸음을 빨리 하려 할 때면 그때마다 내 안에서 이런 목소리가 들려왔던 것이다. 동전 두 개를 바치고 번호를 돌려라, 그러고는 순종하는 자세로 신호음이 울리길 기다려라, 그러면 마리 비그만 스튜디오의 안내원이 응답하는 소리가 들릴 것이다, 공손하든 퉁명스럽든 그쪽에서 용건을 물어 오면, 간절히 통화를 원하는 상대의 이름을 밝혀라, 그런 다음 그녀가 깡충깡충 뛰어와 더없이 아름다운 문어체 독일어로 "예, 말씀하세요."라고 말할 때까지 기다려라, 그러면 일단 일은 벌어진 것이고 상황은 되돌릴 수 없다, 그런 식으로 너는 구속되고 고삐에 목이 매인다, 너는 더 이상 슬쩍 달아날 수 없다, 오히려 손에 닿을 듯 가까이에서 이제 무언가가 시작될 것이고, 지금까지는 푸른 하늘에만 이름이 머물러 있던 존재에서 살아 숨 쉬는 인물이 될 것이다.

그렇게 해서 안나 슈바르츠라는 댄서 생도와 전화로 짧게 몇 마디를 나눈 후 우리의 첫 번째 약속이 잡혔다. 그 후론 일사천리였다. 전화 한 통화면 충분했다.

나중에 얻은 자식과 손자 손녀의 생일은 힘겹게 기억하는 편이지만 그날만큼은 분명히 기억한다. 우리는 1953년 1월 18일에 만났다. 예컨대 전투라든지 평화 조약 체결 같은 기념할 만한 역사적 사건들을 언제나 눈앞의 사건인 양 생생하게 기억하는 내게 비스마르크의 의지에 따라 제정된 제2 제국 창건일은 오늘날까지 내가 살을 에는 듯 추웠던 그날을(토요일이었던가, 일요일이었던가?) 기억하는 데 큰 도움이 된다. 물론 그날을 우리가 어떻게 보냈는지는 잘 기억이 나지 않지만 말이다.

약속 시간은 오후 1시, 만남의 장소는 동물원 지하철역 출구로 잡았다. 젠프텐 산과 슈프렘 산 사이에서 부상당한 후 킨츨레 표 손목시계를 잃어버렸고 그 후로는 어느 정도 정확한 시간을 알려 줄 그 어떤 것도 지니고 다니지 않았기 때문에 나는 너무 일찍 역의 시계탑 아래로 나가 하릴없이 이리저리 거닐었다. 그러다 보니 유혹이 손을 뻗쳤고, 잠시 뿌리쳤으나 결국 건너편에 줄지어 있는 가게 중 한 곳으로 가 화주 두 잔을 마셨다. 그 때문에 스무 살보다 더 어려 보이는 안나가 제시간에 나타났을 때 나는 술 냄새를 풍기고 있었다.

그녀의 몸동작에는 사내아이 같은 무뚝뚝함이 배어 있었다. 추위 때문에 그녀의 코는 빨갰다. 점심 무렵 만나 오후 내내 그 어린 여자아이와 무엇을 하려 했던가? 그녀를 나의 재임대한 방, 과부가 여성의 방문은 절대 금한다고 했던 곳으로 끌고 가는 것은 떠올리기 어려운 일이거나 어쨌든 절대로 피해야만 하는 선택이었다. 곧장 근처 칸트 가에 있는 영화관에 갈 수도 있었지만 그곳에서는 분위기에 맞지 않는 서부 영화가 상영되고 있었다. 그래서 나는 지금껏 한 번도 시도해 본 적이 없었지만, 슈바르츠 양을 커피와 케이크를 먹을 수 있는 곳으로 점잖게 안내했다. 타우치엔 가에 있는 실링이라는 곳이었다. 아니, 쿠담에 있는 크란츨러였던가?

우리가 어디서 어떻게 그 긴 오후를 견뎌 냈는지 적절한 말이 떠오르지 않는다. 수다를 떨었을 수도 있다. 맨발 춤은 어떻게 되어 가니? 발레 수업은 어렸을 때부터 받은 거지? 그리고 이번에 새로 배울 그 유명한 마리 비그만은 어때? 원하던 대로 엄하면서도 도움이 되는 거니?

아니면 도시의 동쪽 저편에 있는 브레히트 그리고 서쪽 이편에 있는 벤과 같은, 시문학의 무관의 제왕들에 대해 이야기했던가? 그러면서 정치 이야기로 빠져들었던가?

그것도 아니면 케이크를 한 조각도 들기 전에 어떤 효과를 노리고 시인인 양 자처했던가?

금을 찾는 사람처럼 나는 체를 흔들고 또 흔들 수 있다. 하지만 빛나는 단어 하나, 재기 넘치는 부스러기 한 조각 걸러지지 않으며 과감히 사용한 은유의 반향은 그리 지속적이지 못하다. 여기저기 다니며 우리가 얼마나 많은 조각의 케이크 혹은 파이를 먹어 치웠는지는 어떤 양파 껍질에도 보관되어 있지 않다. 어떻든 우리는 시간을 때웠다.

안나와의 본격적인 만남은, 저녁이 되어 우리가 그 당시 이름을 날리던 댄스홀 '달걀 껍질'의 소용돌이에 휩쓸리면서 비로소 시작되었다. 구태여 말하자면 우리는 춤을 추었다. 하지만 이 말은 불충분하다. 우리는 춤 속에서 서로를 발견했다 하고 말하는 편이 더 사실에 가깝다. 우리의 결혼 생활 십육 년을 회고하자면 이렇게 고백해야 마땅하다. 우리가 하나가 되고, 잘 어울리는 한 쌍으로 보일 정도로 안나가 내게 정말 가깝게 다가온 것은 오직 춤출 때뿐이었다고. 그 밖의 경우엔 거리를 좁혀 보려 갖은 애를 썼지만 허사였다. 너무도 자주 우리는 스쳐 지나가며 서로를 힐끗 쳐다보았을 뿐, 각자 다른 곳을 배회했으며, 존재하지 않았거나 혹은 환영으로만 존재했던 무언가를 찾아 헤맸다. 그러다가 우리는 의무감에 사로잡힌 부모가 되었고, 서로를 잊어 갔다. 어디 있어야 할지 몰랐던* 브루노를 마지막으로 아이들만 우리 가까이에 있었다.

'달걀 껍질'의 밴드는 딕시랜드, 래그, 스윙 장르를 넘나들었다. 우린 둘 다 음악에 도취되어 온갖 장르의 춤을 추었다. 전생에 함께 연습하기라도 한 듯 쉬웠다. 신의 변덕스러운 기분에 따라 맺어진 듯한 한 쌍이었다. 우리는 춤추는 사람들 한가운데 자리를 잡았다. 사람들이 우리를 주목해도 아랑곳하지 않았다. 우리는 짧은 영원 동안 그런 상태로 춤추고 싶었다. 자유로운 듯하면서도 긴밀하게 연결되고, 잠시 시선을 주고받으며 손가락을 서로 지긋하게 눌렀고, 자신을 느끼고 싶을 때는 혼자가 되었다가 회전을 하는 순간에는 어느새 짝을 이루었다. 두 발은 결연히 서로 떨어졌다가 다시 하나가 되었고, 무중력 상태로 공중으로 붕 떠오르는가 하면, 생각이 따라오지 못할 만큼 신속하게, 하지만 흘러가는 시간보다는 느리게 끌며 춤을 추었다.

자정 무렵 마지막 블루스가 끝난 후 나는 안나를 전차 타는 곳까지 데려다주었다. 그녀는 슈마겐도르프의 어느 집에 재임대로 살고 있었다. 춤추는 와중에 나는 "너와 결혼할 거야."라고 말했던 것 같다. 그러자 그녀는 이미 사귀는 남자 친구가 있다는 사실을 환기시키려 했고, 나는 다시 "상관없어. 기다리면 되지." 하고 맞받아쳤다.

가벼운 첫출발도 그 후에 무겁게 다가오는 모든 것과 무게는 같은 법이다.

---

* 아버지 곁에 있어야 할지, 어머니 곁에 있어야 할지 몰랐다는 의미이다.

양파 껍질을 벗기며

아, 안나, 우리는 얼마나 많은 세월을 함께 보냈던가. 채울 수 없었던 빈 공간은 얼마나 많았으며, 잊혀 마땅한 것은 또 얼마나 많았던가. 예기치 않게 불쑥 나타났던 것, 그리고 열망의 대상이 되었던 것. 우리에게 함께 행복을 주었던 것. 어떤 것은 아름다운 추억으로 남았고, 어떤 것은 우리를 기만했다. 그 때문에 우리는 남남이 되었고 서로에게 상처를 주지 않았던가. 왜 나는 너를 그토록 오랫동안, 애칭을 좋아하는 취향과 상관없이 '안헨'이라고 불렀던가. 거듭거듭 말이다.

사람들은 우리를 두고 그림처럼 잘 어울리는 한 쌍이라고들 했다. 분명히 우리는 결코 떨어질 수 없는, 서로를 잘 배려하는 한 쌍으로 보였을 것이고 실제로도 그랬다. 우리는 같은 부류의 인간이었다. 네가 의도적으로 자존심을 세웠다면, 나 역시도 체득된 자의식의 소유자였다. 젊은 한 쌍을 축하해 주기에 적합한, 빠른 속도로 바뀌는 영상들에서 나는 둘이면서 하나인 우리의 모습을 본다. 동과 서의 극장에서 우리는 「코카서스의 백묵원」과 「고도를 기다리며」를 보았으며, 슈타인플라츠 광장에 있는 영화관에서는 프랑스의 고전 「북호텔」, 「황금 헬멧의 소녀」, 「야수 인간」을 관람했다. 내가 허름한 집에서 너의 위로 올라가려 하자 너는 아직 안 돼 하고 말했다. 루트 슈리버와 함께 우리는 라이딕케의 긴 탁자에 기대앉아 술잔에 술잔을 견뎌 냈고, 결국에 너는 고주망태가 된 나를 질질 끌고 가야 했다.

네가 학생 아틀리에를 찾아왔을 때 하르퉁은 너를 '뮤즈 헬베티아'라고 불렀다. 그리고 나는 마리 비그만의 댄스 교습소에서 너의 맨발 춤을 구경하기도 했지. 넌 요리엔 젬병이었어. 나는 너에게 완두콩을 곁들인 양 옆구리 살 요리를 선보임으로써 저렴한 비용으로 얼마나 맛있는 음식을 만들어 먹을 수 있는지 증명해 보였지. 게다가 구운 청어의 등뼈 가시에서 살을 손쉽게 발라 내는 법도 가르쳐 주었지. 그리고 내가 마지막 전철을 놓치는 바람에 하룻밤 묵길 원했을 때 우리는 뚱뚱하고 못생긴 너의 집주인 아주머니가 눈치채지 못하기를 빌었어.

우리 모두의 친구였던 울리와 헤르타 해르터, 그들과 어울려 우리는 신과 세상을 비방했어. 그리고 우리가 티투스라 불렀던 롤프 스치만스키, 한번은 그와 함께 만취 상태에서 베를린 은행의 입구 쪽에다 대고 오줌을 갈겨 댄 적이 있지. 신축 건물을 공중화장실로 생각한 대가로 우리는 5마르크라는 비싼 범칙금을 물어야 했지. 그리고 또 나중엔 한스와 마리아 라마가 춤추는 너의 모습을 처음으로 카메라에 담아 주었어. 발레용 스커트와 토슈즈를 신은 너의 모습은 눈부시게 빛났지. 너의 발바닥은 너무 바닥 쪽으로 붙었고 다리도 충분히 길지 않았지만 넌 너무 일찍 표현 무용을 그만두고 고전 발레로 넘어가고 싶어 했어.

내가 원했던 것보다 훨씬 더 자주 우리는 헵벨 극장에서 발레 공연을 관람했어. 연속적으로 이어지던 피루엣*과 감탄이 절로 나오던 그랑 주테.** 막이 내릴 때면 울리와 나는 휘파람을 불어 댔지.

그리고 우리는 우리들의 일그러진 모습을 종이 위에 옮기려고

---

* 발끝으로 도는 발레 동작.
** 주테(jete)는 원래 '던지다'라는 뜻으로, 한쪽 다리를 마치 던지듯이 공중에 날리면서 다른 다리로 이어 가는 도약을 말한다. 모든 방향으로 다양한 형태의 주테가 가능하며 공중에서 다리를 일자로 쫙 벌리는 모습을 '크게(Grand)' 던진다는 뜻에서 그랑 주테(Grand jete)라고 부른다.

도 했다. 나는 그 당시 댄스 장면에 대한 가극 각본을 쓰기 위해 초안을 잡았는데, 높고 둥근 모자를 쓴 젊은 남자가 이리저리 도망 다니는 이야기였다. 그는 겁에 질려 몸을 떤다. 몇 걸음 차이를 두고 경찰 두 명에게서 쫓기는 그는 마침내 시골풍의 옷차림을 한, 바로 너일 수도 있는, 한 발레리나의 치마 속으로 숨어든다. 그리고 위험이 지나갈 때까지 그녀의 몸 안으로 깊숙이 들어간다. 그러고 나서 파드되가 대미를 장식한다. 천박한 코미디로 고전적 미덕과는 거리가 멀다.

결코 무대에 올려지지 않았던 이 초안은 나중에 이야기체 산문으로 전환되었고, 슬로 모션 기법의 뜀박질 동작 그리고 무성 영화에서 보는 것 같은, 팬터마임식의 덜거덕거리는 동작은 『양철북』 첫 장에 편입되었다.

우리는 서로를 사랑했고 예술 또한 사랑했다. 우리는 6월 중순경 황량하기만 했던 포츠담 광장의 외곽 지대에 서 있었고, 그곳에서 노동자들이 소련 전차를 향해 돌을 던지는 모습을 보았다. 우리는 미군 점령 지구를 벗어나지 않고 그곳의 동쪽 변두리 지역에 머물면서 무력(武力)과 무기력함의 현장을 너무도 가까이에서 지켜보았다. 그래서 그 투척 자세와 돌이 튕겨 나오던 장면들은 내 뇌리에 깊이 각인되었다. 그 때문에 나는 십이 년 후 독일 시민 비극인 「평민들 봉기를 연습하다」를 썼던 것이다. 봉기하는 노동자들은 아무런 계획도 목표도 없이 떼를 지어 돌아다니고, 반면에 제대로 된 의사 표현을 위해 계획만 세우고 앉아 있는 지식인들은 자신들의 오만함 때문에 좌절한다는 내용이었다.

우리는 그 당시 가만히 지켜보기만 했을 뿐, 어떤 행동도 하지 않았다. 스위스라는 안전한 울타리 안에서 보호받으며 자란 네게는 그런 충격적인 장면이 낯설었고, 나의 경우도 지난 시절의 공포가 되살아났기 때문이다. 나는 그 T-34 전차를 잘 알았다.

우리는 충분히 본 다음 그곳을 떠나야 한다고 생각했다. 폭력 앞에서 우리는 겁을 먹었던 것이다. 전차를 향해 돌맹이를 던지는 것 같은 행동은 기껏해야 머릿속에서만 행해졌다. 그렇다. 우리는 우리는 서로를, 그리고 예술을 가지고 있었다. 그리고 그것으로 거의 충분했던 것이다.

우리는 작은 2인용 텐트를 샀다. 불그스레한 오렌지 빛깔이었다. 이 텐트를 둘둘 말아 배낭에 넣고 우리는 여름 동안 남쪽으로 여행을 떠나기로 했다. 아, 안나여…….

암이 소리 없이 진행되는 동안

이번엔 고트하르트 고갯길을 넘어야 했다. 둘이서 함께 히치하이크를 시도하기 전에 안나와 나는 내 부모님을 찾아뵈었고, 이어서 아헨의 한 프란체스코 수도원에서 예비 수녀로 있던 여동생을 만나 보았다. 이번 여행은 출발 전부터 나를 끊임없이 고통스럽게 했다.

피부는 잿빛으로 변하고 눈에는 그늘이 드리워진 것이 어머니는 병색이 완연했고, 아버지는 슬픔에 잠겨 있었다. 두 분은 딸을 영원히 잃은 거나 마찬가지라는 사실에 힘들어했다. 하지만 곧 안으로 슬픔을 삭였다. 처음엔 좀 놀란 기색이었지만, 부모님은 그래도 우리를 다정하게 대해 주려 애썼다. 어머니의 말대로 나의 '획득물' 중 한 사람을 부모님께 보여 드린 것은 이번이 처음이었다. 안나에게는 거실 겸 부엌이 달린 좁은 집이 좀 어리둥절했을 것이다. 게다가 여동생이 아껴 모은 돈으로 가구 중 일부도 사들여 놓았던 것이다.

우리의 인사 방문이 어떠했는지 돌이켜 보려 하지만 분명하게 떠오르는 것은 없다. 부엌 찬장의 상태라든지, 커튼 색깔 그리고 마룻바닥은 어땠는지 거의 기억나지 않는다. 소나무로 만든 바닥용 널빤지가 깔려 있었던가, 아니면 딱히 뭐라고 말할 수 없는 색깔의 합성수지 장판이었던가? 식탁 테두리는 뜨개질 레이스로 장식되어 있었던가? 왜 우리는 편안한 방이 아니라 늘 부엌에서 식사를 했던가? 아니, 그 반대였던가?

갈탄 광산인 포르투나 노르트에서 채광한 조개탄으로 지핀 화덕 곁에 서 있던 안나의 모습이 떠오른다. 보통 때와 달리 방수포가 덮이지 않은 식탁에 앉은 그녀의 모습이 보고 싶다. 아마도 아버지는 예고된 방문을 위해 당신이 잘하는 음식 중 하나를 준비하셨던 것 같다. 새콤달콤한 풍조목 소스를 얹은 쾨니히스베르크식 완자에다 소금물에 삶은 감자를 곁들인 것이었다.

아버지가 '작은 스푼 가득' 담은 소스를 맛보라고 안나에게 내민다. 어머니는 분주하게 오가면서 무슨 말을 해야 할지 모른다. 안나는 식탁에 얌전히 앉아 학교에서 배운 대로 아름다운 독일어 문어체로 온갖 질문을 받아 낸다. 전쟁과는 거리가 먼 신비의 나라 스위스를 알고 싶어 던지는 질문들이다. 이제 그녀는 창문 너머로 갈탄이 있는 쪽을 쳐다본다. 자욱한 연기를 내뿜는 굴뚝을 바라본다.

기회를 보아, 아무리 늦어도 작별 인사를 하기 직전에 어머니는 아들을 침실 한쪽으로 데려가서 말했다. "안나 양은 다른 여자아이들처럼 행동하지 못하는 것 같더라. 아니, 그러니까 내 말은 다른 애들이라면 우리 환경을 좀 더 자연스럽게 받아들였을 거라는 얘기야. 역시 좋은 집안 출신은 다르더구나. 그렇게 보여……."

우리는 여동생에 대해서는 거의 말하지 않았고, 말을 하더라도 조심했다. 슬픔의 탁류가 어느 정도 가라앉은 터에 다시 그것을 휘젓고 싶지 않았기 때문이다. 내가 경솔하게 "그곳에서 행복하게 살 수만 있다면……" 하는 말을 내뱉었던 것도 같다.

마지막이기라도 한 듯 나는 집 안을 둘러본다. 내가 그린 과꽃도 보고 새로 장만한 가구들도 하나하나 쳐다본다. 그리고 부모님 침실의 서랍장에도 시선을 던진다. 그 위에는 여동생의 사진이 담긴 액자가 올려져 있다. 보조개를 머금은 환한 웃음에 꽃무늬 옷을 차려입은 모습이다.

이제 아버지의 목소리가 들린다. "그들 말로 수습 기간이라는 걸 마치면 모든 게 끝이야. 우리의 꼬마 숙녀는 지금은 예비 수녀지만, 그때부터 라파엘라 수녀라 불리는 거고……."

정식으로 수녀가 된 그녀의 사진도 있다. 온통 흑백으로 둘러싸인 그녀의 얼굴은 천진난만하다. 그녀는 자랑스럽게 응시하고 있지만, 새로운 복장이 잘 어울리는지 걱정하고 있는 것 같기도 하다. 사진에는 마치 존재하지 않기라도 한 듯 몸이 보이지 않는다. 정식으로 차려입은 딸의 양옆에 부모님이 서 있다. 두 분 다 모자를 쓰고 있다. 당황한 기색이 역력해서 분위기가 어색하다.

1950년대 말부터 1960년대까지 계속해서 나의 산문이나 시(詩)에 수녀들이 등장했다. 「예수의 신부들과 함께 하는 마술」이라는 연작시는 몇몇 삽화와 엮인 작품이었다. "그들은 오로지 바람에 몸을 내맡긴 존재라네. / 그들은 늘 항해하지만 바다의 깊이를 재지는 않네……."

큰 종이에 먹으로 그린 수녀화는 흑백의 농담으로 다채로운 변화를 보여 주었다. 숱이 많은 붓으로 넓은 종이 위에다 그렸다.

무릎을 꿇고 있는 수녀, 나는 듯이 움직이는 수녀, 껑충껑충 뛰면서 바람을 가로질러 수평선 쪽으로 순례하는 수녀, 카리스마 넘치는 여자 수도원장들, 성체 대회에 참석한 수녀들, 혼자 혹은 짝을 지어 커다란 리본이 달린 모자를 제외하곤 옷을 벗어 버린 수녀들, 이 모든 것은 내 여동생의 불행으로부터 나온 것이다. 안나와 내가 아헨에 있는 수도원 본원으로 동생을 찾아갔을 때 동생은 신앙심이 깊었던 만큼 조직적인 위선의 함정에 더 깊이 빠져 있었고, 예비 수녀 라파엘라로서 서약을 앞두고 두려움에 사로잡혀 있었다.

무거운 천을 두른 채 안마당에서 우리와 마주 선 그녀는 눈물을 흘렸다. 네모난 공간은 낡은 벽돌담에 둘러싸여 있었고, 그 위로는 추녀의 빗물받이용 홈에 닿을 만큼 담쟁이덩굴이 높이 뻗어 있었다. 정원 안의 작은 꽃밭 둘레에는 수직으로 반듯하게 잘라낸 회양목 울타리가 정확하게 측량된 길 양편으로 늘어서 있었다. 모든 것이 질서 정연했다. 잡초 하나 없었다. 길은 말끔하게 갈퀴질 되어 있었다. 심지어 장미에서도 염석(鹽析) 비누 냄새가 났다.

우리는 그녀가 울음을 그칠 때까지 기다렸다. 한마디 한마디 힘겨운 듯 머뭇거리면서 슬픔으로 자신을 표현했다. 자기가 꿈꾸어 온 수도원 생활과는 정말 다르다……. 이 년 전 이탈리아에서 했던 사회봉사 차원의 일과는 사뭇 다르다……. 그곳에서는 정말 즐거운 마음으로 프란체스코적 삶을 살았다……. 하지만 지금 이곳에서는 기도하고 복종하고 심지어는 스스로를 채찍질하기까지 해야 한다……. 사소한 실수에도 처벌이 따르고 모든 것이 죄악시된다……. 자기는 휘파람 부는 것을 좋아하고 계단 세 개를 한

꺼번에 훌쩍 뛰어넘는다……. 하지만 그것도 금지된다……. 그리고 모든 음식을 남김없이 먹어야 한다……. 그것도 버터를 바른 두툼한 빵을……. 그뿐만이 아니다. 가난한 자와 병든 자를 도우려는 기미는 전혀 보이지 않는다. 오로지 참회와 명상 그런 것뿐이다……. 이곳을 떠나 달아나고 싶다……. 그래, 오늘이라도 당장…….

그러고 나서 동생은 잠시 망설이더니 여전히 뺨에 눈물을 매단 채 말했다. "게다가 원장 수녀님은 엄하기만 해. 말이 나온 김에 하는 말이지만 엄격하셔. 지나치게 엄격한 분이야……"

그리하여 나는 공포의 대상인 형 집행인과의 면담을 요청했다. 아니, 요구했다. 그 즉시 그녀는 수도원 안마당을 가로질러 우리 쪽으로 다가왔다. 그녀는 안나와 나에게 자신을 알폰스 마리아라고 소개했고, 그 때문에 우리에게 그녀는 양성(兩性)을 갖춘 심판관으로 그리고 저 높은 곳에서 주로 감화원(感化院)을 관할하는 대천사로 각인되었다.

수도원의 감옥살이에서 여동생을 방면해 달라는 나의 요구는 마치 아무 말도 듣지 못한 것처럼 그녀에게서 튕겨져 나왔다. 그녀는 사람들이 겪는 유혹과 시련에 대해 언급했고, 신심을 가진 마음이라면 그런 것쯤은 이겨 낼 줄 알아야 한다고 말했다. "그렇지 않니, 라파엘라 수녀?"

사면이 막힌, 폐쇄된 수도원이 대답을 기다렸다. 참새들이 요란하게 지저귀는 소리만 들렸다. 예비 수녀는 말이 없었다. 안경을 쓴 대천사가 강한 악센트를 담아 대리인인 양 입을 열었다. "우리는 곧 구 일 기도에 들어갑니다. 그렇게 신심을 다져 우리의 평화를 찾는 것입니다……."

 여동생이 그 좁다란 입에서 흘러나온 명령에 순순히 따르겠다는 듯 고개를 끄덕이는 것을 보고 안나와 나는 까무러칠 듯 놀랐다. 알폰스 마리아의 안경알이 승리의 신호를 보냈다.

 우리는 그곳을 떠났다. 구 일이 지나갔을 때 어린애 같은 글씨체로 쓰인 설교 조의 편지 한 통이 우리에게 배달되었다. 기도와 겸허한 명상의 힘이 너무도 강했기에 온갖 유혹, 특히 신의 은총에 힘입어 사탄의 유혹에 맞서 싸울 수 있었고, 앞으로도 세속의 일을 잊어버리고 살 거라는 내용이었다. 노골적으로 말하진 않았지만 오빠인 내게 사탄의 역할을 맡겼던 것이다.

 답신을 보낼 수단이라곤 편지밖에 없었다. 물론 예상할 수 있는 일이지만 그 내용은 원장 수녀가 잘 알았을 것이다. 나는 구 일보다는 짧은 기간을 통고해 나의 강력한 뜻을 전달했다. 그동안에 동생을 수도원이라는 감옥에서 내보내 주지 않는다면 다시 방문하겠다는 내용이었다. 하지만 나중에 동생에게서 들은 바로는 위협적인 내용으로 효과를 발휘한 것은 편지가 아니라 전보였다고 한다.

 편지였든 전보였든 여하간 협박 덕택에 붉은 벽돌담으로 에워싸인 그 강압적인 체제에 문틈을 만들 수 있었다. 수도원에서 감옥살이를 하는 동안 세속적인 욕구에 대한 감각을 잃어버리지 않았던 게 분명한 동생은 그곳에서 나오자마자 미용실을 찾았다. 자선하는 경우가 아니면 돈 같은 건 구경조차 할 수 없었던 동생은 가격이 저렴하면서도 솜씨가 있는 곳을 찾았고, 수녀들의 규정에 맞게 짧게 자른 머리지만 어느 정도 미용의 효과를 낼 수 있었다.

"자, 아가씨." 미용사가 그렇게 말했던 것 같다. "이제 다시 남자들 사이를 마음 놓고 활보할 수 있어요."

앓아누운 어머니와 의기소침한 아버지가 사는 단칸방에 작은 기쁨이 주어졌다. 하지만 그것도 오래가지는 못했다. 딸이 돌아온 이후에도 이전엔 그토록 발랄했던 그녀의 웃음소리를 더 이상 들을 수 없었던 것이다.

동생과 나는 세월이 쏜살같이 지나가던 어느 봄날 오순절 무렵, 대가족의 일부를 데리고 단치히와 우리의 어린 시절을 회상해 보려고 그단스크를 찾았다. 나는 그 전에도 할아버지로서 손자 손녀 중 큰 녀석들, 즉 라우라의 딸 루이자와 그 애의 쌍둥이 남동생 루카스와 레온, 브루노의 딸 론야와 라울의 장녀 로잔나 그리고 쌍둥이의 친구인 프리더까지 데리고 시내는 물론 이전의 랑푸르였던 브제쉬취의 변두리까지도 앞장서 안내하며 둘러보고, 카슈바이의 친척들에게도 인사시켜 주었다. 아이들이 맥없이 철썩거리는 발트 해의 파도와 노닐며 작은 호박(琥珀)을 찾는 동안, 우리는 이런저런 얘기를 주고받다가 마침내 오십 년도 더 지난 수도원에서의 촌극을 화제에 올리게 되었다.

그 순간 무뚝뚝하기만 했던 원장 수녀 알폰스 마리아가 아직도 내 목덜미에 앉아 있는 느낌이 들었다. 더욱더 놀라운 사실은 동생이 그때까지도 가톨릭 신앙을 간직하고 있었고, 예전에 산파일과 노조 간부를 한 경험도 있기에 좌파적 시각을 확고하게 견지하고 있었다는 점이다. 그 때문에 그녀는 최근에 선출된 교황 베네딕토에 대해 회의적이었다. "교황이 뼛속 깊이 독일인이라니 기뻐

할 수가 없어." 그러고는 잠시 후 이렇게 말했다. "그래, 이번엔 브라질이나 아프리카 출신의 추기경을 뽑았어야 했어……."

우리 두 늙은이가(동생은 땅딸하면서도 비만이고 나는 등이 둥그스름하게 굽었고 걸음걸이가 둔중하다.) 글레트카우와 초포트 사이의 모래사장 위를 발을 구르며 걷는 동안에 아이들은 미역 사냥에 나섰다. 레온은 부지런히 앞서 가고 루카스는 뒤처져서 늑장을 부리며 따라갔고 로잔나는 언제나처럼 황새걸음으로 성큼성큼 걸어갔으며 루이자는 처음엔 망설이는 듯했고 론야는 몽유병자같이 굳은 눈빛을 하고는 꼬마 아이들처럼 미역 사냥에 나섰다. 우리 둘은 폴란드 출신인 지난번 교황의 선종을 공개한 것을 파렴치한 연출이라고 비난했다.

나는 "역겹다."라고 했고, 그녀는 "무례한" 짓이라고 말했다.

좀 더 심한 형용사도 떠올랐다. 아마도 동생은 나보다도 훨씬 더 강력한 형용사를 속으로 삭였을 것이다.

우리는 다시 저마다의 기억으로부터 어린 시절의 에피소드들을 새롭게 끄집어내려 애썼고, 그런 다음 나는 열일곱 살 때 포로수용소에서 동갑내기 동료와 함께 비가 오는 날이면 천막 밑으로 피해 들어갔고, 굶주림을 달래려고 캐러웨이 열매를 대용으로 씹었다는 얘기를 들려주었다.

동생은 내 얘기를 곧이듣지 않았다. 그 소년의 이름이 요제프였고, 바이에른 억양이 강한 말투를 썼으며, 독실한 가톨릭 신자였다고 하자, 그녀는 못 믿겠다는 듯 고개를 갸우뚱했다.

"그래서? 그런 사람이 어디 한둘이야?" 하고 그녀가 말했다.

나도 질세라 그 친구 요제프처럼 가톨릭에 깊이 빠져, 은근하면서도 정감 있게 성모의 말을 전달할 수 있는 사람은 아무도 없을 거라고 확언했다. "내 기억이 맞다면 그는 알트외팅 근처 출신이었어."

동생의 불신은 더해 갔다. "정말이야? 내 귀엔 오빠가 지어낸 숱한 이야기 중 하나처럼 과장되게 들리는데!"

내가 말했다. "바이에른 하늘 아래에서 수용소 생활을 할 때의 얘기가 별로 흥미롭지 않다면……." 그녀가 말을 받았다. "그럼, 계속해 봐……."

나는 이야기의 신빙성을 높이기 위해서라도 불확실한 부분은 인정하고 넘어갔다. "수천 명 포로 중에서 서로 통하는 것은 우리 둘뿐이었어." 그렇지만 다음의 사실만큼은 분명히 해 두고 싶었다. 즉 나처럼 이에 시달렸고 허기가 가라앉지 않을 때면 종이 봉지에서 캐러웨이 열매를 꺼내 함께 씹기도 했던 동료이자, 이전의 대서양 방벽*만큼이나 견고한 신앙심으로 무장했던 요제프가 오늘날 교황의 무오류를 주장하는 라칭어라는 인물과 연관이 있으며, 그는 그 당시 내가 알았던 대로 나지막하게 주장함으로써 오히려 특별한 인상을 주고, 수줍은 방식으로 말을 하는 사람이었다는 이야기였다.

동생은 퇴직한 산파 특유의 웃음을 지어 보였다. "이거야말로 오빠가 꾸며 낸 이야기의 전형이야. 오빠는 어릴 적부터 그런 허황된 얘기로 엄마를 졸게 했지."

나는 인정했다. "좋아, 그 여원 친구의 이름이 정말 라칭어였

---

* 2차 세계 대전 당시 영국군을 비롯한 연합군의 도버 해협 상륙을 저지하기 위해 독일이 구축한 방벽.

양파 껍질을 벗기며

는지는 장담할 수 없어. 1945년 6월 초순에 바트 아이블링 수용소에서 시계(視界)가 좋은 날이면 바이에른 알프스를 함께 바라봤고, 비가 오는 날에는 천막 아래 쪼그리고 앉아 있던 그 친구가 말이야. 하지만 신부가 되려 했고 여자에 대해서는 아무것도 몰랐으며, 포로수용소에서 나가자마자 그 저주받을 독단적인 헛소리를 공부하려 했던 것만큼은 틀림없는 사실이야. 그리고 이전에 수도원 연합회의 교리 교육을 맡았던 지도 신부였고, 지금은 로마 교황으로서 결정권을 쥐고 있는 이 라칭어가 바트 아이블링 수용소에 수감되어 있던 수만 명 중 하나였다는 것도 사실이야." 이에 덧붙여 이야기에 신빙성을 더하기 위해 나는 동생에게 《빌트》에 그와 관련된 기사가 실렸다고 덧붙였다.

할아버지와 가톨릭 기초 신학의 때이른 만남에 대해서는 아무런 관심도 없는 아이들은 미역 사이를 껑충거리며 뛰어놀았고, 루이자와 로잔나 그리고 프리더는 그들의 눈곱만 한 수확물을 자랑스럽게 내밀었다. 그러는 동안 나는 동생에게 서부 방벽 기념 옷핀이 가득 들어 있던 담배 케이스라든가, 종전 전후 무렵에 마리엔바트에서 아주 좋은 기회로 가죽제 주사위 통과 함께 손에 넣었던, 상아로 된 주사위 세 개에 얽힌 얘기를 들려주었다. "그 당시 우리는, 그 요제프라는 친구와 나는 할 일이 없었기 때문에, 말하자면 미래를 걸고 주사위 놀이를 하곤 했어. 나는 그때 벌써 예술가가 되어 유명해지고 싶다고 했고, 그는 주교나 그 이상의 무언가가 되고 싶다고 했지. 미래의 일이란 아무도 모르지만 말이야. 그때 우린 그렇게 했어. 우리에게 역할 교환이 가능하기라도 했던 것처럼 말이야."

요제프와 내가 우리 위로 펼쳐진 별이 총총한, 말 없는 하늘을 쳐다보았을 때, 그는 그 하늘의 뒤편에 사시는 하느님의 정확한 주소를 알고 있었고, 나는 오로지 텅 빈 무(無)만이 입을 벌리고 있음을 보고는 단어 몇 개를 동원하여 그럴듯한 시를 썼지만 그것에 만족하지 못했고, 그래서 결국 우리가 무엇이 될지 주사위를 던져 최종적으로 결정하려 했다고 단언한다면, 그건 나를 지속적으로 불신하긴 해도 나를 아껴 주는 동생 앞에서 다소 과장된 말을 한 것일 수도 있다. 또한 나는 동료를 자극하기 위해 단정적인 어조로 말을 했고, 교회사를 통해서도 확인되듯이 심지어는 비신앙인도 당연히 교황이 될 수 있다고 주장했던 것 같다.

나는 지난 세월에 대한 얘기를 끝낼 참으로 이렇게 말했다. "거참, 요제프는 나보다 3점이나 점수를 더 냈어. 불행인지 다행인지 모르겠지만 말이야. 그렇게 해서 나는 유감스럽게도 글쟁이가 되었고, 그는 글쎄……. 그때 만일 내가 운이 좋아서 6점짜리 두 번에 다시 5점을 보탰더라면 오늘날 나와 그는……."

동생은 외마디 소리를 질렀다. "정말이지, 오빠는 거짓말도 참 그럴싸하게 해!" 그러고는 아무 말도 하지 않았지만, 절대로 수긍할 수 없다는 기색이 역력했다. 무언가를 준비하고 있는 것 같았다.

초포트 바로 직전에 이르러 우리는 산책 코스를 바꾸었고, 아이들은 쌀알만 한 호박을 손에 들곤 자랑스러워했다. 그때 동생은 그 광경을 안경테 너머로 삐딱하게 쳐다보면서, 만일 요제프가 아니라 오빠가 교황이 되었더라면 즐거운 오순절을 맞아 사랑하는 손자 손녀와 함께한 오늘 같은 가족 나들이는 꿈도 꾸지 못했을 것이라고 조심스레 말했다. "행여 교황이 되어서도 한 무리의 아이들을 그렇게 무심하게 세상으로 내보내려 했다고 주장하는 건 아닐 테지?"

그러고 나서 우리는 다시 어린 시절의 서랍장을 뒤적이며 여느 때처럼 저마다의 기억을 떠올렸다. 그러다 내가 원장 수녀 알폰스 마리아를 "경건한 척하는 더러운 인간"이라고 불러, 우리는 한목소리로 웃었다.

그 전에는 무슨 일이 있었고, 그 후엔 무슨 일이 있었던가? 양파가 그것을 순서에 따라 오차 없이 배열하지는 못한다. 그녀의 집 번지수는 물론이고, 천박한 유행가 가사나 「여죄수」 같은 영화 제목, 그리고 전설적인 축구 선수들의 이름을 제대로 기억하지 못하는 경우가 허다하다. 그렇기 때문에 시간과 관련해서, 제시간에 정확히 시작했거나 혹은 끝났던 일들이 내게는 뒤늦게야 따르릉 벨을 울리며 떠오르는 경우가 많다는 사실만큼은 인정해야 한다.

나이가 들수록 연대기라는 나의 T 자형 지팡이는 자꾸만 허약해진다. 아직 도움이 되기에 누렇게 바랜 예술 작품 카탈로그를 들춰 보거나 인터넷으로 1950년대 중반에 나온 《모나트》라는 잡지 몇 권을 훑어보는 경우에, 설사 그것이 지금 현재 인상에 남는 사건이라 할지라도 그 원래 내용이 어렴풋한 경우가 허다하다.

다만 이런 것은 분명히 기억한다. 안나와 내가 불그스름한 오렌지색 텐트를 짊어지고 남쪽으로 여행을 떠나기 전에, 베를린에서 예술 논쟁이 벌어졌고, 그 논쟁은 이듬해까지, 아니 카를 호퍼의 사망 이후까지 지속되었으며 오늘날에도 여전히 예전의 전위 예술가들을 혼란스럽게 하고 있다는 점이다. 그만큼 그 논쟁은 근본적으로 '모더니즘'에 대한 요구를 놓고 벌어진 일대 사건이었다. 그 당시 나는 그저 당파의 주변에 머물러 있었다.

상처를 입어 격노했던 호퍼는 추상화를 절대적인 것으로 주장하던 진영에 맞서 구상화, 즉 인간의 상(像)에 의해 규정되는 그림을 변호했다. 그때만 해도 추상화 화풍은 '비구상적 회화'를 표방했으며, 예술 작품의 카탈로그에서 가장 현대적인 현대성이라 찬미되었다.

그의 논적은 빌 그로만이라는 예술 비평가였다. 호퍼의 표현에 따르자면 그는 '무(無)의 아득한 안개 속으로 빠져드는 것'만을 인정하는 입장이었다. 호퍼는 글을 통해 압도적인 비(非)관용의 분위기를 비판했고, '대관구의 지도관이 지배하는 나치 국가'의 도래를 경고하기까지 했다.

우리 미술 대학의 학장이라는 직무 차원이 아니라 개별 투사로서 그 나이 든 양반은 고군분투했다. 그는 칸딘스키 같은 '표면 장식업자' 때문에 예술이 위협을 받는다고 보았고, 러시아풍의 '요란한 키치'에 맞서, 그가 '그림 그리는 시인'이라 불렀던 파울 클레를 옹호했다.

그런 이유로 그는 '굳어 버리고 퇴행적이며', '맹목적으로 날뛰는 모더니즘의 적대자'이며, 한마디로 '반동주의자'라는 비난을 여기저기서 받았다.

온갖 말과 개념, 최신 주의(主義)가 난무했다. 논쟁은 예술가 연맹에까지 번졌고, 회원들이 탈퇴하는 사태가 이어졌다.

마침내 호퍼가 최첨단 도그마를 부추기는 원흉 국가라고 미국까지 매도하기에 이르자(그곳에서는 새로움 그 자체, 그리고 새로움이 우대를 받고 사업의 수익성을 보장해 주는 요소이다.) 그는 위장한 공산주의자라는 모욕을 당했다. 그러한 의혹은 당시에 흔히 그랬듯이 곧 죽은 듯 잠잠해졌지만, 수십 년 뒤 다시 새롭게 불거졌다. 문서 연구자들의 주장에 따르면 미국 중앙정보국(CIA)이 정치적 이해타산에 따라 추상적이고 비구상적이라고 불리는 회화를 그것이 장식적인 측면에서 무해하다는 이유로 장려하려 했다는 것이다. 그리고 또 '모더니즘'이라는 개념은 서구의 확고한 소유물로 남을 공산이 컸기 때문이기도 했다.

오늘날 관점에서 이 논쟁을 돌이켜 보고 그 의미를 따져 본다면 호퍼와 그로만, 그러니까 엄격한 인간 조형가와 그 시대 예술 교황 사이의 갈등이 조형 예술 분야에서의 내 작업에 커다란 영향을 미친 것만은 분명하다. 후일 카뮈와 사르트르의 논쟁이 나의 정치적 태도를 결정하게 했듯이 말이다. 결국 나는 카뮈의 편을 들었고, 그로써 호퍼의 손을 들어 주었던 것이다.

"오, 신성한 클레, 당신의 이름을 빌려 온갖 일이 벌어지고 있다는 사실을 당신이 알아야 할 텐데!" 하는 외침은 그가 애용하는 인용구가 되었다. 그리고 그가 우리 같은 1950년대 초의 미술학도들에게 "조형 예술의 근본 문제는 인간과 인간적인 것, 그리고 그 영원한 드라마."라고 이해시켜 주었을 때의 그 격정적인 오르간 연주와도 같은 호소는 나이 든 지금까지도 내 안에서 메아리친다.

그 때문에 나는 호퍼 선생이 죽고 나서 그리고 그 후임자를 뽑을 때까지 대학 교수와 학생마저도 두 진영으로 갈라놓았던 그 논쟁이 나에게 얼마나 큰 영향을 미쳤는지에 대해서만큼은 거의 정확하게 기억할 수 있다. 예술가적 자질이라고는 빵점인 인간을 호퍼의 후계자로 뽑는 것에 반대한 학생들의 시위운동에 내가 참여했기 때문만은 아니다.

이런 일도 있었다. 카를 하르퉁은 「도시를 뒤덮은 메뚜기」와 「갑충 K」 같은, 시(詩)들을 토대로 한 나의 분필 스케치 몇 점이 곧 예술가 연맹에 제출될 것이고, 다가오는 연례 전시회에서 그것들을 감상할 수 있을 것이라고 말했다가, 불과 몇 주 후에 심사 위원 측이 작품의 질은 인정하지만 "지나치게 구상적"이라는 평가를 내렸다며 뒤늦게 유감을 표명했다.

그때 이후 나는 모든 독단적인 규정과 거리를 둔 채 예술계의 모든 교황을 비방했다. 그 대상에는 나중에 미디어의 영향력을 마음껏 활용하여 문학계를 자신의 관점에서만 재단하려 했던 인물도 포함되어 있다. 그러는 동안에 나는 아웃사이더로서 당시의 시대정신에 항거해야 하는 위험에 익숙해져 갔다. 그 결과 나의 예술 작품은 개인 전시회를 통해서만, 그리고 변화하는 유행의 저편에 멀리 떨어진 채로만 자신을 선보일 수 있었다. 그렇게 하여 내 작품은 오늘날까지 변방에 머물렀다.

베를린에 도착한 첫해부터 나는 독자적인 길을 걸었다. 아직 터득해야 할 것이 많은 분야였지만 놀림 다리와 고정 다리로 포즈를 취하는 평범한 소녀 누드화같이, 모델을 앞에 두고 하는 작업에서는 손을 떼고, 덩치 큰 닭, 뻣뻣하게 쭉 뻗은 새의 몸통, 동강 난 넙치로 방향을 틀었다. 이를테면 「넙치」라는 주제의 초기 그림들도 물고기를 토대로 했던 것이다. 게다가 「부활절 직전의 손풍금」과 「홍수」 등과 같은 시(詩) 속에서, 그러니까 첫 번째 극작품을 쓰도록 자극했던 텍스트 속에서 나는 지금까지는 유희적으로만 시도해 왔던 경향을 발견했다. 여기에는 벽돌 가루가 섞여 흩날리는 베를린의 공기도 한몫했다.

게다가 사랑의 힘도 나를 몰아갔다. 나는 오로지 춤에만 빠져 있던 안나를 위해 글을 쓰고 그림을 그렸다. 그녀의 여선생인 마리 비그만이 이듬해 바이로이트 축제 때 공연할 「비너스의 언덕」 안무를 맡았을 때, 탄호이저는 맨발에다 거의 누드 차림을 한 소녀들 사이를 순례하며 벅찬 쾌감을 누리도록 되어 있었다.

일이 진척되는 동안 나와 울리 해르터는 마지막 총연습 직전에 각자의 아내인 헤르타와 안나를 찾아갔다. 두 수련 댄서는 발을 세게 구르는 연습을 하느라 고생하고 있었지만 무대에 출연하겠다는 열정만큼은 대단했다.

언젠가 울리와 나는 어느 공원에서 제각기 기이한 복장을 하고 있는 한 무리의 사람들을 보았다. 챙 없는 납작한 벨벳 모자를 쓰고 검은 숄을 걸치고 있던 그들은 때늦은 바그너 추종자로서, 수많은 관중이 자신들의 등 뒤에 있기라도 한 듯 눈에 보이지도 않는 오케스트라를 지휘했다. 몇몇은 챙겨 온 악보대에 총보를 펼쳐 놓고 지휘하는가 하면 다른 몇몇은 악보를 완전히 외운 채 지휘를 했다.

그 밖에 바이로이트라는 도시 그리고 갑자기 부자가 된 천민들의 거대한 예배 창고 같은 환경에서 내보였던 눈꼴사나운 행동들은 내게 웃음 신경을 자극하는 역겨움으로만 남았다. 그곳의 금융 귀족들은 가슴을 부풀린 연미복에 장신구를 치렁치렁 매단 모습으로 자신들을 과시하고 다녔다. 처음 그곳에 갔을 때 숲이 우거진 교외로 부담 없이 떠났던 여행에 대한 기억은 이제 막 벗겨진 양파 껍질에 새겨져 있다.

동화 속처럼 어둠침침한 혼합림을 가로질러 한참 가다 보니 갑자기 초원이 펼쳐졌다. 시끌벅적한 소음과 취주악 소리가 말해 주듯이, 그곳에서는 한 사격 단체 회원들이 기다란 맥주 테이블을 펼쳐 놓고 축제를 벌이고 있었다. 많은 사람들이 모여 있었는데, 그들은 고유한 의상을 걸치고 영양(羚羊)의 털로 만든 모자를 쓰고 있었다. 간이 노점에는 쌓아 놓은 양철 깡통이나 과녁에 대고 총을 쏘는 시설도 마련되어 있었다. 조화(造花)를 비롯하여 다양한 상품들도 준비되어 있었다.

나는 일찍부터 사람을 겨누어 사격하는 법을 배웠지만, 지금까지 단 한 번도 실제로 쏘아 본 적은 없다. 그런데 이제 부담 없이 조준할 수 있는 목표물이 눈앞에 있고, 초소형 구경의 총알이 장전된 공기총도 있었다. 처음에는 개머리판을 잡고 총열에 손을 대는 것조차 망설여졌다. 하지만 결국 사격대로 가 서서 내친 김에 안나를 위해 장미 한 송이를 맞히고 싶었다.

목표물을 향해 조심스레 가늠구멍과 가늠쇠를 일치시키고는 서서히 방아쇠에 압력을 가했다. 그러나 운명의 장난이었는지 내가 쏜 탄환은 날아서 점토로 된 작은 용기에 맞았다. 용기 안에는 사수를 위한 상품으로 황새 모형이 들어 있었다. 황새의 부리는 작은 바구니를 물고 있었고, 그 안에는 쌍둥이가 작은 침대에 누워 있었다. 알약과 더불어 피임의 시대가 도래하기 전의 일이었다.

누가 더 놀랐을까? 그 뒤 바로 맞혀 떨어뜨린 장미로도 안나를 위로할 수는 없었다. 그로부터 삼 년 뒤 우리의 쌍둥이 형제 프란츠와 라울의 탄생을 예고했던 그 암시는, 1리터짜리 맥주 조끼를 들이켠다고 해서 씻어 낼 수 있는 일도 아니었고 저 『개구쟁이 시절』의 우애 깊은 형제, 발트와 볼트를 떠올리게 하는 걸로도 무마할 수 없었다. 또한 근처에 있던 장 파울의 출생지인 작은 마을 분지델을 환기시킴으로써 나의 숙명적인 사격의 결과를 반어화하려는 시도도 성공하지 못했다. 그 후로 나는 두 번 다시 안나를 위해 장미를 조준하지 않았다.

지난해만 해도 바이로이트는 막연한 기대감만 주는 곳이었다. 도시의 동부 지역에서 노동자 봉기가 일어난 직후이자 베를린 시장이었던 에른스트 로이터가 죽기 바로 직전에 방학이 시작되었다. 안나는 스위스로 떠났고 나 역시 조금 후에 텐트를 챙겨 히치하이크를 하면서 남쪽으로 갔다.

렌츠부르크에서 안나는, 무슨 말을 했는지 모르겠지만 그녀의 부모님에게 나의 방문을 준비하게 했다. 그들은 친절하고 격의 없이 나를 맞아 주었다. 하지만 코르덴 바지에 배낭 하나 달랑 메고 독일에서 찾아온 이 빈털터리가 그들에게는 더없이 낯선 존재로 보였을 것이다. 외모에서 풍기는 인상을 부드럽게 하려고 나는 실존주의적 자기표현 방식이라기보다는 그저 일시적 기분에 따라 기르던 수염을 자르고 갔다. 그들이 나를 관찰하는 순간 나는 벌거벗은 듯한 느낌이 들었다. 그처럼 낯선 환경에서 나의 첫걸음을 완화해 준 것은 안나의 두 자매였다. 한 명은 안나보다 한두 살 많은 것 같았고 다른 한 명은 훨씬 어려 보였다.

한 상류층 집안에 취임 인사차 방문한 손님을 맞기라도 하듯 온 가족이 나와 함께 정원 쪽 테라스로 가서 둘러앉았다. 이 집은 부계 쪽으로 칼뱅주의를 따르는 남프랑스 가문 출신으로, 츠빙글리파 집안으로 시집을 와 지금은 과부가 된 할머니의 집이었다. 프랑스어로 나누는 그들의 한담은 내가 공기라도 되는 듯 나를 사이에 두고 넘나들었다. 격식 있는 가족극 장면에 꿰다 놓은 보릿자루 신세가 된 이방인에게는 거의 한마디도 건네지 않았기에, 나는 묽은 차를 마셨고 비스킷만 잔뜩 씹어 댔으며, 당황한 채 멀찌감치 떨어져 있는 브랜디 병이나 정원 쪽으로 시선을 두었다. 정원의 만병초 덤불 뒤쪽으로 그리 멀리 떨어지지 않은 곳에 있는 쪽문 하나가 빌데크와 브룩 방향의 거리 쪽으로 열려 있었다.

그쪽 방향에서 나는 히치하이크로 이곳에 왔다. 그 작은 쪽문이 내게 도주를 부추겼다. 지금 당장이라도 달아나지 못할 이유가 뭔가? 테라스 난간을 옆으로 넘어 정원으로 뛰어내리기만 하면 그만이었다. 잽싸게 뛰어내리는 것 정도는 문제도 아닐 만큼 나는 충분히 민첩하지 않았던가.

그렇다! 바로 그 자리에서 도움닫기 없이도 가능했다. 도망가는 게 상책이었다. 잔디밭을 지나 몇 걸음 안 가면 쪽문을 통해 거리로 나갈 수 있고, 그곳에서 다음 버스나 다음다음 버스를 세우든지 혹은 근처에 있는 과일 잼 회사인 혜로의 화물차에 동승하면 되는 것이다. 그러면 그것으로 나는 관찰 대상으로서의 고통에서 벗어나 구속 없는 자유의 몸이 될 수 있었다.

내가 이곳에서 무엇을 찾아야 했던가? 그 어떤 은총의 표지가 나를, 이 고집불통의 회의주의자를 구원할 수 있겠는가? 이교도적 가톨릭 신자가 츠빙글리파와 칼뱅파 사이에서, 마치 위그노 전쟁*에서 낙오한 교황권 신봉자처럼 갈팡질팡 못 하는 꼴이었다. 게다가 브랜디조차 저 멀리 손이 닿지 않는 곳에 있지 않은가. 도망치자, 도주밖에 없다!

나는 남몰래 재킷 안주머니를 더듬어 보았다. 그 속에 여권이 들어 있었다. 머릿속으로는 벌써 뛰어내릴 태세를 갖추었지만 두 다리가 아직 주저하고 있었다. 나는 숨을 크게 한번 들이마신 다음 조금 긴장한 채 안나 쪽을 힐끗 쳐다보았다. 그녀는 아마도 내 고통에 공감하고 있을 것이고 이 난처한 상황을 예감했을 것이다. 바로 그때 할머니가 은발의 파마머리로 둘러싸인 얼굴을 내 쪽으로 돌리고는 안경을 벗은 눈으로 흥미롭다는 듯 쳐다보았다. 그냥 호기심이 일었던 것이다. 할머니는 다양한 표정으로 미소를 지으며 악센트가 별로 없는 표준 독일어로 내게 말을 걸었다. 그 순간 할머니의 곱슬머리가 가늘게 떨렸다. "예전의 제국 수도였던 도시에서 순수 예술을 공부하고 있다고 내 아들 보리스에게서 들었어요. 젊은 시절 기구 조종사를 알고 지냈는데 그 사람도 베를린 출신이었지요……."

그 즉시 나는 염두에 두고 있던, 머릿속으로는 이미 성공한 것이나 진배없던 도주 계획을 포기했다. 되돌아간다는 것은 있을 수 없는 일이었다. 할머니의 말 한마디로 나는 이제 모든 면에서 안정

---

* 프랑스에서 발생한 종교 전쟁. 위그노는 프랑스의 칼뱅파를 가리키는 말로, 공업자와 상인 계층이 많았다. 이는 직업 소명설을 주장하는 개신교의 교리가 프랑스 상공업자에게는 '복음'이었기 때문이다. 위그노 전쟁의 명분은 종교의 자유였지만, 보통은 신흥 부르주아 초기 세력이 구체제에 반발하는 과정에서 일어난 전쟁이라고 해석된다.

된 한 가정의 일원으로 받아들여졌다고 생각했기 때문이다. 기본 재산도 있을 뿐만 아니라 지방 풍습에 따라 이자 소득으로 검소한 살림을 꾸려 가고 있는 집안이었다. 그리고 낭트 칙령*이 결코 태양왕**의 일시적인 악감정 때문에 철회된 게 아니듯이, 그 가족은 내 출신에 대해서도 전통에 따라 관용적으로 대해 주었다.

나는 운명에 순응하기로 했다. 물론 아직 시도하지는 않았지만 언제라도 훌쩍 뛰어내려 친숙한 나라로 줄달음질할 수 있는 가능성은 늘 염두에 두었다. 게다가 베를린 출신 기구 조종사의 후예인 내게는 적합한 거처가 무엇보다도 절실했다. 말하자면 어떤 우발적인 사건도 배제하고, 불그스름한 오렌지색 텐트를 챙겨 안나와 함께 이탈리아로 여행을 떠나는 것이 급선무였다.

여행 출발일이 확정되었다. 배낭도 몇 개 꾸려 놓았다. 구닥다리 여행 안내서도 챙겨 넣었다. 부르크하르트의 『이탈리아 르네상스의 문화』라는 책도 우리의 미적 감각을 고양하는 역할을 해 주어야 했다. 하지만 여행을 떠나기 전에 안나는, 텐트 야영에 대해 걱정하는 어머니를 안심시켜야 했다. 순결을 해치는 행동은 절대로 하지 않겠다고, 따라서 잘 때는 우리 둘을 갈라놓을 수 있는 두 개의 텐트 기둥을 세우겠노라고. 어머니 그레티 슈바르츠의 명예를 걸고 딸을 믿어 달라고 했다.

---

* 1598년에 프랑스의 앙리 4세가 낭트에서 발표한 종교적인 칙령. 공직 취임 등에서 차별받던 개신교 신자들에게 로마 가톨릭교도와 동등한 권리를 주어 근대 유럽에서는 처음으로 개인적인 종교의 자유를 인정했다. 이 칙령으로 위그노 전쟁이 끝났다.
** 루이 14세.

우리는 카포 치르체오를 들렀다가 남쪽으로 더 내려가 나폴리까지 갔다. 해변, 소나무 아래, 인적 없는 담장 사이 등 텐트를 치는 곳마다 우리는 두 개의 기둥 사이에 허용되었던 간격보다 더 가까이에서 잤다. 하지만 우리의 사랑은 오늘날까지도 안나와 나만의 것으로 남아 있는 만큼, 그에 대해서는 어떠한 설명이나 명백한 언어 소모도 허용할 수 없다. 다만 텐트와 관련해서는 우리가 아무 생각도 없이 너무 익은 열매가 가득 달린 뽕나무 아래에 텐트를 치는 바람에 텐트 덮개 위에 군데군데 새빨간 자국이 남아 빗물에도 씻기지 않았던 게 기억난다.

한번은 저렴한 가격에 구한 생선으로 해변에서 요리를 하는데, 갑자기 한 무리의 소년 파시스트들이 나타나 인사를 해서 깜짝 놀라기도 했다. 자기들의 총통인 무솔리니에게 하던 인사 방식 그대로였다. 검은색 유니폼 셔츠를 입은 그 소년들은 우리를 위해 해안으로 떠밀려 온 땔감을 주워 모았다. 그들을 달리 가르칠 수가 없었던 것은, 갈색 나치 소년단 셔츠를 입었던 시절의 나를 보는 듯했기 때문이다. 잡초란 미나리처럼 되살아나 늘 새롭게 꽃을 피우며 확산된다. 물론 이런 후예를 위한 풍토를 제공하는 곳이 이탈리아만은 아닐 것이다.

우리는 여러 곳을 다녔지만 많은 것을 보지는 못했다. 왜냐하면 안나와 나는 여전히 서로를 새롭게 발견했고, 서로를 놀라움으로 경험했기 때문이다. 우리는 각자에게 센세이션 그 자체였고, 우리를 서로에게서 떼어 놓을 수 있는 것은 거의 없었다. 스케치를 하거나 수채화를 그릴 때에도 우리는 늘 붙어 있었다.

지나가는 자동차를 얻어 타고 오가면서 겪었던 흔하고 사소한 경험이라든지(안나는 차를 얻어 타고 가는 동안 어떤 나폴리인 운전자와 그의 동승자를 두려워해, 내게 스위스제 주머니칼을 슬쩍 쥐여 주기도 했다.) 자신이 관리하는 지하 납골당에서 우리에게 잔뜩 모아 놓은 해골 무더기를 보여 주면서 자부심이 넘치는 듯 여운이 긴 웃음소리를 내던, 수염을 기른 카프친 교단의 성직자를 만난 일을 제외하면, 기억에 남는 것은 우리가 존경했던 화가 조르조 모란디를 찾아갔던 일뿐이다.

볼로냐에 있던 그의 집을 물어, 예고도 없이 찾아갈 만큼 우리는 충분히 젊고 낯이 두꺼웠다. 대가의 누이들이 우리를 맞았다.

안나는 이탈리아어를 유창하게 했고, 그녀의 고모 중 한 명과 잘 아는 사이이자 모란디 수집가로 알려진 플레어스하임이라는 스위스 출신 미술품 수집가를 거명했다. 게다가 우리가 그들의 질문에 '미국인'이 아니라는 것을 확인해 주었기 때문에 그 수줍은 두 여성은 우리에게 대가의 아틀리에로 들어갈 수 있도록 해 주었다. 하지만 그 대가가 보여 준 것은 틀에 팽팽하게 고정된 빈 캔버스들뿐이었다. 그러더니 요괴처럼 킥킥거리면서 아직 그리지 않은, 열두 점 남짓한 그림도 모두 '미국인'에게 이미 팔렸다고 말했다.

그가 아틀리에로 사용하는 베란다에서 우리는 테이블과 서가 위에 꽃병과 항아리 그리고 병이 올려져 있는 것을 볼 수 있었다. 평평한 받침대 위에 놓인 이 모든 것은 팽팽히 펼쳐진 천들을 배경으로 마치 우연히 그렇게 된 것 같은 배열을 이루고 있었다. 한때 전형적인 모란디 정물 작품의 모델 역할을 했던 것들이 세월이 지나면서 먼지를 덮어쓰게 된 것이었다. 그 결과 모여 있는 항아리와 병과 꽃병은 이제 모두 먼지로 뒤덮여 하나같이 암갈색으로 변한 채, 작품 활동에 대한 이 대가의 열정이 예전 같지 않음을 추측하게 해 주었다.

우리가 그토록 찬미했던 자신의 예술품이 갑작스럽게 드러난 데다 그 황량한 유산을 우리가 놀란 눈으로 쳐다보자 알이 둥근 안경을 쓴 모란디는 슬며시 미소를 지었다. 꽃병과 병 사이에 거미줄이 있었고, 심지어는 거미가 살기도 했다. 오늘날 같으면 이처럼 먼지에 쌓이고 예술적으로 꾸며진 듯한 작품들은 일종의 개념 예술로 받아들여져, 자족적인 예술 감각에 호소할 수 있었을 테고 틀림없이 고객도 확보했을 것이다.

온통 검은색 옷으로 차려입은 대가의 누이들은 작은 잔들에 담아 내놓은 달디단 초록빛 리큐르로 우리에게 작별을 고했다. 그때 나는 그에게 부식 동판화의 시험 인쇄본을 얻을 수 없는지 물어보았어야 했다. 그랬으면 아마도 그 노인은 기분에 따라 선심을 썼을 것이고 지금쯤 안나나 내가 사인을 한 작품을 한 장 소장하고 있었을 것이다. 우리는 그렇게 볼로냐를, 우리 나름대로는 깊이 파고들었던, 붉고 기름진 저 도시를 떠나왔다.

나폴리의 항구 근처에서 우리는, 배낭을 도둑맞아 집으로, 오로지 집으로 돌아가고 싶다며 울고 있는 한 무리의 독일 소년단원들을 보았다. 그들은 온갖 빨랫감을 길가에 늘어뜨려 놓고 말리고 있었다. 또 떼거지로 모여 한바탕 소란을 피워 대고 있었다. 좁은 도로로 접어들자 축제 행렬이 눈에 띄었다. 그 이교도적인 가톨릭 풍의 호화로운 광경은 신사실주의 영화에서 익히 보아 아는 것이었다. 생선 비린내와 과일 썩은 냄새가 풍겼다.

    기억 속에 정체되어 버려서 그런지는 몰라도 그 밖에는 분명히 기억나는 경험이 별로 없다. 다만 어머니가 유치(留置) 우편으로 보냈던 편지 한 통이 나를 기다리고 있었다는 사실만은 기억이 난다.

    어린 아들에게서 레몬이 꽃피는 나라, 남쪽 나폴리까지 동화 속 그림 같은 여행을 하겠노라는 약속을 받았던 어머니, 당신의 전도유망한 아들을 연극 주인공의 이름으로 가장하기를 좋아했던 어머니, 하지만 그 아들의 삶의 양파를 한 겹 한 겹 벗겨도 결국 의미 있는 알맹이를 보지 못했던 어머니, 나의 온갖 호언장담에도 불구하고 페르귄트의 어머니처럼 결국엔 아무것도 얻지 못했던 어머니, 평생 아름다움을 갈구하면서 무엇이 자신에게 어울리는 아름다움인지를 잘 알았던 어머니, 그 어머니는 당신의 "사랑하는 아들"이 다시, 어머니가 쓴 그대로 말하자면 "온갖 아름다움을 볼 수 있는 행운을 가지게 된" 것을 기뻐했다. 더욱이 "아주 사랑스럽고 집안도 좋은 젊은 아가씨"와 함께 말이다.

    "안나 양과 사귈 때는 사려 깊게 행동해야 한다."라고 타이르는 편지의 말미에서야 어머니는 "나아져야 할 텐데 그럴 기미가 보이지 않는구나." 하고 당신이 지금 병을 앓고 있음을 암시했다. 나는 이 말을 흘려듣지는 않았지만 그렇게 심각하게 받아들이지도 않았다. 그러나 그 후에 일어난 모든 일은 어머니의 고통 저편에서 진행되었다.

    렌츠부르크로 돌아오자마자 안나의 아버지가 남자 대 남자로 대화를 청했다. 우리가 없는 동안 자신의 딸이 살고 있는 베를린의 여자 집주인으로부터 애매모호한 고발이 가득 담긴 편지를 받았다는 것이다. 나쁜 험담에 대해서는 개의치 않겠지만, 내가 반복해서 딸의 방에서 자고 갔다는 사실만은 분명하므로, 자신도 동의하는 바이지만 아내의 의견에 따라, 자신의 딸 안나에 대한 애정에서 비롯된 것이 분명한 이 관계를 이제 합법화하는 절차가 필요하다는 것이었다. 그러고 나서 그는 우리에게 더 이상의 말을 아꼈다.

우리는 책으로 가득한 서가 한쪽에 서 있었으며, 나는 그 와중에도 책등에 쓰여 있는 제목을 알아보려고 애썼다. 안나의 아버지로서는 그런 식의 대화가 불쾌했을 것이나, 나는 그렇지 않았다. 더구나 나는 "예." 그리고 "그렇게 하겠습니다."라고 군소리 없이 대답했다. 그러고 나서는 결혼식 날짜에 대한 얘기만 오갔다.

세 딸을 둔 아버지인 보리스 슈바르츠는 지금 당장은 아니더라도 가능하면 빠른 시일 내에, 그러니까 해가 바뀌기 전에 우리의 결혼식을 보고 싶어 했다. 하지만 나는 코르덴 바지를 입은 채 결혼식을 올리고 싶지는 않았다. 어떤 경우라도 뒤셀도르프의 카리타스 요양원 시절에 입었던 낡아 빠진 옷을 입을 수는 없었다. 그래서 겨울 학기 동안 돈을 충분히 벌어 새 옷, 즉 기성복을 한 벌 장만해 입고 나서 렌츠부르크 호적 사무소의 문턱을 밟고 싶었다. 안나도 이듬해 초쯤을 원했다. 그때까지 그녀는 중간 시험을 보기 위해 버르토크의 피아노 곡에 맞춰 독무 연습을 하고 싶어 했다.

이런저런 아이들의 병을 예방하려고 내복(內服) 면역을 하듯이 우리는 결혼을 가볍게 보았다. 통증 같은 건 없어, 결혼은 될 수 있는 한 빨리 해치우는 거야.

결혼은 4월의 어느 날로 확정되었다. 나는 20일만큼은 피하고 싶었지만 미래의 장인은 그날을 고집했다. 독일에서는 이날이 심적 부담을 주는 날일 수 있겠지만, 스위스인인 그에게는 아무런 정치적 의미도 없는 날이라는 것이었다. 더욱이 1945년 4월 20일은 그가 딸들을 통해 들었듯이 내가 나이 어린 병사로서 경상을 입긴 했지만 운 좋게 살아남은 날이 아니던가.

명실공히 탄탄하게 기반을 잡은 철물 상인이자, 항시 만반의 준비를 갖추고 있는 스위스 군대 출신의 퇴역 장교인 안나의 아버지는 그럼에도 불구하고 잠재의식상으론 여린 사람이었다. 그는 스스로가 만들어 낸 강박 관념에 시달리는 게 분명했다. 하지만 거리낌 없이 "예."라고 대답했던 내 마음을 시험해 보려고 그를 마주하고 있는 내 모습을 보지만, 내게서는, 그러니까 너무도 성급하게 신랑이 되어 버린 이 괴짜에게서는 누군가의 강요를 받은 기색이 전혀 보이지 않는다. 그야말로 나는 홀가분한 마음으로 굳은 맹세를 이행할 준비가 되어 있다. 심지어 나는 성급히 시선을 옮겨, 나무랄 데 없이 차려입고 단춧구멍에 꽃도 한 송이 꽂은 내 모습을 본다.

그 뒤에는 모든 일이 신속하게 진행되었고, 그것을 연대기적으로 배열하는 건 쉬운 일이 아니다. 더욱이 저 먼 곳에서 병고에 시달리던 어머니에게 그 후의 시간이라는 것은 전혀 다른 차원에서 흘러가지 않았던가.

장인 장모의 그 가득한 책장이 내게, 서가 벽 한쪽에서 거행된 결혼 서약보다 더 중요하게 여겨진 때가 렌츠부르크에서의 마지막 몇 주 동안이었는지, 아니면 이듬해였는지는 확실하게 기억나지 않는다. 어쨌든 나는 독서에 푹 빠져 지냈다. 클라분트의『문학 소사』에 빠져들었고 그다음엔 두 권 분량의, 부드러운 고급 가죽 양장으로 제본된 제임스 조이스의『율리시스』를 섭렵했는데, 게오르크 고예르트의 번역으로 취리히의 라인 출판사에서 출간된 것이었다.

나는 오늘날까지도 그 책을 간직하고 있다. 올해로 104세가 된 안나의 어머니는 초고령인데도 책을 많이 읽었고, 조이스가 너무 어려울 뿐만 아니라 "부서진 돌가루" 같은 맛이 나서 자신의 취향에는 맞지 않는 작가라고 평했다. 그녀는 내게 그 두 권의 책을 선물로 주었는데, 물론 언어의 기적과 같은 이 작품이, 이후 내게 주어진 다른 읽을거리와 함께 어떤 자극을 줄지는 예감하지 못했다. 그리고 얼마 후에는 상냥한 누이와 함께 방 네 칸짜리 빌라에 살면서 정원에 원숭이 한 마리를 쇠사슬로 묶어 놓고 사육하는 안나의 괴짜 삼촌 파울이 내게 알프레드 되블린의『베를린 알렉산더 광장』을 빌려 주었다. 훗날 나는 되블린의 작품 하나하나를 탐독하면서 배움의 길을 밟았고, 또 그 인연으로 그의 이름을 기리는 문학상을 제정하기도 했다.

그 외에도 나는 프란츠 마자렐이 삽화를 그려 넣은 샤를 드 코스터의『오일렌슈피겔』도 읽었다. 다양한 시간 층위로 꽉 찬 그 책은 창작에 목말라 있던 나를 이끌어 준 동력이 되었다.

렌츠부르크 시절을 전후하여 읽었던 모든 책은 결혼식을 목전에 둔 내게, 먼 길을 가는 동안 씹을 수 있는 일종의 비상식량처럼 비축되었다. 도스 패소스의 『맨해튼 트랜스퍼』, 체슬라브 밀로즈의 『사로잡힌 생각』, 그리고 승리자의 시각에서 전쟁을 환기시켜 준 처칠의 회고록을 읽었으며, 고트프리트 켈러의 『초록의 하인리히』를 다시 읽었다. 소년 시절에 나는 『초록의 하인리히』를, 당시 암에 걸린 하복부를 방사선 치료에 내맡기고 있던 어머니의 책장에서 발견했다.

아니면 어머니가 병을 앓고 있는 동안 이런저런 책을 베를린에 와서야 읽었던가? 오일렌슈피겔과 그의 동료 람머 괴착의 모험담을, 자신이 가장 애지중지하는 작품이라면서 읽어 보라고 강요했던 사람은 루트비히 가브리엘 슈리버가 아니었던가? 술이 한 잔씩 들어가면 차츰 가톨릭적이 되어, 마치 아직도 그것이 존재하기라도 한다는 듯, 종교 재판을 악마의 짓거리라고 저주하던 루트라는 친구는 만취 상태가 되자마자 라이딕케의 기다란 술집 테이블에 앉아 "티스 튀트 반 테 베벤 데 클링케르트."라고 소리를 질러 댔다. 번역하자면 "유리잔으로 쨍그랑 소리를 낼 시간이 되었네." 정도의 의미이다. 그러고 나서 그는 자신이 언급한 속담에 따라 마지막까지 비워 버린 잔을 집어 던져 산산조각 내 버렸다.

결코 끝나지 않을 이 이야기의 궤도 속으로 누가 나를 끌어들였든 간에(그 첫 번째 인물은 자신의 제자에게 그리멜스하우젠의 『짐플리치시무스』를 접종해 주었던 리트슈바거 선생님이다.) 내 장인의 서가는 안나의 혼숫감이었다. 그녀와의 결혼으로 나는 부자가 되었다.

보임리아커라고 불렸던, 렌츠부르크의 그 정원 딸린 집은 또 다른 부가 가치를 창출해 냈는데 그것은 다름 아니라 안나의 두 자매였다. 안나의 언니인 헬렌 마리아는 하마터면 내 마음을 뒤흔들 뻔했고, 은밀하게는 사실 그랬다. 동생인 카타리나는 생기발랄한 여학생이었다.

활짝 열려 있던 그곳의 책장이 내게 일생 동안 다양한 이야기들을 말하게 하고, 그 과정에서 실이 끊기기라도 하면 다시 잇도록 부추겼듯이, 있는 그대로 밝히고 싶진 않지만, 내 삶은 수십여 년간 세 자매를 피해 가지 못했다. 내 딸 헬레네의 어머니 베로니카 슈뢰터 역시 작센 출신의 세 자매 중 둘째였고, 내 딸 넬레를 내게 준 잉그리트 크뤼거는 튀링겐 지방의 세 자매 집안에서 막내딸로 자랐다. 하지만 온갖 혼란 가운데서도 내게 남았고, 그녀의 두 아들 말테와 한스를 대가족 속으로 데려온 우테는 세 딸을 가진 의사 집안의 장녀로서 포어포메른의 섬 출신이다.

아니, 아니다. 갱부 감독의 세 딸을 빼놓고는 더 이상의 트리오를 열거할 수 없다. 그의 장녀는 이 연결수 소년을 진심으로 좋아하지 않았던가. 나로서는 그처럼 많은 세 별에 어울리는 운명의 멜로디를 휘파람으로 불 수도 있었을 것이다. 하지만 한참 지난 얘기이긴 해도 그 당시 내가 미래의 여성들을 점쳐 보기 위해 주사위를 던졌을 때 네 번인가 다섯 번쯤 연속적으로 세 개의 3이 나오자, 그 악동은(그는 예전에 캐러웨이를 씹어 대던 동료 요제프이자 지금의 새 교황이었던가?) "이 모든 것은 우연일 뿐이야!"라고 말했다.

내가 뽕나무 열매 자국으로 물든 붉은 오렌지색 텐트를 꾸린 채 렌츠부르크를 출발해 브룩을 거쳐 베를린 방향으로 히치하이크를 했을 때, 세 자매는 마치 우미(優美)의 세 여신처럼 손짓을 했다. 그 당시 나는 우회로를 택해 오버아우셈의 부모님 집에 들러야 하지 않았을까?

어머니는 여전히 집에서 병고에 시달렸고, 방사선 치료를 지속적으로 받기 위해 버스를 타고 쾰른으로 가야 했다.

베를린에서 가을과 겨울을 보낸 뒤 한 장례 협회의 소개를 받아, 휘저은 석고로 다양한 종류의 데스마스크 뜨는 일을 했다. 그 일로 나는 서쪽의 백화점에서 내게 어울리는 검은색 재킷을 비롯하여 가는 줄무늬의 신사복 바지와 은회색 넥타이 그리고 이후 두 번 다시 신지 않았던 검은색 단화까지 구입할 수 있을 만큼 돈을 벌었다. 그 밖엔 아무것도 가진 게 없었지만 나는 신랑으로서 멋진 모습을 보이고 싶었다.

다른 사건들도 동시에 새로 생겨나거나 마무리되는 와중에 급하게 집을 옮긴 일이라든지 어머니의 고통에 대한 소식(당시 어머니는 쾰른 니페스의 한 병원에 입원 중이었다.) 등으로 잠시 주춤했을 뿐 결혼식은 별 무리 없이 진행되었다. 나중에 나를 녹초가 되게 하고, 마비 시키고, 해방시켰던 사건들, 글쓰기 소재로 삼거나 점토로 형상화할 수 있었던 사건들, 그리고 내게 약간의 돈과 첫 성공을 가져다주었던 사건들은(게의 모양을 한 손바닥 크기의 브론즈상을 만들어 판 적도 있다.) 저마다의 흐름을 유지하며 때론 정체되거나 때론 서로를 묻어 주는 사건으로 존재하는 듯하지만, 한편으로는 동시에 자신의 존재감과 우월성을 드러내려 다투기도 한다.

안나와 내가 로젠에크 근처에서 한 라디오 가게 쇼윈도를 통해 처음으로 텔레비전에서 무언가 흑백으로 어른거리는 것을 보았을 때, 그리고 카를 호퍼와 빌 그로만 사이의 예술 논쟁이 조형 예숱 대학은 물론 석고쟁이들까지 뒤흔들어 놓던 무렵 내 어머니는 입원 치료를 받고 있었고 우리는 슈마겐도르프로 이사를 했다. 독일계 러시아인인 그 집 여주인은, 서쪽의 돈을 벌기 위해 매주 한 번 도시의 동쪽에서 오던 청소부 아주머니에게 커피 앙금으로 미래를 점쳐 달라고 부탁하곤 했다. 그녀는 내게 가족 중에 사망 사고는 없을 것이지만, 엄청난 명성과 명예를 얻을 것이라 예언했다. "행운의 사자가 당신과 함께할 것입니다……."

우리는 큰 방 한 칸에서 생활했고, 부엌은 공동으로 사용했다. 내가 사행시를 쓰거나 아니면 동물 그림을 그릴 때면 안나는 맨발로 버르토크의 음악에 맞춰 춤을 추곤 했다. 우리는 영화관에 가서 1930년대 프랑스 영화를 관람하기도 했다. 그 무렵 어머니는 멀리 떨어진 곳에서 서서히 임종의 시간을 맞고 있었다.

우리는 그 당시 당파적으로 갈라진 청중을 앞에 두고, 동베를린과 서베를린에서 번갈아 열렸던 토론회장을 찾곤 했다. 냉전이라는 주제가 대화의 충분한 기폭제가 되던 그해 겨울은 특별히 춥지도 따뜻하지도 않았다. 동서 간의 논쟁이 같은 말만 되풀이하며 가열되어 가는 동안, 베르트 브레히트가 한국 전쟁이나 핵무기에 의한 죽음 같은 주제에 대해 이렇다 할 의견이 없다는 듯 미소만 흘리면서 단상에 앉아 있는 모습도 보았다. 하지만 가련한 브레히트가 꿀 먹은 벙어리처럼 여송연만 씹어 대는 동안, 강대국의 지식인 대표들이, 서부 진영의 멜빈 라스키, 동부 진영의 볼프강 하리히가 각각 상대 진영의 범죄 행위에 대해 조목조목 따지고, 처음 실시된 핵 공격의 위력에 대해 공포감을 공유하는 동안에도 암은 어머니를 잠식해 들어가고 있었다.

우리는 중고 냉장고 하나를 구입했다. 부부로서 장만한 첫 물건이었다. 하지만 어머니의 몸은 방사선으로 타들어가고 있었다.

우리는 기회만 닿으면 춤을 췄고, 젊은이다운 것이 전부라고 생각했다. 하지만 어머니의 하복부엔 아물 수 없는 상처가 자리했다.

나는 원래는 결혼식 전에 순차적으로 혹은 동시에 일어났던 일들에 대해 이야기하려 했다. 하지만 내가 아는 바 없었던 어머니의 임종은 우리의 시간과 동떨어진 곳에서 어떠한 사건도 동반하지 않은 채 진행되었다.

동서 양측 사이에 벌어진 논쟁은(주로 스탈린주의의 희생자와 히로시마와 나가사키에 투하된 핵폭탄에 의한 추정 사망자 수가 언급되었고, 아우슈비츠에 대해서는 일언반구도 없었다.) 대략 일 년 전 스탈린의 사망처럼 세상을 들썩거리게 했다. 하지만 내 어머니의 죽음은 말없이 진행되었다.

나의 스승 하르퉁은, 매주 한 번 고트프리트 벤을 중심으로 바이에른 광장의 한 맥줏집에서 모인 자리에서, 보통의 경우엔 접근하기 어려운 그 대가에게 나의 시(詩) 중 몇 편을 평가해 달라고 내놓았다. 하지만 전혀 다른 사람들 속에 있었던 어머니는 압운시와 비압운시를 넘겨주는 이 중대한 일에 조금도 관여하지 않았다.

그리고 여동생이(아니면 아버지였던가?) 내게 어머니의 임종이 임박했으니 즉시 오라는 전갈을 보냈을 때, 그러니까 하르퉁으로부터 벤이 나의 시에 대해 "앞날이 촉망된다."라고 평가했고 또 "당신의 제자는 나중에 산문을 써 보는 것도 괜찮을 것."이라는 말을 했다는 얘기를 전해 들은 직후에 나는 안나도 대동하지 않은 채 지역 간 열차를 타고 쾰른으로 갔다. 임종이 임박한 어머니는 쾰른의 성 빈첸트 병원에 누워 있었다.

어머니는 천천히 나를 알아보았다. 그리고 아들에게서 거듭 키스를 받고 싶어 했다. 나는 고통으로 일그러진 어머니의 입술과 이마 그리고 불안스레 떨고 있는 두 손에 키스를 했다.

어머니의 침대는 다인용 병실에서, 임종실로 사용되는 창고로 옮겨졌다. 창문 하나 없는 좁은 방의 벽엔 그 흔한 십자가 하나 없었다. 저 높이 천장 아래에는 40와트쯤 되는 백열전구가 빛을 발하고 있었다.

어머니는 더 이상 말을 하지 못했지만, 마른 입술은 움직거렸다. 나는 어머니에게 말을 걸었고, 그 외에 무엇을 해야 할지 몰랐다. 아버지와 여동생도 함께 있었다. 우리는 교대로 어머니의 입을 적셔 주었다. 어머니와 단둘이 있을 때면 나는 어머니의 귀에다 대고 나지막한 목소리로 속삭였다. 아마도 평소에 늘 하던 약속, 반복되는 레퍼토리였을 것이다. "엄마가 다시 건강해지면 우리 둘이…… 저 멀리 햇볕 가득한 남쪽 나라로…… 그래, 레몬 꽃 피는 곳에서…… 도처에 아름다움이 넘치는 멋진 곳에서…… 로마까지 갔다가 다시 나폴리까지…… 내 말 믿지, 엄마……."

이따금씩 날개 리본이 달린 모자를 쓴 간호사와 수녀가 다녀갔다. 그들은 붕대 용품, 온수병 그리고 휠체어를 가져왔고 분주히 움직였다.

나중에 나는 연필과 목탄 그리고 펜을 이용하여 날개 리본 모자가 인상적이었던 애덕 수도회 수녀들의 정면화와 프로필을 그렸다.

그 당시 병실을 드나들던 수녀 중 하나가 뜬금없이 스쳐 지나가는 소리로 약속했다. "사랑하는 주님께서 이제 곧 가련한 영혼을 구원해 주실 겁니다……."

그때 나는 어머니가 특별히 좋아했던 과꽃을 준비해 놓았던가? 양파는 그것에 대해 아무것도 알려고 하지 않는다.

얼마나 오랫동안이었는지는 모르나 내가 어머니 곁에 앉아 잠든 사이에 어머니가 돌아가셨다고 아버지가 말했다. 아버지는 "렌헨." 하며 말을 더듬었다. "나의 렌헨……."

어느 일요일 그 몸으로부터 기어 나오며 동시에 소리를 질렀다 하여, 내게 "너는 일요일에 태어난 아이란다……."라고 확언해 주곤 하던 어머니, 어릴 적 콤플렉스로부터 벗어나지 못했던 이 응석받이에게 열네 살이 될 때까지도 당신의 품을 내주었던 어머니, 부와 명성 그리고 약속의 땅인 남쪽 나라로의 여행처럼 허황된 나의 맹세를 들어야 했던 어머니, 외상 거래 고객에게 받을 돈을 소액의 분할금 방식으로 수금하는 법을 가르쳐 주었던 어머니("금요일에 노크를 해야 해. 그래야 주급으로 받은 돈이 남아 있을 거야."), 나의 선량한 마음을 보면 안심하고 악한 마음을 보면 가슴 아파했던 어머니, 설치류가 번식하듯 숱한 근심과 걱정만 끼쳐 드렸던 어머니, 어머니의 날에 내가 수금한 돈으로 전기다리미를(아니, 수정 접시였던가?) 선물해 드렸던 어머니, 멍청한 소년이었던 내가 자원입대했을 때 "그들이 너를 죽음으로 데려갈 거야." 하면서 기차역까지 배웅 나오려 하지 않았던 어머니, 쾰른에서 함부르크로 가는 기차 안에서 러시아 군대가 폭력을 휘두르며 들이닥쳤을 때 도대체 무슨 일이 일어났는지 내가 알고 싶어 하자 "나쁜 일은 모두 잊어야 한다……."라면서 아무 말도 하지 않았던 어머니, 당신의 카드놀이를 내가 어깨 너머로 보았고, 물기 묻은 엄지손가락으로 지폐와 식량 배급권을 세던 어머니, 열 손가락을 전부 써서 방울져 떨어지는 듯한 피아노 곡들을 느리게 연주하고 나를 위해 당신도 아직 읽지 않은 책들을 가지런히 꽂아 두었던 어머니, 당신의 세 형제와 관련된 물건이라고는 고작해야 중간 크기의 가방 하나를 채울 만큼만 간직했으며 "이 모든 것은 아르투르와 파울에게서 그리고 일부는 알폰스에게서 온 것이란다……." 하시며 당신의 형제들이 내 안에서 계속 살고 있는 것을 보았던 어머니, 나를 위해 달걀노른자에다가 설탕을 넣어 휘저어 주던 어머니, 내가 비누를 깨물 때면 웃곤 하던 어머니, 동양 담배를 피우면서 가끔씩 담배 연기로 작은 동그라미를 만들곤 하던 어머니, 일요일에 태어난 당신의 아이를 믿어 주었던 어머니(그래서 어머니는 미술 대학에서 발간되는 대학 연감의 늘 같은 페이지만 펼쳐 읽었다.), 당신의 아들에게 모든 것을 베풀었으며 아들로부터 얻은 것은 적었던 어머니, 내 기쁨의 계곡이자 고통의 골짜기였던 어머니, 이전에 내가 글을 썼을 때도 그리고 당신이 없는 지금 내가 글을 쓸 때도 어깨 너머로 쳐다보며 "그 부분은 빼 버려라. 마음에 안 들어." 하고 말하는 어머니. 하지만 난 어머니의 말에 좀처럼 귀를 기울이지 않았고 설사 그랬다 하더라도 이미 돌이킬 수 없었다. 고동 속에서 나를 낳고 고통 속에서 임종을 맞으면서도 마음껏 쓰고 또 쓰라고 나를 자유롭게 놓아주었던 어머니, 이제 흰 종이 위에서나마 키스를 해 눈을 뜨게 해 드리고 싶은 어머니, 그렇게 해서 나와 함께, 오로지 단둘이

서만 여행을 떠나 아름다운 것, 오직 아름다운 것만을 보면서 마침내 "내가 이 아름다운 것들을 아직 볼 수 있다니, 정말 아름다워, 정말 아름다워……"라고 말할 수 있도록 해 드리고 싶은 어머니, 그런 나의 어머니가 1954년 1월 24일에 돌아가셨다. 하지만 나는 나중에서야 울었다. 아주 한참 후에야.

결혼식 때 선물로 받은 것

오버아우쎔의 마을 공원묘지에 어머니를 묻던 날, 나는 여동생 곁에, 여동생은 아버지 곁에 서 있었다. 수녀원을 떠나온 후 여동생은 쾰른에 있는 한 병원 원무과에서 허드렛일을 했다. 동생은 고통의 나날을 보내면서도 무엇을 해야 할지는 몰랐다. 누군가가 그녀의 아픔을 보듬어 주어야 했지만, 하느님마저 그녀의 목소리가 닿지 못하는 곳에 있는 형편에 누가 그 일을 해 줄 것인가?

관 위로 덜거덕덜거덕 소리를 내며 흙덩이가 떨어졌고 어머니는 그렇게 사라졌다. 오빠는 자신의 일에만, 가까스로 확보한 자신의 행운에만 마음을 쏟고 있었고, 아무 걱정도 없는 듯 멀찌감치 떨어져 서 있었다. 여동생과 마찬가지로 망연자실한 채 물러서 있던 아버지의 모습이 쭈그러들었다고까진 할 순 없어도 그날따라 왜소해 보였다.

아버지는 더 이상 그 큰 상실감을 견딜 수 없을 것처럼 보였다. 나중에 아버지가 한 말에 따르면 아내가 죽은 후 곧장 아버지는 연금을 받는 한 과부와 이른바 동거를 시작했다. 그렇게 자기 방식대로 만족하면서 아버지는 세월을 보냈다. 이따금 그들은 둘만의 시간을 즐기기도 했다. 연금 생활자를 위한 버스 관광을 이용해 이곳저곳을 다녔고, 포도주를 맛보기 위해 라인 강을 거슬러 올라가 바하라흐로 가는가 하면, 벨기에의 스파로 가 그곳 카지노에서 그들이 모아 둔 푼돈으로, 조금 잃기도 하고 조금 따기도 하면서 도박도 했다.

아버지의 표현대로 내가 "이름을 날리기" 시작한 지 몇 년 뒤 아버지는 당신의 아들을 자랑스럽게 여긴다고 말했다. 내가 이렇게 될 것이라고 "항상 믿어 왔다."라고 아버지는 푸른 눈을 뜨고 정색하며 말했다. 그래서 내가 말했다. "그래요, 아버지. 아버지가 안 계셨다면 제가 뭐가 됐겠어요."

그 뒤로 아버지가 우리와 당신의 새 부인 '클레르헨'의 아이들과 함께할 때면 다 같이 평화롭게 지냈다. 구트버레트 부인, 즉 나의 새어머니가 니트 가의 소파에 앉아 화보를 뒤적이는 동안, 안나와 나는 분위기를 맞추려고 아버지와 함께 카드놀이를 했다.

하지만 오버아우셈의 공원묘지에 있을 때는 서로 거의 이야기를 나누지 않았다. 무덤 쪽을 힐끗 쳐다보는 것으로도 말문이 막혔을 테지만, 연기를 내뿜고 있는 포르투나 노르트 발전소 굴뚝만은 항상 같은 말을 내뱉었다. 삶은 지속된다, 삶은 지속된다…….

휘록암, 슐레지아산 대리석, 석회석 그리고 벨기에산 화강암으로 된 묘석에 둘러싸인 조문객의 모습도 보였다. 회양목 울타리 사이에 서 있는 그 묘석들은 모두가 괴벨의 석공장에서 만들어졌을 가능성이 높았다. 고령의 석공인 코르네프가 나와 함께 인근의 몇몇 마을로 몇 개에서 수백 개에 이르는 묘석용 암석들을 날라 와 대좌 위에 맞춤 못으로 고정하는 작업을 한 적은 있었지만, 오버아우셈까지 온 적은 없었기 때문이다. 그 당시 우리는 회사 소유의 작은 수송 차량을 이용해서 묘석용 암석을 배달하곤 했다.

우리는 아버지의 동료들 그리고 이웃들과 함께 묘지 주위를 둘러싸고 서 있었다. 비나 눈이 왔는지 아니면 잔설만 있었는지는 분명치 않다. 누가 왔고 누가 오지 않았는지도 기억나지 않는다. 신부와 단 한 명의 복사(服事)가 함께 있었다는 사실 말고는 장례식에 대해 기억나는 게 아무것도 없다. 나는 완전히 넋이 나갔거나, 아니면 그렇게 보였다. 눈물을 흘려 보려 했지만 소용없었다. 하지만 바로 그것이 무언가를 말하고 있지 않은가.

공원묘지가 저만큼 멀어졌을 때 눈물만 흘리던 여동생이 내게 "이제 난 어쩌지? 뭘 하며 살아야 하지?" 하고 물었지만 오빠는 아무 대답도 할 수 없었다. 그렇게 나는 자신을, 자신만을 생각했다.

아버지는 1979년 여름, 여든의 나이로 세상을 떠났다. 내가 갔을 때 관은 아직 열려 있었다. 아버지는 평안해 보였다. 평소처럼 말쑥한 차림에 세상에 대한 불만 같은 건 아예 없어 보이는 모습이었다. 아버지보다 먼저 세상을 떠난 과부 구트버레트가 누워 있는 오프라덴에 아버지도 누웠다. 아버지는 우리를 만날 때마다 "얘야, 그런 식으로 계속해!" 하며 용기를 북돋워 주어야 한다고 생각한 분이었다.

아버지의 지갑에는 비록 다 읽지는 않았지만, 내가 쓴 책들에 대한 긍정적 비평들이 들어 있었다. 쾰른의 서독 라디오 방송국에서 설비 기사 수습생으로 일하던 나의 아들 라울이(그 당시 아들은 머리를 길게 땋아 늘어뜨리고 자신의 우상인 프랑크 차파의 흉내를 내려고 애썼다.) 친구들을 데리고 이따금 할아버지 댁을 찾아가 그의 삶에서 작은 낙인 카드놀이를 함께해 주곤 했다.

1960년대 중반 극우 정당인 독일민족민주당(NPD)이 시대에 뒤처진 슬로건을 내걸고 등장했을 때 나는 아버지에게 이번 총선거에서 어느 당을 선택했느냐고 물어봤다. 아버지는 대답했다. "그야 언제나 그랬듯이 사민당이지." 그러고는 잠시 후 덧붙였다. "그러지 않으면 네가 나를 부양하지 않을 것 아니냐." 어느덧 우리는 서로를 너무도 잘 이해하고 있었다.

돌아가시기 몇 년 전 아버지가 이미 복지 사업 대상자가 되어 있었을 때, 우테와 내가 모시러 간 적이 있었다. 아버지는 장시간의 자동차 여행을 즐겼고, '고개 한 번 끄덕이지' 않은 채 비옥한 목초지와 도처에서 풀을 뜯는 젖소들에 정신을 팔았다.

아버지는 베벨스플래트의 주방 현관에 몇 시간이고 앉아서 무료하게 시간을 보냈다. 브루노와 말테 그리고 한스가 허기진 채 학교에서 돌아와 각자 시끌벅적 소란을 피우기 전인 정오 무렵이면 아버지는 화덕 가까이에 앉아 그 위에다 감자를 올려놓고 삶았다. "감자가 부글부글 끓는 소리가 참 듣기 좋았지." 하고 아버지가 말했다. "예전에 내가 렌헨과 클레르헨을 위해 요리했을 때 말이야……." 우테가 "말씀 참 잘하시네요." 하고 저녁 문안을 드리면 아버지는 더 이상 많은 이야기를 하고 싶어 하지 않으면서도 만족스러워했다.

내 여동생은 어떠했던가? 오버아우셈의 공원묘지에서 혹은 어머니의 장례식이 끝나자마자 그 아이가 내게 던졌던 질문이 지금도 가끔 귓전을 울린다. "이제 난 어쩌지, 뭘 하며 살아야 하지?"

4월 말경, 렌츠부르크로 와서 결혼식에 참석했던 동생은 그 직후 나와 안나와 함께 테신에 있는 장인 장모의 별장으로 갔다. 그곳에서 동생은 전유(全乳) 초콜릿이든 쌉쌀한 초콜릿이든 가리지 않고 한 아름의 초콜릿으로 자신의 근심을 달래 보려 했지만 그 아름다운 날씨에 울기만 하면서 앞으로 무엇을 해야 할지 몰라 막막해했다.

그녀의 끊임없는 탄식은 다른 사람을 도와주어야 한다는 것과 같은 '사회적인' 무언가와 관련이 있었다. 어떤 방식으로 도울 것인가를 물은 게 아니라 지금 당장 실질적으로 도와주고 싶어 한 것이다.

1954년 가을, 안나와 내가 프랑코에 의해 달갑지 않게 폐쇄되어 있던 스페인으로의 여행을(나의 첫 번째 산문 「나의 녹색 초원」에 그때의 경험이 담겨 있다.) 마치고 돌아온 직후 동생이 베를린으로 우리를 찾아온 적이 있다. 그 당시 우리는 디아나 호숫가의 한 지하 주택에 살았다. 동생은 변함없이 자신의 그 절박한 문제를 들고 우리를 찾아왔던 것이다. 우리 셋이 영화를 본 후 부다페스트 거리를 따라 걸으려고 하던 중 빨간 신호등에서 잠시 기다려야 했을 때, 나는 마침내 "뭘 하며 살지?"라는 동생의 끈질긴 질문에 조언을 주었다. 오빠로서의 정이 어린 조언이라기보다는 명령에 가까운 것이었다.

어딘가에서 갑자기 떠오른 착상 때문이었는지 나는 공감 어린 어조가 아니라 신경질적으로 소리쳤다. "제기랄, 또 앓는 소리! 조산원 하면 되겠네, 널리고 널린 게 애들이니까!"

그리하여 동생은 조산원이 되었다. 하노버의 주립 산부인과 병원에서 교육 과정을 마친 후에.

라이트에서, 본의 대학 병원에서, 그리고 자우어란트의 뤼덴샤이트에서 동생은 4000명에 달하는 아기의 출산을 도왔다. 그녀는 실제적인 손기술과 유용한 화술로 여러 해 동안 열심히 일했고, 마침내 수석 조산원이자 조산원 교육자가 되었다. 또한 몇몇 병원의 경영 참여 근로자 대표 협의회 의장을 맡아 근로 조건 개선과 임금 협약을 위해 애썼다.

동생은 지금도 노동조합 장로 협의회의 대표 위원으로서 이곳저곳을 여행한다. 단호한 데도 있고, 축제 때면 주당으로서의 면모를 보여 주는가 하면, 내 자식들과 손자 손녀도 그녀를 잘 따르고 조금은 어려워하기도 한다. 게다가 숄리라고도 불리는 숄라스티카라는 수녀와 친분을 맺고 있는 가톨릭 사민주의자로서도 내 동생은 확고한 입지를 굳히고 있다. 노령에 들어서도 그녀는 장소를 가리지 않고 남자들에게 다소 거친 유머를 구사하며, 때론 격분한 어조로 이 땅에서 용인되는 부정부패의 대변자들에게 자신의 견해를 밝히기도 한다. "솔직히 말해서, 그런 일을 보면 정말 분노가 치밀어요!"라는 말은 그녀가 변치 않고 사용하는 문장 중 하나이다.

동생은 자신처럼 조산원으로 일하는 내 막내딸 넬레와 함께 점점 낮아지는 출산율을 걱정한다. 두 사람은 서로를 위로한다. "그래, 아이를 원하는 외국인이 많은 것만 해도 다행이야……."

빨간 신호등에서 신호를 기다리는 동안 도로변에서 내뱉었던 말 한마디가 평생의 이정표가 될 수도 있는 것이다. 문득 엔젤링 교수가 생각난다. 1947년 혹한의 겨울에 뒤셀도르프의 미술 대학이 석탄 부족으로 문을 닫았을 때, 그는 내게 참으로 올바른 진로를 가리켜 주지 않았던가.

안나와의 결혼식 때 찍은 사진 한 장이 앞에 놓여 있다. 안나는 포도주색 옷을 입었고, 나는 슈트레제만* 스타일의 신사복을 입고 있다. 우리는 아주 우스꽝스러운 장난을 성공적으로 치러 낸 사람들처럼 서로를 보며 웃는다.

안나는 스물한 살이었고 나는 스물여섯 살로 접어들 때였다. 가끔 우리는 당시 우리가 아직 완전한 성인의 나이가 아니었다는 점을 중요시하곤 한다. 우리는 결혼반지를 왼쪽 손가락에 끼고 있는데, 금반지여서 그런지 값이 나가 보인다. 그리고 나는 안나를 이미 확고부동한 내 재산으로 여겼기 때문에, 초스피드로 올린 결혼식의 가장 귀중한 수확물이라면 역시 '레테라' 타입의 올리베티 휴대용 타자기**였다. 결혼 선물로 받은 그 타자기가 당장은 아니었지만 시간이 지나면서 나를 작가로 만들어 주었던 것이다.

나는 이 타자기에게 거의 의리를 지키고 있다. 이것과 떨어질 수도 없었고 그럴 생각도 없었다. 나는 나의 '레테라'를 아주 조심스레 다루었다. 오늘날까지도 나는 그것에 예속되어 있다. 그것은 내가 나 자신에 대해 알려고 했던 것보다 나를 언제나 더 잘 알았다. 그것은 나의 입식 책상 위에 자리를 잡고 앉아 온갖 자판과 함께 나를 기다린다.

고백하자면, 나중에 다른 모델들을 시험해 본 적도 있다. 일종

---

* 바이마르 공화국 시절 외무부 장관을 맡았던 구스타프 슈트레제만의 복장 스타일을 일컫는다. 검은색 상의, 회색 조끼, 그리고 검은색과 회색 줄무늬가 있는 바지로 코디한 신사복 차림.
** 이탈리아 타자기 회사인 올리베티 사에서 제작한, 세계 최초의 휴대용 타자기.

의 외도였던 셈이다. 하지만 그럴수록 올리베티는 나에게, 나는 올리베티에게 더 가까워졌다. 판매가 중단되었을 때도 그랬다. 그 기종은 벼룩시장에서나 구경할 수 있게 되었다. 하지만 사용할 만큼 사용했다고 여겨진 올리베티 샘플이 내게 친근한 선물로 거듭 건네졌다. 사람들은 그 물건이 오래전에 수명을 다했다고 여겼겠지만, 내가 보기엔 그렇지 않았다.

나의 영원한 '레테라.' 이것은 쉽게 수리할 수 있으므로 그 수명이 영구적이다. 이것은 은은하면서도 우아하게 보인다. 청회색으로 입힌 올리베티의 양철 표면은 절대 녹스는 법이 없다. 나의 독수리 타법에 적합한 부드러운 터치는 듣기에도 감미롭다. 가끔 이 글자 저 글자가 엉키기도 하는데 그럴 때면 인내의 미덕을 가르쳐 준다. 거듭해서 오타를 내는 내게 올리베티는 인내가 무엇인지를 시범적으로 보여 준다.

물론 올리베티에게도 결점이 없는 것은 아니다. 가끔 타자기 리본을 물고 늘어진다. 하지만 그럴 경우라도 내 생각은 확고하다. 나이가 좀 들기는 했지만 완전히 늙어 버린 건 아니라고. 열린 창가에서 그것이 덜거덕거리는 소리는 우리가 살아 있음을, 우리 둘이, 타자기와 내가 여전히 살아 있음을 알려 준다. 들어 봐! 우리의 은밀한 대화는 절대 끝나지 않을 거야. 타자기에게 고백할 정도이니 나야말로 가톨릭적이다.

현재 나는 세 대의 '레테라'를 가지고 있다. 그것들은 각각 포르투갈, 덴마크, 그리고 벨렌도르프에 있는 작업실의 입식 책상 위에 놓여 있다. 그것들은 삼위일체가 되어 내 이야기의 흐름이 막히는 일이 없도록 배려해 준다. 첫 번째, 두 번째, 그리고 세 번째 타자기를 쳐다보노라면 머릿속에 즉시 어떤 생각이 떠오른다. 그것들은 마치 자매라도 되는 듯이 수다를 떤다. 때로는 쾌활하게, 때로는 휴식과 휴식 사이에.

이 셋은 모두 내게 기계적인 뮤즈이다. 나는 그 밖의 다른 뮤즈는 가지고 있지 않다. 지난 세기 말에 출간된 시집으로 나의 자질구레한 소지품보다 더 많은 것들을 열거해 놓았던 『비독자들을 위한 습득물』에서 나는 그것들에게 사행시를 바쳤다. 포르투갈에 있는 타자기가 덴마크에 있는 타자기를, 또는 벨렌도르프에 있는 올리베티가 외국의 두 올리베티를 질투하는 일은 결코 없다. 그들 셋이 한목소리로 나를 좋아해 주는 것처럼 나 역시 그들을, 그들만을 좋아한다.

제아무리 많은 신형, 최신형 모델이 시장에 나와도, 그 어떤 것도 올리베티를 버리게 할 수는 없었다. 어떤 전자 기기나 어떤 컴퓨터도 나의 올리베티 중 단 하나라도 몰아낼 만큼 유혹적이지 못했다. 이는 그 누구도 나를 '고철'로 여겨 고물 하치장에 폐기 처분하지 못한 것과 마찬가지라고 하겠다.

1970년대 중엽 나의 삶에서 가정의 평화가 여기서도 저기서도 어긋나고 그 어떤 사면의 벽도 나를 안정시켜 주지 못했을 때, (그 까닭에 『넙치』의 원고는 어떻게 자신에게 그런 일이 일어났는지를 알지 못한다.) 나는 나의 올리베티 중 하나를 여행용 트렁크에 챙겨 넣고 가벼운 걸음으로 베를린을 떠나 런던으로 달아났다. 그곳에서 나는 매력적인 여자 동료 에바 피게스의 집에 묵었다. 그러니까 나의 올리베티는 내가 우테 덕분에 다시 정착하게 될 때까지 다른 곳에서 덜거덕거렸다.

말하자면 나는 올리베티와 평화로운 관계를 유지했다. 그것을 인격화해 본다고 하더라도 보상 심리 때문에 올리베티를 원망한 적은 한 번도 없다. 내가 너무 게을러 타자기 리본을 교체하지 못하는 바람에 터치가 희미해졌을 때에도 올리베티에게는 단 한마디 험한 말도 하지 않았다. 다른 누군가에게 그것을 빌려준 적도 없다.

그리고 그것은 장거리 비행 후의 기후 변화 같은 힘든 일을 당해도 절대로 나를 궁지로 몰아넣지 않았다. 우리가 장기간 체류했던 콜카타에서 올리베티는 습한 열기를 견뎌야 했고, 심지어는 그것의 내부까지 잠입해 들어와 번식하려는 곤충들도 감당해야 했다. 여러 해 전에는 사정이 이보다 더 열악했다.

1980년대 초반 인류라는 것이 영원히 덧없는 것으로 여겨졌을 때 이후 사 년간 지속된 절필을 선언하고, 열 손가락을 움직여 도토(陶土)로 조각상을 만드는 일에만 전념하자니, 세 대의 '레테라'가 모두 버림받았다는 생각이 들었다. 처음에는 하얗게 구워지는 얇은 점토들 위에 붓글씨로, 이어서 두툼한 테두리 부분에 손글씨로 무언가를 긁적거리는 와중에 세기말적이고 이별의 분위기가 짙게 깔린 이야기들이 내게 떠오를 때까지 올리베티들은 먼지를 뒤집어쓰고 있어야 했다. 그 이야기들은 『암쥐』라는 제목하에 종이를 빼곡하게 채웠고, 여기저기 옮겨 다니다가 결국엔 최종본으로 타이핑되기를 원했다. 매일매일, 한 장 한 장 타자기에 종이를 끼워 가면서 말이다······.

올리베티와 나는 오십 여 년의 세월을 함께했다. 처음에는 손으로 썼다가 타자기로 두세 번 다시 고쳐 쳤다. 올리베티는 그 모든 것을 참아 냈다. 나는 노벨레와 소설, 그리고 이따금씩 기회가 있을 때마다 기분 전환용으로 시를 썼고, 다시 사민당을 위한 무미건조한 선거 운동용 연설문을, 그리고 1989년부터는 독일 통일의 싸구려 구매 정책을 위한 연설문을 작성하기도 했다.

나는 타자기를 직접 때리는 대신, 타자기와 함께 내 분노를 방출하려 했다. 나는 신탁청의 사기 행위를 비판했고, 그 때문에 상당히 고독한 처지에 놓였을 때, 즉『무당개구리 울음』이 점차 사라지게 된 이후, '레테라'에 바짝 매달려 소설『광야』가 자라나고 자라나 충분히 넓어지도록 했다. 그리하여 지난 이백 년간의 독일 역사에서 분리 수거된 쓰레기를, 그리고 폰티라고 불리는 나의 주인공 테오도르 부트케의 이야기를 수다스러운 익살로 풀어냈다. 하지만 이 무렵 더 이상 시중에서 나의 올리베티 휴대용 타자기용 리본을 구할 수 없게 되면서, 누군가의 온정 어린 기부가 없었다면 실존적인 위기까지는 아니더라도 물질적 차원의 집필 위기는 맞았을 것이다.

우테와 함께 마드리드를 방문했을 때 나는 도시 외곽의 쓰레기장 근처에서 군집 생활을 하던 집시족의 최연장자로부터 히달고*가 들고 다니던 등나무로 만든 T자형 지팡이를 명예 표창으로 받았는데, 점점 더 걷기가 힘들어졌기 때문에 얼마 지나지 않아 그것을 사용하게 되었다. 그때 나의 구닥다리 집필 습관을 비꼬아 놓은 신문 기사를 읽은 그곳의 몇몇 젊은이가 신품 타자기 리본이 가득한 작은 상자를 선물로 주었다. 앞으로도 염려 말고 사용하시

---

* 17세기 후반 스페인 바로크 시대의 전설적인 작곡가 및 하프시코드 연주자이자 작가였던 후안 히달고 데 폴란코(Juan Hidalgo de Polanco)를 지칭하는 듯하다. 말년에 그는 항상 T자형 지팡이를 짚고 다녔다고 한다.

라고…….

특히 장인의 누이인 마르고트와 그녀의 남편인 우어스에게서 결혼 선물로 받았고, 지금은 내 막내아들 브루노가 마치 이 아비의 분신처럼 간직하고 있는 나의 첫 번째 올리베티는 자판을 두드릴 때의 촉감이 뛰어나다. 나는 그것을 두드려 내 첫 번째 책인 시집 『바람 닭의 장점들』을 펴낼 수 있었다. 이 시집은 별로 힘들이지 않고 냈다. 말하자면 어떠한 양파 껍질에서도 땀자국이나 노동의 흔적을 찾아볼 수 없다. 이 시(詩)들의 배양지는 안나와 내가 입주했던 빌라의, 정원으로 난 창문이 있는, 눅눅한 지하 방이었다. 전쟁 통에 위층은 작은 탑과 돌출 창까지 다 불에 타 버려 변덕스러운 날씨와 비둘기만이 드나드는 상태였다.

쾨니히 거리와 갈대로 뒤덮인 디아나 호수 사이에서 우리는 반폐허 상태의 집을 발견했던 것이다. 이전에 건물 관리인이 살았던 지하 방에 저렴한 가격으로 세를 드는 것은 쉬운 일이었다. 우리 위층에는 교수 부부만 살았는데, 우리는 그들에게, 그들은 우리에게 인사를 하며 지냈다.

우리는 좁은 공간에서 살았지만 잡풀이 우거진 그곳의 정원을 마음껏 누비며 다녔다. 행복에 겨워 혹은 해피엔드를 약속하는 동화 속에 들어온 것처럼. 나보다도 안나가 그곳을 더 편안해했다. 스위스의 안전한 울타리 안에서 보호받던 어린 시절 이후, 폐허 속의 전원 풍경이 그녀에게 자유의 외관을 제공했던 것이다. 하지만 그녀가 생각에 잠겨 집 밖으로 외출하는 시간이 나보다 훨씬 적었던 건 분명했다. 여름날 저녁이면 늘 해 지는 쪽으로 창문을 열어 두었다. 창문턱을 넘어 한 걸음만 가면 바로 정원이었다.

전열판이 두 개 달린 가스 오븐으로 나는 완두콩 요리를 했고, 주철로 된 프라이팬에다가 싱싱한 청어와 그 밖에 곡물을 채운 순대, 양의 콩팥, 돼지 목살 같은 값싼 재료들을 올려놓았다. 손님을 맞는 일요일이면 말린 자두를 채운 소의 심장을 뭉근한 불에 삶았다. 가을철 요리로는 양 갈비에다 '콩과 배'를 식탁에 올렸다. '콩과 배'는 내가 올리베티를 이용해 정갈하게 타이핑한 시(詩)들 중 하나의 제목이기도 하다. 「모기에게 들볶임」이라는 또 다른 시는 가까이에 있는 디아나 호수의 부화지에서 떠올린 것이다.

친구들이 방문했다. 한스와 마리아 라마, 이들은 우리의 사랑이 흑백 사진 속에 영원히 간직되어야 한다고 생각했다. 그리고 나는 또 한 사람의 플루트 연주자를 알게 되었는데, 이번에는 곱슬머리 사내였다. 모차르트처럼 머리를 땋은 젊은 여성들에게 둘러싸여 탁월한 솜씨로 은색의 가로 피리를 불어 대던 그 친구의 이름은 오렐 니콜레였다. 안나의 또 다른, 한쪽에서 말없이 대기하곤 있었지만 결코 생명력을 가질 수 없었던 사랑이기도 했다.

그리고 마음껏 험담을 주고받아도 무방한 털털한 사람들도 우리를 찾아왔다. 나중에 대학생 마을인 아이히캄프를 위해 좌식 가구와 자신의 이름을 딴 스탠드 램프를 설계했던 건축학도 프리트요프 슐리파케, 온종일 술을 입에 대지 않는 조각가 슈리버와 그의 제자 카를 오퍼만이었다. 카를 오퍼만은 곧 '마이어라이 볼레'라는 큰 회사에서 광고 전문가로 부수입을 올릴 기회를 얻었고, 나중에 회사 창립 칠십오 주년 기념행사 때뿐 아니라, 회사 최초의 셀프서비스 대리점 개점을 선전하기 위한 축하 간행물을 만드는 작업을 내가 맡을 수 있도록 힘써 주기도 했다.

나는 결혼 선물인 올리베티로 "이교도를 개종시킬까, 아니면 우유를 팔까?"라는 제목으로 예닐곱 쪽의 광고문을 작성했고, 이것은 나중에 35만 부 정도 인쇄되어 서베를린의 가정에 우편물로 배포되었다. 그러므로 이들이 나의 첫 번째 대규모 독자인 셈이다.

샘플이 남아 있지 않아 발행 사실을 증명할 순 없지만 인용 정도는 할 수 있는 부산물, 그러니까 당시 한 대도시에서 신선한 우유를 판 첫 번째이자 전설적인 판매원 카를 볼레를 "우유 차에 올라탄 볼레!"라는 웃기는 착상으로 칭송했던 그 부산물은 내게 300마르크나 되는 수입을 올려 주었다. 그리고 삼십 년 후 여전히 수익을 올리던 그 회사에서 훨씬 더 많은 사례비를 받는 조건으로 그 부산물이 다시 인쇄되었다. 그렇게 해서 나의 우유 동화는 광범위하게 확산되었고, 나의 시에 대한 고트프리트 벤의 때 이른 평가는 사실로 입증되었다. "그는 앞으로 산문을 써 봐도 좋을 것입니다……"

올리베티는 계속해서 시를 하나씩 뱉어 냈다. 나는 나만의 색채를 발견했다. 아니, 임자 없이 배회하던 색조가 나를 발견했다고도 할 수 있다. 그렇게 하여 시(詩)들은 하나둘 서류철에 모였고, 어느 날 안나와 우리 집을 방문한 누이동생이 그중에서 대여섯 편을 추려 남독일 라디오 방송국에 보냈다. 그 무렵 이 방송국이 신문지상을 통해 시 경연 대회 공고를 냈기 때문이다. 두 사람은 한번 응모해 보라고 집요하게 나를 설득했다. 그들이 선별한 것 중에는 내가 볼 때 지나치게 은유가 강한 「잠에서 깬 백합들」이라는 시도 포함되어 있었다.

그 결과 아름답기 그지없는 흡연자 찬가인 「신앙 고백」이나 시

자체라고 할 수 있는 「열린 옷장」 혹은 「콩과 배」 같은 시가 아니라, 빈혈증 걸린 꽃들, 그러니까 나의 건강한 잠 그 자체로부터 배양된 저 백합들이 3등 상을 차지했다. 살림살이에 민감한지라 정확하게 기억할 수 있는데, 당시 상금 350마르크를 받았다. 아울러 슈투트가르트에서의 시상식 참석에 필요한 왕복 항공료도 제공받았다.

그렇게 총애를 입은 나는 피크 앤드 클로펜부르크에서 겨울용 기성복 코트 한 벌을 장만했다. 그러고도 남은 상금으로 안나와 나는 쿠어퓌르스텐담 거리에 있는 최고급 옷가게 '호른'에서 아스팔트 잿빛의 앙고라염소 털 치마를 구입했다. 앞으로 돈에 쪼들리는 일은 없을 거라고 확신이라도 한 듯 망설이지도 않고. 그 치마의 질감이 지금도 선명하게 느껴지고, 디자인과 길이도 생생하게 떠오른다. 그렇게 하여 안나는 내가 시를 써서 벌어들인 소득으로 치장한 채 아름답게 움직였다.

내 손으로 쓰지도 않고, 그림 형제가 취합했던 동화들에도 속하지 않는 한 편의 동화가 그렇게 시작되었다. 어쨌든 한스 크리스티안 안데르센 같은 인물이라야 그러한 동화를 생각해 낼 수 있었을 것이다. 옛날 옛날에 옷장이 하나 있었다. 그 속의 옷걸이들에는 기억이 매달려 있었다⋯⋯.

옷장은 여전히 내게 자신을 열어 놓은 채 아래쪽에는 무엇이, 위쪽에는 무엇이 있는지, 그리고 무엇이 거의 새것이며 무엇이 낡은 것인지를 한 연(聯) 한 연 내게 말해 준다. 그리고 혼자서 계속 속삭인다.

우리의 옷장은 폭이 좁고, 고물 장수와 흥정해서 구입한 간이 옷장으로, 그 안에는 안나의 앙고라염소 털 치마가 걸려 있었다. 활짝 자신을 열어젖힌 채로 옷장은 '주머니 속에서 잠든 하얀 공들'과 좀나방들의 꿈, '과꽃과 그 밖의 불이 붙기 쉬운 꽃들' 그리고 '옷이 되어 주는 가을……'에 대해 얘기했다.

그렇게 하여 누가 지었는지 확실치 않은 동화는 현실이 되었다. 옛날 옛날에 기회 있을 때마다 시상을 떠올리곤 하던 조각가 한 사람이 살았다. 「열린 옷장」이라는 시도 그가 쓴 시 중 하나였다. 다른 시로 작은 상을 받았을 때 그는 곧장 사랑하는 사람과 자신을 위해 치마와 외투를 샀다. 그때부터 그는 자신이 시인이 된 것으로 생각했다.

그런 식으로 동화는 계속되었다. 조각가로도 활동했고, 닭과 새 그리고 물고기 같은 동물을 형상화했던 시인은 주머니에 시(詩)들을 챙겨 넣고, 1955년 봄 자기가 살던 폐허 빌라의 지하 방으로 보내진 전보의 요구 사항을 받아들였다. 황폐한 빌라 정원에는 라일락 꽃이 피어 있었다. 저녁이면 바람이 근처 호수로부터 모기 떼들을 열린 창문 앞까지 몰아왔다.

전보에는 한스 베르너 리히터라는 남자의 이름이 서명되어 있었다. 그 사람은 전보 스타일의 간결한 말로 젊은 시인에게 즉시 훨씬 더 큰 반제 호숫가의 루펜호른에 있는 집으로 와 달라고 요청했다. 그곳에서 47그룹의 회합이 있을 예정이며 그 자리에 나를 초대한다는 것이었다. 간단명료한 텍스트는 일종의 명령법으로 끝났다. "시를 지참하고 오시오!"

동화의 신빙성을 더하기 위해 말하자면, 시 경연 대회의 심사

위원 중 한 사람이 나의 재능을 인정해서 리히터라는 남자에게 회합의 참석자로 추천했지만 이 남자는 그때까지 나를 초대할 것인지 망설였다는 것이다.

이렇게 해서 젊은 시인은 댄서였던 젊은 아내에게 키스를 하고 동화에 부응하기 위해 일곱 편에서 아홉 편의 시를 꽂아 넣은 채 버스를 탔다. 이른 오후 루펜호른에 있는 집을 찾았고, 한때 어떤 나치의 거물이 살았던 화려한 빌라 안으로 발을 들여놓았다. 1947년에 결성된 그룹의 회원들은 때마침 커피를 마시며 휴식 중이었고, 이런저런 의견을 주고받으며 회합을 준비하고 있었다. 이를테면 안데르센의 동화에도 나올 법한 장면이었다.

이 그룹의 존재를, 그리고 무엇이 이들을 결속시키는지 나는 알지 못했다. 자신이 시인이 되었다고 생각한 조각가가 아는 건 고작해야 신문에서 본 부정확한 정보뿐이었다. 그러나 1947년에 대해서만큼은 경험에 토대를 둔 확실한 영상들이 내 머릿속에 자리하고 있었다. 그 어떤 겨울보다 혹독했던 추위가 그치지 않았고, 구입할 수 있는 창유리보다 창유리가 없는 창의 숫자가 더 많았던 그때, 나는 석공 수습생으로서 뾰족 끌, 치형 끌, 가는 끌 등의 공구로 내게 주어진 첫 번째 슐레지아산 대리석으로 어린아이용 묘석을 가공하는 일을 시작했고, 그 와중에도 틈을 내어 공허한 미사여구로 구성된 어설픈 시를 썼고, 그것들 중에 지금 남아 있는 것은 한 줄도 없다.

반제 호수 빌라의 복도에는 음식을 차린 테이블이 놓여 있었고 그곳에 사람들이 앉아 있었다. 그들은 커피를 마셨고, 고명을 얹은 케이크를 들었고, 동시에 교양 있는 대화를 나누었다. 그곳에 모인 시인들 중 아는 이가 단 한 사람도 없었기에 내 동화를 계속 진행하기 위해 나는 아무것도 놓이지 않은 빈 테이블에 앉아서 1947년에 대해 가능한 한 곰곰이 생각해 보았다. 그해 초 석탄 부족으로 뒤셀도르프의 미술 대학이 문을 닫았다. 그 정도로 그해 겨울은 혹독했다.

앞치마와 두건을 두른 웨이트리스가 내가 멍하니 혹은 상념에 빠진 채 앉아 있는 테이블로 다가와서는 이 새로운 손님도 시인인지 물었고, 그 질문은 내게 상처를 주었다.

동화 속 왕자가 주저하지 않고 그렇다고 대답했고, 웨이트리스는 그 말을 곧이곧대로 믿고는 내게 무릎을 구부리며 정중히 인사했고, 커피 한 잔과 더불어 고명을 얹은 케이크 한 조각을 가져다주었다. 케이크는 석공 장인인 괴벨의 부인이 잘 구웠던 그 케이크와 맛이 같았다. 그녀는 게노베바라는 염소를 길렀고, 1947년 연초에 나는 그 녀석을 줄에 묶어 먹이를 주러 끌고 다녀야 했으며, 그것 때문에 가련한 몰골을 보여 주었다.

염소에 얽힌 이야기는 떠올리자면 한 편의 동화처럼 여겨졌고, 그때 막 시작된 동화와 비교될 만했다. 이제 더는 비참한 모습이 아니었고, 아무것도 잃어버릴 것이 없을 뿐만 아니라, 바라는 모든 것을 손에 넣은 자신감 있는 존재가 되었지만 말이다. 또한 안데르센의 동화 「부싯돌」에서 행운을 얻은 퇴역 군인과도 비교할 만하다.

내가 보고 경험한 것은 이상하리만치 비현실적이거나, 아니면 과도할 정도로 현실적이었다. 어쨌든 나는 그 자리에 모인 사람들 중 몇몇의 이름을 알았다. 하인리히 뵐의 작품은 무엇이었는지는 모르지만 읽어 본 적이 있었다. 귄터 아이히의 시 몇 편은 마음에 들었다. 사실 볼프강 쾨펜과 아르노 슈미트의 시를 더 애독하는 편이었지만 그들은 47그룹에 속하지 않았다. 뵐과 아이히는 자신을 시인으로 여겼던 이 조각가보다 양차 대전 사이의 기간 혹은 전쟁 기간 정도만큼 더 나이가 많았다.

그런 후에 동화에 다시 추진력을 가하기 위해 눈썹이 짙은 뚱뚱한 사내가 내가 앉은 테이블로 다가와 나를 쏘아보았다. 그는 커피를 마시면서 교양 있는 대화를 나누고 있는 작가들 사이에서 내가 무엇을 하려 하는지, 또 내가 누구이며 어디서 왔는지 알고 싶어 했다. 나중에 그는 새로 온 그 인물의 외관이 심히 수상쩍어 보였다고 밝혔다. 따라서 수상한 사람으로 간주할 수밖에 없었다는 것이다. 혹시나 작가 회의에 훼방을 놓을지도 모르는 선동자로 말이다.

내가 초대 전보를 펼쳐 보여 주자 그제서야 그는 냉담한 태도를 누그러뜨렸다. "아, 당신이군요. 맞습니다, 오후에 발표할 분이 한 분 모자라던 참이지요."

그러자 또 한 사람이, 지빠귀 부리 왕처럼 동화 속에 등장하여 자비롭게도 나를 대타로 초대해 준 리히터라는 남자가 말을 했다. 얼른 보기에는 머지않아 젊은 시인의 문학적 양아버지가 될 인물처럼 보이지는 않았다. 커피 휴식이 끝나면 그 사람이, 이어서 바흐만이, 그러고 난 후에 다른 사람이 낭독을 한다고 했다. "그런 다음엔, 성함이 어떻게 됩니까? 당신 차례입니다."

그 사람이 누군지 혹은 다른 사람이 누군지는 알 수 없었다. 다만 "그 바흐만"이라고 불렸던 바흐만에 대해서만은 어렴풋하게

나마 그 명성을 들은 적이 있었다.

이어서 그가 미리 알려 주었다. "시 낭송이 끝난 후 논평이 있을 겁니다. 우리 그룹의 관례지요."

분명히 기억하건대, 리히터라는 그 남자는 자리를 뜨는 듯하다가 다시 돌아와서는 젊은 시인을 더 지도해 주었다. "큰 소리로 또박또박 읽으십시오!"

그것은 내가 관중 앞에서 낭독회를 가질 때면 평생에 걸쳐 늘 지켰던 점이다. 1947년 프라이징 신학교에서 철학과 교리론을 전공하던 내 친구 요제프는 우리가 바트 아이블링 수용소의 천막 아래에 함께 쪼그리고 앉아 대화를 나누었을 때, 검은색으로 제본된 소책자에 실린 경건한 구절들을 내게 지나치게 나지막하고 거의 숨죽인 듯한 목소리로 읽어 주곤 했기 때문에, 나는 완전히 다르게 각색된 동화의 줄거리 중에서 아무런 일도 일어나지 않았다고 믿을 정도였다.

모든 것이 동화 속 삼촌, 리히터가 미리 귀띔해 준 대로 진행되었다. 바흐만에 앞서 내가 잘 모르는 한 남자가 산문을 낭독했고, 그녀 다음에 내가 모르는 또 다른 인물이 마찬가지로 산문을 읽어 내려갔다. 그리고 이들 낭독자가 원고철을 덮자마자 그룹 회원들의 비평이 쏟아졌다. 신랄하고, 해부하듯 낱낱이, 때로는 적절하게 때로는 엉뚱하게 토를 달았다.

그 모든 것이 관례였다. 나중에 처음 회합한 해의 이름을 따서 47그룹이라 불리게 된 그 모임은 처음 모였을 때부터 낭독과 즉각적인 비평의 절차를 밟았다. 석공 수습생으로 있을 때 라터 브로이히에 위치한 카리타스 요양원에서 도서관을 관리하던 슈타니스라우스 신부 앞에서, 매우 슬프고 매우 아름다우면서도 쉽게 모방할 수 있는 게오르크 트라클의 시를 낭독하곤 했던 젊은 시인에게도 예외는 아니었다.

끝나지 않기를 원했던 동화 속에 등장하는 비평가 중 한 사람은, 비록 황제는 아니었으나 그렇게 불렸던 요아힘이라는 인물이었다. 그는 나와 동년배로 보였고 동프로이센 억양이 묻어 있긴 했지만, 입에서 나오는 말을 바로 인쇄해도 될 만큼 달변이었다. 그런 만큼 소심하게 더듬거린 나 자신이 부끄러웠고 반론을 제기하고 싶었지만 입을 다물고 말았다.

내가 보기에 수줍은 소녀처럼 보였던 바흐만이 낭독하기 시작했을 때, 아니, 그녀의 넘치도록 아름다운 시들이 울기 시작했을 때(아무튼 그녀의 떨리는 듯한 비탄조의 음성은 내게 그런 느낌을 주었다.) 나는 속으로 생각했다. 이 달변의 황제가 내가 전혀 모르는 낭독자에게 앞에서 그랬듯이, 잔뜩 주눅이 들어 있는 바흐만을 공격한다면 기꺼이 발언 신청을 하여 흐느끼는 혹은 거의 우는 거나 마찬가지인 저 여성 시인을 더듬거리는 말로라도 옹호해 주리라. 또한 그녀의 시들 중 「사랑이여, 내게 설명해 다오」라는 시에는 도움을 구하는 것과 같은 구절이 들어 있기도 했다. "하나의 돌은 다른 돌을 부드럽게 해 줄 수 있으니!"

하지만 47그룹이 창립되던 해에 이전의 석공 수습생과 마찬가지로 스무 살이었고, 내가 패각 석회암을 깎는 동안 곧 프랑크푸르트 암 마인에서 아도르노의 대학생 제자로 정통적인 화법을 비롯한 모든 것을, 심지어는 그림 동화의 변증법까지 분석하는 법을 배웠던 저 황제는, 부드러워질 수 있는 돌처럼 행세하면서 바흐만의 모든 시에 잔뜩 찬사만 늘어놓았다. "위대한 형식으로 발전될 가능성"이 보인다는 것이었다.

그런데 슈타니스라우스 신부도 비슷한 칭찬을 내게 한 적이 있다. 그 박학다식한 프란체스코파 신부는 엄숙한 표정으로 내게 트라클의 시집 한 권을 잘 간수해 달라고 부탁하면서 그렇게 말했다. 그러므로 젊은 시인은 침묵을 지켰고, 리히터라는 남자의 옆자리에 앉게 되었을 때야 비로소 입을 열고는 커피 휴식 때 조언받은 대로 47그룹 회원들 앞에서 "큰 소리로 또박또박" 일곱 편에서 아홉 편의 시를 낭독했다. 이들 시 중에는 「열린 옷장」, 「폴란드 깃발」, 그리고 「세 편의 주기도문」이 포함되어 있었다.

그렇게 동화는 계속되었다. 옛날 옛날에 한 젊은 조각가가 살았다. 그는 처음으로 시인으로 등장했다. 베를린의 공기를 들이마신 시(詩)들에 자신이 있었기에 그는 두려움 없이 시를 낭송했다. 게다가 그는 조언받은 대로 한 줄 한 줄 큰 소리로 또박또박 읽어 내려갔기 때문에 그의 낭송에 귀 기울였던 모든 사람이 단어 하나하나를 잘 알아들을 수 있었다.

이어서 그가 낭독했던 것에 대해 칭찬이 쏟아졌다. 어떤 이는 "맹수 같은 급습"이라고 평가했고, 다른 이들도 좀 더 심층적인 비교를 위해 약간씩 변주를 하며 동조했다. 어쩌면 누군가가, 아마도 요아힘이라는 황제가 과도한 칭찬은 자제해 달라고 경고했던 것도 같다. 하지만 상투적인 말로 '전기 고문 의자'라고 불렸던 저 낭독 의자 옆에 앉아 있던 리히터라는 눈썹이 짙은 인물조차도 만족스러워하는 눈치였다. 어쨌든 '신선한 감흥을 주는 새로운 어조'를 접하고 싶어 했던 그는 시인으로 등장한 젊은 조각가의 이름을 한 번 더 듣고 싶어 했다. 그새 내 이름을 잊어버린 까닭도 있었지만, 성과 이름을 모두 알아 두고 싶었던 것이다. 그렇게 하여 나중에, 아주 나중에 내가 소설 『텔크테에서의 만남』을 헌정했던 그 사람은 내 이름을 다시 듣게 되었다.

새로이 시인으로 인정받은 젊은 조각가가 의자에서 일어났을 때에도 동화는 끝나지 않았다. 그 순간 그는 자신이 출판사 편집 담당자 대여섯 명에게 둘러싸여 있는 것을 보았다. 그들은 '한저 출판사, 피퍼 출판사, 주어캄프 출판사, S. 피셔 출판사'에서 왔다고 자신들을 소개했다. 그들은 일곱 편 혹은 아홉 편의 시를 움켜쥐려고 손을 뻗었다. 이 작품들은 시인이 눅눅한 지하 방에서 올리베티 휴대용 타자기로 말끔하게 타이핑한 것이었고, 푸른색 카본지를 아래에 깔아 놓은 덕분에 각각 두 부씩 준비되어 있었다.

그들은 원고들 중 어느 하나도 시인에게 되돌려 주려 하지 않았고, 이구동성으로 그를 설득하려 애썼다. "우리가 소식을 드리겠습니다……." "곧 우리 쪽에서 연락을 드리지요……." "바로 연락을 드리도록 하겠습니다……." 그리하여 시인은 얼마 안 있어 자신에게 황금시대까지는 아닐지라도 은(銀)의 시대 정도는 열리리라는 기대를 하게 되었다.

동화는 그 후로도 완성될 기미를 보이지 않았다. 전도유망한 출판사들의 편집부로부터 기별이 단 한마디도 없었던 것이다. 다만 자신을 문학잡지 《악센트》 발행인이라 소개했던, 자세가 구부정한 발터 휠러러라는 사람만이 약속대로 나의 시 몇 편을 출간해 주었다.

최근에 한껏 비행기 태워진 경험을 했던 시인은 다시금 조각가로서 두 손 가득 점토와 석고를 묻히게 되었다. 하지만 동화는 계속되었다. 낯설고 젊은 한 시인의 낭독이 끝나고 한바탕 소동이 일어났을 당시, 자신이 다른 출판사 편집자들의 팔꿈치에 치여 뒤로 밀려났다고 주장하는 루흐터한트 출판사의 편집인이 내가 작가로서 아직 주어캄프나 한저 같은 출판사에 묶이지 않고 자유로운지를 정중하게 물어 왔던 것이다. 그, 즉 페터 프랑크는 기회가 주어진다면 나의 시선집을 출판하고 싶다고 말했다.

오, 아름다운 출발, 무명 시인으로서의 존재와 남모르는 순결성을 동시에 끝낸 출발이었다. "아, 내가 룸펠슈틸츠헨*이라는 사실을 아무도 모른다는 사실이 얼마나 좋은지……."

페터 프랑크, 나지막한 목소리에 언제나 옆으로 약간 기운 자세를 하고 말투에 오스트리아식 악센트가 섞여 있는 이 남자가 우리의 전원풍 폐가로 찾아왔다. 내가 서정적 그림의 모티프가 쓰여 있는 노트를 보여 주자 그는 곧장, 내가 제안한 대로 열두 장의 펜화를 시집에 끼워 넣겠으며, 그에 대한 사례금도 내가 요구하는 만큼 추가 지불하겠다고 했다. 심지어 그는 판매 부수당 책 소매가격의 12.5퍼센트를 인세로 지불해 주는 조건에도 출판 대표 에두아르트 라이퍼샤이트의 이름으로 동의했다. 아무런 주저 없이 요구했던 그 비율은 나중에 나의 물질적 실존의 기반을 안정시켜 주는 데 일조했다.

들건대 원래는 이렇다 할 베스트셀러도 없이 법률 전문 서적

---

* 동화에 나오는 난쟁이 이름.

과 가철본(假綴本) 출판물을 펴내던 이 출판사는, 대표자의 단호한 요구에 따라 앞으로 독일어권 전후 문학 출판을 장려하는 쪽으로 방향을 잡았고, 그에 따라 유명한 작가인 알프레드 안더쉬가 발행하는 《텍스트와 기호》라는 잡지도 후원하기로 했다는 것이다. 그렇게 하여 나의 시들 중에서 선별된 몇몇 작품은 그 출판사를 통해 미리 출판되었고, 그때마다 '정말로' 내게 인세가 추가로 지급되었다. 아, 가난했던 어머니가 그리도 일찍 내게 돈을 냉철하게 다루는 법을 가르쳐 주었던 것은 얼마나 고마운 일인가.

내가 동화를 끝내기 위해, 책 표지를 장식할 그림 디자인에 대해 추가 사례금까지 받는다는 내용이 보증된 계약서에 사인했을 때, 나는 젊은 시인의 첫 작품에 대한 동화 같은 즐거움에 도취되어 성급하게도 작은 글씨로 쓰인 선택 조항을 간과하고 말았다. 그 조항에 따르면 나의 다음 작품은 루흐터한트 출판사에 최우선으로 제공해야 한다는 것이었다.

하지만 그 당시의 내가 다음 작품을 염두에 둘 겨를이나 있었겠는가? 2막으로 구성된 희극 작품 「홍수」, 단막극 「버팔로까지 아직 십 분」, 그리고 부조리에 대한 찬양이라 할 수 있는 「삼촌, 삼촌」이라는 4막짜리 연극 외에 책이라는 형식을 염두에 둔 게 있었던가? 달리 묻자면 이렇다. 나는 나의 첫 등장을 머지않아 다시 반복될 수 있는 사건으로 평가하기는 했을까?

아마도 그랬을 가능성은 거의 없다. 나는 늘 시를 써 왔다. 시를 썼고 또 시를 던져 버렸다. 단순히 글쓰기의 충동에서 나온 모든 것을 책으로 내겠다고 생각한 적은 한 번도 없었을 것이다. 젊은 시절 나는 자신감에 넘쳐 미래의 경기장을 바라보았고, 또 그런 만큼 지금까지 나온 모든 잉크의 산물이 부족하다는 걸 잘 알았다.

베를린의 공기 속에서 처음으로 생겨난 시들은 전적으로 나만의 것이었기에 나는 그것들이 낭송되고 읽히고 인쇄되기를 원했다. 그리고 『바람 닭의 장점들』이라는 나의 첫 번째 책이 될 운명이었던 영국식 가철본에 그린 펜화들도 삽화 형식의 장식물로 끝나는 것이 아니라, 시들을 그래픽으로 계속 형상화한 선행 작업이었다고 할 수 있다.

이들 펜화는 세공하듯이 가늘게 그린 가금류가 바람에 흩날리는 모습이라든지, 거미들이 컵 속으로 들어가는 모습, 메뚜기 떼가 도시를 뒤덮고 또한 동시에 예언자들의 음식이 되는 장면을 가느다란 펜으로 여러 차례 스케치함으로써 생겨난 것들이다. 또한 인형이 곁눈질로 보고 있고, 그 때문에 화살에 맞지 않는 장면을 그린 것도 있다. 지저귀는 가위들이 날아간다. 귀들이 해변에 가득 쌓여 있다. 모기들이 사람 크기의 이미지 은유로 변모된다. 이처럼 전적으로 고유하고 사물화하는 시선 속에서 말과 기호가 잉크로부터 흘러나왔다.

내가 내 마법의 공간, 즉 베를린 디아나 호숫가에서 세계 대전의 폐허를 보여 주는 지하 방을 종이 위에 되살려 내자마자, 나의 고유한 자기중심적 기질과 내면의 웃음소리에 적합한 무엇인가를, 앞에 놓인 두 겹의 궤도 위에서 일부러 구하지 않았는데도 발견한 것 같은 기분이 들었다. 그런 까닭에 이 시인은 자신의 시와 스케치를 출판하는 걸 부끄러운 줄 모르고 아주 당연한 일로 여기는 것처럼 보였다. 그렇게 하여 첫 번째 판은 계약서에 따른 것이긴 하지만 또한 동화 속에서처럼 소망에 따라 진행되었다. 비록 삼 년 동안 735부가 팔린 것이 전부였지만 말이다.

나중에야 시들이 얼마나 많은 신호를 통해 나의 두 번째 책을 예고했는지가 하나하나의 시구와 반행(半行)에 분명하게 드러났다. 처음으로 유리를 깨뜨리는 노래를 시험해 보았던 「테너들의 학교」부터, "취주악"이라는 제목으로 한 아이가 질문을 받는 장면이 나오는 마지막 시 「바람 닭」에 이르기까지. "머리 위에 다 읽은 신문으로 만든 투구를 쓰고……." 그리고 「폴란드의 깃발」의 백색과 적색 그리고 적색과 백색의 유희 속에 여전히 감추어진 무엇인가를 암시하는 모티프들이 공공연하게 모습을 드러낸다.

이 모든 것은 자기만족을 위한 운지법 연습 정도로 간주될 수도 있었을 것이다. 또한 그로부터 여섯 달 후 내가 47그룹의 모임에서 첫 번째 산문, 즉 그 전해에 다녀온 스페인 여행의 결실을 '나의 푸른 초원'이라는 제목으로 낭독했을 때만 해도, 줄거리 진행 과정에서 '발가벗은 채 예민하게' 거대한 기념비 같은 존재로 고양되었던 달팽이가 장차 산문으로의 길을 열게 될 것이라곤 예감하지 못했다. 말하자면 나중에 이 달팽이는 점액질의 기어간 흔적으로 정치의 들판을 측량하고, 진보의 '위대한 도약'이라는 꿈을 설득하려 했던 것이다.

하지만 처음엔 어떠한 설명도 없이 암시와 탐색 그리고 무의식적 선취 정도에 머물렀다. 기껏해야 거대한 덩어리 같은 것이 막힌 채 걸려 있었고, 그 때문에 짧은 신호를 통해 숨통을 트려 했으며, 아직까지 그 모습을 드러내려 하지 않았던 기형적인 무엇인가를 인식하려 했다고 추정할 수 있다.

나는 글을 쓰든 스케치를 하든 그동안 내게 익숙해진 모든 몸짓을 통해 도피했고, 춤추듯 가벼운 걸음으로 명백한 심연들을 비껴갔다. 출구를 찾느라 당황한 적은 한 번도 없으며, 정체된 상태를 찬양했던 소재들을 내 것으로 만들었다. 말하자면 카프카로부터 자양분을 공급받은 산문은 식욕 부진을 앓았고, 연극적 장면들에서는 언어가 숨바꼭질 놀이에 빠졌으며, 언어유희는 계속해서 유쾌한 언어유희를 이어 갔다.

독일의 과거와 더불어 나의 과거라는 자갈 더미를 피해 갈 수만 있었다면 나는 생산적으로 이런저런 일을 펼치면서 매번 새로운 예술 작품들로 47그룹의 모임을 흥미롭게 만들었을 것이다. 하지만 자갈 더미가 길을 가로막았다. 그것이 나를 비틀거리게 했다. 어떤 것도 그것을 피해 갈 수 없었다. 그것은 내게 이미 주어져 있었지만 그 전모를 알 수는 없었다. 이곳에는 최근에 식은 용암 지대가, 저곳에는 오래전에 굳은 현무암이 놓여 있었다. 그리고 이 현무암은 그것보다 더 오래된 퇴적층 위에 자리 잡은 것으로, 한 겹 한 겹 벗겨지면서 분류되고 이름을 부여받기를 원했으며, 자신을 드러낼 말을 찾고 있었다. 다만 첫 번째 문장이 결여되어 있었을 뿐이다.

이제 책상 서랍들은 잠겨야 하고, 모티프가 있는 그림들은 벽을 향해 세워져야 한다. 카세트테이프의 녹음 내용은 지워져야 하고, 스냅 사진들을 찍고 또 찍어 점점 더 나이가 들어 가는 내 모습을 담은 사진들은 앨범 안에 묻혀야 한다. 보관된 원고들 그리고 상장 및 상패로 그득한 헛간도 폐쇄될 수 있다. 단어들을 만들면서 찌꺼기로 남아 있던 것, 적절하게 반영되었던 것, 가득 덮인 먼지와 함께 명성을 가져다주었던 것 그리고 시간과 더불어 논쟁을 무효화한 것, 이 모든 것은 시야에서 제거되어야 마땅하다. 그래야만 부담에서 벗어난 회상의 도움으로 저 젊은 남자, 1955년 무렵에 때로는 베레모를, 때로는 운동모를 쓰고 다니면서 최대한 적은 단어들로 첫 문장을 만들려고 애쓰는 남자의 모습이 드러나기 때문이다.

그는 본의 아니게 흙냄새를 풍기는 점토와 석고 먼지를 흩날리는 자신의 본래 영역을 떠났다기보다는 바깥쪽으로, 문학 분야로까지 자신의 활동 영역을 넓혔던 것이다. 사람들은 이런 체조 연습을 가랑이 찢기라고 부른다. 그렇다면 너무도 힘든 이 연습이 나를 온통 망가뜨리고 말았던가?

그 이전까지 나는 화가와 조각가 사이에서 맥주와 화주를 마시며 카운터 앞에 서 있는 존재일 뿐이었다. 하지만 그 후로는 먼동이 틀 때까지 문인들과 나란히 앉아 적포도주를 마시며 쪼그리고 앉아 있는 존재가 되었다.

예전에 루트 슈리버가 거듭해서 자신의 행위와 존재에 대해, 쓸모없게 된 천동설 신봉자들의 불행에 대해, 그리고 동시에 고대 그리스의 위대함에 대해 말하곤 했을 때 나는 그의 말에 귀를 기울였다. 하지만 이제 나는 동년배 젊은 작가들의 목소리를 듣게 되었다. 한스 마그누스 엔첸스베르거의 언어 곡예는 경탄할 만했고, 마르틴 발저의 청산유수 같은 말의 물결에 휩쓸려 나는 어딘가로 떠내려갔다.

과묵한 스승 카를 하르퉁이 나를 장인 학교 학생으로 만들었으나, 나는 세월의 많은 부분을 디아나 호수 근처의 폐가에서 보냈다. 낡은 올리베티가 덜거덕거리고 더듬거리며 A4 용지 크기의 종이를 연달아 먹어 치우면서도 결코 만족을 모르던 그곳에서 말이다.

두 마리 토끼를 동시에 쫓았던 춤꾼. 내 존재의 불안정을 보여주는 사례들은 얼마든지 있다. 하지만 이리저리 쏠렸던 시간은 윤곽이 뚜렷한 영상을 남기지 못했던 것 같다. 그 당시 나의 모습은 보이지 않거나, 아니면 단편적으로만 보인다. 어떤 사진에서 나는 길게 뻗은, 새처럼 보이는 한 청동 입상 조각품 옆에 앉아 있다. 이 조각상은 무미건조한 내 산문시의 문학적 원천이기도 하다. "다섯 마리의 새. 그들의 어린 시절은 이러했다. 말뚝이 되고, 그림자를 던진다. 모든 개에게 편안함을 준다. 하나하나 그 수가 헤아려진다……."

하지만 안나는 마리 뷔그만의 성전을 떠나 타트야나 그조프스키의 문하생으로 들어갔을 때에도 오로지 도약과 회전에만 몰두했다. 지속적으로 발이 아파서 맨발로 하는 표현 무용을 그만두고 고전 발레의 고통에 자발적으로 복종하게 되었을 때도 말이다.

더 이상 베를린에 머물지 않았던 이듬해, 나는 「발레리나」라는, 한편으로는 공공연하게 알려져 있고 다른 한편으로는 감추어져 있던 사랑을 고백하게 했던 나의 첫 번째 에세이를 횔러러의 《악센트》에 기고했다. 그 에세이에서 나는 두 유형의 춤이 갖는 고통과 쾌락을 비교했고, 마침내 클라이스트의 꼭두각시, 코코슈카*

---

* 오스카 코코슈카(Oskar Kokoschka, 1886~1980). 오스트리아의 화가이자 극작가.

의 실물 크기의 멍청한 인형, 그리고 슐레머*의 3인조 작은 입상에 흥미를 갖게 되었다.

냉습한 겨울이 지나자 안나가 앓기 시작했다. 둘이 함께 지내니 여름도 길게 느껴지지 않았던 전원의 지하 방이 그녀의 신장과 방광에 해를 끼쳤던 것이다. 외벽에는 목재 부식균이 피었고, 곰팡내가 진동했다. 창문은 꼭 닫히지 않았다. 게다가 연통이 외벽을 지나 밖으로 연결되어 있어도 난로는 자욱한 연기를 내뿜어 댔다.

나는 이사하자고 졸랐지만, 안나는 그곳에 머물고 싶어 했다. 1956년 초 혹은 1955년이 다 가기 전, 우리가 초소형 트럭 한 대를 빌려 궤짝 가구와 간이 옷장과 2인용 매트리스를 실었을 때에도 그녀는 정원의 관목과 이웃 폐허 빌라가 내다보이는 그 창가의 조망과 공짜로 주어졌던 일몰 풍경과 작별하지 못했다. 그렇게 한동안 그녀는 그 자리를 떠날 줄 몰랐다.

서쪽으로부터 햇살이 창문을 통해 비스듬히 스며들어 오는 동안 그녀가 몇 번이고 복도를 닦았기 때문에, 우리가 쾨니히 거리에서 울란트 가로 이사했을 때 그 지하 셋방은 반질반질 윤이 났다.

그리고 그러고 나서는? 그 후로 이런 일도 있었고, 또 그 후로 저런 일도 있었다. 그러나 그 전에, 1955년 11월에 우리가 서베를린의 중심지로 이사를 가 도회지의 삶을 살기 전에 나의 첫 전시회

---

* 오스카 슐레머(Oskar Schlemmer, 1888~1943). 독일의 무용 창작가 겸 화가, 조각가, 교사, 극 이론가 등으로 활약했다. 바우하우스의 교사로 있으며 무용에 관한 많은 구상을 완성했으며 「3부작 발레」 등을 통해 추상 무용을 발전시켰다.

양파 껍질을 벗기며 545

가 열렸고, 얼마 후에는 신문에서 그 기사를 읽을 수 있었다…….

그런 식으로 하나하나 따져 보고, 순서대로 나열되기를 거부하는 것들을 최종적으로 배열해 보아야 할 것 같다. 아닌 게 아니라 다른 사람들은 이런저런 일과 그 밖의 것을 날짜와 장소까지 정확한 순서대로 기록하지 않았던가. 나의 '그 전'과 '그때' 그리고 '그 후'에 대해서 말이다. 이를테면 "10월 19일부터 11월 8일까지 슈투트가르트의 네카 가 36번지에 있는 루츠 앤드 마이어 갤러리는 재능 있는 한 젊은이의 스케치 작품과 조각품을 전시했다……." 하는 식으로 말이다.

그렇다. 그런 식으로 진행되었다. 그때부터 모든 것이 열거되었고 날짜가 기입되었으며 인쇄된 채로 열을 맞추어 정돈되었고, 하나하나에 점수가 매겨졌다. 나의 앞날은 전도양양했으며, 나의 연극은 줄거리가 빈약했고, 나의 시는 괴상하면서도 경쾌했다. 나의 산문에는 신랄하거나 혹은 특별한 무언가가 있었다. 그러고 나서 나중에 나는 정치에 개입하여 지나치게 목청을 높였다. 그리고 나의 모든 동물의 이름이 불렸다. 예컨대 새벽닭의 장점, 늦게 일어난 게들의 걸음걸이, 개의 상세한 족보, 온전한 넙치와 그것의 가시, 쥐를 쳐다보는 고양이, 내가 꿈꾸었던 암쥐, 내가 그것으로 변신했던 무당개구리, 그리고 우리를 따라잡아 추월하고는 말없이 총총 떠나 버린 달팽이…….

슈마겐도르프의 여자 집주인이 고용했던, 커피 앙금으로 미래를 점쳐 주곤 했던, 도시의 동부 출신 청소부 아주머니는 내게도 예언을 해 준 적이 있었다. 나는 유명세를 타기 시작했고, 옛날부터 내려온 손금 기술에 따르자면 나의 수업 시대는 끝난 것처럼 보이며, 오로지 그 끝을 예측할 수 없는 방랑 시대만이 남았다.

1956년 늦여름에 안나와 나는 베를린을 떠났다. 결혼 선물인 올리베티 휴대용 타자기를 짐꾸러미에 챙겨 넣었다. 주머니에 있는 돈은 얼마 되지 않았지만 내면에는 많은 인물들을 담은 채, 나는 이제 파리로 가서 내 안의 방벽을 무너뜨리고 터질 듯 막혀 있던 말들에 물길을 터 주기에 충분한 함축적이고 간결한 첫 문장을 찾았다. 한편 안나는 고전 발레의 고된 연습을 감수할 각오가 돼 있었다. 피갈 광장의 노라 부인에게서 안나는 사뿐하게 한 발로 서서 회전하기 그리고 흔들림 없이 발끝으로 서기 동작을 익히길 원했다.

파리에서 우리는 처음엔 생마르탱 운하 근처에 있는 알리베르 거리에서 살았다. 그 운하는 우리가 좋아하는 영화 중 하나인, 아를레티와 루이 주베가 주연한 「북호텔」을 촬영한 곳이었다. 우리는 베를린산 궤짝 가구와 간이 옷장과 매트리스를 팔아 버렸고, 약간의 짐만 들고 집을 구하러 다녔다.

8월의 파리가 으레 그렇듯이 도시는 텅 비어 있었다. 생마르탱 운하에서 나는 수문들과 그때마다 다른 모습으로 흔들거리는 다리들 사이의 어느 지점에 있는 벤치를 발견했다. 구스타브 플로베르가 소설 『부바르와 페퀴셰』의 시작 장면에서 주인공들을 앉혀 두었던 바로 그 벤치였다. 그것이 바로 첫 문장이었다.

그 후 우리는 파리의 다른 구역으로 거처를 옮겨 샤티옹 거리에서 살았다. 그곳에서 한 스위스 조각가의 아틀리에도 잠시 관리해 주었다.

안나는 이미 베를린에서, 잘 알고 지내던 여성 댄서의 도움으로 블루 벨 걸스 그룹에 응모했지만, 그녀의 다리는 파리의 명성 높은 리뷰 댄스 그룹에 들어가기에는 너무 짧거나 아니면 충분히 길지 않았다.

처음에는 파리에서 평온을 찾을 수 없었다. 우리는 집을, 그리고 나는 문과 대문을 활짝 열어 줄 문장을 찾느라 정신이 없었다. 아니면 이미 그때 집을 찾고 단어를 찾느라 중단했던 '발레리나'에 대한 찬가를 올리베티로 타이핑하고 있었던가?

모든 신문과 파리의 근교에서는 전쟁에 대한 소식이 들끓었다. 하지만 단치히에서 시작되었고, 폴란드 우체국을 사수하면서 동시에 나의 유년 시절도 끝냈던 지난번 전쟁은 내게서 끝나려고 하지 않았다. 첫 문장은 여전히 떠오르지 않았다.

마침내 안나의 아버지가 이탈리아 대로변 뒤편에 작은 별채를 구입했다. 건물 위층에 있는 작은 방 두 개는 좁은 복도를 통해 연결되었고, 복도 한쪽에는 작은 부엌과 좌욕용 욕조가 딸린 욕실이 있었다. 우리 아래층에는 노동자 한 사람이 부인과 아이를 데리고 살았다. 모든 창문을 통해 우리는 잡풀로 황폐해진 작업장으로 둘러싸인 좁은 앞뜰을 내다볼 수 있었다.

즉시 나는 지하 보일러실에다 입식 책상과 회전대를 놓아 작업실을 꾸몄고, 베를린에서 시작했던 원고를 펼쳤다. 「사악한 요리사들」이라는 5막극과, 장소를 옮겼는데도 여전히 이야기를 어떻게 전개해야 할지 몰라 망설이던 몇 편의 산문 초안이었다. 상탈은 우리 아래층에 사는 노동자의 아내에게서 정기적으로 매를 맞는 여자아이의 이름이었다. 그리하여 나는 이 아이를 소재로 「정확한 시간에」라는 시를 썼다.

　최근에 내가 파리에서, 연극배우의 인상을 물씬 풍기는 내 딸 헬레네와 함께 세계 각지에서 온 독어 독문학 연구자 900명이 보는 앞에서 「소년의 마술피리」라는 프로그램을 슈테판 마이어의 음악에 맞추어 공연했을 때, 이탈리아 대로 3번지를 잠시 방문할 시간이 주어졌다. 이제는 잡풀 우거진 작업장이 없어진 그 건물 뒤편의 좁은 마당은 누군가가 예쁘장한 꽃도 심어 놓아 아담한 모습을 하고 있었다. 예전 보일러실에는 그 옛날에 사용하던 나의 입식 책상이 아직도 놓여 있었다. 얼마나 자주였는지는 모르겠지만 당시 나는 그 위에서 첫 문장을 발견했다고 믿지 않았던가.

　파리에서 안나와 나는 멀리 서베를린과 동베를린에서 고트프리트 벤과 베르트 브레히트가 짧은 간격을 두고 연이어 사망했고, 그리하여 그들의 수많은 후예들이 졸지에 고아가 되었다는 소식을 들었다. 나는 두 사람을 기리는 추도시를 썼다.

　알제리 전쟁이 파리에서 플라스틱 폭탄들로 메아리를 불러일으키고, 몇 년 전 파리의 영화관에서 보았던 베를린 포츠담 광장의 전차들을 연상시키는 소련 전차들이 부다페스트 거리를 휩쓰는 광경을 보는 동안, 나는 드디어 우리의 단칸방을 데워 주는 보일러실이자 동시에 나의 작업실이기도 한 습기로 물이 줄줄 흐르는 공간에서 "고백하지만, 나는 한 요양원의 수용자다……."라는 첫 문장을 발견했다.

　파리에서 우리는 베를린을 잊었다.

　파리에서 파울 첼란과 나는 서로 알게 되었다.

　파리에서 나는 첫 문장을 찾은 후 한 장(章) 한 장 글을 썼다.

파리에서 조각상들은 바싹 말라 뼈대에서 부스러져 떨어졌다. 파리에서 우리는 다시 돈에 쪼들렸다.

그래서 나는 파리에서 서부 독일까지 히치하이크를 해야만 했다. 쾰른, 프랑크푸르트, 슈투트가르트 그리고 자르브뤼켄에 있는 방송국을 찾아가 그곳의 심야 프로그램에 필요한 몇 편의 시를 현금을 받고 팔기 위해서였다. 다음 석 달을 위해 시장에 갓 나온 신선한 정어리, 양 갈비, 완두콩, 매일 먹을 바게트 그리고 타자기를 위한 종이를 조달할 때 필요한 돈이었다.

그렇다고는 하지만 어떻게 내가 파리에서, 끊임없이 작업하는 글쟁이가 되는 데 성공할 수 있었던가?

1973년에 나는 "양철북에 대한 회고—혹은 수상쩍은 증인으로서의 작가"라는 제목으로 자기 자신의 문제에 대한 시론을 썼다. 거기에는 우리의 파리 생활이 묘사되어 있고, 진절머리 나는 소설 쓰기를 가능하게 하는 추동력이 무엇인지에 대한 답변도 들어 있다. "가장 신뢰할 만한 원동력은 아마도 나의 소시민적 혈통이었던 것 같다. 내 안에 숨 막힐 듯 꽉 들어차 있고, 김나지움을 중도에 그만둠으로써(나는 5학년을 다니다 말았다.) 치솟은 과대망상, 감히 무시할 수 없는 무엇인가를 내놓겠다는 망상이었다."

그 외에 다른 추동력도 있었다. 그렇다. 파리에서 내가 축축하게 젖어 물이 줄줄 흐르는 벽 앞에서 첫 문장을 찾아낸 이후로 단어들은 그야말로 끊기지 않고 쏟아져 나왔다. 새벽부터 밤늦게까지 글쓰기는 순조롭게 진행되었다. 한 장 한 장. 단어들과 이미지들이 재촉했고, 번갈아 가며 상대의 뒤꿈치를 밟았다. 너무도 많은 것들이 냄새 맡고, 맛보고, 관찰하고, 이름 붙여지기를 원했다. 그리고 내가 13번 구(區)의 카페들과 보일러실에서 한 장(章) 한 장을 긁적거리며 쓰고, 그것을 올리베티로 타이핑하는 동안에, 그리고 동시에 자신의 시를 통해 말로 표현할 수 없는 것, 즉 자기 자신을 그리고 자신의 고통을 스트레토 형식으로 마치 양초와 양초 사이에서처럼 엄숙하게 표현할 수 있었던 파울 첼란과 친분을 유지하는 동안에, 쌍둥이인 프란츠와 라울이 우리를 부모로 만들었다. 우리는 부모라는 존재가 되는 것에 대해 베를린에서도 파리에서도 배운 적이 없었다.

쌍둥이는 따로따로 울기도 하고 동시에 울기도 했다. 그 후 아비는 서른 번째 생일을 보낸 뒤부터 콧수염을 길렀고, 그 수염은 세월이 지나면서 갖가지 형태의 자화상을 만들어 냈다. 때로는 연필로 그렸고, 때로는 동판에 부식한 에칭으로, 그리고 어떤 경우엔 졸른호프산(産) 돌에 석판화로 새겼다. 이를테면 콧수염을 한 채 눈에 달팽이 집을 그려 넣은 모습, 넙치와 마주 서 있는 모습, 관에 박힌 못들 그리고 죽은 새와 함께 있는 모습, 쥐 꿈을 꾸는 모습, 운동모를 쓴 채 무당개구리와 나란히 있는 모습, 콧수염을 기른 채 선인장 뒤에 숨어 있는 모습, 그리고 마지막으로 반 토막 낸 양파와 칼을 들고 있는 모습 등을.

파리에서는 콧수염을 기르는 것이 흔한 일이었다. 파리에서 우리는 서로 닮지 않은 쌍둥이를 나란히 앉혀 둘 수 있는 중고 유모차를 구입했다. 몇 안 되는 우리의 파리 친구들은 안나와 내가 어떻게 그렇게 갑작스레 그리고 연습해 보지도 않은 희곡에서처럼 부모가 되어 등장할 수 있는지 아연해했다. 그리고 고뇌가 있다 하더라도 몇 시간이면 금방 나아지곤 했던 파울 첼란은 악을 쓰며 울어 대는 두 아이 때문에 그리고 물이 줄줄 흐르는 벽 때문에 원고 작업이 늦어질 때면 내게 용기를 북돋워 주곤 했다.

쌍둥이가 태어나고 곧 콘라트 아데나워가 총선에서 절대 다수의 지지를 받으며 승리를 거두었는데, 파리에서 볼 때 그로 인해 독일은 온통 검게 물들었고 마치 재범자처럼 자신에게 불이익을 초래했다.

글쓰기를 잠시 쉬는 동안이면 나는 수녀들, 특히 애덕 수도회 수녀들을 그렸다. 이들의 날개 리본 두건은, 내 가련한 어머니가 쾰른의 성 빈첸트 병원에서 돌아가신 후 자주 보았던 것이라, 파리의 지하철에서 혹은 뤽상부르 공원에서 나는 그것을 스케치하곤 했다. 가끔은 릴케의 회전목마가 있는 근처로 파울 첼란을 꾀어 내는 데 성공하기도 했다. 그가 보기에 자신이 박해를 받고 있는, 그렇다고 해서 뾰족한 탈출구도 없는, 제자리에서 맴도는 영역으로부터 말이다.

프란츠와 라울이 걷기 시작하자마자 우리는 나무로 된 안전 울타리를 샀다. 그리고 8월에는 곧 한 살이 되는 쌍둥이를 데리고 스위스로 갔다. 열기 속에 가물거리는 테신의 산악을 무대로 나는 나의 올리베티에게 한 장 한 장 먹이를 먹여 주었다. 그곳에선 눈발이 그치지 않았고, 발트 해는 굳게 입을 다문 얼음장* 아래 몸을 숨겼다.

다시 파리로 돌아왔다. 내가 한쪽 귀로는 쌍둥이에게 귀를 기울이며 글을 쓰는 동안 안나는 노라 부인의 엄격한 지도를 받

---

*『양철북』의 장면들을 가리키는 것으로 보인다. 그라스는 이 무렵 『양철북』을 본격적으로 집필했다.

으며 춤을 추었다. 이따금 친구인 휠러러가 들러 주었고, 세계 각지를 돌아다니며 보라색 잉크로 갈겨쓴 엽서를 부쳐 왔다. 그리고 우리가 휠러러의 옷이라고 불렀던 옷 한 벌을 안나에게 선물하기도 했다.

1958년 초 나는 파리를 출발해 바르샤바를 거쳐 그단스크로 갔다. 그리고 그곳에서 나의 잃어버린 도시의 흔적을 찾았다. 나는 무사히 남아 있는 시립 도서관에 들어가 앉았고, 그 순간 열네 살 소년으로 그곳에 앉아 있는 내 모습을 보았다. 나는 찾고 또 찾았고, 그러던 중 카슈바이 출신의 종조모 안나를 만날 수 있었다. 그동안 낯설어졌고 성장해 버렸기 때문에 나는 종조모에게 여권을 내밀어 나임을 확인시켜 주어야 했다. 종조모에게서는 발효유와 마른 버섯 냄새가 났다. 그녀를 만남으로써 책을 통해 얻을 수 있는 것보다 많은 것들이 떠올랐다.

그리하여 나는 폴란드 여행에서 많은 습득물들을 챙겨 파리로 돌아왔다. 거품이 이는 분말 청량제, 성(聖) 금요일에 사용하는 딸랑이, 양탄자 터는 막대기, 폴란드 우체국 사수 전투에서 살아남은 현금 동봉 등기 우편물 배달부의 도주로, 등하굣길, 시립 도서관의 신문 연감에 보존된 것들, 1939년 가을에 상영되었던 영화 프로그램들. 거기에다가 고해석에서 들려오는 속삭임, 묘석에 새겨진 제명들, 발트 해의 갯냄새, 그리고 브뢰젠과 글래트카우 사이에서 파도 거품을 타고 쓸려 내려오던 호박(琥珀) 부스러기들도 말이다.

그렇게 하여 모든 것이 말로 형상화되었고 신선함을 유지했다. 왜냐하면 파리에서 종 모양의 치즈 덮개로 덮어 고이 보관했기 때문이다. 나는 지칠 대로 지쳤지만, 그렇다고 빈 숟가락 상태로 머물진 않았다. 내 손으로 직접 글을 썼지만 어느새 나 자신은 하나의 연장이 되어 버렸고, 내 머릿속의 인물들에게 예속되고 말았다. 왠지 모르겠으나 오스카라는 인물에게는 특히 더 그랬다. 그와 같은 것이 어떻게 생겨났으며 또 어떻게 생겨나는지에 대해서는 별로 할 말이 없다. 거짓말을 한다면 몰라도 말이다…….

그해 10월 내가 47그룹 회원들 앞에서 「폭넓은 스커트」와 「포르투나 노르트」 장(章)을 낭독하기 위해 파리를 출발해 뮌헨을 거쳐 그로스홀츠로이테라 불리는 바이에른 혹은 슈바벤 지방의 시골 마을로 여행을 떠났을 때, 거의 마무리 단계에 있던 소설의 작가*에게 47그룹 상을 주기로 결정되었다. 4500마르크에 이르는 상금이 모였는데, 출판인들이 자발적으로 낸 돈이었다. 처음 만져 보는 그 거금은 편안한 상태로 모든 것을 다시 한 번 올리베티로 타이핑할 수 있도록, 말하자면 정서(淨書)할 수 있도록 도와주었다.

게다가 그 상금은 우리에게 브라운 회사 제품으로 '백설공주의 관'이라 불리는 멋진 모양의 까지 마련해 주었다. 뮌헨에서 첫 번째 라디오 방송 낭독 후에 구입해 파리로 가져온 이 전축으로 우리는 스트라빈스키의 「봄의 제전」과 버르토크의 「푸른 수염의 영주」를 듣고 또 들었다. 우리는 더 이상 가난하지 않았으며 송아지 간과 음반을 마음껏 사들일 수 있었다.

파리에서 안나와 나는 자유로우면서도 친밀하게 춤을 추었다. 파리에서 우리는 행복했고 그 행복이 얼마나 지속될지 미리 생각

---

* 귄터 그라스 자신.

하지도 않았다. 파리에서 드골이 권력을 잡았고, 프랑스 경찰이 휘두르는 곤봉의 위력을 두려워할 줄도 알게 되었다. 파리에서 나는 눈에 띄게 정치적이 되었다. 파리에서, 그 물이 줄줄 흐르는 벽 앞에서 약간의 결핵균이 내 폐에 자리를 잡았고, 병은 베를린에 와서야 완치되었다. 파리에서 쌍둥이는 파리의 이탈리아 대로에서 제각각 다른 방향으로 내달음질 쳤고, 그 때문에 어떤 애를 먼저 쫓아가야 할지 몰랐다. 파리에서 나는 파울 첼란을 도울 수 없었다. 그는 이제 더 이상 파리에 머물지 않았다.

그리고 나서 1959년 가을에 소설 『양철북』 초판본이 나왔을 때, 안나와 나는 프랑크푸르트 도서전에 참석하여 아침까지 춤을 췄다.

그리고 이듬해 우리는 파리를 떠났고 이제는 가족을 이루어 다시 베를린에서 반폐허 상태의 집을 얻었다. 나는 그곳 카를스바트 가에서, 네 개의 방 중 하나가 내 차지로 주어진 그곳에서 즉시 다시 스케치를 하고 글을 쓰기 시작했다. 왜냐하면 나의 올리베티, 나의 결혼 선물과 함께 나는 이미 파리에서부터 새로운 작업을 시작했기 때문이다…….

그렇게 나는 페이지에서 페이지로 넘어갔고, 책과 책 사이에서 살았다. 그러는 동안 나의 내면에는 온갖 상(像)이 넘쳐 났다. 하지만 그것들에 대해 이야기하자니 이제 양파도 떨어지고 별로 내키지도 않는다.

작품 해설

양파 껍질을 벗기고 또 벗기면 경직된 역사가 다시 흐른다

1 『양파 껍질을 벗기며』를 둘러싼 독일 사회의 찬반 논쟁들

권터 그라스의 『양파 껍질을 벗기며』는 원래 2006년 9월 1일이 출간 예정이었으나, 8월 15일로 앞당겨 독자들을 만났다. 책이 나오기 전에 권터 그라스가 《프랑크푸르터 알게마이네 차이퉁》(이하 《프랑크푸르터》)과 가진 회견에서 어린 시절, 그러니까 열일곱 살 때 히틀러의 무장 친위대에 복무했던 사실을 처음으로 털어놓았는데, 그것을 둘러싸고 독일 사회 내에서 격렬한 논쟁이 벌어져 책에 대한 관심이 폭발적으로 늘어났기 때문이다. 8월 11일 《프랑크푸르터》는 공동 편집장인 프랑크 쉬르마허, 문학 담당 수석 기자인 후베르트 슈피겔이 권터 그라스와 가진 인터뷰 내용을 '권터 그라스: 나는 무장 친위대 대원이었다'라는 제목으로 대서특필했던 것이다. 그리고 쉬르마허는 「자백」이라는 장문의 사설에서 '왜 육십 년이 지난 후에 나는 침묵을 깨는가'라는 중간 제목을 달아 인터뷰의 세부 내용을 소개했다.

---

* 이 「작품 해설」은 글쓴이가 《괴테연구》 제23집(2010)에 발표한 논문 「권터 그라스의 『양파 껍질을 벗기며』를 둘러싼 논쟁들」을 토대로 하여 작성한 것임을 알려 둔다.

바로 그날부터 비판 여론이 들끓었다. 비판의 주된 이유는 무엇보다도 친위대 복무 사실을 왜 그렇게 늦게 밝혔는가에 있었다. 문예 비평가인 헬무트 카라제크는 그라스가 더 일찍 그 사실을 고백했더라면 노벨 문학상을 받지 못했을 것이라고 극언했다. "노벨상 위원회는 어린 시절 무장 친위대에 복무했고 그 사실을 오랫동안 숨겼다고 알려진 사람에 대해 노벨상을 주지 말았어야 했다." 그라스의 전기 작가인 위르그스는 "개인적인 실망감"을 표시하면서 "도덕적 심급의 종말"이라는 표현을 사용했다. 문예 비평가인 마르셀 라이히라니츠키도 그라스라는 주제에 대해 더 이상 언급하지 않겠다며 당혹감을 드러낸다. 그 문제가 독일 사회에 던질 파장 앞에서 비평의 대가도 할 말을 잃었던 것이다. 이웃 나라 작가들도 비판의 대열에 동참한다. 스웨덴 작가 라르스 구스타프손은 "놀라운 이야기다. 사람들은 인간을 어느 정도 알고 있다고 생각하지만, 이번에 새로 드러난 사실 앞에서는 정말이지 나도 당혹스럽다. 생각해 보라, 육십 년 동안의 침묵이라니."라고 논평한다. 네덜란드 작가 레온 드 빈터도 비판에 동조했다. "도덕적 권위가 그런 종류의 본질적인 정보에 대해 침묵한다면, 도덕적 권위 그 자체가 도덕적 파멸의 책임을 져야 한다."

그러나 이러한 비판 여론에도 불구하고 그라스를 옹호하는 여론이 만만치 않았던 것은 이 문제의 복잡한 성격을 말해 준다. 작가인 발터 켐포스키는 고백 시점이 다소 늦은 감은 있지만, 죄 없는 자라면 돌을 던지라는 성경의 말은 귄터 그라스에게도 적용된다는 논지로 그라스를 옹호한다. 작가인 발터 옌스는 좀 더 적극적으로 변호한다. "한 노인이 폐단을 가차 없이 정리한 것은 아주

인상적이고 감동적인 행위이다. 유감스럽게도 그동안 이 점을 말하지 못했고 그래서 이제 그 점을 밝힌다 하고 그가 말한 것은 여든이 다 된 사람으로서 위엄이 넘치고 기품 있게 행동한 것이다." 작가인 마르틴 발저는 독일 사회에서 복잡하게 얽혀 있는 과거사 극복의 문제를 보다 폭넓은 의미에서 정리한 것이라고 말한다. "모든 동시대인 중에서 가장 성숙한 그 사람이야말로 자신의 책임과는 무관하게 친위대에 얽혀들었던 사실을 육십 년 동안이나 말하지 않을 수 있다. 이제 그렇게 밝힘으로써 그는 도식적인 사고방식과 규범적인 언어 사용이라는 틀에 얽매여 있는 우리의 과거사 극복 풍토에 결정적인 일격을 가한다."

이처럼 처음 며칠 동안에는 독일 문단을 주도하는 문예 비평가와 작가가 논쟁의 주역이었으나, 이후 일주일 정도가 지나자 정치가도 본격적으로 논쟁에 끼어들었다. 추방민 연맹 의장 에리카 슈타인바흐는 그라스의 새 책 『양파 껍질을 벗기며』에서 나올 인세 전액을 폴란드 나치 체제의 희생자들에게 바칠 것을 촉구하면서, 친위대에 복무했다는 그의 자백은 그의 새 책을 판매하는 데는 도움이 될지 몰라도, 독일과 폴란드의 관계에는 손상을 가져올 것이라고 말한다. 독일 총리 앙겔라 메르켈도 열일곱 살 소년이 친위대에 복무했다는 사실을 고백한 시점의 때늦음을 우회적으로 비판하였다. "우리가 그의 전기에 대해 처음부터 온전하게 모든 것을 알지 못했던 것이 아쉽다." 폴란드 대통령을 지낸 레흐 바웬사의 비판은 더욱 따갑다. 그는 귄터 그라스에게 그단스크 시의 명예시민증을 반납하라고 요구했다. 그러나 여론 조사 결과는 사안의 복잡성을 드러내 주었다. 그단스크 시민 대부분은 그라스가 자신의 고향 도시의 명예시민으로 남는 데 찬성했던 것이다. 독일 대통령을 지냈던 바이츠제커도 다수 시민의 편에서 말한다. "지금 온갖 사람이 그에게 돌을 던진다. 물론 그에게 그 책임이 있다. 하지만 그렇다고 해서 저 야만적인 전쟁 이후 이루어졌던 그의 문학과, 독일-프랑스의 관계에 기여했던 그의 공적은 조금도 손상되지 않는다!"

그의 친위대 복무를 둘러싸고 벌어진 이러한 논쟁은 예상을 뛰어넘는 것으로, 노벨 문학상 작가로서 그라스의 비중을 실감케 하는 것이지만, 그 이면에는 여러 복합적인 요인이 작용하고 있음을 알 수 있다. 우선 『양파 껍질을 벗기며』는 2차 세계 대전이 시작된 1939년부터 1959년 그의 『양철북』이 나오기까지 이십 년 동안의 생애를 소재로 한 것인데, 이러한 수천 건의 논쟁과 논쟁적 기사들은 작품 전체가 아니라 전쟁이 끝나기 전 몇 달 동안의 친위대 복무 시기만을 집중적으로 문제 삼고 있다. 특정 부분에 대한 과도한 집중으로 이 작품의 전체상이 시야에서 사라지고 말았던 것이다. 또한 그라스의 이 책이 자서전인지 아니면 자전 소설인지도 명확하지 않다. 많은 논쟁은 그 점을 놓친 것으로 보인다. 그리고 시시각각 먹잇감을 노리는 현대 대중 매체의 선정주의도 그러한 논쟁을 유발한 배후의 동력일 것이다.

2 대중 매체의 선정적 보도라는 문제

이런 논쟁의 와중에도 별다른 반응을 보이지 않던 귄터 그라스는 프랑크푸르트에서 가진 두 번째 낭송회에서 자신의 입장을 토로한다. 그는 우선 자신의 친위대 복무와 관련하여 그 시대 사람이라면 모두 져야 할 공동 책임을 인정한다. 하지만《프랑크푸르터》의 보도에 대해서는 반론을 제기한다. "나는《프랑크푸르터》가 아니라, 나의 책 속에다 무엇인가를 고백했을 뿐입니다.《프랑크푸르터》는 어떤 인간으로부터 자백을 요구할 수 있는 그런 기관이 아닌 것입니다." 이 발언은 한마디로《프랑크푸르터》의 선정적 보도가 문제를 왜곡했다는 주장이다. 사실 그라스가 친위대 복무 사실을 암시한 것은 작품 속에서였다. 그 구절을 보자. "내게 내려진 바로 다음 행군 명령서는 내 이름을 한 신병이 나치 무장 친위대의 어느 훈련장에서 전차병 훈련을 받게 되었음을 명백히 말해 주었다." 작품 속에서의 이 부분을 따와《프랑크푸르터》는 '자백'이라는 제목을 달았고, 그라스는 이를 반박하며《프랑크푸르터》에 고백한 적이 없다고 말하는 것이다.

귄터 그라스는 전후 독일 사회의 양심의 상징이었다. 그에게 붙은 별명들, "민족의 양심", "도적의 심급", "도덕의 사도" 등등을 보면 독일 사회가 그에게 기대했던 도덕의 기준을 짐작할 수 있다. 그동안 그의 작품과 활동은 집요하게 나치 동조자와 연루자에게 공적 책임을 물었던 것이다. 그런데 이제 드러난 사실에 의하면 작가가 다른 사람에게 요구했던 것을 자신에게는 묻지 않았다는 것이고, 비판의 요지는 이러한 이율배반적인 태도를 지적했던 것이다. 그러나 이러한 비판은 잘못된 전제에서 출발했을 가능성이 있고, 언론의 선정적 보도가 이러한 소동을 증폭한 진원지일 가능성이 있다.

《프랑크푸르터》의 '귄터 그라스: 나는 무장 친위대 대원이었다'라는 첫 번째 기사의 제목부터가 그라스의 의도를 왜곡하고 있다. 여기서 "대원(Mitglied)"이라는 표현은 어떤 자발성을 내포하고 있는데, 열일곱 살 소년이었던 귄터 그라스가 친위대의 성격을 알고 복무한 것은 아니었다. 책 속에서 그라스는 이렇게 밝히고 있다. "나는 무장 친위대를 엘리트 부대로 여겼다. 전선 침입이 차단되거나, 뎀잔스크처럼 고립 지대가 폭파당하거나, 혹은 하리코프처럼 재탈환되어야 하는 경우에 투입되는 부대 정도로 알았다. 제복 옷깃에 있는 이중의 루네 문자는 내게 불쾌감을 주지 않았다." 그러나 《프랑크푸르터》는 그라스의 복무가 자발적이었음을 기정사실화하는 용어를 사용해 버린 것이다. 황색 언론 《빌트》는 《프랑크푸르터》의 논지를 더욱 왜곡하여 아예 "친위대 소속의 귄터 그라스"라고 단정적으로 표현해 버린다.

친위대가 초반에는 자발적으로 지원한 엘리트 부대의 성격이었던 것은 역사적 사실이지만, 그라스가 입대할 무렵에는 돌이킬 수 없는 군사적 패배로 더 이상 지탱하기 어려운 상태의, 이미 초기의 성격을 상실한 부대였다. 그런데도 《프랑크푸르터》는 소년이었던 그라스가 저 악랄했던 친위대에 자발적으로 복무했다고 기정사실화함으로써 스캔들의 결정적 빌미를 제공했던 것이다. 그러나 저명한 역사학자 한스 몸젠은 당시 친위대의 성격을 세세히 규정하면서, 그라스의 친위대 복무를 비판하는 것은 난센스에 불과하다고 말한다.

또 다른 제목인 '자백'이라는 표현도 문제를 왜곡하고 있다. 자백한 적도 없는데 자백했다고 몰아붙인 것이다. '자백은 증거의 여왕'이라는 말도 있듯이 독일어 Geständnis는 명백히 부정적인 의미를 띠는 표현이다. 이러한 표현이 무엇을 의도하는지는 명백하다. 『양파 껍질을 벗기며』를 둘러싼 논쟁의 본질을 대중 매체의 스캔들 제작이라는 관점에서 세세하게 논구한 퀼벨은 이번 소동의 본질을 엘리아스 카네티의 말을 빌려 정리한다. 카네티는 언론의 악의적 의도를 지난 시절의 마녀사냥 내지는 공개 처형의 전통 속에서 본다. "오늘날에도 모든 사람은 신문을 통해 공개 처형에 참여한다. 사람들은 차분하게 안정을 취하면서 수백의 개별적 사례 중에서 특별히 그들의 관심을 끄는 사례에 주목한다. 그리고 모든 것이 지나가고 나면 환호하고, 공동 책임이라고는 조금도 느끼지 않으면서 마음껏 즐기려고만 한다. 사람들은 그 무엇에 대해서도 책임을 지지 않는다. 판결에 대해서도, 증인에 대해서도, 그의 보고에 대해서도, 그리고 보고를 인쇄한 신문에 대해서도 책임지지 않는다. (중략) 신문 독자들은 일종의 완화된, 그러나 사건들과의 간격 때문에 더욱더 무책임해진 선동적 대중의 성격을 지니므로, 그들은 가장 경멸스러우면서도 가장 안정된 형태를 취한다고 말하고 싶을 정도이다." "가장 경멸스러우면서도 가장 안정"적이라는 신랄한 표현은 황색 언론이 노리는 맹목적 선동의 성격을 예리하게 고찰하는 발언이다. 스캔들을 양산하고 정치적 허무주의를 조장하는 황색 언론. 귄터 그라스는 언론의 그러한 반응에 일일이 대응하지 않는다. 그러나 그의 작품 속에서 귄터 그라스는 자신의 부끄러운 과거를 집요하게 들여다보고 또 들여다본다. 왜 나는 그때 아무것도 몰랐던가 하고 끊임없이 되묻는다. 『양파 껍질을 벗기며』의 모든 줄거리는 이 물음의 주위를 선회하고 있다. 그러므로 왜, 나는 그때 몰랐던가? 하는 뜨거운 문학적 고백의 텍스트를 앞에 두고, 그래, 이제야 자백하다니 하는 적반하장식 비판은 대중 매체의 표피적이고 선동적이며 폭력적인 속성을 보여 줄 뿐이다. 대중 매체의 선동적 성격에 대한 카네티의 분석도 바로 그 지점을 겨냥한 것으로 보인다.

3 왜? 나는 묻지 않았던가?

그라스는 범죄 가담에 대한 때늦은 깨달음, 그것을 부끄러워한다. "시간이 흐르면서 나는 간헐적으로 사태를 알아차렸고, 수시로 멈칫거리며 고백했다. 무지해서 혹은 더 정확히 말해, 알려고 하지 않으면서 나는 범죄에 가담했던 것이다. 세월이 흘러도 작아지지 않고, 앞으로도 없어지지 않으려 하지 않을 것이며, 지금까지도 그 때문에 내가 병을 앓고 있는 범죄였다." 범죄에 적극적으로 가담했다고 인정할 수는 없지만, 범죄를 범죄로 알아보지 못하고, 왜? 하고 묻지 않았던 부끄러움이 그동안 그의 부담으로 남아 있었던 것이다. "적극적인 공범 행위에 대해서는 변명할 수 있다 하더라도, 오늘날까지도 다 갚지 못한 잔액, 흔히들 공동 책임이라고 부르는 부분은 여전히 남았다. 나의 여생을 그것과 함께 살아가야 하는 것만은 분명하다." 그는 친위대 제복의 의미도 몰랐고, 종전 후 강제 수용소의 사진들을 보고도 처음에는 독일이 행한 범죄를 믿으려 하지 않았다. 나중에 뉘른베르크 전범 재판을 보고서야 비로소 나치가 저지른 범죄의 진상을 깨달았던 것이다. 하지만 몰랐다는 변명만으로 행동이 정당화되는 것은 아니다. 당시에도 사태를 알아차릴 수 있는 기회는 얼마든지 있었고, 사태의 본질을 알았던 소년들도 있었다. 그런데, 나는 왜 몰랐던가? 그라스는 그 점을 끊임없이 부끄러워하는 것이다.

전쟁이 세계 대전으로 치달았던 무렵, 그라스 주변 동급생들의 초미의 관심사는 독일군의 노르웨이 점령이었다. 나르비크의 영웅들이 찬탄의 대상이었다. 아이들은 독일 해군이 승리를 거두고 영국군은 패배를 거듭하는 것으로 알고 있었다. 그러나 "너희가 하는 이야기는 모두 헛소리야!"라고 하며 진상을 제대로 알았던 소년이 있었다. 그 아이는 나르비크 전투에서 침몰한 아군 군함들에 대한 세세한 정보까지 알고 있었다. 그런데 그 아이는 어느 날 갑자기 사라져 버렸다.

그로부터 오십 년 후 그라스는 그때 그 아이를 만나게 되었고, 그가 당시 전황을 그렇게 객관적으로 알 수 있었던 것, 그리고 그 아이가 갑자기 사라졌던 이유를 알고 싶어 때늦었지만 다시 물었고, 그때에야 그라스는 사태의 전모를 알게 된다. 볼프강 하인리히스의 아버지는 사민당 당원이었고, 영국의 라디오 방송을 통해 전황을 듣고 알았으며, 나치의 감시 대상이었다가 1940년 초 게슈타포에 체포되었다. 그리고 이후 강제 수용소에 갇힌 것이다. 그리고 그라스는 그 이유를 무려 오십 년 후에나 알게 되었다. 왜 그렇게 될 수밖에 없었던가? "내가 아무것도 알려 하지 않았거나 거짓된 것만을 아는 데 만족했기 때문이다." 그라스는 이렇게 부끄러움을 토로한다. 그라스는 친구였던 하인리히스의 경우를 보며 회환의 감정을 토로한다. "아, 내게도 볼프강 하인리히스처럼 신념이 확고한 아버지가 있었더라면. 우리 아버지는 자유 도시 단치히가 그렇게 억압을 강요당하지 않았던 1936년에 이미 나치에 가입했다." 그라스가 『양철북』에서 아버지의 그런 모습을 적나라하게 묘사했던 것은 이런 연유에서일 것이다.

그라스는 나치 체제의 진상을 제대로 알았던 또 다른 소년의 이야기에 한 장(章) 전체를 할애한다. 그라스가 제국노동봉사단에 소속되었던 시절, 한 금발 소년은 힘든 작업이라든지 동료들과의 교제에 있어서는 최고였지만, 총기에는 절대 손대지 않으려 했다. 온갖 처벌을 받으면서도 소년은 자신의 소신을 굽히지 않았고, 그러면서 "우린 그런 일 안 해요."라고 대답했다. 결국 그 소년 때문에 단체 기합이 내려지자 그라스를 비롯한 소년들은 그를 미워하고 증오한다. 그를 단체로 구타하기도 한다. 하지만 집총 거부자, 여호와의 증인이라고 알려진 소년의 꿋꿋한 태도에 그라스를 비롯한 소년들도 조금씩 변화해 간다. 하지만 그는 어느 날 사라지고 말았다. 하지만 그때도 그라스는 왜 그가 사라져야 했는지를 묻지 않았다. 그 소년이 사라졌을 당시의 심경을 그라스는 이렇게 표현한다. "그 소년이 사라진 이후 기뻐하지는 않았을지라도 마음이 가벼워졌던 내 모습을 본다." 나중에 그의 작품인 『고양이와 생쥐』의 주인공이자 집총 거부자인 요아힘 말케의 모델이 된 이 소년에 대해서 그라스는 아무런 언급도 하지 않는다. 실제 인물인가, 허구의 인물인가? 그러나 허구의 인물일 가능성이 더 많다. 왜냐하면 작품에서 그라스가 이렇게 슬쩍 말을 흘리기 때문이다. "그는 언제나 복수로 존재했다. (중략) 그는 자신이 무엇을 거절했는지를 여러 사람에게 말했다. 일개 군단까지는 아니더라도 대대 병력 정도는 되는 상상 속의 거부자들이 그의 뒤에 서서 그 짧은 문장을 내뱉을 태세를 하고 있다는 것 정도는 충분히 추측이 되었다."

여하튼 그라스는 자신의 정치적 몽매함을 드러나게 하려고 이런 인물들을 소개하거나 가공의 인물을 창작한다. 나치 시대의 공포를 자각하지 못했을 때의 자신의 모습과 대조적이었던 실제 인물과 가공의 인물을 묘사한다. 그래서 때늦었지만 나는 알고 싶었다 하고 고백하는 것이다. 이로써 '왜?'라고 묻지 않았던 독일 사회의 소시민, 전후 독일 사회의 과거 청산 작업이 지지부진한 이유를 캐묻는 것이다. 양파 껍질을 벗긴다는 것은 이 같은 의미이다.

4 자서전 혹은 자전 소설?

자서전에는 당연하지만 회상(回想)의 과정이 선행한다. 그러나 문제는 회상이 완전하거나 정확하지 않다는 데 있다. 그라스는 책의 서두에서 이렇게 말한다. "회상은 아이들의 숨바꼭질 놀이를 좋아한다. 회상은 살금살금 기어간다. 회상은 알랑거리는 경향이 있고, 종종 별다른 까닭도 없이 자신을 꾸민다. 회상은, 현학적으로 뽐내고 말다툼하며 자신을 내세우는 기억을 반박한다." 여기서 주목할 것은 그라스가 회상(Erinnerung)과 기억(Gedächtnis)을 다르게 본다는 점이다. 회상은 자신의 불완전함을 인정하는 탄력적인 사고의 흐름이지만, 기억은 자신의 완전함을 내세우는 경직된 사고방식이다. 그리고 회상의 이러한 빈틈, 불충분함 때문에 창조성의 유입이 가능하다. 이러한 빈틈이 창조적 상상력의 도입구가 된다. 회상의 빈틈은 시적 표상으로 메워진다. 회상은 언제나 완전한 것은 아니며, 오히려 이런저런 방향으로 구멍이 나 있다. 그라스는 이렇게도 말한다. 회상은 빈 곳이 많을지라도, 정확성을 지향하는 기억과는 다르다. 기억은, 창조적이고 영감을 불어넣는 회상과는 대립적인 정신 활동이다. 좀 더 쉽게 말하면 문학 텍스트 속에서 역사적 요구와 미학적 요구는 충돌한다. 문학 작품 속에서 허구와 진실은 뒤섞인다. "이야기들은 그런 식으로 신선한 생명력을 유지한다. 불완전하기 때문에 풍부한 내용으로 고안되어야 하는 것이다. 이야기들은 결코 완결되지 않는다. 그것들은 계속 앞으로 나아가거나 아니면 반대 방향으로 진행될 기회를 기다린다." 이것은 그라스가 그의 소설 『게걸음으로』에서 밝힌 '게걸음으로'라는 창작 방식과도 같은 맥락이다. 구스틀로프호 사건이라는 역사의 실체를 제대로 드러내기 위해 작가는 실제 인물들 외에도 가공의 인물들을 창작한다. 즉 실제 사건과 허구의 가족사를 결합함으로써 단선적인 역사 해석을 넘어 역사와 상상력의 혼융이라는 문학적 종합을 이루는 것이다.

자서전이라는 텍스트는 두 종류로 대별된다. 하나는 역사적 증언으로서의 텍스트이며, 다른 하나는 문학적 예술 작품으로서의 텍스트이다. 전자의 관점에서 보면 작가와 서술자와 작품의 주인공은 동일하다. 그러나 후자의 관점에서 보면 서술자와 주인공은 동일하지 않다. 가령 그라스의 『나의 세기』에서 작가와 서술자는 완전히 별개의 인물이다. "나를 대신하는 나는 해를 거듭해도 거기에 있었다." 마찬가지로 『양파 껍질을 벗기며』에서도 일인칭과 삼인칭은 끊임없이 교체된다. "예전에도 그랬듯이, 오늘날에도 내게는 제3의 인물을 내세워 나를 위장하려는 유혹이 남아 있다." 화자가 자신을 칭하는 표현도 다양하기 그지없다. '전문가적인 화자', '주말 귀향자', '연결수 소년', '지금 내가 그 행방을 추적하고 있는 저 소년', '내 이름을 한 소년', '성인 남자로 보이는 이 젊은 친구' 등으로 변주되어 나타난다. 왜 이렇게 시점이 다양하게 변주되는가? 이는 자서전이 요구하는 회상의 과정이 그만큼 불확실하기 때문이다. 일인칭에서 삼인칭으로의 잦은 변화는 그만큼 자신을 낯설게 보고 수수께끼처럼 대하기 때문이다. "진실이라고 주장하던 것이 어느새 반박된다. 왜냐하면 종종 거짓이나 그 자매인 속임수가 회상의 가장 견고한 부분을 이루고 있기 때문이다."

진실이라고 믿었던 것을 허물어 버리고, 다시 들여다본다. 그러나 진실이 존재하지 않는 것은 아니다. 존재한다. 하지만 그것에 도달하는 방식은 의심하고 또 의심하고, 묻고 또 묻고, 쓰고 또 쓰는 것이다. 양파 껍질을 벗기고 또 벗긴다. "부정확하게 회상하는 사람도 가끔은 성냥개비 길이만큼의 차이로 진실에 접근할 때가 있다. 비록 에움길이라 할지라도." 그러므로 『양파 껍질을 벗기며』를 둘러싼 숱한 논쟁은 기억과 회상, 역사적 증언과 문학 작품 사이의 이러한 긴장 관계를 통찰하지 못한 데서 오는 오류이다. 즉 전기적인 사실에만 주목하고, 작품 전체의 맥락을 보지 않았던 것이다. 왜 그라스 개인의 문제로 한정하는가? 난마(亂麻)처럼 얽힌 사회적 맥락을 도외시하고, 개인의 인격 문제로 단순 환원시키려는 저널리즘의 은폐된 의도와 대중의 피상적 이해가 그러한 논쟁의 진원지이다. 그러므로 그라스의 『양파 껍질을 벗기며』는 자백했다 혹은 안 했다의 개인적, 도덕적 차원을 넘어서, 독일 사회가 겪었던 고통과 침묵의 현장을 총체적으로 보여 주는 현장이다.

그라스는 경험적 자아와 예술적 자아를 동시에 상영한다. 즉 그라스에게는 경험적 자아와 예술적 자아, 참여자 및 공모자와 예술품 제작자, 죄인과 자기 구원자가 동시에 들어 있다. 정치가에게 진실이란 조각난 것이지만, 예술가의 무기인 은유의 힘은 자기비판과 자기 구원을 하나로 아우른다. 그의 문체가 거의 은유로 이루어진 것은 그 때문이다. 일상적이고 관습적인 맥락에서 쓰이는 단어는 거의 없다. 예컨대 2002년 월드컵 개막식에서 그라스가 낭송했던 시「밤의 경기장」을 보자.

> 천천히 축구공이 하늘로 떠올랐다.
> 그때 사람들은 꽉 찬 관중석을 보았다.
> 고독하게 시인은 골대 앞에 서 있었고,
> 심판은 호각을 불었다.
> 오프사이드.

작가 존재는 골인이라는 '적중'이 아니라, 오프사이드 위치에서 골인의 의미가 무엇인가를 보여 준다. 기존 관습의 명령과 호각 소리에도 불구하고 새로운 사유의 영토로 진입한다. 과거 극복의 과정이 현재적이듯 문학의 은유도 끝이 없다.

왜곡된 것은 벗기고, 가려진 것을 보여 주는, 도덕을 넘어선 미학적 울림이 이 책의 저변에 흐른다. 양파를 벗기면 눈물이 나듯 회상의 과정은 고통스럽다. 선악의 피안. 경험적 자아는 변명, 구실을 찾고 기억의 빈틈을 가지며 많은 것을 침묵한다. 그러나 예술적 자아는 경험적 자아를 몰아붙이고 배제함으로써 경험적 자아를 포박한다. 사실과 허구 사이의 불분명한 경계, 그것이 문학적 상상력의 창작 공간이며, 그 사이는 은유의 영토이다. 그렇다면 상상력은 무엇을 할 수 있는가? 그라스가 제국노동봉사단 시절, 굶주린 배를 움켜잡은 채로 요리 강좌를 듣는 장면은 문학적 상상력이 무엇인가를 웅변한다. 주방장은 공기와 말로써 요리한다. 그때 이후로 어떤 음식도 그때 상상했던 음식보다 더 구체적이고 입맛을 당기지 않았다고 그라스는 말한다. 그라스는 이로써 상징화, 은유화를 통해 점차 사물의 근원과 연결되려는 문학의 본성을 말한다. 괴테가 『잠언과 성찰』에서 진리에 도달하려는 인간 언어의 끈질긴 시도에 대해 다음과 같이 말한 것도 같은 맥락일 것이다. "행위 속에서는 오류가 언제나 반복된다. 그러므로 우리는 언어로써 참된 것을 끊임없이 반복해야 한다."

5 맺음말

『양파 껍질을 벗기며』를 통해 그라스는 왜 당시 묻지 않았던가? 하면서 끊임없이 부끄러움을 토로한다. 어린 나이여서 아무런 책임도 없다고 발뺌하는 것이 아니라 공동의 책임도 인정한다. 그러면서도 그라스는 왜 그 당시 묻지 못했던가 하고 또다시 안타까워한다. 작품 전체는 그 점을 화두로 선회한다. 회상의 불완전함은 어쩔 수 없다. 그래서 문학적 은유가 필요한 것이다. 양파와 호박(琥珀)을 매개로 한 가공의 이야기는 문학적 종합에 도달하기 위한 수단이다. 《프랑크푸르터》와의 회견에서 "당신의 회상은 '양파 껍질을 벗기며'라는 제목을 달고 있습니다. 그것이 양파와 무슨 연관이 있나요?"라는 질문에 그라스는 답한다. "양파 껍질을 벗기면서, 즉 글을 쓰는 동안에, 껍질 하나하나, 문장 하나하나가 좀 더 분명해지고 의미가 통하게 됩니다. 그렇게 되면 사라진 것들이 생생하게 다시 모습을 드러내는 법이지요." 『양파 껍질을 벗기며』 발표 이후 독일 사회를 뒤흔들었던 논쟁은 오히려 창조적 상상력을 토대로 하는 작가의 존재 이유를 보여 준 사건이었다. 귄터 그라스의 생의 역사와 작품의 역사 사이의 모순적 통일성. 그는 양파 껍질을 벗김으로써 경직된 역사를 다시 흐르게 하려 했던 것이다.

여러 투사에도 불구하고 히틀러가 등장했다. 검은 무리가 갑자기 나타난 것이 아니라, 독일인이 대낮에 자발적으로 참여했던 것이다. 그라스는 그러한 열광과 열광의 원인을 밝히려 했다. 나치 체제에 대한 무비판적 찬양의 시대에서 점차 변화를 통해, 의심과 자기비판을 통해, 다시 말해 예술을 통해 그 전체적인 변화의 고통스러운 과정을 보여 주는 것이다. 당시 상황에서 주어진 객관성이란 없었기 때문에, 과정 전체를 포착해야 하는 것이다.

1943년 제국노동봉사단 시절에 대한 회상은 그라스의 문학을 이끌어 가는 동력을 보여 준다. "나는 인생의 첫 번째 무대에서 의심을 배울 수 있는 기회를 놓쳐 버렸던 것이다. 의심이란 내가 훨씬 나중에 그러나 철저하게 배울 수 있었던 것으로, 모든 제단을 철폐하고 나로 하여금 신앙 저 너머에서 결단을 내리도록 하는 행위이다." 의심하고 제단을 철폐하고 신앙 저 너머에서 결단을 내리는 것, 그것이 귄터 그라스 문학의 요체이다.

지난 4월 13일, 독일의 전후 문단을 주름잡았던 백전노장 귄터 그라스는 자연으로 돌아갔다. 허구적 이데올로기와 온갖 편견과 종교적 위선 저 너머에서 그라스는 이렇게 고백한 적이 있다. "그래, 나는 종이와 연필을 가지고 나무들 사이에 앉아서, 자연이 이루어 낸 모든 것을 놀라며 바라볼 때, 오직 그때만 경건해진단다." 피를 뚝뚝 흘리는 역사의 내장 속에서 저항을 외치고 진흙을 주무르고 자판을 두드리며 고군분투했던 우리의 작가가 이제는 고향으로 돌아가 안식을 얻은 것이다.

번역이란 굽이쳐 흐르는 작가의 영혼을 바로 가까이서 따라가며 때로는 괴로워하고 때로는 기뻐하는 공감의 과정이기도 하다. 그리고 그 공감을 독자에게 제대로 전하는 것은 번역자의 몫일 것이다. "문학은 변화를 가져올 힘"이 있다는 자신의 말을 작품으로 증명했던 귄터 그라스. 그의 삶 또한 한국의 독자들에게 깊은 울림으로 다가갈 것으로 기대한다.

2015년 4월

장희창

옮긴이 장희창 서울대학교 언어학과를 졸업하고 동 대학원 독어독문학과에서 박사 학위를 받았다. 현재 동의대학교 독어독문학과 교수로 재직 중이다. 지은 책으로 독서 평론집 『춘향이는 그래도 운이 좋았다』가 있고, 옮긴 책으로 귄터 그라스의 『암실 이야기』, 『양철북』, 『게걸음으로』, 『나의 세기』(공역), 레마르크의 『개선문』, 『사랑할 때와 죽을 때』, 괴테의 『색채론』, 『파우스트』, 에커만의 『괴테와의 대화』, 니체의 『차라투스트라는 이렇게 말했다』, 후고 프리드리히의 『현대시의 구조』, 안나 제거스의 『약자들의 힘』, 베르너 융의 『미메시스에서 시뮬라시옹까지』, 카타리나 하커의 『빈털터리들』, 부흐홀츠의 『책그림책』 등이 있다.

옮긴이 안장혁 동의대학교와 고려대학교에서 독문학을 공부했고 브레멘 대학교에서 괴테 연구로 독문학 박사 학위를 받았다. 고려대학교 연구 교수를 거쳐 현재 동의대학교 교양교육원 교수로 재직 중이다. 지은 책으로 『괴테의 친화력과 이성의 타자성』(독문), 『글쓰기와 표현』(공저), 『독일 문학과 한국 문학』(공저)이 있고, 옮긴 책으로 괴테의 『젊은 베르테르의 슬픔』, 페터 한트케의 『긴 이별을 위한 짧은 편지』, 헤르만 헤세의 『황야의 늑대』, 『Re: 지금 우리 사랑일까』, 『내 아이 숨은 재능 찾기』, 『내 안의 돌고래를 찾아라』(공역) 등이 있다.

귄터 그라스 자서전
양파 껍질을 벗기며

1판 1쇄 펴냄 2015년 5월 1일
1판 2쇄 펴냄 2025년 5월 20일

지은이 귄터 그라스
옮긴이 장희창·안장혁
발행인 박근섭·박상준
펴낸곳 (주)민음사

출판등록 1966. 5. 19. 제16-490호
주소   서울시 강남구 도산대로1길 62(신사동)
         강남출판문화센터 5층 (135-887)
대표전화 515-2000 | 팩시밀리 515-2007
홈페이지 www.minumsa.com

한국어 판 ⓒ (주)민음사, 2015. Printed in Seoul, Korea

ISBN 978-89-374-3174-6 (03850)

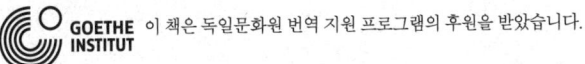 이 책은 독일문화원 번역 지원 프로그램의 후원을 받았습니다.